*Maren R. Niehoff*

# Philon von Alexandria
Eine intellektuelle Biographie

Maren R. Niehoff

# Philon von Alexandria

Eine intellektuelle Biographie

übersetzt von
Claus-Jürgen Thornton und Eva Tyrell

Mohr Siebeck

MAREN R. NIEHOFF, geboren 1963; Ausbildung an der Hebräischen Universität Jerusalem, der Freien Universität in Berlin, Oxford University und Harvard University; seit 2014 Max Cooper Professor im Dept. für Jüdische Philosophie, Hebräische Universität Jerusalem.
orcid.org/0000-0002-0815-6929

ISBN 978-3-16-156298-3 / eISBN 978-3-16-158354-4
DOI 10.1628/978-3-16-158354-4

Die Deutsche Nationalbibliothek verzeichnet diese Publikation in der Deutschen Nationalbibliographie; detaillierte bibliographische Daten sind über *http://dnb.dnb.de* abrufbar.

Für die Originalausgabe:
© 2018 by Yale University. Originally published by Yale University Press.

Für die deutschsprachige Ausgabe:
© 2019 Mohr Siebeck Tübingen.
www.mohrsiebeck.com

Das Werk einschließlich aller seiner Teile ist urheberrechtlich geschützt. Jede Verwertung außerhalb der engen Grenzen des Urheberrechtsgesetzes ist ohne Zustimmung des Verlags unzulässig und strafbar. Das gilt insbesondere für die Verbreitung, Vervielfältigung, Übersetzung und die Einspeicherung und Verarbeitung in elektronischen Systemen.

Das Buch wurde von Gulde Druck in Tübingen auf alterungsbeständiges Werkdruckpapier gedruckt und gebunden.

Umschlagabbildung: Ausschnitt: *Ara Pacis Augustae*, Rom, 13–9 v. Chr. Fotografie: Roi Sabar.

Printed in Germany.

Meinen Eltern Ulla und Gerd Niehoff,
meinem Mann Udi Rosenthal
und meinen Töchtern Maya, Ayana und Stav
in Liebe und Dankbarkeit

Im Gedenken an
meine Schwiegermutter Tamar Rosenthal,
die mich herzlich in die Familie aufgenommen
und mich in meiner Arbeit unterstützt hat

# Dank

Den Anstoß zu diesem Buch gab ein Gespräch mit John Collins im Anschluss an eine Gastvorlesung von mir an der Yale University im Jahr 2010. Damals war die Idee, eine intellektuelle Biographie Philons zu schreiben, noch recht undeutlich, und ich bin John dankbar, dass er mir Mut zugesprochen und mich mit einzigartiger Umsicht begleitet hat. Er hat auch das Manuskript durchgearbeitet und mir exzellente Anregungen gegeben. Heather Gold und ihr Team von der Yale University Press trieben die Produktion mit bemerkenswerter Effizienz und Professionalität voran und haben die Druckvorbereitung zu einem echten Vergnügen für mich gemacht. Mein besonderer Dank geht an Jessie Dolch für ihre sorgfältige Redaktion und ihr anhaltendes Engagement und an Mary Pasti.

Auf dieser Reise habe mich alte und neue Freunde begleitet, die mich bestärkt und erheblich zu diesem Buch beigetragen haben. Margalit Finkelberg hat jedes einzelne Kapitel und in einigen Fällen die überarbeiteten Fassungen mit einer seltenen Mischung aus Empathie, Weisheit und Kritik gelesen. Yehuda Liebes gab aufschlussreiche Anmerkungen zu etlichen Kapiteln und studierte mit mir Philons Traktat *Über die Wanderung Abrahams*, womit er mein Verständnis von Philons Exegese bereicherte. Miriam Griffin hat alle römischen Kapitel mit äußerster Sorgfalt durchgesehen und zahlreiche wertvolle Hinweise gegeben. René Bloch, Albert Harrill, Adela Yarbro Collins und Tim Whitmarsh haben hilfreiche Kommentare zu einzelnen Kapiteln beigesteuert. Zwei anonyme Leser für die Yale University Press gaben konstruktive Stellungnahmen ab, welche die Endfassung des Manuskripts erheblich verbessert haben. In mehr allgemeinem Sinne danke ich Judith Green: Sie veranstaltete und leitete einen Lektürekreis in griechischer Literatur, der in der Phase des Reifens des vorliegenden Buchs Marcus Aurelius' *Selbstbetrachtungen* und Philostrats *Leben des Apollonius* behandelte.

Meine Arbeit an diesem Buch hat ungemein profitiert von Diskussionen im Anschluss an Gastvorlesungen. Mit besonderer Dankbarkeit erinnere ich mich an folgende Einladungen: von Peter Schäfer nach Princeton (2008), von Carlos Lévy und Philippe Hoffman nach Paris (2010), von Steven Fraade nach Yale (2010), von Francesca Calabi nach Mailand (2011), von Teresa Morgan nach Oxford (2013), von Richard Faber und Achim Lichtenberger nach Bochum (2013), von Hindy Najman nach Yale (2014), von Laura Nasrallah und Shaye Cohen nach Harvard (2014), von Jörg Rüpke und Eve-Marie Becker nach Erfurt (2015), von Hermut Löhr nach Münster (2015), von Winrich Löhr nach Heidelberg (2016) und von Cilliers Breytenbach nach Berlin (2016). Auch habe ich von den klugen Fragen meiner Studierenden profitiert, sowohl am Department of Jewish Thought als auch im Amirim Honors Program in the Humanities an der Hebräischen Universität von Jerusalem.

Die Forschung für dieses Buch wurde großzügig unterstützt von der ISRAEL SCIENCE FOUNDATION (Stipendiennummer 186/11) und einem Stipendium des Niedersachsen-Israeli Research Cooperation Program (gemeinsam mit Reinhard Feldmeier). Beide Stiftungen unterstützten auch eine internationale Konferenz in Jerusalem, „Journeys in the Roman East. Imagined and Real", die den größeren Kontext von Philons Romreise beleuchtete (ISRAEL SCIENCE FOUNDATION, Stipendiennummer 2178/15). Mein Freisemester von der Hebräischen Universität im Jahr 2013/2014, das ich in Jerusalem verbracht habe, gab mir kostbare Zeit, um mich ungestörter Arbeit zu widmen.

Für die fachkundige und einfühlsame Übersetzung ins Deutsche danke ich Claus-Jürgen Thornton und Eva Tyrell und der Philipp-Melanchthon-Stiftung für die Übernahme der Übersetzungskosten.

Mein Dank geht an Rina Talgam, meine Kollegin am Department of Art History, für den Vorschlag des Titelbilds, das von der Ara Pacis Augustae stammt, einem von Augustus geweihten Tempel in Rom. Die Südwand des Altars bildet mehrere Gruppen aus der kaiserlichen Familie ab, darunter der Ausschnitt auf dem Titelbild, der höchstwahrscheinlich den Kaisersohn Drusus im Gespräch mit seiner Frau Antonia zeigt. Diese Szene bringt Augustus' Ideal eines römischen Paares zum Ausdruck wie auch den Rang der Mutter und Ehefrau in der römischen Kultur. Als Philon in diplomatischer Mission Rom besuchte, sah er wahrscheinlich diesen Altar und erfreute sich vielleicht sogar an dieser speziellen Szene. Mit Gewissheit machte er sich das augusteische Ideal ehelicher Gemeinschaft zu eigen. Es ist deshalb mehr als angemessen, dass dieses Bild seine Biographie schmücken soll. Mein Dank geht auch an Roi Sabar vom Archeology Department dafür, dass er eine hochauflösende Fotografie zur Verfügung gestellt hat.

Dieses Buch gründet sich auf einige Materialien, die bereits zuvor veröffentlicht und substanziell überarbeitet wurden. Kapitel 5 geht auf einen Aufsatz über „The Emergence of Monotheistic Creation Theology" zurück (in: L. Jenott/S. Kattan Gribetz [Hgg.]: In the Beginnung. Jewish and Christian Cosmogony in Late Antiquity [Tübingen: Mohr Siebeck, 2013], 85–106), Kapitel 6 auf zwei Aufsätze über „Philo and Plutarch as Biographers. Parallel Reactions to Roman Stoicism" (in: Greek, Roman, and Byzantine Studies 52 [2012] 361–392) und über „The Roman Context of Philo's Exposition" (in: Studia Philonica Annual 23 [2011] 1–21). Kapitel 3 enthält einen Abschnitt, der auf dem Aufsatz „‚The Power of Ares' in Philo's *Legatio*" basiert (in: F. Calabi/O. Munnich/G. Reydams-Schils/E. Vimercati [Hgg.]: Pouvoir et puissances chez Philon d'Alexandrie [Turnhout: Brepols, 2016], 129–139). Kapitel 4 enthält einen Passus, der auf den Aufsatz „The Symposium of Philo's Therapeutae. Displaying Jewish Identity in an Increasingly Roman World" (in: Greek, Roman, and Byzantine Studies 50 [2010] 95–117) zurückgeht. Allen Herausgebern danke ich für ihre freundliche Genehmigung, diese Materialien im vorliegenden Buch verwenden zu dürfen.

Dieses Buch ist meiner Familie gewidmet. Meine Eltern haben meine Forschungen mit großem Interesse verfolgt und redliche Anstrengungen unternommen, die jüdische Tradition kennen zu lernen. Mein Mann Udi hat meine Arbeit enthusiastisch unterstützt, selbst in Zeiten körperlicher Leiden, und meinem Leben einen äußerst liebevollen Anker gegeben. Meine Töchter sind inzwischen erwachsen und wunderbare Gesprächspartnerinnen geworden, meist über Themen, die nichts mit Philon zu tun haben.

# Inhalt

Dank .................................................................................................. VII

Kapitel 1: Eine intellektuelle Biographie Philons? ............................. 1
  Von Alexandria nach Rom ............................................................. 13
  Philon und die Zweite Sophistik .................................................... 22

## Erster Teil
## Philon als Botschafter und Schriftsteller in Rom

Kapitel 2: Philons Selbststilisierung in seinen historischen Werken ........... 29
  Mediterrane Netzwerke und ihre Grenzen ................................... 32
  Philons Rolle als frommer und leidender Botschafter ................. 39
  Philons Selbststilisierung durch Agrippas Brief .......................... 50
  Fazit ............................................................................................... 52

Kapitel 3: Macht, Exil und Religion im Römischen Reich .................. 55
  Seneca über Politik, Exil und Philosophie unter Claudius .......... 56
  Kaiserliche Macht aus der Sicht Philons ..................................... 60
  Römisches und jüdisches Exil ...................................................... 66
  Die jüdische Religion als eine unter mehreren in Rom ............... 73
  Fazit ............................................................................................... 79

Kapitel 4: Römische Philosophie und die Juden .................................. 81
  Die menschliche Vernunft ............................................................. 83
  Vorsehung ...................................................................................... 87
  Schöpfung und Weltenbrand ........................................................ 90
  Freiheit ........................................................................................... 95
  Wie fügen sich die Juden ins Bild? ............................................... 99
  Fazit ............................................................................................. 104

## Zweiter Teil
## Philons „Exposition" in einem römischen Kontext

Kapitel 5: Schöpfungstheologie und Monotheismus ............................ 109
   Philons Hinwendung zur stoischen Naturtheologie........................... 112
   Schöpfungstheologie und Monotheismus
   in anderen Traktaten der „Exposition" ............................................. 119
   Philons Leistung ................................................................................ 122

Kapitel 6: Charakter und Geschichte
         in den Biographien der biblischen Vorväter...................... 129
   Das Leben Moses............................................................................... 130
   Das Leben Josefs............................................................................... 142
   Das Leben Abrahams......................................................................... 147
   Philons Leistung als Biograph............................................................ 150

Kapitel 7: Biblische Frauen im römischen Gewand............................. 155
   Vorbildliche Ehefrauen ..................................................................... 157
   Hingebungsvolle Mütter.................................................................... 167
   Kompetente Töchter.......................................................................... 169
   Die Ehebrecherin ............................................................................... 172
   Fazit.................................................................................................... 174

Kapitel 8: Stoische Ethik im Dienst des jüdischen Gesetzes................ 175
   Die Zehn Gebote als „Häupter" des jüdischen Gesetzes ................... 177
   Die Natur und das jüdische Gesetz ................................................... 181
   Jüdische Feiertage als Übungsplatz für das Ich................................. 190
   Der eine Gott und sein Tempel.......................................................... 193
   Fazit.................................................................................................... 199

## Dritter Teil
## Der junge Philon im Kreis alexandrinischer Juden

Kapitel 9: Bibelkommentar................................................................... 203
   Der alexandrinische Kontext des „Allegorischen Kommentars".......... 204
   Allegorische Lösungen für Probleme im Wortlaut der Bibel ............. 209
   Mystische Intertextualität................................................................... 214
   Philons „Fragen und Antworten"....................................................... 218
   Philons Leistung ................................................................................ 223

Kapitel 10: Ein platonisches Ich .................................................................. 227
Die Flucht der Seele aus dem materiellen Bereich ............................. 228
Der Mensch ist nicht das Maß der Dinge ........................................... 233
Die schwangere Seele ........................................................................ 236
Die geteilte Seele ............................................................................... 239
Fazit ................................................................................................... 244

Kapitel 11: Ein schlechthin transzendenter Gott und sein Logos ............ 247
Gott hat keine menschliche Gestalt noch Eigenschaft ....................... 247
Der Logos als Mittler ......................................................................... 256
Fazit ................................................................................................... 264

Kapitel 12: Philon und die Stoa:
 Ablehnung, Umdeutung, Zustimmung ............................... 267
Ablehnung des stoischen Materialismus ........................................... 269
Umdeutung stoischer Ethik ................................................................ 271
Zustimmung zur religiösen Naturauffassung des Kleanthes ............. 283
Fazit ................................................................................................... 286

# Epilog

Philon an der Schnittstelle von Judentum,
Hellenismus und Christentum .................................................................. 287

Anhang 1: Chronologie von Philons Leben und Werken ......................... 291

Anhang 2: Schrieb Philon einen allegorischen Kommentar
 zum ersten Kapitel der Genesis? ............................................. 295

Literaturverzeichnis .................................................................................. 299

Namen, Orte, Sachen ................................................................................ 335

1

# Eine intellektuelle Biographie Philons?

Noch niemand hat je den Versuch unternommen, eine Philon-Biographie zu schreiben, und dafür gibt es gute Gründe. Philon entzieht sich dem raschen Zugriff des Biographen, weil er uns sehr wenig über sich selbst und fast nichts über die Rahmenbedingungen seiner schriftstellerischen Tätigkeit mitteilt. Über grundlegende Fakten wie sein Aufwachsen in Alexandria und die Reihenfolge der Entstehung seiner Schriften lässt sich daher nur mutmaßen. Der jüdische Historiker Flavius Josephus, der nur eine Generation später lebte und viele wertvolle Informationen über andere Persönlichkeiten bewahrt hat, ist enttäuschend wortkarg über ihn. Seine Notiz bestätigt lediglich, dass Philon der Leiter der jüdischen Gesandtschaft an Gaius und „in der Philosophie nicht unerfahren" war (Jüdische Altertümer XVIII 259). Christliche Autoren beginnen erst später Philon zu erwähnen und zitieren oder paraphrasieren dann seine Schriften, üblicherweise ohne weitergehende Auskünfte zu geben. Der erste Schriftsteller, der eine Gesamtauswertung von Philons Werk liefert, ist der Kirchenhistoriker Eusebios (ca. 260 bis ca. 340 n. Chr.), der sich auf eine genaue Lektüre seiner Texte stützt, von denen der Großteil erhalten geblieben ist. Zwar ist Eusebios' Interpretation bemerkenswert und noch immer von Bedeutung, doch bietet er uns keine zusätzlichen Anhaltspunkte, die uns bei der Rekonstruktion von Philons Leben helfen könnten.[1]

Dennoch verdient Philon eine intellektuelle Biographie, weil er ein außergewöhnlich facettenreicher und einigermaßen rätselhafter Autor ist, der sich in den verschiedensten literarischen Gattungen betätigt und eines der umfangreichsten Œuvres der Antike hinterlassen hat. Seine geistige Leistung ist beeindruckend und innovativ und ist es wert, für sich genommen gewürdigt zu werden. Außerdem erfuhr Philon in seinem Leben dramatische Umbrüche. Aufgewachsen in einer recht friedlichen Umgebung in Alexandria, erlebte er den Ausbruch ethnischer Unruhen im Jahr 38 n. Chr. mit und wurde in der Folge zum Leiter der jüdischen Gesandtschaft an Kaiser Gaius

---

[1] JOSEPHUS, Ant. XVIII 259–260. Siehe auch STERLING, Man of Highest Repute; RUNIA, Philo in Early Christian Literature; RUNIA, Philo of Alexandria; RUNIA, Philo in Byzantium; STERLING, School of Sacred Laws; INOWLOCKI, Relectures apologétiques; NIEHOFF, Eusebius; zu Philons verlorengegangenen Traktaten siehe STERLING, Prolific in Expression; RUNIA, Confronting the Augean Stables.

Caligula. Dieses politische Mandat führte ihn für etliche Jahre nach Rom und ist für die Einschätzung seiner Persönlichkeit und geistigen Entwicklung von zentraler Bedeutung. Zu einer Zeit, als die Ostgebiete des Reichs zusehends in römische Machtstrukturen und Kommunikationsformen verwoben wurden, spielte Philon in den Aushandlungen zwischen Ost und West eine Schlüsselrolle.

In den vergangenen Jahren hat man Philons Bedeutung in wachsendem Maße erkannt, was eine Blüte von Neuübersetzungen, Einführungen, Handbüchern, Monographien und Aufsatzsammlungen bezeugt. Beispielsweise wurde im Jahr 2015 die hebräische Übersetzung von Philons auf Griechisch vorliegendem Werk abgeschlossen, und einige Abschnitte daraus fanden Eingang ins Gebetbuch jüdischer Reformgemeinden. Im selben Jahr waren zwei deutsche Monographien Philon gewidmet: Otto Kaiser legte eine äußerst einfühlsame Einführung vor, wobei er besonderes Gewicht auf die Realia legte, und Friederike Oertelt analysierte politische Aspekte der philonischen Josefsdarstellung. Das Jahr 2014 erlebte die Publikation eines von Torrey Seland herausgegebenen Handbuchs, das Forschungsüberblicke über etliche Schwerpunktthemen vereinigt und der Frage nach Philons Bedeutung für vielerlei Fachdisziplinen nachgeht. Im Jahr 2013 erschienen sowohl der Kommentar von Albert Geljon und David Runia über Philons Traktat *Über die Landwirtschaft* als auch eine italienische Philon-Einführung von Francesca Calabi mit Schwerpunkt auf Philons Schriftauslegung und seiner Auseinandersetzung mit platonischer Philosophie. Im Jahr 2011 veröffentlichte ein französisches Forscherteam eine umfangreiche Sammlung von Aufsätzen, die Philon in seinen unterschiedlichen kulturellen Kontexten untersuchen. Ein Jahr zuvor war ein Band der *Études Platoniciennes* Philon gewidmet. Im Jahr 2009 erschien der von Adam Kamesar herausgegebene *Cambridge Companion to Philo*, der historische, philosophische und exegetische Themen abdeckt und dabei besonderen Wert auf den aktuellen Forschungsstand legt. Schließlich veröffentlichte im Jahr 2003 die französische Gelehrte Mireille Hadas-Lebel eine Einführung in Philon als Denker in der jüdischen Diaspora, die umgehend ins Hebräische und ins Englische übersetzt wurde.[2] Trotz dieses wachsenden Interesses an Philon in verschiedenen Forschungskreisen fehlt nach wie vor eine intellektuelle Biographie, welche die Entwicklung seiner Persönlichkeit und seines Denkens nachzeichnet.

Wie lassen sich nun die unübersehbaren Hindernisse, die sich der Abfassung einer solchen Biographie in den Weg stellen, überwinden? Ich beabsichtige, mich der Herausforderung durch eine umfassende Analyse von Phi-

---

[2] Siehe NIEHOFF, Philo of Alexandria; WEIMAN-KELMAN/MAZOR, HaSimha SheBalev; KAISER, Philo; OERTELT, Herrscherideal; SELAND, Reading Philo; GELJON/RUNIA, On Cultivation; CALABI, Filone; INOWLOCKI/DECHARNEUX, Philon d'Alexandrie; Études platoniciennes VII (2010); KAMESAR (Hg.), Cambridge Companion; HADAS-LEBEL, Philo; siehe auch RUNIA, Why Philo; STERLING, Philo Has Not Been Used.

lons Werkreihen in ihrem jeweiligen größeren kulturellen Kontext zu stellen. Eine solche Untersuchung überschreitet die engen Grenzen von Spezialforschung und argumentiert, dass politische, philosophische, theologische und literarische Aspekte im gegenseitigen Licht gesehen werden müssen. Der Historiker Philon lässt sich vom Exegeten Philon nicht trennen. Auch können seine philosophischen Schriften nicht sinnvoll begriffen werden ohne Lektüre seiner Traktate über das jüdische Gesetz, das er in philosophischer Manier interpretiert. Zugleich sind jedoch die verschiedenen Gattungen von Philons Schriften genau zu beachten. Abschnitte aus dem „Allegorischen Kommentar" beispielsweise darf man nicht so verstehen, als stünden sie in direkter Verbindung mit den philosophischen Traktaten. Die „Fragen und Antworten" kann man nicht lesen, als wären sie eine unmittelbare Fortsetzung seiner „Exposition des Gesetzes". Vielmehr müssen wir Philons Intentionen in jeder Werkreihe nachvollziehen und fragen, aus welchem Grund er jeweils dieses spezifische literarische Format gewählt hat.[3] Wer waren die impliziten Leser, und was mögen die Abfassungsverhältnisse gewesen sein? Wenn wir diesen Fragen nachgehen und eine vergleichende Methode anwenden, können wir aus den unterschiedlichen Texten auf das jeweilige kulturelle Milieu schließen, dem sie entstammen. In jedem einzelnen Fall weise ich auf einen engen Zusammenhang zwischen literarischer Gattung, kulturellem Kontext und philosophischer Grundeinstellung hin.

Die vergleichende Methode führt uns dazu, die Vielfalt von Philons Werk recht zu würdigen, die sich weder auf einen einzigen monolithischen Kern reduzieren noch als ein Fall von unbekümmertem Eklektizismus werten lässt. Stattdessen haben wir mit der Möglichkeit bedeutsamer intellektueller Entwicklungen im gesamten Verlauf von Philons langer, reicher Wirksamkeit zu rechnen. Blicken wir auf die sehr wenigen bekannten Lebensdaten, so müssen wir fragen, ob seine Reise von Alexandria nach Rom als Leiter der jüdischen Gesandtschaft sich in erkennbarer Weise auf seinen Schreibstil und seine Interpretation des Judentums auswirkte.[4] Hatte er an beiden Orten jeweils andere Gesprächspartner mit unterschiedlichem kulturellen Hintergrund? Angesichts dessen, dass Philon mindestens drei Jahre (38–41 n. Chr.) in Rom blieb, zeige ich, dass seine Reise einen Einschnitt bedeutete, nicht nur politisch, sondern auch intellektuell. Sie hatte unmittelbare Folgen für

---

[3] Zu früheren Bemühungen, Philons unterschiedliche Werkreihen einzuschätzen, siehe MASSEBIEAU, Classement (aufgrund von historischen Bezugnahmen in den diversen Traktaten); COHN, Einleitung und Chronologie (aufgrund einer literarischen Analyse, die zu einer relativen Chronologie führt); GOODENOUGH, Introduction (mit Hervorhebung des Unterschiedes zwischen den historischen Schriften und der „Exposition" einerseits, die ein römisches Publikum ansprechen, und dem „Allegorischen Kommentar" andererseits, der sich an alexandrinische Juden richtet); BIRNBAUM, Place of Judaism (die die allgemeine Leserschaft der „Exposition" und die jüdische des „Allegorischen Kommentars" betont); ROYSE, Works of Philo.

[4] Siehe auch GOODMAN, Philo as Philosopher, 41–42.

seine Wahl literarischer Gattungen, für seine jüdische Identität und philosophische Ausrichtung. Philon fing noch einmal von vorne an, indem er seine Identität neu konstruierte und neue Deutungen seiner Tradition bot.

Wo soll unsere intellektuelle Biographie einsetzen? Philons Kindheit kann kaum unser Ausgangspunkt sein, da wir praktisch nichts über sie wissen. Wenn man bedenkt, dass er im Jahr 38 n. Chr., als er sich mit der Gesandtschaft auf den Weg machte, im besten Mannesalter war, muss er etwa zwischen 20 und 10 v. Chr. geboren worden sein. Josephus teilt uns mit, dass Philon einer sehr wohlhabenden alexandrinischen Familie angehörte. Sein Bruder war der Alabarch Alexander. Philons zahlreiche Bezugnahmen auf die klassische griechische Literatur lassen vermuten, dass er eine umfassende griechische Erziehung genossen hat. In einer der seltenen autobiographischen Passagen schreibt er, er habe „im ersten Jugendalter" (Congr. 74) das übliche griechische Curriculum durchlaufen und seine Studien mit Philosophie abgerundet. Zugleich hat er sich in die jüdische Bibel in ihrer griechischen Übersetzung vertieft: Viele Schriftverse zitiert er aus dem Kopf und erwartet von seinen Lesern, dass sie biblische Anspielungen verstehen. Eine solch innige Vertrautheit lässt auf eine jüdische Erziehung mit weitreichender biblischer Sozialisation, doch ohne Zugang zum hebräischen Original, schließen.[5] Genaue Einzelheiten aus Philons Kindheit können wir allerdings nicht kennen, da er es vorzog, seine frühen Jahre mit Stillschweigen zu übergehen. Im Unterschied zu Josephus schrieb er keine Autobiographie, die uns einen Leitfaden an die Hand geben könnte. Auf eine Rekonstruktion seiner Kindheit müssen wir verzichten, da es methodisch unsauber wäre, aus unseren allgemeinen Kenntnissen über Alexandria auf sein individuelles Leben zu schließen. Die alexandrinische Kultur war so vielfältig, dass wir nicht wissen können, welche Aspekte auf Philon in seiner Kindheit und Jugend einwirkten. Der einzige verlässliche Anhaltspunkt, den wir haben, ist sein literarisches Werk, das uns seine Sichtweise als Erwachsener zu erkennen gibt. In seine späteren Jahre datieren auch die beiden gesicherten Ereignisse seines Lebens: seine Gesandtschaft nach Rom und seine kurze Besuchsreise zum Jerusalemer Tempel.[6]

---

[5] PHILON, Congr. 74–80, 6–7. Bezüglich Philons Hebräischkenntnissen, zu deren Gunsten zuletzt wieder RAJAK, Translation and Survival, aufgrund von Philons hebräischen Etymologien argumentiert hat, beachte man Folgendes: An keiner Stelle löst Philon ein Problem im Wortlaut der Bibel unter Rückgriff auf das Hebräische, und häufig bietet er ‚hebräische' Etymologien für die griechische statt der hebräischen Form biblischer Namen, offenkundig in Unkenntnis des hebräischen Textes (siehe z.B. Migr. 165). Dass Philon die Bibel allein auf Griechisch zugänglich war, haben folgende Forscher bestätigt: AMIR, Die hellenistische Gestalt; STERLING, Philo; STERLING, Interpreter of Moses; KATZ, Philo's Bible; zu weiteren Einzelheiten siehe Kapitel 9.

[6] PHILON, Prov. II 64. Zur Autobiographie des Josephus siehe besonders MASON, Josephus's Autobiography; zu Einzelheiten über die Multikulturalität in Alexandria siehe FRASER, Ptolemaic Alexandria; CLAUSS, Alexandria; GEORGES/ALBRECHT/FELDMEIER (Hgg.), Alexandria.

## Kapitel 1: Eine intellektuelle Biographie Philons? 

Unsere Untersuchung setzt bei Philons historischen Traktaten ein, weil das die einzigen Schriften sind, die eindeutig datiert und in einen konkreten politischen und kulturellen Kontext gestellt werden können. Die beiden erhaltenen Traktate *Über die Gesandtschaft an Gaius* und *Gegen Flaccus* gehören zweifelsfrei in das Spätstadium von Philons Laufbahn, als er im Gefolge der ethnischen Unruhen in Alexandria als Leiter der jüdischen Gesandtschaft an Kaiser Gaius fungierte. In der *Gesandtschaft* erwähnt Philon seine Romreise (im Herbst 38 n. Chr.), die Audienz der Botschafter bei Gaius und den neuen Kaiser Claudius, der Gaius zu Beginn des Jahres 41 n. Chr. nachfolgte.[7] Philon muss diesen Traktat deshalb nach Gaius' Ermordung geschrieben haben, als Claudius bereits den Thron bestiegen und einige der politischen Verirrungen seines Vorgängers korrigiert hatte. In *Gegen Flaccus* beschreibt Philon die Gewalttätigkeiten, denen die alexandrinischen Juden während des Pogroms im Sommer des Jahres 38 n. Chr. ausgesetzt waren. Er erwähnt auch den Tod des römischen Präfekten Flaccus, den Gaius' Truppen im Herbst des Jahres 38 n. Chr. verhafteten, in Rom vor Gericht stellten und zum Exil auf der Insel Andros verurteilten und den Gaius' Schergen später hinrichteten (39 n. Chr.).[8] Auch dieser Traktat gehört eindeutig in Philons fortgeschrittene Jahre, als er die politischen Vorgänge, die zu den alexandrinischen Unruhen führten, und ihre Auswirkungen noch einmal Revue passieren ließ.

Bis heute hat man Philons historische Traktate meist mit Blick auf die Frage, „wie es eigentlich gewesen", studiert. Durch Unterscheidung zwischen Philons Rhetorik und den Ereignissen selbst haben sich Generationen von Forschern bemüht, das tatsächliche Geschehen zu rekonstruieren. Fragen der Chronologie und Interesse an Ursache und Wirkung haben die Diskussionen beherrscht. In Anknüpfung an Einsichten früherer Gelehrter schlage ich vor, Philons historische Traktate umfassender zu würdigen, nämlich als literarische Texte, die seine Meinungen zu einem breiten Themenspektrum zum Ausdruck bringen. Mir geht es nicht in erster Linie darum, was sich zugetragen hat, sondern wie Philon es deutet. Meine Frage lautet:

---

[7] PHILON, Legat. 172, 181–183, 190, 206, 349–367. Siehe auch ROYSE, Works of Philo, 53–55. Zur Datierung der Gesandtschaft siehe HARKER, Loyalty and Dissidence, 10–24, der überzeugend darlegt, dass Philons Erwähnung seiner Romreise im Herbst, als die Seefahrt bereits gefährlich war (Legat. 190), seine überstürzte Eile im unmittelbaren Gefolge der Ausschreitungen in Alexandria erkennen lässt und ein starkes Indiz für die Frühdatierung ins Jahr 38 n. Chr. ist; zu abweichenden Ansichten siehe SMALLWOOD, Philonis Alexandrini Legatio, 24–27. Ursprünglich gab es einen weiteren historischen Traktat, der aber nicht erhalten ist, nämlich die „Palinodie", den Widerruf, der *Gesandtschaft*, die Philon in Legat. 373 ankündigt. Außerdem spricht Eusebios über „die Leiden, denen die Juden unter ihm [sc. Gaius] ausgesetzt waren" (H.e. II 5,1), auf eine Art und Weise, die zu Mutmaßungen über verlorengegangene Bücher über Sejanus und Pilatus geführt hat (MORRIS, Jewish Philosopher, 859–864). Eusebios' Worte sind allerdings mehrdeutig und beziehen sich wahrscheinlicher auf eine Themenliste als auf eigenständige Bücher.

[8] PHILON, Flacc. 41–85, 146–191. Siehe auch VAN DER HORST, Flaccus, 34–37.

Wie verwendet Philon historisches Geschehen im Text, um bestimmte Auffassungen und Absichten zu propagieren? Wie konstruiert er beispielsweise jüdische Identität rund um die Unruhen in Alexandria? Welche Rolle spielt Rom mit seinen diversen Repräsentanten, religiösen Kulten und Institutionen in der Erzählung? Darüber hinaus untersuche ich Philons Ansichten im Kontext der Zeit, in der sie geäußert wurden. Beispielsweise frage ich, ob andere Autoren unter Claudius wie er über Gaius dachten. Ferner, wie wirkte sich die Politik des Claudius auf Philon aus, insbesondere auf seine Annahme einer engen Verflechtung von Politik, Philosophie und Religion? Wie verhalten sich seine Meinungen zu denen seines jüngeren Zeitgenossen Seneca, der unter Caligula verbannt und unter Claudius rehabilitiert wurde? Und zu guter Letzt, klingt in Philons Rückgriff auf stoische Vorstellungen der seinerzeitige römische Stoizismus nach? Durch die Beantwortung dieser Fragen können wir ein intellektuelles Profil Philons in seinen reifen Jahren erstellen, indem wir seine politischen Standpunkte, religiöse Einstellung und intellektuellen Vorlieben in den Blick nehmen.

Eine Gesamtanalyse von Philons historischen Traktaten gibt uns einen Schlüssel zur Interpretation der übrigen Werkreihen und der Bestimmung ihrer relativen Chronologie an die Hand. Zu Beginn suchen wir in der „Exposition des Gesetzes", den philosophischen Abhandlungen und dem „Allegorischen Kommentar" nach Hinweisen auf geschichtliche Ereignisse. Wenn andere Traktate ein ähnliches politisches Szenario wie in den historischen Schriften voraussetzen, gehören sie ebenfalls in Philons fortgeschrittene Jahre. Auf dieser Grundlage sticht sofort ins Auge, dass die philosophischen Abhandlungen und die „Exposition" mit der politischen Krise in Zusammenhang stehen, welche die Spätphase von Philons Laufbahn prägt. Der „Allegorische Kommentar" dagegen spiegelt eine viel gelassenere Atmosphäre wider. Außerdem lese ich die verschiedenen philonischen Werkserien im Licht seiner geistigen Positionen in den historischen Schriften. Ich frage, wie sich seine Ansichten dort zu denen verhalten, die er in einem späteren Lebensabschnitt äußerte. Vertrat er ähnliche Vorstellungen, oder wählte er in seinen übrigen Werkreihen einen anderen Ansatz? Thematisierte er ähnliche oder andere Anliegen, und sprach er folglich eine ähnliche oder eine andere Leserschaft an? Ich gehe von der Annahme aus, dass Werke mit denselben Werten und gleicher Selbstpositionierung wie in den historischen Schriften in einem ähnlichen historischen und kulturellen Kontext entstanden sind. Somit können sie in das Spätstadium von Philons Laufbahn datiert und in ähnlichem Sinne analysiert werden. Demgegenüber lassen sich Werke, die sich in ihrer Anlage erheblich von der der historischen Schriften unterscheiden, einer früheren Phase zuordnen. Ich untersuche sie mit einem alexandrinischen Kontext im Hinterkopf und prüfe, in welchem Umfang sie kulturelle Diskurse aufgreifen, die in seiner Heimatstadt eine bedeutende Rolle spielten.

Diesem Ansatz folgend, postuliere ich, dass Philons philosophische Werke eng mit seinen historischen Schriften verbunden sind. Der Traktat *Über die Rationalität der Tiere* enthält einen Hinweis auf eine Gesandtschaft, an der Philons Neffe Alexander teilnahm (Anim. 54). Wie bereits etliche Forscher vorgeschlagen haben, ist dies höchstwahrscheinlich dieselbe Gesandtschaft wie die von Philon geleitete.[9] Als junger Mann fungierte Alexander anscheinend als Mitglied der jüdischen Gesandtschaft an Gaius, die ihm die glänzende Gelegenheit zur Begegnung mit hohen Amtsträgern und zur Vorbereitung seines eigenen meteorischen Aufstiegs in der römischen Administration bot. *Über die Rationalität der Tiere* setzt somit dieselbe politische Situation voraus, die Philons historische Schriften in seinen fortgeschrittenen Jahren prägt. Darüber hinaus stellt Philon sich in diesem Traktat als einen in die Jahre gekommenen Mann dar, der jüngere Familienmitglieder an seiner Erfahrung teilhaben lässt (Anim. 5–8). Philons Pose auf der literarischen Ebene steht im Einklang mit seinen historischen Schriften, wo er sich unter „die Gealterten" (Legat. 1) einreiht. Dies bestätigt unseren Eindruck einer späten Abfassung dieses philosophischen Traktats.

In *Über die Rationalität der Tiere* präsentiert Philon sich als einen Interpreten, der „nicht nur einige wenige Alexandriner und Römer" erreichen will, „die Ausgezeichneten oder Vorzüglichen …, die sich an einem bestimmten Ort versammelt haben", sondern auch auf weitere Kreise zielt. Er spricht hier eindeutig über elitäre Zirkel sowohl in Alexandria als auch in Rom, wobei er vielleicht eine Art Salonkultur in der Reichshauptstadt vor Augen hat. Seine Anrede Theodots zu Beginn von *Über die Freiheit des Tüchtigen* legt eine solche Diskussionskultur in Privathäusern nahe, die auf der Gastfreundschaft persönlicher Patrone beruhte. Philon mag durchaus in den Genuss der Art von literarischen Kreisen gekommen sein, in denen Josephus später seine Bücher schrieb. In den *Jüdischen Altertümern* und in *Gegen Apion* spricht Josephus seinen Patron Epaphroditus an, dem er für sein Interesse und die Unterstützung seines Werkes dankt. Josephus gibt zu verstehen, dass es weitere Personen gab, „die um deinetwillen Lust bekommen werden, mehr über unser Volk zu erfahren" (Gegen Apion II 296). Wenn Philon selbstbewusst mit einem römischen Publikum rechnet und kurz Theodot anspricht, dann beansprucht er höchstwahrscheinlich solche Kreise römischer Salonkultur.[10]

Zwar enthalten die übrigen philosophischen Werke keine historischen Hinweise und könnten theoretisch frühere Traktate sein, doch sind sie im

---

[9] Siehe TERIAN, De Animalibus, 28–34; TERIAN, Critical Introduction, 289–294; ROYSE, Works of Philo, 55–58, 61–62; MORRIS, Jewish Philosopher, 864–865; STERLING, Logic of Apologetics.

[10] PHILON, Anim. 7 und Prob. 1; JOSEPHUS, Ant. I 8; C. Ap. II 296. Zur Rolle von Josephus' Patron siehe HOLLANDER, Josephus, 279–293; siehe auch SALLES, Lire à Rome, 93–122; FANTHAM, Roman Literary Culture, 2–11.

Zuschnitt und inhaltlich eng mit *Über die Rationalität der Tiere* verwandt. Vermutlich schrieb Philon all seine philosophischen Dialoge ungefähr zur gleichen Zeit; denn regelmäßig verfasste er eher Traktatserien als Einzelwerke. Wie gesehen, sind die historischen Abhandlungen in seine späteren Jahre zu datieren, wohingegen keine historische Darstellung aus Alexandria vor der Krise bekannt ist. Ebenso gehören die Biographien biblischer Erzväter zusammen, wie Philons Binnenbezüge zeigen, und die zahlreichen Traktate des „Allegorischen Kommentars" enthalten Querverweise, die ihre Zusammengehörigkeit signalisieren. Philons Bemerkungen über sein eigenes Werk legen nahe, dass er in jeder Schaffensphase ein bestimmtes Genre wählte, darin mehrere Traktate schrieb und dann in einem neuen Kontext ein anderes Format wählte. Diese Praxis bestärkt uns in der Vermutung, dass Philon eine Serie philosophischer Schriften ungefähr gleichzeitig in Angriff nahm. Außerdem haben diese Traktate das gleiche intellektuelle Milieu. Philon spricht durchgehend Themen stoischer Philosophie an, die eindeutig römische und nicht alexandrinische Diskurse anklingen lassen. Die philosophischen Werke stimmen folglich mit der stoischen Ausrichtung seiner historischen Schriften überein. In Philon begegnet uns ein Denker, der mit den römischen Debatten seiner Zeit bestens vertraut ist und jüdische Philosophie in aktuelle Diskurse einschreibt.

Eine weitere philonische Werkreihe wird die „Exposition des Gesetzes" genannt und enthält eine Abhandlung über die Schöpfung, drei erhaltene Lebensbeschreibungen biblischer Erzväter, vier Bücher über das Mosaische Gesetz und zwei abschließende Traktate *Über die Tugenden* und *Über Belohnungen und Strafen*. Auch diese Serie muss in Philons spätere Schaffensphase gehören. Eher als freie Nacherzählung biblischer Stoffe denn als systematischer Kommentar verfasst, spricht sie ein breiteres Publikum an, das mit dem biblischen Text nicht vertraut ist. Darüber hinaus lokalisiert Philon sich in einem berühmten Abschnitt von *Über die Einzelgesetze* in derselben geschichtlichen Situation, die den Rahmen seiner historischen und philosophischen Traktate bildete, nämlich dem Kontext der Notfalldiplomatie nach der Gewalttätigkeit in Alexandria. Wehmütig ruft Philon sich seine philosophische Muße ins Gedächtnis, aus der ihn die politischen Ereignisse jäh herausrissen:

> Es gab einmal eine Zeit, da ich mich ganz der Philosophie und der Betrachtung der Welt und ihrer Teile hingab, da ich mich des herrlichen, vielbegehrten, wahrhaft seligen Geistes freute, in stetem Verkehr mit göttlichen Gedanken und Lehren, an denen ich mich mit nie zu stillendem und sättigendem Verlangen erquickte. ... Da aber lauerte das schlimmste der Übel, der Neid, der Feind des Schönen, mir auf: Plötzlich fiel er über mich her und ließ nicht eher davon ab, mich gewaltsam hinabzuzerren, als bis er mich in die weite Flut der politischen Sorgen gestürzt hatte, in der ich nun umhergetrieben werde, ohne auch nur ein wenig daraus emportauchen zu können. (Spec. III 1–3)

## Kapitel 1: Eine intellektuelle Biographie Philons? 

Philon muss sich hier auf den Aufruhr in Alexandria beziehen, der zu seiner politischen Ernennung zum Leiter der jüdischen Gesandtschaft führte. Seine Klage darüber, in „die weite Flut der politischen Sorgen gestürzt" worden zu sein, passt genau zu dieser Lebenswende. Viele Forscher haben bereits gefolgert, dass diese autobiographische Reminiszenz die „Exposition" Philons späterer Lebenszeit zuordnet.[11] Dieser Schluss kann nun durch weitere Überlegungen erhärtet werden. Ein Großteil der „Exposition" gehört zur Gattung Historiographie. Drei Patriarchenbiographien sind erhalten geblieben, zwei weitere verloren gegangen. Philons Entscheidung für dieses Genre, das in Rom gerade in Mode gekommen war, zeigt eine enge Verwandtschaft mit seinen historischen Schriften, wohingegen es sich vom „Allegorischen Kommentar" erheblich unterscheidet, in dem er Bibelverse systematisch bis in die kleinsten Details erläutert. Seine Wahl der literarischen Gattung in der „Exposition" deutet somit auf eine Abfassung in der Spätphase seines Wirkens, in der er sich mit Geschichtsschreibung befasste. Des Weiteren steht die „Exposition" in intellektueller Hinsicht im Einklang mit Philons späteren Schriften, die zu stoischen Positionen hinneigen, römische Diskurse anführen und tendenziell den radikalen platonischen Transzendentalismus des „Allegorischen Kommentars" seiner frühen alexandrinischen Periode hinter sich lassen. In der „Exposition" stützt sich Philon auf stoische Vorstellungen wie zum Beispiel das individuelle Ich, das die Umstände des eigenen Lebens aushandelt, und den Gedanken der Entscheidungsfreiheit als einer Grundvoraussetzung der Ethik. Sein Platonismus ist auch deutlich stoischer als in seiner frühen alexandrinischen Phase. Zu guter Letzt wendet sich Philon in der „Exposition" an ein ebenso breites Publikum wie in seinen historischen und philosophischen Schriften. Er richtet sich an Leser ohne Grundkenntnisse über das Judentum und die jüdische Bibel, die aber generell begierig sind, etwas darüber zu erfahren. Auch in dieser Hinsicht unterscheidet sich die „Exposition" auffallend vom „Allegorischen Kommentar", in dem er sich ohne jede Einleitung auf die Erörterung von Detailfragen im biblischen Text stürzt und mit anderen, gleichermaßen spezialisierten Auslegern in der jüdischen Gemeinde auseinandersetzt.

Der „Allegorische Kommentar" in seiner überlieferten Gestalt bietet eine Vers-für-Vers-Exegese von Genesis 2,1–18,2.[12] Jeder Traktat behandelt einen zusammenhängenden Abschnitt, der eingehend allegorisch ausgelegt wird, häufig angereichert mit weiteren Versen aus anderen biblischen Zusammenhängen. Diese Serie ist in Philons Œuvre die esoterischste und setzt

---

[11] COHN, Einleitung und Chronologie, 432–434; MORRIS, Jewish Philosopher, 840–844; ROYSE, Works of Philo, 60–62; BLOCH, Alexandria in Pharaonic Egypt; STERLING, Prolific in Expression, 64–75.
[12] Philons Kommentar zu Genesis 18,1–2 ist in den Standardausgaben seiner Werke nicht abgedruckt, sondern nur in einem armenischen Fragment erhalten, das SIEGERT, Philonian Fragment, herausgegeben hat.

sowohl eine innige Vertrautheit mit der Heiligen Schrift als auch ein spezialisiertes Interesse an ihrer Deutung voraus. Der „Allegorische Kommentar" steht den historischen Werken in fast jeder Hinsicht am fernsten: literarische Gattung, philosophische Vorstellungen und implizite Leserschaft. Im Anschluss an die alexandrinische Tradition der Kommentarkultur, die vor allem für ihre Leistungen auf dem Gebiet der homerischen Epen bekannt ist, bietet Philon eine minuziöse, systematische Kommentierung des Bibeltextes, die für ein Fachpublikum auf dem neuesten Stand der hermeneutischen Debatten geschrieben ist. Dabei setzt er eine so genaue Bibelkenntnis voraus, dass er einzelne Worte zitiert, ohne jeweils den Sprecher zu benennen oder den Kontext zu erläutern. Er streut reichlich biblische Wendungen ein, webt sie wie Fäden in seine Auslegung und wirkt so einen farbenfrohen Teppich. Philons implizite Leser sind alexandrinische Juden, die sein religiöses Interesse und seine Bibelbezogenheit teilen. Anzeichen für ein frühes Stadium seiner Wirksamkeit ist die Tatsache, dass er seine allegorische Methode zögernd einführt, was nahelegt, dass er sich noch nicht als wohl bekannte Autorität etablieren konnte. Philon positioniert sich im Gegenüber zu Lesern, welche die Bibel im Wortsinn verstehen und nicht zu einem allegorischen Ansatz tendieren; sie haben anscheinend einen Großteil der alexandrinischen Gemeinde ausgemacht.

Der „Allegorische Kommentar" verrät eine platonische Gesamtausrichtung und ist einer strengen Form von Transzendentalismus verpflichtet, der sich von der stärker weltlichen Orientierung von Philons späteren Werken unterscheidet. Platons Dialoge, allen voran der *Theaitet*, bilden das Rückgrat von Philons Bibelkommentar. Häufig führt er die lebhafte alexandrinische Debatte über diesen Dialog an und macht sich Platons Ethik zu eigen, wenn er den Leib-Seele-Gegensatz betont, der sich durch Weltflucht und Nachahmung Gottes überwinden lässt. Als junger Mann spricht Philon über die Reise der Seele zu einem schlechthin transzendenten Gott. Seine Sehnsucht nach dem ‚ganz Anderen' ist häufig mystisch und in hohem Maße introvertiert, wohingegen seine späteren Werke sich auf die Dinge des wirklichen Lebens konzentrieren und den Menschen in seiner Einbettung in die Gesellschaft wahrnehmen. Diese körperlose Vorstellung vom Ich im „Allegorischen Kommentar" hat auf der literarischen Ebene ein verblüffendes Pendant. Während Philon in seinen historischen Schriften als Autor deutlich in Erscheinung tritt, zeigt er sich dem Leser in seinem Frühwerk kaum. Zu Beginn seines Schaffens ist er ziemlich abgehoben und vermeidet irdische Bezüge wie zum Beispiel persönliche Erfahrungen oder historische und soziale Realitäten. Im Allgemeinen werden in diesen Traktaten, in denen noch kein Aufruhr und keine politischen Unruhen seine Kontemplation der in der jüdischen Bibel enthaltenen Wahrheit stören, weder seine eigene Person noch seine Umwelt erkennbar. Zugleich zeigt der „Allegorische Kommentar" jedoch bereits Anzeichen eines aufkeimenden Interesses an der Stoa.

Vermutlich unter Rückgriff auf den einen oder anderen allgemeinen Traktat führt Philon einige ethische Gedanken der Stoiker an, bleibt dabei aber auffallend unspezifisch und übersetzt sie in platonische Kategorien. Diese anfängliche Neugier, die über die bekannten alexandrinischen Diskurse hinausgeht, bereitet Philon auf seine intensive Begegnung mit der Stoa in Rom vor und befähigt ihn dazu, sich in seinen späteren Schriften die stoische Ethik in viel umfassenderer Weise anzueignen.

Schon vor langer Zeit hat man erkannt, dass die Traktate mit dem Titel „Fragen und Antworten" zu den Büchern Genesis und Exodus denselben Geist wie der „Allegorische Kommentar" atmen. Sie teilen dessen Auslegungsstil, bei dem Fragen zu einzelnen Versen im Zentrum stehen, für die der Kommentar eine allegorische Lösung findet. Beide Serien behandeln dieselben Texte und bieten ähnliche Deutungen, wobei die „Fragen und Antworten" über die erhalten gebliebenen Traktate des „Allegorischen Kommentars" hinausgehen. Allerdings gilt es auch die Unterschiede anzuerkennen. Die „Fragen und Antworten" sind in Struktur und Gedankenführung viel schlichter und vermitteln die Inhalte im Stil eines Handbuchs. Diese Werkreihe spiegelt Philons fortgeschrittenere Lehrtätigkeit wider, in der er komplizierte Argumente, die er im „Allegorischen Kommentar" entfaltet hat, resümiert.[13] Somit hat er innerhalb der jüdischen Gemeinde von Alexandria eine Entwicklung durchlaufen: Er begann als elitärer Gelehrter und wandte sich dann an ein breiteres jüdisches Publikum. Die Fähigkeiten, die er in diesem Prozess erwarb, kamen ihm bei seiner Ankunft in Rom zustatten, wo er noch breiteren Hörerkreisen begegnete, die schlechterdings nichts über das Judentum wussten.

Im Zuge dieser Einsichten in die Chronologie von Philons Leben und Schriften, die zwecks schneller Orientierung in Anhang 1 aufgelistet sind, habe ich die Kapitel dieses Buches in umgekehrter Reihenfolge angeordnet. Im ersten Teil geht es um die historischen und philosophischen Traktate, die gegen Ende von Philons Wirksamkeit ausdrücklich im Kontext der jüdischen Gesandtschaft an Gaius verfasst wurden. Die Analyse dieser Schriften liefert uns das geistige Rüstzeug, um die übrigen Werkserien zu verstehen. Der zweite Teil behandelt die „Exposition", die ebenfalls in Philons Spätzeit gehört, und der dritte Teil ist Philons Frühwerk gewidmet, dem „Allegorischen Kommentar" und den „Fragen und Antworten". Auf diese Weise begeben wir uns von der am besten bekannten zur undurchsichtigsten Lebensphase Philons und gewinnen so zu Beginn einen Referenzpunkt, zu dem die weniger bekannten Schriften sinnvoll in eine vergleichende Beziehung gebracht werden können. Wir verfolgen Philon zurück von seinen späteren,

---

[13] Zu abweichenden Ansichten siehe TERIAN, Priority of the *Quaestiones*; STERLING, Philo's *Quaestiones*.

römischen Positionen zu seinen alexandrinischen Sichtweisen zu Beginn seines Wirkens.

Meine Gesamtanalyse von Philons Werken legt eine bedeutende Entwicklungslinie von Alexandria nach Rom nahe. Philon beginnt als systematischer Bibelkommentator in Alexandria, wo er sich mit seinen jüdischen Kollegen über die Schrift auseinandersetzt und transzendente platonische Einsichten bietet, in denen alexandrinische Diskurse nachklingen. In dieser frühen Phase sehen wir, wie Philon Gattungen heranzieht und Fragen anführt, die in jüdischen und breiteren paganen Leserschaften seiner Heimatstadt populär waren. Er lässt bereits ein überdurchschnittliches Interesse an stoischem Gedankengut erkennen, das er gleichwohl seinem übergreifenden platonischen Gesamtanliegen noch unterordnet. Im alexandrinischen Umfeld leistet er innovative Beiträge zum Judentum, indem er erstmals eine tragfähige jüdische Religionsphilosophie entwirft, die Gott in abstrakten Begriffen denkt und die Flucht der Seele aus dem Bereich der Materie in die geistigen Gefilde ausmalt. Auf hermeneutischem Gebiet leitet Philon eine neue Synthese von wissenschaftlicher Analyse des Literalsinnes und spiritueller Allegorese ein. Diese spezifisch alexandrinische Interpretation des Judentums, die der junge Philon bietet, wirft ein bedeutsames Licht auf spätere geistige Entwicklungen im griechischen Osten, besonders in Alexandria. Der Kirchenvater Origenes, der in Alexandria aufgewachsen ist und später nach Caesarea übersiedelte, hat dieses Format des Bibelkommentars gezielt aufgegriffen und akribische Auslegungen des wörtlich verstandenen Textes mit platonischen Allegorien geliefert. Sowohl Mittel- und Neuplatoniker als auch alexandrinische ‚Gnostiker' haben sich eine Theologie zu eigen gemacht, die der Philons verblüffend ähnlich ist.[14] Auch sie stellten sich einen transzendenten Gott ohne jede Verbindung zur materiellen Welt vor, der durch innere Kontemplation erfasst werden kann. Bezeichnenderweise blieben diese Schulen im Römischen Reich eine Randerscheinung, und ihre Werke wurden im Westen nicht kanonisiert.

Infolge seiner Romreise erfuhr Philon eine dramatische Veränderung. Die Gesandtschaft an Gaius Caligula wurde zum Wendepunkt in seinem Leben: Sie holte ihn aus seiner kontemplativen Daseinsweise in Alexandria heraus und zog ihn in römische Politik und römische Diskurse hinein. Er sah sich einer neuen kulturellen und intellektuellen Umgebung ausgesetzt. Der Weg nach Rom bedeutete für ihn, neue Literaturgattungen und ausgeprägt römische Perspektiven auf die Philosophie kennenzulernen. Die Schule der Stoa war in Rom erheblich dominanter als in Alexandria und wurde für Philon

---

[14] Ich verwende weiterhin den Begriff ‚Gnostiker', obwohl er hinterfragt wurde von WILLIAMS, Rethinking „Gnosticism", KING, What Is Gnosticism?, und MARKSCHIES, Valentinus, weil es mir erlaubt, mich damit auf gewisse christliche Autoren zu beziehen, die von der lateinischen Kirche nicht kanonisiert wurden.

zum Auslöser, einen frischen Blick auf seine Tradition zu werfen und seine im Wesentlichen platonische Theologie in einem stärker stoischen Licht zu sehen. Die Juden unterscheidet er nun von den Griechen und interpretiert sie in römischen Begriffen, wenn er zu verstehen gibt, dass sie sich einem weltlichen Moralkodex auf der Grundlage der Schöpfung verschreiben, im gesamten Römischen Reich umherreisen und selbstdisziplinierte Bürger sind. Sowohl die „Exposition" als auch die historischen und die philosophischen Traktate sind das Ergebnis dieser fruchtbaren Begegnung mit Rom. Philon wurde in dieser Zeit besonders produktiv und bot neue Perspektiven auf das Judentum, die im Kontext der Zweiten Sophistik und des Frühchristentums, die beide tief in römische Diskurse verwoben waren, von größter Bedeutung sind. Im Anschluss an seinen Romaufenthalt schrieb Philon in verhältnismäßig kurzer Zeit, etwa zwischen 41 und 49 n. Chr., ungefähr die Hälfte seines Œuvres. Bedenkt man, dass Cicero innerhalb zweier Jahre (46–44 v. Chr.) über dreißig Bücher und Seneca seine zahlreichen Briefe an Lucilius in einem Zeitraum von drei Jahren (62–65 n. Chr.) verfasste, überrascht Philons Produktivität nicht. Wir wissen nicht mit Bestimmtheit, ob er all diese späteren Schriften noch zu Zeiten seines Romaufenthalts schrieb. Wahrscheinlich hat er manches davon im Anschluss an seine Rückkehr nach Alexandria verfasst. Wie dem auch sei, seine Sichtweise hatte sich unumkehrbar verändert.

## Von Alexandria nach Rom

Nachdem die ägyptische Königin Kleopatra und ihr Geliebter Antonius den Krieg gegen Oktavian, den späteren Kaiser Augustus, verloren hatten, wurde Ägypten römische Provinz. Im Jahr 30 v. Chr. wurde Alexandria zur Provinzhauptstadt, der Rom viele Sonderbeschränkungen auferlegte. Ihres königlichen Ranges beraubt und offiziell dem Römischen Reich einverleibt, pflegte die Stadt gleichwohl weiterhin ihre eigene Kultur und ihr eigenes Geistesleben. Einige ägyptische Intellektuelle bedauerten Alexanders frühen Tod und meinten, er hätte die römische Expansion vielleicht aufgehalten. Der Historiker und Gelehrte Apion, der die ägyptische Gegengesandtschaft an Gaius Caligula anführte, beklagte den Untergang des Ptolemäerreichs und glaubte, Kleopatra hätte eine bedeutende, segensreiche Wirkung ausüben können (Josephus, Gegen Apion II 60). Alexandria und Rom waren somit politisch und kulturell miteinander verbunden, die eine der anderen unterworfen, blieben aber auch unterschieden und ließen mehr Spannungen erkennen als jede zwei anderen Hauptstädte im Reich.

Die jüngere Forschung nimmt Roms Einfluss im griechischen Osten zunehmend wahr. Heutzutage ist vielen Wissenschaftlern bewusst, dass Rom nicht eine lediglich politische Macht war, die kulturell nur eine untergeordnete Rolle als Rezipientin klassisch-griechischer Traditionen gespielt hätte. Stattdessen ist deutlich geworden, dass die Haupstadt in Religion, Philosophie und Literatur neue Akzente setzte. Ihre Vorlieben und Entscheidungen waren bedeutsam und zogen selbst an der Peripherie Aufmerksamkeit auf sich. Roms Einfluss ist jüngst im Kontext dreier Gebiete betont worden, die im Blick auf Philon von Belang sind: die Renaissance griechischer Kultur, frühes Christentum und Josephus.

Die griechische Renaissance im Römischen Reich, die man seit Philostrats scharfsinniger Studie die „Zweite Sophistik" nennt, ist zuletzt aus neuen Perspektiven untersucht worden.[15] Dabei hat sich gezeigt, dass die griechische Kultur aufs Engste mit römischen Machtstrukturen verknüpft war. Schriftsteller wie etwa Plutarch und Lukian sind nicht recht zu verstehen, wenn man nicht die Frage nach ihrer Auseinandersetzung mit römischen Diskursen und deren Auswirkung auf ihre Konstruktion griechischer Identität stellt. Man hat griechische Autoren jener Zeit so charakterisiert, dass sie ein fragmentiertes Selbstverständnis besaßen und eine verwirrende Vielfalt von Blickwinkeln einnahmen. Plutarch und Lukian beispielsweise kombinierten ihre lokale (griechische beziehungsweise syrische) Identität mit klassisch-griechischer *paideia* und aktiver Beteiligung an römischen Angelegenheiten. Mit jedem Schreibakt konstruierten sie einen neuen Aspekt ihrer Identität in einer komplexen Welt. Selbst die Tatsache, dass griechische Autoren sich häufig als bloße Hüter der Kultur darstellten, denen jedwede politische Ambitionen scheinbar völlig abgingen, steht im Einklang mit römischen Erwartungen und spiegelt eine tiefe Einbindung in die seinerzeitigen Diskussionen wider.

In jüngster Zeit ist Rom in der Erforschung des frühen Christentums ins Blickfeld gerückt. Man hat erkannt, dass lange, bevor Eusebios die Kirche offiziell mit dem Römischen Reich verquickt hat, griechischsprachige christliche Autoren sich römischer Diskurse oft sehr genau bewusst waren und sich bemühten, die neue Religion in aktuelle Debatten einzubeziehen. Unter den Evangelisten hat man Lukas als den Autor mit der unverkennbar stärksten römischen Ausrichtung ausgemacht. Zudem wurden sein betont historischer Stil in der Apostelgeschichte im Rahmen römischer Geschichtsschreibung gewürdigt, seine Beachtung von Frauen im Licht römischer Politik interpretiert und seine Paulusdarstellung in den Kontext zeitgenössischer Visionen des Reiches gestellt.[16] Darüber hinaus wurden die Paulusbriefe, besonders der an die Römer, mit Blick auf die Realia und auf diskursive

---

[15] BOWERSOCK, Greek Sophists; BOWIE, Greeks and Their Past; BOWIE, Hellenes and Hellenism; GLEASON, Making Men; SWAIN, Hellenism and Empire; JONES, Culture and Society in Lucian, 6–23, 78–89; GOLDHILL, Who Needs Greek?, 60–107; GOLDHILL, Being Greek; WHITMARSH, Greek Literature; G. ANDERSON, Pepaideumenos.

[16] Siehe STERLING, Historiography; HÄGG, Art of Biography, 148–186; HARRILL, Paul the Apostle; D'ANGELO, Roman Imperial Family; CANCIK, Mittelmeer.

Strukturen in Rom analysiert, wie etwa den epistolographischen Stil und das verstärkte Hervortreten des individuellen Ichs.[17] Ferner ist der Apologet Justin der Märtyrer aus dem zweiten Jahrhundert als griechischsprachiger Autor in Rom in den Fokus gerückt, der ein römisches Publikum anspricht und sinnvoll mit der Zweiten Sophistik verglichen werden kann.[18] Breite religiöse Phänomene wie zum Beispiel Martyrium und Glaube sind ebenfalls in einem römischen Kontext interpretiert worden.[19] Die Entstehung des Christentums als eigenständiger Religion ist somit aufs Engste mit Rom verknüpft.

Auch Josephus wird zunehmend als in Rom schreibender jüdischer Autor gewürdigt. Konzentrierten sich ältere Studien auf seine Quellen und wollten die von ihm berichteten Ereignisse rekonstruieren, „wie es eigentlich gewesen", so wird er in jüngerer Zeit als ein Autor des ersten Jahrhunderts gesehen, der in Rom für ein römisches Publikum schrieb. Man hat die Bedeutung seines römischen Bürgerrechts, seine Kenntnis römischer Diskurse und die römischen Züge seines Judentums untersucht. Darüber hinaus wurde sein Gewicht als römischer Historiker aufgezeigt und sein breites Netzwerk unter römischen Intellektuellen an den Tag gebracht.[20] Dieser Paradigmenwechsel in der Josephus-Forschung ist von großer Bedeutung für Philon, insofern dessen Situation als griechischsprachiger Jude, der eine Generation zuvor nach Rom kam, in vielerlei Hinsicht von erstaunlicher Ähnlichkeit ist.

Vor diesem Hintergrund von Forschungsentwicklungen überrascht es, dass Philon bislang fast ausschließlich im Kontext des Judentums des Zweiten Tempels und/oder der klassischen griechischen Philosophie interpretiert worden ist. Die Gelehrten waren ganz überwiegend damit befasst, sich über das genaue Verhältnis zwischen den jüdischen und den griechischen Komponenten seines Denkens klar zu werden, häufig sogar in der Annahme, es handele sich dabei um unüberbrückbare Gegensätze, so dass Philons jüdische Identität durch sein Eingehen auf Griechisches angeblich bedroht war.[21] Seine Erwähnungen römischer Ereignisse in den historischen Schriften sind

---

[17] Siehe WATSON, Paul; HARRILL, Paul and Empire; LAMPE, Die stadtrömischen Christen; THORSTEINSSON, Roman Christianity; BECKER, Paulus; BECKER, Tränen des Paulus.

[18] Siehe NASRALLAH, Rhetoric of Conversion; NASRALLAH, Christian Responses: NIEHOFF, A Jew for Roman Tastes.

[19] Siehe PERKINS, Roman Imperial Identities; MOSS, Myth of Persecution; MORGAN, Roman Faith; MARKSCHIES, Antikes Christentum; NASRALLAH, Mapping the World; zu abweichenden Ansichten siehe CLARK, Christianity.

[20] GOODMAN, Josephus as Roman Citizen; GOODMAN, Roman Identity; MASON, Josephus as a Roman Historian; MASON, Flavius Josephus; MASON, History of the Jewish War; HOLLANDER, Josephus; siehe auch BARCLAY, Flavius Josephus, 362–369; HAALAND, Jewish Laws; S. COHEN, Josephus; SIEVERS/LEMBI (Hgg.), Josephus and Jewish History; zu abweichenden Ansichten siehe RAJAK, Josephus.

[21] Zur Geschichte solcher Gegensätze siehe NIEHOFF, Alexandrian Judaism; zur Kritik an diesem Ansatz siehe S. COHEN, From the Maccabees, 37–45; GRUEN, Heritage and Hellenism; GRUEN, Diaspora.

immer wieder als bloße Beschreibung von etwas aufgefasst worden, was ihm während seiner Gesandtschaft an Gaius widerfahren ist. Andererseits sind die intellektuellen Folgen von Philons Romaufenthalt noch nicht ernsthaft untersucht worden. Angesichts der bekannten Tatsache, dass Gesandte ihren Aufenthalt in der Reichshauptstadt regelmäßig zu kulturellen Aktivitäten nutzten, ist das verwunderlich. Krates von Mallos wie auch die berühmten athenischen Gesandten hielten öffentliche Vorlesungen, was den tiefen Widerwillen des römischen Aristokraten Cato erregte. Plutarch nutzte seine Romreisen zu intensiver Erforschung historischer Materialien für seine *Parallelbiographien* und eignete sich zu diesem Zweck gute passive Lateinkenntnisse an. Zurück in Griechenland, blieb er mit seinen römischen Freunden in Verbindung, tauschte mit ihnen Bücher aus und ließ sie als Gesprächspartner in seinen Dialogen auftreten.[22] Apion, der Leiter der ägyptischen Gesandtschaft an Gaius Caligula, und Chairemon, ein stoischer Philosoph und höchstwahrscheinlich ebenfalls Mitglied dieser Gesandtschaft, schrieb äußerst kritische Traktate über die Juden und ihre Traditionen. Diese Veröffentlichungen der Diplomaten hatten eine so tiefgreifende Wirkung, dass Josephus eine Generation später sich zu ihrer Widerlegung genötigt sah.[23] Griechischsprachige Gesandte, die aus dem Osten nach Rom kamen, erwarteten, zumindest einen Teil ihrer Zeit mit akademischer Betätigung zu verbringen, die ihr kulturelles und philosophisches Erbe römischen Intellektuellen und einem breiteren Publikum in der Hauptstadt vorstellen würde.

Wie lässt sich die genaue Auswirkung von Philons Entsendung nach Rom feststellen? Der Umbruch in seinem persönlichen Leben, als er nach Rom reiste und eine viel stärker politische Rolle einnahm als zuvor, ist unverkennbar und häufig bescheinigt worden. Doch setzte Rom auch eine bedeutsame, bislang übersehene geistige Entwicklung bei Philon in Gang. Das ist augenfällig, obwohl Philon an keiner Stelle Kontakte mit römischen Intellektuellen erwähnt, nicht einmal mit seinem jüngeren Zeitgenossen Seneca, der teilweise in Alexandria aufgewachsen war, fließend Griechisch sprach und viele von Philons philosophischen Interessen teilte.[24] Es ist zunächst wichtig festzuhalten, dass Philon der lateinischen Sprache hinreichend

---

[22] PLUTARCH, Cato Maior 22; Demosthenes 1,2; Quaest. conv. I (Mor. 612D–E). Siehe auch STADTER, Plutarch and His Roman Readers, 70–81, 130–148; STADTER, Plutarch and Rome; DE ROSALIA, Il latino de Plutarco.

[23] JOSEPHUS, C. Ap. I 288–302; II 2–7. Während Apion mit Sicherheit als Leiter der ägyptischen Gesandtschaft fungierte, ist Chairemons Teilnahme hoch wahrscheinlich; siehe AVIGDOR TCHERIKOVER/ALEKSANDER FUKS, Corpus Papyrorum Judaicarum [im Folgenden: CPJ], 3 Bde. (Cambridge, Mass.: Harvard University Press, 1957–1964), Bd. II, 39.44; VAN DER HORST, Chaeremon, IX.

[24] Siehe GRIMAL, Sénèque, 66–78; SCARPAT, Il pensiero religioso, 70–76. Vgl. GRIFFIN, Seneca, 42–43, und GRIFFIN, Imago, die Senecas Aufenthalt in Ägypten wenig Bedeutung beimisst.

## Kapitel 1: Eine intellektuelle Biographie Philons?

gewahr wurde, um sie an einer Stelle in seinen Spätschriften für die Erläuterung einer griechischen Etymologie heranzuziehen. Er schreibt, das griechische Wort für Sieben (ἑπτά, *hepta*) sei vor dem Hintergrund zu verstehen, dass die Römer „den von den Griechen ausgelassenen Buchstaben ‚Sigma' hinzufügen" (Opif. 127). Philon verwendet das lateinische Wort für die Zahl Sieben, *septem*, die an dieser Stelle in griechischer Transkription wiedergegeben wird, um für die angeblich ursprüngliche Wurzel des griechischen Wortes zu argumentieren und eine Verbindung zum Begriff für Verehrung (σεβασμός, *sebasmos*) herzustellen. Dieses Beispiel beweist natürlich weder Philons intensive Beschäftigung mit dem Lateinischen noch seine Fähigkeit, römische Literatur zu lesen. Es signalisiert allerdings seine Wahrnehmung dieser Sprache, zumindest gewisse Grundkenntnisse und seine Überzeugung, dass seine Muttersprache mit ihr verwandt ist.

Ferner schlage ich einen literaturwissenschaftlich-vergleichenden Ansatz vor, der erstmals spezifisch römische Philosophie und Literatur heranzieht. In dieser Hinsicht gehe ich über die meisten Arbeiten zum römischen Einfluss auf den hellenistischen Osten hinaus, die regelmäßig römische Politik und ihre Auswirkungen auf griechische Akteure thematisieren. Rom muss jedoch nicht nur als politische Macht ernst genommen werden, sondern auch als eigenständiges intellektuelles Zentrum. Das eingehende Studium römischer Diskussionen über die von Philon behandelten Themen fördert eine überraschende Geistesverwandtschaft zutage. In seinen philosophischen Traktaten tritt uns Philon immer wieder als wichtiges Bindeglied zwischen Cicero und Seneca entgegen. Seine Auseinandersetzung mit römischer Kultur bestätigt sich des Weiteren durch einen Vergleich seiner Ansichten in seinem Spätwerk mit denen im „Allegorischen Kommentar" aus seiner frühen alexandrinischen Periode. Vielfach stellen wir ein erstaunliches Umdenken fest, das Philons geistige Aufgeschlossenheit für die neuen Sichtweisen aufzeigt, die er im Verlauf seines Romaufenthalts dort vorfand.

Als Philon im Herbst des Jahres 38 n. Chr. nach Rom gelangte, traf er dort auf ein ganz anderes geistiges Milieu als das ihm aus Alexandria vertraute. Seine Heimatstadt war das Zentrum der Kommentarkultur in der hellenistischen Welt und konnte eine lange Tradition von Gelehrsamkeit und wissenschaftlicher Forschung vorweisen. Die berühmte Bibliothek und das Museion boten die Infrastruktur für Intellektuelle wie etwa Aristarch von Samothrake und Aristophanes von Byzanz, die autoritative Editionen und systematische Kommentare zu den Epen Homers hervorbrachten. Auch die platonische Philosophie blühte in Alexandria. Aristophanes besorgte im zweiten Jahrhundert v. Chr. die erste kritische Ausgabe von Platons Werken. Ein Jahrhundert später spielte Eudoros eine Schlüsselrolle bei der Wiederbelebung eines dogmatisch angehauchten Platonismus, der die skeptische Phase der Schule ablöste und spezielles Augenmerk auf die positiven Lehren ihres Gründers richtete. In seinen überlieferten Fragmenten verrät Eudoros eine strenge theologische Ausrichtung: Er definierte Gott als schlechthin transzendentes Prinzip und betrachtete die Nachahmung Gottes durch den Menschen als Ziel der Ethik. In eine ähnliche Richtung geht der anonyme Kommentar zum *Theaitet*, die älteste erhalten gebliebene fortlaufende Kommentierung einer Platon-Schrift, der aller Wahrscheinlichkeit nach ebenfalls in ein alexandrinisches Milieu des ersten vorchristlichen Jahrhunderts gehört. Soweit sich das an den überlieferten Fragmenten ablesen lässt, stellt sich der Anonymus gegen stoische Konzepte und harmonisiert Platons vielfältige Werke untereinander, wobei er die Erkenntnisgewissheit und die Nachahmung Gottes betont. Ein weiterer anonymer platonischer Traktat stammt höchstwahrscheinlich aus Alexandria, wenn auch aus etwas späterer Zeit, nämlich *Über die Natur des Kosmos und der Seele*, eine kreative Lektüre von Platons *Timaios*.[25] Die alexandrinische Philosophie kreiste also um das platonische Erbe, das sie als theologisches und ethisches System entwarf. Diese Art von Philosophie florierte inmitten von hoch entwickelter Gelehrsamkeit am Museion, welche die aristotelischen literaturwissenschaftlichen Methoden auf die Kritik kanonischer Texte anwandte. Belege für stoische Philosophie in Alexandria sind hauptsächlich in Philons Frühschriften erhalten, die aber bei stoischen Themen noch ziemlich pauschal bleiben und sie platonisierend interpretieren.

Alexandria konnte sich auch einer langen jüdischen Tradition rühmen. Hier wurde die jüdische Bibel erstmals ins Griechische übersetzt, dem Aristeasbrief zufolge auf Veranlassung des Bibliotheksleiters Demetrios von Phaleron, der alle reichsweit bekannten Bücher von Wert erwerben wollte. Aristeas bindet die Heilige Schrift in alexandrinische Diskurse ein und schreibt ihr einen prominenten Bildungsrang zu. Diese Interpretation ist zweifellos ein Ausdruck von Selbstbewusstsein und echtem Interesse am gebildeten Dialog mit der Mehrheitskultur. Das alexandrinische Judentum gedieh jahrhundertelang und brachte eine beeindruckende, vielfältige Literatur in griechischer Sprache hervor. Die dank christlicher Leser erhalten gebliebenen Bücher und Fragmente lassen erkennen, dass alexandrinische Juden mit unterschiedlichen literarischen Gattungen wie etwa Tragödie, Geschichtsschreibung oder Bibelkommentar experimentierten, wobei sie stets ein wachsames Auge auf die Bibel als Quelle der Formung jüdischer

---

[25] Siehe DIOGENES LAERTIUS III 61–62. Zum Museion und zur Bibliothek in Alexandria siehe FRASER, Ptolemaic Alexandria I, 305–335; NESSELRATH, Museion. Zum alexandrinischen Platonismus siehe SCHIRONI, Plato at Alexandria; TARRANT, Date of the Anon.; SEDLEY, Three Platonist Interpretations; BONAZZI, Eudorus; DÖRRIE, Der Platoniker Eudorus; BOYANCÉ, Études philoniennes; THEILER, Philo; TOBIN, Timaios of Locri; BALTES, Timaios Lokros, 22–24; zu abweichenden Ansichten siehe DILLON, Middle Platonists, 114–135 und DILLON, Philo and Hellenistic Platonism. Zur alexandrinischen Homer-Forschung siehe FRASER, Ptolemaic Alexandria I, 447–479; SCHMIDT, Homer of the Scholia; MONTANARI, L'Erudizione; MONTANARI, Zenodotus; NÜNLIST, Ancient Critic; DICKEY, Ancient Greek Scholarship.

## Kapitel 1: Eine intellektuelle Biographie Philons?

Identität behielten. Der Tragiker Ezechiel schrieb ein Stück über den Exodus, der Exeget Demetrios untersuchte kleinste Kleinigkeiten in der Schrift mit besonderem Augenmerk auf Fragen der historischen Stimmigkeit, und Aristobul bot philosophische Einsichten in die Probleme des biblischen Anthropomorphismus.[26] Philon wirkte in Alexandria in einem solchen jüdischen Kontext und griff viele Fragen auf, die zuvor schon formuliert worden waren, gab aber seine eigenen, innovativen Antworten. Ohne die jüdischen Vorläufer und Kollegen in Alexandria ist sein Frühwerk nicht vorstellbar.

Demgegenüber gibt es keinen Hinweis auf eine vergleichbare jüdische Gemeinde in Rom zu Beginn des ersten nachchristlichen Jahrhunderts. Literarische Werke sind nicht erhalten, weshalb wir für Rekonstruktionen auf ein paar Grabinschriften und auf Philons eigenen Bericht über jüdische Synagogen in der Stadt angewiesen sind. Im Gegensatz zu Alexandria konnte Philon in Rom nicht an eine reiche geistige Tradition der jüdischen Ortsgemeinde anknüpfen. Jedenfalls ging er dorthin als Gesandter, naturgemäß an der paganen Mehrheitsgesellschaft orientiert. Zwar kam er vermutlich in den Genuss der Gastfreundschaft römischer Juden und vielleicht prominenter jüdischer Rombesucher wie zum Beispiel König Agrippas I., agierte aber vornehmlich mit Blick auf ein breiteres römisches Publikum.[27] In gesellschaftlicher Hinsicht war Philons Situation in Rom eine ganz andere als in seinem vorigen alexandrinischen Umfeld. Das hat Auswirkungen auch auf seine geistige Ausrichtung: Während seine früheren Werke sich an einem innerjüdischen Diskurs beteiligen, sind seine späteren Traktate unverhohlen apologetisch.[28]

In kultureller Hinsicht unterschied sich Rom erheblich von Alexandria. Schon auf den ersten Blick fällt der unterschiedliche literarische Geschmack auf: Geschichtsschreibung statt Kommentarliteratur kennzeichnete Rom. Anders als in Alexandria wurde Philosophie hier nicht in Gestalt der Auslegung von Schriften des Schulgründers betrieben, sondern durch eigenständige Traktate über ausgewählte Themen. Zudem florierte dort mit kaiserlicher Unterstützung die Stoa anstelle des Platonismus und förderte eher praktische Ethik als theoretische Reflexion. Schon Cicero, der erstmals griechische Philosophie auf Lateinisch vorstellte, setzte im ersten vorchristlichen Jahrhundert wichtige neue Akzente. Seine erklärtermaßen platonische Schulzugehörigkeit verknüpfte er mit stoischer Ethik und römischen Werten, wobei er sich auf zahllose Beispiele aus der römischen Geschichte und auf

---

[26] Siehe WRIGHT, Letter of Aristeas; WALTER, Toraausleger; HOLLADAY, Fragments I, 51–92; COLLINS, Between Athens and Jerusalem; BARCLAY, Jews; NIEHOFF, Jewish Exegesis, 19–74.

[27] Zu Philons Auffassung von römischen Synagogen und seinem Netzwerk in römischen Kreisen siehe Kapitel 2; siehe auch RUTGERS, Jews.

[28] Zu einer aktualisierten Erörterung des Begriffs „Apologie" siehe COLLINS, Apologetic Literature.

seine eigenen politischen Erfahrungen stützte. Wie seine Einstellung zu dem Stoiker Panaitios zeigt, sah er sich als wegbereitenden römischen Philosophen. Zwar bewunderte er Panaitios und machte in seinem Traktat *Über die Pflichten* intensiven Gebrauch von dessen Werk, doch steuerte er seine eigenen Gedanken bei, sogar ein ganzes Teilstück, und kritisierte einige Urteile seines Vorläufers. Cicero legte vor, was zu Recht als eine „im Wesentlichen römische" Philosophie beschrieben worden ist.[29]

Als das Prinzipat die römische Republik ablöste, wurde die Philosophie politisch verankert in der Gestalt des Areios Didymos, eines engen Freundes von Kaiser Augustus und Gegners der skeptischen Schule. Areios machte in Rom eine Form von Philosophie stark, die sich auf eine praktische Ethik stoisierender Art konzentrierte. Während andere Schulen an den Rand gedrängt wurden, florierte in Rom die Stoa. Attalus wurde im ersten nachchristlichen Jahrhundert ein einflussreicher stoischer Lehrer. Er inspirierte Seneca und andere dazu, die Philosophie als eine auf die tägliche Verbesserung des Einzelnen zielende Eigentherapie zu begreifen, anstatt sich theoretischer Reflexion hinzugeben oder wissenschaftliche Arbeit an Grundlagentexten zu betreiben.[30]

Philons jüngerer Zeitgenosse Seneca führte die lateinischsprachige stoische Philosophie auf neue Höhen. Er prägte sie auf eine solch erkennbare Weise, dass man sie oft als „römische Stoa" bezeichnet hat. Diese Form des Stoizismus drängte viele Vorstellungen aus der mittleren Phase der Schule, zum größeren Teil repräsentiert durch Chrysipp, in den Hintergrund und belebte stattdessen Gedanken des Gründers Zenon wieder. Außerdem war Seneca besonders am individuellen Ich in seiner Einbettung in die Gesellschaft interessiert und entwickelte einen neuen Zugang zur Vorstellung von innerer Freiheit unter politischen Restriktionen. Seinen eigenen ethischen Ansatz unterschied er von ‚haarspalterischen' theoretischen Diskursen, die er mit den Griechen und mit der Homer-Forschung assoziierte. Er scheint sogar einen unterschwelligen Zusammenhang zwischen der eher pragmatischen Ethik der Aristoteliker, die er entschieden zurückwies, und der Zügellosigkeit griechischer oder ‚orientalischer' Könige unterstellt zu haben. Seneca lässt seit Cato geäußerte römische Vorurteile gegen die griechische Kultur anklingen, die er als verweichlicht interpretierte.[31]

---

[29] LONG, Roman Philosophy, 202: „Cicero offers a moral and political philosophy in this work [sc. *De officiis*] that is essentially Roman". Siehe auch CICERO, Off. I 1–10, 152; II 1–8; III 7–15. Zu Ciceros Reflexionen über seine Rolle als Staatsmann und Philosoph in Rom siehe besonders Fin. I 1–12; LÉVY, Cicéron.

[30] PLUTARCH, Antonius 80; AREIOS bei STOBAIOS, Ekloge II 6,1; CICERO, Fin. I 13; SENECA, Ep. 108,3–4.13–15. LONG, Stoic Studies, 107–133; INWOOD, Reading Seneca, 7–22; MORFORD, Roman Philosophers, 131–166; LAURAND, Stoïcisme.

[31] SENECA, Brev. vit. 13,1–9; Ira I 9,1–4; 17,1–7; III 3,1–6; 14–17; Ep. 108,24–25; PLUTARCH, Cato Maior 22,4–5; LUKIAN, De mercede conductis (Die gedungenen Gelehrten) 17. Zur römischen Stoa siehe besonders INWOOD, Reading Seneca; REYDAMS-

Rom zog viele Intellektuelle aus dem griechischen Osten an. Manche blieben, wie zum Beispiel Areios Didymos, während andere für zeitlich begrenzte Missionen wie etwa Gesandtschaften kamen. Rom bot Neuankömmlingen nicht nur eine Plattform, um ihre zuvor entwickelten Gedanken vorzutragen, sondern auch die Gelegenheit, die Geistesgrößen der Stadt kennenzulernen, Zugang zu neuen literarischen Quellen zu gewinnen und römische Zuhörerschaften auf deren eigenem Gebiet in Beschlag zu nehmen. Nach seiner Ankunft in Rom änderte Philon von Larissa seine Ansichten so grundlegend, dass er seinen Schüler Antiochos von Askalon befremdete, der Philons ‚römische Bücher' in Alexandria erhielt und einen eigenen Traktat gegen sie schrieb. Ebenso kam Apion in der Reichshauptstadt an und formulierte neue Verleumdungen gegen die Juden; dabei konzentrierte er sich auf die Kritik an der Beschneidung, für die er bei seinen römischen Lesern Widerhall zu finden erwartete. In den Ohren seiner ursprünglichen, alexandrinischen Anhängerschaft muss derlei Polemik eher seltsam geklungen haben, weil die Ägypter ebenfalls die Beschneidung praktizierten.[32]

Wie passt Philon in das Bild eines lebhaften geistigen Austauschs in Rom? Beteiligte auch er sich dort an Diskussionen, obwohl er im Unterschied zu Plutarch nicht fließend Latein sprach? Römische Intellektuelle wie etwa Seneca waren zweisprachig und konnten problemlos auf Griechisch angesprochen werden. Philon könnte Seneca sogar von dessen Alexandria-Aufenthalt in jungen Jahren bei Onkel und Tante her gekannt haben. Angesichts der Tatsache, dass Senecas Onkel Präfekt in Alexandria war und Philon einer der einflussreichsten Familien der Stadt mit ausgezeichneten Verbindungen zur römischen Elite angehörte, ist eine solche Annahme ziemlich wahrscheinlich. Philon mag den jungen Seneca in Alexandria kennengelernt und später, nach seiner Ankunft in Rom als Diplomat, die Bekanntschaft erneuert haben. Seneca publizierte seinen ersten philosophischen Traktat, die *Trostschrift an Marcia*, zu ebenjener Zeit, als Philon sich in der Stadt aufhielt. Dieser könnte das Werk eines jüngeren Kollegen, der teilweise in seiner Heimatstadt aufgewachsen war, sehr wohl zur Kenntnis genommen haben und wäre mühelos in der Lage gewesen, die Neuerscheinung in seiner eigenen Muttersprache zu diskutieren.[33] Darüber hinaus konnte Philon in Rom wahrscheinlich auf zweisprachige Mitarbeiter zurückgreifen, wie das für hochrangige Besucher aus dem griechischen Osten üblich war. Das wäre hilfreich für den Zugriff auf römische Materialien und

---

SCHILS, Roman Stoics; zu römischen Konstruktionen des Anderen siehe besonders ISAAC, Invention of Racism; PETROCHEILOS, Roman Attitudes.

[32] CICERO, Acad. II 11–12; JOSEPHUS, C. Ap. II 141–144, 28–30, 80–88. BOWERSOCK, Foreign Elites; BARNES, Antiochus of Ascalon, 70–76; BARCLAY, Flavius Josephus, 167–168, 240–242.

[33] Zur Chronologie von Senecas Werken siehe GRIFFIN, Seneca, 396–397; zu Philons Familie siehe Kapitel 2.

Philons Beteiligung an römischen Diskussionen gewesen. Wie bereits gesehen, gibt er an einer Stelle zu erkennen, dass er auch auf ein römisches Publikum abzielte, höchstwahrscheinlich Bildungssalons, in denen auch Griechisch gesprochen worden sein dürfte.[34]

## Philon und die Zweite Sophistik

Ein bislang weitgehend übersehener wichtiger Faktor in Philons Welt ist die Renaissance griechischer Kultur im Römischen Reich. Die Gelehrten sind zunehmend auf die außergewöhnliche Komplexität dieser Bewegung, die sich von Plutarch gegen Ende des ersten Jahrhunderts bis zu Philostrat in der ersten Hälfte des dritten Jahrhunderts erstreckt, aufmerksam geworden. In einer von Rom regierten Welt waren sich die Zweiten Sophisten zeitgenössischer Machtstrukturen bewusster als beispielsweise die Neuplatoniker, die in diesem Zeitraum dazu neigten, sich aus der Politik herauszuhalten. Die Zweiten Sophisten brachten sich gezielt in die kaiserzeitlichen Diskurse ein und beteiligten sich an breiteren aktuellen Debatten. Ganz auffällig ist das bei Plutarch, der seine *Parallelbiographien* schrieb, in denen er griechischen Kulturhelden ihr römisches Pendant an die Seite stellte. In seinen Moralia lässt er an einer Stelle Seneca mit einem Bonmot an Nero zu Wort kommen (Über die Bezähmung des Zorns 13); er zitiert aus „den trefflichen Mahnungen" des ‚römischen Sokrates' Musonius Rufus (ebd. 2) und beruft sich auf zahlreiche römische Beispiele. In seinem *Leben des Apollonios von Tyana* stellt Philostrat sich selbst als Mitglied von Julia Domnas Literaturkreis vor. Die Kaiserin versorgte ihn mit entscheidenden Materialien für seine Biographie und redete ihm zu, sich der Aufgabe persönlich anzunehmen. Philostrat malt sich auch eine lebhafte Begegnung zwischen seinem Helden Apollonios und Musonius aus, wobei er das Porträt des Ersteren mit römischen Konturen zeichnet, derweil aber unterschwellig dessen Überlegenheit andeutet.[35] Literarische Interessen und Moden in der Reichshauptstadt hatten somit sichtbare Auswirkungen auf den griechischen Osten, besonders da Intellektuelle Rom häufig bereisten.

Die Zweiten Sophisten entwarfen sich selbst als Griechen, indem sie über ihr literarisches Erbe mit einem neuen Sinn für Verspieltheit, Kreativität und Ironie, der sich deutlich von der oft mystischen Ernsthaftigkeit der Neuplatoniker abhebt, schrieben. Ihre Identität war unvermeidlich fragmentiert

---

[34] Man beachte, dass in Eusebios' Vorstellung Philon seinen Traktat über die Gesandtschaft „unter Claudius ... dem ganzen römischen Senat vorgetragen" hat (H.e. II 18,8). Obwohl dieses Bild hoch spekulativ bleibt, hat Eusebios Philons neue Ausrichtung auf die römische Elite verstanden.

[35] PLUTARCH, De cohibenda ira 13, 2, 6, 10 (= Mor. 461F, 453D, 456A, 458C); PHILOSTRAT, Vit. Apoll. I 3; IV 35, 46; V 19; VII 16.

Kapitel 1: Eine intellektuelle Biographie Philons? 23

und in einem Prozess stetiger Veränderung begriffen. Etliche von ihnen sprachen eine andere Muttersprache als Griechisch. Lukian beispielsweise hatte einen syrischen Hintergrund und fühlte sich mit Blick auf die griechische Kultur, die er schließlich repräsentierte und so energisch gestaltete, ständig sowohl als zugehörig wie auch als außenstehend. Für Plutarch, Philostrat, Dion von Prusa, Galen und andere war die Schriftstellerei keine bloße literarische Tätigkeit, die gewissermaßen nichts mit dem Leben zu tun hatte, sondern eher ein schöpferischer Raum, der jederzeit in gegenwärtige Strukturen eingebunden ist, sowohl geistig als auch politisch. Ihre Position lässt sich nicht auf pro- oder antirömisch reduzieren, sondern ist als zartes Produkt aus vielfältigen Faktoren, einschließlich römischer Diskurse, zu begreifen.[36]

Des Weiteren hat man auf den sekundären Charakter der Zweiten Sophistik aufmerksam gemacht. Diese Autoren blicken ständig auf das klassische Erbe zurück, das sie nachahmen, neu schaffen und spielerisch mit einem selbstironischen Lächeln zu Fall bringen. Philostrat bildet ein aufschlussreiches Beispiel. Sein Held Apollonios und dessen Gefährte Damis erörtern die Weisheit von Tieren, die sie in Indien zu Gesicht bekommen. Damis ruft den Euripides-Vers „Den Menschen allen sind die Kinder ihre Seele" in Erinnerung (Andromache 419). Apollonios lobt den Vers als einen „weisen und göttlichen Spruch", fügt dann aber hinzu, dass er „noch weiser und wahrer" gewesen wäre, „wenn er für alle Lebewesen gälte". Damis erfasst rasch seines Meisters Intention und schlägt vor, „den Vers umzuändern". Unverzüglich liefert er eine überarbeitete Fassung und versichert, dass sie viel „besser" sei als das originale Euripides-Zitat (Leben des Apollonius II 4).[37] Somit zeigt Philostrat ein starkes Interesse daran, sein Denken auf die klassische griechische Tradition zu gründen, während er sich zugleich die Freiheit nimmt, diese neu zu schaffen und zu untergraben. Die ältere Forschung betrachtete den für die Zweite Sophistik bezeichnenden sekundären Charakter als eine fundamentale Schwäche im Vergleich zur klassischen Literatur. In jüngerer Zeit hat sich das Ansehen der griechischen Renaissance jedoch erheblich verbessert, und ihre große literarische Qualität ist zunehmend anerkannt worden. Der Facettenreichtum dieser Bewegung, besonders ihre ironische Eigenwahrnehmung und ihr raffinierter Gebrauch unterschiedlichster Stilmittel, rührt unmittelbar von ihrem Epigonentum her.

---

[36] Siehe WHITMARSH, Greek Literature, 1–38, 75–76; BOWIE, Greeks and Their Past; SWAIN, Hellenism and Empire, 289–329. KOVELMAN, Between Alexandria and Jerusalem, BOYARIN, Socrates, und FURSTENBERG, Agon with Moses, haben auf interessante Ähnlichkeiten zwischen dem Humor der Rabbinen und der Ironie der Zweiten Sophistik hingewiesen.

[37] Zu Philostrats Hintergrund siehe BOWIE, Philostratus; ELSNER, Protean Corpus. Zur Analyse von Lukians Bezugnahmen auf das griechische Erbe siehe BRANHAM, Unruly Eloquence, 65–124 (mit Schwerpunkt auf Platon); MHEALLAIGH, Reading Fiction with Lucian, 1–38 (mit Schwerpunkt auf den Parallelen in postmoderner Literatur).

Stets genötigt, sowohl die Vergangenheit als auch die multikulturelle Gegenwart unter römischer Herrschaft anzusprechen, wurden die Zweiten Sophisten außerordentlich erfinderisch, dynamisch und interessant.

Zwar gehören die von Philostrat als Zweite Sophisten aufgelisteten Autoren zur Generation nach Philon, doch ist ihr Werk wichtig, um seine geistige Entwicklung zu würdigen. Bei seiner Ankunft in Rom fand Philon sich in einer Situation vor, die der vieler Zweiter Sophisten verblüffend ähnlich ist. Mit seiner griechischen *paideia* und als aktiver jüdischer Diplomat schaute er sowohl auf die jüdische autoritative Schrift als auch die griechischen Klassiker zurück, während er zugleich in die zeitgenössische römische Politik und Kultur eingebunden war. Philons Identität ist äußerst komplex. Seine Übersiedlung aus seiner Heimatstadt mit ihrer vertrauten Kultur auf die zentrale Bühne des Römischen Reiches mit ihren fast universalen Dimensionen, mit neuen Zuhörerschaften und ungekannten Herausforderungen, eröffnete ihm die Möglichkeit, auf ungeahnte Weise geistig zu experimentieren. Seine Schriftstellerei bekommt nun eine leicht ironische Note und macht sich über literarische Konventionen lustig. In vielerlei Hinsicht greifen Philons spätere Traktate den Werken der Zweiten Sophistik vor, die uns im Gegenzug die Tragweite seiner Texte verstehen helfen.

Einige Forscher haben bereits auf Verbindungslinien zwischen Philon und der Zweiten Sophistik hingewiesen. Wahlgren und Kim analysierten sprachliche Besonderheiten und argumentieren, Philons Griechisch zeige Anzeichen des Versuchs, in einer archaisierenden Hochsprache zu schreiben, die den Attizismus der Zweiten Sophistik vorwegnimmt.[38] Diese griff zunehmend auf klassische Formen des Griechischen zurück, um die Vergangenheit wieder zum Leben zu erwecken und ihre Kultur von niedrigeren Formen, sei es der Umgangssprache oder eines schmucklosen literarischen Stils wie etwa im Neuen Testament, abzuheben. Philon erscheint da als wichtiger Meilenstein auf dem Weg zu einer Renaissance griechischer Hochkultur. Ferner betont Bruce Winter Philons Bedeutung für die richtige Datierung der Zweiten Sophistik. Mit dem Fokus auf der Rhetorik behauptet er, Philons Haltung passe gut zur Position späterer griechischsprachiger Autoren, da er ihre typische Zwiespältigkeit teilt, wenn er sowohl die Sophisten im Geist Platons abweist als auch auf ihre rhetorischen Stilmittel zurückgreift.[39] Im Blick auf seine Sprache und Rhetorik hat sich also gezeigt, dass Philon die Zweite Sophistik vorwegnahm.

Es ist nun an der Zeit für eine umfassende Analyse Philons im Licht der Zweiten Sophistik. Mein Anliegen ist nicht bloß chronologischer oder technischer Natur. Ich will nicht einfach die griechische Bewegung in die Mitte

---

[38] WAHLGREN, Sprachwandel; KIM, Literary Heritage; siehe auch SWAIN, Hellenism and Empire, 17–42.
[39] WINTER, Philo, 59–108.

des ersten Jahrhunderts zurückdatieren. Es geht um mehr als darum, für Philons Eingliederung in Philostrats Kanon der Zweiten Sophisten zu plädieren.[40] Vielmehr erhoffe ich mir neue Einsichten in Philons Texte und Persönlichkeit, indem ich Probleme benenne, die im Kontext der Zweiten Sophistik behandelt wurden. Ich frage, ob Plutarch, Lukian und Philostrat uns dabei helfen können, Philons Konstruktion seiner Identität als eines griechischsprachigen Juden in der multikulturellen Welt des Römischen Reiches zu verstehen. Lässt er bereits die typische Eigenwahrnehmung und Ironie der späteren hellenistischen Autoren ahnen? Verhandelt er seine religiösen und kulturellen Traditionen auf ähnliche Art und Weise wie die Zweite Sophistik die ihren? Lassen sich Philons Hinweise auf Alexandria, Rom und Jerusalem, die Bibel und Homer gewinnbringend mit Texten anderer fragmentierter, vielschichtiger Persönlichkeiten unter den griechischsprachigen Autoren des Römischen Reiches vergleichen?

In vielerlei Hinsicht ähnelt Philon Plutarch, dem ältesten der offiziell anerkannten Autoren der Zweiten Sophistik. Beide wuchsen sie im griechischen Osten unter römischer Herrschaft auf; Philon starb ein paar Jahre nach Plutarchs Geburt. Beide wirkten sie als Gesandte in Rom und entschlossen sich, das Bekenntnis zur platonischen Philosophie mit religiöser Observanz zu verbinden: Philon verehrte den Gott Israels, und Plutarch amtierte als Apollopriester in Delphi. Darüber hinaus schrieben Philon und Plutarch ein attizistisches Griechisch, ohne sich bereits einem rigorosen Purismus zu unterwerfen, und zogen ernsthaft zahlreiche literarische Gattungen heran, darunter Biographie, philosophische Abhandlung und Auslegung kanonischer Texte. Beide schenkten sie dem platonischen Erbe besondere Beachtung und sprachen voller Verehrung vom Schulgründer, während sie sich zugleich mit der zeitgenössischen stoischen Philosophie und der römischen Kultur auseinandersetzten. Beide boten sie neue Interpretationen von Homers Epen, die im Nachgang zu Platons scharfer Kritik deren moralischen Wert wiederherstellten.[41] Die Lektüre von Philons Toraauslegung, seiner Erörterung der platonischen Dialoge und seiner allgemeinen philosophischen und historischen Traktate im Licht von Plutarchs parallelen Werken wird sehr lohnend sein.

Philon wird sich als ein richtungweisender Autor herausstellen, der wichtigen Trends in der griechischen Literatur des Römischen Reichs vorgegriffen hat. Ich behaupte nicht seinen direkten Einfluss auf die Autoren der Zweiten Sophistik, die ihn höchstwahrscheinlich nicht zur Kenntnis nahmen,

---

[40] Zur Kanonisierung der Zweiten Sophisten durch Philostrat siehe ESHLEMAN, Social World, 125–148.
[41] Siehe PHILON, Prob. 13; PLUTARCH, De capienda ex inimicis utilitate 8 (Mor. 90C). Siehe auch SCHMITZ, Plutarch and the Second Sophistic; ZIEGLER, Plutarchos, 19–26; RUSSELL, Plutarch, 2–17, 63–83; BONAZZI, Theoria and Praxis; NIEHOFF, Philo and Plutarch.

sondern vielmehr seine Bedeutung für das erste nachchristliche Jahrhundert.[42] Vergleiche zwischen Philon und den genannten Autoren sind fruchtbar, weil er viele ihrer Anliegen vorwegnimmt und den Beginn maßgeblicher Entwicklungen im Römischen Reich markiert, die enorme Auswirkungen auf das frühe Christentum und die spätere abendländische Kultur hatten. Zweifellos stand Philon an einem Wendepunkt, der ihn dazu anstieß, originelle, facettenreiche Gedanken zu entfalten. Diese verdienen eine sorgfältige Untersuchung im Licht seines Lebens und seines größeren historischen Kontexts.

---

[42] Gegen WOLFSON, Philo, besonders 107–115, der zugunsten eines weitreichenden Einflusses Philons auf das abendländische Denken argumentiert.

Erster Teil

# Philon als Botschafter und Schriftsteller in Rom

2

# Philons Selbststilisierung in seinen historischen Schriften

Als erster jüdischer Autor schreibt Philon über politische Zeitgeschichte, in die er selbst involviert war. Er bietet eine Augenzeugendarstellung, die im biblischen und nachbiblischen Judentum vor den Werken Flavius Josephus' eine Generation nach ihm nicht ihresgleichen hat. Während Josephus jedoch Einblick in seinen Werdegang vom aristokratischen Elternhaus in Jerusalem zum privilegierten Höfling in Rom gewährt, vermitteln Philons historische Schriften ein eigenartiges Gefühl von Rätselhaftigkeit.[1] Die Leser erfahren kaum etwas über Philon als historische Gestalt und politischen Akteur. Seine Kindheit und Jugend in Alexandria zum Beispiel sowie seine aktuelle Situation unter dem römischen Kaiser Claudius bleiben schwer greifbar. Zudem sind die von ihm beschriebenen Geschehnisse seltsam unverbunden und fließen nicht in eine fortlaufende Erzählung zusammen; häufig sind sie mit seinen eigenen Ansichten derart eng verwoben, dass beides kaum auseinanderzuhalten ist.

Der enigmatische Eindruck in Philons historischen Traktaten wurzelt in der Tatsache, dass wir kaum je den genauen Zusammenhang zwischen dem von ihm thematisierten historischen Geschehen und seiner eigenen Einstellung dazu fassen können. Die politischen Vorgänge und der Erzähler Philon sind aufs Engste miteinander verknüpft, ohne dass in der Regel deutlich würde, wie beides sich genau zueinander verhält. Sein Text ist erstaunlich vielschichtig und von spielerischer Unzuverlässigkeit in einem Maße, dass man sich als Leser oft fragt, ob hinter den dargestellten Ereignissen irgendetwas Reales steht oder ob sie vielleicht genauso ein Konstrukt sind wie der Erzähler selbst. Außerdem greift Philon erstmals in der frühjüdischen Literatur ausdrücklich die Lesererwartungen auf und unterläuft sie ironisch. Auf diese Weise verankert er sich bewusster als Autor im Text als bis dahin üblich.

Philon stellt seinen historischen Traktaten aufschlussreiche Einleitungen voran, welche die Unbeständigkeit menschlicher Perspektiven ansprechen und literarische Konventionen hinterfragen. Im Wissen, stilistisches Neuland zu betreten, eröffnet Philon die *Gesandtschaft an Gaius* mit folgendem Seufzer:

---

[1] JOSEPHUS, Bell. I 1–8; III 354; Vita 1–19, 336–367. S. COHEN, Josephus, 101–160; MASON, Josephus Flavius, 11–21; HADAS-LEBEL, Flavius Josephus, 43–58; HOLLANDER, Josephus, 46–67, 252–293.

Wie lange wollen wir Alten noch Kinder sein? Unsere Köpfe sind zwar weiß geworden, das macht der Strom der Zeit. In unserem Geist jedoch blieben wir ganz unmündige Kinder vor Kurzsichtigkeit. Meinen wir doch, das Schicksal, das Unbeständigste, sei das Verlässlichste, das Beständigste aber, die Natur, sei das Unsicherste. Denn wir wechseln und ändern unser Tun wie Züge beim Brettspiel und halten die Gaben des Schicksals für beständiger als die der Natur, die Gaben der Natur aber für unsicherer als das, was dem Schicksal verhaftet ist? (Legat. 1)

Mit ihrem Verweis auf die Unzuverlässigkeit des Augenscheins, der Handlungen und der Identitätskonstruktionen schafft diese Einleitung ein Gefühl der Unbeständigkeit. Die körperlichen Anzeichen hohen Alters verheißen nicht mehr Weisheit, womit traditionelle Erwartungen untergraben werden. Menschliches Handeln wird als unvermeidlich kontextabhängig entlarvt. Anstatt sich an absoluten Maßstäben auszurichten, ändern die Menschen ihr Verhalten mit dem Aufenthaltsort. Interessanter noch, Philon deutet an, dass wir selbst bloß eine Rolle einnehmen, als spielten wir ein „Brettspiel". Die eigene Identität ist nichts Feststehendes, sondern abhängig von den Masken, die wir zeitweilig tragen, wohl wissend, dass diese nichts Wirkliches sind, sondern nur zu einem bestimmten Anlass aufgesetzt werden. Eindringlich appelliert Philon an seine Leser und betont, dass man in Zeiten lebe, in denen „viele wichtige Fragen" entschieden werden (Legat. 3). Er lässt durchblicken, dass die Natur, das einzige beständige Element im Leben, mit dem Gott der Juden identifiziert werden sollte, während er zugleich versichert, dass Gott unerkennbar, weil für menschliches Begreifen zu transzendent sei. So stellt sich sogar die Natur als ein Konstrukt heraus, ein nützliches gewiss, aber gleichwohl kein in der Erfahrungswirklichkeit gegründetes.

In *Gegen Flaccus* führt Philon sich als einen Erzähler ein, der sich bewusst über Rollenerwartungen hinwegsetzt. Nachdem er Flaccus' erfolgreiche Anfänge als Präfekt von Ägypten beschrieben hat, malt er sich die kritische Reaktion seiner Leser aus:

Vielleicht könnte nun jemand sagen: „Mein Lieber, du bist entschlossen, einen Mann anzuklagen, und hast ihn nicht beschuldigt, sondern lobst ihn über die Maßen. Hast du den falschen Ton getroffen und bist du von Sinnen?" (Flacc. 6)

Mit dem Verb „anklagen", das man mit der Justiz verbindet und das die Leser unwillkürlich an Flaccus' historischen Prozess in Rom erinnert, evoziert Philon hier die Atmosphäre eines Gerichtsverfahrens. Darin, so wird er uns später erzählen, nahm Lampo, ein alexandrinischer Gymnasiarch, nach außen hin die Rolle des „Anklägers"[2] ein, in Wirklichkeit aber beschützte er Flaccus. Regelmäßig bestochen, gab Lampo vor, das Prozessprotokoll zu schreiben, stattdessen aber „strich er da etwas aus oder ließ absichtlich etwas

---

[2] Der Begriff „Ankläger" (κατήγορος, Flacc. 131), der auf Lampo gemünzt ist, hat denselben griechischen Wortstamm wie das Verb „anklagen" (κατηγορέω), das Philon zur Beschreibung seiner eigenen literarischen Tätigkeit verwendet.

fort". Routinemäßig fälschte er die Unterlagen und „verdrehte die Buchstaben". Philon verpasst ihm den Spitznamen „Papierkrieger" und parodiert den herkömmlichen Textsachverständigen, der Sätze, Wörter und Buchstaben genauestens untersucht, um den ursprünglichen Sinn herzustellen. Lampo dagegen verwendete seine Schreibkunst zu seinem persönlichen Profit und „steckte für jede Silbe ... Geld ein" (Flacc. 131). Die Suche nach Wahrheit und Gerechtigkeit, die man aufgrund seiner Rolle bei Gericht erwartet, ist offensichtlich pervertiert worden.

Philon, gleichfalls ein Fachmann in Sachen Textwissenschaft, legt sich auf die Rolle des Anklägers fest und übersetzt die parodierte Gerichtsszene in eine literarische Gattung. Er hat römische Gerichtsverfahren verinnerlicht, die als eine Art Palimpsest für sein eigenes Schreiben dienen und eine ironische Sichtweise auf das, wozu er sich anschickt, vermitteln. Philon spielt nicht nur schöpferisch mit den Abläufen im Gerichtssaal, sondern er beteiligt sich auch an einer niveauvollen Diskussion über literarische Gattungen und Erzählperspektiven. Er bezieht seine Leser direkt ein, die als kritische Stimmen eingeführt werden und ihn beschuldigen, „den falschen Ton getroffen" zu haben und „von Sinnen" zu sein. Dieser fiktive Vorwurf der Voreingenommenheit zugunsten des Flaccus erweist sich als kluger rhetorischer Schachzug, mithilfe dessen Philon humorvoll über seine eigene Schriftstellerei reflektieren und sich selbst als Übertreter literarischer Gesetze positionieren kann. Zwar hält sich Philon nicht an die Regeln einer Anklage, doch versichert er zu wissen, „was die Logik eines Sachverhaltes" erfordert, und meint, er werde mehr leisten, als bloß „über die Maßen zu loben". Er signalisiert, dass er Flaccus' Niedertracht auf eine eher unerwartete Weise vorführen werde, nämlich nachdem er dessen anfängliche Vorzüge aufgezählt hat. Philon verwirrt seine Leser und lädt sie ein, sich auf seinen Text einzulassen, ohne genau zu wissen, zu welcher Gattung er gehört oder welche Erzählperspektive er einnimmt. Die Leser werden animiert, der Musik von Philons Traktat zu lauschen, ohne Abweichungen von der vertrauten Melodie als „falschen Ton" zu beurteilen. Der neue Klang in Philons Musik, die stets unerwartet und unvorhersagbar, aber immer nur eine weitere zu spielende Melodie ist, erweist sich als ihre Schönheit.

Philons ironische Selbststilisierung als Autor, um Stephen Greenblatts Ausdruck aufzugreifen, ist Mitte des ersten nachchristlichen Jahrhunderts hoch innovativ.[3] Angesichts von Josephus und Lukian, die am Ende des ersten Jahrhunderts und im zweiten Jahrhundert über Geschichtsschreibung räsonieren, ist ihre Bedeutung offensichtlich. Josephus leitet sein erstes Geschichtswerk, den *Jüdischen Krieg*, mit einer erstaunlichen Provokation seiner Leser ein. Er schreibt, er werde gegen die „strenge Regel der Geschichtsschreibung" verstoßen, indem er Mitgefühl mit seiner Heimatstadt

---

[3] GREENBLATT, Renaissance Self-Fashioning.

zeigt und die Zeloten kritisiert, welche die Zerstörung des Tempels verschuldet haben (Jüdischer Krieg I 11). Während er vorgeblich an die Nachsicht seiner Leser appelliert, die seine Übertretung verzeihen mögen, vermittelt Josephus in Wirklichkeit ein Gefühl des Stolzes. Er ist bemerkenswert zuversichtlich, dass seine ironische Herangehensweise der Geschichtsschreibung besser gerecht wird als herkömmliche Darstellungen.

Einen noch ironischeren Standpunkt nimmt Lukian in seinen *Wahren Geschichten* ein, einer Parodie auf Geschichtswerke, die frühere Anläufe als reine Lügengebilde entlarvt. Wo andere vorgeben, die Wahrheit zu erzählen, posiert Lukian als notorischer Schwindler: „Da ich nichts Wahres zu erzählen hatte – ich hatte ja nichts Erwähnenswertes erlebt –, verlegte ich mich auf die Lüge." Und doch sind seine Ammenmärchen, wie er seinen Lesern augenzwinkernd versichert, „viel vernünftiger als bei den anderen. Ich werde nämlich in dem einen Punkt die Wahrheit sprechen, wenn ich sage, dass ich lüge" (Wahre Geschichten I 4).[4] Während Lukian die ironische Selbststilisierung auf eine neue Ebene der Raffinesse beförderte, nimmt Philon ihn ebenso wie Josephus vorweg. Er setzt bereits den impliziten Leser als ironischen Spiegel ein, um literarische Konventionen zu konterkarieren, und konstruiert sich selbst als einen glaubwürdigeren Autor gerade deshalb, weil er gegen die traditionellen Regeln der Gattung verstößt. Seine Identität als Autor rückt in den Vordergrund, indem er seinen Lesern mit einer Provokation entgegentritt und sie in ihren Erwartungen irremacht, während er sich zugleich dem Zugriff entzieht und konturenlos bleibt.

## Mediterrane Netzwerke und ihre Grenzen

Wie bereits gesehen, stammte Philon aus Alexandria, einem renommierten Zentrum der Gelehrsamkeit und Bildung in hellenistischer Zeit, das für die größte Bibliothek der antiken Welt und für sein Museion, die älteste bekannte Form einer Universität, berühmt war. Als Philon-Leser dürfte es uns überraschen, dass er diese Perlen des ptolemäischen Alexandria an keiner Stelle erwähnt. Nur einmal spricht er von „unserem Alexandria" (Legat. 150), als er stolz ist auf die prächtige Architektur, besonders den Tempel zu Ehren des Augustus am Hafen. Groß und breit beschreibt er die Schönheit dieses paganen Heiligtums, das dem römischen Kaiser in seiner Rolle als „Schutzherrn der Matrosen" gewidmet war (Legat. 151). Diese Selbstpositionierung als Alexandriner ist eigenartig und übergeht die glorreiche Geschichte dieser Stadt, als wolle Philon zu verstehen geben, dass sie erst unter römischer Herrschaft zu ihrer vollen Blüte gelangt sei. Philons Geste signalisiert eine starke Ausrichtung auf Rom und passt zur Botschaft des römischen Kaisers

---

[4] Siehe auch BOMPAIRE, Lucien écrivain, 587–613.

Claudius, der den Hafen von Ostia bei Rom nach dem Vorbild Alexandrias neu bauen ließ und so das Symbol für Roms Getreideversorgung in Anspruch nahm.[5] Philon stilisiert sich selbst ganz offensichtlich in Übereinstimmung mit der Rolle, die Rom Alexandria als einem wichtigen Exportzentrum zugewiesen hat. Wenn er jeglichen Hinweis auf die berühmte Bibliothek unterlässt, umgeht er auch die Kritik seines jüngeren Zeitgenossen Seneca, der die Stadt wegen ihres Mangels an „gutem Geschmack" und ihrer ausschließlichen Beschäftigung mit „wissenschaftlichem Prunk" und Schaustellung scharf tadelte (Von der Seelenruhe 9,4–5).

Indem Philon seine alexandrinische Identität am Hafen festmacht, drückt er Mobilität aus, ein bedeutsames Merkmal der Oberschichtkultur in römischer Zeit. Die Römer hatten die mediterrane Welt durch ein dichtes Straßennetz und eine erhebliche Verbesserung des Seereiseverkehrs miteinander verbunden. Philon deutet an, dass die Überquerung des Mittelmeers verhältnismäßig einfach war und es häufige Verbindungen nach Rom gab. Er kennt zwei alternative Seewege zwischen Alexandria und Rom, nämlich die von Handelsschiffen befahrene direkte Strecke und die Umgehungsroute entlang den nordöstlichen Küsten, die Unterbrechungen und Auffrischung von Vorräten zuließ. Philon zufolge wird König Agrippa I. geraten, nicht „die lange, ermüdende Seereise von Brundisium nach Syrien" anzutreten, sondern „die Passatwinde abzuwarten und den kurzen Weg über Alexandria zu nehmen" (Flacc. 26). Dass dieser Ratschlag in der Realität je erteilt wurde, wird man bezweifeln dürfen, aber Philons Hinweis auf den Mittelmeerreiseverkehr ist bedeutsam, weil er offensichtlich auf die Erwartungen seiner Leser zielt. Ebenso heißt es von Agrippa, er habe im Hafen von Puteoli problemlos alexandrinische Schnellsegler gefunden, die Philon in archaisierendem Griechisch „Dikaarcheia" nennt. Außerdem soll der römische Zenturio Bassus auf seinem Weg von Rom nach Alexandria „eines der schnellsten Schiffe" genommen haben und „in wenigen Tagen" am Ziel gewesen sein (Flacc. 110). Die Achse Alexandria-Rom bildet Philons geographischen Horizont. Die Hauptstadt des Römischen Reiches ist gut zu erreichen, seine Heimatstadt bestens angebunden. Rom spielt auf Philons Erfahrungslandkarte eine zentrale Rolle, viel mehr als für seinen jüngeren Zeitgenossen Paulus, der hauptsächlich an der griechischen Ägäis orientiert war.[6]

---

[5] SUETON, Claudius 19,3. Zur Bibliothek und zum Museion in Alexandria siehe Kapitel 1.

[6] PHILON, Legat. 250–251; siehe auch SENECA, Ep. 77,1–5, der die Aufregung von Menschen beschreibt, die im Hafen von Puteoli auf die Ankunft von Schiffen aus Alexandria warten. Zum Reiseverkehr im Römischen Reich siehe ADKINS/ADKINS, Handbook, 167–200; ANDRÉ/BASLEZ, Voyager, 224–229; CASSON, Travel, 149–162 = Reisen, 173–187; HARLAND (Hg.), Travel and Religion; NIEHOFF (Hg.), Journeys; MEEKS, First Urban Christians, 16–23 = Urchristentum und Stadtkultur, 38–52; HEZSER, Jewish Travel, 161–170; LEVINSON, Language of Stones. Zur Verwendung des Namens Dikaercheia als Teil des archaisierenden Stils der Zweiten Sophistik siehe BOWIE, Greeks and Their Past,

Entbehrt schon Philons Wahrnehmung Alexandrias historischer Wurzeln, so verschwindet seine Familie noch weiter im Hintergrund. Lediglich zwei ihrer Mitglieder erwähnt er namentlich. Lysimachos, ein jüngerer Verwandter entfernten Grades, tritt als ein ziemlich stilisierter Gesprächspartner im schlecht erhaltenen Dialog *Über die Rationalität der Tiere* auf. Dort erscheint auch Tiberius Alexander als Philons Neffe, der dem Studium die politische Betätigung vorzog und einer Gesandtschaft nach Rom angehörte, vermutlich derselben, die Philon leitete. Alexander ist mit römischen Bräuchen vertraut und äußert radikale Ideen über die Rationalität von Tieren. Seine Ansicht, der Mensch sei weder einzigartig vernunftbegabt noch von der göttlichen Vorsehung beschützt, schockierte Philon zutiefst.[7]

Es bedarf eines Josephus, damit wir erfahren, dass Philon einen berühmten, einflussreichen Bruder hatte, den Alabarchen Alexander, der ausgezeichnete Beziehungen zum römischen Kaiserhof und zur Herodesfamilie in Judäa unterhielt. Von Josephus hören wir, dass Alexander die ägyptischen Landgüter Antonias, der Mutter des Claudius und Großmutter des Gaius, verwaltete und dem judäischen Prinzen Agrippa, Antonias Schützling, Geld lieh. Später gelingt es Alexander sogar, seinen Sohn Markus mit Agrippas Tochter Berenike zu verheiraten. Kaiser Claudius schenkte Alexander für all seine guten Dienste seine Anerkennung und sprach von „alter Freundschaftsbande" (Josephus, Jüdische Altertümer XIX 276). Philons Bruder war in Rom somit bestens vernetzt und demonstrierte seine kulturelle Verbundenheit mit dem Reich, indem er für seinen Sohn einen römischen Namen wählte, eine Praxis, die manch griechischer Intellektuelle aus dem Osten ablehnte.[8] Warum erwähnt Philon an keiner Stelle diesen berühmten Bruder, dessen politische Verbindungen ihm von Nutzen gewesen sein müssen? Schweigt er vielleicht darüber aus ebenjenem Grund, weil er aus der Stellung seines Bruders Vorteile zog, die er sich lieber selbst gutgeschrieben hätte? Vermutlich war es Philon peinlich, dass seine Ernennung zum Leiter der jüdischen Gesandtschaft zu einem Zeitpunkt erfolgte, als Alexander von Gaius inhaftiert worden war und deshalb für die Aufgabe nicht zur Verfügung stand, für die er als geeigneter gegolten haben muss (Josephus, Jüdische Altertümer XIX 276). Das wortlose Übergehen seines Bruders half Philon, die Aufmerksamkeit seiner Leser auf seinen eigenen Beitrag zu lenken.

Die Grenzen seiner Bereitschaft, autobiographische Einzelheiten mitzuteilen, werden auch in Philons vagem Hinweis auf die „Wir" sichtbar, die

---

33. Josephus verwendet sowohl den griechischen als auch den lateinischen Namen der Stadt (Vita 16), Philostrat hingegen nur Dikaercheia (Vit. Apoll. VII 16,1).

[7] PHILON, Anim. 100; TERIAN, De Animalibus, 25–28. Siehe auch BURR, Tiberius; SCHIMANOWSKI, Die jüdische Integration; JÖRDENS, Judentum und Karriere. Für Einzelheiten zum philosophischen Streit zwischen Philon und seinem Neffen siehe Kapitel 3.

[8] JOSEPHUS, Ant. XVIII 259; XIX 276–277; XVIII 147–167; XX 100. Zu Markus' Heirat und unternehmerischer Laufbahn siehe FUKS, Marcus. Zur Bedeutung griechischer Namen in der Zweiten Sophistik siehe BOWIE, Greeks and Their Past, 31–33.

König Agrippa I. bei seinem Alexandriabesuch im Jahr 38 n. Chr. empfingen (Flacc. 103). Philon erweckt den Eindruck, er sei Teil der jüdischen Elite in der Stadt gewesen, ohne freilich auch nur einen aus diesem Kreis beim Namen zu nennen und in einem eindeutigen historischen Milieu anzusiedeln. Wer waren diese anderen jüdischen Führungspersönlichkeiten? Zu ihnen muss sein Bruder Alexander gehört haben, der Agrippa Geld geliehen hatte und der logische Gastgeber bei dessen Alexandriabesuch gewesen wäre. Außerdem gewinnen wir zwischen den Zeilen von Philons Text den Eindruck, dass er über Privilegien der Oberschicht verfügte. Der Familienbesitz scheint im Zuge des Pogroms in Alexandria nicht angetastet worden zu sein; denn Philon ist in der Lage, kurz darauf als Gesandter nach Rom abzureisen, ein zweifellos mit erheblichen Ausgaben verbundenes Mandat.

Eine historische Gestalt, über die Philon einige Einzelheiten mitteilt, ist der König Judäas, Agrippa I. Doch auch er bleibt überraschend enigmatisch, und es ist schwer zu ermessen, was Philon wirklich von ihm hielt. Diese Uneindeutigkeit ist umso verwunderlicher im Licht des Josephus, der Agrippas politisches Geschick unverhohlen bewunderte und von seiner gründlichen Bildung sowie seinem ausgedehnten Netzwerk von Freundschaften in Rom beeindruckt war. Josephus schreibt Agrippa zwei politische Erfolge zu, die mit Philons Gesandtschaft in Verbindung stehen, nämlich die Vereitelung von Gaius' Plan, seine Statue im Jerusalemer Tempel aufzurichten, und – gemeinsam mit seinem Bruder Herodes – die Veranlassung von Claudius' berühmtem Edikt, das den Konflikt in Alexandria beilegte. Die herzliche Haltung und aufrichtige Wertschätzung des Josephus haben mit seiner persönlichen Freundschaft mit Agrippas Sohn, König Agrippa II., zu tun, der ihn höchstwahrscheinlich mit Materialien für das Porträt seines Vaters in den *Jüdischen Altertümern* versorgte.[9]

Zunächst erwähnt Philon Agrippas Ankunft in Alexandria im Sommer des Jahres 38 n. Chr., als die Stadt bereits am Rand ethnischer Ausschreitungen stand. Philons Erzählung zufolge war Agrippa von Gaius aus ganz profanen Gründen geschickt worden, weil die Reise von Rom nach Israel via Alexandria schneller sei als auf der Nordoststrecke. Die historische Wahrheit dieser pragmatischen Rechtfertigung ist in der modernen Forschung häufig in Zweifel gezogen worden und mag auch Leser in der Antike überrascht haben.[10] Warum sollte Philon sie dann anführen? Diese Frage ist umso berechtigter, als er in anderem Zusammenhang deutlich macht, dass

---

[9] Zu Agrippas Verbindungen siehe JOSEPHUS, Ant. XVIII 143, 167–168, 188, 202–203, 236–237; XIX 236–245; zu seinen politischen Leistungen siehe Ant. XVIII 298–304; XIX 279–285. Nach Abfassung des *Jüdischen Krieges* erhielt Josephus historische Materialien (Vita 366), woraufhin er Agrippa bei Claudius' Thronbesteigung eine größere Rolle zuschrieb als zuvor.

[10] PHILON, Flacc. 26. Siehe besonders KUSHNIR-STEIN, On the Visit of Agrippa; BARRETT, Caligula, 80.

Gaius Flaccus, dem römischen Präfekten in Alexandria, als einem Schützling des Tiberius nicht traute (Flacc. 9–23). Diese versprengte Hintergrundinformation erklärt, warum Gaius seinen Jugendfreund Agrippa sandte, um sich über die wachsenden ethnischen Spannungen zwischen Juden und Ägyptern zu informieren. Doch seltsamerweise verschweigt Philon dieses Indiz im Zusammenhang mit Agrippas Alexandriabesuch. Seine alternative, praktische Begründung schafft einen gebrochenen, verwirrenden Text.

Unser Eindruck von Philon als einem vielschichtigen, überraschenden Erzähler verstärkt sich in der Fortsetzung der *Gesandtschaft*. Zwischen den Zeilen seiner Darstellung ist zu lesen, dass die alexandrinischen Juden sich kaum einen wohlgesinnteren Abgesandten aus Rom als Agrippa haben erhoffen können, wohingegen Flaccus und die ägyptischen Nationalisten allen Grund zu tiefer Enttäuschung hatten. Der Präfekt habe sich bemüht, seine Feindseligkeit gegenüber den Juden vor Agrippa zu verbergen „aus Furcht vor dem, der ihn geschickt hatte" (Flacc. 32), nämlich Gaius. Philon erwartet von den Alexandrinern, dass sie Agrippa Respekt zollen, wenn nicht wegen seiner Stellung als König von Judäa, so doch gewiss in seiner Eigenschaft als „Mitglied der kaiserlichen Familie" (Flacc. 35). Auch betont er, dass Agrippa ein „Freund des Kaisers" und „vom Senat der Römer durch den Prätorenrang geehrt worden" sei (Flacc. 40). Die ägyptische Partei jedoch verhöhnte Agrippa im Gymnasium. Alle Verspottungen, die Philon schildert, gelten seiner Stellung als König und Freund Roms: Sie setzten einem Schwachsinnigen ein Scheindiadem auf den Kopf, hüllten ihn in königliche Gewänder und äfften Agrippas Leibwache, das sichtbarste Zeichen seiner prätorianischen Würden, nach (Flacc. 32–40). Diese knappen Informationen lassen vermuten, dass Gaius Agrippa aus politischen Gründen nach Alexandria gesandt hat, und sie untergraben Philons Behauptung seiner pragmatischen Überlegungen.

Ähnlich zweideutig ist Philon bezüglich Agrippas Diplomatie während dessen Alexandriabesuchs im Sommer des Jahres 38 n. Chr. Er legt einige Aspekte offen, verbirgt aber andere. Laut seiner Geschichte trug sich Folgendes zu:

> Als nämlich König Agrippa im Lande war, erzählten wir ihm von Flaccus' Intrigen, und daraufhin brachte er die Sache wieder ins Lot. Er versprach, die Beschlussurkunde zu befördern, und nahm sie an sich, und wie wir später erfuhren, sandte er sie [dem Kaiser] und entschuldigte auch die Verzögerung: Die Ehrfurcht vor dem gnädigen Kaiserhaus hätten wir nicht erst so spät gelernt, sondern von Anfang an reichlich besessen. Sie gleich zu zeigen, habe uns jedoch die Bosheit des Statthalters gehindert. (Flacc. 103)[11]

---

[11] Siehe auch VAN DER HORST, Philo's Flaccus, 190, der zeigt, dass der hier erwähnte Besuch der des Jahres 38 n. Chr. gewesen sein muss, da Gaius bei Agrippas vorherigem Besuch im Jahr 36 n. Chr., als er in Begleitung von Tiberius nach Alexandria kam (PHILON, Flacc. 28), noch nicht Kaiser war.

## Kapitel 2: Philons Selbststilisierung in seinen historischen Schriften

Philon stellt sich hier als in einer Gruppe namenloser jüdischer Führungspersönlichkeiten in Alexandria tätig dar. Agrippa wurde nicht nur über die Schwierigkeiten mit Flaccus informiert, der sich auf die Seite der alexandrinischen Nationalisten schlug, sondern prüfte auch nach, ob der die Glückwünsche der alexandrinischen Juden an Gaius überbracht hatte. Das bedeutet, dass die jüdischen Anführer über ein ausgedehntes Netzwerk verfügten, das es ihnen möglich machte, um Agrippas Hilfe nachzusuchen und sein wirksames Eintreten in ihrer Sache zu bestätigen. Philon erwähnt nicht, wie sie „später" von Agrippas Zuverlässigkeit „erfuhren", aber als Leser mag man sich fragen, ob wiederum Philons Bruder hinter der Szene des philonischen Textes steht.

Die politische Spannung geht auf Flaccus' Falschheit im Blick auf den Wunsch der alexandrinischen Juden zurück, Gaius – wie im Römischen Reich üblich – zu seiner Thronbesteigung zu beglückwünschen. Zu diesem Zweck wollten sie eine Gesandtschaft nach Rom schicken, erwarteten aber, dass Flaccus das nicht genehmigen würde, und schlugen deshalb als Kompromiss vor, einen Brief durch den Präfekten überbringen zu lassen. Flaccus versprach, das zu tun, doch dann hielt er das Schreiben zurück. Wir mögen uns fragen, wie Philon und seine Kollegen hinter das falsche Spiel des Präfekten gekommen sind, aber der Text gibt keine Antwort. Vermutlich hat Agrippa seine Freundschaft mit Gaius genutzt, um die nötigen Erkundigungen einzuziehen. Philon schreibt ihm diesen Dienst jedoch nicht zu und preist stattdessen die göttliche Vorsehung. Agrippa wird sogar so dargestellt, dass er von dem Problem erst durch die jüdischen Führer in Alexandria erfährt (Flacc. 97–102). Ist Philons rätselhafter Stil Zufall, oder schmälert er Agrippas Diplomatie bewusst und redet ganz allgemein die Wirksamkeit mediterraner Netzwerke klein, über welche die alexandrinischen Juden verfügten?

Ähnlichen erzählerischen Brüchen begegnen wir bei Philons Lobpreis auf Agrippa als einen verlässlichen Boten, der seine Versprechen gegenüber der jüdischen Gemeinde in Alexandria hält. Agrippa sei es darum gegangen, gute Beziehungen zwischen Gaius und den alexandrinischen Juden herzustellen, indem er die Verzögerung ihrer Glückwünsche erklärt und ihre beflissene Ergebenheit gegenüber dem neuen Kaiser betont. Philon verliert kein Wort über die Wirkung von Agrippas Fürsprache, die wahrscheinlich zu Flaccus' Rückberufung nach Rom im weiteren Verlauf des Jahres 38 n. Chr. beitrug. Stattdessen führt Philon Gott als den Retter des jüdischen Volkes ein und unterstreicht, dass „die Gerechtigkeit" – „sie bestraft ruchlose Taten und Personen" – „begann, sich gegen Flaccus kampfbereit zu machen" (Flacc. 104). Diese Wendung in Philons Geschichte kommt unerwartet. Warum sollte er eine solche theologische Lösung in seine politische Erzählung einführen? Weshalb spielt er Agrippas Intervention herunter, indem er sie in den Kontext von Flaccus' Verhaftung rückt und seine Fürsprache damit von der frühen Phase des Konflikts ablöst? Philon hat sie in ein Stadium verlagert, wo er durchweg Gottes Eingreifen hervorhebt. Agrippa spielt nun im Drama der göttlichen Rettung eine weit bescheidenere Rolle. Die alexandrinischen Juden unterstützen Philons erzählerischen Plot, wenn sie Gottes Anwesenheit hinter der politischen Szene anerkennen und Gott ein Dankgebet darbringen (Flacc. 121).

Philons zweideutiger Stil wird auch in seinem letzten Beispiel für Agrippas Diplomatie sichtbar, nämlich als der sich eines weiteren Briefes der alexandrinischen Juden an den römischen Kaiser annimmt. Philon schreibt:

> Wir beschlossen nämlich, dem Gaius eine Denkschrift zu überreichen, die summarisch unsere Leiden und unsere Ansprüche enthalten sollte. Diese war eine Art von Zusammenfassung einer längeren Bittschrift, die wir vor Kurzem durch den König Agrippa überreicht hatten. Zufällig nämlich weilte der in Alexandria auf der Reise nach Syrien zur Übernahme seines ihm verliehenen Königreichs. (Legat. 178–179)

Im Rahmen der *Gesandtschaft* liefert uns Philon wichtige Informationen über Agrippas Alexandriabesuch im Jahr 38 n. Chr., die nicht in *Gegen Flaccus* aufgenommen wurden, wo sie chronologisch hingehören. Dieser knappen Notiz zufolge spielte Agrippa eine wichtige politische Rolle, indem er in Rom eine Petition für jüdische Rechte in Alexandria überbrachte. Mary Smallwood hat zu Recht vorgeschlagen, dass dieses Dokument Beschwerden über Flaccus' Diskriminierung der Juden enthalten haben muss, wie sie in Flacc. 24 erwähnt werden.[12] Agrippa vermittelte zwischen der jüdischen Gemeinde und Gaius unter Umgehung des Flaccus, der für seine Feindseligkeit gegenüber den Juden und die angespannte Beziehung zu Gaius bekannt war. In dieser frühen Phase des Konflikts erweist sich Gaius als ein Kaiser mit eindeutig projüdischen Tendenzen. Er verließ sich auf Agrippa als engen Freund und Gesandten, wohingegen er dem römischen Präfekten in Alexandria misstraute. Wieder redet Philon Agrippas Rolle klein, wenn er Informationen über die Auswirkung seiner Fürsprache zurückhält. Außerdem spielt er die Bedeutung von Agrippas Intervention herunter, indem er sie in den späteren Kontext göttlicher Rettung stellt. Seine Erzählung legt nahe, dass diplomatische Bemühungen vor dem alexandrinischen Pogrom zum Scheitern verurteilt waren.

Philon tritt uns als unzuverlässiger Erzähler entgegen, der sein politisches Erleben bewusst umschreibt und vorhandene Materialien umgestaltet. Das Ergebnis ist ein Text mit merkwürdigen Dissonanzen, der den Eindruck erweckt, zusammenhanglos zu sein und in der Luft zu hängen. Philon als historischer Autor projiziert ein entwurzeltes römisches Ich, das seine Identität über den alexandrinischen Hafen und die mediterrane Mobilität konstruiert. Als Erzähler bleibt er enigmatisch, er verschleiert seinen genauen Stand-

---

[12] SMALLWOOD, Philonis Alexandrini Legatio, 252–253.

punkt und hält wichtige Informationen zurück. König Agrippa spielt eine ähnliche Rolle. Aus dem Nichts erschienen, kommt er bei namenlosen Personen in Alexandria unter und verschwindet dann hinter dem Schirm der göttlichen Vorsehung. Während der historische Philon sich offensichtlich mediterraner Netzwerke erfreute, bleibt ihre erzählerische Darstellung bei ihm seltsam begrenzt und verwirrend.

## Philons Rolle als frommer und leidender Botschafter

Philon spricht von „uns fünf Gesandten" (Legat. 370) und nennt ihr ägyptisches Gegenstück „die alexandrinischen Gesandten" (Legat. 172), doch verliert er kein Wort über ihre Identität und sagt erstaunlich wenig über ihre Tätigkeit.[13] Er schreibt, als wären die nackten Tatsachen der Gesandtschaft seinen Lesern bekannt und bestünde seine Aufgabe darin, eine umfassendere Interpretation zu bieten. Als Erzähler baut Philon seine Führungsrolle in der jüdischen Delegation auf, indem er auf seine Erfahrung und geistige Überlegenheit hinweist. Seine beispielhafte Reife zeigt sich bei der ersten Begegnung mit Gaius, der sie freundlich begrüßte und wissen ließ, er selbst würde zu gegebener Zeit den Fall anhören. Während die übrigen Botschafter über die positive Reaktion des Kaisers jubeln, bleibt Philon skeptisch und sorgt sich wegen folgender Überlegungen:

Ich aber war, wahrscheinlich gestützt auf die Erfahrung meines Alters und weiter auf meine Geistesschulung, gewohnt, tiefer zu blicken, und verhielt mich vorsichtiger gegenüber dem Anlass allgemeinen Frohlockens der Übrigen. „Denn warum", ließ ich meine Denkkraft (*logismos*) walten, „wo doch so viele Gesandte aus fast der ganzen Welt angekommen sind, erklärte er gerade jetzt, er wolle uns bevorzugt anhören? Was hat er vor? Hat er doch genau gewusst, dass wir Juden sind, die glücklich sind, nicht zurückgesetzt zu werden. ... Mit diesen Gedanken schlug ich mich herum. Ich konnte Tag und Nacht keine Ruhe finden. Während ich nun verzweifelt war und meinen Kummer verbarg – denn die anderen darin einzuweihen, wäre nicht gefahrlos gewesen –, schmettert plötzlich ein anderes unheimliches Unglück herab, das nicht über einen Teil der Juden, sondern über das ganze jüdische Volk in seiner Gesamtheit Gefahr herbeiführt. (Legat. 182–184)

Dies ist einer der persönlicheren Abschnitte in Philons gesamtem Werk, wenn er seine Leser an den Gedanken, die ihm durch den Kopf gingen, teilhaben lässt. Indem er seine eigenen Zweifel an Gaius' Aufrichtigkeit unterstreicht, verknüpft Philon diese Szene aus der Anfangsphase der Gesandtschaft mit der späteren Nachricht über Gaius' Vorhaben, seine eigene Statue im Jerusalemer Tempel aufzurichten. Philon erweckt den Eindruck,

---

[13] PHILON, Legat. 172, 370. JOSEPHUS, Ant. XVIII 257–259, erwähnt drei Gesandte und bezeichnet den Grammatiker Apion als ihren Leiter.

bald nach der Audienz beim Kaiser, noch während er über ihre Bedeutung sinnierte, habe ihn die Hiobsbotschaft über den Tempel erreicht. Nach Philons eigenem Zeugnis erfuhren die jüdischen Delegierten davon jedoch zu einem viel späteren Zeitpunkt. In Legat. 185 erwähnt er die Reisen, die sie in der Zwischenzeit unternommen hatten, um Gaius auf den Fersen zu bleiben, der „sich in der Bucht [von Puteoli] aufhielt". Philon hat also zwei Ereignisse ineinander verwoben, nämlich die erste Begegnung mit Gaius früh im Jahr 39 n. Chr. und die spätere Ankündigung seiner Pläne bezüglich des Jerusalemer Tempels, die höchstwahrscheinlich in den Sommer des Jahres 40 n. Chr. zu datieren ist.[14] Indem er die beiden Ereignisse miteinander verschmilzt, erweckt Philon den Eindruck, dass menschliche Diplomatie von Anfang an zum Scheitern verurteilt war.

Philon erklärt seine innersten Gedanken und zeigt, wie er sich auf seine Bildung und seinen *logismos* verlässt, um äußere Erscheinungen genauer zu beurteilen als andere. Er brüstet sich damit, über ausreichend „Erfahrung" zu verfügen, um Gaius zu beargwöhnen, anstatt dessen Gesten des Wohlwollens zu trauen. Diese Offenlegung einer persönlichen Reaktion auf einen äußeren Reiz spiegelt stoische Philosophie wider, der es um die Einbettung des Individuums in die Gesellschaft und seine Rückwirkung auf die äußere Welt geht. Zwar verwendet Philon, abgesehen von dem eher allgemeinen Begriff *logismos*, keine spezifisch stoische Terminologie, doch kommt seine Position der des römischen Philosophen Seneca nahe, der seine ersten Werke zur Zeit von Philons Gesandtschaft zu veröffentlichen begann. Seneca behandelt das Individuum in ähnlicher Weise mit Betonung seiner Reaktion auf die äußere Welt. Ein ums andere Mal beschreibt er, wie er auf bestimmte Situationen und auf andere Menschen durch Anwendung seines Vernunfturteils reagierte.[15]

Auf den ersten Blick macht Philons Erklärung seines klugen Verhaltens einen persönlichen Eindruck, stellt sich bei näherer Betrachtung aber als eher schablonenhaft heraus. Er sagt kaum mehr über sich, als dass er anhand seines eigenen Beispiels eine philosophische Wahrheit veranschaulicht. Diesen vermeintlich persönlichen Stil, der doch seltsam unbeteiligt bleibt, pflegt auch Seneca. Anstatt moralische Fragen rein theoretisch zu behandeln, richtet dieser sich lieber an Freunde und erörtert konkrete Beispiele mit Bezug zum Thema. Zwar führt er häufig eigene Lebenserfahrungen an, doch bleibt sein historisches Ich seltsam ungreifbar und von identifizierbaren Umständen losgelöst.[16] In seinem richtungsweisenden Traktat *Über den Zorn* verwendet Seneca persönliche Sprache und spricht seinen Bruder Novatus an,

---

[14] Zu den Datierungen siehe SMALLWOOD, Philonis Alexandrini Legatio, 256–261; HARKER, Loyalty and Dissidence, 11–12.

[15] SENECA, Ira II 1,1–4,1; Ep. 113. Siehe auch SORABJI, Emotion, 17–75; GRIFFIN, Seneca on Society, 125–148.

[16] Siehe auch EDWARDS, Epistolographic Self.

während er sich zugleich an eine breitere Leserschaft wendet, für die seine Erfahrung als Musterbeispiel dient. Auf diese Weise entwickelt er seine Theorie der Ausmerzung der Gefühle durch das Studium „unseres" inneren Ichs und durch Insistieren, dass „die meisten Regungen ohne unser Wissen entstehen" (Über den Zorn II 1,1). Bei anderer Gelegenheit schreibt er: „Ich halte es für ein Geschenk der Philosophie, dass ich wieder aufstehen konnte und gesund wurde." Wie Philon führt Seneca einen inneren Dialog und drängt sich selbst, „meinen Geist nicht auszuhauchen" (Ep. 78,2–4). Sowohl Seneca als auch Philon haben persönliche Erfahrungen in ihre Erörterungen eingebaut und entwerfen ein erzählerisches Ich stoischer Färbung, um die konkrete Wahrheit ihrer Standpunkte zu beweisen. Seneca legt sein Inneres offen, um zu zeigen, dass „alles von deiner Einstellung abhängt; ... jeder ist so unglücklich, wie er sich fühlt" (Ep. 78,13). Philon erzählt seinen Lesern, wie er sich auf seinen *logismos* verlässt, um dem Eindruck von Gaius' freundlichem Gestus entgegenzutreten, und deutet darauf hin, dass dieser römische Kaiser von Anfang an „[unser] unversöhnlicher Feind" war (Legat. 180).[17]

Philon beschreibt einen weiteren Moment der Krise in unverhohlen persönlichen Worten, nämlich als die jüdischen Delegierten von Gaius' Vorhaben hören, seine Statue im Jerusalemer Tempel aufzurichten. Letzten Endes erfahren wir von Philon, Gaius habe mit seiner Entscheidung auf die Nachricht reagiert, Juden hätten einen heidnischen Altar in Jamnia (in Israel) niedergerissen. Kaum hatte er den Bericht des Steuereinnehmers Capito über den Vorfall gelesen, der Philon zufolge „maßlos übertrieben" war (Legat. 202), habe Gaius im Sommer oder Frühherbst des Jahres 40 n. Chr. beschlossen, die Juden durch Errichtung einer Kolossalstatue im Zentralheiligtum zu bestrafen.[18] Philon erzählt uns diese Geschichte allerdings nicht in ihrer zeitlichen Abfolge, sondern führt das Thema Tempel viel früher ein. Er schafft eine dramatische Szene, in der die jüdischen Diplomaten die Unglücksnachricht von einem Boten erfahren (Legat. 184–198).

Philon erinnert sich an einen lebhaften Austausch zwischen den arglosen Gesandten und dem Kurier, der zu bestürzt ist, um die verheerende Neuigkeit auszurichten, und der guten Zuredens bedarf, um seine Kunde häppchenweise zu überbringen. Solche Botenszenen sind aus der klassischen Tragödie wohl bekannt und fanden im zweiten vorchristlichen Jahrhundert Eingang in die jüdische Literatur. Der Tragiker Ezechiel, ein alexandrinischer Jude, setzt den Kurier in seinem Stück über den Exodus ein, um den Kampf zwischen den Israeliten und den Ägyptern am Roten Meer zu

---

[17] SENECA, Ira II 1,1–5; Ep. 78,2–4.13; PHILON, Legat. 180. Siehe auch EDWARDS, Self-Scrutiny; STOWERS, Letter Writing, 36–40, 91–101; GRIFFIN, Seneca, 7, 43–59, 396.

[18] PHILON, Legat. 200–203. Siehe auch SMALLWOOD, Philonis Alexandrini Legatio, 260–265.

beschreiben.¹⁹ Während Ezechiel die Rolle des Boten auf einen Tatsachenbericht begrenzt, der das Problem löst, eine Schlacht auf die Bühne zu bringen, malt sich Philon einen hoch emotionalen Wortwechsel zwischen zwei Parteien aus. Seine Szene war vermutlich von Aischylos' Tragödie *Die Perser* angeregt und wirkt wie eine gezielte Dramatisierung der Gesandtschaft.²⁰ Sowohl Philon als auch Aischylos betonen die völlige Überraschung der ahnungslosen Zuhörer, indem sie deren Blick auf einen ‚Jemand' lenken, der sich als der Unglücksbote herausstellt. In beiden Fällen beginnt dieser mit heftigem Keuchen oder Weherufen. Während Aischylos die Szene durch die Einführung der Chorklage dramatisiert, beschreibt Philon in allen Einzelheiten, wie der Kurier in Tränen ausbricht und ihm die Stimme versagt. Im Gegensatz zu ihm bewahren die jüdischen Diplomaten die Fassung, und es gelingt ihnen, ihm das Unaussprechliche zu entlocken: „Unser Heiligtum ist dahin. Eine Riesenstatue im Allerheiligsten aufzustellen, hat Gaius befohlen, eine Statue von ihm in Gestalt des Jupiter" (Legat. 188).²¹

Die Gesandten reagieren ähnlich bestürzt wie die Mutter des Perserkönigs bei Aischylos, als sie die Niederlage der Armee ihres Sohnes begreift. Sie versucht, sich in einer Welt zurechtzufinden, in der nur ihr Sohn überlebt hat.²² Auf vergleichbare Weise verarbeiten Philon und seine Mitbotschafter die neue Wirklichkeit, die ihnen aufgeht:

Diese Nachricht traf uns überraschend, wir waren vor Schreck starr und konnten uns nicht rühren. Sprachlos standen wir da, ohnmächtig, dem Zusammenbruch nahe. Die Spannkraft der Nerven verließ uns. Inzwischen stellten sich andere Leute mit derselben Schmerzensnachricht ein. Darauf zogen wir uns alle gemeinsam zurück, beklagten beides, unser eigenes und aller gemeinsames Geschick, und besprachen, was uns gerade in den Sinn kam. Denn am redseligsten ist der Mensch, wenn er im Unglück steckt. (Legat. 189–190)

In dieser Szene nimmt Philon für sich selbst in Anspruch und gesteht den übrigen Gesandten zu, in angemessener Weise Gefühle zu zeigen, wobei er zugleich den Anstand wahrt und ihre verzweifelte Lage hinter verschlossenen Türen zum Ausdruck bringt. Er schildert genau die physischen Auswirkungen auf die Delegierten, die auf einen spontanen, nicht vom Verstand kontrollierten Reflex schließen lassen. Solche Reaktionen galten in der stoischen Philosophie als mit der Selbstbeherrschung des Weisen vereinbar, von

---

[19] EZECHIEL, Exagoge, Frgm. 15 (hg. von HOLLADAY, Fragments; deutsch: VOGT). Siehe auch LANFRANCHI, L'*Exagoge*, 250–251; WHITMARSH, Beyond the Second Sophistic, 218–220.
[20] Philon erwähnt Aischylos in Prob. 143 und verwendet Szenen aus *Die Perser* für die Deutung der biblischen Schlacht am Roten Meer (mehr dazu bei NIEHOFF, Philo on Jewish Identity, 52–58).
[21] PHILON, Legat. 186–188; AISCHYLOS, Die Perser 247–255.
[22] AISCHYLOS, Die Perser 290–336. Zu Aischylos' einfühlsamem Porträt der Königinmutter siehe GRUEN, Rethinking, 16–18.

dem man ansonsten erwartet, dass er Gefühlsausbrüche unterlässt. Philon hat eine dramatische, erhabene Szene geschaffen, die das Ausmaß der Katastrophe veranschaulicht. So wie die Niederlage der persischen Armee bei Salamis schwerwiegende politische Konsequenzen für den Perserkönig und seine Familie hatte, bedeutet die voraussichtliche Entweihung des Jerusalemer Tempels den Todesstoß für das Judentum, wie Philon es versteht.

Die Botenszene führt umgehend dazu, dass Philon neue Prioritäten setzt. Wie er betont, ist die Reinheit des Tempels eine Sache von Leben und Tod, die sogar das Martyrium „zur Verteidigung der Gesetze" erfordert (Legat. 192). Außerdem erklärt er, dass die Delegation nun der Tempelfrage den Vorrang vor der Aushandlung der Bürgerrechte der alexandrinischen Juden einräumen müsse. Diese Entscheidung ist offensichtlich umstritten, denn Philon wendet besondere Mühe auf, um sie zu rechtfertigen. Zunächst hebt er hervor, dass der Tempel alle Juden betreffe, wohingegen die Frage der jüdischen Rechte in Alexandria eine eher lokale Angelegenheit sei. Dann fragt er: „Denn wo bleiben göttliches und menschliches Recht, fruchtlos den Kampf um den Nachweis zu führen, wir seien Alexandriner, wo über unseren Köpfen die Gefahr für den Bestand der fundamentalen Grundrechte der Juden schwebt?" (Legat. 194) Philon muss das Wort „Alexandriner" fachsprachlich im Sinne der Bürgerrechte verwendet haben; denn die jüdische Besiedlung der Stadt war eine offensichtliche Tatsache, die keines Beleges bedurfte.[23] Wenn Philon sich dafür rechtfertigt, den „Nachweis, wir seien Alexandriner", hintangestellt zu haben, scheint er auf Kritik zu reagieren, dass seine Gesandtschaft die Angelegenheit des Rechtsstatus der alexandrinischen Juden nicht nachdrücklich genug verfolgt habe. Er stellt sich sogar so bissigen Fragen wie der, warum er und seine Mitdelegierten sich nicht aus dem politischen Leben zurückziehen und nach Hause gehen (Legat. 195). Philon reagiert auf derartige Vorwürfe der Inkompetenz mit einer starken theologischen Botschaft:

Menschen aus wahrhaft edlem Geschlecht verlieren nie die Hoffnung. Auch erfüllen unsere Gesetze den mit fester Zuversicht, der sich nicht bloß oberflächlich mit ihnen befasst. Vielleicht bedeutet unsere Heimsuchung eine Prüfung der heutigen Generation, wie sie zur Tugend steht und ob sie gelernt hat, Schrecken mit starkem Herzen und kühlem Verstand in ihren Entschlüssen zu ertragen und nicht vorher zu wanken? Alles, was aus Menschenhand kommt, geht dahin. Mag es dahingehen! Bleiben aber soll in den Seelen unzerstörbar die Hoffnung auf Gott, den Retter, der sein Volk aus Not und Verzweiflung oft befreite. (Legat. 195–196)

In dieser höchst persönlichen Ansprache an seine Leser entwickelt Philon eine Theologie des Martyriums und präsentiert sich selbst als kompetenten

---

[23] Zum Begriff „Alexandriner" siehe TCHERIKOVER/FUKS, CPJ (wie S. 16, Anm. 23), Bd. I, 41, Anm. 102; SMALLWOOD, Philonis Alexandrini Legatio, 27–31, 255; COLLINS, Between Athens and Jerusalem, 113–122.

Führer in Leidenszeiten. Wahrer Geistesadel und echte Tugend werden an der Bereitschaft gemessen, Ungemach durchzustehen. Leiden spielt eine positive Rolle bei der Bestimmung der eigenen Identität und führt zu vertiefter Frömmigkeit. Die Tora spendet Trost und erweckt Hoffnung. Wiederum verwendet Philon den Begriff *logismos*, vernünftiges Denken beziehungsweise „kühler Verstand", mithilfe dessen er bereits seine persönliche Reaktion auf Gaius beschrieben hatte. Nun heißt es vom *logismos*, er stärke das Gemüt derer, die Tora studiert haben und der Zuversicht bedürfen. An die Stelle der Erzählung über den politischen Kampf für Bürgerrechte in Alexandria ist eine Theologie des Trostes getreten. Im Verlauf dessen hat Philon sich aus einem Diplomaten in einen religiösen Führer verwandelt.

Philons Geschichte gipfelt in der zweiten Audienz der Gesandten bei Gaius, die es ihm ermöglicht, nicht nur den Höhepunkt der politischen Krise zu beschreiben, sondern auch sich selbst als historischen Akteur und als Autor im Text zu definieren. Seine Kunst der Selbststilisierung ist in diesen Szenen besonders augenfällig. Zunächst weist Philon seine Eignung als Augenzeuge nach und betont, er werde berichten, „was wir ... sahen und hörten" (Legat. 349). In seiner Erinnerung war die Situation von Anfang an aussichtslos: „Kaum waren wir vor Gaius gelassen, erkannten wir an seinem Gesicht und seinen Gesten, dass wir nicht zu einem Richter, sondern zu einem Ankläger gekommen waren, einem gefährlicheren Feind, als unsere eigentlichen Gegner es waren." (Legat. 349) Zwar ist Philon bestrebt, Gaius als „unversöhnlichen Tyrannen" (Legat. 350) auf der grotesken Bühne der Geschichte hinzustellen, doch ist das Schlimmste, was er über ihn sagen kann, dass er sich über jüdische Bräuche lustig machte. Es besteht eine unverkennbare Spannung zwischen Philons Behauptung, der Kaiser sei bis zum Irrsinn davon besessen gewesen, seine eigene kultische Verehrung durchzusetzen, und der vergleichsweise harmlosen Behandlung, die er den Juden zukommen ließ, die sich weigerten, ihn als einen Gott anzureden. Anstatt sie zu zwingen, ihm göttliche Ehren zu erweisen, sagt Gaius lediglich, die Juden kämen ihm als „weniger schlechte denn armselige Menschen" vor, und verlässt den Raum (Legat. 367).[24]

Philon dramatisiert die Episode noch weiter und nutzt die Audienz bei Gaius für seine eigenen theologischen Zwecke. Indem er betont, dass ihn und seine Mitgesandten „im Innersten ein Schauder packte" (Legat. 357) und sie „Zielscheibe für Spott und Hohn" waren (Legat. 363), inszeniert er einen Kampf der Kulturen. Während das Thema des alexandrinischen Bürgerrechts nicht weiter besprochen wird, zeigt Gaius Interesse an den besonderen Bräuchen der Juden und eröffnet das Treffen mit einer höhnischen Frage: „Ihr seid also die Gottesverächter, die nicht glauben, ich sei ein Gott?" (Legat. 353) Philon unterstreicht die Andersartigkeit der Juden, in-

---

[24] Siehe auch BILDE, Gaius's Attempt, 72–74; GRUEN, Caligula.

dem er die Perspektive der ägyptischen Delegation einführt, die nach seinen Worten bei dieser Eröffnung jubelten, tanzten und Gaius mit Götternamen anriefen. Weiter schreibt Philon, der Kaiser habe jüdische Speisesitten lächerlich gemacht mit der Frage: „Warum enthaltet ihr euch des Genusses von Schweinefleisch?" (Legat. 361) Auch das wird von den Ägyptern begeistert aufgenommen, die dadurch die Eigentümlichkeit des Judentums und die Kollision mit ägyptischen Werten bestätigten. Dieses Bild der Ägypter spiegelt die historische Tatsache wider, dass Apion, der Leiter der Gegengesandtschaft, die Juden sowohl wegen ihres ‚Atheismus' als auch ihrer Enthaltung von Schweinefleisch verunglimpfte.[25] Philon spricht ausschließlich die religiösen und nicht die politischen Streitpunkte mit dem ägyptischen Diplomaten an und übergeht seine Forderungen im Blick auf die Situation der alexandrinischen Juden.

In Philons Erzählung konzentrieren sich die jüdischen Delegierten auf die Religion und erläutern dem Kaiser, dass verschiedene Völker unterschiedlichen Bräuchen folgen (vgl. Legat. 362). Philon stellt das Treffen zwischen Gaius und den jüdischen Gesandten als Bühne dar, um jüdische Besonderheit zu konstruieren. Dieses Szenario passt nicht zum Kontext des alexandrinischen Bürgerrechtsstreits und auch nicht zur Drohung der Aufstellung einer Statue im Jerusalemer Tempel. Weder Gaius noch die Botschafter erwähnen diese Fragenkomplexe. Am meisten überrascht, dass das Thema der Vergöttlichung des Gaius nicht mit dem Ausblick auf seine Statue im Jerusalemer Tempel verbunden wird und das jüdischer Bräuche nicht zu einer Erörterung des alexandrinischen Bürgerrechts führt. Philons Szene ist historisch unplausibel und dient in erster Linie seinen übergreifenden theologischen Absichten. Die Säulen der jüdischen Andersartigkeit, die er herausstellt – nämlich Monotheismus, besondere Speisevorschriften und impliziter Gegensatz zu ägyptischen Werten –, erscheinen wieder in seiner „Exposition". Philon verkündet wesentliche Merkmale des Judentums, wie er es in seinen früheren alexandrinischen Schriften an keiner Stelle getan hat. Es geschieht unter dem kritischen Blick aus dem Zentrum römischer Macht, dass Philon – wie andere griechischsprachige Autoren im Reich – seine spezielle ethnische Identität formuliert.[26]

Philon vergleicht das Treffen zwischen den Delegationen und Gaius mit „Theaterpossen" (ὡς ἐν θεατρικοῖς μίμοις, Legat. 359). Analog zur Nachahmung der Götter durch den Kaiser spielen Gaius und die Ägypter groteske Rollen. Wie Philon in anderen Abschnitten der *Gesandtschaft* in Erinnerung ruft, schlüpfte Gaius nicht nur auf die Bühne und tanzte mit, sondern schmückte sich „wie im Theater" (Legat. 79) mit den Insignien der verschie-

---

[25] PHILON, Legat. 353–363; JOSEPHUS, C. Ap. II 66–67, 137.
[26] Zu griechischen Strategien bei der Identitätskonstruktion in einem römischen Kontext siehe WHITMARSH, Thinking Local; GOLDHILL, What Is Local Identity?

denen Götter und erwartete die ihnen gebührende Ehrerbietung.[27] So entlarvt Philon Rom als große Bühne, auf der selbst der Kaiser lediglich verschiedene Rollen in einem Schauspiel verkörpert. Philons eigene Darbietung als Autor, die er in den Selbstreflexionen seiner Einleitungen und in seinem dramatischen Stil die ganze Schilderung hindurch hervorhebt, erweist sich als eine Rolle, die auf der römischen Bühne gespielt wird. Nicht nur erlebt er Rom als Theaterposse, sondern er trägt sich selbst als Autor in die dramatischen Diskurse ein.

Philons Eigenwahrnehmung mit ihrer impliziten Selbstironie nimmt zwei griechischsprachige Schriftsteller mit engen Verbindungen nach Rom vorweg, nämlich Josephus und Lukian. Josephus bietet eine humorvolle Schilderung seines ersten Rombesuchs und behauptet, der jüdische Schauspieler Aliturus habe ihn mit Poppäa bekannt gemacht, der Frau des Kaisers Nero. Letzterer ließ nicht nur die Priester frei, für die Josephus sich eingesetzt hatte, sondern machte ihm sogar „reiche Geschenke" (Vita 16).[28] Auch hier erscheint Rom als groteske Bühne, auf der Schauspieler und Frauen das Sagen haben und die normalen diplomatischen Beziehungen auf den Kopf stellen. Wie Philon schreibt Josephus sich in dieses Drama ein und spielt seine Rolle als Autor, der eng mit römischen Diskursen verwoben ist. Der Sophist Lukian aus dem zweiten Jahrhundert beschreibt Rom sogar noch ausdrücklicher als einen Ort der Shows und Theater, der Gauner und Schwindler anlockt. Mit einem ironischen Augenzwinkern gibt er zu erkennen, dass er selbst zu ihnen gehörte, indem er in ausgeprägtem Theaterstil schreibt, seine Rollen wechselt und immer verwirrendere Kostüme trägt.[29]

Philons Konzept vom Martyrium im Kontext des Theaters nimmt bedeutende heidnische und christliche Stimmen vorweg. Seneca setzt sich von anderen Stoikern ab, wenn er edles Leiden betont. Erblickten seine Vorgänger das Ziel der Ethik im „reinen Gut …, das ohne Beunruhigung und außerhalb von Beschwernis gelegen" ist (Ep. 67,5), so betrachtet er tapferes Erdulden unter der Folter und sogar den Tod als erstrebenswert, weil sie all die Tugenden stärker hervorbringen als das „tote Meer" des Glücks (Ep. 67,14). Sokrates wird nicht so sehr für seine Philosophie bewundert als für seine Bereitschaft, den Schierlingsbecher zu trinken und zu sterben. Der Autor des dritten Evangeliums und der Apostelgeschichte betont ebenso das Martyrium, indem er das Markusevangelium neu interpretiert mit Betonung von Jesu edlem Leiden und sich den Prozess des Paulus vor dem römischen

---

[27] PHILON, Legat. 359, 45–46, 79. Sueton und Cassius Dio erwähnen auch, Gaius sei im Theater aufgetreten (SUETON, Gaius 11; 54,1–2; CASSIUS DIO LIX 5,4–5). Siehe auch CALABI, Theatrical Language, 111–113; EDWARDS, Beware of Imitations.

[28] Siehe auch MASON, Josephus Flavius, 24–27; NIEHOFF, Parodies of Educational Journeys.

[29] LUKIAN, Nigrinus 15–20. Siehe auch GOLDHILL, Who Needs Greek?, 60–107; WHITMARSH, Greek Literature, 265–279.

Kaiser ausmalt. Im zweiten Jahrhundert wird das Martyrium zu einem wichtigen Thema in christlichen Diskursen und reicht von den Ignatiusbriefen bis zum Polykarpmartyrium und zur Passio Perpetuae. Von besonderem Interesse ist Justin der Märtyrer, weil auch er martyrologische Motive in eine philosophische Deutung von Religion einträgt. Aus seiner Sicht unterscheidet sich rechtes Christentum vom ‚Gnostizismus' durch seine Martyriumsbereitschaft. Justin erzählt die Geschichte von seiner Bekehrung als Reaktion auf den Anblick christlicher Märtyrer und führt sich als jemand ein, der „in den Block gespannt zu werden" erwartet, vielleicht durch Kreskens, diesen „Spektakelmacher und Prahlhans" (2. Apologie 3[8],1). In platonisierend-stoisierender Interpretation des Christentums hebt Justin die Ähnlichkeit zwischen Jesus und Sokrates hervor, die beide den Märtyrertod gestorben sind. Justin beschließt seine *Zweite Apologie* mit einer lebhaften Anrede an die Römer in der Annahme, dass sein Aufruf zum Martyrium ihren Geschmack treffen werde.[30] Philon, der ein Jahrhundert zuvor im Zusammenhang der jüdischen Gesandtschaft zu Gaius schreibt, hat bereits ein Gespür für das dramatische Potenzial von Leiden und lotet es durch den Rekurs auf römische Konventionen aus. Unter Vorwegnahme späterer christlicher Autoren schreibt er die Geschichte seines Volkes in die zeitgenössischen römischen Diskurse ein und entwirft sich selbst als dramatischen Autor.

Welcher Leserschaft und welchem Zweck dient Philons Selbstbild? Der Schlüssel zur Beantwortung dieser Frage liegt in der Tatsache, dass Philon die *Gesandtschaft* unter der sehr viel entspannteren Herrschaft des Claudius, des Nachfolgers des Gaius, verfasste, den er kurz als Gegenmittel gegen Gaius erwähnt (Legat. 206). Philon schreibt über seine Erfahrung aus der Position zurückgewonnener Stärke und Sicherheit. Wenn er seinen tapferen Widerstand gegenüber Gaius herausstellt, so bringt er damit nicht, wie häufig angenommen, eine Fundamentalopposition gegen das römische Kaisertum zum Ausdruck, sondern er trägt sich vielmehr selbst in die aktuelle kaiserliche Ideologie ein. Es ist beileibe kein Zufall, dass zur Zeit von Philons Niederschrift Claudius sich selbst als das positive Gegenstück zum Tyrannen Gaius anpreist, der, wie Claudius rasch hinzufügt, von den Senatoren zu Recht verabscheut wurde. Ferner betont der neue Kaiser, dass er seine eigene kultische Verehrung nicht dulden würde, und lässt diejenigen frei, die Gaius wegen *maiestas* inhaftiert hatte, also wegen Beleidigung des Kaisers.[31]

---

[30] SENECA, Ep. 67,5–10; 13,14–15; Lukas 22,43–44; 23,46 (vgl. Markus 14,32–42; 15,34); JUSTIN, II Apol. 12,1; 3,1; 9,1; 14,1–15,5. Siehe auch EHRMAN, New Testament, 109–111; HARRILL, Paul the Apostle, 1–12, 97–101; MOSS, Myth, 58–61, 83–125; PERKINS, Suffering Self; KING, Willing to Die; COLEMAN, Fatal Charades; EDWARDS, Death; NASRALLAH, Rhetoric of Conversion.

[31] CLAUDIUS, Brief an die Alexandriner, in: TCHERIKOVER/FUKS, CPJ (wie S. 16, Anm. 23), Bd. II, 39–40 (Nr. 153,48–51); JOSEPHUS, Ant. XIX 227–246; SUETON, Claudius 11,1–12,1; CASSIUS DIO LX 1,1–4; 4,2; 5,1–5. Siehe auch LEVICK, Claudius, 32–39, 184–185. Für weitere Einzelheiten siehe Kapitel 3.

In diesem günstigen politischen Klima liest sich Philons Geschichte über Gaius' Ungeheuerlichkeit gegenüber den jüdischen Gesandten fast wie eine an Claudius gerichtete Selbstempfehlung. Philon scheint nahezulegen, dass auch er ein Opfer des vorigen Kaisers auf der Grundlage von *maiestas* war und nun unter Claudius völlige Freiheit genießt. Philons Selbstpositionierung ähnelt der seines Zeitgenossen Seneca, der früh im Jahr 44 n. Chr. eine *Trostschrift an Polybius* verfasste. Während er nach außen hin Polybius, Claudius' einflussreichen Freigelassenen, berät, wie er seinen Kummer über den Tod seines Bruders beherrschen kann, nutzt Seneca die Gelegenheit, um sich bei Polybius' Herrn Gehör zu verschaffen, und erbittet seine eigene Rückholung aus dem Exil. Indirekt appelliert Seneca an Claudius und wird nicht müde, ihn für seine Güte und die segensreiche Rücknahme von Gaius' Politik zu rühmen. Auch aus seiner Sicht war Gaius mit „Raserei" (*furor*) geschlagen (Trostschrift an Polybius 13,1) und erwies sich als „Untergang und Beschimpfung des Menschengeschlechts" (17,3).[32] Unter Claudius hielten Seneca und Philon es offenbar beide für förderlich, dessen Vorgänger Gaius als Erzschurken hinzustellen.

Rücksichtnahme auf Claudius könnte Philon auch davon abgehalten haben, das Thema alexandrinisches Bürgerrecht anzusprechen. Der neue Kaiser regelte die Angelegenheit des Status der Juden in seinem berühmten *Brief an die Alexandriner* auf eine Weise, mit der die Juden kaum völlig zufrieden sein konnten. Zwar beschwört Claudius darin die Ägypter, „sich geduldig und freundlich gegenüber den Juden [zu] betragen ... und keine der von ihnen befolgten Riten zur Verehrung Gottes [zu] schmähen", doch weist er ihnen den Status von Fremden „in einer fremden Stadt (ἐν ἀλλοτρίᾳ πόλει)" zu.[33] Claudius bestätigt somit die religiösen Rechte der alexandrinischen Juden, klammert aber ihre politischen beziehungsweise bürgerrechtlichen Forderungen aus. Wie kompliziert seine Haltung war, beleuchtet Josephus, der in den *Jüdischen Altertümern* eine Version des Edikts überliefert, die sowohl Religionsfreiheit als auch politische Gleichberechtigung zusichert. Louis Feldman hat überzeugend dargelegt, dass Josephus dieses Dokument nicht gefälscht, sondern eine frühere Version bewahrt hat, die König Agrippa I. zusammen mit seinem Bruder Herodes von Chalkis entworfen hatte. Claudius überdachte in der Folge die Bestimmungen des Dokuments und beschnitt die Bürgerrechte der alexandrinischen Juden, vermutlich in Reaktion auf militante Juden, die aus Palästina und Syrien in die Stadt drängten.[34]

---

[32] Siehe auch GRIFFIN, Seneca, 208–210; für weitere Einzelheiten siehe Kapitel 3.
[33] CLAUDIUS, Brief an die Alexandriner, in: TCHERIKOVER/FUKS, CPJ (wie S. 16, Anm. 23), Bd. II, 41 (Nr. 153,82–86.95; deutsche Zitate: SCHIMANOWSKI, Juden und Nichtjuden, 249). Siehe auch LEVICK, Government, 134–137.
[34] JOSEPHUS, Ant. XIX 281–285; LOUIS H. FELDMAN (Josephus, Jewish Antiquities. Books XVIII–XX. With an English translation by Louis H. Feldman [Cambridge, Mass.:

Führt man sich vor Augen, dass es zwei Ansätze zur Bürgerrechtsfrage in Alexandria gab – einen früheren, stärker politischen, der mit Agrippa in Verbindung gebracht wird, und einen späteren, eher religiösen Ansatz, der Claudius' offizielle Stellungnahme widerspiegelt –, dann ist klar, dass Philons Gaius-Porträt die kaiserliche Politik getreu wiedergibt. In Philons Darstellung wird Claudius' verhasster Vorgänger genau auf dem Gebiet als Tyrann kritisiert, auf dem Claudius großzügig ist, nämlich dem der jüdischen Lebensweise. Andererseits wird Gaius' Missachtung der jüdischen Bürgerrechte höchstwahrscheinlich deshalb nicht erwähnt, weil Claudius sie ebenso wenig gefördert hat. Ferner übernimmt Philon Claudius' Unterscheidung zwischen Bürgerrechten und Religionsfreiheit und inszeniert sich selbst als Kämpfer für die jüdische Religion gegen den Tyrannen Gaius. Er hat sich im Rückblick als jemand eingeführt, dessen Erwartung auf Religionsfreiheit von Claudius erfüllt werden würde, wohingegen er auf die Bürgerrechtsfrage nur ganz am Rande der *Gesandtschaft* eingeht. Agrippas erfolgreiche Diplomatie wird im selben Sinne heruntergespielt.

Philons Wahrnehmung von Claudius' Politik erklärt auch die ziemlich abrupten Übergänge, die wir in der *Gesandtschaft* beobachtet haben – von der Ebene menschlicher Diplomatie hin zum Gebiet der Theologie. Jedes Mal ist Philons Wechsel eine Überraschung und ergibt sich weder aus den historischen Abläufen noch aus dem Gang der Erzählung. Wir bleiben mit dem Eindruck zurück, dass er Informationen zurückhält und so eine fragmentierte, hybride Geschichte schafft, die das seltsame Gefühl vermittelt, ihre Akteure hingen in der Luft. Eingebunden in die Machtstrukturen seiner Zeit, stilisiert Philon sich zu einem rätselhaften Erzähler, der einerseits den zeitgenössischen Ruf nach Toleranz gegenüber der jüdischen Religion aufgreift, andererseits aber seine Erzählung nicht völlig unter Kontrolle hat, weil er Spuren anderer Sichtweisen hinterlässt. In dem Bestreben, seine verschiedenen Rollen auf der literarischen Bühne zu spielen, geht es Philon bei jeder Episode mehr um den gehörigen dramatischen Effekt als um Stimmigkeit des Ganzen.

---

Harvard University Press, 1965]), zur Stelle; TCHERIKOVER/FUKS, CPJ (wie S. 16, Anm. 23), Bd. II, 44, Anm. 16; ebd., Nr. 156a, c, d; siehe auch PUCCI BEN ZEEV, Jewish Rights, 304–313; LEVICK, Claudius, 183–185; zu abweichenden Ansichten siehe CPJ, Bd. I, 70–71, Anm. 45; SMALLWOOD, Philonis Alexandrini Legatio, 10–11. Josephus könnte seine Version des Edikts von Agrippas Sohn bekommen haben. Das Edikt auf Papyrus reagiert auf die Bittschrift der ägyptischen Gesandtschaft und schließt mit Claudius' besonderem Dank an Claudius Balbillus, ein Mitglied der ägyptischen Delegation. Claudius' Meinungsumschwung könnte auch auf Agrippas römischen Prozess im Sommer 41 n. Chr. zurückgehen, als Isidor, ein berüchtigter Gymnasiarch aus Alexandria, namens der Alexandriner gegen ihn Anklage erhob. Welcher Art diese Anschuldigungen waren, kann zwar nicht mehr rekonstruiert werden; doch lässt sich noch ausmachen, dass ein gewisser Balbillus aufseiten der Alexandriner stand. Den Herausgebern des Papyrus zufolge ist er vermutlich ebender, dem Claudius am Ende seines Briefs an die Alexandriner dankt.

## Philons Selbststilisierung durch Agrippas Brief

In Philons Erzählung über die Gefährdung des Jerusalemer Tempels spielt Agrippas Brief an Gaius eine wichtige Rolle. Als Agrippa von Gaius' Vorhaben erfuhr, dort sein Standbild aufzustellen, soll er das Bewusstsein verloren und dem Kaiser anschließend einen langen Brief geschrieben haben, den Philon in 54 Paragraphen wiedergibt (Legat. 276–329). Die Echtheit dieses Schreibens wurde in der Forschung infrage gestellt mit den Argumenten, es sei zu lang, stilistisch zu philonisch und im Zusammenhang mit Agrippas Ohnmacht zu seltsam, um authentisch zu sein.[35] Diesen Gründen können wir nun hinzufügen, dass Philons ‚Vollzitat' von seinem Verfahren bei Briefwechseln zwischen dem Kaiser und seinen Präfekten abweicht. Nirgends zitiert er solche römischen Briefe, sondern er nennt sie nur kurz und gibt dann ihren Inhalt in eigenen Worten wieder.[36] Bei Agrippa dagegen schreibt er: „Darauf greift er zu einer Schreibtafel und verfasst den folgenden Brief", als müsse er für das Schreiben des Königs eine realistische Entstehungssituation schaffen (Legat. 276). Anschließend zitiert er den Brief, an dem er ein eigennütziges Interesse hat, in voller Länge, obwohl die übliche Paraphrase für den Fortgang der Erzählung ausgereicht hätte.

Die dramatische Wirkung des Agrippa zugeschriebenen Briefs bereitet Philon sorgfältig vor, indem er zu Beginn den König in dieselbe Art von Botenszene stellt, die er zuvor für die Gesandten entworfen hatte. Dadurch erzeugt er ein ironisches Spiegelbild seiner selbst. Philon zufolge hatte Agrippa, als er in Rom eintraf, „um, wie üblich, Gaius zu huldigen", von dessen Plänen, seine Statue im Tempel von Jerusalem aufzurichten, „nicht die geringste Ahnung" (Legat. 261). Ein solches Szenario ist völlig unplausibel: Es würde bedeuten, dass der König über den Vorfall in Jamnia, der in seinem eigenen Land stattgefunden und zu Gaius' harten Maßnahmen geführt hatte, nicht informiert war. Hier tritt uns ein Agrippa vor Augen, der aktuelle Meldungen nicht kennt, die den Gesandten aus Alexandria bereits vorliegen. Seine Reaktion auf die in Aussicht stehende kaiserliche Statue ist sogar noch überraschender. Philon berichtet, Agrippa habe „laufend die Gesichtsfarbe gewechselt", einen Schüttelfrost bekommen und sei dann für eineinhalb Tage bewusstlos gewesen (Legat. 266–269). Philon musste klar sein, dass den Lesern die Dramatik dieser Szene unglaubhaft vorkommen würde. Ihre Überzeichnung steht in offensichtlichem Kontrast zum Bild der gefassten Delegierten, die auf die Nachricht von Gaius' Plänen mit der gebührenden Mischung aus Gefühlsregung und Selbstbeherrschung reagieren, sofort Zukunftspläne schmieden und ihr Vertrauen auf Gott setzen.

---

[35] ZEITLIN, Did Agrippa Write a Letter to Gaius Caligula?; D. R. SCHWARTZ, Agrippa, 200–202; DOERING, Ancient Jewish Letters, 265–266.
[36] PHILON, Legat. 199–203, 207, 248–253, 259–260.

Wie Philon selbst geht es seinem Agrippa weniger um Politik als um die jüdische Religion. Die Juden, so schreibt Philon in Agrippas Namen, teilen mit allen übrigen Völkern „die Liebe zur Heimat und die Achtung vor ihren eigenen Gesetzen" (Legat. 277). Sie leben in der gesamten Diaspora, richten ihre Augen aber auf ihre „Mutterstadt" (Legat. 281). ‚Agrippa' erläutert Wesen und Bedeutung des Monotheismus sowie den bilderlosen Kult. Am meisten überrascht, dass er Tiberius rühmt, obwohl der historische König zu diesem Kaiser in schlechtem Einvernehmen stand, hatte er sich doch schon früh auf Gaius' Seite geschlagen. Philon und Claudius wiederum hielten Tiberius' Andenken in Ehren.[37] Zu guter Letzt erwägt ‚Agrippa', genau wie Philon und seine Gesandten, den Freitod, falls Gaius sich bezüglich der Statue nicht eines Besseren besinnen sollte.

Philon hat Agrippa nach seinem Ebenbild geschaffen und spricht in spielerischer Weise durch dessen Brief, ganz wie jener anonyme Autor, der den *Briefwechsel zwischen Seneca und Paulus* fingierte.[38] Der judäische König vertritt nicht nur dieselben jüdischen Werte wie Philon, sondern bringt auch dessen Wertschätzung gegenüber Tiberius und Ohnmachtsgefühl gegenüber Gaius zum Ausdruck. An die Stelle von Agrippas bekannter Freundschaft mit Gaius tritt hier das Bild ihrer Entfremdung, ein Widerhall von Philons eigener Distanzierung vom Kaiser. Unter Philons Feder erwirkt Agrippas Intervention bei Gaius in der Tempelsache keine Rücknahme des Beschlusses mehr, wie Josephus sie erwähnt, sondern entlockt nur aufgesetzte Höflichkeit.[39] Philon zufolge wäre die Statue im Jerusalemer Tempel aufgestellt worden, wenn der Kaiser nicht einem Attentat zum Opfer gefallen und Claudius an seine Stelle getreten wäre. Indem Philon den historischen Agrippa zu seinem Sprachrohr macht, eignet er sich das Image des Königs an, der sich außergewöhnlicher Beliebtheit erfreute – nicht nur bei Josephus, sondern auch bei den Juden insgesamt einschließlich der Rabbinen.[40] Philons Agrippa ist nicht mehr ein erfolgreicher, unabhängiger und weithin geschätzter Politiker im Einsatz für das Judentum des Zweiten Tempels, sondern eine bescheidene Verlängerung von Philons eigenem religiösen Ich.

Durch die Fingierung eines Agrippa-Briefes an Gaius setzt Philon eine weitere Maske auf, nämlich die des judäischen Königs, der sich als politisch machtlos, aber tiefgläubig erweist. Angesichts der einschneidenden Verän-

---

[37] Zu den Spannungen zwischen Agrippa und Tiberius siehe JOSEPHUS, Ant. XVIII 186–204; zu Philons Standpunkt siehe Legat. 141–142 (dazu auch NIEHOFF, Philo on Jewish Identity, 119–128); zu Claudius' Standpunkt siehe SUETON, Claudius 11,3; CASSIUS DIO LX 6,8.
[38] Zum *Briefwechsel zwischen Seneca und Paulus* siehe NASRALLAH, „Out of Love for Paul".
[39] PHILON, Legat. 268, 333–335; vgl. JOSEPHUS, Ant. XVIII 301–309.
[40] Mischna Bikkurim 3,4; Mischna Sota 7,8.

derungen, die das Bild Agrippas erfahren hat, muss Philon seine Darstellung nach Agrippas plötzlichem Tod im Jahr 44 n. Chr. publiziert haben. Er rechnet nicht damit, dass der König reagieren und öffentlich klarstellen könnte, er sei weder in Ohnmacht gefallen, noch habe er den ihm zugeschriebenen Brief verfasst. Was hat Philon gewonnen, wenn er die Erinnerung an Agrippa umformt und zu verstehen gibt, der König sei politisch viel wirkungsloser gewesen als allgemein angenommen? Abgesehen von dem potenziellen Vergnügen, einen politischen Konkurrenten kleiner zu machen, erreicht Philon ein Ziel von großer aktueller Bedeutung. Er hat Agrippas Bild an Claudius' Ideologie angeglichen, wenn er darauf hindeutet, dass es sogar dem führenden jüdischen Politiker und engen Freund des verachteten Gaius in Wirklichkeit um die jüdische Religionsausübung ging und er ein Opfer des Tyrannen war. Während der historische Agrippa über Claudius' Missachtung der jüdischen Bürgerrechte in Alexandria, für die er sich persönlich eingesetzt hatte, enttäuscht gewesen sein muss, wäre Philons Agrippa mit dem kaiserlichen Schutz der jüdischen Religion mehr als glücklich gewesen.

## Fazit

Philons Selbstinszenierung in seinen historischen Schriften hat sich als hoch stilisiert und vielschichtig herausgestellt. Bewusst spielt er mit verschiedenen Rollen: Er weist sich als Alexandriner aus, entwirft aber ein entwurzeltes Selbstbild, das vom spezifisch römischen Mobilitätsstandard im Mittelmeerraum geprägt ist. Philon verliert nicht viele Worte über seine glänzende familiäre Herkunft; seinen einflussreichen Bruder Alexander übergeht er völlig. Das Bild König Agrippas I., der sehr wohl in Philons Erzählung auftritt, stellt sich als rätselhaft und gebrochen heraus und ist weit entfernt von dem erfolgreichen Politiker, wie er aus anderen Quellen bekannt ist. Auf zeitgenössische Ereignisse und Persönlichkeiten blickt Philon aus einer ungemein persönlichen, beteiligten Perspektive, wobei er ironisch mit verschiedenen Erzählerrollen spielt und ein Gefühl von der Welt als Theater vermittelt.

Diese Züge von spielerischer Entfremdung und Betonung der Religion sind im Zusammenhang von Philons Gesandtschaft nach Rom verständlich. Sie spiegeln seine aktuelle Situation unter Claudius wider, die ihn dazu veranlasst, sich in die neue kaiserliche Ideologie einzuschreiben. Ironischerweise ist gerade seine Pose als unpolitischer, religiöser Anführer Ausweis seines ausgeprägten politischen Bewusstseins. Als Teilnehmer an politischen Verhandlungen übersetzt er Claudius' neue Prioritäten direkt in autobiographische Begriffe und gibt so zu verstehen, dass die jüdische Religion dem römischen Kaiser beipflichte. Philons Porträt Agrippas als eines Anführers, dem es um die jüdische Religionsausübung geht, spiegelt dasselbe politische

Bewusstsein wider. Indem er den Schwerpunkt auf Religion unter Gaius legt, gewinnt der Erzähler Philon etwas von der Macht zurück, die er in der politischen Arena eingebüßt hatte.

Philons Selbststilisierung in seinen historischen Schriften nimmt in beachtlicher Weise spätere griechischsprachige Autoren unter römischer Herrschaft vorweg, die für ihre ironischen, gebrochenen Selbstentwürfe bekannt sind. Wie Philon sind sich diese Schriftsteller Roms politischer Macht hochgradig bewusst und stilisieren sich als Vertreter einer griechischen Kultur, die von Politik abgekoppelt zu sein scheint. Genau wie jener die jüdische Religion für vereinbar mit Claudius' neuer Politik erklärt, zeigen diese die Kompatibilität griechischer *paideia* mit dem Römischen Reich auf. Schließlich findet sich Philons richtungsweisende Behauptung, Philosophie sei eine Form des Martyriums, bei Justin dem Märtyrer wieder und wirkt sich auf dessen Entwurf des Christentums aus, welcher das Mehrheitschristentum werden sollte.

3

# Macht, Exil und Religion
# im Römischen Reich

Philon gelangte in einem besonders turbulenten Augenblick der Geschichte nach Rom, nämlich als Gaius seine kaiserliche Macht in einem solchen Ausmaß missbrauchte, dass er zu Beginn des Jahres 41 n. Chr. ermordet wurde. Claudius trat an seine Stelle und leitete eine gemäßigtere Form der Herrschaft ein: Er versprach, mit dem Senat zusammenzuarbeiten, lehnte göttliche Ehren ab und korrigierte viele von Gaius' Verirrungen. Wie wir im vorigen Kapitel gesehen haben, erließ er auch ein wichtiges Edikt, um die ethnischen Ausschreitungen in Alexandria zu beenden, und schützte die jüdische Religion vor Angriffen seitens der einheimischen Ägypter. Allerdings schickte er zugleich Intellektuelle wie etwa den Philosophen Seneca in die Verbannung und wies 49 n. Chr. anscheinend einige Juden aus Rom aus, weil sie „sich von Chrestus ständig zu Unruhen anstiften ließen" (Sueton, Claudius 25,4).[1] Philon nennt Claudius beiläufig „Caesar" und gibt damit zu erkennen, dass er seine historischen Traktate unter diesem Kaiser verfasste. Da Philon von einer Krise in der jüdischen Gemeinde rund um die Gestalt von Jesus Christus offensichtlich nichts weiß, muss er vor dem Jahr 49 n. Chr. geschrieben haben. Er bietet eine faszinierende Neuinterpretation des Judentums im Kontext des Römischen Reiches, die erhebliche Auswirkungen auf das frühe Christentum und die Renaissance griechischer Kultur unter römischer Herrschaft, die sogenannte Zweite Sophistik, hatte.

Bedenkt man, dass Philon seine historischen Traktate unter Claudius schrieb, so überrascht, wie schweigsam er bezüglich dessen Persönlichkeit und Amtsführung ist. Es findet sich bei ihm nur ein einziger knapper Hinweis auf Claudius als den Kaiser, der Helikon, einen ägyptischen Scharfmacher gegen die Juden, der bei Gaius hoch im Kurs gestanden hatte, hinrichten ließ (Legat. 206). Bei dieser Gelegenheit begrüßt Philon den Übergang von Gaius zu Claudius, ansonsten äußert er sich nicht über den Kaiser, unter dem er lebt und arbeitet. Diese Wortkargheit hat Forscher dazu ge-

---

[1] „Ioudaeos impulsore Chresto assidue tumultuantis Roma expulit"; siehe auch STERN, Greek and Latin Authors II, 113–117; HENGEL, Zur urchristlichen Geschichtsschreibung, 91 = Studien zum Urchristentum, 84; WATSON, Paul, 167–171; LEON, Jews of Ancient Rome, 23–27. Diese Vertreibung kann nur einzelne Juden betroffen haben, denn sonst hätten Josephus, Tacitus und Cassius Dio sie erwähnt.

führt, Claudius im Zusammenhang mit Philon nicht zu beachten und Philons historische Traktate so zu lesen, als böten sie ein unverzerrtes Abbild von Gaius' Regentschaft, das keinerlei Verbindung zu den Verhältnissen nach dessen Ermordung aufweist. Unter einer solchen Voraussetzung würde Philon, der kein Blatt vor den Mund nimmt und zugunsten der Juden Gegenwehr leistet, ein recht verlässliches Porträt des wahnsinnigen Kaisers zeichnen. Doch Philons Schweigen über Claudius ist zu beredt, um für bare Münze genommen zu werden. Es mag sogar eher trügerisch sein und verheimlichen, dass Philon sich bei der Abfassung seiner Traktate über Politik und Religion in einem römischen Kontext über die kaiserliche Politik im Klaren gewesen sein muss.

Im vorigen Kapitel haben wir gesehen, wie Philon sich als frommer, leidender Botschafter in einer Weise stilisierte, wie sie dem Geist des Claudius-Briefs an die Alexandriner genau entspricht, der Religionsfreiheit garantiert und Schutz vor Angriffen von außen bietet, politische Gleichberechtigung aber verweigert. Wenn wir dieser Interpretationsrichtung folgen, müssen wir fragen, wie Philons Erfahrungen mit diesem Kaiser seine Sicht auf kaiserliche Macht, Exil und die jüdische Religion geprägt haben. Der römische Philosoph Seneca, sein Zeitgenosse, gewährt hier wichtige Einsichten in diese Fragen, da er sich in Bezug auf Claudius deutlicher ausdrückt und durchblicken lässt, dass Intellektuelle im kaiserzeitlichen Rom keinen leichten Stand hatten. Senecas Schriften sind also wesentlich für das Verständnis des geistigen Klimas im Rom des Claudius und liefern einen Schlüssel zu Philons historischen Werken. Sie verdienen unsere volle Aufmerksamkeit, ehe wir Philon analysieren können.

## Seneca über Politik, Exil und Philosophie unter Claudius

Seneca thematisiert Claudius' Persönlichkeit in drei Traktaten: zwei aus seinem achtjährigen Exil auf Korsika im Gefolge einer umstrittenen Ehebruchsbeschuldigung und ein weiteres, ganz andersgeartetes Werk, die *Apocolocyntosis* („Verkürbissung"), aus der Zeit nach dem Tod des Kaisers im Jahr 54 n. Chr.[2] Während die ersten beiden Traktate Trostschriften sind, die Claudius schmeicheln und die philosophischen Vorzüge des Exils erläutern, äußert letztere Schrift sarkastische Kritik am zwischenzeitlich verstorbenen Kaiser. In der *Trostschrift an Polybius* richtet sich Seneca an Claudius' einflussreichen Freigelassenen, der seinen Bruder verloren hat und Rat benötigt, um über seinen Kummer hinwegzukommen. Seneca spricht Polybius' Seelenschmerz offen an und stärkt ihn mit den üblichen Trostmotiven,

---

[2] Siehe auch EDEN, Apocolocyntosis, 4–12; zu den Umständen von Senecas Verbannung siehe GRIFFIN, Seneca, 60–62; GRIFFIN, Philosophy, Politics.

verfolgt aber auch eine politische Agenda und wendet sich an den Herrn seines Klienten, an Claudius. Dieser wird elegant als Quelle des Trostes für Polybius eingeführt. Zunehmend wird deutlich, dass sich Seneca um seine eigenen Belange sorgt, nämlich seine Rückkehr aus dem Exil, die vom Kaiser abhängt. Es überrascht nicht, dass Seneca Claudius als göttlichen Wohltäter des Reiches, als Heiler des Menschengeschlechts und vor allem als überaus barmherzig rühmt. Claudius habe ihn „nicht niedergeworfen" (Trostschrift an Polybius 13,2), betont er, sondern das Schicksal habe ihn hart angefasst, und der Princeps habe alles getan, um sein Geschick zu mildern. Seneca sagt sogar, dieser Kaiser bewirke, „dass ein ruhigeres Leben unter dir führen die Verbannten, als es kürzlich unter Gaius geführt haben die führenden Persönlichkeiten" (13,4). Zugleich bringt er jedoch ins Spiel, der bevorstehende Triumphzug zu Ehren von Claudius' Sieg über Britannien böte eine ausgezeichnete Gelegenheit, ihn aus der Verbannung zurückzurufen und an den wohlverdienten Feierlichkeiten teilnehmen zu lassen. Seneca unterdrückt also seinen Ärger und erklärt sich zum treuen Gefolgsmann des Kaisers, dessen Vorzüge im Vergleich mit seinem Vorgänger Gaius er rühmt. Letztere Schmeichelei muss Claudius, der für seine Linie der Distanzierung von Gaius' korrupter Herrschaft bekannt war, besonders gefallen haben.[3]

In der Trostschrift an seine Mutter Helvia führt Seneca eine neue Form des Zuspruchs ein, in welcher derjenige, der ein schlimmes Los erleidet, seine Familie aufmuntert. Dass diese Strategie auf Selbsttröstung hinausläuft, weiß Seneca sehr wohl, und er thematisiert das Leiden an der Verbannung, um sich selbst als wahren Philosophen zu inszenieren, der gelernt hat, bedrohliche Situationen nicht an sich herankommen zu lassen. Seine Exilserfahrung als eine prägende Lebensphase gleicht den autobiographischen Erinnerungen des bekannten Zynikers Diogenes von Sinope (4. Jahrhundert v. Chr.), der beteuert: „Ebendeshalb [sc. wegen des Exils] bin ich Philosoph geworden" (Diogenes Laertius VI 49). Ganz ähnlich behauptet Seneca, dass seine „Verhältnisse nicht unerträglich seien" und er „unter den Verhältnissen glücklich sein werde, die Menschen gewöhnlich unglücklich machen" (Trostschrift an Helvia 4,2); denn der Geist, „frei und den Göttern verwandt, jeder Welt und jedem Zeitalter gewachsen", kann „niemals in Verbannung weilen" (11,7). Außerdem lasse sich auf dieser Welt „keine Verbannungsstätte finden" (8,5). Seneca formt sich selbst nach dem Vorbild des Marcellus, der seine Verbannung „sehr glücklich" (*beatissime*, 9,4) und edelmütig

---

[3] SENECA, Cons. Pol. 12,3–13,4; JOSEPHUS, Ant. XIX 227–246; SUETON, Claudius 11,1–12; CASSIUS DIO LX 1,1–4; 5,1–5. Siehe auch LEVICK, Claudius, 88–90; MOMIGLIANO, Claudius, 22–29; SCRAMUZZA, Emperor Claudius, 60–63; JACOBSON, Attitude of Roman Emperors.

ertrug, weil er sich dem Studium widmete und sich selbst einredete, dass „jeder Ort für einen weisen Mann Vaterland ist" (9,7).[4]

Gaius wird in der *Trostschrift an Helvia* als der schlechthin Andere eingeführt, der „höchste Charakterschwächen" und „höchste Stellung" in sich vereint und sein Amt für einen extravaganten Lebensstil missbraucht (10,4). Kaiser Claudius, der Seneca schließlich aus dem Exil zurückrufen wird, spielt lediglich eine implizite Rolle, insofern ihm der rechte Weg durch das negative Spiegelbild Julius Caesars gezeigt wird. Seneca schreibt, der frühere Diktator sei von Marcellus' heldenhaftem Ertragen des Exils berührt gewesen, habe es aber unterlassen, ihn zurückzuholen. Julius sei vor der Insel, auf die Marcellus verbannt worden war, nicht vor Anker gegangen, „weil er es nicht ertragen konnte, den Mann entehrt zu sehen" (9,6). Daher habe der Senat die Initiative ergriffen und ihn in die Gesellschaft zurückgerufen. Seneca meint, Marcellus sei in der Verbannung glücklich gewesen, weil seine Heldenhaftigkeit ihm die Bewunderung des Philosophen Brutus einbrachte. Zugleich gibt er jedoch zwischen den Zeilen zu verstehen, Claudius solle einen philosophischen Weg wählen und Senecas Verbannung aufheben. Einmal mehr hat er seinen Ärger auf den Kaiser hinuntergeschluckt und seine Kritik auf dessen verstorbene Vorgänger gerichtet.

Die Philosophie spielt in Senecas Abhandlung eine therapeutische Rolle; denn sie ermöglicht ihm, sich außerhalb der politischen Arena anzusiedeln und einen alternativen Bezugsrahmen zu schaffen. Wo römische Normen als elend denjenigen definieren, der von der Gesellschaft isoliert, ohne weltliche Ehrenzeichen oder einflussreiche Ämter ist, erklärt Seneca, alleiniger Herr seines Lebens und im Zentrum dessen zu sein, worauf es wirklich ankommt. Er versichert, nichts von Wert verloren, doch eine Gelegenheit dazugewonnen zu haben, im völligen Einklang mit der Natur, weit weg vom Getriebe der Macht, zu leben. Seinem Vorbild Marcellus folgend, stilisiert Seneca sich als eine Art philosophischer Märtyrer, der weltliches Leid zugunsten eines Lebens nach seinen Überzeugungen frohgemut erträgt. Paradoxerweise ist dieser Hang zum Martyrium politisch höchst wirkungsvoll. Nicht nur ist Seneca imstande, sich als Philosoph zu kennzeichnen und seiner Stimme in der Heimat Gehör zu verschaffen, sondern er erreicht schließlich einen Umschwung seiner Lage und seine Rückkehr in die gesellschaftliche Normalität in Rom.

Nach Claudius' Tod besteigt Nero mit sechzehn Jahren den Thron, und Seneca wird dank Neros Mutter Agrippina ein einflussreicher Beamter. Eines der Hauptwerke aus der frühen Regentschaft des neuen Kaisers ist Senecas Traktat *Über die Milde*, der Nero wegen dessen Wohltätigkeit und Großzügigkeit gegenüber seinen Untertanen schmeichelt. Das Prekäre an

---

[4] Siehe auch MEINEL, Seneca über seine Verbannung; DOBLHOFER, Exil, 248–251; CLAASSEN, Displaced Persons, 92–96.

Senecas Lage in Rom wird daraus ersichtlich, dass er diesen Traktat recht bald nach Neros Mord an Britannicus 55 n. Chr. schrieb und betonte: „Lieber möchte ich mit Wahrheiten Anstoß erregen als gefallen durch Schmeichelei" (Über die Milde 2,2,2).[5] Während im Blick auf Nero Vorsicht geboten ist, fühlt Seneca sich jetzt frei, am verstorbenen Kaiser Claudius Kritik zu üben und sich so Nero selbst anzudienen. Er schreibt über Claudius sogar eine Satire, die *Apocolocyntosis*, worin er dessen Begräbnistag als einen Tag der Befreiung für das römische Volk feiert. Seneca erklärt sich nun zu einem „freien Menschen" (Apocolocyntosis 1,1) und fordert andere dazu auf, endlich die Wahrheit zu sagen. Claudius steht in diesem Text als stotternde, absonderliche Witzfigur da, doch vor allem als katastrophaler Herrscher, der zu Zorn und Grausamkeit neigt, ohne Vision für das Reich, wie ein Hahn, der „nur auf dem eigenen Misthaufen der Größte" ist (7,3). In unserem Zusammenhang besonders wichtig ist Senecas Bemerkung, Augustus wäre über diesen Kaiser entsetzt gewesen, weil dieser von seiner eigenen politischen Linie abwich und stattdessen mit dem Mord an vielen Senatoren und Rittern in Gaius' Fußstapfen trat.[6]

In Senecas Schriften lässt sich ein klares Muster beobachten: Der regierende Kaiser wird gelobt und behutsam geschönt, während seine Vorgänger, besonders Gaius, zur Zielscheibe unverhüllter Verachtung werden und oft als Sündenböcke für gegenwärtige Drangsal herhalten müssen. Darüber hinaus gibt es einen starken Konnex zwischen Macht, Verbannung und Philosophie. Als Philosoph macht sich Seneca aufgrund seiner Exilserfahrung einen Namen, und es ist seine philosophische Kompetenz, die ihn in eine hochrangige politische Stellung hievt. Sein frühes Denken konzentriert sich auf das Thema des Leidens und der Überwindung von Elendsgefühlen. Philosophie ist eng mit Martyrium verbunden und bietet eine Alternative zur kaiserlichen Macht in Rom. Sie ist ein geistiger Raum, in dem die je eigene Identität bestärkt wird – bisweilen als Ausgleich für den Verlust politischer Macht, manchmal aber auch als relativ sicherer Hafen, von dem aus sich das aktuelle Geschehen beobachten und gelegentlich sogar beeinflussen lässt.

Gilt dieses Paradigma von Senecas Rhetorik auch für Philon, der etwa zur gleichen Zeit schrieb, als die Trostschriften an Polybius und Helvia veröffentlicht wurden? Dem Anschein nach hat Philon das Glück, in Claudius einen Kaiser anzutreffen, der die jüdische Religion vor Angriffen seitens der Ägypter in Schutz nimmt. Zudem sprach und las Claudius fließend Griechisch, zitierte Homer-Verse und schrieb sogar historische Werke, deren alljährliche Verlesung im Museion in Alexandria er anordnete.[7] Dennoch

---

[5] Siehe auch GRIFFIN, Seneca, 67–128, 133–144; BRAUND, Seneca, 2–4, 16–17.
[6] SENECA, Apoc. 1,1; 2,1; 6,2; 7,3; 10,1–4; 11,2; 12,2; 13,4–5. Siehe auch NUSSBAUM, Stoic Laughter.
[7] SUETON, Claudius 41,1–42,2. Siehe auch LEVICK, Claudius, 17–20; Claudius' literarische Ambitionen werden von SENECA in Apoc. 5,4 ins Lächerliche gezogen.

scheint das politische Klima seines Prinzipats weitaus vielschichtiger gewesen zu sein. Im Unterschied zu Seneca lebte Philon nicht lange genug, um von der Meinungsfreiheit nach Claudius' Tod zu profitieren. Gleichwohl animiert uns Senecas Stimme dazu, in Philons historischen Schriften nach dem Schatten dieses Kaisers Ausschau zu halten.

## Kaiserliche Macht aus der Sicht Philons

Eingangs der *Gesandtschaft* lässt Philon eine vielsagende Bemerkung über Speichelleckerei fallen: „Kennzeichen von Kriecherei ist es", schreibt er, „dem Erfolg seine Dienste anzubieten" (Legat. 32). Unter einem Kaiser, der gerade erst die höchste Machtstellung eingenommen hat, ist freie Rede gefährlich. In seiner Beschreibung der Thronbesteigung des Gaius betont Philon die dramatische Veränderung in dessen Charakter und Regierungsstil, der rasch von äußerst vielversprechenden Anfängen in Tyrannei abglitt. Der Mord an Gaius' zwei engen Beratern Macro und Silanus steht für diese Wende zum Schlechteren.

Laut Philon hatten Macro und Silanus zu unverhüllt Kritik am neuen Kaiser geäußert und für ihre mutige Offenheit mit dem Leben bezahlt. Macro war Gaius' langjährige Stütze und hatte ihm geholfen, die Gunst des Tiberius zu gewinnen und dessen Thron zu erben. Im Wissen um seine guten Dienste erteilte Macro „seine Ratschläge bedenkenlos und freimütig" (Legat. 41). Obwohl ihm die allgemeine Unterdrückung freier Meinungsäußerung bewusst war, wähnte er sich selbst als Ausnahme von der Regel. Wenn er den Kaiser dabei beobachtete, wie er bei einem Bankett einschlief oder sich an geschmacklosen Tänzen beteiligte, erinnerte Macro ihn rundheraus an seine Pflichten und erläuterte ihm den eines römischen Kaisers würdigen Verhaltenskodex. Gaius war jedoch von Macros erzieherischem Eifer alles andere als angetan und verhöhnte ihn als „Lehrer eines Schülers, der nichts mehr zu lernen braucht" (Legat. 53). Weil er meinte, vom Mutterleib an zum Kaiser bestimmt zu sein, lehnte Gaius die Vorstellung ab, unterwiesen zu werden. Bald wurde er über seinen Berater so ungehalten, dass er falsche Anschuldigungen gegen ihn fingierte und ihn zur Selbsttötung zwang – ein Ausdruck seines verbrecherischen Undanks, wie Philon versichert.

Gaius' Schwiegersohn Silanus erging es nicht besser. Er praktizierte ebenfalls die „freimütige Rede" (παρρησία), weil er sich sowohl durch Familienbande als auch durch seine erwiesene Kompetenz in Staatsangelegenheiten geschützt fühlte. Auch er hatte gehofft, Gaius' Charakter zu bessern und ihm die Regeln korrekter Staatsführung beizubringen. Empört über Silanus' wohlgemeinte Ratschläge, ließ Gaius ihn hinrichten und löste damit einen Aufschrei im Volk aus, das jedoch nicht mehr offen die Meinung zu sagen wagte und stattdessen „hinter vorgehaltener Hand" sprach (Legat. 66). Philon zeigt ein reges Interesse an der Reaktion der Massen auf kaiserliche Tyrannei und registrierte nicht nur die Verbreitung subversiver Gerüchte, sondern auch das Phänomen der Schmeichelei und der ängstlichen Anpassung an die politische Realität. Schockiert über Gaius' Niedergang, bemerkt Philon: Was die Leute am meisten fürchteten, war, der Wirklichkeit ins Auge zu blicken und einzugestehen, dass Gaius „ein Rohling" war (Legat. 73).[8]

Philons Erzählung ist im Hinblick auf zwei spätere römische Historiker aufschlussreich, nämlich Sueton, der eine Generation nach Philon auf Lateinisch schrieb, und Cassius Dio, der zur Zweiten Sophistik zählt und um die Wende vom zweiten zum dritten Jahrhundert auf Griechisch schrieb. Auch sie thematisieren die von Gaius zu Beginn seiner Regentschaft begangenen politischen Morde. Sueton, der an Fragen der Reichsverfassung und am republikanischen Freiheitsideal nicht interessiert war, spricht von ihnen als Ausdruck von Gaius' grausamem Naturell und seiner manipulativen Methoden. Der römische Historiker versichert, dass Gaius aufgrund seiner eigenen Paranoia Menschen hinrichten ließ, darunter Silanus. Eine Lappalie habe diesen das Leben gekostet: Weil er unter Seekrankheit litt, habe er den Kaiser bei stürmischem Wetter nicht auf einer Schiffsreise begleitet und sei deswegen in Verdacht geraten, Gaius' Tod auf See abzuwarten, um dann die Macht zu übernehmen.[9] Cassius Dio zeigt mehr Interesse an den Verfassungsmerkmalen des Prinzipats und sorgt sich wie Philon über ein Abgleiten in Tyrannei. Auch in seinen Augen war Gaius unmenschlich und blutrünstig und ließ viele Unschuldige hinrichten. Cassius Dio erwähnt sowohl Silanus als auch Macro und betont, sie seien durch falsche Anschuldigungen zu Fall gebracht worden. Wie Philon lenkt Cassius Dio die Aufmerksamkeit auf Gaius' Undankbarkeit gegenüber Macro und fügt seine eigene Erklärung für Gaius' Hass auf ihn hinzu: Der Kaiser war neidisch auf dessen Begabung.[10]

Ein Vergleich dieser beiden römischen Historiker mit Philon belegt, wie viel Beachtung er Macro und Silanus schenkt. In seiner Erzählung sind sie die einzigen namentlich genannten Opfer von Gaius' Tyrannei, wohingegen Sueton und Cassius Dio auch andere erwähnen. Zudem führt nur Philon sie als couragierte Figuren ein, die ihr Herz auf der Zunge tragen und Gaius über die rechte Leitung des Römischen Reiches belehren. Während sie in Suetons und Cassius Dios Darstellung Gaius versehentlich ins Netz gingen, sieht Philon in ihnen selbstbewusste Helden, die sich der politischen Risiken bewusst sind, die sie für ihre Überzeugungen eingehen. Hat Philon als Gaius' Zeitgenosse schlicht die besseren Quellen und kann deshalb mit verläss-

---

[8] PHILON, Legat. 41, 60, 63, 66, 73.
[9] SUETON, Gaius 23,3. Siehe auch WALLACE-HADRILL, Suetonius, 50–72, 110–112.
[10] CASSIUS DIO LIX 8,4; 10,6. Siehe auch MILLAR, Study of Cassius, 78–102, 174–192; SWAIN, Hellenism, 402–408.

licheren Einzelheiten aufwarten? Wenn dem so sein sollte, müssten wir erklären, warum er so interessiert ist an den internen Machtkämpfen am römischen Hof unter dem vorigen Kaiser, den dessen Nachfolger schon längst verdammt hatte. Warum sollte er sich denn in solcher Ausführlichkeit mit Angelegenheiten befassen, die keinen offenkundigen Bezug zur jüdischen Gesandtschaft an Gaius haben? Alternativ könnte man fragen, ob die besonderen Züge in Philons Erzählung aktuelle Anliegen unter Claudius widerspiegeln.

Betrachten wir also Claudius' Regentschaft, ob sich darin irgendetwas ausmachen lässt, was Philons eigenartige Erzählung über Gaius erklären könnte. Die erhaltenen Quellen zu Claudius' Herrschaft stammen von späteren Historikern, die nach dem Tod des Kaisers schrieben und daher so frei wie Seneca ab 54 n. Chr. waren, ihre Meinung zu sagen.[11] Aus den Darstellungen Suetons und Cassius Dios und teilweise auch des Josephus ergibt sich folgendes Bild: Als Claudius zu Beginn des Jahres 41 n. Chr. an die Macht kam, ergriff er einige Maßnahmen, um Gaius' Beschränkungen der freien Rede zu lockern, und schaffte den Straftatbestand der *maiestas*, der Beleidigung des Kaisers, ab – „nicht nur bei Schriften, sondern auch im Fall offenkundiger Handlungen" (Cassius Dio LX 3,6). Im Jahr darauf erlag Claudius jedoch paranoiden Verdächtigungen und eröffnete eine Serie von Morden, die er als notwendiges Mittel der Selbstverteidigung ausgab. Der berüchtigtste Fall war die Ermordung des Stiefvaters seiner Frau, Appius Silanus. Den abrupten Umschwung in Claudius' Einstellung zu seinem Verwandten beschreibt Cassius Dio in lebhaften Worten: Obwohl er „ihn [sc. Appius Silanus] eine Zeitlang wie einen der liebsten und ihm am nächsten stehenden Menschen ehrte, ließ er ihn dann plötzlich hinrichten" (LX 14,3). Sowohl Cassius Dio als auch Sueton erklären, Claudius' Grausamkeit ginge auf die Machenschaften seiner Frau zurück. Messalina, eine lüsterne Ehebrecherin, sei von Silanus zurückgewiesen worden und habe auf Rache gesonnen. Insgeheim plante sie seine Hinrichtung, indem sie Claudius den recht durchsichtigen Vorwand eines Traums lieferte, den sie und ihr Freigelassener Narcissus angeblich geträumt hatten: Darin war ihnen Silanus erschienen, der im Begriff war, Claudius umzubringen. Dieser erschrak über dieses Traumbild und leitete umgehend Silanus' Tod in die Wege.[12]

Cassius Dio unterstreicht die enorme Bedeutung des Mordes an Silanus für das politische Klima im claudianischen Rom: „Die Römer aber setzten nach seinem Tod keine guten Erwartungen mehr auf Claudius" (Cassius Dio LX 15,1). So verwundert es nicht, dass Seneca im Rückblick auf dieses Geschehen von der sicheren Warte der Regentschaft Neros aus sarkastisch

---

[11] BALDWIN, Suetonius, 281, und MILLAR, Study of Cassius, 78, sind der Meinung, sie könnten Senecas Claudius-Satire verwendet haben.
[12] CASSIUS DIO LX 13,4; SUETON, Claudius 37,1–2.

fragt, warum er „Silanus hat hinrichten lassen" (Apocolocyntosis 8,2). Bei seiner Beschreibung der Stimmung unter der Tyrannei des Claudius insistiert Cassius Dio, dass „nichts anderes mehr für Tugend galt, als anständig zu sterben" (Cassius Dio LX 16,7). Zu der Zeit hatte man die Wahl zwischen Martyrium und Heuchelei. Cassius Dio bewundert die offenen Worte eines Galaesus, der „freimütig" (LX 16,4) sagt, dass, wäre ein anderer Kaiser geworden, er „hinter ihm gestanden und den Mund gehalten hätte" (LX 16,5).

Während Cassius Dio und Sueton nach dem Tod des Claudius lebten und ihre Meinung zum Zwangsregiment dieses Kaisers offen äußern konnten, schreibt Philon zu dessen Lebzeiten und muss sich vorsehen. Im Wissen, dass der vorige Kaiser Gaius immer als willkommene Zielscheibe öffentlicher Verachtung taugt, überträgt er das Problem der freien Rede unter einem Tyrannen auf dessen Herrschaft. Philon handelt damit genauso wie sein Zeitgenosse Seneca, der seine Kritik auf Gaius richtet, solange Claudius noch am Leben ist. Der Zufall, dass zwei Opfer politischer Verfolgung unter zwei verschiedenen Kaisern beide Silanus hießen, muss eine solche Projektion begünstigt haben. Zudem war sowohl bei Gaius als auch bei Claudius das Opfer ein Familienmitglied, das zuvor beim Kaiser in besonderem Ansehen gestanden hatte. Sogar das Motiv der Machenschaften einer schamlosen Frau, das Cassius Dio und Sueton als Grund für Silanus' Hinrichtung heranziehen, findet sich in Philons Erzählung wieder. Er nutzt das bekannte Verhältnis zwischen Gaius und Macros Ehefrau zu einigen erstaunlich allgemein gehaltenen Bemerkungen, die auf Claudius mindestens so gut wie auf Macro zutraf:

Versteht es doch eine Frau meisterhaft, die Urteilskraft des Mannes zu lähmen und ihn zu betören, besonders aber dann, wenn sie sexuell hemmungslos ist. Denn das Bewusstsein ihrer Schuld macht sie noch schmeichelhafter. Der Gatte aber merkt nicht, wie Ehe und Heim ins Wanken geraten, und hält das schmeichlerische Getue für echte Gutwilligkeit. So erliegt er der Täuschung und sieht nicht, wie er durch die Intrigen seiner Frau sich seinen ärgsten Feinden ausliefert, als wären sie seine besten Freunde. (Legat. 39–40)

Auch Cassius Dio spricht Gaius' Affäre mit Macros Frau an, die seiner Ansicht nach Macro zwecks Förderung seiner politischen Karriere selbst eingefädelt hatte. Cassius Dio erwähnt dieses Verhältnis nur am Rande, um Gaius' Grausamkeit hervorzuheben, der jede Art menschlicher Bande missachtet und sogar den Tod seiner ehemaligen Geliebten und ihres Ehemanns veranlasst.[13] Was hingegen Claudius angeht, widmet Cassius Dio dem Thema ‚betrogener Ehemann' erhebliche Aufmerksamkeit. Er beklagt den Einfluss von Messalinas Affären auf den Kaiser, und das nicht nur in Silanus' Fall. Beispielsweise schreibt Cassius Dio, alle hätten gewusst, dass Mnester seine Stellung am Theater nur behalten konnte, weil er Messalinas Liebhaber war –

---

[13] CASSIUS DIO LVIII 28,4; LIX 10,6.

eine Tatsache, die jedem außer dem Kaiser selbst bekannt gewesen sei, der „als einziger nicht durchschaute, was im Palast gespielt wurde" (Cassius Dio LX 28,4). Diese Gerüchte über Messalinas Liebhaber müssen auch Philon zu Ohren gekommen sein, da Cassius Dio von einem offenen Geheimnis spricht, das einem gut informierten Zeitgenossen nicht verborgen geblieben sein konnte. Anders als Cassius Dio kann Philon jedoch diese Kritik nicht niederschreiben, weil Claudius noch an der Macht ist. Stattdessen überträgt er sie auf Macro. Zwar räumt er ein, Macros Ehefrau sei nicht des Ehebruchs bezichtigt worden, doch hofft er, seine generellen Gedanken zum Thema, praktischerweise im Präsens formuliert, würden von seinen Lesern gut aufgenommen und vielleicht sogar als Seitenhieb gegen Claudius erkannt werden.

Nachdem wir in Philons Geschichte über Macros und Silanus' Tod den Schatten des Claudius entdeckt haben, werfen wir einen frischen Blick auf Macros Rede. Schon vor langer Zeit schlug Erwin Goodenough vor, Philon habe sie vielleicht implizit als Ratschlag an Claudius formuliert.[14] Seiner Ansicht nach folgt Philon keiner zeitgenössischen Quelle aus der Regierungszeit des Gaius, sondern er fingiert eine Rede, um den neuen Kaiser zu warnen: Wenn er die Juden nicht gut behandelt, werde seine Herrschaft dasselbe katastrophale Ende nehmen wie die seines Vorgängers. Goodenoughs Interpretation ist Teil seiner Gesamtargumentation, dass Philon als Jude dem römischen Prinzipat tapfer die Stirn bot, dies vor nichtjüdischen Adressaten aber nicht offen sagen konnte. Wie zutreffend ist diese Deutung von Macros Rede?

Wo Philon Macros Ermahnungen an Gaius konkretisiert, enthält er sich der Kritik am politischen System des Prinzipats und konzentriert sich vielmehr auf dessen Niedergang in Richtung Tyrannei. Es kommen keine republikanischen Empfindungen über den Verlust senatorischer Freiheit unter den Kaisern zum Ausdruck. Im Gegenteil, sowohl Macro als auch Silanus, die dem Ritter- beziehungsweise dem Senatorenstand angehören, sind positive Helden, gerade weil sie das Ideal eines guten Kaisers fördern. Ihr Bild entspricht Philons anschließendem Loblied auf Augustus, der den Staat als dessen „einziger Steuermann" lenkt und dabei seine wunderbare Meisterschaft in der Regierungskunst unter Beweis stellt (Legat. 149). Angesichts dieser monarchischen Orientierung überrascht es nicht, dass Philons Macro Gaius dafür kritisiert, sich allzu sehr wie ein Durchschnittsbürger aufzuführen: „Du darfst nicht wie einer der Anwesenden, aber auch nicht wie einer der übrigen Menschen sein" (Legat. 43). Macro befürwortet das Prinzipat in einem Maße, dass er den „Herrn über Land und Meer" weit über alle anderen stellt und findet, dieser müsse die Menschheit leiten wie ein „Schäfer und Hirt" (Legat. 44). Der größte Nutzen kaiserlicher Herrschaft sei wirt-

---

[14] GOODENOUGH, Politics, 104–105; GOODENOUGH, Introduction, 75–76.

## Kapitel 3: Macht, Exil und Religion im Römischen Reich

schaftliche Stabilität: Die Landwirtschaft blühe, und „jedes Meer [werde] mit Lastschiffen gefahrlos durchfahren" (Legat. 47). Der ideale Herrscher, so schließt Philons Macro, werde keinen Zwang ausüben, sondern „gute Maßnahmen für seine Untertanen treffen" und „seine Maßnahmen recht in die Tat umsetzen" (Legat. 51).[15]

All diese Ratschläge sind in dem Zusammenhang, in den Philon sie stellt, nämlich Gaius' unschickliches Benehmen bei Abendgesellschaften, offensichtlich fehl am Platz. Eine Rede über Selbstbeherrschung und Kontrolle über die Begierden wäre weitaus angebrachter gewesen. Philon hat eindeutig größere Ziele im Auge, wenn er Macro diese Rede über gutes Regieren in den Mund legt. Er muss sie im Hinblick auf gegenwärtige Belange unter Claudius geschrieben haben. Dass Philon eigens den wohltätigen Beitrag des Kaisers zu sicherem Seehandel herausgreift, würde Claudius sicherlich gefallen haben, der für seine Bemühungen bekannt war, die Schiffsroute nach Alexandria sogar den Winter über offenzuhalten (Sueton, Claudius 18,2). Außerdem ist Philons dringlicher Appell, als gütiger Kaiser zu herrschen, nach dem Mord an Silanus für Claudius von größter Bedeutung. Wie Gaius war er nach vielversprechenden Anfängen zum Despoten geworden und würde wahrscheinlich als ein Kaiser in die Geschichte eingehen, der die Hoffnungen auf ein besseres Zeitalter bitter enttäuscht hatte.

Goodenough hat also Recht, dass Macros Rede in Philons Erzählung von aktueller Relevanz ist und Philons eigene politische Ansichten wiedergibt. Einige Aspekte von Goodenoughs Gesamtargumentation sind jedoch zu modifizieren. Es gibt keinerlei Anzeichen, dass Philon grundsätzlich gegen die Institution des römischen Prinzipats eingestellt war und seine Ansichten von seiner jüdischen Identität geprägt waren. Philon für einen Gegner des Kaisertums zu halten, bedeutet, heutige Wertmaßstäbe anzulegen. Er ist von allgemeinen moralischen Anliegen geleitet und nicht von Verfassungs- oder Religionsfragen. In Macros Rede bringt er seine Erwartung zum Ausdruck, der Kaiser solle ein guter Herrscher sein und seine unumschränkte Macht zum Wohl seiner Untertanen ausüben. Philons Standpunkt ähnelt dem stoischer Philosophen wie etwa Senecas und späterer griechischsprachiger Denker im Römischen Reich wie beispielsweise Plutarch, Lukian und Cassius Dio. Tatsächlich akzeptiert auch Philons Zeitgenosse Seneca das römische Kaisertum und beurteilt jeden *princeps* aufgrund seiner moralischen Verdienste. Auch aus seiner Sicht ist Gaius ein Paradebeispiel eines schlechten Herrschers, der auf Irrwege geraten ist und seinen Nachfolgern eine Warnung sein sollte.[16]

---

[15] PHILON, Legat. 43–51, 74.
[16] Siehe auch SMALLWOOD, Philonis Alexandrini Legatio, 181–182; BARRACLOUGH, Philo's Politics, 449–452; GRIFFIN, Seneca, 182–194, 202–221; SWAIN, Hellenism, 157–161, 312–323, 402–404; MILLAR, Study of Cassius, 83–102.

Ferner ist es eher unwahrscheinlich, dass Philon in der *Gesandtschaft* Claudius direkt anspricht. Im Unterschied zu Seneca, der seine Abhandlung *Über die Milde* explizit an den jungen Nero richtete, ist Philon als Leiter einer auswärtigen Gesandtschaft ohne festes Amt in Rom nicht in der Position, sich an den römischen Kaiser zu richten. In der Hoffnung, dass seine Bemerkungen über Gaius als Hinweise auf die aktuellen Verhältnisse verstanden werden, wendet sich Philon vermutlich an ein Publikum von Intellektuellen, die sich mit den Problemen kaiserlicher Macht befassen. Stets mit einem Hang zum Drama fügt Philon eine besonders anrührende Szene hinzu, um seiner Kritik Nachdruck zu verleihen. Ausführlich beschreibt er, wie der junge Tiberius Gemellus, dem Testament des Kaisers Tiberius zufolge Miterbe des Gaius, von den Schergen des Kaisers zum Suizid gezwungen wurde, um so den Weg für Gaius' ungeteilte Macht frei zu machen. In seiner Bereitschaft, dem Befehl seiner Feinde Folge zu leisten, überlegt der Ärmste verzweifelt, auf welche Weise er seinem unseligen Leben ein Ende setzen könne (Legat. 28–31). Kein anderer Historiker, dessen Werk uns erhalten ist, überliefert diese Szene. Philon hat sie wahrscheinlich als starken emotionalen Aufruf an seine Leser erfunden, die er drängt, die Gräueltaten der Tyrannei aller Zeiten, einschließlich ihrer eigenen, zu verurteilen.

Philon hat sich als philosophischer Schriftsteller mit scharfsinniger politischer Wahrnehmung herausgestellt. Seine moralisch begründete Kritik an der Tyrannei wird von anderen Intellektuellen im Römischen Reich geteilt. Es war seine politische Mission und nicht seine jüdische Identität, die seine Ansichten prägte und ihn beim Schreiben Vorsicht walten ließ, während er sich zugleich in zeitgenössische Diskurse einschrieb. Seine Bemerkungen zu den aktuellen Verhältnissen unter Claudius, die er auf dessen Vorgänger Gaius projiziert, helfen uns andere griechische Autoren im Reich, beispielsweise Cassius Dio und Plutarch, sowie deren typische Ambivalenz bezüglich politischer Beteiligung verstehen.

## Römisches und jüdisches Exil

In Philons Behandlung des Themas Politik und Religion spielt die Verbannung eine zentrale Rolle. Sie ist gewiss eine der eklatantesten Formen von Machtverlust und führt naturgemäß zu Bemühungen, den einstigen Status zurückzuerlangen und Mittel und Wege zu finden, wieder Einfluss ausüben zu können. Im Fall Senecas haben wir gesehen, dass Philosophie eine Gelegenheit bietet, sich wieder an öffentlichen Diskursen zu beteiligen, eine neue Identität auszubilden und schließlich wieder einen Rang in der römischen Gesellschaft einzunehmen. Philon ist mit dieser Möglichkeit vertraut und zeigt, wie Gaius sie im Fall des Flaccus verabscheute. Der römische Präfekt Ägyptens wurde nach Rom zurückbeordert, schuldig gesprochen und zum Exil verurteilt aus Gründen, die Philon nicht näher benennt, aber als Vergeltungsmaßnahme für seine schlechte Behandlung der alexandrinischen Juden deutet. Philon zufolge kommt Gaius der Gedanke, dies sei eigentlich keine Sanktion, sondern eine Wohltat, und bedauert, nicht die Todesstrafe verhängt zu haben. Der Kaiser realisiert, dass prominente Exulanten wie Flaccus nicht die unglücklichen, elenden Wesen sind, die sie nach römischen Normen sein sollten, sondern stattdessen „in Wirklichkeit ohne Verpflichtungen ruhig und frei leben" können (Flacc. 183). Als sei er von Senecas *Trostschrift an Helvia* inspiriert, lässt Philon Gaius das Exil als einen „auswärtigen Aufenthalt" beschreiben, der es den Verbannten erlaube, „die Früchte eines philosophischen Daseins zu ernten" (Flacc. 184).[17] Gaius beschließt daher für Flaccus die Todesstrafe und damit dessen absoluten Machtverlust, der sich nicht mehr durch Philosophie rückgängig machen lässt.

Während Sueton kurz die Ermordung einiger Exulanten durch Gaius erwähnt, weil dieser den Verdacht hegt, sie könnten für seinen Tod beten, lotet Philon die philosophische Dimension einer Verbannung aus. Er beschreibt nicht nur eingehend Gaius' Einsichten in die geistigen Vorzüge des Exils, sondern beobachtet auch, welche Veränderungen es bei Flaccus auslöst. Unter Philons Feder wird aus dem einstigen römischen Präfekten eine höchst vielschichtige Persönlichkeit mit starkem Hang zu Philosophie und Religion. Die Verbannung ist eine Chance zur vollen Selbstwerdung. Auf seinem Weg zur Insel, dem Spott Schaulustiger ausgesetzt, wird Flaccus aufs Deutlichste bewusst, welchem Wandel sein Ich unterzogen ist, wenn er solche Dinge sagt wie „Ich bin Flaccus, vor kurzem noch Regent der Weltstadt Alexandria" (Flacc. 163), und „ich, Flaccus, geboren, aufgewachsen und erzogen in der Hauptstadt Rom" (Flacc. 158). Außerdem fragt er sich, ob die Insel für ihn „Ort meiner Verbannung oder neues Vaterland, Hafen und Zuflucht im Unglück" sein werde (Flacc. 159). Das normale römische Gesellschaftsleben erscheint ihm nun unwirklich. Flaccus erkennt, dass die früheren Diskurse von Schmeichelei und Heuchelei eine Art „Einbildung" waren, ein bloßes Phantom „und nicht die Wahrheit" (Flacc. 164).[18]

Seine schmähliche Einsamkeit eröffnet ihm neue Einsichten in die Wirklichkeit und führt zu einer Art Bekehrung. Er gerät „wie die Korybanten in Ekstase" und richtet die Augen zum Himmel, „diesem eigentlichen Kosmos im Kosmos" (Flacc. 169). Flaccus erkennt den Gott Israels als den ultimativen Träger der Macht im Universum, parallel zu Philons Abraham, der aus den gleichmäßigen Bewegungen der Sterne folgert, dass es *einen* Schöpfergott geben müsse (Abr. 68–80). Flaccus wendet sich nun in einem persönlichen Gebet an den Gott Israels und spricht ihn als „König der Götter und

---

[17] PHILON, Flacc. 184: βίον καρπουμένους φιλόσοφον.
[18] PHILON, Flacc. 109, 158–159, 163–164; SUETON, Gaius 28.

Menschen" an, in Philons Werk ein einzigartiger Titel (Flacc. 170). Anders als Seneca verwendet er das Wort „König" nie für die römischen Kaiser. Die politische Terminologie der Monarchie ist somit in den göttlichen Bereich verlegt und wird mit dem Gott, für den eine ethnische Minderheit einsteht, verbunden. Philon hat die politischen Strukturen umgedreht und bietet einen alternativen Träger der höchsten Macht an, der aus seiner eigenen Religion kommt und seine persönlichen Interessen widerspiegelt. Eine weitere bedeutende Umkehrung konventioneller Strukturen vertritt er, wenn er hervorhebt, Gott habe beim Flaccus-Prozess den Vorsitz geführt und ihn zu seinem moralisch gerechtfertigten Abschluss gebracht, obwohl die Richter so korrupt und inkompetent waren, dass Flaccus beste Aussichten hatte, ungestraft davonzukommen. Wo das Rechtssystem des Römischen Reichs versagt, schreitet Gott ein und sorgt für Gerechtigkeit. Flaccus hebt hervor, dass der Glaube an die göttliche Vorsehung die „gesunde Lehre" sei (Flacc. 170).[19] Zu dieser Erkenntnis gelangt er im Exil, fernab der trügerischen Fassade der römischen Gesellschaft und römischer Macht.

In Philons Geschichte spielt die Religion eine verblüffend ähnliche Rolle wie die Philosophie in Senecas Schriften. Er nutzt die bekannte Tatsache von Flaccus' Verfehlung und Strafe, um die jüdische Religion als ein alternatives Zentrum zur kaiserlichen Macht darzustellen, in dem moralische Werte wichtig sind und universale Gültigkeit erhalten. Parallel zur Philosophie ermöglicht sie Verbannten, ihr früheres Leben in menschlicher Gesellschaft als Täuschung zu erkennen, und führt sie zu einem authentischeren Leben, das ihre Würde und Selbstachtung wiederherstellt. Philon fördert bei seinen Lesern die Erkenntnis, wie ähnlich die Rollen von Religion und Philosophie sind, indem er Gaius' Einsicht anführt, dass Flaccus sein Exil zu philosophischer Betätigung nutzt. Sowohl Religion als auch Philosophie bilden zwar eine Zuflucht vor politischen Zwängen, stellen aber keinen grundsätzlichen Widerspruch gegen die Institution des römischen Prinzipats dar. Tatsächlich wird durch Religion und Philosophie selbst aus politischem Zwang wie der Verbannung ein Übungsplatz zur Charakterbildung. So wie Seneca seine Abhandlungen aus dem Exil schreibt, um im fernen Rom Werbung in eigener Sache als Philosoph zu machen, verwendet Philon die Bekehrung des Flaccus, um einem breiteren römischen Adressatenkreis ein eindrückliches Bild der jüdischen Religion vor Augen zu stellen.

In einer Hinsicht freilich unterscheidet sich Philons Denkansatz von dem Senecas. Für ihn ist der Gott Israels der endgültige Retter und König, wohingegen in Senecas Schriften der Weise diese Rolle ausfüllt. Philons Flaccus weiht sein neues Ichbewusstsein zu guter Letzt Gott und reiht sich in dessen Anhängerschaft ein. Seneca dagegen findet Erlösung in der eigenen seelischen Gelassenheit. Indem er die Schande des Exils überwindet, entdeckt er

---

[19] PHILON, Flacc. 116, 128–146, 170. Siehe auch ALEXANDRE, Monarchie divine.

in sich selbst neue Ressourcen. Philons Flaccus gewinnt der Katastrophe, die über ihn gekommen ist, durch Gebet und Sühne für seine früheren Verfehlungen gegen Gottes Volk einen positiven Sinn ab. In Senecas Fall ist die Selbstfindung ein allmählicher Prozess, während sie für Flaccus eine ziemlich dramatische Wende darstellt, die sich in Momenten korybantischer Ekstase ausdrückt.

In welchem Zusammenhang stehen Politik, Exil und Religion für die Juden selbst? Philon betont, dass die alexandrinischen Juden während der Krise unter Flaccus Exulanten in ihrer eigenen Stadt geworden waren. Der römische Präfekt lässt die Ägypter den jüdischen Synagogengottesdienst stören und enthält den Juden ihren „Anteil an politischen Rechten" vor, was sie im Grunde zu „Fremden und Ausländern" macht (Flacc. 53–54).[20] Der Verlust ihres bürgerrechtlichen Status kommt am konkretesten in der Anweisung zum Ausdruck, sie nach Art der Ägypter und nicht der Bürger auspeitschen zu lassen. Auf diese öffentliche Entmachtung hin kommt es auf Alexandrias Straßen zu Krawallen. Jüdische Häuser werden zerstört, ihre Bewohner misshandelt und ihres Besitzes beraubt. Selbst die Mitglieder des jüdischen Ältestenrats sind hilflos dem öffentlichen Spott, der Inhaftierung und der Erniedrigung ausgeliefert.

Inmitten dieser politischen Katastrophe erweisen sich die Juden als wahre Philosophen. An keiner Stelle deutet Philon an, sie hätten Verfehlungen begangen, die zu ihrem Exil führten. Anders als die biblischen Propheten, welche die Babylonische Gefangenschaft als Strafe für Israels Sünden interpretierten, nimmt Philon die Ausschreitungen in Alexandria als gegebene Tatsache hin, die keiner theologischen Begründung bedarf.[21] Von seiner ausgesprochen politischen Warte aus ist er überzeugt, die alexandrinischen Juden seien unschuldige Opfer römischer Herrscherlaunen. Ihre Reaktion auf den erlittenen Machtverlust ist zudem ganz rational und beruht auf politischem Denken. Philon untersucht die Haltung der Juden anlässlich von Flaccus' Verhaftung: Darauf reagieren sie anfangs mit Misstrauen aus Furcht, es könne sich um üble Nachrede handeln, um ihre Loyalität auf die Probe zu stellen. Als weitere Berichte die Wahrheit der Meldung bestätigen, gingen die Juden Alexandrias auf die Straße, „erhoben die Hände zum Himmel und sangen Hymnen und Danklieder zu Gott, der auf die Menschen schaut" (Flacc. 121). Sie sprechen Gott als „Herrn" (δεσπότης) an und bekennen sein Erbarmen, sein Mitleid und seine Hilfe. Vor allem lässt Philon sie eine enge Verbindung zwischen Exil und Religion herstellen: „Denn vertrieben waren wir aus dem, was sich die Menschen sonst bauten, wir waren der Heimat beraubt", als einziges Zuhause blieben ihnen „Erde und Meer, Luft und Himmel". Laut Philon sagen sie außerdem:

---

[20] PHILON, Flacc. 54: ξένους καὶ ἐπήλυδας.
[21] Jesaja 5,12–25; Ezechiel 20,23–24; Jeremia 23,1–4; Amos 5,26–27.

„Heimatlos und ohne Herd waren wir allein unter der Sonne, weil ein Machthaber uns verfolgte" (Flacc. 123).[22] Aus ihrer Stadt und den lokalen Strukturen politischer Organisation ins Exil gezwungen, sehen sich die alexandrinischen Juden als Weltbürger, ganz wie Seneca während seiner Verbannung aus Rom. Philon muss schmerzlich bewusst gewesen sein, dass sie ihre alexandrinischen Bürgerrechte noch nicht wiedererlangt hatten. Bei seinem Lob des Augustus für die Verleihung des uneingeschränkten Bürgerrechts an die Juden Roms, denen er gestattet, „ihre überlieferten Gewohnheiten" beizubehalten (Legat. 155), mag Philon gewünscht haben, dass Claudius seinem kaiserlichen Vorbild auch in dieser Hinsicht rasch nacheifern würde.[23]

Philon spricht über das Exil der alexandrinischen Juden ohne Bezug auf eine Sühne für Sünden oder eine Rückkehr zum Zion am Ende der Tage, zwei markante Motive palästinisch-jüdischer Texte aus der Zeit des Zweiten Tempels.[24] Statt sich nach innen zu wenden und seine Gemeinde um die Themen Sünde, eschatologische Erlösung und Rache an Rom zu scharen, richtet Philon sich an ein breiteres römisches Publikum und vermittelt den universalen, philosophischen Wert der jüdischen Religion. Anders als palästinische Kollegen überträgt er das Paradigma des Babylonischen Exils nicht auf die Situation in Alexandria. Da er zu einem Zeitpunkt schreibt, als Claudius die religiösen Rechte der alexandrinischen Juden bereits wiederhergestellt hat, erinnert Philon an ihr Leid unter Flaccus und Gaius als eine Form der Zustimmung zur aktuellen kaiserlichen Politik. Die Juden hatten in ihrer Drangsal ihren philosophischen Charakter bewiesen, was sie in römischen Kreisen umso genehmer machte. Wie für Seneca erweist sich das Exil als Übergangsphase vor der erwarteten Rückkehr in die gesellschaftliche Normalität. Im Falle der alexandrinischen Juden spielt die Religion bei dieser Rückgewinnung von Macht eine wichtige Rolle, als psychologische Stütze für die Gemeinde wie auch als konkretes Mittel, um die Fehler früherer römischer Herrscher zu revidieren.

Die höchst politische und römische Art von Philons Auffassung lässt sich ferner ermessen durch einen Vergleich seiner historischen Schriften mit dem „Allegorischen Kommentar", den er in Alexandria für jüdische Adressaten verfasste. Seinerzeit hatte Philon einen ganzen Traktat *Über die Wanderung Abrahams* geschrieben, in dem er Gottes Befehl, „Geh fort aus deinem Land, aus deiner Verwandtschaft und aus deinem Vaterhaus" (Genesis 12,1), auslegte. Seine Interpretation dieses Bibeltextes war radikal allegorisch. Unter Absehung von politischem Exil deutete er Abrahams Auswanderung als

---

[22] PHILON, Flacc. 123: ἀπόλιδες καὶ ἀνέστιοι; Flacc. 121–122.
[23] Siehe auch SMALLWOOD, Philonis Alexandrini Legatio, 234–239; LEVICK, Augustus.
[24] Jubiläenbuch 1,12–18; Testament Moses 3,1–4,9; Sibyllinische Orakel III 265–380; Pescher Habakuk 4,6–12; 6,1–15; 11,2–15. Siehe auch BLOCH, Leaving Home; NAJMAN, Losing the Temple.

Erhebung der Seele aus dem Bereich der Materie. Der philosophische Bezugsrahmen ist platonisch, mit Schwerpunkt auf der Flucht der Seele in die Spiritualität. Dieses metaphorische Exil ist ein statisches Ideal und keine konkrete Bedrängnis. Vielmehr ist es eine Wiederherstellung des ursprünglichen Status der Seele vor ihrem Eintritt in einen menschlichen Körper.[25]

Nach seiner Ankunft in Rom und im Anschluss an die Ausschreitungen in Alexandria ist für Philon gesellschaftliche Beteiligung eine Selbstverständlichkeit, und Verbannung betrachtet er als schmerzlichen Ausschluss aus einer bestimmten politischen Körperschaft. Er ist sich bewusst, dass das Exil die ganze Person betrifft und überstanden werden kann, wenn man sich bis zur erwarteten Wende seiner Situation einen philosophischen oder religiösen Raum schafft. Philon betrachtet nicht mehr nur den Einzelnen, der zwischen Leib und Seele hin und her gerissen ist, sondern thematisiert den Platz des jüdischen Volkes im Römischen Reich. Diese neuen Impulse in Philons Werk mit ihrer spezifisch römischen Orientierung sind in der Mitte des ersten nachchristlichen Jahrhunderts hoch bedeutsam und nehmen wichtige Diskussionen unter griechischen Intellektuellen wie auch unter den frühen Christen vorweg. In seinem Traktat *Über das Exil* beispielsweise äußert Plutarch ähnliche Ansichten. Wie Philon in platonischer Philosophie ausgebildet und zunehmend nach Rom orientiert, lässt Plutarch den Leib-Seele-Gegensatz hinter sich und erörtert das Exil als schmerzlichen Verlust von politischem Einfluss in einem bestimmten Gemeinwesen. Der Kummer über die Verbannung kann gelindert werden, so behauptet er, indem man die richtige philosophische Haltung einnimmt. Man solle die Freiheit, die es mit sich bringt, schätzen wie auch die Gelegenheit, sich eine neue ‚Vaterstadt' zu schaffen, wo immer man gerade lebe. Unter Rückgriff auf stoisches Gedankengut besteht Plutarch darauf, dass die ganze Welt Heimat ist.[26]

Der Autor des Lukasevangeliums und der Apostelgeschichte, der etwa zur selben Zeit wie Plutarch schrieb, führt politische Vorstellungen des Exils ein, um seine Geschichte über die Entstehung der Jesusbewegung aus dem Judentum zu erzählen. Er schreibt seine Religion auf eine Weise in römische Diskurse ein, die der Philons verblüffend ähnlich ist. Während der Autor des lukanischen Doppelwerks den jüdischen Hintergrund von Jesus und Paulus betont, schildert er die Juden so, dass sie ihren Status in Rom verloren haben. Es heißt bei ihm, Claudius habe „angeordnet, dass alle Juden Rom

---

[25] PHILON, Migr. 1–25; Agr. 65; Cher. 120; Conf. 77–82; Her. 267. NIEHOFF/FELDMEIER (Hgg.), Abrahams Aufbruch. Siehe auch RUNIA, Flight and Exile. Zu platonischen Motiven im „Allegorischen Kommentar" siehe Kapitel 10.
[26] PLUTARCH, De exilio 12 (Mor. 604B–C), 3–7 (Mor. 600A–601F). Siehe auch FROIDEFOND, Plutarque; ZIEGLER, Plutarchos, 4–60; JONES, Plutarch and Rome; SWAIN, Hellenism, 135–186; PELLING, Plutarch and History, 1–10; VAN HOOF, Plutarch's Practical Ethics, 116–150; FELDMEIER, Der Mensch.

verlassen müssten".[27] Die Historizität dieser Notiz ist häufig angezweifelt worden; Steve Mason und Tom Robinson meinten, die Behauptung, „alle" Juden seien ausgewiesen worden, „mag eine der typischen Übertreibungen des Autors sein". Dieses Konstrukt der exilierten Juden passt zur übergeordneten Aussage im Lukasevangelium, die Strafe der Juden für ihre Ablehnung des Messias seien die Zerstörung ihres Tempels, die Vertreibung aus ihrer wichtigsten Stadt und die Zerstreuung unter die Völker.[28]

Das Bild von den Juden als Exulanten hat im gesamten Erzählbogen des lukanischen Doppelwerks eine wichtige Funktion, wo Paulus die Rolle eines Juden spielt, der sich zunächst an die Synagogen wendet, dann aber als Römer unter den Heiden Erfolg hat. Ein Vorfall in Philippi verdeutlicht den Übergang vom jüdischen Fremden zum christlichen Bürger. Paulus und Silas sollen von einigen Ortsansässigen beschuldigt worden sein, „Unruhe in unsere Stadt zu bringen" und als Juden „Sitten und Bräuche zu verkünden, die wir als Römer weder annehmen können noch ausüben dürfen" (Apostelgeschichte 16,20–21). Diese Heiden betrachten die Juden als Fremde und bringen die römischen Behörden dazu, die Prügelstrafe an ihnen zu vollziehen, wie sie an Personen ohne Bürgerrecht gehandhabt wird. Paulus und Silas ergeht es damit so wie den alexandrinischen Juden während des Aufruhrs in ihrer Stadt, als sie mit der Auspeitschung nach Art der Ägypter bestraft wurden. Paulus gelingt es jedoch viel schneller, durch ein Wunder, das den Gefängniswärter mit seiner Familie umgehend zum Christentum bekehrt, seine ursprüngliche Autorität wiederzuerlangen. Dann legt er plötzlich sein römisches Bürgerrecht offen, von dem zuvor weder in den Paulusbriefen noch im lukanischen Doppelwerk die Rede war, und verlangt Gesten der Wiedergutmachung.[29] Der religiöse Triumph des Paulus wird mit politischer Macht ausgestattet und vermittelt eine wichtige Botschaft in Bezug auf den Status von Christen im Römischen Reich. Der Herold des neuen Glaubens soll von römischen Beamten vor feindseligen Juden, die sein Evangelium nicht annahmen, gerettet worden sein. Paulus feiert einen politischen Triumph, weil er einen höheren zivilrechtlichen Status hat als die Juden, die in Zerstreuung und Verbannung leben. Auch in diesem Fall ist die wahre Religion eine, die ihren Anhängern das Exil überwinden und die Bürgerrechte im Reich wiedererlangen hilft.

---

[27] Apostelgeschichte 18,2: τὸ διατεταχέναι Κλαύδιον χωρίζεσθαι πάντας τοὺς Ἰουδαίους ἀπὸ τῆς Ῥώμης; siehe auch Lukas 19,41–44; 20,20–24.

[28] MASON/ROBINSON, Early Christian Reader, 494: „may be the author's characteristic exaggeration"; siehe auch PERVO, Acts, 446–447; J. T. SANDERS, Jews in Luke-Acts, 24–50; EHRMAN, New Testament, 115–132.

[29] Apostelgeschichte 16,20–37. Siehe auch LEVICK, Government, 65–66; HARRILL, Paul the Apostle, 97–101; WILLS, Depiction of the Jews.

## Die jüdische Religion als eine unter mehreren in Rom

Als Philon im Herbst des Jahes 38 n. Chr. nach Rom kommt, findet er dort ein spezifisches religiöses Klima vor, in dem der Kult eng mit Politik verknüpft ist und der Kaiser als *pontifex maximus* („Hoher Priester") fungiert. Politische Ereignisse wie etwa Triumphzüge zur Feier militärischer Erfolge werden mit religiösen Symbolen und Zeremonien ausstaffiert. Nach seiner Thronbesteigung im Jahr 41 n. Chr. lehnt Claudius zwar den Bau eines Tempels zu seinen Ehren ab, begrüßt aber eine Haltung der ‚Frömmigkeit' ihm und seiner Familie gegenüber. Er hielt sich penibel an traditionelle römische Riten und verbot etwas später „die religiösen Gebräuche der Druiden mit ihrem grauenvollen, barbarischen Charakter" (Sueton, Claudius 25,5), führte allerdings im Gegenzug einige Mysterienkulte ein.[30]

Im Unterschied zu Alexandria war Rom auch die Heimat von Religionsphilosophen, die radikal-historische Erklärungen für die Götterverehrung boten. Besonders bekannt unter ihnen ist Varro, Ciceros Zeitgenosse im ersten vorchristlichen Jahrhundert, dem zufolge die Menschen regelmäßig große Wohltäter zu Göttern erheben. Solche menschlichen Ursprünge von Religion werden in einem positiven Licht gesehen als Teil einer kreativen, gut funktionierenden Gesellschaft. Bischof Augustin, Varros schärfster Kritiker, betrachtete diesen Euhemerismus später als ernste Bedrohung für den christlichen Monotheismus und zog ihn ins Lächerliche.[31] Ist Philon, der Augustin um über drei Jahrhunderte vorwegnimmt, mit der römischen Szene vertraut? Wenn ja, wie reagiert er auf die enge Verflechtung von Religion und Politik?

Philon macht sich typische Argumente Varros zunutze, um Gaius wegen seiner Nachahmung der Götter und seines Anspruchs auf göttliche Verehrung zu tadeln. Auffällig ist, dass er es unterlässt, den Kaiserkult als solchen zu kritisieren, sondern lediglich beanstandet, Gaius habe nichts Wohltätiges getan, um sich eine solche Huldigung verdient zu haben. Indem er den längst verstorbenen Gaius in direkter Rede anspricht, erinnert Philon seine Leser daran, dass die Götter, die Gaius mit seinem äußeren Erscheinungsbild nachahmte, „ob der Wohltaten, deren Urheber sie waren, Gegenstand der Bewunderung wurden und es noch heute sind. Auch hielt man sie frommer Verehrung und höchster Ehrbeweise für wert" (Legat. 86). Mit anderen Worten, es gelang Gaius nicht, den hohen Anforderungen an Halbgötter und Götter wie beispielsweise Hermes und Apollon gerecht zu werden, und so vergab er

---

[30] CLAUDIUS, Brief an die Alexandriner (TCHERIKOVER/FUKS, CPJ [wie S. 16, Anm. 23], Bd. II, 39–40, Nr. 153,48–51); SUETON, Claudius 22; 25,5. Siehe auch HURLEY, Suetonius, 176–178.
[31] VARRO, Frgm., bei AUGUSTIN, Civ. Dei VI 2–6; IV 22–24, 27, 31–32. Siehe auch RÜPKE, Religion, 59–66, 121–128; VAN NUFFELEN, Varro's *Divine Antiquities*; CANCIK, Historisierung; BOYS-STONES, Post-Hellenistic Philosophy.

die Chance auf seine Vergöttlichung. Augustus dagegen habe dem Reich echte Segnungen beschert, und folglich rühmt Philon sein Hinauswachsen „über die menschliche Natur in allen Tugenden" (Legat. 143) und singt auch das Loblied auf seinen Tempel im Hafen von Alexandria.[32] Philon behandelt das Problem von Gaius' Behauptung seiner Göttlichkeit offensichtlich unter einem spezifisch römischen Blickwinkel und gibt seinen Lesern zu verstehen, an ihren eigenen Maßstäben gemessen sei Gaius in seinen religiösen Ambitionen fehlgegangen. Leser, die Claudius' gegenwärtige Politik der Bescheidenheit guthießen, werden dem zweifellos zugestimmt haben.

Philon beruft sich nicht nur auf soziologische Interpretationen von Religion, sondern auch auf Aspekte römischer Kultpraxis. Seine Deutung des griechischen Kriegsgottes Ares, den Gaius nachahmte, offenbart Philons Kenntnisse und unvermutete Aufgeschlossenheit:

> Wenn wir das Wesen des Ares nicht im mythischen, sondern natürlichen Sinn verstehen, den der Begriff „Mannhaftigkeit" besitzt, so wissen wir genau, dass in ihm die Macht liegt, dem Übel zu wehren, hilfreich zu sein und den zu Unrecht Verfolgten beizustehen. Das zeigt auch schon der Name selbst. Von dem [griechischen] Wort ἀρήγειν, was „helfen" heißt, scheint mir Ares seinen Namen herzuleiten, ein Ares, der Kriege beendet und Frieden stiftet. Der Andere jedoch war ein Feind des Friedens, Genosse der Kriege, er, der Ruhe in Aufruhr und Hader verwandelte. (Legat. 112–113)

Philons Unterscheidung zwischen Mythos und rationaler Deutung erinnert sowohl an bekannte stoische Verfahrensweisen als auch an Varros Zugang zu traditioneller Religion.[33] Der eben zitierte Abschnitt bietet zwei diametral entgegengesetzte Vorstellungen von Ares: Die eine weist ihm die äußerst negative Rolle des Zerstörers zu, die andere lässt ihn als wohltätigen Rächer derer auftreten, denen Unrecht zugefügt wurde. Das negative, mythologische Bild beruht auf einer langen griechischen Tradition, die von Homer bis Chrysipp und Pseudo-Heraklit reicht;[34] das positive wiederum ist vor dem Hintergrund griechischer Kultur völlig überraschend. Und dennoch greift Philon es ganz selbstverständlich auf und geht davon aus, dass es seinen Lesern vertraut ist. Die römische Kultur ist der Schlüssel zum Verständnis des positiven Ares-Bildes: Philon stützt sich hier auf römische Traditionen, für die Mars eine äußerst wohltätige Gottheit für die römische Religion, Landwirtschaft und Politik ist, die mit dem griechischen Kriegsgott Ares verschmolz. Die römische Verehrung des Gottes Mars erreichte einen neuen Höhepunkt unter Augustus, der Mars Ultor, dem „Rächer Mars", in Rom

---

[32] PHILON, Legat. 86, 143–151.
[33] CICERO, N.D. I 41; CORNUTUS, Theologia graeca; VARRO, Frgm., bei AUGUSTIN, Civ. Dei VI 5. Siehe auch BRISSON, How Philosophers, 41–49; BOYS-STONES, Post-Hellenistic Philosophy; NESSELRATH u.a., Cornutus.
[34] HOMER, Ilias V 388, 842, 889; PLUTARCH, Amat. 757B; PSEUDO-HERAKLIT, Homerika problemata 31,1. Siehe auch PURVES, Ares.

einen Tempel weihte. Mars wurde so zu einem zentralen Fokus des öffentlichen Kults und auch zu einem persönlichen Schutzgott der Kaiser, der Attentatsversuche rächte.[35]

Philon nimmt die hervorstechenden Eigenschaften dieser römischen Gottheit auf, wenn er erklärt, dass Ares „dem Übel wehrt und den zu Unrecht Verfolgten beisteht". Er konnte sich darauf verlassen, dass seine Adressaten eine Verbindung zwischen Gaius' Nachahmung des Ares und seiner Anrufung des Mars im Jahr 39 n. Chr. herstellen würden. Während Philons Romaufenthalt hatte der Kaiser eine Verschwörung gegen sich aufgedeckt und seine Schwestern verdächtigt, darin verwickelt zu sein. Sueton zufolge rief Gaius den Rächer Mars an und weihte ihm drei Schwerter, mit denen er hätte umgebracht werden sollen (Sueton, Gaius 24,3). Auch Cassius Dio erzählt diese Geschichte und übersetzt Mars Ultor mit dem von Philon verwendeten griechischen Wort, nämlich „Ares, der Helfer" (Cassius Dio LIX 22,7).

Philon stimmt mit diesem römischen Bild des Mars so sehr überein, dass er sogar eine griechische Etymologie für die wohltätigen Züge bietet, die dieser Gott angenommen hat. „Mir scheint", schlägt er zögernd vor, „Ares leitet seinen Namen von dem Wort ἀρήγειν her, was ‚helfen' heißt." Philon ist nicht nur mit neueren religiösen Entwicklungen in Rom während seines Aufenthaltes dort vertraut, sondern fügt sie auch in griechische Diskurse ein. Als hellenistischer Intellektueller, der nach Rom kommt, hat er sich rasch römische Perspektiven angeeignet und gibt nun der griechischsprachigen Kultur unter römischer Herrschaft neue Impulse.

Wie fügt sich die jüdische Religion in dieses durch und durch griechisch-römische Bild ein? Philon meint, der vorherrschende stoische Zugang zu Religion, der auf Etymologie und Allegorie beruht, lasse sich auf den Gott Israels nicht übertragen, der „gänzlich unerreichbar und unfassbar" sei und somit dem Gebrauch „gebührender Namen ... als Stufenleiter zur Erklärung" entzogen (Legat. 6). Anders als bei Ares kann der unaussprechliche Name des jüdischen Gottes nicht zur Analyse seines Wesens und wohltätigen Wirkens in der Welt herangezogen werden. Zudem sieht Philon davon ab, Varros soziologisches Konzept auf seine eigene Religion anzuwenden, und umgeht den Gedanken, die Juden hätten sich ihren Gott nach ihrem eigenen Bild geformt. Doch im Gegensatz zu Augustin hält er den Konflikt zwischen Polytheismus und Monotheismus nicht für eine in der Sache begründete Dauererscheinung. Vielmehr beschränkt er die Erfahrung eines Zwists zwischen Rom und der jüdischen Religion auf die Regierungszeit des vorherigen Kaisers. Als Autor unter Claudius ergreift Philon die willkomme-

---

[35] AUGUSTUS, Res gestae IV 21–22; OVID, Fasti V 545ff. Siehe auch SAUER, Artikel Ares 2), 666–667; RIVES, Religion, 142; LIEBESCHUETZ, Continuity, 86–87; LIPKA, Roman Gods, 177.

ne Gelegenheit, eine neue Deutung des Judentums vorzutragen, die sich gut in aktuelle römische Diskurse einfügt.

Unter Philons römischer Feder wird aus dem Judentum eine städtische Philosophie beziehungsweise Religion, deren Zentrum die Synagogen sind und die bürgerliche Tugenden propagiert. In Alexandria hatte Philon seine jüdische Identität noch durch seine hermeneutische Arbeit an der Bibel zum Ausdruck gebracht. Wo die griechischen Gelehrten am Museion sich mit den kleinsten Details ihrer kanonischen Texte, vor allem der homerischen Epen, befassten, interpretierte er als Jude systematisch die Bücher Genesis und Exodus. Wie wir in Kapitel 9 sehen werden, vertiefte sich Philon in die Bibellektüre, erörterte Probleme im Text und löste sie durch allegorische Auslegungen. Derlei gelehrte Studien waren in Rom jedoch nicht sehr gefragt, wo Seneca beklagte, dass die Griechen „ihre Zeit „mit nutzloser Gelehrsamkeit" verschwenden (Über die Kürze des Lebens 13,1). In genauer Kenntnis des römischen Geschmacks entwirft Philon das Judentum nun rund um die Synagogen als Übungsplätze für die „Philosophie ihrer Väter" (Legat. 156) mit Gesetzen, die „zu Ruhe und Ordnung anhalten" (Legat. 161) und zum Dank an kaiserliche Wohltäter ermuntern.[36] Diese Wende von der Wissenschaft hin zu einer philosophischen Religion ist tiefgreifend und Ausdruck von Philons geistiger Entwicklung seit seiner Ankunft in Rom. Vielleicht ist es gar keine völlige Überraschung, dass das Lukasevangelium eine ähnliche Orientierung widerspiegelt, wenn es „die Schriftgelehrten" als gesonderte Gruppe von Heuchlern herausgreift.[37] Auch der Verfasser dieses Evangeliums, der sich aktiv an römischen Diskursen beteiligt und die Lebensgeschichte Jesu in eine historische Form gießt, scheint die typisch römische Abneigung gegenüber bangloser Gelehrsamkeit übernommen zu haben. Er appelliert an ähnliche Werte wie diejenigen des späten Philon, um seine Leser vom Wert der eigenen Religion zu überzeugen.

Philon führt Augustus, den Claudius sich zum Vorbild nahm, ein, um eine römische Vision des Judentums zu entwerfen. Dieser mustergültige Kaiser wusste Philon zufolge genau um den urbanen Charakter der jüdischen Religion und ihre lange Tradition in der Stadt Rom. Er erkannte das römische Bürgerrecht ihrer jüdischen Einwohner an, wobei er ihre andersartigen, althergebrachten Sitten und Bräuche duldete. Darüber hinaus würdigte er die jüdischen Synagogen in Rom „jenseits des Tibers" als Versammlungsorte, die wichtigen gesellschaftlichen und erzieherischen Zwecken dienten. Katakombeninschriften aus der Hauptstadt lassen vermuten, dass Augustus Patron einer der ältesten jüdischen Synagogengemeinden gewesen sein könnte.[38]

---

[36] Siehe auch S. COHEN, Beginnings.
[37] Lukas 20,45–21,4; vgl. Markus 1,22; 2,16; 3,22; 8,31; 10,33; 11,18; 14,43; 15,1.
[38] PHILON, Legat. 155–156. LEON, Jews of Ancient Rome, 142.

Philon griff wahrscheinlich auf historische Informationen zurück, als er dem Kaiser seine römische Vision des Judentums in den Mund legte. Der Jerusalemer Tempel, den Philon im „Allegorischen Kommentar" kein einziges Mal erwähnt, spielt jetzt in seinem römischen Szenario eine zentrale Rolle. Augustus soll ihn „mit kostbaren Weihegeschenken" haben ausstatten lassen und angeordnet haben, „zeitlich unbegrenzt jeden Tag fortlaufend ganze Brandopfer auf seine eigenen Kosten darzubringen, als Spende für den höchsten Gott (τῷ ὑψίστῳ θεῷ). Sie werden noch bis heute vollzogen und werden bis in Ewigkeit ausgeführt werden, ein Denkmal wahrhaft kaiserlichen Charakters" (Legat. 157). Diese Hervorhebung des Jerusalemer Tempels ist bemerkenswert angesichts der Tatsache, dass Philon im „Allegorischen Kommentar" die Verehrung Gottes in Häusern „aus Steinen oder einer Holzmasse" abgelehnt und darauf bestanden hatte, dass die Seele der einzig geeignete Ort sei, um Gottes Gegenwart zu empfangen (Cher. 99–100). Dieser Sinneswandel von seiner früheren zu seiner späteren Position passt vorzüglich zur kaiserzeitlichen Kultur und römischen Vorliebe für Ritual und Kult. Nicht nur fungierte der Kaiser als Hoher Priester, sondern seit Varros Interpretation der römischen Religion nimmt man eine besondere Verbindung zwischen Kult und Religion wahr. Nicht uralte Texte, sondern uralte Riten gelten als Schlüssel zu religiöser Wahrheit. Varro hatte betont, dass römische Volksführer der Frühzeit wie etwa Numa und Tarquinius durch die Einrichtung des römischen Kults philosophische Einsichten bekundet hatten. Indem Philon das Judentum in diese Tradition stellt, nimmt er Autoren der Zweiten Sophistik vorweg. Plutarch beispielsweise baut rituelle Elemente in seine Vita des Königs Numa ein, den er als Philosophenpriester interpretiert.[39] Philon schreibt somit die jüdische Religion in einen breiten römischen Diskurs ein und suggeriert, Augustus habe ihren alten Tempelkult geschätzt, der erst kürzlich vor Gaius' Sakrileg bewahrt wurde und jetzt unter Claudius als ‚ewiger' Mittelpunkt des Judentums dienen könnte. Indem er auf der Seelenverwandtschaft der jüdischen und der römischen Religion besteht, begegnet Philon auch den Anschuldigungen Apions, des Leiters der ägyptischen Gegengesandtschaft, der das Judentum als einen entarteten ägyptischen Kult darstellte mit der Sonne zugewandten Gebetsstätten und mit Tempelriten, zu denen die Verehrung eines Esels und Menschenopfer gehören.[40]

Philons Verwendung des Begriffs *theos hypsistos*, „höchster Gott", schreibt das Judentum in breitere kulturelle Diskurse über die Götter ein. Er setzt voraus, dass der jüdische Gott von Römern wie etwa Augustus, seiner

---

[39] PLUTARCH, Numa 3,6; 7,2–3; 11,1–13,7; 15,6; 28,4. Siehe auch LEVICK, Augustus, 150–154; VAN NUFFELEN, Varro's *Divine Antiquities*, 182–185; VAN NUFFELEN, Rethinking the Gods, 200–216.
[40] JOSEPHUS, C. Ap. II 10–11, 80, 89–96.

Frau Julia Augusta und dem Präfekten Petronius auf Grundlage ihrer allgemeinen „Philosophie und Frömmigkeit" (Legat. 245) anerkannt werden kann, ohne dass sie sich ihm ausschließlich verschreiben müssten.[41] Der Verfasser des lukanischen Doppelwerks verwendet gleichfalls den Begriff *theos hypsistos*, wo er eine pagane Perspektive auf Paulus' Hingabe an den Gott Israels beschreibt (Apostelgeschichte 16,17). Auch hier wendet sich der Autor an eine breitere Leserschaft und zielt darauf ab, im Kontext des Kaiserreichs Sympathien für seine Religion zu wecken.

Philon entwirft das Judentum als eine dynamische Religion ohne Beschränkung auf eine bestimmte Ortsgemeinde. Er betont die weite geographische Verbreitung der Juden in „Europa und Asien", im gesamten Römischen Reich, ganz wie der Autor der Apostelgeschichte in seiner Vision von christlichen Gemeinden überall in der römischen Welt.[42] Ferner hat Philon urbane Modelle im Sinn und erklärt jüdische Migration mittels Boten, die von der „Heiligen Stadt, wo der heilige Tempel des höchsten Gottes steht", entsandt werden. Jerusalem ist die „Metropolis", während die tatsächlichen Wohnsitze den Juden als Vaterland dienen (Flacc. 46). Die Juden werden als bevölkerungsreich beschrieben, als reisefreudig und stets zu neuen Koloniegründungen aufgelegt. Sie erweisen sich als dynamisches, unternehmungslustiges Volk mit ausgedehnten Netzwerken im Mittelmeerraum – ganz wie die Römer oder im lukanischen Doppelwerk die frühen Christen.

Der städtische Charakter des Judentums wird ergänzt durch die Vorstellung, seine Wurzeln lägen in der Natur, was seine Mobilität über bestimmte lokale Strukturen hinaus erhöht. In den historischen Traktaten erwähnt Philon an einer Stelle die jüdische Sukkotfeier, das Laubhüttenfest, welches er als „Volksfest [der Juden] zur Tagundnachtgleiche im Herbst" beschreibt, „das sie gewöhnlich in Hütten verbringen" (Flacc. 116).[43] Philon versteht diese Feier als einen Bestandteil des natürlichen Jahreszyklus mit dem Herbst als Erntezeit, wo die Menschen überall im Freien in der Nähe ihrer Felder schlafen und Gott danken. Biblische Herleitungen dieser Festwoche, die sie in Israels besonderer Geschichte während des Auszugs aus Ägypten verankern, bleiben unerwähnt.

---

[41] PHILON, Legat. 245, 316–320. Siehe auch MITCHELL, Further Thoughts.
[42] Siehe auch MEEKS, First Urban Christians, 9–50 = Urchristentum und Stadtkultur, 25–110; HARRILL, Paul the Apostle, 83–84; CANCIK, Mittelmeer.
[43] Siehe auch LEONHARDT, Jewish Worship, 45–47.

## Fazit

Es hat sich gezeigt, dass Philon ein wichtiger Autor im Diskurs über Macht, Exil und Religion im Rom des ersten Jahrhunderts ist. Aufgrund seines ausgeprägten Bewusstseins für die tyrannischen Züge von Claudius' Herrschaft entwickelt er eine hintersinnige Sprache der Projektion von Kritik auf dessen Vorgänger Gaius. Wie sein Zeitgenosse Seneca verbindet Philon Machtverlust, nämlich das Exil, mit Philosophie und versteht es als einen Raum, um sich der eigenen Identität rückzuversichern und sie neu zu gestalten. Es zeigen sich enge Parallelen zwischen der römischen Variante von Exil, veranschaulicht durch Flaccus, und der jüdischen, wofür die alexandrinischen Juden während des Pogroms in ihrer Stadt beispielhaft stehen. In diesem spezifisch römischen Kontext entwickelt Philon ein faszinierendes Neuverständnis des Judentums, das er über Geistesadel, den Jerusalemer Tempel, Urbanität und Bürgertugenden definiert. Er bestimmt jüdische Identität nicht mehr wie in seiner alexandrinischen Zeit über das gelehrte Studium des heiligen Buches, sondern bezogen auf charakteristisch römische Werte. Diese tiefgreifende Neugestaltung des Judentums hatte weitreichende Auswirkungen auf das frühe Christentum und auf spätere griechische Autoren im Römischen Reich.

# 4

## Römische Philosophie und die Juden

Philon ist der erste jüdische Autor, von dem uns eigenständige philosophische Abhandlungen erhalten geblieben sind. In genauester Kenntnis der diversen philosophischen Schulen und ihrer Hauptvertreter wollte er nicht nur eine neue Synthese von Judentum und paganem Gedankengut schaffen, sondern auch seine Ansichten zu aktuellen Themen zu Gehör bringen. Die neuere Forschung hat Philons philosophische Traktate eher vernachlässigt, was zum Teil daran liegt, dass einige von ihnen nur in armenischer Übersetzung überliefert sind. Darüber hinaus ist die philosophische Bedeutung dieser Werke bislang noch nicht in vollem Umfang erkannt worden, weil sie nicht im Zusammenhang mit Philons Romaufenthalt gelesen wurden. Wie wir im ersten Kapitel gesehen haben, gehören die philosophischen Werke in Philons reife Schaffensphase und müssen im Licht römischer Diskurse analysiert werden. Was ist Philons Beitrag, wenn man ihn in die Entwicklung der römischen Philosophie zwischen Cicero und Seneca einordnet?

Ein solcher Ansatzpunkt mag Leser überraschen, die davon ausgehen, die Römer hätten im Grunde nur das griechische Erbe ins Lateinische übersetzt, ohne etwas hinzuzufügen oder infrage zu stellen. Hätte Rom aber keine eigenständigen Gedanken zu bieten gehabt, wie sollte Philon, der in der alexandrinischen Philosophie wohl bewandert war, dann im Verlauf seiner Gesandtschaft zu Gaius neue Anregungen erhalten haben können? Tatsächlich spielte Rom eine weitaus aktivere Rolle als gemeinhin angenommen. Ein aufschlussreiches Beispiel dafür ist Philon von Larissa. Er war aus Athen, wo er als ergebener Schüler des skeptischen Platonikers Kleitomachos begonnen hatte, nach Rom gekommen, wo er rasch in die geistige Atmosphäre der Hauptstadt eintauchte und Traktate schrieb, über die seine Schüler den Kopf schüttelten. Seine „römischen" Bücher veranlassten Antiochos von Askalon sogar zu einer kritischen Gegenschrift, die leider nicht erhalten geblieben ist.[1]

Philon von Alexandria machte eine ähnliche intellektuelle Erfahrung und setzte sich mit römischen Diskursen auseinander. Ein erstes Anzeichen der Einwirkung Roms ist sein veränderter Blick auf Platon. Hatte er diesen im „Allegorischen Kommentar" noch als „berühmten Mann" gepriesen, „einen von denen, die wegen ihrer Weisheit bewundert werden" (Fug. 63), und sein

---

[1] CICERO, Acad. II 11–12. Siehe auch BARNES, Antiochus, 70–76.

Werk bei der Auslegung der jüdischen Bibel konsequent verwendet, so kritisiert er nun das Gastmahl des *Symposions* scharf als lüsterne Veranstaltung und stellt es sogar als „lächerlich" dar (Cont. 58) im Vergleich zu den einfachen Mahlzeiten der Juden. Platons Dialog vermittle „märchenhafte Erdichtungen", die mehr verführten und täuschten, als die Wahrheit zu lehren (Cont. 63). Mit derlei abfälligen Bemerkungen greift Philon in römische Diskurse ein und kann sich von dem distanzieren, was man dort als ‚griechische' Halt- und Zügellosigkeit empfand. Dem eine Generation später in Rom schreibenden Josephus zufolge sei Platon einst von den Griechen bewundert worden, werde jetzt aber „fast schon verhöhnt und zum Gespött gemacht" (Gegen Apion II 223). Lukian, ein Satiriker des zweiten Jahrhunderts, verfasste ein *Symposion*, das die platonische Tradition persifliert und sie als dekadent bloßstellt.[2] Mit seiner Übersiedlung nach Rom nimmt Philon also bestimmte Tendenzen der Zweiten Sophistik vorweg und bezieht eine kritischere Haltung zu Platon, indem er seiner anfänglichen Bewunderung eine sarkastische Note beimischt.

Der römische Kontext von Philons philosophischen Traktaten zeigt sich auch an ihrer impliziten Leserschaft. Philon richtet sich nun an ein Publikum, dem die Grundzüge jüdischen Lebens und die ägyptische Geographie nicht geläufig sind. Die Institution der Synagoge, das Konzept des Sabbats, die Aufteilung Ägyptens in Gaue („Nomoi") – all das ist erläuterungsbedürftig. Alexandria wird zudem als „Alexandria in Ägypten" bezeichnet (Prob. 125), was eine typisch römische Perspektive widerspiegelt. Philon beschreibt eingehend das Klima in der Umgebung der Stadt, worüber jeder, der dort lebte, Bescheid gewusst hätte. Römische Institutionen dagegen werden als bekannt vorausgesetzt. Wo Philon auf die Feierlichkeiten zu Ehren von Germanicus' militärischem Triumph zu sprechen kommt, geht er davon aus, dass seine Leser mit den Zusammenhängen in allen Einzelheiten vertraut sind.[3] Philons implizite Adressaten sind somit weder Juden noch Alexandriner, sondern in erster Linie Römer. Welche Themen wählt der Autor für dieses Publikum, und wie behandelt er sie? Die auffallendsten Problemkreise der philosophischen Traktate betreffen die menschliche Vernunft, die Vorsehung, die Schöpfung und die Freiheit. Jeder von ihnen verdient eine sorgfältige Analyse im Licht zeitgenössischer römischer Diskurse.

---

[2] PHILON, Cont. 58 (γέλως), 63; JOSEPHUS, C. Ap. II 223 (siehe auch BARCLAY, Flavius Josephus, 300); LUKIAN, Symposion 39–42 (siehe auch KÖNIG, Saints and Symposiasts, 248–251). Für Einzelheiten zu Philons überwiegend platonischer Ausrichtung im „Allegorischen Kommentar" siehe Kapitel 10.

[3] PHILON, Prob. 81, 125; Anim. 4, 7, 13, 22, 27–34, 75; Cont. 1–21; Prov. II 1.

## Die menschliche Vernunft

In einem nur noch auf Armenisch erhaltenen Dialog behandelt Philon die Frage, ob Tiere dieselbe Art von Vernunft besitzen wie der Mensch. Ist einzig der Mensch unter den Lebewesen vernunftbegabt und gottähnlich? Der Dialog ist als Gespräch gestaltet zwischen Lysimachos, einem jüngeren, wissbegierigen Familienmitglied, und Philon, der bestürzt ist, weil sein Neffe Tiberius Alexander in einem Traktat die Meinung vertreten hatte, Tiere seien vernunftbegabt und moralisch gesehen den Menschen gleichgestellt. Alexanders Text wird von einem Diener hereingebracht, vorgelesen und dann von Philon kritisiert. Lysimachos spielt nur eine kleine Nebenrolle als Stichwortgeber für Philon, der so seine Gedanken zu dieser Streitfrage entfalten kann.[4]

Alexanders Plädoyer zugunsten einer Vernunftbegabung von Tieren stützt sich hauptsächlich auf Beobachtung. Er weist die verbreitete Annahme menschlicher Überlegenheit zurück, die seines Erachtens allein von einer körperlichen Betrachtungsweise herrührt wie der Tatsache, dass Tiere auf der Erde kriechen und somit physisch unter dem Menschen stünden. Tieren, so schreibt Alexander mit Nachdruck, werde genauso zu Unrecht Vernunftbegabung abgesprochen, wie Frauen fälschlicherweise an den Rand der Gesellschaft verwiesen würden. Er fordert seine Leser auf, das kluge Verhalten von Tieren zu beobachten und deren Kenntnisse und Lernfähigkeit, ja sogar deren Vermögen, zwischen Gut und Böse zu wählen, anzuerkennen. Gelegentlich spricht er seine Leser direkt an: „Habt ihr nicht beobachtet, dass ...?" Zwar räumt er ein, die Vernunft der Tiere sei nicht vollkommen, aber er insistiert, dass ihnen beide Arten von Vernunft gegeben seien, nämlich der innere Logos des Geistes und der äußere Logos, der sich in Sprache ausdrückt. Darüber hinaus hebt er hervor, dass Tiere sich praktische Fertigkeiten und Eigenschaften erwerben würden; viele Vögel könnten sogar mit menschlicher Stimme sprechen. Die Biene beispielsweise rühmt er für ihre Intelligenz, die „kaum zu unterscheiden ist von der Denkfähigkeit des menschlichen Geistes" (Anim. 20). Die Spinne sei in ihrem Verhalten eine Künstlerin, die ihr mit großem Geschick gesponnenes Netz verteidige, und die Schwalbe ziehe ihre Jungen mit der „Zuneigung einer Kinderfrau oder Amme" auf (Anim. 22).[5]

Viele Beispiele rationalen Verhaltens von Tieren stammen aus Alexanders Erlebnissen bei Tiervorführungen, die er mit großer Leidenschaft besuchte. „Ich habe dies mit eigenen Augen gesehen", sagt er voller Begeis-

---

[4] PHILON, Anim. 9; siehe auch PLATON, Tht. 143B–D, wo ganz ähnlich ein Sklave einen philosophischen Traktat vorliest.
[5] PHILON, Anim. 11–13, 17, 19–20, 22, 42 (englische Übersetzung und Kommentare zur Stelle von TERIAN).

terung, nämlich ein Rehkitz, das auf der Bühne tanzte und mit einem Ball spielte. „Während der Vorführung", fügt er hinzu, habe das Tier „hin und wieder ängstlich den Dompteur angeblickt, wohl in Sorge, es könne einen Fehler machen" (Anim. 24). Besonders die Elefanten, die sich sehr domestiziert verhielten, beeindruckten ihn: Sie stellten sich in einer Reihe auf und nahmen auf speziellen Liegen menschliche Speisen und Getränke zu sich. Einige von ihnen taten gar, als seien sie betrunken. Wie sehr ihn die Tiervorführung in Erstaunen versetzte, äußert sich in Alexanders Fazit: „nirgends sonst auf der Welt konnte der Anschein von wankenden Betrunkenen so lebensecht dargeboten werden" (Anim. 27). Nicht zuletzt lehnt er ausdrücklich den biblischen Gedanken ab, einzig der Mensch sei nach dem Bilde Gottes erschaffen, und betont: „Wir sind voller irrationaler Gedanken, haben einen brachliegenden, unkultivierten Geist" (Anim. 47) – Tiere hingegen seien moralisch tadellos.[6]

Philon weist diese Ansichten in aller Schärfe als haltlose, neumodische Kindereien zurück und nennt sie gar ein „Sakrileg", mit dem man sowohl der Natur als auch dem „heiligen Verstand" Unrecht täte. Den angeborenen Eigenschaften von Tieren stellt er die Fähigkeit des Menschen zu lernen, Entscheidungen zu treffen und den Intellekt auf die unterschiedlichsten Tätigkeiten zu richten, gegenüber. Seines Erachtens kann man von Tieren keine so hohe Meinung haben wie Alexander, weil sie „weder aufgrund von Kunstfertigkeit noch von einer angeborenen Vernunft" handelten. „Offengestanden haben sie keine besondere Begabung, außer dass sie fleißig arbeiten" (Anim. 77). Klassifikatorisch sieht er Tiere eher auf einer Stufe mit Pflanzen, da sie dem Diktat der Natur folgten und nicht aufgrund bewusster Wahl oder erworbenen Wissens agierten. Den Menschen stellt er kategorial auf eine höhere Ebene, weil nur er fähig sei, Gott zu erkennen und in abstrakten Begriffen zu denken.[7]

In der Auseinandersetzung mit Alexander zieht Philon kaum philosophische Register. Im Unterschied zu anderen Traktaten, in denen er aus bekannten philosophischen Werken zitiert, führt er hier keine Schultradition an. Der Leser erhält fast den Eindruck, Philon verleihe im Wohnzimmer der Familie seiner privaten Meinung spontan Ausdruck. Freilich wird zugleich deutlich, dass es sich dabei um eine akute Frage handelt und Philon sich anhand von Alexanders Schrift einem in Mode gekommenen Thema widmet. Angesichts seiner merklich entspannteren Erörterung im „Allegorischen Kommentar", wo er den biblischen Bericht über die Erschaffung des Menschen als Ebenbildes Gottes ohne Bezugnahme auf einen Meinungsstreit

---

[6] PHILON, Anim. 24–25, 27, 16, 47–49, 71 (nach der englischen Übersetzung von TERIAN).

[7] PHILON, Anim. 75, 77–80, 82–85, 100 (nach der englischen Übersetzung von TERIAN).

auslegt, ist diese Dringlichkeit auffallend. Seinerzeit hatte er im Bereich des Irrationalen sogar noch eine Ähnlichkeit zwischen Mensch und Tier gesehen. Der Mensch sei darüber hinaus mit Vernunft begabt, wobei seine Impulse aber so instinktgesteuert seien wie beim Tier. Zum damaligen Zeitpunkt hielt Philon eindeutig den Menschen für dem Tier zwar überlegen, beide jedoch nicht für grundverschieden.[8]

Wie lässt sich die Diskrepanz zwischen dem „Allegorischen Kommentar" und Philons philosophischen Schriften erklären? Man könnte sich vorstellen, dass das Thema in seiner späteren Schaffensphase Philons besondere Aufmerksamkeit gewonnen hat, weil sein inzwischen erwachsener Neffe sich eine eigene Meinung gebildet hatte und Philon dadurch herausforderte, seine Ansichten zu überdenken und einen profilierteren Standpunkt zu vertreten als in der Vergangenheit. So gesehen wäre der Dialog eine reine Familienangelegenheit. Allerdings weist der polemische Eifer in Philons Erwiderung in eine andere Richtung. Es scheint um sehr viel mehr zu gehen als nur darum, Alexander zu überzeugen. Philon schrieb diesen Dialog, um weit verbreitete Ansichten zu erörtern. Da Alexander höchstwahrscheinlich Mitglied von Philons Delegation und daher römischen Adressatenkreisen bekannt war, konnte man davon ausgehen, dass ein Streitgespräch mit ihm auf Interesse stoßen würde. Wenn wir nach dem geistigen Umfeld von Philons Dialog fragen, stellen wir fest, dass das Thema der Vernunftbegabung von Tieren in Rom heiß diskutiert wurde, während es keinen Beleg für eine ähnliche Debatte in Alexandria gibt.

In Rom stieß Cicero die Diskussion an, indem er die Meinung, der Mensch sei dem Tier überlegen, als einen wichtigen Aspekt stoischer Theologie darstellte. Balbus, Ciceros stoisches Sprachrohr, führt seinen Standpunkt mit dem Verweis auf die körperliche Beschaffenheit des Menschen ein: Dass er sich vom Erdboden erhoben und eine aufrechte Haltung eingenommen habe, signalisiere seine höhere Stellung unter den Lebewesen. Genau dieses Argument attackiert Alexander in Philons Dialog als Fehlschluss aufgrund des äußerlichen Anscheins. Des Weiteren weist Balbus wie Philon die Annahme einer Gleichrangigkeit von Mensch und Tier polemisch zurück, wenn er sagt: Wer die göttliche Inspiration des Menschen nicht anerkenne, „der scheint mir gerade diese Vorzüge selbst nicht zu besitzen" (Vom Wesen der Götter II 147). In Ciceros Dialog richtet sich diese Polemik gegen die Platoniker. Deren Wortführer Cotta reagiert auf das Argument des Balbus, indem er wie Alexander betont, der menschliche Verstand sei weder göttliche Gabe noch völlig einzigartig.[9]

---

[8] PHILON, Imm. 45–46; Det. 82.
[9] CICERO, N.D. II 140–147; III 70–79; siehe auch Cicero mit eigenen Worten in Leg. I 25–27.

Die stoische Auffassung vom Tier setzte sich in Rom durch. Cicero eröffnet seinen ethischen Traktat *Über die Pflichten* mit der eindringlichen Behauptung menschlicher Überlegenheit. Seiner Ansicht nach ist nur der Mensch mit Vernunft, Gedächtnis und Sprache begabt sowie mit der Fähigkeit, die Wahrheit zu suchen und vorauszuplanen. Der Mensch verfüge über die nötigen Voraussetzungen für moralisches Verhalten, das dem Tier abgesprochen wird. Ciceros Standpunkt findet sich ein Jahrhundert später in Senecas Schriften wieder, wo ein eigener Brief der Frage nach der Vernunftbegabung von Tieren gewidmet ist. Darin reagiert Seneca auf die Art Argumente zugunsten der Rationalität von Tieren, wie sie auch Alexander vorbringt, nämlich aufgrund von Naturbeobachtungen. Seneca erläutert, warum die Biene nicht so weise ist wie behauptet und weshalb Tiere schlicht aus einem natürlichen Impuls heraus handeln und nicht aufgrund erlernten Verhaltens und einer bewussten Wahl. Den stoischen Gedanken einer exklusiven Vernunftbegabung des Menschen bekräftigt er, indem er dem Tier intellektuelle und moralische Fähigkeiten abspricht.[10]

Vor dem Hintergrund von Cicero und Seneca erweist sich Philons Dialog über die Rationalität von Tieren als ein wesentlicher Beitrag zu einer spezifisch römischen Debatte. Während Philon in Rom durchaus auf Aufmerksamkeit für seine Argumente hoffen konnte, hätte man ihnen in seiner Heimatstadt Alexandria kaum Interesse entgegengebracht, wo dieses Thema in den erhaltenen Quellen nicht belegt ist. Philon verteidigt einen bekannten stoischen Standpunkt und betont wie Seneca die menschliche Lernfähigkeit, Selbstbestimmung und Gottähnlichkeit. Die Argumente, die er Alexander zuschreibt, tauchen in römischen Debatten zudem immer wieder als platonische Positionen auf, die bis in Senecas Werk hinein von bleibender Bedeutung waren. Philon nimmt eindeutig die stoische Mehrheitsmeinung ein, während Alexander die Rolle des platonischen Gegenspielers zukommt.

Philons Abkehr von den gemäßigten Ansichten seiner frühen alexandrinischen Jahre und Hinwendung zu einer dezidiert stoischen Position in seinem Spätwerk ist aufschlussreich im Blick auf die folgenden Jahrhunderte, in denen sich bezüglich dieses Themas zwei Lager bildeten. Der späte Philon vertritt einen Standpunkt, der sich im christlichen Westen durchsetzen sollte und von Justin dem Märtyrer und Augustin energisch verteidigt wurde. Pagane Platoniker dagegen entwickelten die gemäßigtere Tradition weiter, die sich in Philons frühen Schriften findet, und übernahmen von Platon die Vorstellung einer Seelenwanderung in Tiere. Vertreter der Zweiten Sophistik wie Plutarch und Philostrat etwa zeigen echte Sympathie für Tiere und schätzen ihre menschenähnliche Intelligenz. Bei Porphyrios und Plotin erreicht diese Auffassung ihren Höhepunkt. Philon steht also an einer wich-

---

[10] CICERO, Off. I 11–14, 50, 105–107; SENECA, Ep. 121.

tigen Schwelle: Er lässt eine typisch östliche Betrachtungsweise hinter sich und übernimmt eine Ansicht, die den lateinischen Westen prägen sollte.[11]

## Vorsehung

Von der Vorsehung handelt ein weiterer, auf Armenisch überlieferter Dialog mit Alexander, von dessen griechischem Original weite Teile beim Kirchenvater Eusebios erhalten sind. Die Frage nach den möglichen Quellen des Traktats wurde in der Forschung bereits untersucht, doch blieb die Unterscheidung zwischen Philons und Alexanders Stimme dabei leider unbeachtet. Ich schlage einen anderen Weg ein und frage nach der spezifischen Art von Philons Argumentation im Licht ihres breiteren philosophischen Kontexts. Was hielt Philon für wahr und weshalb? Wo ordnet er sich in den aktuellen Debatten ein, insbesondere mit Blick auf den bekannten Dissens zwischen Stoikern und Platonikern? Die Platoniker folgten zwar im Großen und Ganzen dem *Timaios* und gingen von der ‚väterlichen' Welterhaltung durch den Demiurgen aus; doch verneinten sie dessen Fürsorge für den Menschen und die Naturvorgänge im Einzelnen. Aus platonischer Sicht ist Gott zu transzendent, um sich mit dem Tagesgeschehen der Welt und der Menschheit zu befassen. Die Stoiker dagegen hatten ein stärker immanentes Verständnis der Gottheit und entdeckten in ihrem eigenen Leben und Umfeld eine göttliche Präsenz.[12]

Alexander bestreitet Philons Vorstellung von Gottes Vorsehung unter Hinweis auf die „Unordnung und Verderbnis" in der Welt. Es gebe keine Gerechtigkeit, behauptet er mit Nachdruck. „Oder weißt du allein nicht, dass den schlechtesten und übelsten Wichten das Gute reichlich zuströmt" (Prov. II 3)? Mit erstaunlich ähnlichen Worten weist Cotta – in Ciceros Dialog der Sprecher der Platoniker – den stoischen Vorsehungsgedanken zurück, indem er den folgenden Dichtervers zitiert: „Würden sie [sc. die Götter] für die Menschen sorgen, ginge es den Guten gut, den Schlechten schlecht; aber gerade dies trifft nicht zu" (Vom Wesen der Götter III 79). Philons jüngerer Zeitgenosse Seneca widmete dem Thema ‚göttliche Vorsehung' sogar einen ganzen Traktat. Dessen Gesprächspartner Lucilius forderte ihn mit ähnlichen Einwänden heraus: „Warum, wenn eine Vorsehung die Welt lenkt, widerfährt guten Menschen so viel Unglück?" (Prov. I 1) Das Thema von Philons

---

[11] JUSTIN, Dialogus cum Tryphone 4,2–5; PLUTARCH, De sollertia animalium (Mor. 959A–985C); PHILOSTRAT, Vit. Apoll. II 14–16; PORPHYRIOS, De abstinentia; PLOTIN, Enneades IV 7,14. Siehe auch SORABJI, Animal Minds; zu abweichenden Ansichten siehe BERTHELOT, Philo and the Kindness towards Animals.

[12] Für quellenkritische Analysen von Philons Traktat siehe TERIAN, Critical Introduction, 278–279, und WENDLAND, Philos Schrift über die Vorsehung; zu stoischen Vorsehungsvorstellungen siehe D. FREDE, Theodicy.

Dialog mit seinem Neffen Alexander hat also Anklänge an eine lebhafte römische Debatte mit Schwerpunkt auf dem Theodizeeproblem und der Frage nach Gottes Eingreifen in das Leben der Menschen.

Philon begegnet Alexanders Einwänden mit der Betonung von Gottes Güte: „Gott ist kein Tyrann", sagt er, „sondern er ist ein König, der sich eine sanfte und gesetzliche Herrschaft erworben hat, und so lenkt er mit Gerechtigkeit den ganzen Himmel und die ganze Welt" (Prov. II 15). Philon scheut keine Mühen, um Gottes Vorsehung im menschlichen Leben nachzuweisen, und nimmt dabei den typisch stoischen Standpunkt im Gegenüber zu den Platonikern ein. Er unterscheidet zwischen wirklichen und scheinbaren Gütern und behauptet, dass, was gemeinhin für schlecht gehalten wird, es in Wirklichkeit gar nicht ist, weil es sich nur auf den äußerlichen Bereich bezieht und keinen Wert in sich hat. Gott, der sich um die Welt kümmert, erkennt nur das wahre Gute an. Ein rechtschaffener Mensch, führt Philon weiter aus, verachte den äußeren Schein und sehe ein, dass Armut oder Krankheit nicht notwendig ein Übel sein muss. Umgekehrt litten schlechte Menschen unter Gewissensbissen und Ruhelosigkeit und erlangten nie Gelassenheit und Glückseligkeit. Philons Argumentation führt zu dem bekannten stoischen Schluss, entscheidend sei allein die rechte Haltung zum Geschehen in der Welt. Die Umstände lägen nicht in unserer Hand und damit auch nicht in unserer moralischen Verantwortung, und somit sei es unsere moralische Einstellung, auf die es ankommt und die das einzige notwendige Kriterium für Tugend und Glückseligkeit ist. Gute Menschen könnten per Definition nicht unter Schicksalsschlägen leiden, weil sie diese schlicht nicht als solche hinnehmen.[13] Wie Marcus Aurelius, der stoische Philosoph und römische Kaiser, es später ausdrücken sollte: „Alles liegt in der Auffassung" (Selbstbetrachtungen II 15).

Philon argumentiert für die göttliche Vorsehung auch unter Verweis auf das große Ganze. Selbst wenn etwas für den einen oder anderen schlecht sei, mag es dem Wohl der Welt oder der Menschheit als ganzer dienen und sei daher mit der göttlichen Vorsehung vereinbar. Beispielsweise könne Gott die Erde durch Stürme oder Überschwemmungen läutern, selbst „wenn er diejenigen, die zur Unzeit zur See fahren und Landbau treiben, zuweilen schädigt". Solche unbeabsichtigten Verluste seien „kein Wunder", erklärt Philon, „denn diese machen nur einen kleinen Teil aus", „Gottes Fürsorge aber kommt der ganzen Menschheit zugute" (Prov. II 99). Das heißt, wenn einem Schlimmes widerfährt, sollte man sich fragen, ob derlei Widrigkeiten eine Kehrseite haben, die der Allgemeinheit nützt, und deshalb von Gott mit Bedacht eingeplant wurden, will heißen: Vom Einzelnen werden manchmal Opfer zum Wohl der Menschheit erwartet, so wie Athleten es hinzunehmen

---

[13] PHILON, Prov. II 2, 10 (παρὰ Θεῷ τῶν εἰρημένων πρότερον οὐδὲν καθ' ἑαυτὸ τῆς ἀγαθοῦ μοίρας ἠξίωται), 16, 18–28.

haben, wenn der Gymnasiarch den Trainingsplan zugunsten der ganzen Gruppe umstellt, auch wenn das nicht jedem gleichermaßen förderlich ist.[14]

Gegen Ende des Dialogs (II 104) erwähnt Philon zwei „Theorien" oder „Traktate" (λόγους), welche die Nützlichkeit giftiger Reptilien begründen. Dieser Hinweis zeigt, dass Philon selbstbewusst aktuelle Debatten zum Thema ‚göttliche Vorsehung' aufgreift und im Kontext anderer Stimmen Position zugunsten von Gottes Fürsorge für seine Schöpfung im Einzelnen bezieht. Philon unterscheidet zwischen jenen, die sich für den medizinischen Nutzen von Gift in Heiltränken aussprechen, und anderen, die in giftigen Tieren Gottes Strafwerkzeuge sehen (Prov. II 60–61). Beiden Meinungen zufolge spielen scheinbar Verderben bringende Lebewesen letztlich eine positive Rolle in der Welt und spiegeln Gottes umsichtigen Plan wider. Zwar nennt Philon nicht die Autoren dieser Theorien, doch müssen sie der Schule der Stoa angehört haben.

In Philons Argumentation finden sich viele Anklänge an bekannte stoische Standpunkte, die in Rom eingenommen wurden. Bereits Ciceros stoischer Wortführer Balbus hebt „die Vorsorge der unsterblichen Götter für die Menschen" hervor (Vom Wesen der Götter II 133). Er sei anderen Lebewesen gegenüber nicht nur konstitutionell weit überlegen, sondern komme auch in den Genuss unentwegter göttlicher Fürsorge. Tatsächlich sei die ganze Welt, einschließlich der Tiere, im Hinblick auf ihren Nutzen für die Menschheit geschaffen worden, der damit alles Lebensnotwendige zur Verfügung steht. Als antworte er auf Alexanders Einwand in Philons Dialog, betont Balbus, dass sich die Fürsorge und Vorsehung der unsterblichen Götter „nicht etwa nur auf das Menschengeschlecht im Ganzen, sondern auch auf den Einzelnen (*etiam singulis*) zu erstrecken" pflegt (II 164). Den Beweis dafür liefern die Vorzeichen der Zukunft, welche den Menschen anleiten, das Richtige zu tun.[15]

Auch Seneca behandelt das Thema in Reaktion auf Einwände gegen eine individuelle göttliche Vorsehung. Sein erstes Argument ist dem Philons erstaunlich ähnlich und zielt auf die Einstellung des Rechtschaffenen zur Welt. „Nichts Böses kann dem guten Menschen zustoßen" (Über die Vorsehung 2,1), darauf pocht Seneca und argumentiert, vermeintliche Schicksalsschläge oder Widrigkeiten seien lediglich ein Übungsfeld für den Rechtschaffenen, um seine Tugendhaftigkeit zu stärken. Man solle sich nicht über sein Los beklagen, sondern einsehen: „Nicht *was*, sondern *wie* du es erträgst, ist von Belang" (2,4). In nahezu wörtlicher Übereinstimmung mit Philon will Seneca „zeigen, wie nicht schlecht ist, was schlecht scheint" (3,1).

---

[14] PHILON, Prov. II 35–47. Philons Vergleich Gottes mit einem Gymnasiarchen wurzelt in einer langen stoischen Tradition, die sich bis Chrysipp zurückverfolgen lässt (PLUTARCH, De Stoicorum repugnantiis 35 [Mor. 1050E]).
[15] CICERO, N.D. II 133–159, 164.

Starke, tugendhafte Personen seien immer wieder Drangsal ausgesetzt, um sich zu bewähren und zu vervollkommnen. Philons zweites Argument bezüglich des großen Ganzen kehrt in Senecas Schriften ebenfalls wieder. In seinen *Naturwissenschaftlichen Untersuchungen* befasst sich der römische Philosoph mit vielen vermeintlichen Naturkatastrophen wie etwa Erdbeben und Überschwemmungen und schreibt, ihre Ursachen blieben oft im Ungewissen und führten deshalb zu Ratlosigkeit. Aus einer höheren beziehungsweise göttlichen Perspektive heraus sei an ihnen jedoch nichts Nachteiliges, da sie anderen Teilen des Universums zugute kämen.[16]

Das Thema Vorsehung führt uns einen Philon vor Augen, der tief in römischen Diskursen verwurzelt ist. Er sucht seinen Platz im geistigen Milieu der Reichshauptstadt und nimmt den vorherrschenden stoischen Standpunkt göttlicher Vorsorge für den Einzelnen ein. Mit seiner Kritik an Alexander weist er die platonische Sicht zurück, die in Ciceros und Senecas Ausführungen eine Rolle als wichtiger, wenn auch untergeordneter Widerpart spielt. Wie aktuell dieser philonische Dialog in Rom war, wird noch deutlicher angesichts dessen, dass alexandrinische Intellektuelle dem Thema anscheinend keine besondere Beachtung schenkten. Kein überlieferter Text aus Alexandria greift es auf. Natürlich lässt sich die Aussagekraft dieses Schweigens anzweifeln, wo ja so viele antike Quellen verloren gegangen sind. Dasselbe gilt freilich für Rom. Obwohl auch von dort vieles nicht erhalten geblieben ist, belegen die überlieferten Texte doch eine lebhafte römische Diskussion über die Vorsehung. Das besondere Interesse der Intellektuellen in der Reichshauptstadt an diesem Thema mag darauf zurückgehen, dass die Lebensumstände unter dem Prinzipat notorisch instabil, wenn nicht gar gefährlich waren. Philon, der in seinem „Allegorischen Kommentar" Fragen der Vorsehung nicht erörtert hat, kommt nach Rom und fügt sich so rasch in die dortigen Debatten ein, dass er dem Thema einen eigenen Dialog widmet und dabei die stoische Position verteidigt. Sein Beitrag schlägt eine wichtige Brücke zwischen Cicero und Seneca und ist damit eine weitere Wegmarke in der römischen Philosophiegeschichte.

## Schöpfung und Weltenbrand

Fragen zur Weltschöpfung beschäftigen Philon in zwei seiner philosophischen Traktate, im Dialog *Über die Vorsehung* und in der Abhandlung *Über die Ewigkeit der Welt*. Leider ist der Beginn des Ersteren nicht erhalten, auch nicht in der armenischen Übersetzung, weshalb wir kaum wissen

---

[16] SENECA, Prov. 2,1 („nihil accidere bono viro mali potest"); 2,2–4; 3,1 („non sint quae videntur mala"); 4,1–3.11–12; 5,1; 6,1–2; Naturales Quaestiones III 6. Siehe auch PROST, Théories hellénistiques, 227–256; INWOOD, Reading Seneca, 157–200.

können, wie Philon das Thema angegangen ist. Deutlich ist jedenfalls, dass für ihn das Geschaffensein der Welt ein wichtiger Aspekt der göttlichen Vorsehung ist und er den aristotelischen Gedanken ihrer Ewigkeit zurückweist. Außerdem versteht er Schöpfung als Formung von bereits vorhandener Materie durch Gott, den unbewegten Beweger. Philon zitiert eine zentrale Stelle aus dem *Timaios* und betont, Platon nehme einen Schöpfergott an, der dem von Mose beschriebenen sehr nahe komme.[17] Sowohl der griechische Philosoph als auch der Gesetzgeber der Juden kamen auf den Gedanken der Erschaffung der Welt, die von diesem Moment an unzerstörbar ist.

Im Traktat *Über die Ewigkeit der Welt*, wo Philon verschiedenen philosophischen Einwänden gegen den Schöpfungsgedanken entgegentrat, setzt er sich erneut mit diesem Themenkomplex auseinander. Der zweite Teil der Abhandlung, in dem er offenbar seine eigenen Ansichten darlegte, ist verloren gegangen, doch der erste gewährt wichtige Einblicke in Philons generelle Herangehensweise. Im gesamten Text gilt sein besonderes Augenmerk den Stoikern, die für ihre Theorie vom Weltenbrand berühmt waren, der zufolge die Welt in periodischen Abständen neu geschaffen und dann wieder durch Feuer zerstört wird. Philon setzt alles daran, diese stoische Auffassung zu widerlegen, und legt Wert darauf, dass sie der eigenen Schulannahme einer göttlichen Vorsehung widerspreche. Die Lebhaftigkeit seines Interesses ist angesichts des „Allegorischen Kommentars", in dem er den Weltenbrand kurz erwähnte und als „gefabelte Wunderdinge" abtat (Her. 228), auffallend. Offenbar hat das Thema in Philons späterem Denken an Dringlichkeit gewonnen, was ihn dazu veranlasste, es in einem eigenen Traktat zu behandeln und in erheblichem Umfang einschlägige Sekundärliteratur zu zitieren.

Philon entrüstet sich darüber, dass eine zentrale Autorität für die Schöpfung und Unzerstörbarkeit der Welt, nämlich Platons *Timaios*, missdeutet und sogar als Beleg für die gegenteilige Ansicht verwendet wurde:

> Einige allerdings glauben, indem sie ihn verfälschen (σοφιζόμενοι), nach Platon werde die Welt „entstanden" genannt, nicht weil sie einen Anfang ihrer Entstehung nahm, sondern weil sie sich wohl nicht anders als in der geschilderten Weise hätte bilden können, wenn sie entstanden wäre. Nach einer anderen Erklärung bezeichnet Platon die Welt als entstanden, weil man sieht, dass ihre Teile dem Entstehen und der Veränderung unterworfen sind. (Aet. 14)

Bereits Aristoteles hatte einige Platonschüler wegen ihrer metaphorischen Auslegung des *Timaios* kritisiert, als sei der Dialog ein bloßes Bild „zum Zwecke der Unterweisung" (Über den Himmel I 10). An solche Ausleger denkt Philon hier sicherlich. Doch er reagiert auch auf etwas Schwerwiegenderes, nämlich eine Verfälschung von Platons Text. Diese Bedeutung von

---

[17] PHILON, Prov. I 6–14, 20–21, 26, 31. Zu Philons Autorschaft von *Über die Ewigkeit der Welt*, die manchmal infrage gestellt wird, siehe LEISEGANG, Philons Schrift; RUNIA, Philo's *De Aeternitate Mundi*; NIEHOFF, Philo's Contribution, 53–55.

σοφίζομαι ist bei Eusebios belegt, der sich gegen den Vorwurf zur Wehr setzt, er habe „diese [zuvor erwähnten Verse] gefälscht". Eusebios zu verdächtigen, ist gerechtfertigt, weil er den Bibeltext tatsächlich verändert hat.[18] Einen vergleichbaren Texteingriff muss es im Fall von Platons *Timaios* gegeben haben. Wer änderte den Wortlaut, und woher wusste Philon davon?

Alexander von Aphrodisias (3. Jahrhundert n. Chr.) bezeichnete die von Philon zitierte Platonstelle, also Timaios 27C, als Paradebeispiel ideologischer Textemendation. Der für seine metaphorische Platon-Lektüre bekannte Platoniker Tauros (2. Jahrhundert n. Chr.) verwendete anscheinend eine Fassung, die seiner Auslegung äußerst gelegen kam: Demnach hätte Platon das Geschaffensein der Welt gar nicht vertreten, sondern habe mit diesem Gedanken nur zeitweilig gespielt und ihn schließlich verworfen. John Dillon hat vorgeschlagen, dass Tauros selbst den Text emendiert habe. Doch Philons Klage über eine Verfälschung des platonischen Wortlauts lässt auf einen früheren Eingriff schließen.[19]

Lässt sich ein solcher metaphorischer Ausleger und Emendator des *Timaios* beim Namen nennen? Von wem könnte Philon gewusst haben, dass er sich hermeneutisch derart kreativ betätigt hat? Ein sehr wahrscheinlicher Kandidat ist sein etwas älterer Zeitgenosse Thrasyllus, der ebenfalls aus Alexandria stammte und nach Rom übersiedelte, wo er am Hof des Tiberius eine einflussreiche Rolle spielte. Unter anderem war er an der Edition von Platons Werken beteiligt. Da er Philosophie als einen heiligen Ritus verstand, schreckte er nicht davor zurück, behutsam in die Texte einzugreifen, um sie seinen eigenen philosophischen Neigungen anzugleichen. Leider wird in den erhalten gebliebenen Fragmenten Timaios 27C nicht erwähnt. Könnte Thrasyllus gleichwohl für diese wichtige Änderung von Platons Text verantwortlich gewesen sein? Seine Theorie eines zweifachen Logos verleiht einer solchen Annahme Wahrscheinlichkeit. Die Vorstellung eines immanenten Logos, der die letztendliche Quelle allen Seins sowie dessen ständiger Wächter ist, würde wohl ein übertragenes Verständnis des *Timaios* untermauern.[20] Thrasyllus könnte durchaus das mythologische Bild des platoni-

---

[18] ARISTOTELES, De caelo I 10.280a 2 (zur Bedeutung von Aristoteles für Philons Interpretation siehe BECHTLE, La problématique, 378–381); EUSEBIOS, Praeparatio evangelica VII 12,14: ἵνα δὲ μὴ σοφίζεσθαι με ταῦτα νομίσῃς. In diesem Zusammenhang verfälscht Eusebios Genesis 19,24, indem er zwei getrennte Verweise auf Gott miteinander verbindet, was zu der Bedeutung führt, dass „der Herr[, der] aus dem Herrn [hervorgeht,]" sich auf Christus bezieht. Die wörtliche Bedeutung des *Timaios* ist meines Erachtens die ursprünglich gemeinte – siehe auch VLASTOS, Creation; HACKFORTH, Plato's Cosmogony; SEDLEY, Creationism, 98–107; gegen CORNFORD, Plato's Cosmology, 24–27; A. E. TAYLOR, Commentary, 59–63.

[19] TAUROS bei PHILOPONOS, De aeternitate mundi VI 21 (hg. von H. RABE [Leipzig: Teubner, 1899] 186: εἰ γέγονεν εἰ καὶ ἀγενές ἐστιν). DILLON, Tampering, 59; ARNALDEZ, De Aeternitate Mundi, 58–62.

[20] Siehe auch TARRANT, Thrasyllan Platonism, 178–213, 108–147.

schen Schöpfergottes korrigiert und an seine Stelle den stärker philosophischen Gedanken einer Erstursache gesetzt haben, von welcher der Kosmos fortwährend abhängt.

Die genaue Deutung des *Timaios* war in Rom Gegenstand einer lebhaften Kontroverse. Ciceros Teilübersetzung und Erläuterung dieses Textes hatten ihm zu neuer Beachtung verholfen. Zwar hatte Cicero in seine Übersetzung eine gewisse stoisierende Tendenz einfließen lassen, doch pochte er darauf, dass „jener Gott Platons im *Timaios* ... den Kosmos aufbaute" (Gespräche in Tusculum I 63), wohingegen nach Aristoteles die Dinge „ewig" sind, also immer schon existiert haben (I 70).[21] Cicero hielt demnach die platonische und die aristotelische Tradition streng auseinander und lenkte die Aufmerksamkeit auf Platons ursprüngliches Bild eines Schöpfergottes. Falls Thrasyllus tatsächlich eine metaphorische Interpretation des *Timaios* befürwortete, was wahrscheinlich ist, hätte er es leicht für nötig halten können, Ciceros Werk etwas entgegenzusetzen, indem er die ‚korrekte' Fassung des Dialogs in Umlauf brachte.

Philon greift genau diese römischen Diskussionen auf und stellt die verschiedenen Seiten des Streits dar. Wie Cicero unterscheidet er zwischen den Ansätzen des Aristoteles und Platons, gibt aber stoischen Ansichten mehr Raum. Eine wörtliche Lektüre Platons, der „im gesamten Verlauf der Abhandlung" den Demiurgen „Vater, Schöpfer und Baumeister" nennt, steht „der Wahrheit näher", wie Philon betont (Aet. 15). Zudem führt er Aristoteles als Zeugen für den ursprünglichen Sinn des *Timaios* an. Indem Philon ihn als Platons herausragendsten und verlässlichsten Schüler preist, macht er auf dessen berühmte Kritik an der Schöpfungstheorie seines Lehrers aufmerksam, die sich auf ihre wörtliche Interpretation gründet. Philon leistet somit seinen Beitrag zu einer lebhaften Debatte in Rom, die in Alexandria ohne Parallele ist.[22]

In der gesamten Abhandlung *Über die Ewigkeit der Welt* setzt sich Philon in erster Linie mit den Stoikern auseinander. Von ihnen vertrete „die große Masse" (Aet. 8) die Hypothese vom Weltenbrand, den er aus theologischen Gründen entschieden ablehnt. Würden zahlreiche Welten geschaffen und wieder zerstört, könne der Schöpfergott nicht uneingeschränkt gut und

---

[21] CICERO, Tusc. I 63: „„... in Timaeo mundum aedificavit Platonis deus"; I 70: „si semper fuerunt, ut Aristoteli placet". Siehe auch DÖRRIE, Erneuerung; LÉVY, Cicero and the *Timaeus*; SEDLEY, Cicero and the *Timaeus*.

[22] PHILON, Aet. 15–16 mit Bezug auf ARISTOTELES, De caelo I 10.280a. Plutarch erwähnt den alexandrinischen Philosophen Eudoros als metaphorischen Ausleger des *Timaios*, der mit den früheren Platonikern annahm, dass die Rede von einer Erschaffung der Welt eine bloße rhetorische Figur sei (PLUTARCH, De animae procreatione in Timaeo 3 [Mor. 1013A–B]). Die anonyme Abhandlung *Über die Natur des Kosmos und der Seele*, eine originelle Lesart des *Timaios*, lässt sich nicht sicher datieren, gehört aber vermutlich in die Mitte oder die zweite Hälfte des ersten nachchristlichen Jahrhunderts (siehe auch BALTES, Timaios Lokros, 21–24; TOBIN, Timaios of Locri, 3–7).

allmächtig sein, denn dann schüfe er entweder unvollkommene Welten oder wiederholte ohne erkennbaren Nutzen gleichartige Schöpfungen. Nach Philons Meinung leugnet die Idee vom Weltenbrand die göttliche Vorsehung und impliziert gar den Tod des Demiurgen. Philon attackiert besonders Chrysipp (3. Jahrhundert v. Chr.) als den wichtigsten Vertreter des stoischen Dogmas. Er zitiert einige Zeilen aus dessen Abhandlung *Über das Wachstum* und nennt zwei weitere Aspekte von dessen Theorie, die er jeweils mit einem Argument aus der Natur widerlegt. Philon betont, eine solche Philosophie lasse sich nicht mit dem ureigenen Ansatz der Schule vereinbaren, da sie die Vorsehung, eine Säule stoischer Theologie, infrage stelle. Gut eine Generation später kritisiert Plutarch, dem wir bereits als Philons Geistesverwandtem begegnet sind, die stoische Vorstellung vom Weltenbrand. Er hält besonders Chrysipp Selbstwiderspruch vor und weist diesen stoischen Standpunkt als Gottlosigkeit zurück.[23]

Unter den Philosophen seiner Zeit, die die stoische Weltenbrandlehre bekämpften, sticht Philon insofern hervor, als er das breite Meinungsspektrum innerhalb dieser Schule bedenkt. Statt die Stoiker in Bausch und Bogen abzulehnen, lobt er einige unter ihnen, die Chrysipps Irrtum erkannt und diese Vorstellung aufgegeben haben:

> Besiegt von der Wahrheit und [den Argumenten] der Gegner, änderten sogar einige ihre Meinung. Die Schönheit nämlich besitzt anziehende Kraft, das Wahre aber ist von göttlicher Schönheit, wie die Unwahrheit außerordentlich hässlich ist. Boëthos von Sidon zum Beispiel und Panaitios, bedeutende Vertreter der stoischen Lehren, gaben durch göttliche Eingebung die Weltverbrennungen und Welterneuerungen preis und stellten sich auf die Seite einer heiligeren Lehre, der zufolge die gesamte Welt unvergänglich ist. Es heißt, dass auch Diogenes in seiner Jugend der Lehre vom Weltenbrand beipflichtete, im späten Alter aber Bedenken trug und erwog, sie anzugreifen. (Aet. 76–77)

Philon nennt hier stoische Philosophen beim Namen, Boëthos und Panaitios aus dem zweiten vorchristlichen Jahrhundert sowie ihren Lehrer Diogenes von Babylon. Diese präzise Angabe ist insofern bemerkenswert, als er im „Allegorischen Kommentar" nirgends Stoiker namentlich erwähnt, obwohl er sich auf stoische Ideen bezieht. Seine Haltung zur Stoa wurde mit der Zeit sichtlich differenzierter, und er hebt die Unterschiede zwischen ihren Vertretern hervor. Außerdem setzt er voraus, dass seine Leser mit stoischen Philosophen vertraut und neugierig sind, was genau sie lehrten. Wahrscheinlich wird besonders ein römisches Publikum, das Cicero in das Denken des Panaitios eingeführt hatte, an Philons Ausführungen Interesse gezeigt haben.[24]

---

[23] PHILON, Aet. 8, 40–51, 90–99; PLUTARCH, De Stoicorum repugnantiis 39 (Mor. 1052D).

[24] Zu den in Aet. 76–77 genannten Stoikern siehe auch KARSHON, Philo, zur Stelle.

Philon beschreibt eine Art Bekehrung wichtiger Stoiker, die aufgrund „göttlicher Eingebung" die Wahrheit über die Welt erfuhren und sich einer „heiligeren Lehre" verschrieben. Er verweist auf einen tiefen Graben zwischen jüngeren Stoikern und den extremen Ansichten Chrysipps, dem sogar seine eigenen Anhänger die Gefolgschaft aufkündigten. Philon hebt hervor, dass der Gesetzgeber der Juden sich schon vor geraumer Zeit zum Geschaffensein der Welt und zu ihrer Unzerstörbarkeit bekannte und damit die aufgeklärten Stoiker vorwegnahm (Aet. 19). Zwischen ihnen und den Juden, die den *Timaios* wörtlich verstehen, bildet sich ein breiter Konsens. Ein solches Bild steht in bestem Einklang mit römischen Diskursen, in denen Panaitios bestimmend wurde und Chrysipp verdrängte. In der Tat galt dessen Vorstellung vom Weltenbrand in der Zeit nach Philon als ziemlich überholt. Einem Seneca etwa ist dieses Thema keiner besonderen Aufmerksamkeit mehr wert.

## Freiheit

Das letzte Thema, das Philon in seinen späteren philosophischen Schriften ausführlich erörtert, ist die Entscheidungsfreiheit des Menschen. Der Traktat *Über die Freiheit des Tüchtigen* schloss sich an ein heute verlorenes Werk mit dem Titel *Jeder schlechte Mensch ist ein Sklave* an. Eingangs bezieht Philon gegenüber jenen Stellung, die Weisheit in Sophisterei umprägen und sich die Preisgabe vertrauter Denkweisen nicht vorstellen können. Solche Leute hielten es für „Gauklerkunststücke" (Prob. 5), jemanden als ‚verbannt' anzusehen, der am politischen Leben seiner Stadt teilnimmt. Umgekehrt sei es unwahrscheinlich, dass jemand ohne Nationalität und Zuhause als respektabler Bürger anerkannt werde. Manch einer, wie Philo zugibt, halte es für „gegen die Vernunft", einen Armen reich zu nennen (Prob. 8), und für eine „Traumvorstellung", einen Palastbewohner als arm anzusehen (Prob. 10). Philon führt sich so als paradoxer Denker ein, der herkömmliche Ansichten infrage stellt. Eine solche Haltung ist typisch stoisch. So viel lässt Philon durchblicken, wenn er den stoischen Schulgründer Zenon als außergewöhnlich tugendhaften Philosophen rühmt, der allgemein anerkannte Ansichten auf den Prüfstand stellte. Viele werden, so erwartet er, über Zenons Spruch „spotten" (Prob. 54), die Weisen und die Törichten lägen so weit auseinander, dass ein Gespräch zwischen ihnen unmöglich sei. Philon folgert, dass Aussagen, die „als paradox beurteilt" werden, stets mehr Beweise erforderten als normative (Prob. 58).[25]

---

[25] PHILON, Prob. 6–10, 15, 53–54, 58 (siehe auch FURSTENBERG, Every Good Man, zur Stelle).

Nachdem er sich in die stoische Tradition paradoxer Philosophie eingeordnet hat, unterscheidet Philon zwischen leiblicher und geistiger Sklaverei. Ein Kaiser, der alle bürgerlichen Freiheiten genieße, könne gleichwohl Sklave seiner eigenen Begierden oder Ängste sein. Wahre Freiheit ist in Philons Augen kein physischer oder bürgerrechtlicher Besitz, sondern eine innere Einstellung. Zwar seien Menschen „Herrscher über die Körper ..., über Seelen jedoch herrschen Boshaftigkeiten und Affekte", wie er verdeutlicht. Sie seien lediglich frei von einer äußeren Macht, wohingegen ein innerlich freier Mensch „vor der Gewaltherrschaft der Affekte" geschützt ist. Laut Philon stelle niemand Untersuchungen über die Freiheit in der ersten Bedeutung an, weil Fälle politischer Freiheit und ihres Verlusts jedem klar seien. Die persönliche Freiheit von den Ketten der Leidenschaften hingegen müsse noch analysiert werden (Prob. 17–18).

Philon definiert wahre, innere Freiheit als bereitwilliges Annehmen der Gegebenheiten. Wo ein sklavischer Mensch ständig gezwungen sei, gegen sein eigenes Dafürhalten zu handeln, entscheide sich der Freie beziehungsweise der Philosoph dafür, sich die rechte Einstellung zur Welt zu eigen zu machen. Aus Philons Sicht stimmt ein freier Mensch sich selbst und „seine Verhältnisse auf den gegenwärtigen Zeitpunkt ab und hält zugleich freiwillig und geduldig in den Dingen stand, die das Schicksal für ihn bereitet", und er „erduldet in edler Weise alles, was über ihn hereinbricht" (Prob. 24). Der Schlüsselbegriff ist hier die „freiwillige" und „edle" Annahme seines Loses, die durch Affektlosigkeit erreicht wird. Der freie Mensch lässt sich durch schwierige und unerwartete Situationen nicht zu emotionalen Reaktionen hinreißen. Zurückhaltung im Urteil hatte Philon bereits im Zusammenhang mit der Vorsehung angemahnt und verwendet dieses typisch stoische Argument nun, um die Freiheit eines Menschen in Drangsalen, die leicht den Verstand knechten, ins Licht zu rücken. Er betont die politische Dimension und insistiert, dass keine noch so schreckliche Bedrohung den wahrhaft Freien unterwerfen könne, der selbst Folter gleichmütig hinnehme. Der geknechtete Mensch werde demgegenüber vom Lebenswillen gesteuert und sich der Gewalt beugen.[26]

Philon teilt die stoische Unterscheidung zwischen der Tugend als dem einzig wahren Gut und dem Indifferenten, das der Weise nicht wählen wird. Er argumentiert, ein guter Mensch könne nicht gezwungen oder versklavt werden, weil er nur nach den Dingen strebe, die „aus Tugend herstammen; dass er sie vefehlt, ist von Natur aus unmöglich" (Prob. 60). Philon konzentriert seine Behandlung des Freiheitsthemas darauf, dass man sich an diejenigen Ziele halten soll, die in der eigenen Entscheidungsgewalt liegen. Ein freier Mensch definiert sich durch seine Vernunfterkenntnis dessen, was „an ihm liegt", wie der römische Philosoph Epiktet es später ausdrücken

---

[26] PHILON, Prob. 22–26 (die Schlüsselbegriffe sind ἑκουσίως, γενναίως, ὑπομένων).

sollte (Diatriben IV 1,81).[27] Philon und Epiktet stimmen darin überein, dass die Entscheidung für die Tugend gänzlich in unserer Macht steht und so für den Weisen wahre Freiheit bereithält.

Philon greift in eine stoische Debatte in Rom ein, die in Alexandria keine Parallele hat und im „Allegorischen Kommentar" nicht erwähnt wird. Ihr Ausgangspunkt ist auch hier Cicero. Dieser verwendet ein ganzes Kapitel seiner *Stoischen Paradoxien* auf die doppelte Behauptung, dass „nur der Weise frei ist und jeder Dummkopf ein Sklave" (5,34–35). Er zitiert dieses Paradox sogar im griechischen Original und gibt dann römische Beispiele. Wie Philon unterscheidet er zwischen der sozialen und politischen Stellung auf der einen und innerer Freiheit auf der anderen Seite. Freiheit wird als „Möglichkeit zu leben, wie man will" (5,34), definiert. Das bedeutet, dem moralisch Richtigen selbst unter ungünstigen Bedingungen nachzugehen. Den Stoikern zufolge, erläutert Cicero, wird der gute und freie Mensch nur von „seinem eigenen Willen und seinem eigenen Urteil" geleitet (ebd.). In seiner Abhandlung *Über die Pflichten* spricht Cicero erneut über das Ideal innerer Freiheit und argumentiert, ein tapferer Mann sei frei von aller Leidenschaft und ergebe sich nicht in Schicksalsschläge, auch wenn er sich politisch betätigt. Der Tod sei der Sklaverei vorzuziehen. Cicero äußerte diese Gedanken nach dem Ende der Römischen Republik und nachdem er selbst seine öffentlichen Ämter eingebüßt hatte.[28]

Seneca erörtert das Thema Freiheit in enger Verbindung mit aktueller Politik und den Pressionen, denen der Weise ausgesetzt ist, wie er selbst zu spüren bekam. Er bezieht einen typisch stoischen Standpunkt und revidiert Alltagsbegriffe, wobei er dem Freitod neues Gewicht gibt. Seneca bewundert Menschen, welche die Freiheit und sogar den Suizid gewählt haben, um angesichts eines Despoten ihre Integrität zu wahren. Von der Freiheit Gebrauch zu machen, bedeute häufig, den Tod zu wählen. Seneca entwickelt auch eine religiöse Freiheitsvorstellung, wie Cicero sie nicht erwähnt, Epiktet aber später hervorhebt, nämlich die Freiheit, Gott nachzufolgen. Er drängt seine Leser, sich nicht vom Strom des Lebens fortreißen zu lassen, sondern bereitwillig anzunehmen, was einem zustößt, indem man Gott nachfolgt, der es letztlich veranlasst hat.[29]

Es hat sich gezeigt, dass Philon aktiv in spezifisch römischen Debatten mitmischte. Er teilt den paradoxen Ansatz der Stoiker, was den Gedanken

---

[27] PHILON, Prob. 60; EPIKTET, Diatr. IV 1,68; 1,81. Siehe auch BOBZIEN, Determinism and Freedom, 330–357, mit Betonung auf Epiktets Neuerungen im Vergleich mit früheren Stoikern.
[28] CICERO, Stoic. par. 5,34: „Quid est enim libertas? Potestas vivendi ut velis. ... ipsius voluntas atque iudicium"; Off. I 66–69, 81, 90; II 23–24. Siehe auch GRAVER, Stoicism and Emotion, 15–83.
[29] SENECA, Prov. 2,10; Ira III 14,1–15,3; Ep. 26,10; De vita beata 15,5–6 („deum sequere!"). Siehe auch INWOOD, Reading Seneca, 302–321; EDWARDS, Free Yourself!

der Freiheit des guten Menschen betrifft, und erörtert ihn wie Cicero und Seneca im Zusammenhang mit Politik. In Vorwegnahme Senecas ist Philon besonders sensibel im Hinblick auf die repressiven Verhältnisse im Römischen Reich und betont die Freiheit, den eigenen Tod zu wählen und Gott zu folgen. Für ihn „ist allein der frei, der sich den alleinigen Gott zum Anführer macht" (Prob. 20). Epiktet, der bis zu seiner Ausweisung durch Domitian in Rom Philosophie lehrte, entwickelte diese Themen noch weiter. Ein berühmtes Kapitel seiner *Diatriben* behandelt das Thema der Freiheit und definiert den freien Menschen als einen, „der lebt, wie er es will, der weder zu etwas zu zwingen noch an etwas zu hindern ist, dem man keine Gewalt antun kann" (Diatriben IV 1,1). Der Schlechte dagegen sei Sklave seiner Affekte und lebt in der Illusion, gesellschaftliches Ansehen sei ein Wert an sich. Wie Philon betont Epiktet die Freiheit, die man erlangt, indem man sich an Gott bindet. Er betet zu Zeus: „Führe du mich" (IV 1,131) und bestärkt seine Leser darin, jegliche Verfügung Gottes bereitwillig anzunehmen.[30]

Philon untermauert seine philosophische Argumentation zugunsten wahrer Freiheit mit vielen Beispielen aus der Geschichte. Sein Interesse gilt Ausdrucksformen von Freiheit im Angesicht von Tyrannen, wie er sie bereits in seinen historischen Schriften erwähnt hatte. Nun wird die Geschichte der Bewohner von Xanthos, „wie es die Xanthier vor nicht langer Zeit getan haben sollen", angeführt. Philon bewundert sie für ihre Bereitschaft, eher zu sterben, als sich in die Plünderung ihrer Stadt durch Brutus zu fügen. Ihr Suizid ist rühmenswert, weil er zeigt, dass „sie aus freier und edelmütiger Gesinnung heraus als Freie das über sie verhängte Los erfüllten" (Prob. 119). Außerdem ist Philon voll des Lobes für den indischen Philosophen Calanus als einen vorbildlich freien Menschen. Als Alexander der Große diesen zu zwingen versuchte, ihn als Höfling auf seinen Feldzügen zu begleiten, widerstand Calanus „sehr treffend und vornehm" (Prob. 95). Philon bewundert ihn für seine „Freiheit der Rede" und seinen „noch viel mehr von Freiheit erfüllten Verstand". Er hatte einen Charakter, „der sich nicht versklaven lässt" (ebd.), und sein Brief an Alexander zeigt seinen bemerkenswerten Mut.[31]

In diesen beiden Beispielen klingen römische Diskurse an: Das eine stammt direkt aus der römischen Geschichte, das andere verwendet auf typisch römische Weise Alexander. In Rom war er seit Cicero unbeliebt und wurde als unreifer orientalischer König dargestellt, wohingegen im griechischen Osten, vor allem in Alexandria, er als potenzielle Bedrohung für Rom in ungebrochen hohem Ansehen stand. Philon interpretiert die bekannte

---

[30] PHILON, Prob. 19; EPIKTET, Diatr. IV 1,1.29–32.47–50.68–75.89–106.131 (ἄγου δέ μ' ὦ Ζεῦ) (die beiden deutschen Zitate nach NICKEL, Epiktet, 233, 273). Siehe auch FORSCHNER, Theorie der Freiheit.
[31] PHILON, Prob. 118–120, 93–96.

Geschichte von Alexanders Begegnung mit den indischen Philosophen als Konflikt zwischen griechischen und römischen Werten. Er lässt Calanus an Alexander schreiben: „Wir gleichen aber nicht denjenigen Philosophen der Griechen, die ihre Reden für eine festliche Volksversammlung einstudierten. Sondern vielmehr entsprechen bei uns den Worten die Taten und den Taten die Worte" (Prob. 96). Philon legt Calanus, der sich für praktische Ethik im Gegensatz zu griechischer Rhetorik und Zurschaustellung ausspricht, erstmals zentrale Elemente römischer Identität bei. Dieses Bild von Calanus spiegelt Klischees in Rom wider, wo der Republikaner Cato gesagt hatte, dass „den Griechen die Worte von den Lippen, den Römern aus dem Herzen kämen" (Plutarch, Cato d.Ä. 12,7). Cato tut zudem Sokrates als wortgewaltigen „Schwätzer" (23,1) ab und Karneades als griechischen Philosophen, der die römische Jugend dazu verführt, „den Ruhm der Beredsamkeit höher zu schätzen als den der Taten und des Krieges" (22,5). Diese Klischees bedient dann wieder Strabon, der von den Griechen als den „redseligsten von allen" Menschen sprach (Geographie III 4,19).[32] Philons Calanus lässt diese Ansichten anklingen und entwirft ein spezifisch römisches Ideal von Freiheit, das sich auf freimütige Rede und praktische Ethik gründet.

## Wie fügen sich die Juden ins Bild?

Wie bereits gesehen, bezieht Philon die Juden in seine Ausführungen zur menschlichen Vernunft mit ein. Er gibt zu verstehen, dass es im Streit mit seinem Neffen Alexander nicht nur um die Stellung des Tiers geht, sondern auch um die Autorität der jüdischen Heiligen Schrift. Während Alexander vom biblischen Verständnis der Einzigartigkeit des Menschen abweicht, ist Philon stolz darauf, es in Ehren zu halten. Mit seiner typisch stoischen Argumentation zugunsten der Überlegenheit des Menschen behauptet er eine geistige Nähe zwischen Bibel und Gegenwartsphilosophie. Eine vergleichbare Verwandtschaft ist im Blick auf die Weltschöpfung nicht zu übersehen, wenn Philon hervorhebt, Mose habe die griechischen Philosophen vorweggenommen, als er darauf insistierte, „die Welt sei entstanden und unvergänglich" (Aet. 19). Es zeigt sich also, dass das Judentum Maßgebliches zu zeitgenössischen philosophischen Debatten beizutragen hat.

In seiner Schrift *Über die Freiheit des Tüchtigen* stellt Philon die Juden als eine Philosophengemeinschaft dar. Zu Beginn legt er eine Abhängigkeit der Stoa von jüdischen Vorlagen nahe, denn „Zenon scheint diese Vorstellung aus einer Quelle der Gesetzgebung der Juden geschöpft zu haben"

---

[32] PLUTARCH, Cato Maior 12,7; 22,1–23,1. Siehe auch FEARS, Stoic View; BOWERSOCK, Augustus, 108–110; ISAAC, Invention of Racism, 381–405; PETROCHEILOS, Roman Attitudes.

(Prob. 57). Die biblische Geschichte über Esau, der seines Bruders „Sklave" sein werde (Genesis 27,40), wird als stoisches Argument für die Ungleichheit zwischen dem Gerechten und dem Frevler interpretiert. Dieser Lesart zufolge zeugt die Bevorzugung Jakobs durch Isaak nicht mehr von einer persönlichen Vorliebe, die Gott gutheißt, sondern spiegelt vielmehr das moralische Verhalten der beiden Brüder wider. Esau, der das Böse wählen wird, versklavt sich dadurch. Diese Zeichnung der biblischen Figur erlaubt es Philon, die jüdische Tradition in die stoische Philosophie einzutragen und dabei zu suggerieren, beide vermittelten dieselbe Botschaft über das Leben. Er mutmaßt sogar, die biblische Geschichte habe Zenon dazu angeregt, seine eigenen Gedanken zum Thema zu formulieren.

Des Weiteren führt Philon die Essener als Beispiel dafür an, dass „auch das palästinische Syrien nicht ohne Früchte der Harmonie des Guten und Schönen" ist (Prob. 75). Diese etwas apologetische Einleitung lässt sogleich Philons Sorge um den Ruf der palästinischen Juden erkennen. Er möchte sie unter die tugendhaften Menschen der griechisch-römischen Welt einreihen, die er in seinem Freiheitstraktat bespricht. Der römische Historiker Plinius d.Ä. (ca. 23–79 n. Chr.) erwähnt die Essener ebenfalls und preist sie als einen „auf dem ganzen Erdkreis gegenüber allen anderen bemerkenswerten Stamm", weil sie sich von sexueller Begierde lossagten und ein abgeschiedenes Leben führten (Naturkunde V 73). Wenn Plinius meinte, römische Leser könnten sich für die Essener interessieren, muss Philon dasselbe angenommen haben. Wie Plinius beginnt er seine Darstellung mit einem geographischen Überblick über die Gegend und stellt sich so in die römische ethnographische Tradition. Er verweist auf die einzigartige Frömmigkeit der Essener und hebt hervor, dass sie „ihren eigenen Verstand dem Heiligen widmen" und an abgelegenen Orten leben „wegen der mit Händen zu greifenden Gesetzlosigkeiten" der Stadtbewohner (Prob. 75–76). Die Essener, so führt er weiter aus, seien „alle Freie" und duldeten unter sich keine Sklaven (Prob. 79). Auch erhielten sie eine philosophische Ausbildung, wobei sie aber „die Logik denen, die Worten nachjagen", überließen und sich nur mit dem Gebiet beschäftigten, das sich „mit der Existenz Gottes selbst und der Entstehung des Alls befasst". Kurzum, die Essener setzen stoische Ideale um, die sie sich durch die intensive Erforschung der „väterlichen Gesetze" angeeignet hätten (Prob. 80). Philon betont die Verbindung zwischen Bibelstudium und stoischer Ethik, die beide zur Tugendliebe, zum Glauben an die göttliche Vorsehung und zur Affektlosigkeit führten. Er beschließt seine Beschreibung der Essener mit klangvollen römischen Komplimenten an ihre Adresse:

Zu derartigen Meistern im Bereich der Tugend bildet eine Philosophie, die ohne die Kleinlichkeit griechischer Begriffsunterscheidungen betrieben wird. Sie gibt als Übungen die lobenswerten Taten vor, durch welche die unversklavbare Freiheit fest begründet wird. (Prob. 88)

## Kapitel 4: Römische Philosophie und die Juden

Die römischen Konturen von Philons Essenern bestätigen sich in den Fragmenten seiner Schrift *Hypothetica*, wie sie bei Eusebios erhalten sind. Hier stellt Philon die Essener als eine Philosophengemeinschaft dar, die „von den Früchten der einzigen und wahren Freiheit genießen", nämlich der von den Leidenschaften, und ihr Leben an Gütern ausrichten, die es wert sind. „Sie lieben es, wenige Bedürfnisse zu haben", und meiden Luxus und Privateigentum (Hypoth. 11,3.11). Philon geht es um die Versklavung der Seele durch Liebesverlockungen und Familienbande, denen die Essener sämtlich aus dem Wege gehen. Eusebios macht einen interessanten Vorschlag zu Philons impliziten Adressaten. Aus Gründen, die sich nicht mehr erhellen lassen, schreibt er, Philon habe seine *Hypothetica* „zur Verteidigung der Juden gegen ihre Ankläger" verfasst.[33] Sollte dies zutreffen, könnte Philon seinen Traktat an Leser gerichtet haben, die mit Apion und Chairemon vertraut waren, welche ihre Gesandtschaftszeit in Rom dazu nutzten, boshafte Anschuldigungen gegen die Juden zu formulieren. Chairemon ging es zudem darum, die Vereinbarkeit seiner heimischen Tradition mit dem zeitgenössischen Stoizismus aufzuweisen, wenn er die ägyptischen Priester als wahre Philosophen schilderte, die „ihr ganzes Leben der Schau und Betrachtung der göttlichen Dinge" widmeten und nach der „philosophischen Wahrheit" strebten.[34] Philons Bemühungen in seinen philosophischen Traktaten waren vermutlich darauf gerichtet, der ägyptischen Diplomatie entgegenzutreten und verbreitete Vorurteile über die Juden dadurch zu berichtigen, dass er das philosophische Wesen seiner Religion aufzeigt.

Die Therapeuten bilden eine weitere Gruppe jüdischer Philosophen, die Philon auf dezidiert römische Weise deutet. Heißt es von den Essenern, sie führten ein aktives Leben, so werden die Therapeuten als Anhänger eines „betrachtenden Lebens" vorgestellt. Philon veranschaulicht eingangs ihre philosophische Lebensführung anhand ihrer nüchternen Gastmähler, denen er andere gegenüberstellt, in deren Verlauf die Teilnehmer sich betrinken, wie die Tiere übereinander herfallen und ihre materiellen Reichtümer zur Schau stellen. Analog zu seinen historischen Schriften stimmt er einen entschieden ironischen Ton an, wenn er einen ansonsten unbekannten Vers eines „Komödiendichters" zitiert, der sich über die berauschende Wirkung von Wein lustig machte (Cont. 43). Philon überzeichnet das Porträt dieser ganz anderen Symposiasten, die gewalttätig werden und sich am Ende gar noch gegenseitig umbringen. Gewiss sollen solche Bilder dem Leser ein Lächeln über griechische Auswüchse entlocken, wie sie sogar in ihrer klas-

---

[33] PHILON, Hypoth. 11,3–17 (deutsch: SCHRÖTER/ZANGENBERG, Texte zur Umwelt des Neuen Testaments, 515–516). EUSEBIOS, Praeparatio evangelica VIII 5,11: ὑπὲρ Ἰουδαίων ὡς πρὸς κατηγόρους. Zum historischen Kontext der *Apologie der Juden* siehe auch STERLING, Logic of Apologetics; COVER, Colonial Narratives.

[34] CHAIREMON, Frgm. 6–7, 10–11 (hg. mit englischer Übersetzung von VAN DER HORST, Chaeremon).

sischsten Spielart bei Platon und Xenophon deutlich werden. „Die Schüler Moses" werden demgegenüber als ernsthafte Philosophen hingestellt, die „ihre eigene Lebensführung und sich selbst der Erkenntnis und der Betrachtung der Naturwirklichkeit gewidmet haben" (Cont. 63–64).[35] Naturverbundenheit, Nüchternheit und ernsthafte Wahrheitssuche bilden somit die jüdischen und römischen Alternativen zu griechischer Frivolität.

Philon lobt die Therapeuten dafür, dass sie bei ihren Gastmählern keinen Wein ausschenken, und bezieht dadurch gegenüber der klassisch-griechischen Tradition Position. Die mustergültigen jüdischen Philosophen verzichteten auf Wein und nähmen nur spärlichste Nahrungsmittel wie Brot und gelegentlich etwas Ysop zu sich. Philon rühmt ihre Genügsamkeit und betont: „Wein nämlich ist ein Gift, das Tollheit erzeugt; köstliche Leckerbissen aber reizen das unersättlichste Geschöpf auf, die Begierde" (Cont. 74). Diese Deutung stimmt aufs Genaueste mit dem Enthaltsamkeitsideal überein, das stoische Philosophen seit Zenon vertraten. Vor allem Seneca hält sich viel darauf zugute, auf Wein gänzlich verzichtet zu haben. Bereits in seinem frühen Werk *Über den Zorn* fordert er die Beseitigung statt der bloßen Mäßigung sinnlicher Lust und verweist ausschweifende Gelage in den Bereich der griechischen Kultur. Alexander der Große erntet Kritik, weil er sich bei einem Festessen derart betrunken haben soll, dass er seinen besten Freund erstach. Marcus Antonius wird vorgehalten, dem Wein und der ägyptischen Königin Kleopatra verfallen zu sein, die „ihn zu exotischen Verhaltensweisen und unrömischen Charakterschwächen verführte". Immer wenn „er von Wein schwer" war, merkt Seneca an, „dürstete ihn nach Blut" (Ep. 83,25).[36] Philons Bild der enthaltsamen jüdischen Philosophen entspricht haargenau dieser römischen Rhetorik. Die Juden und das Judentum stehen auf der römischen Seite eines tiefen kulturellen Grabens zwischen philosophischer Selbstdisziplin und griechischer Ausschweifung.

Auch das Gespräch bei Philons jüdischem Gastmahl richtet sich gegen griechische Traditionen. Er beschreibt einen klar geregelten Rahmen, in dem ein älteres Mitglied der Gruppe die Bibel erklärt und dabei rhetorische Raffinesse und oberflächliche Wirkung meidet. Die übrigen Anwesenden hören schweigend zu und bekunden ihre Zustimmung „durch Blicke und Nicken des Kopfes" (Cont. 31). Der Vorsitzende spricht erst, wenn alle völlig still sind. Seine Auslegung richtet sich nicht an Ebenbürtige, sondern an Zuhörer, die „nicht so scharfsichtig sind wie er" (Cont. 75). Die Gruppenmitglieder sollen nicht – wie beim klassischen griechischen Symposion –

---

[35] Zu Philons Therapeuten siehe auch J. E. TAYLOR, Jewish Women Philosophers.
[36] Siehe PHILON, Cont. 2, 34–35, 73–74; SENECA, Ira III 14–17; Ep. 83,9–10.23–25; 108,15–16. Zum römischen Ideal der Anspruchslosigkeit beim Symposion siehe KÖNIG, Saints and Symposiasts, 26–29; siehe auch GOLDHILL, End of Dialogue.

mit ihm streiten, sondern versuchen, dem roten Faden seiner Ausführungen zu folgen. Laut Philon

> verharren die Zuhörer unentwegt in ein und derselben Haltung, Ohren und Augen unverwandt auf den Vortragenden gerichtet. Wenn sie etwas verstehen und begreifen, zeigen sie es durch Nicken und Blicke; wenn sie den Redner loben, tun sie es durch fröhliche Miene und ein kaum merkliches Neigen des Gesichts. Sind sie über etwas im Unklaren, so deuten sie es durch eine noch sanftere Bewegung des Kopfes und durch Erheben einer Fingerspitze der rechten Hand an. (Cont. 77)

Nicht die offene Diskussion kennzeichnet das jüdische Gemeinschaftsmahl, sondern Zustimmung und Einverständnis. Da die Gruppenmitglieder mit dem Redner nicht streiten können, trachten sie nur danach, seine Worte aufzusaugen – keine Spur von intellektueller Auseinandersetzung, von Frivolität oder Scherzerei. Die nüchterne, in hohem Maße pädagogisch geprägte Ausrichtung des von Philon entworfenen jüdischen Symposions steht im Einklang mit römischen Diskursen. Valerius Maximus, ein römischer Intellektueller zur Zeit des Tiberius, hob den Wert einer philosophischen Familienmahlzeit hervor. In seiner Darstellung hat das römische Symposion verblüffende Ähnlichkeit mit dem von Philons Therapeuten: Beide gehen von einem privaten Rahmen mit einer klar abgegrenzten Teilnehmerschaft aus, deren Gemeinschaftsleben über Mahlzeiten hinausreicht. Jeweils gehören Frauen dazu und wird Wert auf Feierlichkeit und Etikette gelegt. Die Atmosphäre beim römischen Mahl ist streng hierarchisch: Die Jüngeren zollen den Älteren Respekt und sprechen in ihrer Anwesenheit nur „wenig und bescheiden". Valerius Maximus beschließt sein Lob auf das römische Symposion mit einer energischen Zurückweisung griechischer Traditionen, wenn er fragt: „Welches Athen, welche philosophische Schule, welchen Studienaufenthalt im Ausland könnte ich dieser häuslichen Unterweisung vorziehen?" (Denkwürdige Taten und Worte II 1,10) Philon hätte zweifellos eingewilligt, dass solches Lob auch den Therapeuten gebührt. Er ist der erste griechischsprachige Autor, der sich eine typisch römische Sicht vom Symposion zu eigen macht und dabei die Tradition seiner Väter in das Narrativ des Römischen Reiches einschreibt. Ähnlich äußert sich Plutarch in seinen *Tischgesprächen*, in denen er Grundsatzfragen über die griechische Tradition des philosophischen Gastmahls aufwirft. Beim Nachdenken über Platons kanonisches Vorbild schlägt er letztlich eine spezifisch römische Lösung mit einem klaren Bildungszweck vor und empfiehlt: „Dabei müssen denn aber die zu untersuchenden Materien selbst sowie die Fragen, die man einander vorlegt, leicht und gemeinverständlich sein, damit man nicht Gäste von eingeschränkteren Fähigkeiten furchtsam mache und zurückscheuche" (Tischgespräche I 1,5).[37]

---

[37] PHILON, Cont. 32–33, 68; PLUTARCH, Quaest. conv. I 1,1–5 (Zitat: Mor. 614D = deutsch: Vermischte Schriften I, 10); VALERIUS MAXIMUS, Mem. I 2; II 1,9–10; siehe

## Fazit

Die Themen von Philons philosophischen Traktaten waren, wie wir gesehen haben, in Rom von lebhaftem Interesse, wo sie seit Cicero erörtert wurden. Philons Argumentation ist durch und durch stoisch, während sein Neffe Alexander regelmäßig den platonischen Standpunkt vertritt. Philon erweist sich als Philosoph, der zur anhaltenden Diskussion in Rom beiträgt und oft eine neue Dimension hinzufügt, die Seneca vorgreift. Außerdem werden die Juden in aktuelle Diskurse eingetragen und als Philosophen dargestellt, die sowohl nach der Tradition ihrer Väter als auch nach den Werten der römischen Stoa leben. Sie werden jetzt von den Griechen abgegrenzt und mit römischen Begriffen beschrieben. Philon hat sich rasch in die römische Kultur eingefügt, der er im Zuge seiner Gesandtschaft begegnete, und eine außergewöhnliche intellektuelle Neugier an den Tag gelegt. Seine Aufgeschlossenheit gegenüber der Stoa wurde schon in Alexandria durch sein aufkeimendes Interesse an dieser Schule vorbereitet, doch in Rom wuchs sie in einem unvermuteten Ausmaß an. Seine Wandlungsfähigkeit muss auch von der politischen Situation in Rom begünstigt worden sein, besonders der Rivalität mit der ägyptischen Gesandtschaft an Gaius.

Philons Leistung ist beeindruckend – bietet er doch die erste römische Interpretation des Judentums, von der wir wissen. Eine Generation später, ob von ihm direkt angeregt oder nicht, tritt Josephus in seine Fußstapfen. Entsprechend Philons Kritik an Platons *Symposion* und griechischer ‚Geschwätzigkeit' spottet Josephus über griechische Geschichtsschreibung und Kultur und lobt die Juden dafür, „Sophismus im Finden der Worte" zu meiden und sich auf die Tat zu konzentrieren (Gegen Apion II 292). Zudem teilt er das Ideal des stoischen Beharrens bis an den Tod und schildert die Juden als Menschen, die für die Verteidigung der Tora ihr Leben aufs Spiel setzen. Die Vorsehung ist ein durchgehendes, zentrales Thema der *Jüdischen Altertümer*, wo im Leben der einzelnen Hauptfiguren Gottes Gegenwart aufscheint. Darüber hinaus skizziert Josephus in Reaktion auf Apion die Grundprinzipien des Judentums, mit Schwerpunkt – wie bei Philon – auf der Erschaffung der Welt und der Fürsorglichkeit des Demiurgen. Auch tannaitische Rabbinen griffen Debatten der römischen Philosophie auf. Der Mischna-Traktat *Avot* erhebt die Ethik der Stoa zu einer Norm des Judentums. Die Rabbinen des zweiten nachchristlichen Jahrhunderts, welche die apokalyptischen Tendenzen der Zeit des Zweiten Tempels hinter sich ließen und der Flucht der Seele gen Himmel nach platonischer Art eine Absage

---

auch JUVENAL, Saturae XIV 189; QUINTILIAN, Institutio oratoria I 2,7–8. Siehe auch STEIN-HÖLKESKAMP, Das römische Gastmahl; D'ARMS, Roman Convivium. Cicero empfiehlt dennoch auf traditionell griechische Art, dass das Tischgespräch „locker und keinesfalls rechthaberisch" sein und „Anziehungskraft ausstrahlen" solle (CICERO, Off. I 134; siehe auch EGELHAAF-GAISER, Täglich).

erteilten, machten sich eine zutiefst diesseitige Philosophie zu eigen, die sich auf das individuelle Ich in einer von der Vorsehung gelenkten Welt konzentrierte. Im Traktat *Avot* betonen die Rabbinen die praktische Ethik gegenüber der theoretischen und legen ihren Lesern ans Herz: „Neige nicht zum Zürnen" (2,10). Das Wissen um die Sterblichkeit wird als Ansporn empfohlen, sein Leben in Fülle und in Achtung sowohl vor dem eigenen Wert als auch der Gesellschaft zu leben. Ferner trägt das Gemeinschaftsmahl, das die Rabbinen für Pessach vorschreiben, auffallend römische Züge: Es findet in einem hierarchischen familiären Rahmen statt und ist rund um religiöse Themen ritualisiert, die an die nächste Generation weitergegeben werden sollen. Wein wird zwar gereicht, doch im rechten Maß; das Symposion verkommt somit nicht zum griechischen Brauch einer ausschweifenden After-Show-Party, die mit einem Wort bezeichnet wird, in welchem die griechische Sprache durchscheint (אפיקומן, griechisch *epi kōmon*, „zum Gelage").[38]

Darüber hinaus hat Philons Philosophie in seinen späteren Traktaten Auswirkungen auf das frühe Christentum, das sich Mitte des zweiten Jahrhunderts der Philosophie in ihrer römischen Ausprägung zuwandte. Justin der Märtyrer, der als griechischsprachiger Autor in Rom schreibt, hebt erstaunlich ähnliche Züge im christlichen Glauben hervor. In direkter Ansprache an römische Leser und eifrig darauf bedacht, das Klischee griechischer Wortfülle nicht auf sich zu ziehen, stellt Justin Christus als jemanden vor, der „kurz und bündig" sprach, denn „er war kein Sophist" (1. Apologie 14,5). Darüber hinaus hebt er den biblischen Schöpfungsbericht hervor, der mit Platons *Timaios* übereinstimme, was den Irrtum der Gnostiker beweise, die den Schöpfergott als böse verwarfen. Der Weltenbrand wird verschiedentlich thematisiert; Justin übernimmt die Vorstellung, doch nicht im stoischen Sinne, wie er rasch erklärt. Seiner Meinung nach geht Gott selbst nicht im Feuer auf, benutzt es aber, um die Frevler zu strafen, womit Justin sowohl die göttliche Vorsehung als auch uneingeschränkte Entscheidungsfreiheit erhärtet. Schließlich verhalten sich Justins römische Christen auf die gleiche selbstdisziplinierte Weise wie Philons Therapeuten: Jeden Sonntag studieren sie „die Denkwürdigkeiten der Apostel oder die Schriften der Propheten" (67,3), wobei der Vorsteher sie anleite, die guten Beispiele nachzuahmen. Auch hier steht kein chaotisches griechisches Symposion vor Augen, sondern ein würdevolles, hierarchisches Gespräch mit klaren pädagogischen Anliegen.[39]

---

[38] JOSEPHUS, C. Ap. I 1–27; II 292, 190–192; Ant. I 1–10; Mischna, Avot 1,3–5; 3,16–17 (siehe auch GOLDIN, Studies in Midrash, 57–76; NIEHOFF, Not Study Is the Main Objective); Mischna, Pesachim 10,1–9 (vgl. S. STEIN, Influence of Symposia).
[39] JUSTIN, I Apol. 1,1; 68,3; 59,1–6; 26,6–8; 20,1–5; 67,3–5; 43,1–8; 58,1; II Apol. 2,15–20; 7,1–9. Siehe auch GOODENOUGH, Theology, 206–211; LIEU, Marcion, 15–25; NIEHOFF, Justin's *Timaeus*.

Zweiter Teil

# Philons „Exposition" in einem römischen Kontext

5

# Schöpfungstheologie und Monotheismus

Philon kommt bei der Herausbildung eines monotheistischen Bekenntnisses im Judentum des Zweiten Tempels eine bedeutende Rolle zu. Vermutlich hat er den Begriff „Glaube an die vielen Götter" (ἡ πολύθεος δόξα, Virt. 214), den er der Anerkennung des *einen* Gottes im Judentum gegenübergestellt, geprägt und gründet seine Argumentation auf die biblische Schöpfungsgeschichte. Für seinen Ansatz ist die Schöpfung so zentral, dass er die „Exposition des Gesetzes" mit einem eigenen Traktat zum Thema eröffnet, gefolgt von den Biographien der Erzväter und vier Büchern über das biblische Gesetz. Die englische Übersetzung der Werke Philons hat die ursprüngliche Reihenfolge nicht bewahrt und stattdessen den „Allegorischen Kommentar" zu Genesis 2 hinter den Traktat *Über die Weltschöpfung* gestellt, wodurch sie eine fortlaufende Kommentierung der Eingangskapitel der Genesis bietet. Diese editorische Entscheidung verdunkelt aufs Sträflichste Philons Gesamtprojekt in der „Exposition", seiner best konzipierten Werkreihe.[1] Durch zahllose Querverweise und Textsignale für den Leser macht er deutlich, dass auf den Schöpfungsbericht die Viten und die Bücher über das Gesetz folgen. Diese Reihenfolge ist für Philon wichtig, weil er argumentiert, dass der jüdische Monotheismus und das jüdische Gesetz in der Schöpfung verankert und bereits von den Erzvätern praktiziert und umgesetzt worden seien.[2]

Das Thema Schöpfung nimmt auch in Philons philosophischen Schriften breiten Raum ein. Wie wir im vorigen Kapitel gesehen haben, verwendet er eine ganze Abhandlung auf die Frage, ob die Welt geschaffen oder ewig sei, und betont dabei, dass sowohl nach Mose als auch nach Platon Gott sie geschaffen habe und sich im Anschluss mit väterlicher Fürsorge um sie kümmere. In den philosophischen Traktaten richtet sich Philons besondere Aufmerksamkeit überdies auf stoische Ansätze. Er lehnt Chrysipps These vom Weltenbrand, das heißt einer zyklisch wiederkehrenden Zerstörung der Welt durch Feuer, ab, wohingegen er sich anerkennend über Panaitios äußert, der die Ansicht einer einzigen, immerwährenden Schöpfung übernahm.

---

[1] Die Anordnung von Philons Werken in der englischen Übersetzung basiert auf der kritischen Ausgabe von COHN/WENDLAND, die sie in ihrer deutschen Übersetzung aber korrigiert haben.
[2] PHILON, Opif. 171, 3; Abr. 2–6; Spec. II 40, 223. Siehe auch STERLING, Prolific in Expression, 64–75.

Ein wichtiger Aspekt der Schöpfung ist der Vorsehungsgedanke. Philon betont, dass sowohl Platon als auch Mose die Erschaffung der Welt durch Gott als Voraussetzung für göttliche Vorsehung bestimmen. Die „Exposition" entwickelt diese in den philosophischen Abhandlungen aufgeworfenen Überlegungen weiter. Insbesondere stellt Philon die Schöpfung als eine der drei biblischen Hauptgattungen dar neben den historischen Erzählungen und den Gesetzen. Dadurch erhält ein Bibelabschnitt, die Schöpfung, ganz besonderes Gewicht, weit über ihren ursprünglichen Rang hinaus, und wird zu einer Quelle theologischer Prinzipien. Darüber hinaus hebt Philon die Bedeutung der Schöpfung für die übrigen Teile der Schrift hervor. „Der Vater und Schöpfer der Welt", erklärt er, „und der wahrhafte Gesetzgeber sind ein und dasselbe Wesen" (Mos. II 48), so dass diejenigen, welche die Gesetze einhalten, im Einklang mit der Natur handelten und die in den Viten der biblischen Erzväter skizzierten Belohnungen erhielten. Philon beschließt seinen Traktat über die Schöpfung mit einer Aufzählung von fünf Grundsätzen. Mose, behauptet er, lehre im Schöpfungsbericht, dass „Gott existiert und [immer schon] waltet", und auch, dass er „einzig" ist. Aus Philons Sicht ist die biblische Schöpfungsgeschichte das Fundament jüdischer Theologie, da sie den Atheismus und die „Vielgötterei" widerlege (Opif. 170–171). Die biblische Erzählung tue außerdem dar, dass die Welt nicht ewig, sondern geschaffen ist und unter Gottes Vorsehung und Fürsorge steht. Diese „Frömmigkeitsartikel" ergeben zusammen eine jüdische Schöpfungstheologie. Erstmals in der Geschichte des Judentums bietet Philon eine Art Katechismus des Monotheismus.[3]

Dieser theologische Schwerpunkt auf der Erschaffung der Welt ist angesichts von Philons Ambivalenz im „Allegorischen Kommentar" aus seiner frühen alexandrinischen Zeit auffällig. Der junge Philon war voll und ganz Platons Dialogen aus dessen früher und mittlerer Phase verpflichtet, die ihn darin bestärkten, die Materie äußerst negativ, als Gegenpol zur transzendenten Gottheit, zu sehen. Philon gründet seine Theologie auf Exodus 3,14, wo Gott sagt: „Ich bin der Seiende."[4] Dieser Vers bedeutet für Philon, dass Gott über die platonische Kategorie des wahren Seins – im Unterschied zum bloßen Schein materieller Dinge, die von den Sinnen und nicht vom Geist wahrgenommen werden – definiert wird. Während Philon diesen Vers in der „Exposition" nicht zitiert, erwähnt er ihn im „Allegorischen Kommentar"

---

[3] PHILON, Opif. 3, 170–172; Mos. II 46–58; Praem. 1. Philons Betonung des Monotheismus ist im Licht der Tatsache zu würdigen, dass der Pentateuch kein ausdrückliches monotheistisches Bekenntnis formuliert (STROUMSA, Abrahamic Religions; SMITH, God in Translation; KNOHL, Biblical Beliefs; LIEBES, Ars Poetica, 76–93; SCHÄFER, Zwei Götter; MARKSCHIES, Price of Monotheism); zu abweichenden Ansätzen siehe ASSMANN, Monotheism and Polytheism; HIRSCH-LUIPOLD, Der eine Gott.
[4] Exodus 3,14 Septuaginta (im Folgenden LXX): ἐγώ εἰμι ὁ ὤν.

dreimal samt ausführlichen Erläuterungen. Kennzeichnend für Philons Ansatz zu Beginn seines Schaffens ist die folgende Erklärung:

Allein die Gottheit existiert wahrhaft seiend (ὁ θεὸς μόνος ἐν τῷ εἶναι ὑφέστηκεν). Deshalb wird er [sc. Mose] auch notwendig von ihm sagen: „Ich bin der Seiende", so dass alles, was nach ihm kommt, nicht im Sein ist, sondern nur dem Scheine nach als bestehend angenommen wird. (Det. 160)

Angeregt von Platons *Staat*, versteht Philon den mosaischen Gott als den wahrhaft Seienden. Gott fungiert wie eine platonische Idee oder Form, die vom Verstand aufgenommen wird und deren Sein unveränderlich ist – im Gegensatz zu den materiellen Dingen, die von den Sinnen begriffen werden und nicht zum Bereich des Seins, sondern dem des Werdens und Erscheinens gehören. Nach Philons Meinung ist Gott in seiner Transzendenz einzigartig, ist vollkommene Güte und Einfachheit. Sein Wesen sei vom Menschen nicht zu erfassen, weshalb ihm kein Name beigelegt werde. Annäherung an Gott erfolge durch die Flucht aus der materiellen Welt. Den Weg zum himmlischen Bereich weist Platons *Theaitet*, ein bei alexandrinischen Platonikern besonders beliebter Traktat.[5] In Übereinstimmung mit Platon empfiehlt Philon: „Deshalb muss man auch versuchen, von hier nach dort so schnell als möglich zu fliehen. Fliehen bedeutet aber: Gott so sehr als möglich gleich werden (ὁμοίωσις θεῷ κατὰ τὸ δυνατόν), Gott gleich werden [heißt]: mit Einsicht gerecht und fromm werden" (Fug. 63). Im „Allegorischen Kommentar" folgt Philon Platons *Theaitet* und nimmt an, dass die geschaffene Welt Gottes Gegenpol ist. Nur wer dem Bereich der Materie entkommt, kann zum Göttlichen gelangen. In diesem Zusammenhang lehnt Philon ausdrücklich den stoischen Gottesbeweis aufgrund der Schöpfung ab, der davon ausgeht, dass „wir aus der Welt, aus deren Teilen und den ihnen innewohnenden Kräften eine Vorstellung von dem Urheber gewonnen haben" (All. III 97). Der junge Philon verwirft den Ansatz der Stoa, weil Gott nicht in Analogie zum Baumeister eines Hauses, dessen Wesen sich im Gebäude ausdrückt, verstanden werden kann: „Wer diesen Schluss zieht, nimmt durch den Schatten die Gottheit wahr, da er von den Werken auf den Meister schließt" (III 99). Philon pocht darauf, dass wahre Gotteserkenntnis aus der Wendung nach innen zur Seele kommt, die Gott mit der Fähigkeit ausgestattet hat, ihn wahrzunehmen. In Anbetracht von Philons ausgeprägt transzendenter Ausrichtung zu Beginn seines Werdegangs ist es nicht verwunderlich, dass die Erschaffung der Welt im „Allegorischen Kommentar" keine hervorgehobene Rolle spielt, auch wenn von Gottes Wohltat als Schöpfer die Rede ist.[6]

---

[5] PHILON, All. I 43–44; Somn. I 67; PLATON, Rep. II.379–382. Siehe auch GUTHRIE, History of Greek Philosophy IV, 487–493; MÄNNLEIN-ROBERT, Umrisse des Göttlichen. zu Philons Platonismus im „Allegorischen Kommentar" siehe die Kapitel 10–11.

[6] PHILON, Fug. 63 (zitiert PLATON, Tht. 176B); All. III 97–99; zu Philons Erwähnung von Gott als wohltätigem Schöpfer siehe z.B. Cher. 127; Imm. 108; Plant. 2–10; Her. 246–

Angesichts der Diskrepanz zwischen Philons Ansatz im „Allegorischen Kommentar" auf der einen und in der „Exposition" und den philosophischen Traktaten auf der anderen Seite stellt sich die Frage, was ihn dazu geführt hat, den Schwerpunkt von der Transzendenz auf die Schöpfung zu verlagern. Weshalb weist er in seinem Spätwerk, vor allem in der „Exposition", der Schöpfung einen solch zentralen Ort zu? Der Schlüssel zur Antwort liegt in Philons Romaufenthalt, wo er auf die stoische Philosophie als einen bestimmenden Faktor des Geisteslebens traf. Diese Begegnung brachte ihn dazu, seine Bewertung von Platons Werk zu revidieren und neues Gewicht auf dessen *Timaios* zu legen, einen der spätesten Dialoge, der wichtige Ansatzpunkte zu einer stärker immanenten Schöpfungstheologie bietet. Wir haben bereits gesehen, dass Philon sich schnell mit römischer Kultur und Philosophie vertraut gemacht hat und Themen behandelte, die in der Reichshauptstadt von aktuellem Interesse waren. Nun müssen wir untersuchen, ob und wenn ja wie Philons eingehende Auslegung der Schöpfung von römischen Diskursen angeregt wurde.

## Philons Hinwendung zur stoischen Naturtheologie

Philon eröffnet seinen Traktat *Über die Weltschöpfung* mit Bemerkungen für ein breites Publikum. Wir kennen diese Selbstpositionierung aus seinen historischen und philosophischen Schriften. Im jetzigen Zusammenhang thematisiert Philon verschiedene Arten von Gesetzgebern, wobei er unterscheidet zwischen jenen, die ihre Gesetzgebung ohne erläuternden Rahmen vorstellen, und solchen, die ihre Gesetze in Mythologien kleiden, um sie für ihre Leser ansprechender zu gestalten. Mose, so betont Philon, habe einen besseren Weg gewählt und „seinen Gesetzen einen sehr schönen, erhabenen Anfang gegeben", nämlich den Schöpfungsbericht. Dieser Auftakt legt aus Philons Sicht eine enge Verbindung zwischen Natur und biblischem Gesetz nahe:

> Dieser Anfang ist, wie ich sagte, höchst bewunderungswürdig, da er die Weltschöpfung schildert, um gleichsam anzudeuten, dass sowohl die Welt mit dem Gesetz als auch das Gesetz mit der Welt im Einklang steht und dass der gesetzestreue Mann ohne Weiteres ein Weltbürger ist, da er seine Handlungsweise nach dem [vernünftigen] Willen der Natur regelt, nach dem auch die ganze Welt gelenkt wird. (Opif. 3)

Philon behauptet, der Gesetzgeber der Juden habe seine Gesetzgebung mit dem Schöpfungsbericht eingeleitet, um seine Leser auf die wesentliche Aufgabe der Natur als vernünftigen, von der Vorsehung gelenkten Bezugsrahmen der Ethik aufmerksam zu machen. Dieser Standpunkt steht in bestem Einklang mit dem römischen Stoizismus, für den die Natur im traditionellen

---

248; All. II 1–13; I 31–38; Fug. 68–72; Mut. 30–33; Ebr. 199; Somn. I 75. Siehe auch RUNIA, On the Creation, 144.

stoischen Sinne eine persönliche Anleitung zu moralischem Handeln ist. Schon der Schulgründer Zenon und in seinem Gefolge bedeutende Stoiker, unter ihnen Augustus' Hofphilosoph Areios Didymos, hatten betont, Ziel der Ethik sei, „in Übereinstimmung mit der Natur zu leben". Philons jüngerer Zeitgenosse Seneca machte dies zu einem zentralen Thema seiner Ethik, wenn er von den Naturgesetzen und dem universalen Band der Menschheit sprach. Er glaubte auch an die vernünftige Bestimmung der Natur, die alles nach einem festen, doch verborgenen Plan lenkt, den die Menschen als Teil ihrer ethischen Ausrichtung im Leben annehmen sollen. Über diese traditionellen Gedanken der Stoa hinaus verknüpften römische Autoren die Natur mit einer bestimmten Gesetzgebung, nämlich dem römischen Recht, angefangen beim Zwölftafelgesetz bis in die Republik. Cicero erläutert die römische Verfassung unter Hinweis auf die Natur und behauptet, sie gründe sich auf universale Gerechtigkeit, die mit Jupiter verbunden ist. Er schreibt, „dass das Gesetz ... die höchste Vernunft ist, die in der menschlichen Natur liegt und alles befiehlt, was getan werden muss, und das Gegenteil verbietet" (Gesetze I 18). Zwar hatte Philon schon in Alexandria die stoische Naturauffassung kennengelernt, doch nach seiner Ankunft in Rom rückte er sie stärker in den Mittelpunkt und hob den Zusammenhang zwischen Natur, Schöpfung und Gesetz hervor.[7] Er verankert die Tradition seiner Vorväter in der geschaffenen Natur, als wollte er das römische Gesetz durch die Tora austauschen.

Philon kritisiert die aristotelische Auffassung von der Ewigkeit der Welt und weist sie als „unfrommen" Irrtum zurück (Opif. 7). Es sei ein schwerwiegender Fehler, sich Gott als untätig zu denken und so die Verbindung zwischen ihm und der geschaffenen Welt zu kappen. Die Aristoteliker hätten einen mächtigen Ansporn zur Gottesverehrung beseitigt, „nämlich die Vorsehung. Denn dass der Vater und Schöpfer sich um das Geschaffene kümmert, lehrt die Vernunft" (Opif. 10). Philon stellt den abstrakten aristotelischen Gott dem sehr persönlichen Demiurgen gegenüber, der für seine Schöpfung sorgt und „mit allen Mitteln" jegliches Unheil von ihr fernhält. Es liege in Gottes Verantwortung, „alles zu regieren und zu leiten" (Opif. 11). Wie Gott tätig ist, beschreibt Philon folgendermaßen: Es sei schlechterdings notwendig,

dass in den existierenden Dingen das eine die wirkende Ursache, das andere ein Leidendes sein muss und dass jenes Wirkende der Geist des Weltganzen ist, der ganz reine und lautere, der besser ist als Tugend, besser als Wissen, besser als das Gute an sich und das Schöne an sich, dass das Leidende dagegen und für sich unbeseelt und unbeweglich ist, nachdem es aber von dem Geist bewegt und gestaltet und beseelt worden, in das vollendetste Werk, in diese (sichtbare) Welt, sich verwandelte. (Opif. 8–9)

---

[7] AREIOS bei STOBAIOS, Ekloge II 7,6 (hg. von A. J. POMEROY, 36–39); SENECA, Ep. 65,19; 95,51–53; 45,9; 90,34; Ira I 5–6; CICERO, N.D. II 81–90; Leg. I 15–19. Siehe auch HORSLEY, Law of Nature; BRÉHIER, Les idées, 23–32; SCHWABE, Introduction, XXV–XXVIII; CALABI, Filone, 51–66; VOGT, Law, Reason; INWOOD, Reading Seneca, 224–248; SCHOFIELD, Stoic Ethics; zu Philons früherem Naturverständnis siehe Kapitel 11.

Damalige Philon-Leser konnten diese Passage unschwer als Erörterung stoischer Naturphilosophie erkennen. Diogenes Laertius, der im dritten nachchristlichen Jahrhundert eine Summe griechischer Philosophie verfasste, konstatiert, dass den Stoikern zufolge „das Weltall zwei Prinzipien hat, das Tätige und das Leidende" (VII 134). Ebenso stellt Cicero die Physik dieser Schule so dar, dass sie um eine Unterscheidung zwischen „einer Wirkkraft und einer Materie, die von der Wirkkraft gestaltet und geformt wird", kreist (Akademische Abhandlungen I 6).[8] Philons Interpretation der Schöpfung passt bestens zu diesen stoischen Stimmen und gibt sogar genau deren Formulierungen wieder. Mose, so erläutert er weiter, entwickelte seine Ansichten auf der Grundlage philosophischer Bildung, nachdem er „über die meisten und wichtigsten Dinge der Natur belehrt worden ist" (Opif. 8). Jüdische Theologie wird somit nachdrücklich in die in Rom vorherrschenden stoischen Diskurse eingetragen. Allerdings bewahrt Philon auch einige Aspekte seiner ursprünglich transzendenten Theologie und beschreibt „den Geist des Weltganzen" als „besser als Tugend, besser als Wissen, besser als das Gute an sich und das Schöne an sich" (ebd.).

Philon schenkt Platons in Rom beliebtem *Timaios* mit seinem eher persönlichen Demiurgen, der an der Erschaffung der materiellen Welt beteiligt ist und sich fortwährend um sie kümmert, besondere Beachtung. Platon schrieb diesen Dialog gegen Ende seines Schaffens in leichter Abwandlung des transzendenten Ansatzes seiner früheren Jahre. Philon folgt Platons Spur und vertritt in seiner Spätzeit einen stärker immanenten Gottesgedanken, indem er Motiven aus dem *Timaios* mehr Gewicht schenkt. Platon erwähnt er in leicht verhüllter Form als „einen der Alten" (Opif. 21) und preist seine Vorstellung vom Schöpfer als einer neidlosen Gottheit, die der Welt unendliche Wohltaten erweist. Philon schöpft oft aus dem *Timaios* und stützt sich auf solche Gedanken wie Gottes väterliche Fürsorge und die Unterscheidung zwischen ewigen Ideen und geschaffener Materie, wobei er meint, der Demiurg habe bei der Weltschöpfung ein ideales Muster verwendet. Wie David Runia deutlich gezeigt hat, verwendet Philon den platonischen Dialog als Intertext für seine Lesart der biblischen Schöpfungsgeschichte.[9]

Philons Interpretation des *Timaios* und sein genereller Akzent auf der Schöpfung vertragen sich bestens mit der Stoa, mit der er im Zuge seiner Gesandtschaft an Gaius intensive Bekanntschaft machte. Der römische Stoizismus war bedeutsam und attraktiv, weil er eine monotheistische Schöpfungstheologie bereithielt, die einige traditionelle stoische Vorstellungen umgestaltete. Diogenes Laertius berichtet, die Stoiker hätten grundsätzlich die Theologie für ein Teilgebiet der Kosmologie und die vorfindliche Welt

---

[8] Siehe auch REYDAMS-SCHILS, Demiurge and Providence; KAISER, Studien, 33–44.
[9] PHILON, Opif. 12, 16, 21; PLATON, Tim. 29E–30B. RUNIA, Philo of Alexandria and the „Timaeus", und RUNIA, On the Creation.

für den geeigneten Ausgangspunkt gehalten, um über die Götter nachzudenken. Ihm zufolge unterscheiden die Stoiker zwischen Materie und tätiger Vernunft, wobei sie Letztere mit der höchsten Gottheit identifizieren; „denn diese, ewig in ihrem Bestand, walte schöpferisch über alle Gestaltungen der Materie" (Diogenes Laertius VII 134). Diesen „Lehrsatz" (δόγμα, VII 141) soll sich eine Vielzahl unterschiedlichster Stoiker, von Zenon bis Kleanthes, Chrysipp und Poseidonios, zu eigen gemacht haben. Die Stoiker halten den Demiurgen für „ein einiges Wesen, [das] Vernunft und Schicksal sei und Zeus genannt werde" (VII 135). Der eine Gott gilt als die „erzeugende Weltvernunft" (VII 136), welche die Elemente schuf und vor allem als einzige Gottheit den Weltenbrand überlebt. Dies sei so, da „der Schöpfer der Weltordnung ... nach bestimmten Zeitabschnitten die gesamte Substanz für seinen eigenen Bestand in sich aufzehrt und dann wieder aus sich selbst erzeugt" (VII 137). Chrysipp unterscheidet zwischen Zeus und den übrigen Göttern im Hinblick auf ihre jeweilige Rolle bei den wiederholten Neuschöpfungen der Welt. Zeus allein ist seiner Ansicht nach „unvergänglich und unerschaffen", weil er die anderen Götter beim Weltenbrand vernichtet (ebd.). In seinem Buch *Über die Götter* hebt Chrysipp hervor, dass die übrigen Götter „entstanden seien ..., Zeus aber ist ewig" (Plutarch, Über die Widersprüche der Stoiker 38).[10] Aus stoischer Perspektive ist die Verbindung zwischen Monotheismus und Erschaffung des Kosmos also unmittelbar einleuchtend. Zeus spielt bei der Schöpfung eine einzigartige Rolle, wohingegen die übrigen Götter sich als bloße Aspekte des Demiurgen erweisen. Wir haben bereits gesehen, dass Philon Chrysipps Vorstellung vom Weltenbrand ablehnt und jene Vertreter der Schule wie beispielsweise Panaitios lobt, die sich von ihr verabschiedeten. In Rom stand dieser Gedanke nicht mehr hoch im Kurs, doch waren andere Elemente der stoischen Schöpfungstheologie von großer Bedeutung.

In römischen Kreisen spielte die Theologie der Stoa beim Gottesbeweis eine entscheidende Rolle. Ciceros Zusammenfassung stoischer Theologie deckt sich weitgehend mit Philons Theologie und hebt die besonderen Bemühungen der Stoiker hervor, die Existenz eines höchsten Gottes aufgrund der Schöpfung zu beweisen. Laut Cicero verstanden die Stoiker Jupiter beziehungsweise Zeus als den Helfer und „Vater der Götter und Menschen" (Vom Wesen der Götter II 64). Er nennt Chrysipp und Kleanthes als diejenigen, welche die Existenz einer einzigen göttlichen Macht aus der guten Einrichtung des Kosmos und den geordneten Bewegungen der Sterne ableiteten. Chrysipp spricht von Gott im Singular (*deus*) und beweist seine

---

[10] DIOGENES LAERTIUS VII 134–137; PLUTARCH, De communibus notitiis adversus Stoicos 31 (Mor. 1075B); De Stoicorum repugnantiis 38 (Mor. 1052A) (Zitat: NICKEL, Stoa und Stoiker I, 463). Siehe auch M. FREDE, Case for Pagan Monotheism, 70–75; STROUMSA, Abrahamic Religions, 9–20; MOST, Philosophy and Religion, 311–316.

Existenz durch die Überlegung, dass die Erschaffung des Universums menschliche Kräfte weit übersteige und deshalb einem einzigen Schöpfergott zuzuschreiben sei. Der Weltenbrand wird in diesem Zusammenhang nicht erwähnt, vermutlich, weil Cicero als Bewunderer des Panaitios ihn für belanglos hielt.[11] Die Diskussion dreht sich vielmehr um die Vorstellung von dem einen Demiurgen. Ciceros platonischer Sprecher Cotta äußert sich skeptisch über Zeus' Ausschließlichkeit bei der Schöpfung, die „beim Anblick des Himmels" erfasst werden könne und durch die Anerkenntnis, „es existiere ein göttliches Wesen, von dem dies alles regiert wird" (III 10). Cotta lehnt die stoische Naturtheologie aus folgendem Grund ab: „Deshalb gefielen mir deine Worte über den harmonischen Einklang der Natur ..., während ich dir nicht beipflichten konnte, wenn du behauptetest, dies hätte nicht der Fall sein können, wenn sie nicht durch einen einzigen göttlichen Geist (*uno divino spiritu*) zusammengehalten würde" (III 28).

Der Platoniker Cotta verwirft die stoische Theologie wegen ihrer Hervorhebung von Monotheismus und göttlicher Immanenz. Seiner Ansicht nach kann die Geordnetheit des Kosmos nicht mit Verweis auf einen einzigen Gott erklärt werden, der die Welt wie ein Atem durchdringt. Während Philon im „Allegorischen Kommentar" zu Cottas Vorbehalten neigt, übernimmt er in der „Exposition" den stoischen Ansatz, ohne allerdings die darin inbegriffene Immanenz ganz zu akzeptieren. Nun bekräftigt er, wie wichtig die Schöpfung ist, um das Wesen des monotheistischen Gottes zu erkennen. Hielt er zuvor Gott für grundsätzlich jenseits der Schöpfung stehend, bestimmt er ihn nun in erster Linie als Demiurgen.

Nachdem Philon sich in die Philosophie der Stoa vertieft hat, deutet er Platons *Timaios* mit dem Akzent auf göttlicher Immanenz. Er betont, Gott habe „seine eigene vollkommene Natur nicht vorenthalten" (Opif. 21), was bedeutet: Gott steht der Welt so nahe, dass man an seinem wohltätigen Wesen teilhaben kann. Im Gegensatz dazu bestand Platon auf der unüberwindbaren Kluft zwischen dem Demiurgen und der Welt. Zwar sprach auch er von der Güte des Schöpfergottes, doch ging es ihm darum, seinen Lesern ins Gedächtnis zu rufen, dass eine völlige Angleichung der Welt an Gott ausgeschlossen ist. „Gott wollte", erklärte er, „dass, so weit wie möglich, alles gut und nichts schlecht sei" (Timaios 29E).[12] Platons Gott bleibt von der Welt geschieden und erfreut sich einer Vollkommenheit, die es im Bereich der Materie nicht geben kann. Philons Schöpfergott hingegen ist den Menschen und der Welt erstaunlich nahe gekommen und lässt an seinem ureigenen Wesen in der Schöpfung teilhaben.

---

[11] DIOGENES LAERTIUS VII 142; PHILON, Aet. 76; CICERO, N.D. II 3, 13–15; III 8–10, 16, 25; PLUTARCH, De communibus notitiis adversus Stoicos 31–32 (Mor. 1074E–1075F).
[12] PHILON, Opif. 16, 20, 24; PLATON, Tim. 27A–29E.

Darüber hinaus schenkt Philon der Vorsehung mehr Beachtung als Platon und deutet sie stärker immanent. Philon schließt seine Schrift *Über die Weltschöpfung* mit einer nachdrücklichen Bestätigung der göttlichen Vorsehung: „Die fünfte Lehre ist, dass Gott der Welt seine Fürsorge angedeihen lässt; denn dass der Schöpfer für sein Werk Sorge trägt, ist nach den Gesetzen und Bestimmungen der Natur notwendig, denen zufolge auch Eltern für ihre Kinder sorgen" (Opif. 171). Philon geht mit Platon davon aus, dass Gott sich um die Welt kümmert, drückt diesen Gedanken aber entschieden stoisch aus, wenn er den Schlüsselbegriff „Natur" verwendet und sagt, dass Gott nach denselben Naturgesetzen handle wie menschliche Eltern. Gott erweist sich als integraler Bestandteil der von ihm geschaffenen Welt. Zudem führt Philon den von Platon nicht erwähnten Gedanken der göttlichen Fürsorge für die Menschheit ein. Der Mensch sei das Gott „verwandteste und liebste Geschöpf" und wurde nach Philons Meinung zuletzt geschaffen, damit er alles, was „zum Leben und zum guten Leben notwendig" ist, zur Verfügung habe (Opif. 77). Alles auf der Welt ist demnach für den Menschen und seine Bedürfnisse bestimmt. Die Stoiker vertraten erstaunlich ähnliche Ansichten. Auch in ihren Augen wurde der Kosmos mit Blick auf die Menschheit geschaffen. Chrysipp vergleicht ihn mit einem stattlichen Gutshaus, das „für seine Besitzer und nicht für Mäuse gebaut ist" (Cicero, Vom Wesen der Götter III 26). Ein anderer Vertreter der Stoa erklärt, dass „das Weltall selbst um der Götter und der Menschen willen geschaffen" wurde und der Menschheit Getreide, Gemüse und Früchte sowie eine Vielfalt an Tieren „in Hülle und Fülle spendet" (II 154, 156).[13] Philon hat also stoische Motive übernommen, um die biblische Schöpfungsgeschichte auszuschmücken, und dabei eine Dimension der Immanenz hinzugefügt, die sich im *Timaios* nicht findet.

Auch Philons Akzentuierung des Monotheismus fehlt in Platons *Timaios*. Obwohl dieser Dialog die Bezeichnung „Schöpfer und Vater" (Timaios 28C) für den Schöpfergott einführt, geht Platon eindeutig von einer Vielzahl an Göttern aus und überträgt dem Demiurgen, der sich auf die ewigen Ideen stützt, eine eher marginale Rolle. Philon begegnet dieser Tendenz, indem er die Funktion des Demiurgen ausweitet und monotheistische Elemente betont. Dem exklusiven Schöpfergott schreibt er die Einsicht zu, „dass eine schöne Nachahmung niemals ohne ein schönes Vorbild entstehen kann" (Opif. 16), eine Erkenntnis, die Platon als ein allgemeingültiges, auch für die Schöpfung geltendes Prinzip darstellte. Philon behauptet zudem, dass Gott „bei seiner Göttlichkeit" die Notwendigkeit eines himmlischen Modells für

---

[13] PHILON, Opif. 69–77 (dazu siehe auch RUNIA, On the Creation, 222–235); DIOGENES LAERTIUS VII 138–139; MARCUS AURELIUS, Med. II 11. Viele stoische Philosophen verfassten Bücher mit dem Titel *Über die göttliche Vorsehung* (siehe CICERO, N.D. I 3; II 58, 154–163; III 26); siehe auch D. FREDE, Theodicy, 95–108.

die Welt „im Voraus wusste" und erkannte. Philons Gott steht mehr im Zentrum und nutzt das Reich der Ideen als Mittel, um für seine Schöpfung höchste Qualität zu gewährleisten. Das Wichtigste ist, dass der Demiurg Philon zufolge, „als er diese sichtbare Welt erschaffen wollte, vorher die gedachte bildete" (ebd.). Platons Gott hingegen betrachtet ein vorgegebenes Modell, das er auf den materiellen Bereich überträgt. Bei Philon kommt Gott eine viel entscheidendere Rolle beim Entwerfen und bei der konkreten Gestaltung der Ideenwelt zu. Der Ort, an dem der ideale Kosmos geformt wird, wird mit Gott identifiziert. Philon schreibt, der Kosmos habe „keinen anderen Ort als die göttliche Vernunft" (Opif. 20). Gott forme das ideale Muster für die Welt als eine Funktion seiner Rationalität.[14]

In der Forschung ist Philons Schöpfungsverständnis als eine zu erwartende Reaktion eines jüdischen Intellektuellen auf griechisches Denken interpretiert worden. Zuweilen wird dabei ein prinzipieller Konflikt zwischen Judentum und griechischem Polytheismus angenommen. Aus einer solchen Sicht würde Philon zwangsläufig eine monotheistische Deutung des Platon-Textes bieten, weil er als Jude mit der Bibel vertraut ist und an den einen Gott glaubt, während er das griechische Pantheon ablehnt.[15] Eine solche Lesart wird aber der Komplexität der philonischen Position nicht gerecht und bedarf der Modifizierung. Unsere Analyse hat gezeigt, dass Philons Interpretation mit dem römischen Stoizismus seiner Zeit in hohem Maße geistesverwandt ist. Diese Schule war der Auslöser, dass er seinen Schwerpunkt von einer schlechterdings transzendenten Gottesvorstellung hin zum Bild des Demiurgen verlagerte. Erst in seinem Spätwerk und infolge seiner fruchtbaren Begegnung mit dem römischen Stoizismus entdeckte er die Schöpfung als eine Säule des Monotheismus. Philon ist nicht einfach der biblischen Schöpfungsgeschichte treu geblieben und hat anderslautende pagane Ansichten zurückgewiesen, sondern er durchlief vielmehr eine geistige Entwicklung, in der er sich von einer stärker transzendenten platonischen Position löste und dem in Rom vorherrschenden stoischen Ansatz zuwandte. Nun plädiert er für einen Demiurgen, dessen einzigartiges Wesen durch die Betrachtung des geschaffenen Kosmos erfasst werden kann. Gott kümmert sich fürsorglich um die Welt und beschützt höchstselbst die Menschen.

Philons Gedanken in der „Exposition" werden bei seinen römischen Lesern wohl Zustimmung gefunden haben. Seine Schöpfungstheologie steht insbesondere im Einklang mit seinem jüngeren Zeitgenossen Seneca, der meint, es sei „überflüssig" zu zeigen, wie die Ordnung und Schönheit des Kosmos eine einzige göttliche Macht beweise, die ihn beschützt (Über die

---

[14] Siehe auch CORNFORD, Plato's Cosmology, 34–39, der den polytheistischen Charakter von Platons Ansatz betont. Zu Philons Logos-Theologie siehe Kapitel 11.
[15] Siehe vor allem WOLFSON, Philo I, 204–217, 240–248; RADICE, Philo's Theology, 131–135; für nuanciertere Sichtweisen siehe COLLINS, Natural Theology.

Vorsehung 1,2). „Eine Vorsehung gebietet über das Weltall", so Seneca, „und Gott nimmt an uns Anteil" (1,1), wenn er auch nicht „dem guten Menschen das Reisegepäck hütet" (6,1). Wie Philon bewahrt Seneca manche stärker transzendente Aspekte Gottes und stellt sich die Gottheit als den reinen Geist des Kosmos vor, der über der Materie steht. Seneca unterscheidet ebenfalls zwischen *causa* und *materia* und identifiziert Erstere als tätige Vernunft, die im Schöpfungsvorgang die materiellen Elemente formt.[16] Römische Leser wie Seneca konnten Philons Schöpfungstheologie somit für in hohem Maße geistesverwandt halten.

## Schöpfungstheologie und Monotheismus in anderen Traktaten der „Exposition"

Philons Schöpfungstheologie hat wichtige Konsequenzen auch für andere Abhandlungen der „Exposition". In der Vita *Über Abraham*, die auf den Schöpfungstraktat folgt, zieht er diese Theologie heran, um die Entdeckung des Monotheismus durch seinen Titelhelden zu erklären. Er führt Abraham ein als „bestrebt, Gott zu folgen und den von ihm erlassenen Gesetzen gehorsam zu sein" (Abr. 60). Dann deutet er die Geschichte von Abrahams Wanderung aus Chaldäa ins Land Israel als eine geistige Reise, die ihn zur Entdeckung des Monotheismus führt. Philon hebt hervor, dass Abraham im Gegensatz zu anderen, die dazu tendieren, sich an ihre Familie und ihr Heim zu klammern, sofort aufbruchbereit war und so seine spirituelle Neigung erkennen ließ. Abrahams von der Suche nach dem wahren Gott angetriebene Reise war mehr seelischer denn körperlicher Natur, wie Philon weiter ausführt. Aufgewachsen in Chaldäa, war Abraham mit dem Polytheismus vertraut, dem er jedoch zunehmend mit Skepsis begegnete. Während die Chaldäer „das sichtbare Sein priesen" (Abr. 69) und keine Macht jenseits des materiellen Bereichs anerkannten, schloss Abraham aus der geordneten Struktur des Kosmos auf eine höhere, unsichtbare Macht.[17] Seine Erkenntnis des einzigen Gottes gründet sich auf Argumente aus der Schöpfung: Abraham „nahm wahr, was er vorher nicht gesehen hatte, einen Lenker und Leiter der Welt, der über sie waltet und in heilsamer Weise sein eigen Werk regiert und allen seinen Teilen, die seiner göttlichen Fürsorge würdig sind, seinen Schutz und Beistand angedeihen lässt" (Abr. 70).

Philons Abraham erkennt den monotheistischen Gott als den Demiurgen, der sich fürsorglich um sein Werk kümmert. Zur höchsten religiösen Wahrheit gelangt man über empirische Erkundung und nicht über theoretische Betrachtung oder eine nach innen gewandte Suche der Seele. Abraham ver-

---

[16] SENECA, Prov. 1,1–2; 6,1; Ep. 65,16–20; 117,19; 41,5; 65,2.
[17] Siehe auch LIEBES, Ars Poetica, 76–93.

hält sich wie ein stoischer Philosoph und vertraut auf die Schöpfung. Diese stoische Ausrichtung in *Über Abraham* ist auffällig im Vergleich zum „Allegorischen Kommentar", wo es von Abraham geheißen hat, er habe auf der Suche nach einer höheren Wahrheit den Körper hinter sich gelassen. Zu Beginn seines Schaffens hob Philon hervor, dass wir uns Gott als ohne „Beschaffenheit", als „Einheit", „ungeworden, unvergänglich und unwandelbar" denken müssen (All. I 51). Abraham galt als Pionier in der „göttlichen Kontemplation" (Migr. 150), weil er sich vom Körper lossagt und seine Seele danach strebt, „zur Schau des Seienden aufzusteigen" (Migr. 170). In Ablehnung typisch stoischer Ansichten, die sich auf die Gegenwart Gottes in der Welt stützen, bestand Philon darauf, dass die Gottheit von der Schöpfung unabhängig und nicht in irgendeinem ihrer Teile „zugegen" sei (Migr. 173). Darum solle man nicht den Himmel, die Erde, Meere und Flüsse untersuchen, sondern sich lieber der Erforschung „nur eurer selbst und eurer eigenen Natur" (Migr. 185) zuwenden.[18] Dieses Bild eines auf der Suche nach Gott nach innen gewandten Abrahams unterscheidet sich erheblich von Philons späterer Erzählung über den Erzvater, der das Universum betrachtet und in dessen Ordnung Gott erkennt.

Philons Traktat *Über den Dekalog* greift ebenfalls Bausteine seiner Schöpfungstheologie auf. Das erste Gebot: „Ich bin der Herr, dein Gott, der dich aus dem Land Ägypten geführt hat, aus dem Sklavenhaus. Du sollst neben mir keine anderen Götter haben" (Exodus 20,2–3) wird aus seinem historischen Kontext des Exodus gelöst und in einen rein philosophischen Bereich verlegt. Philon kritisiert den Götzendienst, vor allem den ägyptischen, und fordert, „den Höchsten und Vorzüglichsten, den Schöpfer, den Regierer des Großstaates" zu erkennen (Decal. 53). Gott wird als ursächlich für alle sinnlich wahrnehmbaren Dinge auf der Welt gepriesen, sei aber mit keinem ihrer Teile gleichzusetzen. Philon wiederholt hier Motive aus seinem Traktat *Über die Weltschöpfung*, wenn er betont: Die Welt wird durch die „Vorsehung des Schöpfers" erhalten (Decal. 58), und *„einer* ist der Urgrund der Welt, *einer* der Herr und König, der das All zu seinem Heil lenkt und regiert" (Decal. 155).[19] Denjenigen, die den Monotheismus leugnen, wirft Philon folgenden Irrtum vor:

> denn sie haben neben anderem selbst das ganz Naheliegende nicht sehen wollen, was schon „ein unmündiges Kind erkennt", dass nämlich der Bildner höher steht als das Gebilde, sowohl der Zeit nach – denn er ist älter und gewissermaßen der Vater des verfertigten Werkes – als auch der Macht nach, denn das Wirkende ist doch ansehnlicher als das Leidende. (Decal. 69)

---

[18] PHILON, Migr. 183–185; Congr. 133–134.
[19] Exodus 20,2–3 (LXX, zitiert nach: Septuaginta Deutsch); PHILON, Decal. 51–61 (man beachte besonders den Ausdruck τὸν δ' ἀνωτάτω καὶ πρεσβύτατον, τὸν γεννητήν, τὸν ἄρχοντα τῆς μεγαλοπόλεως), 154–155 (siehe auch CALABI, Filone. De Decalogo, 69–75, 124–125).

Philon wiederholt hier die typisch stoische Unterscheidung zwischen dem aktiven und dem passiven Element, die schon seine Darstellung der Schöpfung geprägt hat. Darüber hinaus behauptet er, der Monotheismus werde einsichtig durch die rechte Beobachtung des Universums, welches die Kraft offenbare, die all seine Teile in Bewegung setzt. Für Philon ist das so offenkundig, dass sogar „ein unmündiges Kind" es erkennt. Der Monotheismus, wie er aus der Schöpfung abgeleitet wird, ist demnach das, was die Stoiker eine „allgemeine Meinung" (*communis opinio*) nennen würden, etwas, was von allen ohne akademische Bildung oder besondere philosophische Einführung intuitiv erfasst wird.

Darüber hinaus spielt das Thema Schöpfung für Philons Abhandlung *Über die Einzelgesetze*, in der er Gottes „Alleinherrschaft" (Spec. I 12) als das oberste Leitprinzip bestimmt, unter dem mehrere Einzelgesetze subsumiert sind, eine bedeutende Rolle. In diesem Zusammenhang wiederholt er, dass Gott der „*eine* Vater aller Dinge" (I 14), „Schöpfer aller" (I 20) und „der Vater und Lenker aller Dinge" ist (I 32).[20] Er erinnert seine Leser außerdem an Moses Verbot der kultischen Verehrung des Himmels und der Sterne, da diese als Gottes Geschöpfe dem Demiurgen in jeder Hinsicht unterlegen und untergeordnet seien. Philon erörtert ausführlich, wie der Mensch Gotteswissen haben kann, und lenkt dabei die Aufmerksamkeit auf Moses Streben, etwas über Gottes Existenz und sein Wesen zu erfahren. Sein Wesen lässt sich, weil Gott für menschliches Begreifen zu transzendent ist, zwar nicht erkennen, doch verweist Philon auf Gottes Schöpfung als epistemologischen Schlüssel. Mose ruft zu Gott: „Dass du bist und waltest, hat diese Welt mir als Lehrerin und Wegweiserin verkündet und wie ein Kind über seinen Vater, wie ein Kunstwerk über seinen Meister mich belehrt" (Spec. I 41). Philon verwendet hier eine erstaunlich anthropomorphe Redeweise, um die Verbindung zwischen Gott und seiner Schöpfung zu beschreiben. Zwar gibt er zu verstehen, dass die Vater-Sohn-Beziehung und das Bild vom Künstler und von seinem Werk lediglich Vergleiche sind („wie"), doch behauptet er, der materielle Kosmos liefere den Schlüssel zum Verständnis Gottes, weil das Produkt Aspekte seines Herstellers offenlegt.

Abschließend lässt sich sagen, dass Philon eine Schöpfungstheologie entwickelt hat, die verschiedenen Teilen der „Exposition" zugrunde liegt. Im ersten Traktat *Über die Weltschöpfung* begründet er die zentrale Bedeutung der Schöpfung für die jüdische Theologie und formuliert dabei ein monotheistisches Bekenntnis mit Schwerpunkt auf Gottes einzigartiger Stellung im Kosmos. Philons Ansatz ist vom römischen Stoizismus inspiriert und weicht von seinen früheren Schriften ab, in denen er Gottes Andersartigkeit betont und eine negative Theologie entwickelt hatte. Ist die Schöpfungstheologie erst einmal etabliert, wird sie zu einem integralen Bestandteil von

---

[20] PHILON, Spec. I 14, 18, 20, 32–35.

Philons Ausführungen in der „Exposition" und wirkt auf seine Ansichten über Abraham, den Dekalog und die Einzelgesetze ein.

## Philons Leistung

Philons Schöpfungstheologie markiert eine bedeutsame Zäsur in der abendländischen Geistesgeschichte. Innerhalb des Judentums leitet er ein stärker philosophisches Verständnis der Schöpfung ein, die in der Folge mehr Beachtung findet als zuvor. Beginnen wir mit der Würdigung von Philons Beitrag, indem wir einen Blick auf einige seiner Vorgänger werfen. Der Autor des Jubiläenbuchs schmückt den biblischen Bericht zwar hier und da etwas aus, entwickelt aber noch keine Schöpfungstheologie und konzentriert sich stattdessen auf Themen wie Engel, Kalender und Tempel. Jesus Sirach greift Philon vor, wenn er der Schöpfung besondere Aufmerksamkeit schenkt und dabei Gott als den Schöpfer rühmt und seine Werke einzeln aufzählt. Er empfiehlt sogar: „Schau den Regenbogen an und preise den, der ihn gemacht hat" (Sirach 43,11). Dem Siraciden zufolge bewirkt die Schöpfung Erkenntnis Gottes, der „über all seinen Werken" (43,28) steht, und legt das Fundament für die reche Haltung des Menschen zu ihm. Vielleicht ließ sich der Autor auch von der stoischen Philosophie inspirieren, worauf manche seiner Beschreibungen der Weisheit hinzudeuten scheinen. Im Ganzen geht er jedoch nicht so weit wie Philon, der die Schöpfung zur Grundlage eines monotheistischen Bekenntnisses machte.[21]

Im hellenistischen Ägypten behandelten zwei Autoren, von denen uns Texte überliefert sind, unser Thema, wobei der erste zu fragmentarisch erhalten ist, um uns einen genauen Einblick zu vermitteln, und der zweite wahrscheinlich nicht früher als Philon anzusetzen ist. Aristobul, ein alexandrinischer Jude des zweiten vorchristlichen Jahrhunderts betont, dass das „All ... von Gott her geworden ist und [von ihm] ununterbrochen erhalten wird". Diese Aussage verrät ein philosophisches Bewusstsein, vielleicht sogar die Kenntnis von Platons *Timaios*. Den erhaltenen Fragmenten nach war Aristobuls theologisches Hauptanliegen jedoch Gottes Transzendenz. Die Weisheit Salomos verwendet den einen oder anderen stoischen Begriff wie zum Beispiel „Atem" und behauptet, dass die Welt durch Gottes Weisheit erschaffen wurde. Der Autor schrieb Mitte des ersten nachchristlichen Jahrhunderts und könnte von Philon angeregt gewesen sein. Sein Werk illus-

---

[21] Jubiläenbuch 2,1–16; vgl. VANDERKAM, Made to Order, der sich für eine substanziellere Interpretation der Schöpfung im Jubiläenbuch ausspricht; Sirach 43,1–33 (siehe besonders die beiden Verse Sirach 43,11 und 43,28, die im hebräischen Originaltext erhalten sind: ראה קשת וברך עושיה und והוא גדול מכל מעשיו; Ausgabe der „Academy of the Hebrew Language" und des „Shrine of the Book"); 1,1–10; 24,1–17. Zum allgemeinen Hintergrund LANCE/GRIBETZ, Jewish and Christian Cosmogony.

triert die philosophischen Tendenzen des alexandrinischen Judentums, die Philon zur vollen Entfaltung brachte.[22]

Philons Abkehr von einem entschieden transzendenten Ansatz, der die Schöpfung herunterspielt, und seine Hinwendung zu einem stoischen Standpunkt, der sie hervorhebt, werfen ein Schlaglicht auf spätere geistesgeschichtliche Entwicklungen. Das Judentum und das Mehrheitschristentum übernahmen eine Betrachtungsweise, die der Philons in der „Exposition" nahesteht, während pagane Autoren im griechischen Osten und die ‚Gnostiker' eine transzendente Auffassung vertraten, die mit Philons Denken im „Allegorischen Kommentar" verwandt ist. Mit anderen Worten, spätere Juden und ‚rechtgläubige' Christen rezipierten die philosophische Sprache Roms, die Philon erstmals systematisch in die Erörterung biblischer Texte eingeführt hatte, wohingegen pagane Griechen und Gnostiker diesen Weg nicht mitgingen und ihren eigenen, stärker transzendenten Diskurs entwickelten.

Josephus, der eine Generation nach Philon in Rom schrieb und vermutlich wenigstens einige seiner Schriften kannte, bejaht die Bedeutung der Schöpfung. In seinen Büchern *Gegen Apion* entfaltet er für eine breite, nichtjüdische Leserschaft die Grundzüge des Judentums. Das erste Prinzip ist der Monotheismus, gefolgt vom Tempelkult, von Familienwerten, Selbstdisziplin und einer menschenfreundlichen Einstellung gegenüber Fremden. Diese Schlaglichter auf das Judentum stehen im Einklang mit römischen Diskursen, vor allem mit der Betonung von „naturgemäßer" Monogamie in Abgrenzung zur Homosexualität (Gegen Apion II 199).[23] Im selben Geist entwickelt Josephus einen philosophischen Monotheismusbegriff, der Gottes Vollkommenheit und Transzendenz betont. Der Schlüssel zum Verständnis der Gottheit ist die Schöpfung. Josephus drückt es so aus:

> Nichts (ihm) Gleiches haben wir (je) gesehen, noch können wir es erdenken, noch kann es nachzubilden gottgefällig sein. Seine Werke jedoch sehen wir: Licht, Himmel, Erde, Sonne und Mond, Flüsse und Meer, Geburt von Lebewesen, Hervorbringen von Früchten. Dies hat Gott geschaffen, nicht mit Händen, auch nicht mit (körperlicher) Anstrengung und nicht so, dass er Mitarbeiter dabei nötig gehabt hätte, sondern er wollte das Gute, und gut war, dass dies sofort entstand. (Gegen Apion II 191–192)

Wie für den späten Philon vor ihm ist für Josephus die Schöpfung die wichtigste epistemologische Hilfe, um Gott zu erfassen. Anhand von dessen Werken kann der Mensch bestimmte Eigenschaften Gottes erkennen und ihn

---

[22] ARISTOBUL, Frgm. 4,3 bei EUSEBIOS, Praeparatio evangelica XIII 12,3 (hg. von HOLLADAY, Fragments III, 162; deutsch: WALTER, 274–276); Weish 6–9. Zur Datierung und philosophischen Ausrichtung der Weisheit Salomos siehe WINSTON, Wisdom of Solomon, 20–25; NIEBUHR, Sapientia Salomonis; NIEHOFF, Sapientia.

[23] JOSEPHUS, C. Ap. II 190–214. Für Einzelheiten über römische Familienwerte und ihre Auswirkung auf Philon und Josephus siehe Kapitel 8.

angemessen verehren. Göttliche Vorsehung unterstellt Josephus sogar in den Einzelheiten der Naturabläufe und nicht nur im Blick auf die Gesamtgestaltung der Welt.

In den *Jüdischen Altertümern* betont er einige weitere Punkte, die zuvor bereits Philon erörtert hatte. Eingangs wirft Josephus die Frage auf, warum die mosaische Gesetzgebung mit der Erschaffung der Welt einsetzt. Eine solche „Naturphilosophie" (Jüdische Altertümer I 18) war seines Erachtens erforderlich, um den Menschen Gott näherzubringen. Wer Gottes Werke betrachte und sein Wesen verstehe, werde ihm, „dem erhabenen Vorbild" (I 19), auch nacheifern. Gottes Vorsehung gelte zudem vor allem dem Menschen. Der sei Gottes „schönstes Werk" und in ganz besonderem Maße fähig, Gottes vollkommener Tugend nachzueifern (I 21). Schließlich entdeckt Josephus' Abraham den Monotheismus auf eine uns bereits vertraute Weise, nämlich durch die Betrachtung der Schöpfung. Abraham, so schreibt er, erklärte somit als Erster,

dass es nur einen Gott gebe, den Schöpfer aller Dinge, und dass, wenn irgendein anderes Wesen zum Glück des Menschen beitrage, es dies auf seinen [sc. Gottes] Befehl und nicht aus eigener Kraft tue. Das schloss er aus den Vorgängen auf dem Land und dem Meer, am Lauf der Sonne und des Mondes, und aus den Veränderungen am Himmelsgewölbe. (Jüdische Altertümer I 155–156)

Ob Josephus Philons „Exposition" gelesen hat oder nicht, sein Abraham-Porträt ist dem Philons bemerkenswert ähnlich. Beiden Autoren zufolge entdeckte der Patriarch den Monotheismus durch die Betrachtung der Schöpfung. Beide verwenden stoische Vorstellungen und argumentieren mit der Ordnung des Alls, wobei sie den Menschen im Mittelpunkt der geschaffenen Welt sehen.[24] Josephus' Darstellung erhärtet unseren Eindruck eines römischen Kontexts für Philon. Da Josephus für ein römisches Publikum schrieb und eine typisch philonische Schöpfungstheologie vertrat, ist es wahrscheinlich, dass Philon sich eine Generation zuvor an ähnliche Adressaten mit stoischen Vorlieben gerichtet hat.

Die werdende christliche Kirche schrieb sich ebenfalls in römische Diskurse ein und definierte sich dadurch, dass sie die Schöpfung als wesentlichen, über die Kirchenzugehörigkeit entscheidenden Glaubensartikel verfocht. Justin der Märtyrer, ein Apologet aus dem zweiten Jahrhundert, der wohl manche von Philons allgemeineren Traktaten wie etwa *Über die Weltschöpfung* oder *Über das Leben Moses* kannte, wirft ein Licht auf die Herausbildung einer christlichen Theologie. Er wendet sich ausdrücklich an römische Herrscher, besonders an Marcus Aurelius, und stellt ihnen die

---

[24] Vgl. FELDMAN, Josephus's Interpretation, 229, der behauptet, dass Josephus das stoische Argument durch seine Betonung von Veränderungen, denen Land und Meer unterworfen sind („Vorgängen auf dem Land und dem Meer"), verdreht. Josephus scheint jedoch die regelmäßigen Naturvorgänge wie Ebbe und Flut im Sinn zu haben.

Christen als „Verehrer des Schöpfers dieses Alls" vor (1. Apologie 13,1). Mit Stolz bemerkt er außerdem, dass Christen eine Schöpfungstheologie vertreten, die Platons Lehre im *Timaios* ähnlich sei (20,3). Justin zufolge war Platon sogar von der Bibel abhängig, und zwar sowohl ihrem jüdischen als auch ihrem christlichen Teil, und gab unbewusst einen Hinweis auf Jesus. Wie der späte Philon verbindet Justin also eine römische Ausrichtung mit einer monotheistischen Schöpfungstheologie, die sich auf Platons Werk gründet. Diese Lehre wird als die rechte christliche Einstellung bezeichnet und gnostischen Auffassungen entgegengesetzt. Justin lehnt besonders Markion ab als einen Häretiker, der „auch jetzt noch Gott, den Schöpfer aller himmlischen und irdischen Dinge, ... zu leugnen lehrt" (58,1).[25] Markion und andere Gnostiker vertraten eine theologische Richtung, die der des jungen Philon im „Allegorischen Kommentar" nahe kommt, und trieben den transzendenten Zugang auf seine äußerste Spitze. Justin wiederum kam nach Rom und fügte seine spezifische Auslegung des christlichen Glaubens in römische Diskurse ein. Wenn er erklärt, das wahre Christentum sei eines Geistes mit der in der Reichshauptstadt verbreiteten Schöpfungstheologie, so wirbt er damit um römische Unterstützung für diejenige Strömung, die später die rechtgläubige wurde.

Kelsos, ein paganer Platoniker, der vermutlich Mitte des zweiten nachchristlichen Jahrhunderts in Alexandria wirkte, wirft weiteres Licht auf das Auseinandergehen der Wege. Den Fragmenten seiner Widerlegung des Christentums, wie Origenes sie in *Gegen Kelsos* überliefert hat, können wir entnehmen, dass er die Verwendung des *Timaios* durch Christen scharf kritisierte, die in seinen Augen „ganz und gar an das Fleisch gefesselt [sind] und nicht Reines anschauen" können (Gegen Kelsos VII 42). In Kenntnis gnostischer Vorstellungen von einem untergeordneten Demiurgen, der für die Entstehung des Bösen in der Welt verantwortlich sei, bietet Kelsos eine metaphorische Interpretation von Platons Vision des „Schöpfers und Vaters dieses Universums" im *Timaios*. Dadurch, dass Kelsos vom „unbenennbaren und ersten Wesen" (ebd.) als völlig abstrakt und weit entfernt von der materiellen Welt spricht, entreißt er Platons Text christlichen Auslegungen. Für Kelsos ist die Welt also „ungeworden und unvergänglich" (IV 79), wobei er mit Aristoteles darauf insistiert, dass „nichts, was aus der Materie entstanden ist, unsterblich" sei (IV 61). Die biblische Schöpfungserzählung erscheint ihm folglich als „sehr naiv" (VI 49).[26]

---

[25] Siehe auch LIEU, Marcion, 332–366; STROUMSA, Another Seed; NIEHOFF, Justin's *Timaeus*.

[26] ORIGENES, Cels. I 27; III 44, 55, 69, 75; IV 73; VI 1, 7–8, 15; VII 42–45, 61; IV 14–18, 79 (Ausgabe MARCOVICH), 61; VI 49. Zu Kelsos und seinen Quellen siehe LONA, Wahre Lehre, 27–50; NIEHOFF, Jewish Critique; BAUMGARTEN, Rule of the Martian. Zu Philons Einfluss auf Origenes siehe DANIÉLOU, Origène, 179–190; RUNIA, Philo in Early Christian Literature, 157–173; VAN DEN HOEK, Philo and Origen.

Im Laufe des dritten und vierten nachchristlichen Jahrhunderts kam es zur Konsolidierung der Anschauungen unter Juden, Christen und griechischsprachigen Heiden. Der rabbinische Midrasch Bereschit Rabba legt erneut Gewicht auf die Schöpfung, indem er dem Thema mehrere Abschnitte widmet und sich dabei vorstellt, wie Abraham den monotheistischen Gott aus der Schöpfung ableitet. Rabbi Hoschaja, der den Midrasch eröffnet, setzt sich zum Ziel, das Judentum in die Erschaffung der Welt einzuschreiben. Er behauptet, der Ausdruck „im Anfang" (Genesis 1,1) – verstanden als „mithilfe des Anfangs" – beziehe sich auf nichts anderes als die Tora, die Gott zu Rate zog, als er sich ans Schöpfungswerk machte (Bereschit Rabba 1,1). Der Kirchenvater Origenes, der im dritten Jahrhundert von Alexandria nach Caesarea übersiedelte, bezeichnet die Schöpfung neben dem Glauben an Gottes Einzigkeit als oberstes Prinzip des christlichen Glaubens. Wie Philon und Justin zieht er eine Verbindungslinie zwischen dem Demiurgen der Philosophen und dem biblischen Erbe, wobei er darauf pocht, dass das Gesetz, die Propheten und die Evangelien vom Schöpfergott stammen (Von den Prinzipien I pr. 4). Darüber hinaus trat er Kelsos entgegen und machte dabei die Erschaffung der Welt zu einem wichtigen Punkt ihres Konflikts. Er beansprucht den *Timaios* für seine Religion und behauptet, Jesus sei eine Ergänzung des platonischen Dialogs, insofern er die monotheistische Botschaft über die Bildungseliten hinaus weiter verbreitete. Origenes schließt in einem recht triumphierenden Tonfall, dass die Heiden zwar „sich auf ihre Gotteserkenntnis und ihr aus der Philosophie resultierendes Wissen um die göttlichen Dinge etwas einbilden", jedoch gleichwohl Polytheisten blieben und „genauso wie die ungebildetsten Leute zu den Götterbildern und ihren Tempeln und den vielgepriesenen Mysterien laufen" (Gegen Kelsos VII 44).[27]

Danach hören wir nichts mehr von paganen Autoren, die eine Schöpfung der Welt im wörtlichen Sinne vertreten. Es bildet sich ein eindeutig griechischer Zirkel, in dem der *Timaios* metaphorisch verstanden wird. Besonders zwei Autoren werfen ein bedeutsames Licht auf diese Entwicklungen im griechischen Osten: der Philosoph und Gelehrte Porphyrios (spätes 3. Jahrhundert) und der Kaiser Julian Apostata (4. Jahrhundert). Beide kritisierten das Christentum und verfassten Traktate, um das griechische Erbe wiederzubeleben. Porphyrios schrieb den ältesten erhaltenen fortlaufenden Kommentar zum *Timaios*, der als „gewiß das umfänglichste und gründlichste [Werk] seiner Art" beschrieben worden ist.[28] Die wörtliche Auslegung des platonischen Textes lehnte er als ‚gottlos' ab, da sie von einem unvollkommenen Demiurgen ausgehe, der entweder nicht fähig oder nicht willens sei, eine vollkommene Welt zu gestalten. Porphyrios' polemischer Ton legt nahe, dass er mit diesen Aussagen christlichen Behaup-

---

[27] ORIGENES, Cels. IV 79; VII 42–44. Siehe auch CROUZEL, Origen, 181–185.
[28] BALTES, Weltentstehung I, 163.

tungen entgegentrat. Außerdem verweist Julian auf den *Timaios* als ‚unsere Darstellung' der Schöpfung, die er vom biblischen Bericht unterscheidet, dem die Christen anhängen. Der *Timaios* in seiner übertragenen Bedeutung wurde zum paganen Gegenentwurf zum Buch Genesis. Als enger Freund Julians und führender Kopf hinter dessen Versuch, die alten Kulte in einer christianisierten Welt wiedererstehen zu lassen, erhob Salustios nicht allzu überraschend die Vorstellung eines ewigen Kosmos in den Rang eines paganen Dogmas.[29] Julians Herrschaft dauerte jedoch nur wenige Jahre, und die von ihm propagierte pagane Renaissance war zum Scheitern verurteilt. Die nizänische Kirche hingegen trug den Sieg davon und schrieb die philosophische Schöpfungstheologie, die der späte Philon als Erster entwickelt hatte, als die das abendländische Denken beherrschende Sicht fest.

---

[29] PORPHYRIOS, in PROKLOS, Commentaria in Platonis Timaeum I, 382; JULIAN, Contra Galilaeos („Gegen die Galiläer") 49A–B, 96C; SALUSTIOS, De diis et mundo („Über die Götter und die Welt"), Kapitel 7. Siehe auch MEREDITH, Porphyry and Julian; MURRAY, Five Stages, 171; STENGER, Hellenische Identität, 324–333.

# 6

## Charakter und Geschichte in den Biographien der biblischen Vorväter

Zu Philons „Exposition" gehören etliche Lebensbeschreibungen biblischer Personen, die auf den Traktat zur Schöpfung folgen und die aus der Bibel bekannten Geschichten neu erzählen. Hier erläutert Philon nicht wie im „Allegorischen Kommentar" aus seiner frühen alexandrinischen Zeit einzelne Verse, sondern stellt jede Figur in einer freien Nacherzählung mit dem Anspruch auf historische Wahrheit dar. Dieser Übergang vom akribischen Bibelkommentar zur Biographie ist bemerkenswert und verlangt nach einer Erklärung. Warum gab Philon das Format der systematischen Kommentierung auf und entwickelte ein Interesse für Persönlichkeit und Charakter? Wirkte sich die Gesandtschaft an Gaius, die Philons Umgang mit Zeitgeschichte und Philosophie prägte, auch auf diesen Genrewechsel aus?

Philons Romreise ist in der Tat der Schlüssel für das Verständnis seiner Erzväterviten. Wie bereits gesehen, hatte sein diplomatisches Amt ihn dazu geführt, sich an aktuellen römischen Diskursen zu beteiligen und im Stil des Historikers zu schreiben. In der *Gesandtschaft* und in *Gegen Flaccus* legt er zudem erste Charakterskizzen des Kaisers Gaius Caligula vor und erwägt die Einschätzung, Gaius sei „zur Herrschaft nicht geboren" gewesen (Flacc. 12). Philon erklärt dessen Abgleiten in Tyrannei und Wahnsinn als Folge des Todes seines Vorgängers, des Kaisers Tiberius, dessen Enthaltsamkeit eine gesunde Zügelung von Gaius' Passionen gewesen sei. Ohne Aufsichtsperson und Vorbild sei Gaius alexandrinischen Schmeichlern erlegen und habe jegliches Maß verloren. Ebenso studiert Philon im Traktat *Gegen Flaccus* den Charakter eines römischen Präfekten, der anfangs dank seiner Sorgfalt und Kompetenz erfolgreich war. Nach Gaius' Herrschaftsantritt entwickelte Flaccus sich jedoch rasch zum Schlechteren, da er dessen Konkurrenten auf den Thron unterstützt hatte. Mit großer Sorge beobachtete er, wie der neue Kaiser seinen Mitregenten töten ließ und damit auch die Sicherheit von Flaccus' eigener Stellung untergrub. Philon hat seine historischen Darstellungen mit regem Interesse am Charakter einzelner Persönlichkeiten und eben nicht an Institutionen, Kriegen oder Ökonomie verfasst. Er erzählt gern Anekdoten, um die Persönlichkeit der Hauptfigur zu veranschaulichen.[1]

---

[1] PHILON, Legat. 12, 14–17, 22–25, 42, 162–165; Flacc. 2–11, 78.

Philons biographische Interessen haben mit Politik zu tun. Nachdem ihn die Unruhen des Jahres 38 n. Chr. aus seinem Gelehrtenleben in Alexandria herausgerissen hatten, wurde er ins damalige Geschehen verwickelt und schrieb historische Abhandlungen mit einem Schwerpunkt auf einflussreichen Akteuren und ihren Lebensgeschichten. Seine Entscheidung, die Viten der biblischen Vorväter zu schreiben, gehört in diesen politischen Kontext. Er verfasste die Biographien Abrahams, Josefs und Moses etwa gleichzeitig mit den historischen Werken, und sie kennzeichnet ein ähnlicher Stil. *Über das Leben Moses* reagiert direkt auf Verleumder, höchstwahrscheinlich Apion, den Leiter der ägyptischen Gegengesandtschaft an Gaius, der in seiner Geschichte Ägyptens ein wenig vorteilhaftes Bild von Mose zeichnete. Zugleich gehen die Lebensbeschreibungen der biblischen Vorväter jedoch über eng gefasste politische Apologetik hinaus und vermitteln einen breiteren Eindruck vom Judentum. Philons Porträts ergeben eine Galerie mustergültiger Vorfahren des jüdischen Volkes, die in moralischer Hinsicht verbindliche Vorbilder darstellen und römische Leser ansprechen, die für ihre Wertschätzung der Ahnen bekannt sind.[2]

In diesem Kapitel untersuche ich die drei erhaltenen Viten Moses, Josefs und Abrahams. Dabei berücksichtige ich auch Philons Bemerkungen über die verlorenen Lebensbeschreibungen Isaaks und Jakobs. Ich frage, wie er diese Figuren literarisch gestaltet, inwieweit seine Anliegen mit jenen der historischen Schriften im Einklang sind und wie er die biographischen Diskurse seiner Zeit heranzieht. Im Anschluss an unsere Einsichten aus der *Gesandtschaft* und aus *Gegen Flaccus* lege ich besonderes Augenmerk auf römische literarische Konventionen und untersuche, ob sie für den Biographen Philon von Bedeutung waren. Außerdem frage ich, welche philosophischen Prämissen hinter Philons Lebensbeschreibungen stehen. War er damals innovativ, indem er mit bekannten Stoffen auf neue Weise experimentierte? Was er geleistet hat, werden wir anhand eines Vergleichs mit späteren Autoren wie etwa Plutarch, Philostrat und Lukas zu beurteilen haben.

## Das Leben Moses

Philon lässt offen, wo genau in seinem Gesamtwerk die Schrift *Über das Leben Moses* ihren Ort hat. An zwei Stellen der „Exposition" blickt er darauf zurück, wenn er an die „zwei Bücher" erinnert, „die ich über das Leben Moses geschrieben habe" (Virt. 52; vgl. Praem. 53). Beide Male unterstreicht

---

[2] Ein Fragment der Schriften Apions über Mose ist bei JOSEPHUS, C. Ap. II 10–11, überliefert. Zur Beispielfunktion der Ahnen in Rom siehe ARENDT, Zwischen Vergangenheit und Zukunft, 159–200; ROLLER, Models from the Past; LANGLANDS, Exemplary Ethics.

Philon, er habe die Vita verfasst, um Mose als archetypisches moralisches Vorbild darzustellen, dem seine Leser, wie er hofft, nacheifern würden. In seinem Traktat *Über die Tugenden* ergänzt er die Vita und erörtert Moses Vorausahnung seines Todes als weiteres Beispiel für seine unerreichte Tugendhaftigkeit. Im Rückblick auf diese Biographie hebt Philon apologetisch hervor, Mose sei kein gewöhnlicher König gewesen und habe nicht nach politischer Macht gestrebt, sondern sei von Gott in dieses Amt eingesetzt worden, obwohl er eigentlich priesterlichen und prophetischen Funktionen zuneigte. Angesichts dieser Querverweise überrascht es, dass Philon das genaue Verhältnis zwischen der Mose-Vita und der „Exposition" nicht bestimmt. Als er über seine Leistung als Biograph sinniert, erwähnt er die Lebensbeschreibungen Abrahams, Isaaks und Jakobs, schweigt aber über die Moses.[3] Philons Sonderbehandlung dieser Vita könnte darauf hinweisen, dass er sie unabhängig von der „Exposition" als direkte Erwiderung auf Apions Anschuldigungen gegen Mose schrieb. Jedenfalls verwendet er ein und denselben Fachbegriff *bios* für alle Traktate über die biblischen Vorväter und bestärkt uns somit darin, sie zusammen zu behandeln, auch wenn zugleich ihre je eigenen Besonderheiten zu beachten sind.

Philon führt Mose als Figur ein, die „einige den Gesetzgeber der Juden, andere den Ausleger heiliger Gesetze nennen" (Mos. I 1). Diese Charakterisierung verwendet zwei verschiedene Blickwinkel auf Mose: den einer breiteren Leserschaft, die Mose regelmäßig den Gesetzgeber der Juden nennt, und den der Juden, die über Mose aus der Innensicht ihrer Gemeinschaft eher in der Sprache der Frömmigkeit reden. Philon bezieht demnach eine Position, aus der seine Vertrautheit mit beiden Welten hervorgeht. Er spricht von der Schnittstelle zwischen Innen- und Außenperspektive aus und entwirft sich als kompetenten Vermittler zwischen den beiden Bereichen in der Hoffnung, „das Leben ... eines Mannes zu schildern, der in jeder Beziehung der größte und vollkommenste Mensch war". Er wolle „die Kreise damit bekannt machen, die auf seine Bekanntschaft gerechten Anspruch haben" (ebd.).

Philon erschafft sich bewusst seine implizite Leserschaft. Er beklagt sich über „die hellenischen Schriftsteller" (I 2), die sich weigerten, Moses zu gedenken, wie er war, und stattdessen „die Fähigkeiten, die sie ihrer Bildung verdankten, auf die Abfassung von Komödien und wollüstigen Schandwerken in Poesie und Prosa freventlich vergeudet haben, eine helle Schande" (I 3). Philon wird hier wohl an Personen des öffentlichen Lebens wie etwa

---

[3] PHILON, Abr. 2–4; Jos. 1. Zu modernen Rekonstruktionen, wo in der „Exposition" *Über das Leben Moses* hingehört, siehe COHN, Einleitung und Chronologie, 434; GOODENOUGH, Philo's Exposition; MORRIS, Jewish Philosopher, 854–855; FELDMAN, Philo's Portrayal, 19–27; PEARCE, King Moses, 42–43; ROYSE, Works of Philo, 50–51; BLOCH, Alexandria in Pharaonic Egypt, 75–77; WILSON, Philo, 3–4; STERLING, Prolific in Expression, 64–75.

Apion und Chairemon gedacht haben, beide höchstwahrscheinlich Mitglieder der ägyptischen Gesandtschaft an Gaius, die auf Griechisch boshafte Schmähschriften gegen die Juden und ihren Gesetzgeber Mose verfassten. Indem er derartige Schriftstellerei als schändliche Pervertierung von Bildung kritisiert, signalisiert Philon, dass so etwas indiskutabel und nicht verhandelbar sei. Leute mit vergleichbaren Ansichten sollten begreifen, dass sie ihre Einstellung würden ändern müssen, wenn sie in den Intellektuellenzirkel aufgenommen werden wollen, den ins Leben zu rufen Philon im Begriff steht. Philon möchte stattdessen diejenigen erreichen, welche die Notwendigkeit einsehen, „ihre natürlichen Anlagen zur Belehrung durch edle Männer und ihr Leben ausgiebig zu benutzen" (ebd.). Solchen Lesern wird die Mose-Biographie dienlich sein, weil sie aus seiner Geschichte als einem Vorbild für ihr eigenes Leben profitieren können. Gelegentlich nimmt Philon Abweichungen zwischen seinen eigenen Anschauungen und denen seiner impliziten Leser vorweg, in der Regel aber weist er deren potenzielle Anzeichen des Zweifels ab – ganz wie Mose während des Auszugs aus Ägypten den Unglauben der Israeliten mithilfe seines Charismas überwand.[4] Philon wendet sich also an ein aufgeschlossenes Publikum, das in biblischen Dingen nicht sehr bewandert, aber offen für Belehrung ist.

Wie vielen anderen Biographen geht es Philon in der Einleitung darum, seine auktoriale Autorität zu bestimmen. Er verspricht, er werde Mose so darstellen, ‚wie er wirklich war' (vgl. I 2). Diese Behauptung historischer Wahrheit ähnelt seiner Beteuerung in der *Gesandtschaft*, er wolle berichten, „was wir ... sahen und hörten" (Legat. 349). Bezüglich Moses ist Philon allerdings kein Augenzeuge und so auf Gewährsleute angewiesen. Er erklärt seinen Lesern, er kenne die Geschichte „teils aus den heiligen Schriften, die er [sc. Mose] als wunderbares Denkmal seiner Weisheit hinterlassen hat, teils aus den Mitteilungen älterer Leute seines Volkes" (I 4). Philon unterscheidet also zwischen schriftlichen und mündlichen Quellen, die beide aus der eigenen Gemeinde stammen. Durch seine Berufung auf einige „ältere Leute seines Volkes" reklamiert er für sich die Autorität eines Eingeweihten, der Zugriff auf die Überlieferungen der Vorfahren hat. Diese Selbstverortung ist eine Reaktion auf Apions Behauptung, seine negative Mose-Darstellung basiere auf einem Bericht „von den Älteren der Ägypter" (Josephus, Gegen Apion II 10). Philon unterstellt, dass seine Sachkompetenz die Apions übertreffe, da er Zugang zu verlässlicheren Vätertraditionen habe. Des Weiteren verweist er auf seine eigenen Erkenntnisse als Material für seine Biographie. An solchen Stellen gibt er seine in der Einleitung skizzierte Erzählhaltung auf und erklärt, die Geschichte nun so wiederzugeben, wie „[sie] mir [zu sein] scheint" (Mos. I 62), oder er wägt abweichende, jedoch gleichermaßen

---

[4] PHILON, Mos. I 2–4, 212, 74. Zu Apion und Chairemon siehe BARCLAY, Flavius Josephus, 170–171, 153; VAN DER HORST, Chaeremon.

## Kapitel 6: Charakter und Geschichte in den Väterbiographien

unsichere Deutungsmöglichkeiten ab.⁵ Sowohl das Schulmäßige von Philons Hauptquelle als auch das spielerische Unterlaufen seiner eigenen Erzählstrategie sind Merkmale, die sein Werk der hellenistischen und nicht der klassischen Epoche zuweisen.

*Über das Leben Moses* beginne, so betont Philon, „womit anzufangen sich gehört"⁶ (I 5), nämlich mit den Umständen der Geburt des Helden. Philon übergeht die biblischen Nachrichten über die Lage der Israeliten in Ägypten und konzentriert seine Erzählung von Anfang an auf Mose. Sein Verweis auf den zwangsläufigen Beginn einer Lebensbeschreibung verrät seine Vertrautheit mit literarischen Normen und breiteren Diskursen, in die er die biblische Hauptfigur einfügt. Er schreibt nicht zufällig in biographischer Manier, sondern zielt bewusst auf die Lesererwartungen, die sich mit diesem Genre verbinden. Lassen sich diese literarischen Konventionen ermitteln? Unser Blick muss sich zunächst auf Rom richten, weil Philon mehrere Jahre dort verbrachte, wo das Gebot der Stunde lautete, „Geschichte in erster Linie in Bezug auf bedeutende Einzelgestalten" zu erzählen.⁷ Außerdem mögen römische biographische Konventionen, mit denen Philon während seiner Gesandtschaft an Gaius in Berührung kam, den weitreichenden Übergang in seinem Werk vom systematischen Bibelkommentar hin zur Biographie erklären.

Für römische Geschichtsschreibung mit Schwerpunkt auf der Persönlichkeit des Protagonisten stellt Cicero (1. Jahrhundert v. Chr.) den einflussreichsten theoretischen Rahmen bereit. In seiner Erörterung der historiographischen „Vorschriften" verlangt er eine unparteiische Schilderung der Wahrheit und besonderes Augenmerk auf die einzelnen Akteure. Der Historiker soll, „soweit ihr Name oder Ruhm hervorragt, Auskunft über Leben und Charakter eines jeden" geben (Über den Redner II 62–63). Sein Traktat *Brutus*, den er von eigentlicher Geschichtsschreibung unterscheidet, bietet biographische Entwürfe zu berühmten Rednern, wobei er häufig deren jeweilige Vorzüge und Methoden miteinander vergleicht. Ciceros Entwurf biographischer Historiographie war in Rom richtungweisend und spiegelt sich bei anderen Autoren, etwa Sallust und Livius, wider.⁸

---

⁵ PHILON, Mos. I 2 (man beachte den griechischen Ausdruck ὅστις ἦν ἐπ' ἀληθείας), 12, 62, 146, 211; Legat. 349; JOSEPHUS, C. Ap. II 10. In der Vita lässt Philon durchgehend den Unterschied zwischen biblischen und mündlichen Quellen verschwimmen, wenn er bei Bezugnahmen auf die Schrift Formulierungen wie „man sagt" verwendet; siehe auch Mos. I 9: „soll er ...", 165: „so wird erzählt".

⁶ ἀναγκαῖον ἄρξασθαι.

⁷ MASON, Josephus and the New Testament, 116–119, hier 116: „He tells the story of Jewish history primarily in terms of great individuals". Siehe auch HÄGG, Art of Biography, 187–238; SWAIN, Biography; für einen Überblick über frühere Formen der Biographie, die Philon offenbar nicht beeinflussten, sofern er sie überhaupt kannte, siehe MOMIGLIANO, Development of Greek Biography; HÄGG, Art of Biography, 10–147.

⁸ CICERO, Brutus 36,137; 3,14; 10,42; 11,44; 15,57–61; 16,63–17,66; 37,139–38,145; De or. II 59. Siehe auch WOODMAN, Rhetoric, 70–159.

Ciceros Zeitgenosse Cornelius Nepos ist der erste römische Autor, der eigenständige Biographien politischer Anführer verfasste und Letztere mit ihrem jeweiligen griechischen Gegenstück verglich. Zwar hält sich Nepos im Großen und Ganzen eng an das Enkomium und konzentriert sich auf die berühmten Taten des Protagonisten, doch lässt er bereits zwei Züge der Biographie erkennen, die später Philons Lebensbeschreibungen kennzeichneten, nämlich Charakterskizzen und der Fokus auf das schrittweise Betreten der politischen Bühne durch den Helden. Nepos schreibt mit einer Gesamtidee vom Leben des Protagonisten und führt ihn regelmäßig durch eine Beschreibung seines familiären Hintergrundes sowie der Umstände seines Eintritts in die Politik ein. Sein Interesse gilt der *natura* des Helden, weshalb er dessen Haupttugenden und persönliche Charakterzüge umreißt. Themistokles beispielsweise wird als beredt und tüchtig beschrieben, wohingegen es von Alkibiades heißt, er sei zwischen seinen natürlichen Führungsqualitäten und seinem starken Hang zu Zügellosigkeit hin und her gerissen gewesen.[9]

Die wenigen Forscher, die Nepos in der Geschichte der antiken Biographie Beachtung geschenkt haben, stellten zu Recht fest, dass sein Werk eher im Mittelmaß verharrt und die lebendige Ausgereiftheit von Plutarchs *Parallelbiographien* vermissen lässt. Was dieser geleistet hat, erschien daher vielen als noch nie dagewesen. Doch Philon liefert uns den Schlüssel für ein nuancierteres Bild der kaiserzeitlichen Biographie. Erstmals führt er vom römischen Stoizismus angeregte philosophische Aspekte ein, die sich später bei anderen Autoren wiederfinden.[10] Im Hintergrund von Philons Neuerung steht die Tatsache, dass sich die Stoiker durch ihre Ablehnung der Kommentarkultur und des Personenkults von hellenistischen Schulen ihrer Zeit unterschieden und stattdessen eine eindrückliche Vielzahl exemplarischer Gestalten anerkannten, zu denen auch Philosophen anderer Schulen, Politiker und Helden aus antiken Texten gehörten. Moralische Autorität wurde nicht auf einen kanonischen Text oder eine bestimmte Schulzugehörigkeit gegründet, sondern ergab sich vielmehr aus der Brauchbarkeit des Vorbilds. Solche Leitfiguren wurden in Situationen des wirklichen Lebens und nicht in einem idealisierten oder unnahbaren Zustand dargestellt.[11]

Der stoische Philosoph Panaitios, der viel Zeit in Rom verbrachte, spielte in diesem Diskurs eine bedeutende Rolle. Er plädierte nachdrücklich dafür,

---

[9] CORNELIUS NEPOS, Vorwort; Miltiades 1; Themistokles 1–2; Kimon 1; Dion 1; Timotheos 1; Alkibiades 1. Siehe auch GEIGER, Cornelius Nepos, 66, 93–98.

[10] Zu Interpretationen, für die Plutarchs Leistung präzedenzlos ist, siehe besonders ZIEGLER, Plutarchos, 272–273; WILAMOWITZ-MOELLENDORFF, Plutarch; SORABJI, Self, 172–180. UXKULL-GYLLENBAND, Plutarch, 110–112, hat sich für stoische Einflüsse auf Plutarchs Viten ausgesprochen; gegen LEO, Griechisch-römische Biographie, der für die hellenistische Biographie einen peripatetischen Hintergrund annahm.

[11] Siehe besonders SENECA, Ep. 22–24; De otio 1,4–3,5; De constantia sapientis 1,1–2,3, 7,1; Ep. 64; Brev. vit. 13,1–9; 14,1–5; EPIKTET, Diatr. I 4. Siehe auch REYDAMS-SCHILS, Authority and Agency.

dass jedes Ich ein bestimmtes Individuum jenseits universaler Rationalität sei. Dieser Ansatz ist zu Recht von dem Platons unterschieden worden, der die menschliche Seele in die unpersönlichen Kategorien des Rationalen und des Materiellen trennte, ohne die besonderen individuellen Lebensumstände zu berücksichtigen. Cicero stützte sich stark auf Panaitios' Gedanken und verschaffte ihnen auf höchst einflussreiche Weise in lateinischer Sprache Gehör. Zugleich blieben seine Schriften Autoren wie Philon, der ihn an einer Stelle erwähnt, weiterhin auf Griechisch zugänglich. Im Anschluss an Panaitios verlagerte sich die Diskussion in Rom vom Gedanken universaler Rationalität hin zum Interesse an ‚unserer eigenen Natur', ‚individueller Eigenart' und ‚charakteristischen Eigenschaften'. Bereits von Geburt an unterscheiden sich die Menschen, wie Cicero mit Panaitios insistiert, hinsichtlich ihrer körperlichen Beschaffenheit wie auch ihrer vorherrschenden Wesenszüge, die dann ihren Lebensweg bestimmen. Auch infolge des jeweiligen familiären Hintergrunds und der besonderen Lebensumstände gebe es Ungleichheiten. Diese Diskrepanzen seien für die Beurteilung eines Einzelnen von so großer Bedeutung, dass ein und dieselbe Handlung – wie etwa Freitod im Falle Catos – eine Pflicht, doch im Fall einer anderen Person eine Verfehlung darstellen könne.[12]

Philons jüngerer Zeitgenosse Seneca setzt diese stoische Diskussion über das Ich fort, wobei er sie um eine Dimension bereichert, die für unsere momentane Untersuchung von besonderer Bedeutung ist. Er geht von einem in hohem Maße unverwechselbaren Ich aus, das er in konkreten Situationen anspricht. Die Vielfalt seiner Briefe lässt sein waches Bewusstsein für die Bandbreite menschlicher Lebensumstände erkennen, die bedacht und individuell gewürdigt sein wollen. In seiner Schrift *Über die Kürze des Lebens* schlägt Seneca vor, die Grenzen der eigenen Erfahrung durch die Verbindung mit Gestalten der Geschichte auszuweiten. Er entwickelte eine Art moralischen Zugang zu Figuren der Vorzeit, der dem Philons ähnlich ist, und empfiehlt seinen Lesern, mit großen Denkern der Vergangenheit wie Zenon und Aristoteles „täglich … möglichst vertrauten Umgang" zu pflegen (14,5). Man solle sich „unter ihren Schutz stellen" und sie sich zum Lehrer und Freund erwählen, „mit denen man Kleinigkeiten ebenso wie Hochwichtigem nachgehen und die man in eigener Sache täglich um Rat fragen

---

[12] CICERO, Off. I 107–112. Siehe auch ROLLER, Selfhood, Exemplarity; PROST, Psychologie de Panétius. Man beachte, dass Cicero über Panaitios' Traktat *Über die Pflicht* Folgendes schreibt: „… der ohne Zweifel am genauesten über das rechte Handeln gesprochen hat und dem wir mit einer bestimmten Richtigstellung besonders gefolgt sind" (Off. III 7). Philon erwähnt Panaitios in Aet. 76. Zur stoischen Auffassung vom Ich siehe SORABJI, Self, 115–136, 157–171; REYDAMS-SCHILS, Roman Stoics, 20–25; REYDAMS-SCHILS, How to Become Like God; vgl. GILL, Personhood and Personality, und GILL, Structured Self, der das Typische gegenüber dem Individuellen betont.

kann" (15,2). Vor allem solle der Leser „sich nach dem Vorbild [solch großer Persönlichkeiten] formen" (ebd.).[13]

Angeregt von solchen römischen Diskursen legte Philon, der zu ebender Zeit schrieb, als Seneca seine Philosophie auszuformulieren begann, in der Mose-Vita ein anspruchsvolles, innovatives Muster des biographischen Genres vor, das ernsthaft stoische Vorstellungen vom Ich berücksichtigt. Erstmals bietet er uns diejenige Art von philosophischer Biographie eines politischen Akteurs, die uns von Plutarch her vertraut ist. Der Beginn der Vita stellt Mose in den breiteren Kontext biographischer Diskurse und wäre jedem gebildeten römischen Leser höchst angemessen erschienen. Neben der Betonung von historischer Wahrheit und der Thematisierung der Lesererwartungen bietet Philon Einzelheiten über Moses vornehmen familiären Hintergrund sowie einige Erläuterungen zum Land Ägypten, wo er aufwuchs (Mos. I 5–7). Mose tritt uns hier als ein Held der Oberschicht entgegen und wird gemäß römischen historiographischen Konventionen in seinen geographischen Kontext gestellt.

Besondere Beachtung schenkt Philon Moses individuellen Wesenszügen, deren Anlage er in der frühen Kindheit und unter sich dramatisch ändernden Umständen aufzeigt. Da Philon die stoische Einsicht teilt, wonach die körperliche Konstitution eines Menschen ein entscheidender Ausgangspunkt für die Ausprägung seiner individuellen Persönlichkeit ist, hebt er hervor, dass Mose „gleich nach der Geburt ... ein edleres Aussehen als gewöhnlich zeigte" (I 9). Seine Schönheit habe ihm das Leben gerettet, da wegen seiner Wohlgestalt Pharaos Tochter ihn adoptierte. Darüber hinaus erbringt Mose einen ersten Beweis seines „züchtigen und ernsten Wesens", wenn er die Vergnügungen des ägyptischen Hofes ablehnt und sich auf das aufmerksame Hören und Sehen dessen verlegt, „was seine Seele fördern konnte" (I 20). Philons Mose neigte von Natur aus zu Bescheidenheit, Disziplin und Lernen, wobei er seine Lehrer bald übertraf, „denn sein Sinn war jedem Falsch unzugänglich" (I 24).[14]

Als wichtiges literarisches Mittel der Charakterskizze dienen Anekdoten. Was Philon darunter versteht, formuliert er an einer Stelle explizit: „Ich will nunmehr von der Tat erzählen, die er in dieser Zeit ausgeführt hat, einer anscheinend zwar geringfügigen, die aber doch aus einer nicht kleinlichen Gesinnung hervorgegangen ist" (I 51).[15] Hier weist Philon auf das umgekehrt proportionale Verhältnis zwischen unbedeutender Begebenheit und großer Aussagekraft hin. Während Historiker regelmäßig Großereignisse wie Kriege und politische Krisen darstellen, greift der Biograph Handlungen im Privatleben als authentischen Beleg für den Gesamtcharakter einer

---

[13] SENECA, Brev. vit. 15,4–5; 15,2; 17,6; Ep. 24,64; Tranq. 1,12.
[14] PHILON, Mos. I 9, 15–24, 59; vgl. Exodus 2,6; CICERO, Off. I 122–123.
[15] ... εἰ καὶ μικρὸν ὅσα γε τῷ δοκεῖν, ἀλλ' οὐκ ἀπὸ φρονήματος μικροῦ.

Person heraus. Philons anekdotenhafte Vorgehensweise im Leben des Mose ist seinem Schreibstil in den historischen Traktaten erstaunlich ähnlich, wo er einmal über ein Vorkommnis in Alexandria sagt: „Aber wenn es auch gering ist, ein Zeichen nicht geringer Bosheit ist es doch" (Flacc. 78). In der *Gesandtschaft* analysiert Philon ebenso bestimmte Verhaltensweisen des Gaius, die seinen geistigen Niedergang anzeigen. Wenn er bei einem Festessen einschläft oder sich unter die Tänzer mischt, wird das als Widerspiegelung seiner Persönlichkeit dargestellt. Sowohl in seinen Biographien als auch in den historischen Schriften ist Philon an besonderen Begebenheiten interessiert, die den Charakter der Hauptfigur beleuchten. Dieser Schreibstil hat starke Anklänge an Methoden des stoischen Philosophieunterrichts. Mehr als jede andere verwendete diese Schule individuelle Vorbilder an Vortrefflichkeit. Seneca stellt regelmäßig bekannte Persönlichkeiten in kritischen Situationen dar, um einen bestimmten Wert zu veranschaulichen. So erzählt er beispielsweise eine „Anekdote" (*fabella*) über den Freitod des Tullius Marcellinus und rechtfertigt dabei seine „Abschweifung" mit dem Nutzen, den sie für das Verständnis des Themas ‚ehrenvoller Abschied aus dem Leben' bringe.[16]

Die Anekdoten, die Philon aus Moses Kindheit erzählt, betreffen meist seine außerordentliche geistige Reife. Mose soll „ungewöhnlich schnell ... entwöhnt" worden sein (I 18), „entwickelter, als seinem Alter entsprach", gewesen sein (I 19) und „nicht wie sonst ein ganz junges Kind an Scherzen, Lachen und Tändeleien Freude" gehabt haben (I 20). Später widmete er sich seinen Studien mit einer solchen Ernsthaftigkeit, dass er seine Lehrer „an Fähigkeit überragte" und eher ein Fall „des Sich-Erinnerns, nicht des Lernens, zu sein schien" (I 21). Philon berichtet beifällig, dass Mose „schwierige Fragen formulierte" (ebd.). Keiner dieser Züge Moses ist aus vorphilonischen Quellen bekannt. Der Tragiker Ezechiel, einer von Philons jüdischen Vorgängern in Alexandria, erwähnt nur in knappen Worten Moses „königliche Erziehung und Bildung" (Exagoge 36). Philon hat ein besonderes Interesse an Moses geistiger Entwicklung und scheint sich die eben erwähnten Szenen selbst ausgedacht zu haben. Offenbar inspirierte ihn dazu die Übersetzung von Exodus 2,10 nach der Septuaginta, wo es heißt, dass „das Kind herangewachsen war".[17]

Philons Anekdoten über Mose als Kind bleiben irgendwie blass, weil sie ein Niederschlag philosophischer Metaphorik sind. Er ruft das klassische platonische Bild der Erinnerung der Seele auf, das Sokrates als die Grundlage jeden menschlichen Lernens beschrieb. Die Tatsache, dass Philon Mose als Schüler herausgreift, der sich auf Erinnerung stützt und nicht von Päd-

---

[16] PHILON, Flacc. 78; Legat. 41–43; SENECA, Ep. 77,10.
[17] PHILON, Mos. I 18–21; EZECHIEL TRAGICUS, Exagoge 36 (HOLLADAY, Fragments II, 355; deutsch: VOGT).

agogen lernt, lässt durchblicken, dass er das platonische Bild in lockerer Form verwendet: Aus einer allgemein menschlichen Eigenschaft macht er ein Charakteristikum eines konkreten Helden. Mit der Bemerkung, Mose „eilt ... vorwärts wie nach dem Sprichwort ‚das Ross ins Feld'" (Mos. I 22), schmückt Philon dessen Bild als eines frühreifen Knaben weiter aus. In leichter Abwandlung des platonischen Bonmots über Sokrates gibt Philon zu verstehen, dass Mose philosophisch etwa so scharfsinnig ist wie Platons Leitfigur. Darüber hinaus wird die Methode von Frage und Antwort, die in hellenistischer Zeit für viele Formen des Lernens zentral war, auf Mose übertragen, dessen geistige Frühreife sich in seiner Formulierung von Problemen niederschlägt.[18] Diese Anekdoten beruhen allesamt auf philosophischen Klischees, die Moses ernstes Wesen und seine herausragende Intelligenz aufzeigen. Schon in der Kindheit war er ein außergewöhnlich geistiger Mensch und somit von Natur aus für seine künftige Rolle als Philosophenkönig bestimmt.

Als er auf Moses moralische Entscheidungen in seiner Jugend zu sprechen kommt, werden Philons Anekdoten lebendiger. Anschaulich erkundet er Moses Reaktion auf Israels Notlage in Ägypten:

> Der Unmut und der Zorn über diese Lage verließen Mose nicht, da er weder die Misshandelnden abzuwehren noch den Misshandelten zu helfen imstande war. Aber soviel in seinen Kräften stand, suchte er durch sein Wort zu helfen, indem er den Aufsehern zuredete, maßvoll zu sein und das Übermaß der Forderungen zu mildern und herabzusetzen, und den Arbeitenden, das gegenwärtige Geschick edlen Mutes zu tragen, mannhafter Gesinnung zu sein und nicht seelisch und körperlich zu erschlaffen, sondern Gutes nach dem Schlimmen zu erwarten. (Mos. I 40)

Mose wird hier als ein Mensch mit starkem Gerechtigkeitsempfinden und einem ebenso ausgeprägten Bewusstsein seiner begrenzten Möglichkeiten gezeichnet. Beim Anblick der immensen Unterdrückung der Israeliten wählte er Überzeugungsarbeit und Ermutigung als Mittel, um die Lage seines Volkes zu verbessern. Moses Reaktion auf seine Lebensumstände sei vernünftig und angemessen gewesen. Sein Maßhalten sei erst dann in eine Gewalttat umgeschlagen, als einige Aufseher ihre gewohnte Grausamkeit überboten und zu „Tieren in Menschengestalt" wurden (I 43). Diese veränderten Umstände hätten bei Mose zu einer Neuorientierung seines Verhaltens geführt. Er reagierte darauf mit der Tötung des Aufsehers und provozierte so den endgültigen Bruch mit seinem Pflegevater, dem Pharao. Philon beschließt diese Szene mit einem direkten auktorialen Kommentar, der unterstreicht: Er stimmt mit Mose überein, dass es sich um „eine makellose Tat" gehandelt habe (I 44). Der Gedanke veränderter Umstände, die Moses Gewalttat bewirkten, verdankt sich einzig und allein Philons phantasievoller

---

[18] PLATON, Phaidon 72E und Tht. 183D. Siehe auch FELDMAN, Philo's Portrayal, 47–55.

Lektüre des Bibeltexts, in dem es lediglich heißt, Mose habe gesehen, wie ein ägyptischer Aufseher einen der Hebräer schlug, und ihn, als er sich unbeobachtet wähnte, getötet.[19] Zweifelsohne will Philon seinen Helden rechtfertigen, besonders im Hinblick auf nichtjüdische Leser, die Anstoß an der Tötung des Ägypters nehmen könnten. Bemerkenswerterweise tut er dies, indem er Moses Charakter unter sich wandelnden Umständen prüft und nahelegt, dass dessen Reaktion in der fraglichen Situation angemessen gewesen sei.

In ähnlicher Weise wird Moses Persönlichkeit lebendig greifbar in der Szene am Brunnen in Midian. Wo der biblische Text einfach konstatiert: „Mose aber stand auf und half" den Hirtinnen, die gekommen waren, um ihre Herden zu tränken, doch von einigen Hirten drangsaliert wurden, bietet Philon die folgende Darstellung:

> Als Mose dies sah – denn er saß nicht weit davon –, lief er eilends hinzu, trat nahe an sie [sc. die Männer] heran und sprach: „Wollt ihr nicht endlich aufhören, Unrecht zu tun und die Wüste als euren Vorteil zu betrachten? Schämt ihr euch nicht, faule Arme und Ellenbogen zu pflegen?" (Mos. I 54)

Philon wählte Moses Eingreifen zugunsten der Hirtinnen als exemplarische Szene. Den Augen der Öffentlichkeit verborgen, doch von Philon genau beobachtet, erweist Mose sich als echter Kämpfer für Gerechtigkeit, der die jungen Frauen vor Männern in Schutz nimmt, die aus der Einsamkeit des Ortes ihren eigennützigen Vorteil ziehen zu können meinen. Philons Mose hält bei dieser Gelegenheit eine eindrückliche Rede, in der er die Störenfriede auffordert, von dem Unrecht abzulassen, und sie später im Namen Gottes an ihre moralischen Pflichten erinnert. Der Vater der Frauen erfasst sofort die wahre Bedeutung dieses Vorfalls und ist „voller Bewunderung" für Moses Persönlichkeit (Mos. I 54–59). Implizit spornt Philon dadurch seine Leser dazu an, der Haltung des Vaters nachzueifern und die Anekdote als Spiegelbild von Moses außergewöhnlichem Charakter zu würdigen.

Philon studiert darüber hinaus das Heranreifen von Moses Eigenschaften im Verlauf seines ganzen Lebens. Er gibt eine Überblick über die zunehmenden Regungen seiner „edlen Vernunft" (I 48) und seiner Selbstbeherrschung, die in seinen frühen asketischen Neigungen ans Licht kommen, seinen Kampf für Gerechtigkeit mit den ägyptischen Aufsehern und seine Flucht aus Ägypten nach Arabien. Philons Interesse gilt der Frage, wie jemand auf verschiedene Umstände reagiert, besonders dann, wenn sie eine Verschlechterung bedeuten. Er unterstreicht, dass Mose sich weiterhin „mit Eifer der Lehre seines Hauses und seiner Vorfahren" widmete (I 32) und nicht „aufgeblasen und aufgebläht" wurde (I 30), obwohl er sich der ägyptischen Hofprivilegien erfreuen konnte. Philon begleitet Mose auch ins arabi-

---

[19] PHILON, Mos. I 43–44; vgl. Exodus 2,11–12.

sche Exil und richtet für ihn dieselbe Art von philosophischem Trainingslager ein, das er in den historischen Traktaten Flaccus zugewiesen hat, und er erzählt, wie Mose dem „unversöhnlichen Zorn eines Königs" in ein „fremdes Land" entkam, wo er „mit den Sitten der Bewohner noch nicht vertraut" war (I 49). Mose habe diese schreckliche Situation der Entfremdung als Gelegenheit genutzt, um sich auf seine künftige Aufgabe vorzubereiten, indem er „zu den edelsten Arten der Lebensführung, der beschaulichen und der werktätigen", sich mühte. Seine bewundernswürdige „Lehrerin in seinem Innern [war] die Vernunft" (I 48), die ihn dazu brachte, philosophische Lehren zu studieren, und ihn auf dem beständigen Weg der Natur führte.[20]

Moses schließliche Berufung zum Anführer der Israeliten findet Philons besonderes Augenmerk. Er erzählt die Geschichte einer allmählichen und unbeabsichtigten Entwicklung hin zur politischen Betätigung, angefangen bei Moses erfolgreichem Hirtendasein und gipfelnd in seiner widerwilligen Unterordnung unter Gottes Befehl, die Israeliten aus Ägypten zu führen. Obwohl ihm die Kunst der Rede, die für eine öffentliche Rolle als unabdingbar galt, nicht gegeben war, wird er zuletzt „ihr Anführer auf der Wanderung" (I 71). Philon schreibt den Exodus in das Narrativ von Migration und Kolonisierung ein, dem wir bereits in den historischen Schriften als Merkmal der Juden begegnet sind, und betont, Mose habe sich im Unterschied zu vielen anderen nicht selbst durch physische Gewalt in eine Machtstellung gedrängt, sondern das Mandat von Gott und aufgrund seiner Tugend erhalten. Seine Herrschaft erweist sich als eine Art huldreiche Monarchie zum Wohle seiner Untertanen – ganz ähnlich wie die Regierungsform, die in den historischen Traktaten Macro dem Gaius ans Herz gelegt hatte.[21]

Angesichts von Philons lebhaftem Interesse an Moses politischer Laufbahn, die er über ihre verschiedenen Etappen auf dem Weg ins Land Israel begleitet, endet das erste Buch der Vita relativ abrupt und überraschend. Die chronologische Anlage des Werkes wird durchbrochen, und Philon konstatiert zusammenfassend: „Seine Leistungen als Herrscher sind nun dargelegt worden; jetzt ist der Reihe nach von dem zu sprechen, was er als Gesetzgeber und oberster Priester vollbracht hat" (I 334). Der unpersönliche Ausdruck „ist zu sprechen" unterstreicht den formalen Charakter des Übergangs von einer politischen Biographie in chronologischer Folge hin zur thematischen Behandlung von stärker religiösen und kulturellen Funktionen. Philon erklärt diesen Wechsel nicht, sondern stellt lediglich allgemein fest, dass die priesterlichen und die gesetzgeberischen Rollen „besonders zum Königtum

---

[20] PHILON, Mos. I 25–28, 47–50. Man beachte auch, dass Panaitios Wert darauf legte, für die Würdigung einer Person deren gesamtes Leben zu betrachten (CICERO, Off. I 111–119).

[21] PHILON, Mos. I 63–86, 147, 150–159, 163 (ἀποικίαν ἔστελλεν), 170 (εἰς ἀποικίαν), 220, 222, 237, 328. Zu Macro siehe Kapitel 3.

passen" (ebd.). Somit ist er sich der Tatsache nur allzu bewusst, dass er über das Genre der Biographie hinausgeht, wenn er eine weitere, unerwartete Dimension und ein zweites Buch anfügt, welches *Über das Leben Moses* zu einem wichtigen Text der jüdischen Religion macht. Sogar technisch gesehen überschreitet Philons Vita das Normalmaß einer Biographie, die regelmäßig *ein* Leben in *einem* Band behandelt.

Eingangs des zweiten Buches *Über das Leben Moses* thematisiert Philon erneut den Übergang von einer politischen Biographie zu einer Erörterung von Moses religiösen Ämtern. Obwohl ihm klar ist, dass der Leser wahrscheinlich überrascht sein wird, bietet Philon keine wirkliche Erklärung dafür. Er schreibt relativ vage, er behandle nun Dinge, die „in engem Zusammenhang" mit Moses politischer Karriere stünden (II 1). Um den Übergang zu glätten, führt Philon Platons berühmte Aussage ein, ein erfolgreicher König würde zum Philosophen werden. Obgleich diese Bemerkung signalisiert, dass ein Politiker auch nach geistigen Maßstäben beurteilt werden sollte und somit Philons Entscheidung scheinbar stützt, ist sie letztlich doch fehl am Platz, da Moses religiöse Ämter und nicht die philosophischen Funktionen im Mittelpunkt des Interesses stehen. Was brachte Philon dazu, den chronologisch-biographischen Rahmen zu verlassen und sich religiösen Themen zuzuwenden, nur um dann mit einer biographischen Bemerkung zu schließen, nämlich: „So war das Leben, so war auch das Ende des Herrschers, Gesetzgebers, Hohen Priesters und Propheten Mose" (II 292)?

Philons überraschende Hinwendung zu religiösen Themen im zweiten Buch von *Über das Leben Moses* hat mit seinerzeitigen Diskursen zu tun. Die geistige Atmosphäre in Rom, wo politische Führungspersonen regelmäßig in priesterliche Rollen schlüpften, ist in diesem Zusammenhang von Bedeutung. Seit Augustus fungierte der Kaiser als *pontifex maximus*, als Hoher Priester, der im ganzen Reich allumfassende religiöse Macht ausübte. Wie wir im dritten Kapitel gesehen haben, konzentrierte sich Varro bei seiner Erörterung von Religion nicht auf Texte, sondern auf den Kult, dem er philosophische Bedeutung zuschrieb. In der *Gesandtschaft* legte Philon seinen transzendenten Ansatz ab und deutete das Judentum als städtische Religion mit dem Jerusalemer Tempel als Zentrum. Augustus' Lob auf den Tempel wird als eine Möglichkeit eingeführt, den im Grunde römischen Geist dieser Interpretation zu signalisieren (Legat. 157). Philons Darstellung Moses als eines Priesters und Propheten fügt sich daher gut in seine spätere Auslegung des Judentums in spezifisch römischen Begriffen ein, die Kult und Religion über säkulare Politik oder kanonische Texte stellen.

Ein Beispiel soll Philons Sicht Moses als Priesters veranschaulichen: Im Zusammenhang mit dem Stiftszelt erläutert Philon, dass Mose „in die geheimen Weihen des Priesteramtes eingeführt und über alles belehrt [wurde], und zwar zuerst über das, was ja auch im Range das erste ist, über die Einrichtung des Heiligtums und seines Inhalts" (Mos. II 71). Dann gibt Philo eine detaillierte Beschreibung des Stiftszelts, des „tragbaren Heiligtums" (II 73), wobei er die Verbindung zwischen Kult und Wahrheit hervorhebt. Der Bau selbst beruhe auf der „unsichtbar stofflosen" Form, die Mose bereitgestellt hatte (II 76). Die eigentliche Vorrichtung „stellt sinnbildlich die Geisteswelt dar", wohingegen die Außenseite „das Sinnbild der sinnlichen Welt" sei (II 82). Andere Aspekte des Bauwerks wurden nach vollkommenen Zahlen oder als „Sinnbilder der beiden Welthalbkugeln" konstruiert (II 98). Dem Altar und dem Leuchter kommt in Philons Schilderung eine besondere Bedeutung zu, insofern der Weihrauch die Dankbarkeit für die himmlischen und irdischen Gaben symbolisiere und der Leuchter auf „die Bewegungen der lichtspendenden Sterne" anspiele (II 102). Das Stiftszelt fungiert als symbolischer Mittelpunkt des Universums, und der Kult, dessen Gründungspriester Mose ist, stellt sich als der Kern des Judentums heraus.[22]

Wenn man sieht, dass Philon nahezu das ganze zweite Buch *Über das Leben Moses* derlei religiösen Dingen widmet statt der Charakter- und Geschichtsdarstellung, erhalten wir den Eindruck, dass er einen Schritt aus den historischen Schriften wiederholt, wo er konsequent von politischen zu religiösen Registern wechselte. Dies wurde im Fall König Agrippas I. besonders deutlich, dessen politische Verdienste zugunsten von Philons eigener Mission als religiöser Führungsperson in Krisenzeiten in den Hintergrund gedrängt wurden. Ein solches Vorgehen war sinnvoll im Kontext von Claudius' neuer Politik gegenüber den Juden, die deren politische Rechte in Alexandria beschnitt, ihre Religionsfreiheit aber uneingeschränkt anerkannte. Philons Mose passt zu dieser Tendenz. Ungeachtet seiner glänzenden Bilanz als Politiker, dessen Leben Philon voller Stolz als nachahmenswertes Modell präsentiert, übt Mose genauso wichtige kultische Funktionen aus, welche die Interpretation des Judentums als einer unpolitischen, religiösen Größe untermauern.

## Das Leben Josefs

Bei seiner Einführung der Josefsfigur blickt Philon zusammenfassend auf die Viten der drei Erzväter Abraham, Isaak und Jakob zurück. Er erörtert keine Fragen der Geschichtsschreibung mehr wie zu Beginn von *Über das Leben Moses*, sondern es geht ihm hier um verschiedene Menschentypen. Während Abraham für ein Leben durch „Unterweisung" steht, ist Isaak ein Beispiel für den Autodidakten und Jakob für ein Leben der Übung (Jos. 1). Philon schreibt über seine vorigen Biographien mit einem Gefühl der Befriedigung und des Triumphs. Er hatte erkennbar Erfahrung mit dieser

---

[22] PHILON, Mos. II 37, 71–76, 81–84, 97–98, 101–102.

Gattung gesammelt und erwartet von seinen Lesern Vertrautheit mit ihr. Deren anhaltendes Interesse an den biblischen Vorvätern mag ihm in der Tat den Anstoß gegeben haben, eine vierte Vita zu schreiben, nämlich die des Politikers (ebd.).

Philon nutzt Josefs Tod dazu, eine Art Nachruf zu halten beziehungsweise auf sein Leben zurückzublicken. Er rühmt seine „Schönheit, Weisheit und Wortgewalt" (Jos. 268) und weist nach, wie jede dieser Eigenschaften in seinen verschiedenen Lebensabschnitten zum Zuge kam. Die wichtigen Momente in Josefs Werdegang, wie Philon sie darstellt, sind erstaunlich unpolitisch. Sein markantes Äußeres wird daran aufgezeigt, dass Potifars Frau sich von seiner Schönheit angezogen fühlte, sein gesunder Verstand habe zahlreichen Anfechtungen standgehalten, und durch seine Redegewandtheit konnte er seine Untertanen überzeugen, statt Druck auf sie auszuüben. Angesichts der Tatsache, dass er als Wesir des Pharaos die ägyptischen Staatsgeschäfte äußerst erfolgreich führte, wäre es ein Leichtes gewesen, seinen politischen Beitrag in den Mittelpunkt zu rücken. In gewisser Weise tut Philon das Gegenteil. Immer wenn die biblische Erzählung von Josefs tatsächlicher Machtausübung spricht, nutzt Philon die Gelegenheit, eine moralische Lektion zu erteilen. In seiner Wiedergabe von Genesis 41,39–46 etwa beschreibt er, wie Josef vom Pharao in seine Dienste genommen und praktisch König von Ägypten wird, doch dann zieht er daraus einen überraschend religiösen Schluss. „So ergeht es den Frommen", schreibt er. „Mögen sie auch einmal niedergezwungen werden, sie bleiben nicht am Boden. Sie erheben sich, um fortan fest und sicher zu stehen, ohne die Gefahr eines weiteren Sturzes" (Jos. 122). Philon geht es eindeutig nicht um die politischen Chancen von Josefs Posten, sondern er nutzt sie als Beispiel für die Rechtfertigung des Gerechten nach einer Leidenszeit. Er vermittelt eine Botschaft der Hoffnung und signalisiert seinen Lesern, dass man immer beharrlich auf Gottes Fürsorge warten müsse.

Darüber hinaus erweitert Philon die biblische Szene von Josefs Amtseinsetzung um einen langen Exkurs, in dem er Josefs Traumdeutung als Chiffre für den Politiker erklärt, der mit der Unbeständigkeit der Welt konfrontiert ist und diese wie einen Traum deutet. Diese allgemeine Betrachtung lenkt die Aufmerksamkeit des Lesers von Josefs faktischer Führung der Staatsgeschäfte ab. Offenkundig hat es Philon die Vorstellung eines mustergültigen jüdischen Staatsmannes angetan, doch bei einem konkreten Beispiel ist er eher zwiespältig. Er mag darauf bedacht gewesen sein, nicht das Bild eines jüdischen Politikers wie etwa Agrippas I. oder seines Neffen Tiberius Alexander heraufzubeschwören, den Claudius im Jahr 46 n. Chr. zum Prokurator von Judäa ernannt hatte (Josephus, Jüdischer Krieg II 220–223). Philons *Über Josef* geht also spielerisch über das biographische Genre hinaus, indem sich die Vita häufig in philosophischen Spekulationen ergeht und dann wieder zu den Stationen in Josefs Leben zurückkehrt.

Philon malt sich aus, wie Josef während der Hungersnot die ägyptische Bevölkerung aufsucht und dabei einen ausnehmend guten Eindruck auf sie macht aufgrund der „Förderung, die er allen gewährte", und „durch sein vorteilhaftes Aussehen und sein freundliches Auftreten" (Jos. 157). Josefs gefällige Wirkung ist in Philons Augen mindestens ebenso wichtig wie seine politische Leistung für das Land, die über die Einzelheiten der biblischen Geschichte hinaus nicht näher bestimmt wird. Als Philon bei Josefs Zusammentreffen mit seinen Brüdern in Ägypten dessen uneingeschränkte Macht erwähnt, lotet er das Thema für eine Charakterstudie aus und versichert, Josef habe sich trotz der Handlungsvollmacht seiner Stellung nicht zur Rache hinreißen lassen. Im Licht dieser moralisierenden Tendenz erstaunt es nicht, dass Philon Josefs kulturellen Beitrag für Ägypten feiert, wo er das Symposion, das heißt das Gastmahl, bei dem man das Essen liegend einnahm, eingeführt haben soll. Philons konsequente Verlagerung in der Josef-Vita von Realpolitik zu politischer Theorie, Religion und Kultur entspricht dem zweiten Teil von *Über das Leben Moses*, wo er von Moses Rolle als König zu seinen priesterlichen und prophetischen Funktionen übergeht.[23]

Gleichwohl folgt *Über Josef* ähnlichen biographischen Konventionen wie *Über das Leben Moses*. Philon interessiert sich für Josefs Kindheit und erkundet die verfügbaren Details der Bibel, um eine anschauliche Geschichte seines familiären Wirkens zu erzählen (Genesis 37,2–3). Besonderes Augenmerk gilt Josefs Charakter:

Kaum hatte der Vater des Jünglings in ihm die edle, über dem Üblichen stehende Sinnesart entdeckt, da brachte er ihm Bewunderung und Respekt entgegen und liebte ihn mehr als seine anderen Söhne, zumal er ein Spätgeborener war, was nicht wenig zur Steigerung der Zuneigung beizutragen pflegt. Selbst ein Liebhaber von allem, was vollkommen ist, schürte er die Glut der natürlichen Anlage des Jünglings durch besondere und außerordentliche Beschäftigungen, damit diese nicht nur glimme, sondern bald zu einem richtigen Feuer entflamme. (Jos. 4)

Philon spricht hier von Josefs „natürlicher Anlage" und „edler Sinnesart" und signalisiert damit, dass sein Titelheld von frühesten Kindesbeinen an eine einzigartige Persönlichkeit war. Gemäß biographischen Konventionen baut Philon die biblische Erzählung aus und schafft eine Szene, welche die Ausbildung von Josefs Individualität und den Einfluss seiner frühen Mentoren zeigt. Jakob spielt die Rolle von Josefs erstem Lehrer, der die Begabungen seines Sohnes erkennt und fördert. Zwar wendet Philon bei der Gestaltung des Josefsbildes dieselben biographischen Techniken an wie im Falle Moses, doch ist er nun deutlich verhaltener. Mose ist ein außergewöhnlicher, völlig unabhängiger Held, wohingegen Josef zwar über dem Durchschnitt liegt, doch guter Erziehung und der Unterstützung eines Lehrers bedarf, um sein volles Potenzial zu entfalten.

---

[23] PHILON, Jos. 166, 204.

Das Thema ‚angeboren versus anerzogen', Anlage und Umwelt, spielt in der Josef-Vita, die von einschneidenden Wendungen der Umstände gekennzeichnet ist und zur Behandlung dieses Fragenkomplexes einlädt, durchgehend eine bedeutende Rolle. Anhand der biblischen Notiz über den Neid der Brüder untersucht Philon zunächst, wie sein Held Hindernisse überwindet. Josef, so betont er, begegnet der Eifersucht seiner Brüder mit bemerkenswerter „Einfalt" (Jos. 6), indem er sich natürlich gibt und kein falsches Spiel mit ihnen treibt. Unberührt von seiner Verstoßung aus der Familie, kommt er in Potifars Haus, und sogleich „zeigte sich seine Vortrefflichkeit und gute Herkunft" (Jos. 37). Dann trotzt Josef den Nachstellungen der Frau Potifars und widersteht ihnen erfolgreich, „war er doch von seiner Anlage her und durch Übung keusch und anständig" (Jos. 40). Als Philons Josef sich in Ägypten mit seinen Brüdern aussöhnt, versichert er ihnen, er werde keine Rache üben, obwohl ihr Vater gerade erst verstorben sei, denn „die Zeitumstände haben keinen Einfluss auf mein Verhalten" (Jos. 263). Im Gegenzug beglückwünschen ihn die Brüder zu seiner Fähigkeit, die Wechselfälle des Lebens zu ertragen, und wissen zu schätzen, dass er „keinen Groll mehr hegte über das Missgeschick, mit dem alles begonnen hatte" (Jos. 246). Philon hat die biblische Erzählung mit Blick auf Themen der stoischen Philosophie umgeschrieben, die der Sorge um sich unter wechselnden Lebensumständen besondere Beachtung schenkte. Er führt auch einen Gedankengang weiter, der ihn in seinen philosophischen Schriften beschäftigt hatte, wo er zwischen einer „wohlbegabten Natur", die man empfängt, und dem „Eifer in Verbindung mit Übung", die man investiert, um diese Naturanlage noch zu veredeln, unterschied (Prov. II 15).[24]

Unter Aufnahme stoischer Ethik interessiert sich Philon besonders für die Entscheidungsfindung des Einzelnen in komplizierten Situationen. Es geht ihm nun nicht mehr um den Leib-Seele-Gegensatz, der ihn im „Allegorischen Kommentar" beschäftigt hatte, sondern er nimmt stattdessen eine eher einheitliche Seele an, die Impulse aus der Außenwelt empfängt. Ein gutes Beispiel einer solchen Charakterstudie ist die Szene, in der Josef erstmals seinen Brüdern wiederbegegnet, die ihn noch nicht erkennen. Philon erzählt es so:

> Schon in jungen Jahren regierte er als Stellvertreter und Zweiter nach dem König, und der Osten wie der Westen blickten zu ihm auf, dennoch übermannten ihn weder jugendlicher Übermut noch Stolz auf seine große Macht. Er hätte Böses ersinnen und die Gelegenheit ergreifen können, sich [sc. an seinen Brüdern] zu rächen, doch er tat es nicht. Er unterdrückte seine Gefühle und verschloss sie in seiner Seele. (Jos. 166)

Unter Betonung anderer verfügbarer Optionen rückt Philon Josefs Selbstbeherrschung ins Zentrum. Angesichts seiner Erfahrungen in der Vergangenheit und seiner gegenwärtigen Position wäre es völlig verständlich

---

[24] PHILON, Jos. 42, 207–231, 246, 262; siehe auch SENECA, Ira III 36,1–3; Ep. 83,1; 3,2.

gewesen, wenn Josef Rache geübt hätte. Die Vernunft jedoch hielt ihn davon ab, seinen Emotionen das Heft zu überlassen. Er verwirklicht das Ideal der seinerzeitigen stoischen Philosophie, indem er den „ersten Reiz" des Gefühls abweist und „den Feind von den Grenzen fernhält" (Seneca, Über den Zorn I 8,1–2). Wo er sich wie ein mustergültiger Philosoph verhält, haben sich seine Brüder früher „unerbittlich in [ihrem] Groll" entflammen lassen (Jos. 21; vgl. 15) und es versäumt, Rubens Rat zu beherzigen, dem „Zorn nicht nachzugeben" (Jos. 173). Die Unterscheidung zwischen einer gesunden, rationalen Reaktion und einem falschen Einwilligen in Gefühle lässt Szenen aus der *Gesandtschaft* anklingen, in denen Philon seinen eigenen Entscheidungsfindungsprozess beschrieb. Wir erinnern uns, dass er stolz darauf war, sich auf seinen *logismos* verlassen zu haben, indem er sich vom äußeren Schein von Gaius' Wohlwollen nicht täuschen ließ, wohingegen seine Mitbotschafter frohlockten (siehe oben Seite 39).[25]

Bei der Erzählung von Josefs Begegnung mit Potifars Frau (Genesis 39,6–12) unterstreicht Philon Josefs innere Freiheit, die ihn in den Stand setzte, ihrem Werben zu widerstehen, obwohl sie eine höherstehende Dame mit erheblicher Macht über sein Leben war. Josef „aber blieb Herr der schwierigen Lage", und in seiner „freien" Anrede an sie war er „seiner Herkunft würdig" (Jos. 42). In Philons Augen ist es beachtlich, dass Josef seine innere Freiheit wahrte, obwohl er in Potifars Haushalt die Stellung eines Dieners innehatte. Während die freie Frau von ihren Begierden versklavt ist, verhält sich der Knecht wie ein freier Mensch: Er handelt vernünftig und wagt es, in einer Zwangslage zu sagen, was er denkt. Diese Interpretation der biblischen Szene lässt stoische Philosophie mit ihrer Betonung der Freiheit von den Affekten anklingen. Sie erinnert uns auch an die *Gesandtschaft*, in der Philon Macros freie Rede vor dem römischen Kaiser rühmte. Wir entsinnen uns, dort war ebenfalls die gesellschaftlich höherstehende Person, nämlich Gaius, ein Sklave der eigenen Gefühle, während sich sein niederrangigerer Berater als moralisch stärker erwies. Philon widmet dem Thema einer solchen Freiheit auch einen ganzen Traktat, *Über die Freiheit des Tüchtigen*, in dem er sich an ein breiteres, nichtjüdisches Publikum wendet und ihm erklärt, die Juden lebten in innerer Freiheit. In der *Apologie der Juden* beschreibt Philon die Essener als freiwillige Vereinigung jüdischer Philosophen, die ein von den Affekten freies Leben führen. Wenn Philon also in *Über Josef* sagt, dessen freimütige Rede an Potifars Frau sei „seiner Herkunft würdig", dann führt er ein wichtiges Thema seines Spätwerks fort, das – wie bereits gesehen – römische Diskurse aufgreift.[26]

---

[25] SENECA, Ira I 7,1–9,4; II 2,2; 3,1–2. Siehe auch SORABJI, Emotion, 55–75; INWOOD, Reading Seneca, 23–64.
[26] PHILON, Jos. 42, 67, 71. Zu Macro und den beiden Schriften *Über die Freiheit des Tüchtigen* und *Apologie der Juden* siehe die Kapitel 2 und 4.

Die Josef-Vita übersetzt also die allgemeinen philosophischen Themen von Philons Spätschriften in konkrete biographische Begriffe und zeigt auf, wie Josef als vorbildlicher Staatsmann die Ethik der Stoa in allen wechselnden Lebenslagen praktizierte. Philon lässt ein Interesse an Geschichten aus Josefs früher Kindheit und über das Reifen seines Charakters erkennen, wohingegen er vor Einzelheiten über seine politische Staatsführung zurückscheut. Josef tritt uns eher als idealer denn als konkreter jüdischer Politiker entgegen, was bestens zum Narrativ der historischen Traktate passt. Angesichts von Philons Gesamtentwicklung überrascht es nicht, dass sich das Josef-Bild in der Vita von jenem im „Allegorischen Kommentar" deutlich unterscheidet, wo er symbolisch für materielle Schwächen und Geltungsdrang stand.[27]

*Über Josef* muss sich an eine breite, nichtjüdische Leserschaft außerhalb Alexandrias gerichtet haben, weil Philon darin erläutert, dass „Gau" die Bezeichnung für die zahlreichen Distrikte Ägyptens ist – eine Tatsache, die dortigen Lesern zweifellos bekannt gewesen wäre. Außerdem hätte alexandrinischen Adressaten Philons Behauptung, Josef habe das Symposion in Ägypten eingeführt, kaum gefallen, schreibt er dadurch doch einen gängigen Brauch einem Ausländer zu. Auch für eine jüdische Leserschaft scheint *Über Josef* nicht geschrieben worden zu sein, weil die Vita Josefs Konfrontation mit Potifars Frau dazu nutzt, die ethischen Grundlagen des Judentums auseinanderzusetzen. Lesern, die mit der jüdischen Tradition aufgewachsen sind, müsste man nicht mitteilen, dass die „aus dem Geschlecht der Hebräer" „besondere Gesetze und Sitten" haben (Jos. 42). Dagegen würde Philons Frage „Wo blieb die Dynastie der Ptolemäer?" (Jos. 136) oder seine ebenso spitze Bemerkung, Ägypten sei heutzutage in Knechtschaft, römischen Lesern Vergnügen bereitet haben.[28] Josefs Biographie wurde demnach für ähnliche Adressatenkreise geschrieben wie die Mose-Vita. Beide tragen das Judentum in aktuelle römische Diskurse ein, die eine mit Schwerpunkt auf Geschichte und Priestertum, die andere unter Hervorhebung von persönlicher Moral und Freiheit.

## Das Leben Abrahams

Philon eröffnet seine Biographie Abrahams mit einem Widerruf. Nachdem er seine Hauptfigur in den Kontext der Schöpfung, der ersten Helden des Buches Genesis und der anschließenden Gesetzgebung gestellt hat, schreibt er: „Richtig also verknüpfte er [sc. Mose] die drei [sc. Abraham, Isaak und Jakob] aufs Engste miteinander, die dem Wortlaut nach Männer, in Wahrheit

---

[27] PHILON, All. III 26, 236–239; Migr. 160; Somn. II 105–108.
[28] PHILON, Jos. 42, 157, 204, 135–136.

aber, wie gesagt, Tugenden waren, die Naturanlage, das Lernen und die Übung" (Abr. 54). Philon untergräbt hier das Genre der Biographie, wenn er betont, dass es in dieser Vita nicht um einen Menschen gehe, sondern um abstrakte Tugenden. In der Tat ist dies die einzige Vita ohne Kindheitsanekdoten, und sie zeigt kein Interesse am Heranreifen der Persönlichkeit. Gewiss, die biblische Erzählung bietet keine Informationen über Abrahams Kindheit, doch ist es bezeichnend, dass Philon die fehlenden Einzelheiten nicht erfindet. Stattdessen geht es ihm um Menschentypen, wie sie in der Genesis beschrieben werden, und er erklärt die Haupteigenschaften, für die Enosch, Henoch und Noah stehen.

Warum verwendet Philon gleichwohl den Begriff *bios* im Titel seines Werkes über Abraham und stellt es in die Reihe seiner übrigen Biographien? Ein Grund dafür muss in der pädagogischen Ausrichtung des Buches liegen. Die Helden der Genesis, besonders Abraham, sind für die Leser moralische Vorbilder. Philon drückt das so aus:

Es sind dies die Männer, die tadellos und sittlich gelebt haben, deren Tugenden in den Heiligen Schriften verewigt sind, nicht bloß zu ihrem Ruhm, sondern auch, um die Leser anzuregen und zu gleichem Eifer hinzuleiten. Denn jene Männer verkörperten die beseelten und vernünftigen Gesetze. (Abr. 4–5)

Philon steht hier die moralische Verbesserung der Leser als Folge ihres Lernens über die Helden der Vergangenheit vor Augen. Während es von diesen Helden heißt, sie „verkörperten die beseelten und vernünftigen Gesetze", sind es ihre Lebensgeschichten, welche die Adressaten unterweisen. Philon stellt klar, dass er ein positives Bild seiner Hauptfiguren zeichnen und zeigen wird, dass Tugend in der Reichweite der Menschen liegt. Die Geschichte Abrahams lehrt Lektionen anhand bedeutender Ereignisse, die auch aus allegorischer Perspektive beleuchtet werden. Diese sinnbildlichen Ergänzungen verdrängen nicht den Wortsinn wie im „Allegorischen Kommentar", wo Philon die Allegorie als Lösung für Probleme im Text aufbot.

Das erste wichtige Ereignis in Abrahams Leben, wie es die Genesis erzählt, ist seine sofortige Einwilligung in Gottes Aufforderung: „Geh fort aus deinem Land, aus deiner Verwandtschaft und aus deinem Vaterhaus in das Land, das ich dir zeigen werde" (Genesis 12,1). Philon hebt die Bedeutung von Abrahams Gehorsam hervor, indem er ausführlich auf die enormen Schwierigkeiten eingeht, die mit dem Zurücklassen der Heimat verbunden sind. Er bedenkt die Vorzüge der eigenen Familie, die Menschen von Natur aus von Ortswechseln abhalten, und die unerträglichen Beschwernisse politischer Verbannung sowie die Unannehmlichkeiten kürzerer Reisen zu Geschäfts- oder diplomatischen Zwecken. Mit der Aufzählung dieser Möglichkeiten stellt Philon Abraham in den Kontext der kulturellen Diskurse seiner eigenen Zeit und spricht von dessen Auswanderung sogar als Kolonisierung, wie er es im Zusammenhang mit Mose und dem jüdischen Volk in

## Kapitel 6: Charakter und Geschichte in den Väterbiographien

den historischen Abhandlungen getan hatte. Abraham erweist sich als Vorbild der Frömmigkeit, dessen Liebe zu den himmlischen Dingen stärker sei als sein irdisches Verlangen und ihn dazu befähigt, von zu Hause aufzubrechen und schließlich den monotheistischen Gott zu entdecken. Zwar haben wir Abraham als Monotheisten im vorigen Kapitel besprochen, doch ist im jetzigen Zusammenhang darauf hinzuweisen, dass Philon Abrahams wörtlich zu verstehende Reisen hervorhebt. Abrahams Charakter zeige sich in seiner Bereitschaft, sich unverzüglich auf den Weg zu machen und Unbill auf sich zu nehmen – Aspekte, die in Philons Schrift *Über die Wanderung Abrahams* aus der frühen alexandrinischen Zeit keine Erwähnung fanden, wo es nur um Abrahams innere Entfremdung von irdischen Neigungen gegangen war.[29]

Auf seiner Reise nach Ägypten stellt Abraham einmal mehr seine Frömmigkeit unter Beweis. Zum biblischen Bericht in Genesis 12,10 fügt Philon zunächst hinzu, dass der Entschluss, während der Dürre im Land Israel nach Ägypten zu ziehen, wohlüberlegt war. Philons Abraham kannte die landwirtschaftlichen Vorzüge Ägyptens, etwa die fruchtbare Nilschwemme, die in hellenistischer Zeit von besonderem ethnographischen Interesse war. Darüber hinaus untersucht Philon den Charakter des Erzvaters in der Szene von Saras Entführung durch den Pharao. Wehrlos angesichts der despotischen Macht Pharaos, nimmt Abraham „Zuflucht zur Hilfe Gottes" (Abr. 95). Während in der biblischen Erzählung Abraham als Gegenleistung für die Dienste seiner Frau an Pharao in den Genuss materieller Vorteile kommt, sieht Philon ihn als zutiefst besorgten Ehemann und frommen Helden. Seine Gottesfurcht wird belohnt, und seine Frau bleibt sexuell unberührt.

Als Abrahams „bedeutsamste Tat" (Abr. 167) gilt sein unverzüglicher Gehorsam gegenüber Gott, als er seinen Sohn Isaak opfern soll. Philon betont, dass Abraham Isaak liebte und dessen moralische Tugenden schätzte, aber ihn ohne Zögern preisgab, weil er „von der Liebe zu Gott beherrscht" war (Abr. 170). Für Philon ist besonders bemerkenswert, dass Abraham „keine Erschütterung erfuhr" und ruhig blieb, als Isaak ihn wegen des Opfertiers befragte (Abr. 175). Wo jeder andere geschwiegen hätte oder in Verlegenheit geraten wäre, gab Abraham seinem Sohn zur Antwort, Gott werde für das Opfer sorgen. Zwar überliefert der biblische Text das Gespräch zwischen Vater und Sohn (Genesis 22,7–8), doch es ist Philon, der diese Szene zu einer Charakterstudie ausgestaltet, wobei er andere mögliche Handlungsweisen herausstellt. Wie auch in seinen übrigen Biographien studiert Philon hier den Einzelnen in einer komplizierten Situation, in der ihm unterschiedliche Optionen offenstehen. *Über Abraham* veranschaulicht, wie die Tugend der Gottesfurcht von einem Helden der Vergangenheit, der

---

[29] PHILON, Abr. 63–67. Zur Vorstellung der Koloniegründung in den historischen Traktaten siehe Kapitel 3.

den Lesern zum Vorbild dienen kann, in die Tat umgesetzt wird. Natürlich nimmt Philon nicht an, seine Leser würden die Opferung ihrer erstgeborenen Söhne erwägen, sondern er ruft sie dazu auf, in kritischen Lebenssituationen eine vergleichbare Frömmigkeit an den Tag zu legen.

## Philons Leistung als Biograph

Wir haben gesehen, dass die historischste unter Philons Viten *Über das Leben Moses* ist, wo er biographische Konventionen und Themen der römischen Stoa voll ausschöpft. Es ist deutlich geworden, dass Philon als erster hellenistischer Autor pädagogische Lebensbeschreibungen mit wertvollen Einblicken in die persönlichen Eigenschaften jeder Figur vorlegte. Die Biographien waren eine Möglichkeit, einem breiteren, mit dem Bibeltext nicht vertrauten Adressatenkreis das Judentum nahezubringen. Die Erzväter bildeten eine Art Nationalgalerie vorbildlicher Ahnen, zu deren Besuch nichtjüdische Leser eingeladen waren.

Philons Beitrag lässt sich durch einen Vergleich mit späteren Autoren griechischer Sprache in römischer Zeit ermessen. Plutarch ist die wichtigste Parallele. Wie Philon begann er als platonischer Philosoph, der sich in traditionellen literarischen Genres betätigte, die vom Dialog über das Tischgespräch und *Zetemata* bis zu monographischen Traktaten reichten.[30] Er, der das Erwachsenenalter unter den flavischen Kaisern erreichte, reiste häufig als Gesandter und Philosoph nach Rom und gewann dort zahlreiche Freunde, die er in seinen Schriften erwähnt. Wie Philon begann Plutarch mit der Abfassung von Biographien relativ spät im Leben und im Zusammenhang mit römischen Kaisern. Er fügte nicht die eine oder andere Charakterskizze in eine ansonsten historiographische Abhandlung ein, sondern präsentierte seine Biographien in bewusster Abgrenzung von gewöhnlicher Geschichtsschreibung. In seinen Worten: „Alle diese Ereignisse im Einzelnen zu erzählen, ist Aufgabe der Tatsachengeschichte; was aber Bemerkenswertes an Taten und Leiden dabei den Kaisern zugestoßen ist, darf auch ich nicht übergehen" (Galba 2,3). Plutarch unterscheidet hier wie in seinen späteren *Parallelbiographien* zwischen einer durchgehenden historischen Darstellung und einer biographischen Erzählung, die sich auf exemplarische Geschehnisse konzentriert, die den jeweiligen Charakter erkennen lassen.[31] Zwar gab es bereits das Konzept der Biographie, doch legte Plutarch in den erhaltenen *Kaiserviten* noch keine vollständigen Lebensbeschreibungen vor, sondern

---

[30] Zu Plutarchs Platonismus siehe DILLON, Middle Platonists, 184–230; DUFF, Plutarch's Lives, 34–45.

[31] In anderen Zusammenhängen lässt Plutarch die Grenze zwischen Biographie und Historiographie mitunter verschwimmen; siehe auch DUFF, Plutarch's Lives, 18–19; WARDMAN, Plutarch's Lives, 2–10.

konzentrierte sich auf ausgewählte Zeiträume von politischer Bedeutsamkeit. Wie Philon in den historischen Schriften stellte er den Charakter römischer Politiker anhand von Schlüsselsituationen dar.

Plutarchs *Parallelbiographien* haben bekanntlich eine moralische Konzeption der Lebensbeschreibung. In der Einleitung zum *Leben des Perikles*, wo er über seine schriftstellerische Arbeit in den zehn vorausgehenden Bänden räsoniert, betont Plutarch in platonisierender Weise, dass die Kunst der Charakterbildung dienen und so moralische Verbesserung bewirken solle, statt einfach nur Vergnügen zu bereiten. Analog zu Philon hält er die Biographie für eine äußerst nützliche Literaturgattung, der es um die Lehre tugendhaften Handelns geht. Indem er seinen Lesern solche Taten in der Vergangenheit vor Augen führt, hofft Plutarch, diese zur Nachahmung zu bewegen und sie mit „Eifer und dem drängenden Verlangen zu erfüllen, ihnen nachzustreben" (Perikles 1,4). Wie Philon rechnet er mit einer wohlwollenden Leserschaft, die für Belehrung offen ist.[32]

Die Helden der Vergangenheit erwachen zum Leben, wenn Plutarch sich über sie kundig macht und ihre Vita niederschreibt. Sein Interesse gilt nicht übergeordneten Staatsgeschäften und Verfassungen, sondern den Hauptfiguren als vorbildlichen Persönlichkeiten. Wie Philon verwendet er aussagekräftige Anekdoten, um ihre jeweilige Wesensart zu beleuchten:

Denn ich schreibe nicht Geschichte, sondern zeichne Lebensbilder; und hervorragende Tüchtigkeit oder Verworfenheit offenbart sich nicht durchaus in den aufsehenerregendsten Taten, sondern oft wirft ein geringfügiger Vorgang, ein Wort oder ein Scherz, ein bezeichnenderes Licht auf einen Charakter als Schlachten mit Tausenden von Toten oder die größten Heeresaufgebote und Belagerung von Städten. (Plutarch, Alexander 1,2)

Diese Selbstdefinition als Biograph hat für Plutarch unmittelbare Konsequenzen. Indem er sich mit einem Porträtmaler vergleicht, besteht er auf seinem Recht, relevantes Material auszuwählen, statt eine umfassende Darstellung anzustreben. Die „großen Dinge und die Kämpfe" überlasse er anderen, ihm gehe es um die „Merkmale des Seelischen" (1,3). Anekdoten eignen sich zu diesem Zweck besonders gut, weil die Seele am authentischsten sich in Handlungen ausdrückt, die vor den Augen der Öffentlichkeit verborgen sind. Besonders interessiert ihn die Jugend seiner Protagonisten, ehe sie zu allgemein bekannten Persönlichkeiten wurden. Alexander etwa zeigt seinen ihm angeborenen Mut und sein Charisma durch die Bändigung eines wilden Pferdes, während Alkibiades zwar ungewöhnlich gutaussehend und dem Sokrates ergeben ist, aber zu Arroganz und Maßlosigkeit neigt, wie sich in seiner Reaktion auf ein Fuhrwerk zeigt, das ihm auf der Straße den

---

[32] PLUTARCH, Perikles 1,2–4 und Aemilius Paulus 1,1–2. Siehe auch RUSSELL, On Reading Plutarch's Lives; PELLING, Moralism; PELLING, Plutarch; DUFF, Plutarch's Lives, 52–72; SWAIN, Plutarch's Lives; ZIEGLER, Plutarchos, 266–268.

Weg versperrte.[33] Philons *Über das Leben Moses* nimmt mit seinem anekdotischen Stil, der übergeordneten pädagogischen Zielsetzung und seiner *paideia*, mit einer stoischen Auffassung vom Ich und einigen platonischen Reminiszenzen, unverkennbar Plutarchs Lebensbeschreibungen vorweg.

Philons Leistung wird zudem durch Philostrat erhellt, der um die Wende vom zweiten zum dritten Jahrhundert in Athen wirkte und sich als Mitglied des „Kreises" um die Kaiserin Julia Domna, die Frau von Septimius Severus, beschreibt (Leben des Apollonios I 3). Sein *Leben des Apollonios von Tyana* ist ein hybrider Text, der biographische, hagiographische und romanhafte Züge vereint. Diese achtbändige Vita geht noch weiter über die Regeln der Biographie hinaus als Philons zwei Bücher *Über das Leben Moses*, wobei beide auf breiter gefasste kulturelle und religiöse Zwecke hindeuten. Philostrat führt sich selbst etwas apologetisch ein, indem er betont, er werde das Bild von Apollonios als einem Zauberer zurechtrücken und dessen philosophische und religiöse Tugenden aufzeigen. Seine Klage über Menschen, die ihn nicht wirklich kennen – „der eine rühmt dieses, der andere jenes an ihm", einige andere aber fassen seine Beziehungen zu Weisen aus dem Morgenland als Zeichen seines Dilettantismus auf –, klingt wie Philons Apologetik eingangs seiner Mose-Vita. Überdies verspricht Philostrat, „den Mann genau zu prüfen" (I 2) und eine äußerst verlässliche Darstellung von ihm vorzulegen, wie er wirklich war. Zu diesem Zweck benennt er einige seiner Quellen, die er „aus [vielen] Städten" zusammentrug, und weist besonders auf die Denkschriften von Apollonios' Reisegefährten Damis hin. Über dessen genaue Darstellung äußert Philostrat sich zwar anerkennend, kritisiert aber das fehlende sprachliche Geschick und erklärt so, warum er selbst zur Feder greifen musste. Im weiteren Verlauf folgt er nicht mehr seinen Quellen, sondern rekonstruiert das Leben seines Helden mit Phantasie, ganz wie Philon, der Genauigkeit verspricht und dann die biblische Darstellung frei nacherzählt. Schließlich geht Philostrat wie Philon ausführlicher auf die Begabungen und die Erziehung seiner Hauptfigur ein. Wo Philon Moses Studien in allgemeinen philosophischen Begriffen formuliert, spiegelt Philostrat den Geist seiner Zeit wider, indem er bestimmte Philosophenschulen namentlich nennt. Mit dem *Leben des Apollonios* zeigt Philostrat seinen griechischen Lesern einen Weg für die griechische Kultur im Römischen Reich auf, der die Adressaten zwischen dem Machtzentrum und dem Osten ansiedelt.[34]

Das Lukasevangelium ist zunehmend als eine Art Biographie gewürdigt worden und daher im Zusammenhang mit Philon von Interesse. Bekanntlich

---

[33] PLUTARCH, Alexander 1,3; 6,1–5; Alkibiades 1,1–3; 2,2–4; 4,1–4.
[34] PHILOSTRAT, Vit. Apoll. I 2,1–3,1; 7,1–8,2. Siehe auch BOWIE, Philostratus, 25–29; WHITMARSH, Philostratus; ESHLEMAN, Eastern Travel in Apollonius; HÄGG, Art of Biography, 318–341.

eröffnet Lukas sein Evangelium, indem er seine Darstellung von Vorgängerwerken absetzt. Andere mögen überliefert haben, was sie gesehen zu haben meinen, er aber habe eine sorgfältige Untersuchung durchgeführt, die für die Wahrheit bürge. Darauf folgen sogleich die Geschichte über Jesu ungewöhnliche Geburt und Anekdoten aus seiner Kindheit. Die Erzählung über Jesus als Wunderkind im Tempel, der „mitten unter den Lehrern saß, ihnen zuhörte und Fragen stellte" (Lukas 2,46), ist Philons Anekdote über Mose inmitten seiner Lehrer auffallend ähnlich. Lukas' „Leben Jesu" endet mit dem von den Toten auferstandenen Jesus, der seine Jünger – und damit implizit auch die Leser – über seine Bedeutung in der Geschichte und die künftigen Aufgaben seiner Nachfolger belehrt. Sowohl der literarische Stil als auch der Inhalt dieses Evangeliums erfüllen die Kriterien der Biographie eines Helden, der eine vom Autor empfohlene Lebensweise begründete.[35]

Wenn wir Philon mit diesen späteren griechischen Autoren im Römischen Reich vergleichen, stellen wir fest, dass er als Erster die Biographie für allgemeine moralische, kulturelle und religiöse Zwecke einsetzte. Durch die Viten der biblischen Erzväter bezieht er selbst als Jude in aktuellen griechisch-römischen Diskursen Stellung und reiht das Judentum unter die führenden Kulturen ein. Sein leicht zugänglicher Stil bietet eine glänzende Einführung in das Judentum und seine Werte, wobei er Israels Ahnen denen Roms an die Seite stellt. Während der biographische Zugang bei einer bunten Vielzahl griechischer Autoren im Römischen Reich populär wurde, mieden die Rabbinen interessanterweise das Genre und hielten sich so von diesem Diskurs fern.

---

[35] Lukas 1,1–2,52; 24,36–53. Siehe auch HÄGG, Art of Biography, 148–186; BURRIDGE, What Are the Gospels?; BURRIDGE, Reading Gospels.

# 7
## Biblische Frauen im römischen Gewand

Philon schrieb zwar keine eigenständigen Biographien der biblischen Stammmütter, wies ihnen aber eine sichtbare Rolle in den Viten seiner männlichen Helden zu. Sara und die Frauen in Moses Familie sind in den Lebensbeschreibungen Abrahams und Moses von relativ großer Bedeutung, wie das auch für Kleopatra in Plutarchs *Leben des Antonius* gilt. Anders als ihr ägyptisches Pendant genießen die biblischen Frauen jedoch einen tadellosen Ruf als weise, schöne Frauen. Ihre Prominenz überrascht angesichts des in Alexandria verfassten „Allegorischen Kommentars", in dem Philon das Weibliche mit dem niederen Bereich der Materie identifizierte. Dort wurde beispielsweise Eva als Symbol der ‚weiblichen' Sinne interpretiert, die zur Versklavung des männlichen Geistes führen. Saras in Genesis 18,11 erwähnte Menopause signalisiere, dass sie „alle Eigenschaften der Frau", nämlich die Sinneswahrnehmung und materielle Neigungen in der Seele, zurückließ (Cher. 50). Nachdem sie ihre Jungfräulichkeit wiedererhalten habe, werde Sara von Gott geschwängert, der seinen göttlichen Samen in ihren Mutterschoß sät, das Symbol der menschlichen Seele.[1]

Angesichts dieser allegorischen Auslegungen in seinem alexandrinischen Frühwerk ist es bemerkenswert, dass Philon in seinen späteren Viten die Frauen nicht aus der Geschichte Israels ausscheidet, sondern sie sogar als positive Figuren aus Fleisch und Blut darin einbettet. Sie müssen ihre Weiblichkeit nicht mehr auslöschen und sich in engelhafte Symbole verwandeln, um Wertschätzung zu erfahren. Dieser grundlegende Umschwung in Philons Einstellung verlangt nach einer Erklärung. Hängt seine neue Interpretation der biblischen Frauen mit seiner Ankunft in Rom zusammen, die für ihn schon der Auslöser dafür war, die Erzväter auf ausgeprägt historisierende Weise umzugestalten?

Einen ersten Anhaltspunkt liefern uns Philons historische Schriften, welche die einzige wirkliche Frau in seinem erhaltenen Werk erwähnen, nämlich Augustus' Frau Livia. In der *Gesandtschaft* rühmt Philon sie dafür, ihren

---

[1] Zu Eva siehe PHILON, All. II 23, 44–51, 72–73, 79–99; III 49; vgl. PLATON, Phaidros 246B–247C. Zu Einzelheiten von Philons platonischem Hintergrund siehe Kapitel 10 und 11. Zu Sara siehe PHILON, Cher. 50; Fug. 128; Ebr. 60; QG IV 15; Congr. 71–79; QG III 2. Zu Philons Geschlechtskategorien siehe BAER, Philo's Use; SLY, Philo's Perception, 91–110; ROMNEY WEGNER, Philo's Portrayal; BOYARIN, Carnal Israel, 77–106; MATTILA, Wisdom.

Mann als „Ratgeber in frommer Scheu" angenommen und eine „vollkommene Bildung" erhalten zu haben (Legat. 319–320). In Ägypten hatte Philon reichlich Gelegenheit, Frauen in öffentlichen Ämtern zu sehen, erwähnt aber keine.[2] Dieses Stillschweigen über herausragende ägyptische Frauen wie etwa Königin Kleopatra muss damit zusammenhängen, dass Philon als junger Mann völlig in platonische Diskurse in Alexandria eingebunden war, denen das Interesse an Geschlechterfragen und geschichtlichen Frauen abging. Seine Erwähnung Livias in seinen späteren historischen Werken wiederum klingt an aktuelle römische Debatten an. Livia wurden von Claudius „göttliche Ehren" verliehen, „nachdem seine Position als Herrscher nicht mehr zu erschüttern war" (Sueton, Claudius 11,1–2). Das bedeutet, dass sie genau zu dem Zeitpunkt in Rom in den besonderen Fokus der öffentlichen Aufmerksamkeit rückte, als Philon sich höchstwahrscheinlich noch immer dort aufhielt.

Philons Interpretation der Livia zieht zeitgenössische Diskussionen in Rom heran, wo Intellektuelle an Genderfragen und der Rolle der Frau in der Gesellschaft lebhaft interessiert waren. Livia hatte zahlreiche Reaktionen ausgelöst. Der Senat hatte beschlossen, sie als „Mutter des Vaterlandes" und Kaiser Tiberius als „Sohn der Livia" zu führen. Der neue Kaiser lehnte diese Ehren jedoch ab und missbilligte ohnehin Livias anhaltenden Einfluss auf die römische Politik; er warnte sie sogar, „sich aus bedeutenderen und einer Frau nicht zukommenden Aufgaben herauszuhalten" (Sueton, Tiberius 50,2–3). Später kritisierte Tacitus ihre Herrschsucht und zeichnete ein eher boshaftes Bild von ihr. Seneca dagegen bekundete große Wertschätzung für sie. In seiner *Trostschrift an Marcia*, seinem frühesten Traktat, den er während Philons römischen Jahren schrieb, legt er sie Marcia und seinen impliziten Leserinnen und Lesern ans Herz. Zwar geht er grundsätzlich von der „Schwäche weiblichen Gemüts" aus (Trostschrift an Marcia 1,1), doch lobt er die frühere Kaiserin dafür, den Philosophen Areios Didymos, einen Freund ihres Mannes, zum Lehrer genommen und so ihren Kummer nach dem Tod ihres Sohnes unter die Herrschaft der Vernunft gebracht zu haben. Livia wird Marcia als erstklassige Leitfigur vorgestellt, von der sie lernen kann, wie sie mit den Affekten umgehen und auf maßvolle Weise trauern kann. Sie ist auch der Beweis dafür, dass Frauen, sofern sie sich zielstrebig bemühen, im Ringen um Seelenruhe ebenso unerschrocken sein können wie Männer.[3]

---

[2] Zu Frauen im hellenistischen Ägypten siehe J. E. TAYLOR, Jewish Women, 227–264; S. B. POMEROY, Women; ROWLANDSON, Women.

[3] TACITUS, Ann. V 1,1–5; SENECA, Cons. Marc. 1,1–5; 4,1; 16,1–5. Siehe auch MAUCH, Senecas Frauenbild; BALSDON, Roman Women, 90–95 = Frau in der römischen Antike, 98–104; BARRETT, Livia, 155–158; BAUMAN, Women and Politics, 124–128, 131–133, 166–167; BURNS, Great Women, 5–23. Zur Datierung von Senecas *Trostschrift an Marcia* siehe GRIFFIN, Seneca, 366.

Sowohl Philon als auch Seneca schätzen Livia, die aufgrund ihrer Lernbereitschaft eine philosophische Gesinnung entwickeln kann. Während Seneca sie für die Überwindung ihres Kummers rühmt, verweist Philon auf ihre Hochachtung für den jüdischen Tempel, die der ihres Ehemanns in nichts nachsteht. Beide Autoren schreiben ihrer Bildung eine entscheidende Rolle zu und heben ihre Ausnahmestellung unter den Frauen hervor, deren „Urteilsvermögen", wie Philon formuliert, grundsätzlich „irgendwie schwächer [ist], weil sie außerhalb der wahrnehmbaren Umwelt Denkbares nicht begreifen können" (Legat. 319). Darüber hinaus stellen sich beide Livia als Ehefrau vor, die ihrem Mann untertan ist und seinen Erwartungen gerecht wird. Durch ihn erhält sie ihre intellektuelle Schulung, sei es direkt als seine Schülerin, sei es indirekt, indem sie sich auf seinen Philosophenfreund stützt. Ihr öffentlicher Einfluss und ihre geistige Unabhängigkeit, die Sueton erwähnt (Claudius 4,1–7), werden in diesem Zusammenhang übersehen. Eine eher domestizierte, doch positiv gezeichnete Livia wird uns vor Augen geführt.

Nachdem wir gesehen haben, dass Philon mit römischer Kultur in Berührung kam und Livia mit fast identischen Worten wie Seneca pries, müssen wir fragen, wie seine Erfahrungen in der Hauptstadt seine Sicht auf biblische Frauen geprägt hat. Inwieweit stimmt ihr Bild in der „Exposition", besonders in den Erzväterbiographien, mit dem Porträt Livias in seinen historischen Schriften überein? Lassen sich in Philons Skizzen zu Sara, Eva und den Frauen in Moses Familie Züge römischer Philosophie entdecken? Und umgekehrt: Sind seinem Bemühen, die biblischen Frauen in allgemeinere Diskurse einzuführen, religiöse oder sonstige Grenzen gesetzt?

## Vorbildliche Ehefrauen

In Philons Spätwerk ist Sara die profilierteste Frau der Bibel, was sich zum Teil der Tatsache verdankt, dass die Lebensbeschreibung ihres Mannes erhalten geblieben ist. Rebekka, Rahel und Lea mag es in den Viten Isaaks und Jakobs nicht schlechter ergangen sein, doch sind diese leider verloren gegangen. Philon rühmt Sara als „eine Frau, die sowohl in seelischer Hinsicht ausgezeichnet als auch in körperlicher die schönste ihres Geschlechts war" (Abr. 93). Die Stammmutter imponiert auf spirituellem und auf materiellem Gebiet, die Philon in seiner späten Schaffensphase beide zu schätzen weiß.

Philon nutzt die knappe biblische Erwähnung von Abrahams Trauer über Saras Tod in Genesis 23,2, um eine ausführliche Lobrede zu schreiben. In seinen früheren Abhandlungen aus der alexandrinischen Zeit hat er diesem Vers keine Beachtung geschenkt, abgesehen von den *Fragen und Antworten zur Genesis* (IV 73), wo er Saras Ableben allegorisch als das Hinscheiden der Weisheit deutet. Philons neu erwachtes Interesse am Tod einer geliebten

Person und wie er ihrer gedenkt ist bemerkenswert. Seine Begeisterung über dieses Thema ist so groß, dass er seine erzählerische Rolle als unbeteiligter Biograph ablegt und ausruft: „Ich könnte zwar viel Löbliches von der Frau erzählen, will aber nur eins erwähnen, was ein deutlicher Beweis auch für alles Übrige sein wird" (Abr. 247). Er identifiziert sich so weitgehend mit der Rolle des Trauernden, dass sich seine Beschreibung fast wie ein Nachruf auf seine eigene geliebte Frau liest. Dieses ausgesprochen persönliche Interesse an der biblischen Totenklageszene passt vorzüglich in die römische Kultur seiner Zeit, in der wortreiche Inschriften auf Grabsteinen in Mode waren und das Totengedenken zum Gegenstand philosophischer Untersuchung geworden war. Senecas einflussreicher Lehrer Attalus vergleicht das Gedenken an verstorbene Verwandte und Freunde mit „gewissen Früchten, die herb und süß zugleich" und geschmacklich nicht weniger zu empfehlen sind als „ein Genuss gleich dem von Honig und Kuchen" (Seneca, Ep. 63,5).[4]

Philon rühmt Sara als mustergültige Ehefrau und ideale Partnerin, die Abraham eine „überaus herzerfreuende, ganz vortreffliche Gattin" war (Abr. 245).[5] Der Ausdruck „herzerfreuend" erregt Aufmerksamkeit, weil er in der biblischen Erzählung fehlt und eine gefühlsbasierte Beziehung zwischen zweien, die ein Herz und eine Seele sind, nahelegt. In Philons Augen bedeutete Sara ihrem Mann viel und war ihm nicht lediglich durch eheliche Pflichterfüllung nützlich, die er ihr hoch angerechnet hätte. Anders als der biblische Erzähler spricht Philon außerdem von Saras „Gattenliebe", die sie auf vielfältige Weise zeigte. Sie war „eine wirkliche Partnerin seines Lebens" (κοινωνὸς ὄντως βίου) und „hielt es für ihre Pflicht, in gleicher Weise das Gute wie das Böse mit ihm zu teilen". Im Gegensatz zu zahlreichen anderen Frauen „ging sie dem Missgeschick nicht aus dem Wege und lauerte nicht immer nur auf die Glückszustände, sie nahm vielmehr beide Seiten des Menschenloses, wie es einer Gattin zukommt und geziemt, mit voller Bereitwilligkeit auf sich" (Abr. 246). Philon hat die biblische Ehe mit den Werten ehelicher Partnerschaft und Liebe ausgestattet. Dieses Ideal hatte sich im Rom der ausgehenden Republik ausgebildet und erlangte große Bedeutung in unterschiedlichen Öffentlichkeitsbereichen der frühen Kaiserzeit. Seit Cicero und Ovid wurden die Liebe zur Ehefrau und die Dankbarkeit für ihre Partnerschaft literarische Topoi. Augustus bekräftigte dieses Ideal durch seine Forderung, alle Bürger mögen sich eine Frau nehmen, die „rein, häuslich, wirtschaftlich, eine Erzieherin der Kinder [ist]; einen Menschen, der … euer Glück teilt und euch im Unglück tröstet" (Cassius Dio LVI 3,3). Ganz auf dieser Linie weihte Livia der Concordia („Eintracht") einen Schrein. Senecas liebevolle Partnerschaft mit seiner Frau Paulina wurde so berühmt,

---

[4] Siehe auch MORFORD, Roman Philosophers, 165–166; LATTIMORE, Themes, 275–280; WEISSER, Why Does Philo Criticize?
[5] ἡ γυνὴ θυμηρεστάτη καὶ τὰ πάντα ἀρίστη.

dass noch Tacitus davon sprach. Der römische Philosoph Musonius fragt eine Generation nach Philon, „was das eigentliche Wesen der Ehe ist" (Diatriben 13a). Seine entschiedene Antwort lautet: „Gemeinschaft des Lebens" sowie „enges Zusammenleben ... und gegenseitige Fürsorge von Mann und Frau, wenn sie gesund und wenn sie krank sind und überhaupt in jeder Lebenslage" (ebd.).[6] Angesichts dieser ausgeprägt römischen Diskurse, die in alexandrinischen Quellen keine Entsprechung finden, überrascht es nicht, dass sogar Josephus, der nicht gerade der geborene Feminist, aber tief in die römische Kultur eingetaucht war, dem wechselseitigen Verhältnis zwischen Jakob und Rahel besondere Aufmerksamkeit widmet. In seiner Ausschmückung der biblischen Erzählung hebt Josephus hervor, dass Jakob überwältigt ist von der „Liebe zu dem Mädchen" (Jüdische Altertümer I 298) und wegen dieser Liebe nicht umhinkann, als so zu handeln, wie es ihr Vater verlangt. Als er dann mit ihr verheiratet ist und im Begriff der Abreise, fragt er sie und Lea, ob sie bereit seien, mit ihm zu gehen, womit sie Familie und Heimat verlassen. Nachdem er sich ihrer Gewogenheit vergewissert hat, statt sie als selbstverständlich vorauszusetzen, macht Jakob sich auf die Wanderung. Rahel und Lea, so unterstreicht Josephus, kamen mit „aus redlicher Güte, wie es Ehefrauen geziemt" (I 318).[7]

Philon lobt besonders Saras Ergebenheit und Standhaftigkeit auf den Reisen des Ehepaares: „bei der Trennung von den Verwandten, bei der ohne Bedenken vollzogenen Auswanderung aus der Heimat, bei den fortwährenden und rasch aufeinander folgenden Wanderungen im fremden Lande, in den Entbehrungen während der Hungersnot, in der Teilnahme an seinen Kämpfen" (Abr. 245). Philon hat den Bibeltext erheblich ausgebaut, der lediglich sagt, Abraham „nahm seine Frau" aus Chaldäa mit ins Land Israel (Genesis 12,5). Wie bereits gesehen, ist das Reisen in Philons Spätwerk zu einem Lieblingsthema geworden; in seiner Vorstellung von den Juden in der *Gesandtschaft* tritt es besonders hervor. Die Israeliten stehen als ein Volk von Migranten da, die sich aus ihrer ursprünglichen Metropolis aufmachen und neue Kolonien gründen, während die biblischen Erzväter sich unterwegs bewähren. Im oben genannten Textabschnitt vermehrt Philon Abrahams Reisen und thematisiert erstmals den Beitrag einer biblischen Erzmutter. Saras Zusammenwirken mit ihrem Mann wird nicht mehr wie in der biblischen Erzählung als selbstverständlich vorausgesetzt, sondern als großer

---

[6] Deutsch: NICKEL, Epiktet, 483–485.
[7] CASSIUS DIO LVI 3,3; MUSONIUS, Diatr. 13a.1–4, der denselben Schlüsselbegriff wie Philon verwendet, und zwar κοινωνία („Partnerschaft"); SENECA, Ep. 104,1–5; TACITUS, Ann. XV 63; Agricola 6,1; JOSEPHUS, Ant. I 288, 298, 302, 306, 318 (siehe auch FELDMAN, Josephus's Interpretation, 328–332). Zum römischen Ideal einer harmonischen Ehe siehe VEYNE, Roman Empire, 33–42; GRIMAL, Liebe im alten Rom, Kapitel: Die römische Ehe; TREGGIARI, Roman Marriage, 214–261, besonders 249–251; DIXON, Roman Family, 67–71; DIXON, Sentimental Ideal.

Einsatz und Beweis für ihr Stehvermögen gewürdigt. Sara erweist sich als eine Persönlichkeit, die zugunsten ihres Mannes einen bewussten, edlen Entschluss fasst. Philon hebt hervor, dass sie in ihrer Hingabe „ohne Bedenken" und „immer und überall dabei war" und somit ohne Zaudern all die bekannten Strapazen der Wanderung auf sich nahm (Abr. 245–246).

Dieses Porträt Saras als Ehefrau, die ihrem Mann auf seinen Wanderungen unerschrocken zur Seite steht, trägt unverkennbar römische Züge. Etwa zur gleichen Zeit rühmt Seneca seine Tante dafür, dass sie ihren Mann auf einer Reise begleitete. Sie verlor ihren „teuren Gatten" bei einem Schiffbruch, „doch sie ertrug zu gleicher Zeit Trauer und Angst und brachte nach überstandenen Stürmen seinen Leichnam aus dem Schiffbruch ans Land" (Trostschrift an Helvia 19,7). Seneca würdigt ihr Verhalten als eine jener „herrlichen Taten" von Frauen, die regelmäßig unbeachtet blieben. Dieses Lob ist kein Einzelfall, sondern Teil eines umfassenderen Diskurses. Der Historiker Tacitus dokumentiert eine öffentliche Debatte über die Frage, ob Frauen ihre Ehemänner auf deren Reisen in die Provinzen begleiten sollen. Severus Caecina spricht sich dagegen aus und behauptet, Frauen übten einen schlechten Einfluss auf ihre Männer aus und stünden ihnen bei ihren Amtspflichten im Wege. Diese Meinung wird jedoch von einer großen Mehrheit überstimmt. Tacitus nennt insbesondere Valerius Messalinus, der betont, dass Frauen alles mit ihren Ehemännern teilen und ihnen nach deren Rückkehr von aufreibenden Erlebnissen die beste Erholung bieten. Außerdem kommt der Kaisersohn Drusus mit dem Hinweis auf das Vorbild des Augustus zu Wort, weil dieser „oft ... in den Okzident und Orient in Begleitung Livias gereist" sei. Drusus rechtfertigt damit sein Verlangen nach „seiner geliebten Gattin, der Mutter so vieler gemeinsamer Kinder". Nur in ihrer Begleitung, darauf besteht er, könne er „ruhigen Herzens" reisen und dürfe daher nicht von ihr losgerissen werden (Tacitus, Annalen III 34,2.6).[8]

Ein Element in Philons oben zitiertem Lob auf Sara ist noch besonders bemerkenswert, nämlich das Motiv ihrer „Teilnahme an seinen [sc. Abrahams] Kämpfen". Dabei kann es sich nur um eine Anspielung auf Abrahams Feldzug in den Norden handeln (Genesis 14,13–16). Warum misst Philon dieser kurzen biblischen Geschichte solche Bedeutung bei? Weshalb führt er außerdem Sara ein, die in diesem biblischen Kontext überhaupt nicht erwähnt wird? Den hermeneutischen Schlüssel liefert wiederum die römische Kultur. Die Kaisersöhne Germanicus und Drusus hatten bei Staatsgeschäften und militärischen Angelegenheiten regelmäßig ihre Frau bei sich. Die Frau des Germanicus brachte auf einem dieser Feldzüge in Germanien sogar ein Kind zur Welt und zog den kleinen Gaius Caligula unter Soldaten auf. Claudius teilte zudem seinen Militäreinsatz in Britannien symbolisch mit

---

[8] SENECA, Cons. Helv. 19,4–5; Ep. 57; TACITUS, Ann. III 34,6: „uxor carissima et tot communium liberorum parens" (zitiert in BLANK-SANGMEISTER, Römische Frauen, 56).

seiner Frau Messalina, indem er ihr einen besonders ehrenvollen Platz im Triumphzug zugestand.[9] Indem Philon diesen Präzedenzfällen folgt, stellt er sich Abraham als einen römischen Kaisersohn vor, der auf Feldzügen von seiner unerschrockenen Frau begleitet wird.

Doch Abrahams und Saras Glück wird von ihrer Kinderlosigkeit getrübt. Dieses bekannte Problem löst der biblische Erzähler im Handumdrehen mithilfe Hagars, Saras Magd, die Abrahams ersten Sohn gebiert (Genesis 16,1–2). Philon, der so viel Wert auf die liebevolle Partnerschaft zwischen Abraham und Sara gelegt hat, bringt das in arge Bedrängnis, die das Wesen ihrer Ehe infrage stellt. In seiner Wiedergabe der Geschichte erkennt Sara, dass ihre Unfruchtbarkeit ihre Ehe vor eine große Herausforderung stellt, und trägt Abraham philosophische Gründe dafür vor, sich eine andere Partnerin zu nehmen; auf diese Weise rechtfertigt sie eine Handlungsoption, die ansonsten als hoch problematisch erscheinen konnte. In der Tat lehnt in einer römischen Grabinschrift aus dem ersten vorchristlichen Jahrhundert, die als „Lob der Turia" bekannt ist, ein Witwer genau diese Möglichkeit zugunsten der geschätzten Partnerschaft mit seiner Ehefrau ab. Der Ehemann bekundet, er sei über den Vorschlag seiner Frau, sich eine jüngere zu nehmen, „entsetzt" gewesen, und bekennt, dass er beim Gedanken daran, sie zu verlieren, „außer sich geraten" sei. Auch Josephus scheint die Seltsamkeit von Saras Vorschlag im Kontext römischer Eheideale gespürt zu haben. Während er die Schwierigkeit löst, indem er die Initiative Gott überlässt, greift Philon auf philosophische Überlegungen zurück, die weit über den biblischen Text hinausgehen.[10]

Philon legt Sara einen eindringlichen Appell an Abraham in den Mund, Hagar zur Ersatzpartnerin zu nehmen, die ihm einen Erben schenken würde:

Schon lange leben wir zusammen in Wohlgefallen aneinander; aber Kindersegen, um dessentwillen wir selbst uns verbunden haben und die Natur die Vereinigung von Mann und Frau angeordnet hat, ist uns nicht zuteil geworden und auch in Zukunft bei mir, da ich schon zu alt [für Mutterschaft] geworden bin, nicht zu erwarten. Doch du sollst durch meine Unfruchtbarkeit keinen Schaden haben; da du Vater werden kannst, sollst du dich aus Liebe zu mir nicht zurückhalten lassen; denn eifersüchtig würde ich nicht werden gegen eine andere, die du nicht aus unvernünftiger Begierde, sondern in Erfüllung eines notwendigen Naturgesetzes dir nehmen wirst. (Abr. 248–249)

Philons Sara stellt den ‚natürlichen' Zweck der Ehe der liebevollen Partnerschaft des Paares gegenüber. Ihr bisheriges Eheleben beschreibt sie in zärtlichen, gefühlvollen Worten als ein Zusammenleben „in Wohlgefallen aneinander". Doch die Natur habe ihr „notwendiges Gesetz" und verlange

---

[9] SUETON, Gaius 8,3–9,1; Claudius 17,3; CASSIUS DIO XXII 22. Siehe auch HURLEY, Suetonius, 181.
[10] JOSEPHUS, Ant. I 186–187. Der Text der römischen Grabinschrift findet sich bei LEFKOWITZ/FANT, Women's Life, 208–211; deutsch: BLANK-SANGMEISTER, Römische Frauen, 92–97. Siehe auch MORGAN, Roman Faith, 128–137.

die Zeugung von Nachkommen, die ohne Einbeziehung der Leidenschaften bewerkstelligt werden wird. Weder eheliche Harmonie noch Fortpflanzung gründen sich auf sexuelle Begierde, sondern vielmehr auf rationales Zusammenwirken, das zu guten Gefühlen der Fürsorglichkeit und wechselseitiger Zufriedenheit führt. Idealerweise gingen Partnerschaft und Fortpflanzung Hand in Hand, doch wie Sara betont, ist in Fällen wie dem ihren, wo beides im Widerspruch zueinander steht, der Forderung der Natur nach der Zeugung von Nachkommen der Vorrang zu geben.

In dieser Berufung auf die Natur im Zusammenhang der Ehe klingen zeitgenössische stoische Diskussionen an, die im kaiserzeitlichen Rom an der Tagesordnung waren. Im Gegensatz zu den Platonikern befürworteten stoische Denker grundsätzlich das Familienleben für den Weisen und sahen Ehe und Fortpflanzung als Gebote der Natur an.[11] Areios Didymos, Augustus' philosophischer Berater, gibt die folgende nachdrückliche Empfehlung: Ein Mann „wird heiraten und Kinder zeugen, denn dies stimmt mit seiner Natur als einem vernunftbegabten Wesen überein, das zur Partnerschaft fähig ist und die Gemeinschaft liebt". Im Geiste einer solchen Philosophie erließ Augustus Gesetze gegen Ehelosigkeit und gegen Kinderlosigkeit in der Ehe. In den Tagen Philons verlangte Claudius von römischen Bürgern, zu heiraten und Kinder in die Welt zu setzen, auch wenn sein Verfahren die Konsequenz seines bewunderten Amtsvorgängers vermissen lässt. Dieses römische Ideal einer Ehe mit Kindern vertrat auch Musonius, der in typisch stoischer Manier behauptete: „Wenn überhaupt etwas naturgemäß ist, dann ist es die Ehe", da die Menschheit mit Bedacht in zwei Geschlechtern geschaffen wurde, damit „sie zusammen wären, zusammen lebten ... und die Erzeugung und Aufziehung von Kindern zusammen besorgten" (Diatriben 14).[12]

Philon verwendet diese in Rom verbreiteten stoischen Argumente, um Saras Vorschlag zu rechtfertigen, dass Abraham Nachkommen von Hagar haben solle. Ihr Ansinnen, das Turias Mann entsetzt hätte, erscheint so in einem römischen Kontext weit besser verständlich. Unter Philons Feder erfreut sich Sara ihrer ehelichen Partnerschaft mit Abraham, räumt aber den

---

[11] Siehe REYDAMS-SCHILS, Roman Stoics, 53–82; TREGGIARI, Roman Marriage, 183–228; DIXON, Roman Mother, 71–104.

[12] Zu Areios siehe AREIOS, Epitome of Stoic Ethics, 91 (englische Übersetzung von A. J. POMEROY = VON ARNIM, Stoicorum Veterum Fragmenta III, 686), der dieselben Schlüsselbegriffe wie Philon verwendet: κοινωνικός, φύσις; zur Gesetzgebung des Augustus siehe SUETON, Augustus 34,1–2; DIXON, Roman Mother, 21–30; zu Claudius' politischer Linie siehe SUETON, Claudius 16,3; zu Musonius siehe MUSONIUS, Diatr. 14,4–5.9; 12,2–3 (die Zitate: NICKEL, Epiktet, 489). Der stoische Philosoph Hierokles führte diese Argumentationslinie im frühen 2. Jahrhundert n. Chr. weiter; siehe STOBAIOS, Florilegium IV 67,22; RAMELLI, Hierocles, 73, 108–112; siehe auch HEINEMANN, Philons griechische und jüdische Bildung, 261–277; BIALE, Eros and the Jews, 37–39. Die rabbinische Gesetzgebung teilte dieses allgemeine Ideal, ohne das Element ehelicher Liebe hervorzuheben (SCHREMER, Male and Female, 299–308).

Erfordernissen der Natur den Vorrang ein, die auf Nachkommenschaft dringt, selbst um den Preis der Unterbrechung einer monogamen Ehe. Sara überzeugt Abraham demnach aus Vernunftgründen dazu, Hagar zur Frau zu nehmen. Philon hat diese Erläuterung einer zentralen jüdischen Wertvorstellung, die er in seiner Abhandlung *Über die Einzelgesetze* noch näher ausführen wird, einer Frau in den Mund gelegt, die sie an ihren Ehemann übermittelt.

Saras selbstlose Liebe zu ihrem Mann steht auch in der Geschichte ihrer gemeinsamen Reise zum Pharao im Vordergrund, Philons letztem Beispiel für ihre Tugenden. Während die Rabbinen mit Kritik auf das biblische Bild Abrahams als eines rücksichtslosen Ehemannes reagierten, der materielle Vorteile im Tausch für sexuelle Dienste seiner Frau gegenüber dem ägyptischen König genoss, betont Philon in seiner Auslegung des Vorfalls die Eintracht des Ehepaares.[13] Er hebt Abrahams Hilflosigkeit angesichts „eines zügellosen und gemütsrohen Herrschers" hervor und weist Sara eine überaus kooperative Rolle zu. In seiner Geschichte betet sie zu Gott und „nimmt zugleich mit ihm [sc. Abraham] schließlich ihre Zuflucht zur Hilfe Gottes" (Abr. 95). Saras Rettung in Pharaos Palast durch Gott ist demnach die Folge des gemeinsamen Flehens der Ehegatten. Durch das Motiv der Partnerschaft des Paares unter widrigen Umständen wird Philons Darstellung gleichberechtigter als ihr biblisches Gegenstück, das Saras Zwangslage überhaupt nicht erwähnt. Zugleich bestätigt Philon jedoch traditionelle Hierarchien, indem er die pflichtbewusste Unterordnung der Ehefrau unter die Interessen ihres Mannes voraussetzt. In seiner Erzählung gibt es keinen Hinweis, wie wir ihn in der späteren rabbinischen Literatur finden, dass Sara mit ihrem Ehemann unzufrieden gewesen wäre. Nach Philons Ansicht ist sie eine stille, ideale Ehefrau, die auch in dieser Stunde größter Anfechtung beweist, dass sie ihrem Mann treu ergeben ist und gemeinsam mit ihm Hilfe sucht. Ebenso gestattet Philon es Sara an keiner Stelle, die Autorität ihres Ehemannes infrage zu stellen oder eine führende Rolle zu spielen. Dass sie auf Isaak als Erben besteht und deshalb Ismael verstößt, was in der biblischen Erzählung gegen Abrahams Willen ist (Genesis 21,8–12), lässt Philon weg. So wie er nichts über Livias Unabhängigkeit in der Politik sagt, sondern sie als pflichtgetreue Schülerin ihres Mannes darstellt, ist auch Sara eine überaus zahme Partnerin.

Philons Ideal einer Ehefrau begegnet uns bei seiner Auslegung zweier weiterer biblischer Frauen wieder: Eva und Moses Mutter. Als die paradigmatische erste Frau der Bibel bietet Eva Philon die Gelegenheit, über die Institution der Ehe nachzusinnen. Seiner Einführung Evas zufolge „freute sie sich" über Adams Annäherung im unmittelbaren Anschluss an ihre Erschaffung und „erwiderte züchtig seinen Gruß" (Opif. 152). Unter bewusster

---

[13] Genesis 12,10–20. Zur rabbinischen Interpretation Saras siehe ZOHAR, Figure of Abraham; NIEHOFF, Associative Thinking.

Bezugnahme auf Platons Schöpfungsmythos stimmt Philon anschließend ein Loblied auf die eheliche Partnerschaft an:

Nun trat die Liebe hinzu, die sie wie zwei getrennte Hälften eines Wesens vereinigte und zusammenfügte, indem sie beiden das Verlangen nach inniger Gemeinschaft einflößte zur Erzeugung eines ähnlichen Wesens. (Opif. 152)

Es handelt sich hier um ein hintersinniges Spiel mit dem Schöpfungsmythos des Aristophanes in Platons *Symposion*, wo die verschiedenen Arten der Liebe unter Berufung auf die unterschiedliche Herkunft der Menschen erklärt werden. Männer, die andere Männer lieben, stammen von einem rein männlichen Ursprungswesen ab, das Zeus in zwei Hälften teilte, während Männer, die Frauen lieben, auf ein zusammengesetztes Wesen zurückgehen und Frauen, die Frauen lieben, auf ein rein weibliches Ursprungswesen. Nach Platons Vorstellung besteht kaum ein Zweifel daran, dass die homosexuelle Form der Liebe die überlegene ist. Er hebt hervor, dass Männer, die keiner Frau bedürfen, die trefflichsten sind, da sie „die männlichsten sind von Natur" und „zur Ehe und Kinderzeugung ... von Natur keine Lust haben" (Symposion 189C–192E, Zitate 192A–B). Im vollen Bewusstsein dieses platonischen Ideals trägt Philon seine eigene, weitaus stoischere Deutung der Ehe vor. In seinen Augen ist die heterosexuelle Liebe die einzig zulässige Option. Die Begegnung von Adam und Eva bringt die beiden Hälften zusammen und verwirklicht somit das römische Ideal von Partnerschaft und Fortpflanzung. Philon untergräbt Platons Ideal männlicher Selbstgenügsamkeit auf radikale Weise und ersetzt es durch das Bild einer harmonischen Ehe, das im Rom seiner Zeit so große Popularität genoss. In diesem neuen Zusammenhang darf Eva eine sehr viel positivere Rolle spielen als im „Allegorischen Kommentar". Statt sich dem männlichen Geist aufzubürden, ermöglicht sie es Adam nun, eine würdige und fruchtbare Partnerschaft einzugehen.

Philons Neudeutung Evas als löblicher Ehepartnerin nimmt Plutarch vorweg, einen weiteren Denker aus dem griechischen Osten, der in enge Beziehung zu Rom trat. Wie Philon war er tief in der platonischen Tradition verwurzelt und reicherte sie mit zeitgemäßen stoischen Vorstellungen an. Seinen *Dialog über die Liebe* eröffnet Plutarch mit Protogenes, der das platonische Ideal homosexueller Liebe und männlicher Selbstgenügsamkeit darlegt. Der übrige Dialog zielt jedoch auf die Überwindung dieser Position und den Erweis der Vorzüge heterosexueller Liebe. Stoische Argumente tragen den Sieg davon. Daphnaios rühmt die Liebe zwischen Mann und Frau als normal und natürlich, der Freundschaft und Fortpflanzung dienlich. Plutarch betont, dass die Beziehung zwischen Ehemann und Ehefrau viel langlebiger sei als die homosexueller Paare, die sich nicht der gleichen Art von Verbindlichkeit, Vertrauen und Treue erfreuen. Plutarchs Beispiele für gute eheliche Partnerschaften stammen bezeichnenderweise aus Rom. Die glücklichen römischen Ehepaare, die seinen Dialog bevölkern, deuten darauf hin, dass auch er auf der Suche nach Inspiration in Sachen Ehe auf die Reichshauptstadt blickte und nicht auf Platon.[14] In seiner Schrift *Ratschläge für die Ehe* rühmt Plutarch enthusiastisch die Harmonie und Partnerschaftlichkeit der Eheleute, wobei er empfiehlt, dass die liebenden Gatten sich sowohl seelisch als auch körperlich vereinigen, ein Ziel, das die fortgesetzte Bildung der Braut erfordere. Zwar geht Plutarch von einer führenden Rolle des Ehemanns aus, der die wichtigsten Entscheidungen trifft und durch sein Beispiel in der Beziehung den Ton angibt, doch lässt er einige Elemente von Gleichberechtigung zu wie gemeinschaftliches Eigentum. Auch hier greift Plutarch auf römische Exempel und römisches Recht zurück, wodurch er seine Ansichten über die Ehe bewusst nicht in der platonischen Philosophie, sondern in der zeitgenössischen römischen Gesellschaft verankert.[15]

Moses Mutter ist die dritte Frau der Bibel, die Philon als gute Ehepartnerin interpretiert. Während der biblische Erzähler aus männlicher Perspektive knapp berichtet: „Ein Mann aus dem Hause Levi ging hin und nahm eine Frau aus demselben Stamm" (Exodus 2,1), stellt Philon Moses Eltern als Partner dar. Beide werden als „die Edelsten ihrer Zeit ..., aus einem und demselben Stamm", eingeführt. Mehr noch, sie verbindet die „gleiche Gesinnung" (Mos. I 7). Durch Philons Interesse an der Qualität ihrer ehelichen Beziehung wird seine Interpretation nicht nur egalitärer als ihr biblisches Pendant, sondern auch merklich römischer.

Philon hat also drei harmonische biblische Paare geschaffen. Aus Frauen der Bibel sind römische Damen geworden, die von ihren Männern geliebt werden und denen wegen ihrer Treue Vertrauen geschenkt wird. Sara, die unter den Erzmüttern am stärksten ausgearbeitete Figur, propagiert auch den natürlichen Zweck der Ehe, nämlich die Fortpflanzung, und teilt freiwillig die Entbehrungen der Reisen ihres Mannes. Diese Ehefrauen aus Fleisch und Blut in Philons späteren Schriften unterscheiden sich enorm von ihren verklärten Gegenstücken im „Allegorischen Kommentar" und sind eindeutig dem Vorbild römischer Frauen von Rang wie etwa Livias nachempfunden sowie nach zeitgenössischen stoischen Ansichten gestaltet, wie sie in Rom verbreitet waren. Philon greift gezielt kulturelle Diskurse auf, mit denen er während seiner Gesandtschaft an Gaius in Berührung kam. Als jüdischer Bibelausleger modernisiert er das Judentum und passt es den Normen der Zeit an. In dieser Hinsicht geht er weit systematischer vor als Josephus, der gelegentlich das Motiv romantischer Liebe einträgt, aber davon absieht, alle

---

[14] Für eine Liste und kurze Besprechung römischer Frauen in Plutarchs Viten siehe CATELLANI, Plutarch's „Roman" Women; siehe auch FOUCAULT, Die Sorge um sich, 248–269.
[15] PLUTARCH, Amatorius 24, 4–5 (Mor. 770C, 750C–752A); Coniugalia praecepta 4–22, 34, 48 (Mor. 139F–141B, 143A, 146A); Mulierum virtutes (Mor. 242E–F). Siehe auch S. B. POMEROY, Plutarch's Advice; FEICHTINGER, Soziologisches.

biblischen Ehen in harmonische Partnerschaften zu verwandeln und die Figuren biblischer Ehefrauen zu entwickeln. Als Griechisch schreibender Autor übersetzt Philon zudem römische Ideale in deutlicher Vorwegnahme Plutarchs in griechische Begriffe. Durch die Verbindung von politischen, philosophischen und religiösen Faktoren ergeben sich ihm neue Bilder biblischer Ehefrauen, die nicht länger platonische Symbole sind, sondern vielmehr Gestalten aus Fleisch und Blut, die in römische Gewänder gekleidet und bereit sind, in zeitgenössischen Salons empfangen zu werden.

Die tiefgreifende Entwicklung von Philons Einstellung zu biblischen Ehefrauen wirft auch ein Licht auf frühchristliche Schriften, welche die Stellung der Frau aus sehr unterschiedlichen Perspektiven verhandeln, aber häufig eine vergleichbare Kombination aus politischen und religiösen Faktoren aufweisen. In unserem Zusammenhang am interessantesten ist der Autor des lukanischen Doppelwerks, der ebenfalls auf Griechisch schreibt und römische Diskurse im Blick hat. Er erwähnt drei Ehepaare, ein römisches, ein jüdisches und ein christliches, die problemlos miteinander auf Reisen sind und im Fall von Aquila und Priscilla auch gemeinsam religiöse Verantwortung in der frühchristlichen Gemeinde tragen. Mehr noch, wenn der Autor des Lukasevangeliums ältere Stoffe aus dem Markusevangelium umarbeitet, verleiht er den Frauen mehr Gewicht, indem er manchmal sogar eine neue Szene mit weiblichen Figuren hinzufügt wie jene mit Maria und Martha in der Schilderung von Jesu Weg nach Jerusalem. Lukas schreibt auch Jesu Geburtsgeschichte um und betont dabei die familiäre Einbettung und eheliches Einvernehmen. In seiner Erzählung ist es Maria, die die Botschaft des Engels von Jesu Geburt empfängt und sie ihrem Mann mitteilt. Matthäus dagegen meint, Josef habe seine schwangere Verlobte zunächst der Untreue verdächtigt und verstoßen wollen, sei dann aber von einem Engel über die Zeugung aus heiligem Geist aufgeklärt worden. Lukas vermeidet eheliche Missklänge und löst das Problem, indem er betont, dass Maria zur Zeit der Ankündigung durch den Engel noch nicht schwanger war.[16] Dem Autor des Doppelwerks, der sich ebenfalls an breitere griechisch-römische Adressatenkreise wendet, scheint das Ideal ehelicher Partnerschaft wichtig gewesen zu sein. Wie Philon interpretierte er die überkommenen Traditionen neu und glich sie schöpferisch an römische Wertvorstellungen an.

---

[16] Apostelgeschichte 18,2–3; 24,24; 25,13; Lukas 1,26–38. Siehe auch D'ANGELO, (Re)Presentations; D'ANGELO, Women in Luke-Acts; SCHÜSSLER FIORENZA, Feminist Critical Interpretation; SPENCER, Salty Wives; OSIEK/BALCH, Families; KRAEMER/D'ANGELO, Women. Zur Abhängigkeit des Lukasevangeliums von Markus siehe EHRMAN, New Testament, 72–78, 96–99; KOESTER, Ancient Christian Gospels, 332–348; E. P. SANDERS/M. DAVIES, Synoptic Gospels, 51–66, 276–298.

## Hingebungsvolle Mütter

Moses Mutter spielt in der frühesten Kindheit ihres Sohnes eine Rolle, die zeitgenössischen römischen Lesern ohne Weiteres vertraut vorkommen musste. Ihrer Mutterschaft wird sogleich durch die Notwendigkeit, ihr Baby seinem Schicksal zu überlassen – in der römischen Gesellschaft als „Aussetzung" bekannt –, herausgefordert, und Philon schmückt den biblischen Text in Erwiderung auf diese Anfechtung aus. In der biblischen Geschichte ist Moses Geburt im Kontext der Maßnahmen Pharaos gegen die Hebräer angesiedelt, denen er das Großziehen männlicher Neugeborener untersagt, damit die Hebräer nicht zu stark und eine Bedrohung im politischen System Ägyptens werden. Der Erzähler zeichnet Moses Mutter in typischer Knappheit. Sie mustert das Baby nach seiner Geburt, verbirgt es drei Monate lang und setzt es dann aus, um Pharaos brutalen Maßnahmen zu entgehen (Exodus 2,2–3). Eine Handlung folgt auf die andere, ohne dass der Leser etwas über ihre Gefühle erführe.

Die Septuaginta baut den Vater in diese Szene ein und setzt voraus, dass beide Elternteile das Neugeborene mustern und verbergen. Philon zieht diese Deutungslinie erheblich weiter aus und verweist auf den gemeinsamen Entschluss der Eltern, ihren Sohn auszusetzen. Die Entscheidung selbst wird problematisiert. Philon zufolge verabscheuten die Eltern ihr Tun, das Pharaos Anweisung ihnen aufnötigte, „setzten daher unter Tränen den Knaben am Ufer des Flusses aus und entfernten sich seufzend" (Mos. I 10). Lange Zeit plagen sie Gewissensbisse und Schuldgefühle. Philon schreibt die biblische Geschichte weitgehend um und legt Wert auf beides, die äußerste Not der Kindesaussetzung *und* die diesbezügliche Eintracht der Ehepartner. Letzteren Aspekt unterstreicht er, da eine Frau, die eigenmächtig, das heißt ohne ausdrückliche Zustimmung des Vaters, ein Kind aussetzt, nach römischem Recht juristisch belangt worden wäre.[17] Moses Mutter handelt nicht im Alleingang, sondern ihr Ehemann steht ihr völlig partnerschaftlich zur Seite, wodurch sie gesetzeskonform handelt. Interessanterweise lässt Josephus den Vater die Entscheidung allein treffen (Jüdische Altertümer II 218–220).

Darüber hinaus sind Moses Eltern dem Ideal verpflichtet, die eigenen Kinder aufzuziehen und keines von ihnen auszusetzen. Philon hebt ihre Verzweiflung hervor, als äußere Umstände sie nötigen, Mose seinem Schicksal zu überlassen. Ihr Dilemma spiegelt lebhafte römische Debatten wider. Während antike Philosophen die Kindesaussetzung im Allgemeinen als legale und moralisch legitime Option der Eltern akzeptiert hatten, kritisierten die römischen Stoiker diese Praxis besonders entschieden als Missachtung der Natur. Seneca rühmt seine Mutter Helvia dafür, all ihre Kinder großgezogen

---

[17] Zum römischen Recht siehe TREGGIARI, Roman Marriage, 15–16, 407–408, 467–468; RIDDLE, Contraception; EVANS GRUBBS, Hidden in Plain Sight.

und keines ausgesetzt zu haben sowie stolz auf ihre Schwangerschaften und die daraus erwachsene große Familie zu sein (Trostschrift an Helvia 16,3). Musonius widmet diesem Thema sogar einen ganzen Vortrag und spricht von einer sowohl religiösen als auch natürlichen Pflicht, den eigenen Nachwuchs aufzuziehen. Außerdem verweist er auf die gesellschaftlichen Vorteile und den hohen Stellenwert, den man durch Kinderreichtum erlangt. Der Mensch, betont er, dürfe sich nicht schäbiger aufführen als kleine Vögel, die „ihre Jungen aufziehen und für alle, die ihnen geschenkt werden, Nahrung finden" (Diatriben 15a).[18] Philon, der als Senecas Zeitgenosse etwas früher als Musonius schrieb, legt beim Thema Kindesaussetzung eine ähnliche Feinfühligkeit an den Tag und zeigt, dass es Moses Eltern vor diesem Ausblick graute, sie jedoch einsahen, dass die Sicherheit der ganzen Familie dieses Opfer erforderte. Ihre Entscheidung zeugt von ihrer übergreifenden Sorge um die ganze Familie und nicht von fehlender Bindung an das Neugeborene.

Philon fügt Moses frühester Kindheit eine weitere anrührende Szene hinzu. In seiner Erzählung wurde Mose „drei volle Monate ... mit Muttermilch gestillt" (Mos. I 9). Der biblischen Geschichte zufolge gab Moses Mutter ihrem Sohn im Palast des Pharaos die Brust, als sei sie eine gewöhnliche Amme (Exodus 2,7–9). Philon führt das Motiv des Stillens schon früher, also zu dem Zeitpunkt, als sie ihren Säugling noch versteckt hielt, ein. Spricht er einfach nur das Offensichtliche aus und macht die Geschichte dadurch stimmiger, oder übermittelt er eine bestimmte Botschaft über die Bibel hinaus?

Die Tatsache, dass das Stillen in römischen Kreisen Thema war, legt nahe, dass Philons Auslegung nicht von ungefähr kommt. Während in der gehobenen Gesellschaft Ammen üblich waren, sprachen sich römische Stoiker für das Stillen als Teil eines schlichten Lebensstils im Einklang mit der Natur aus.[19] Musonius bietet in seiner Vorlesung über studierende Frauen wertvolle Hintergrundinformationen. Seiner Ansicht nach besteht ein unmittelbarer Zusammenhang zwischen der philosophischen Schulung einer Frau und ihrer Bereitschaft, ihre Babys selbst zu ernähren. Eine Frau, die dazu erzogen wurde, mit Leidenschaften und Entbehrungen fertig zu werden, sei bereit, „die Kinder, die sie geboren hat, an ihrer eigenen Brust zu nähren und ihrem Mann zu dienen mit ihren eigenen Händen und, was andere für Sklavendienste halten, ... ohne Zaudern zu tun" (Diatriben 3,18).[20]

Schließlich rühmt Plutarch später seine Frau dafür, dass sie ihre Kinder zu Hause aufgezogen und gestillt habe. Hierfür habe sie sich sogar einer Operation an den Brustwarzen unterzogen (Trostschrift an seine Frau 5

---

[18] Nach der Ausgabe von C. E. LUTZ, Musonius Rufus. „The Roman Socrates" (New Haven: Yale University Press, 1947).
[19] Siehe auch BRADLEY, Wet-Nursing.
[20] Deutsch: NICKEL, Epiktet, 411.

[Mor. 609E]). In Vorwegnahme Plutarchs und Musonius' teilt Philon das Ideal einer natürlichen Mutter, die ihr Neugeborenes stillt. Moses Mutter tritt uns als römische Hausmutter entgegen, die den Rat der Philosophen befolgt und die Mühe nicht scheut, ihrem neugeborenen Sohn die Brust zu geben. Offensichtlich will sie ihn unbedingt aufziehen und entschließt sich nur unter außergewöhnlichen Umständen und in größter emotionaler Not, ihn seinem Schicksal anheimzugeben.

## Kompetente Töchter

In den Lebensbeschreibungen Moses und Abrahams bietet sich Philon die Gelegenheit, über die Jugend einiger biblischer Frauen zu sprechen, nämlich über Miriam, Zippora und die Hirtinnen am Brunnen sowie Sara. In der biblischen Exodusgeschichte spielt Miriam eine wichtige Rolle, insofern sie ihren ausgesetzten neugeborenen Bruder beobachtet, wie er auf dem Wasser treibt, und Pharaos Tochter zuredet, seine Mutter als Amme einzusetzen (Exodus 2,4–8). Philon fügt der Erzählung zwei kleine, aber bedeutende Details hinzu. Eingangs hebt er hervor, dass Miriam Mose auf dem Fluss „mit schwesterlichem Gefühl" im Auge behielt (Mos. I 12), womit er sie in das römische Ideal einer Kernfamilie einbettet. Trotz ihrer Jugend legt sie Fürsorglichkeit und Bindung an die übrigen Familienmitglieder an den Tag und agiert als eigenständige Figur, die spontan Familienwerte in die Tat umsetzt. Philons Bild der aktiven jungen Frau unterscheidet sich erheblich von der Szene bei Josephus, in der Miriam Anweisungen von ihrer Mutter erhält (Jüdische Altertümer II 221). Darüber hinaus konkretisiert Philon Miriams Vorgehen bei ihrer Begegnung mit der Tochter des Pharaos, wenn er zur biblischen Schilderung hinzufügt, dass Miriam, als die ägyptische Prinzessin das ausgesetzte hebräische Baby erblickte, deren „Unschlüssigkeit erraten" habe, „herbeigeeilt sei und sie gefragt habe", ob sie eine Amme holen solle (Mos. I 16). Auch hier wird Miriam als Figur aus sich heraus entwickelt. Philon rückt sie ins Zentrum der Szene, und der Leser ist eingeladen, ihre Initiative und ihr Einfühlungsvermögen anzuerkennen. Philons Interpretation wird vollends deutlich, wenn man sie mit Josephus vergleicht, der die Szene aus der Außenperspektive nacherzählt und betont, dass Miriam „scheinbar unabsichtlich und aus reiner Neugier herzugekommen war" (Jüdische Altertümer II 226).[21] Josephus sieht ihr Hinzutreten mit den Augen

---

[21] Die rabbinische Literatur rühmt Miriam als Prophetin, die eine göttliche Ankündigung über Moses Geburt erhielt und ihre Eltern überzeugte, Geschlechtsverkehr zu haben, um die Prophezeiung zu erfüllen. Ihr ‚Sehen' Moses, wie er auf dem Fluss treibt, wird als prophetische Vision ausgelegt (Mekhilta de Rabbi Ishmael, Shira 10, hg. von JACOB Z. LAUTERBACH, Mekilta de-Rabbi Ishmael. A Critical Edition on the Basis of the Manuscripts and Early Editions with an English Translation, Introduction and Notes, 3 Bde.

von Pharaos Tochter, die es dem reinen Zufall zugeschrieben hätte. Keine der beiden Frauen erscheint bei Josephus als abgerundete Persönlichkeit.

Eine weitere Gruppe von Frauen in der Mose-Vita verdient unsere Aufmerksamkeit: die sieben jungen Frauen, die zum Brunnen in Midian kommen, um Wasser für ihre Viehherden zu schöpfen, aber von einigen männlichen Hirten verjagt werden. Dem biblischen Erzähler zufolge hat Mose sich für sie eingesetzt: Er „stand auf, kam ihnen zu Hilfe und tränkte ihre Schafe und Ziegen" (Exodus 2,17). Philon erkennt in dieser biblischen Szene eine Frage von Geschlechterrollen unter Lohnarbeitern. Er legt Mose eine Rede in den Mund, welche die jungen Frauen ihres Rechts versichert, eine Arbeit aufzunehmen, die normalerweise von Männern verrichtet wurde. Sein Mose beschuldigt die Hirten, „faules Fleisch" und „nicht Männer" zu sein, und sagt zu ihnen: „Die Mädchen benehmen sich wie Jünglinge, sie tun ohne Zaudern ihre Pflicht, ihr Jünglinge aber benehmt euch mädchenhaft und seid Schwächlinge" (Mos. I 54). Gewiss, Philon hält an traditionellen Geschlechterrollen fest, wenn er das weichliche Leben mit Weiblichkeit identifiziert, während von echten Männern harte Arbeit erwartet werde. Zugleich zieht er jedoch einen Rollentausch in Betracht. Nicht der Bibeltext, sondern seine eigene Intuition bringt Philon dazu, den Wert der Arbeit dieser jungen Frauen und ihr Recht, den Brunnen als professionelle Hirtinnen zu nutzen, zu betonen.

Die proto-feministische Rolle, die Philon Zippora und ihren Freundinnen zuweist, wäre ohne römische Debatten undenkbar. Er bringt solche Werte zum Ausdruck, kurz bevor Musonius sie eindringlich formuliert, dessen Thesen zufolge man im Allgemeinen „jeder der beiden [geschlechtsspezifischen] Naturanlagen die für sie förderlichen Leistungen zuweisen muss, die schwereren dem stärkeren [d. h. den Männern], die leichteren dem schwächeren Geschlecht [d. h. den Frauen]" (Diatriben 14,17). Spinnen, die traditionelle Frauenarbeit, dient als Beispiel einer geeigneten Tätigkeit für das weibliche Geschlecht. Zugleich räumt Musonius wie Philon ein: „Zuweilen werden freilich auch einzelne Männer leichtere und mehr zu Frauen passende Arbeiten vernünftigerweise verrichten, wie auch Frauen härtere und mehr den Männern anstehende Arbeiten auf sich nehmen" (14,19).[22] Philon vertritt in Fragen der Geschlechterrollen eine Position, die der des Musonius überraschend ähnlich ist: Beide akzeptieren eine Umkeh-

---

[Philadelphia: The Jewish Publication Society of America, 1933–1935], Bd. II, 81–82; deutsch: Mekhilta de-Rabbi Jishmaʿel. Ein früher Midrasch zum Buch Exodus, aus dem Hebräischen übersetzt und hg. von GÜNTER STEMBERGER [Berlin: Verlag der Weltreligionen, 2010], 190).

[22] Deutsch: NICKEL, Epiktet, 419. Siehe auch REYDAMS-SCHILS, Roman Stoics, 153–155. Schon Kleanthes, der zweite Leiter der Schule der Stoa, schrieb einen nicht mehr erhaltenen Traktat *Über die Einerleiheit der männlichen und weiblichen Tugend* (DIOGENES LAERTIUS VII 175).

rung der ‚natürlichen' Arbeitsteilung. Es ist in der Tat wahrscheinlich, dass römische Diskussionen Philon dazu anregten, die biblische Szene am Brunnen völlig neu zu interpretieren.

Die letzte Frau der Bibel, deren Jugend Philon thematisiert, ist Sara. Die biblische Geschichte führt sie erst in einer späteren Lebensphase als Abrahams Ehefrau ein, ohne ein Wort über ihre Kindheit und Jugend zu verlieren (Genesis 11,29). Diese Lücke schließt Philon, wenn er schreibt, Sara sei „schon von Kindheit auf" in der Lehre göttlicher Allmacht unterrichtet worden, woraus sich erklärt, woher sie weiß, dass „alles bei Gott möglich ist" (Abr. 112), und Abrahams geheimnisvolle Besucher als Engel erkennt. In der Tat ist es in Philons Erzählung Sara und nicht Abraham, die „eine andere Vorstellung von den erschienenen (Fremdlingen) bekam, eine würdigere, nämlich die von Propheten oder Engeln, die aus geistigem und seelenartigem Sein in menschenähnliche Gestalt sich verwandelt hätten" (Abr. 113). Gewiss, Philon geht auf Saras Erziehung nicht so ausführlich ein wie bei Josef und Mose; dennoch ist er der erste jüdische Exeget, der einer biblischen Frauengestalt überhaupt Bildung zuschreibt. In Saras Fall zeichnet er ein stimmiges Porträt, von der religiösen Unterweisung in ihrer Jugend bis zur späteren praktischen Umsetzung bei der Begegnung mit den Engeln. Saras Rolle in der „Exposition" ist bemerkenswert insbesondere angesichts der Tatsache, dass Philon sie in seinen früheren alexandrinischen Schriften nie in einem solchen Kontext erwähnt hat. In den *Fragen und Antworten zur Genesis* (IV 2–7) konzentrierte er sich ganz auf Gottes transzendentes Wesen, das sich in Gestalt der drei Männer offenbare, und setzte voraus, dass Abraham und nicht Sara deren wahre Identität erkannte.

Saras positives Bild in der „Exposition" steht im Einklang mit zeitgenössischen römischen Diskussionen über Frauenbildung. Seneca wie Musonius befürworten die philosophische Bildung bei Frauen, damit sie ihr Tugendpotenzial entfalten können. Seneca bedauert, dass einige Ehemänner ihre Gemahlinnen keine richtigen Studien treiben lassen und ihnen so dabei im Wege stehen, ihre Affekte zügeln und ein gutes Leben führen zu können. Musonius verwendet einen ganzen Vortrag auf die These, „dass auch Frauen philosophieren sollten" (Diatriben 3), und argumentiert nachdrücklich, beide Geschlechter seien mit denselben Vernunftgaben ausgestattet und müssten daher eine ähnliche Schulung erhalten.[23] Philons Sara fügt sich gut in diesen Kontext ein. Ein römisches Publikum wird wohl sehr erfreut gewesen sein zu erfahren, dass sie in ihrer Kindheit religiöse Unterweisung erhielt und davon später so guten Gebrauch machte. Solche Leser werden gleichermaßen angetan gewesen sein zu sehen, dass die jüdische Tradition weitere tatkräftige, kompetente Töchter kennt, auf die man stolz sein kann. Sowohl

---

[23] PHILON, Abr. 112–113 (vgl. Genesis 18,1–10); Jos. 4; Mos. I 18–24; SENECA, Cons. Helv. 17,3; 3,2–6.

Miriam als auch Zippora mit ihren Freundinnen am Brunnen werden in solchen aufgeklärten römischen Kreisen, die östlichen Religionen offen gegenüberstanden, auf Interesse gestoßen sein.

## Die Ehebrecherin

Philon erklärt Ehebruch zum „schlimmsten aller Verbrechen" (Jos. 44). In Anbetracht anderer Untaten wie Mord überrascht diese Aussage. Warum räumt Philon dem Ehebruch einen derart prominenten Rang im Sündenkatalog ein? Einmal mehr hält die römische Kultur die Antwort bereit. Im Jahr 2 v. Chr. promulgierte Augustus strenge Gesetze gegen Ehebruch im Gefolge der öffentlichen Skandale um seine Tochter Julia, die vor Gericht gestellt und lebenslang verbannt wurde. Auf diese Weise hoffte er ein maßgebliches Beispiel für die Durchsetzung von Familienwerten zu geben. Von da an war Mäßigung in sexuellen Dingen ein wesentlicher Leitbegriff in der römischen Kultur und Literatur. Philons Anliegen fügt sich gut in diesen Kontext ein. In *Über die Einzelgesetze* widmet er dem Ehebruch ungewöhnlich viel Aufmerksamkeit und zeigt auf, wie jüdische Werte sich mit römischen Präferenzen decken.[24]

Einen konkreten Fall von Ehebruch erörtert Philon in *Über Josef*. Potifars Frau, im „Allegorischen Kommentar" noch ein bloßes Symbol der Affekte, wird nun als Figur aus Fleisch und Blut dargestellt, die den allmählichen Verlust von Selbstbeherrschung veranschaulicht.[25] Philons Interesse gilt der Entwicklung, die eine verheiratete Frau dazu führt, sich in einen jungen Mann zu verlieben und widerrechtlichen Sex vorzuschlagen. Während es im Bibeltext in seiner typischen Kürze heißt: Die Frau „erhob ihre Augen zu Josef und sagte: ‚Liege bei mir'" (Genesis 39,7), betont Philon, sie sei „liebestoll durch die Schönheit des jungen Mannes" gewesen und „von ungezügelter Leidenschaft erfasst" worden (Jos. 40). Philon spricht auch von ihrer „frevelhaften Begierde", die sie entflammte und zur Gewaltanwendung verleitete, nachdem ihre verbalen Avancen zurückgewiesen worden waren (Jos. 41). Etliche Begriffe in Philons Beschreibung haben einen Beiklang von Wahnsinn, Kontrollverlust und martialischem Getöse. So gewinnt der Leser unversehens den Eindruck, dass Potifars Ehefrau nicht einfach auf einen Seitensprung aus ist, sondern einen tiefen Riss in der Gesellschaft verursacht.

---

[24] SUETON, Augustus 34,1–2; 65,1–4. In seiner Unzufriedenheit mit dieser strengen Bestrafung befahl Augustus, der Julia die Todesstrafe zugedacht hätte, dass ihr Leichnam einmal nicht in seinem Mausoleum begraben werden dürfe (SUETON, Augustus 65,1–4; 101,3; Tiberius 50,1). Zu Philons Behandlung des Themas Ehebruch in *Über die Einzelgesetze* siehe Kapitel 8.

[25] Was Potifars Frau im „Allegorischen Kommentar" angeht, siehe All. III 237; Migr. 19; Somn. II 106.

Philon hegt keinerlei Sympathie für die Ehebrecherin und sieht von Ausschmückungen ab, die sie in ein günstigeres Licht rücken würden, wie sie der jüdische Autor der Testamente der Zwölf Patriarchen bietet. Er analysiert die Krise nicht aus der Sicht der Frau, sondern aus einer Außenperspektive mit dem erklärten Ziel, aus ihrem Verfall eine moralische Lehre zu ziehen. Was Philon betrifft, hat ihr Niedergang nichts mit einem naturgegebenen Leib-Seele-Gegensatz zu tun, den Platon in den Mittelpunkt seiner Ethik stellte. Stattdessen nimmt er eine typisch stoische Analyse vor, wenn er den Ton darauf legt, was die Leidenschaft der Frau ausgelöst hat, nämlich Josefs Schönheit. Philon rät ihr und dem impliziten Leser, mittels Vernunft Kontrolle auszuüben, statt den Affekten freien Lauf zu lassen. Vor allem muss die Frau das Eheleben achten und lernen, die legitime Vereinigung der ehebrecherischen vorzuziehen.

Josefs Erwiderung an Potifars Frau setzt ein bemerkenswertes Maß an Gleichheit in Bezug auf männliche und weibliche Sexualität voraus. Philon legt ihm folgende Worte in den Mund: „Vor der rechtmäßigen Ehe ist bei uns kein Geschlechtsverkehr mit einer Frau erlaubt. ... Als reine Jungmänner heiraten wir reine Jungfrauen, und wenn wir uns ihnen nähern, dann nicht zur Lust, sondern allein zum Zweck der Zeugung von Nachkommenschaft" (Jos. 43). Hier gibt Philon noch einmal das Ideal der Ehe zum Zweck der Fortpflanzung wieder, dem wir bereits im Zusammenhang mit Saras Unfruchtbarkeit begegnet sind. Darüber hinaus schlägt er eine ungewöhnlich egalitäre Sichtweise auf Sexualität vor, die Frauen nicht wegen sexueller Freizügigkeit verdammt, während sie Männern zugestände, ihre Begierde auszuleben. Philons Josef verlangt vielmehr auch von Männern Verbindlichkeit und Enthaltsamkeit.

Philons Argumentation steht im Einklang mit der römischen Philosophie seiner Zeit, die Gleichheit in sexuellen Dingen anmahnte, während das römische Recht konservativ blieb und Männern einen Freibrief erteilte. In Reaktion auf diese Doppelbödigkeit beklagt Seneca die Scheinheiligkeit vieler Ehemänner, die selbst ein Verhältnis mit einer verheirateten Frau haben, zugleich aber keine Affäre der eigenen Frau dulden. Solche Männer, so seine Empfehlung, sollten vor ihrer eigenen Haustür kehren. Musonius erhebt sogar noch strengere Forderungen, wenn er verlauten lässt, dass „nur der Liebesverkehr in der Ehe, der die Erzeugung von Kindern zum Ziel hat, für sittlich erlaubt" zu halten ist. Ehebruch wird als „völlig unsittlich" verworfen. Musonius untermauert seine Auffassung mit zwei Argumenten. Zunächst regt er wie Seneca an, Ehemänner sollten an ihre Frauen keine Maßstäbe anlegen, denen sie selbst nicht genügen. Zudem sollten Männer nicht „[moralisch] schwächer [sein] als die Frauen und weniger imstande, ihre eigene Begierde im Zaum zu halten" (Musonius, Diatriben 12,2–4).[26] Sexuelle

---

[26] SENECA, Ira II 28,7; MUSONIUS, Diatr. 12,2–4 (deutsch: NICKEL, Epiktet, 479–483).

Zurückhaltung und voreheliche Unberührtheit werden so zu wichtigen Merkmalen philosophisch geschulter Männer und Frauen. Philons Auslegung von Josefs Begegnung mit der bekanntesten Ehebrecherin der Bibel, Potifars Frau, legt nahe, dass er römischen Philosophen seiner Zeit aus vollem Herzen zustimmt und das Judentum in ihren Moralkodex einschreibt.

## Fazit

Philons Neuerschaffung der biblischen Frauen in der „Exposition" unterscheidet sich erheblich von seiner Interpretation dieser Figuren im „Allegorischen Kommentar", den er in Alexandria schrieb. Sie stehen nicht mehr für den gefährlichen Leib mit seinen Leidenschaften, den man am besten hinter sich lässt, sondern sind zu mustergültigen Ehefrauen, Müttern und Töchtern geworden, die in der Geschichte Israels eine aktive Rolle spielen. Dieser radikale Perspektivenwechsel lässt sich mit Philons Übersiedlung von Alexandria nach Rom erklären. Während Genderfragen in den philosophischen Kreisen seiner Heimatstadt nicht diskutiert wurden, begegnete er später in Rom lebhaften philosophischen Debatten über die Rolle der Frau in der Gesellschaft. Sein neues Bild der biblischen Frauen in der „Exposition" deckt sich weitgehend mit seiner Sicht auf die römische Kaiserin Livia, deren Scharfsicht, Stärke und Loyalität er schätzt. Ebenso werden die biblischen Frauen zu realen historischen Gestalten, die Philon einfühlsam aus der Figurenperspektive interpretiert.

Für Philon bedeutete der Übergang zu historiographischen Gattungen auch, sich die in Rom vorherrschenden moralischen Werte zu eigen zu machen. Wie er die Frauen aus seiner Tradition emanzipiert, ähnelt verblüffend der Art und Weise, wie seine römischen Kollegen neue Rollen für ihre Partnerinnen und Töchter diskutierten, wobei zugleich traditionelle Hierarchien und ‚natürliche' Geschlechtereinteilungen beibehalten werden. Indem er biblische Frauen in aktuelle römische Diskurse einfügt, bekräftigt Philon den Wert seiner Religion. Bis zu einem gewissen Grad werden die Grenzen zwischen römischen und jüdischen Frauen verwischt. Es überwiegt die Harmonie, und kein Gegensatz zwischen in sich unterschiedlichen Kategorien wird erkennbar. Philon schrieb somit in einem wichtigen Augenblick in der Geschichte der Geschlechterfragen und spiegelt die Spannungen und Entwicklungen seiner Zeit wider. Es ist bedeutsam, dass er die neuen Möglichkeiten, die sich ihm in Rom boten, beim Schopf packte, sich dabei aber romanhafte Motive noch versagte, wie sie in der Generation des Josephus beliebt wurden.[27]

---

[27] Zu Josephus siehe FELDMAN, Hellenizations; FELDMAN, Josephus's Interpretations; NIEHOFF, Desires Crossing Boundaries.

# 8

# Stoische Ethik im Dienst des jüdischen Gesetzes

Die „Exposition" schließt mit den Traktaten *Über den Dekalog, Über die Einzelgesetze, Über die Tugenden* und *Über Belohnungen und Strafen*. Hier werden keine konkreten Fälle entschieden, wie es im Kontext jüdischer Leser, die gesetzestreu leben möchten, angebracht wäre, sondern Philon erklärt die Gesamtbedeutung und das moralische Grundprinzip jüdischer Bräuche. Im Gegensatz zu den Rabbinen wendet er sich an eine breitere Öffentlichkeit, die von der Andersartigkeit jüdischen Lebens fasziniert ist, und formuliert erstmals in der Geschichte des Judentums eine Philosophie des Gesetzes. Angesichts seines Desinteresses am mosaischen Gesetz in seiner früheren alexandrinischen Phase ist seine Hinwendung zu diesem Thema im Spätwerk bemerkenswert. Im „Allegorischen Kommentar" sprach er die Frage der Observanz nur ein einziges Mal an, als er auf die Behauptung alexandrinischer Juden einging, mit der Einführung des allegorischen Textsinns erübrige sich die wörtliche Gesetzesbefolgung. In dieser innerjüdischen Auseinandersetzung verteidigte Philon religiöse Observanz, indem er betonte: Das „heilige Wort lehrt sie, sich um eine gute Reputation zu sorgen und nichts von den Sitten aufzugeben, welche göttlich inspirierte und bessere Männer, als es zu unserer Zeit gibt, festgelegt haben" (Migr. 90). Die Autorität geistbegabter Volksführer der Vergangenheit garantiert die Gültigkeit des jüdischen Gesetzes und fordert von einer eindeutig definierten Gemeinschaft dessen Befolgung ein. Als junger Mann vertrat Philon einen eher traditionellen Standpunkt und brachte nur ein philosophisches Argument vor, das auf dem Leib-Seele-Gegensatz beruht: Indem er sich im „Allegorischen Kommentar" auf ein markantes platonisches Thema berief, setzte er die körperliche Dimension menschlicher Existenz mit dem Wortsinn und dem Gesetzesgehorsam gleich, wohingegen die Seele mit der allegorischen Auslegung verknüpft wurde. Beide, so insistierte Philon, müssen wertgeschätzt werden und im jüdischen Leben Ausdruck finden.[1]

---

[1] Gegen BELKIN, Philo and the Oral Law, und N. COHEN, Philo Judaeus, die beide auf methodisch fragwürdiger Grundlage argumentieren, dass Philon rabbinische Traditionen aufgenommen habe, die erst viel später belegt sind. Vorsichtiger ist DOERING, Schabbat, 315–377; siehe auch GOODENOUGH, Jurisprudence, der auf methodisch fragwürdiger Grundlage behauptet, Philon spiegele Urteile alexandrinischer Gerichte wider.

Angesichts der Knappheit von Philons Ausführungen im „Allegorischen Kommentar" müssen wir fragen, wie es zu seinem nachhaltigen Interesse an Gesetzesfragen gekommen ist. Was gab ihm Anlass, eine hoch innovative Philosophie des Gesetzes auszuformulieren? Ich argumentiere, dass Philon einer breiteren Öffentlichkeit das Grundprinzip jüdischer Bräuche erklärt, um sich der Herausforderung der römischen Gesandtschaft zu stellen. Dieser historische Hintergrund deutet sich in der Einleitung des Traktats *Über die Einzelgesetze* an, die von der Beschneidung handelt, einem Gebot, das „von der großen Menge verspottet wird" (Spec. I 1). Philon rechtfertigt die Beschneidung durch einen Vergleich mit den Ägyptern, die sie ebenfalls praktizieren, und fordert seine Leser auf anzuerkennen, dass die Juden nicht die Einzigen sind, die „sich und ihre nächsten Angehörigen einer sehr schmerzhaften Verstümmelung unterwerfen" (I 3). Dieser Appell ist apologetisch: Er verteidigt den jüdischen Brauch gegenüber Lesern, denen elementare Tatsachen des Judentums suspekt sind. Wenn man bedenkt, dass die Beschneidung bei den Ägyptern, insbesondere unter den Priestern, praktiziert wurde und dieser Ritus bei ihnen folglich nicht Spott der Art, wie Philon ihn erleben musste, hätte nach sich ziehen dürfen, kann er sich hier nicht an alexandrinische Leser wenden. Ihnen hätte er gewiss nicht erklären müssen, dass die Juden nicht das einzige Volk sind, das seine Söhne beschneidet. In Rom dagegen wurde dieser Ritus von der Normalbevölkerung nicht praktiziert und wurde zum verhöhnten Identitätsmerkmal der Juden. Tacitus, Horaz und Petronius machten aus ihrer Verachtung keinen Hehl. Apion, der Leiter der ägyptischen Gegengesandtschaft an Gaius, griff solche römischen Stimmungen auf und „verspottet die Beschneidung" (Josephus, Gegen Apion II 137). Als Josephus eine Generation später dieses Thema in Rom anschneidet, vermerkt er, dass Apions Rhetorik nicht zu seinem alexandrinischen Hintergrund passe.[2] Indem Philon die Beschneidung als den ersten auffallenden jüdischen Brauch behandelt, geht er auf typisch römische Bedenken ein und liefert eine Erklärung des Ritus, die Sympathien wecken und die Juden unter die aufgeklärten Völker einreihen soll.

Philons philosophische Interpretation des jüdischen Gesetzes ist eng mit Politik verknüpft. Im vollen Bewusstsein, „in die weite Flut der politischen Sorgen" und in „politisches Getöse" gestoßen worden zu sein (Spec. III 3 und 5), gelangt er als Diplomat nach Rom und beginnt sich mit dem bürgerrechtlichen Status und den speziellen Bräuchen der Juden zu befassen, die von der ägyptischen Gegengesandtschaft kritisiert worden waren. Aufgrund seiner öffentlichen Stellung spricht er ein breiteres, nichtjüdisches Publikum

---

[2] PHILON, Spec. III 3–5; I 3; TACITUS, Historiae V 5,2; HORAZ, Saturae I 9, 70; PETRONIUS, Satyricon 102,13–14; JOSEPHUS, C. Ap. II 137–144. Siehe auch STERN, Greek and Latin Authors II, 41; I, 324–326, 443–444; SCHÄFER, Judeophobia, 98–100 = Judenhaß, 146–149; ISAAC, Invention of Racism, 472–474.

an, dessen Meinung er zu beeinflussen hofft. Philon nimmt Josephus vorweg, der eine Generation später, nach der Niederschlagung des jüdischen Aufstands, nach Rom kommt und rasch zu einem gut vernetzten Historiker wird. Gegen Ende seiner Laufbahn schreibt Josephus eine Verteidigung des Judentums, in der er seine väterliche Tradition gegen die Anschuldigungen zahlreicher Autoren überwiegend ägyptischer Herkunft in Schutz nimmt. Dem Werk Apions widmet er fast eine ganze Abhandlung und liefert dabei eine Darstellung der „Verfassung unseres Gemeinwesens insgesamt sowie über deren Einzelpunkte". Es ist ihm ein dringendes Anliegen aufzuzeigen, dass „unsere Gesetze" Frömmigkeit, freundlichen Umgang mit Volksfremden und Gerechtigkeit fördern. Er wolle nicht eine maßlose Lobrede auf sein Volk anstimmen, wie er betont, sondern reagiere auf die „vielerlei falschen Beschuldigungen" gegen die Juden (Gegen Apion II 145–147). Die fairste Verteidigung, meint er, sei eine eingehende Darstellung der Gesetze. Philon sieht sich in Rom in einer verblüffend ähnlichen Situation, in der er direkt mit Apions üblen Nachreden konfrontiert ist, die Josephus eine Generation später immer noch beschäftigen sollten. Weil der ägyptische Diplomat das jüdische „Ritual, wie es in unserem Heiligtum geübt wird, und die übrigen Gesetzesbestimmungen" kritisiert (II 7), legt Philon eine Erklärung der jüdischen Religion für ein breiteres römisches Publikum vor. Seine impliziten Leser gleichen den Adressaten des Josephus und sind wahrscheinlich Intellektuelle in römischen Salons, die dem Judentum wohlgesinnt und willens sind, mehr über die umstrittene Religion zu erfahren.[3] An solche Leute wendet sich Philon und versucht zu zeigen, dass die jüdische Religion keine Entartung ägyptischer Kulte ist, sondern eine Lebensphilosophie, die römischen Werten wesensverwandt ist. Entgegen Apions Behauptungen stehen die Juden der griechischen Kultur und nichtjüdischer *paideia* nicht feindselig gegenüber, sondern lebten nach Grundsätzen, die von der griechisch-römischen Welt geteilt werden.

## Die Zehn Gebote als „Häupter" des jüdischen Gesetzes

In seinem Traktat *Über den Dekalog* entwickelt Philon eine innovative Konzeption vom jüdischen Gesetz, die man als Pionierleistung im antiken Judentum verstanden hat. Zwar fanden die Zehn Gebote vermutlich schon ab dem ersten vorchristlichen Jahrhundert im Kontext der Liturgie Verwendung, doch ist Philon der erste uns bekannte Autor, der sie als „Häupter" der gesamten mosaischen Gesetzgebung bezeichnet. „Die von Gott selbst geoffenbarten Gesetze", betont er, „sind zugleich Gesetze und Häupter (κεφάλαια) der Einzelgesetze, und die durch den Propheten gegebenen lassen sich sämtlich

---

[3] Zu Josephus' Integration in Rom siehe Kapitel 1.

auf jene zurückführen" (Decal. 19). Darüber hinaus sind die „Zehn Worte" beziehungsweise die „göttlichen Aussprüche" (Decal. 32) seines Erachtens „allgemeine Gesetze" (Spec. I 1), die auf eine Vielzahl sinnverwandter Einzelvorschriften „hindeuten" (Decal. 165). Die Einzelgesetze nennt er eine abhängige Gattung, die zu den Leitprinzipien „gehören" (Decal. 168) beziehungsweise „darunter fallen" (Spec. IV 132). Selbst Ritualgesetze werden mit allgemeineren moralischen Ideen in Zusammenhang gebracht.[4]

Philons Hervorhebung des Dekalogs könnte teilweise von dessen Sonderstellung in der Bibel herrühren. Im Unterschied zu anderen biblischen Gesetzessammlungen begründen die Zehn Gebote den Bund zwischen Gott und Israel und enthalten zeitlose Anweisungen für jeden Israeliten, ohne Rücksicht auf bestimmte Umstände. Zudem ist die Zahl Zehn typologisch, wie Philon voller Begeisterung aufzeigt, und das zehnte Gebot ist überhaupt einzigartig, weil es vorschreibt, was nicht begehrt werden darf, und somit die reine Absicht statt der konkreten Handlungsfolgen thematisiert. Diese Besonderheiten des Dekalogs verweisen auf fundamentale Fragen der Ethik und regen naturgemäß zu philosophischer Reflexion an.[5] Philon ist allerdings der erste uns bekannte Leser des Dekalogs, der dieses philosophische Potenzial auslotet und in ihm das Fundament des jüdischen Gesetzes erkennt, womit er eine universale, ethische Interpretation des Judentums bietet. Sein Ansatz weckt besondere Aufmerksamkeit, weil andere Autoren in der Zeit des Zweiten Tempels andere Wege gingen. Das Jubiläenbuch beispielsweise führt nur das partikularste der Zehn Gebote an, die Einhaltung des Sabbats. Anstatt die jüdische Tradition aus einem universalen Blickwinkel zu betrachten, verknüpft der Verfasser regelmäßig allgemeine Gebote mit besonderen Ereignissen in der Geschichte Israels und lässt sie so partikularer werden, als sie es ursprünglich waren. In ähnlicher Weise betonen die zahlreichen Gesetzestexte aus Qumran Gottes Offenbarung und Autorität, die von geistbegabten Anführern vermittelt und in strenge Verhaltensregeln für die Sektenmitglieder übersetzt werden.[6]

Alexandrinische Juden wiederum hatten bereits eine philosophische Richtung eingeschlagen. Aristobul (2. Jahrhundert v. Chr.) sagt über das jüdische Gesetz, es sei „ganz auf Frömmigkeit, Gerechtigkeit, Enthaltsamkeit und die

---

[4] PHILON, Decal. 19, 175; Spec. I 1; Decal. 82, 162–165, 168–171; Spec. IV 132. Philons innovative Leistung wurde gewürdigt von AMIR, Decalogue; TERMINI, Taxonomy; PEARCE, Decalogue; gegen WOLFSON, Philo, 200–202, und N. COHEN, Philo Judaeus, 78–80, die einige spätere rabbinische Textstellen irrtümlich als Philons Quellen identifizieren; zur liturgischen Verwendung des Dekalogs siehe URBACH, Ten Commandments.

[5] Zu den unverwechselbaren Besonderheiten des Dekalogs siehe WEINFELD, Uniqueness; NAJMAN, Decalogue; PEARCE, Philo of Alexandria.

[6] Jubiläen 1,1–29; 2,25–33; 50,6–7; Qumran: Damaskusschrift 1,1–9; 2,1–8; 3,1–12 und Gemeinderegel 2,4–26; 8,15–26. Siehe auch M. SEGAL, Jubilees; WERMAN/SHEMESH, Halakha; vgl. HAYES, What's Divine about Divine Law?, 92–139, die die Kontinuität von Philon zu weiteren Autoren des Zweiten Tempels hervorhebt.

übrigen der Wahrheit gemäßen Güter ausgerichtet". Zwar geben die erhaltenen Fragmente aus seinem Werk keinen Aufschluss über sein Denken im Einzelnen, doch wird deutlich, dass er die Tora mit universalen Tugendmaßstäben verbindet und das jüdische Gesetz vom Bereich des persönlichen Gotteswillens entkoppelt. Der Aristeasbrief (2. Jahrhundert v. Chr.) sagt darüber hinaus, „die rechte Lebensführung bestünde im Einhalten der Gesetze", und unterstreicht dabei, dass jedes Gebot „einen tiefen Sinn" hat (Aristeasbrief 127.143). Dem Autor geht es darum, den objektiven Wert des jüdischen Gesetzes offenzulegen, den jeder, der sich moralischer Erziehung verpflichtet weiß, ermessen könne.[7] Soweit dies der fragmentarischen Überlieferung zu entnehmen ist, stellten Philons alexandrinische Vorgänger jedoch weder den Dekalog besonders heraus, noch entwickelten sie eine systematische Philosophie des jüdischen Gesetzes.

Philons philosophische Interpretation des Dekalogs definiert Wesenszüge des Judentums. Ausgehend von der Annahme, dass die Zehn Gebote allgemeine Prinzipien darstellen, unterstreicht Philon, dass sie „die Gesamtgesetzgebung ... durchziehen" (Decal. 154). Sogar die geringsten oder rituellsten Vorschriften seien in übergreifenden philosophischen Prinzipien verankert und eröffneten „breite Heerstraßen des Lebens, die auf *ein* Ziel hinausgehen, auf denen es eine Wanderung ohne Straucheln gibt für die Seele, die stets das Beste will" (Decal. 50). So gesehen dienen alle biblischen Gebote pädagogischen Zwecken und zielen auf spirituellen Aufstieg. Philon betont die moralische Dimension, indem er – gegen die Bibel – darauf beharrt, dass für die Übertretung der Zehn Gebote keine Strafe vorgesehen sei. Gott habe bewusst von Drohungen abgesehen, erklärt Philon, „damit nicht etwa jemand, von unvernünftiger Furcht geleitet, ungern und nur gezwungen, sondern mit vernünftiger Überlegung freiwillig das Beste wähle" (Decal. 177).[8] Die Gesetze, so speziell und ritualbezogen sie sein mögen, werden mit einem Aspekt moralischer Wahlfreiheit versehen, die aus Gehorsam heischenden Geboten ethische Ratschläge macht, welche wegen des ihnen innewohnenden Guten beherzigt werden.

Philons Ansatz muss im Kontext des römischen Stoizismus gewürdigt werden. Schon Cicero beschrieb die stoische Ethik als ein System, das der Entscheidungsfreiheit größte Bedeutung beimisst. Das moralisch Gute wird ohne Rücksicht auf Lohn oder Strafe um seiner selbst willen gewählt. Zu-

---

[7] ARISTOBUL, Frgm. 4,8 bei EUSEBIOS, Praeparatio evangelica XIII 12,8 (hg. von HOLLADAY, Fragments III, 174–175); Aristeasbrief 127 und 143: deutsch MEISNER. WRIGHT, Letter of Aristeas, 246–313; HAYES, What's Divine about Divine Law?, 105–110.

[8] PHILON, Decal. 37–39, 50, 154, 177, 17, 13–14; Spec. I 86–87; III 104–107; siehe auch Exodus 20,5–6.12, wo Strafen für die Übertretung der Zehn Gebote genannt werden. Die philosophische Dimension von Philons Ausführungen wird auch deutlich bei seiner Hervorhebung der Wüste als Offenbarungsort des Dekalogs (siehe dazu CALABI, Il Deserto; CALABI, Filone. De Decalogo, 41–43, Anm. 25; PEARCE, Decalogue, 992–996).

dem wurzele für die Stoiker das Gesetz, auch in seiner konkretesten Form, in der Philosophie und spiegele die universale rechte Vernunft wider. Die stoische Definition der moralischen Funktion des Gesetzes klingt bemerkenswert ähnlich wie bei Philon: „Da das Gesetz dazu dienen muss, falsches Verhalten auszumerzen und die Tugenden zu empfehlen, trifft es zweifellos zu, dass die Lehre vom richtigen Leben aus dem Gesetz hergeleitet wird" (Über die Gesetze I 58).[9]

Seneca widmete der Frage, wie ethische Prinzipien mit konkreten Vorschriften zusammenhängen, einen wichtigen Brief. Dieses Thema stellt er in den Kontext einer laufenden stoischen Diskussion. Eingangs bezieht er gegen Ariston von Chios Position, der argumentiert hatte, Einzelanweisungen liefen auf Altweiberweisheit hinaus und seien für den Philosophen darum nutzlos. Kleanthes, der zweite Leiter der stoischen Schule, hielt sie demgegenüber für förderlich, vorausgesetzt, sie gründeten sich auf philosophische Prinzipien beziehungsweise „Häupter" (*capita*, Ep. 94,4). Da Kleanthes' griechischer Originaltext nicht erhalten ist, können wir nicht mit Bestimmtheit sagen, welches Wort er verwendete, doch war es sehr wahrscheinlich Philons Begriff, nämlich *kephalaia* (κεφάλαια). Seneca schließt sich Kleanthes an und bekräftigt die Bedeutung konkreter Anordnungen, wenn er betont, dass die Natur uns unsere Pflicht nicht für jeden Einzelfall lehre. Der Mensch benötige spezifische, aus der Natur hergeleitete Anweisungen, um zu erkennen, was in einer bestimmten Situation angebracht ist. Seneca zufolge nötigen uns Vorschriften nicht, „sondern bitten um etwas", und sie sind wirksam, „wenn sie dir nur oft genug vor Augen treten" (Ep. 94,37.42).[10]

Diese römischen Debatten, die in Alexandria ohne Parallele sind, erklären den Hintergrund von Philons Ansatz. Gewiss, Seneca lässt sich entnehmen, dass die Stoiker die Spannung zwischen philosophischen Prinzipien und Einzelvorschriften zumindest schon seit Kleanthes diskutierten. Philon könnte somit bereits in seiner frühen alexandrinischen Schaffensphase Impulse aus dem Werk des Kleanthes empfangen haben. Im „Allegorischen Kommentar" erwähnte er an einer Stelle sogar den Gedanken der Zehn Gebote als „Häupter" der Einzelgesetze (Congr. 120).[11] Dieser Beleg bleibt jedoch die Ausnahme und führte nicht zu einer umfassenderen Interpretation des Dekalogs und seiner zentralen Stellung in der jüdischen Ethik. Zu diesem Zeitpunkt hatte Philon kein ernstliches Interesse an rechtsphilosophischen Fragen. Erst nach seiner Ankunft in Rom widmete er sich dem gründlichen Studium des Dekalogs und seiner philosophischen Bedeutung für das Judentum insgesamt. Nun verwendet er Schlüsselbegriffe und Vorstellun-

---

[9] CICERO, Fin. III 11–12, 26, 31–32; Leg. I 16–17, 32–35.
[10] SENECA, Ep. 94,4.19–27.31.37.42; 81,19–21; De beneficiis I 6,1.
[11] Zu Philons Ansichten im „Allegorischen Kommentar", die denen des Kleanthes ähneln, siehe Kapitel 12.

gen, die mit dem römischen Stoizismus im Einklang stehen und letztlich auf Kleanthes' Ansatz basieren. Philon spricht also Leser in der Reichshauptstadt an und hofft, sie davon überzeugen zu können, dass das mosaische Gesetz nicht ein eigentümliches, fremdes System mit seltsamen Gepflogenheiten ist, sondern eine Lebensphilosophie, die auf vertrauten Prämissen aufbaut und die Juden auf allgemein anerkannte Tugenden hinlenkt.

Philons Auslegung des Dekalogs hat bedeutsame Folgen für das frühe Christentum. Paulus schrieb seinen Brief an die Römer wenige Jahre nach Philons „Exposition" und formuliert erstaunlich ähnliche Gedanken. Er zieht dasselbe Konzept von Einzelgesetzen, die in einem übergreifenden Grundsatz „zusammengefasst" werden, heran und verwendet dabei ein Verb mit dem Wortstamm „Haupt", nämlich *anakephalaioō* (ἀνακεφαλαιόω). Paulus zufolge sind die vier ethischen Gebote des Dekalogs in dem Gebot „Du sollst deinen Nächsten lieben wie dich selbst" zusammengefasst (Röm 13,9). Im Unterschied zu Philon subsumiert er jedoch unter der Rubrik ‚philosophische Prinzipien' nicht die Fülle der Spezialvorschriften und gibt er die traditionelle jüdische Lebensführung auf. Da er sich nicht mehr verpflichtet weiß, jüdische Bräuche in allgemeineren moralischen Begriffen zu rechtfertigen, räumt er den ethischen Prinzipien des Dekalogs den Vorrang ein und ordnet sie einem sogar noch universaleren Gebot unter. In Paulus' Worten: „Die Liebe tut dem Nächsten nichts Böses. Also ist die Liebe die Erfüllung des Gesetzes" (Röm 13,10). Die allgemeinen Grundsätze verdrängen die Ritualvorschriften, so dass für gläubige Christen die jüdische Tradition nicht mehr bindend ist.[12] Zwar ist es gut möglich, dass Philon Paulus ein Modell an die Hand gegeben hat, wie man sich das Verhältnis von Philosophie und Gesetz vorstellen kann, doch hätte ihn dessen Verwendung seines Gedankens wohl ziemlich überrascht, hätte er lange genug gelebt, um den Römerbrief lesen zu können.

## Die Natur und das jüdische Gesetz

Philon untersucht die Eigenart des biblischen Gesetzes anhand eines Vergleichs mit anderen Rechtskodizes. Er verwirft die Herangehensweise von Gesetzgebern, die, „was ihnen als recht galt, in ungeschminkter und einfacher Form angeordnet" haben, weil das „unbedacht, bequem und unphilo-

---

[12] Mehr allgemein zu Paulus' Haltung zum mosaischen Gesetz siehe besonders DEMING, Paul, Gaius; WATSON, Paul, Judaism; BARCLAY, Paul and Philo; BOYARIN, Radical Jew; HAYES, What's Divine about Divine Law?, 151–162. Der Dekalog fungiert in weiteren frühchristlichen Zusammenhängen als Merkmal christlicher Identität; siehe vor allem die Ausführungen zum „königlichen Gesetz" und zum „ganzen Gesetz" in Jakobus 2,7–11, dazu AVEMARIE, Werke des Gesetzes; NIEHOFF, Implied Audience; zu abweichenden Ansichten siehe FLUSSER, Ten Commandments; KLOPPENBORG, Diaspora Discourse.

sophisch" sei (Opif. 1–2). Die bloße Aneinanderreihung von Rechtsvorschriften werde der inneren Verbindung zwischen Gesetz und allgemeineren philosophischen Vorstellungen nicht gerecht. Gesetze ließen sich nicht auf die Aufzählung bestimmter Handlungen reduzieren, die entweder zwecks Belohnung oder zweicks Bestrafung herausgegriffen werden; denn sie dienen übergeordneten geistigen und pädagogischen Zielen. Mose wird dafür gelobt, dass er seinen Rechtskodex mit einer Abhandlung über die Erschaffung der Welt eingeleitet hat und dadurch nicht von vornherein „angab, was zu tun oder zu unterlassen sei", weil es nötig war, „erst den Geist derer vorzubereiten, die sich der Gesetze bedienen sollten" (Opif. 2). Diese Einleitung wirft sogleich weitergehende Fragen auf zum Verhältnis zwischen philosophischen Prinzipien beziehungsweise Ratschlägen, denen man freiwillig zwecks persönlicher Vervollkommnung folgt, und Geboten, die den einstimmigen Gehorsam aller einfordern.

Solche Themen wurden seinerzeit in Rom diskutiert, während nichts auf ein vergleichbares Interesse in Alexandria hindeutet. Seneca weist den Ansatz seines Vorgängers Poseidonios zurück, der befand: „Ein Gesetz muss kurz sein, damit es von Ungebildeten umso leichter befolgt werden kann" (Seneca, Ep. 94,38). Poseidonios zufolge beging Platon einen Fehler, als er seinen Abhandlungen zu den Gesetzen Proömien voranstellte, da ein solches Vorgehen die genaue Erwartung der Gebote verschleiere. Seneca hingegen verteidigt Platon und insistiert, Einleitungen seien unverzichtbar, weil sie den Verstand der Leser in die richtige philosophische Richtung lenken und sie so befähigen, den Anordnungen mit vollem Vorsatz zu folgen. Da für ihn die Philosophie ein „Gesetz des Lebens" ist (Ep. 94,39), plädiert Seneca für die Bedeutsamkeit konkreter Ermahnungen. Vorschriften erinnerten den wankelmütigen Geist unentwegt an seine moralischen Pflichten und verhinderten das Abgleiten in die Sünde. „Mitunter wissen wir etwas, nur achten wir nicht darauf" (Ep. 94,25), merkt er mit feinem psychologischen Gespür an, und deshalb müssen wir unablässig erinnert werden. Aus Senecas Sicht besteht der einzige Unterschied zwischen „den Grundsätzen der Philosophie und den Vorschriften für einzelne Handlungen" darin, dass „jene allgemeine, diese besondere Vorschriften sind" (Ep. 94,31). Allerdings lenken beide den Menschen in Richtung moralischer Vervollkommnung, jene durch universelle Einsichten, diese durch Anweisungen für bestimmte Situationen. Senecas Ausführungen werfen ein Licht auf Philons Bemerkungen über den Zusammenhang zwischen biblischem Schöpfungsbericht und jüdischem Gesetz und zeigen, wie gut Philons Ansatz mit römischen Anliegen harmoniert. Durch ihn wird die jüdische Tradition im größeren Kontext des Römischen Reichs vertraut und nachvollziehbar.[13]

---

[13] SENECA, Ep. 94,1–21.25.31.38; CICERO, De re publica II 1–3. Siehe auch KIDD, Moral Actions.

## Kapitel 8: Stoische Ethik im Dienst des jüdischen Gesetzes

Philon führt den Naturbegriff zu Beginn seines Traktats *Über die Weltschöpfung* ein und signalisiert, dass er ihm zu einer umfassenderen Erklärung des jüdischen Gesetzes dienen werde. In seinen Worten:

> Dieser Anfang ist, wie ich sagte, höchst bewunderungswürdig, da er die Weltschöpfung schildert, um gleichsam anzudeuten, dass sowohl die Welt mit dem Gesetz als auch das Gesetz mit der Welt im Einklang steht und dass der gesetzestreue Mann ohne Weiteres ein Weltbürger ist, da er seine Handlungsweise nach dem [vernünftigen] Willen der Natur regelt (πρὸς τὸ βούλημα τῆς φύσεως τὰς πράξεις ἀπευθύνοντος), nach dem auch die ganze Welt gelenkt wird. (Opif. 3)

Diese Stelle ist in der neueren Forschung häufig im Blick auf die Frage diskutiert worden, ob Philon sich stoische Vorstellungen aneignet oder ob er sie vielmehr in partikulare jüdische Begriffe übersetzt. Etliche Gelehrte argumentierten, Philon habe den stoischen Gedanken des „Lebens in Übereinstimmung mit der Natur" rezipiert, für den diese Schule in der Antike allgemein bekannt war. Schon ihr Gründer Zenon hatte so das Ziel des Lebens definiert. Cicero hatte darüber hinaus erklärt, „dass das Gesetz ... die höchste, der Natur innewohnende Vernunft ist und alles befiehlt, was getan werden muss, und das Gegenteil verbietet" (Gesetze I 18), während Seneca empfahl, „alles nach den natürlichen Bedürfnissen zu bemessen" (Ep. 119,12). Solche Stimmen sind herangezogen worden, um Philons Beeinflussung durch den Stoizismus aufzuzeigen, der ihn eine universalistische Auslegung des mosaischen Gesetzes vorlegen ließ. Andere Forscher dagegen warnten: Philon habe stoisches Gedankengut nur in begrenztem beziehungsweise rhetorischem Sinne aufgenommen, sei dabei aber von dessen eigentlicher Bedeutung abgerückt. Aus dieser Sicht bleibt Philon partikular und hält an den jüdischen Riten fest, wobei er seine Argumente lediglich in ein stoisierendes Gewand kleidet.[14] Um der Vielschichtigkeit von Philons Standpunkt gerecht zu werden, müssen wir über die oben zitierte Einleitung zum Traktat *Über die Weltschöpfung* hinausgehen, die zu kurz und kontextlos ist, um einen sinnvollen Einblick zu gewähren. Es ist an der Zeit, Philons Ansichten in der „Exposition" als ganzer zu analysieren und zu fragen, was genau er unter Naturgesetz versteht.

Das zehnte Gebot – „Du sollst nicht das Haus deines Nächsten begehren. Du sollst nicht die Frau deines Nächsten begehren, nicht seinen Sklaven oder seine Sklavin, sein Rind oder seinen Esel oder irgendetwas, das deinem Nächsten gehört" (Exodus 20,17) – bietet Philon eine Gelegenheit, über die

---

[14] DIOGENES LAERTIUS VII 87; CICERO, N.D. II 81–90; Leg. I 13–19; SENECA, Ep. 118,12; 65,19; 95,51–53; AREIOS bei STOBAIOS, Ekloge II 7,6 (hg. von A. J. POMEROY, 36–39). Siehe auch BRÉHIER, Les idées, 23–32; SCHWABE, Introduction, XXV–XXVIII; CALABI, Filone, 51–56; MARTENS, One God, One Law; NAJMAN, Written Copy; HAYES, What's Divine about Divine Law?, 112–115; zur Behandlung der stoischen Ideale siehe STRIKER, Essays, 221–280; INWOOD, Reading Seneca, 224–248; SCHOFIELD, Stoic Ethics, 233–256.

Rolle der Begierde in der jüdischen Ethik nachzusinnen. Er liest das Gebot als ein Verbot der Begierde als solcher, ungeachtet der konkreten in der Bibel genannten Objekte. So wird aus einem Gebot, dem es um soziale Gerechtigkeit geht, eine Einweisung in die Sorge um sich. In Philons Augen werden die Israeliten aufgefordert, sich in der Beseitigung der Begierde zu üben. „Wohl sind alle Leidenschaften der Seele von Übel", erklärt er, „sie versetzen sie in unnatürliche Bewegung und Unruhe und lassen sie nicht gesund, am schlimmsten aber ist die böse Begierde" (Decal. 142). Diese wird als der ärgste Affekt ausgemacht, als ihr Archetyp sozusagen, und der Natur gegenübergestellt, welche die vernünftige Norm repräsentiert. Philons Definition des Affekts als einer widernatürlichen Bewegung nimmt wörtlich Zenon auf, der erstmals über die Leidenschaft als „eine naturwidrige Bewegung der Seele" gesprochen hatte (Diogenes Laertius VII 110).[15] Philon ist der stoischen Ethik zutiefst verpflichtet, und das führt zu einem rigorosen ethischen Standpunkt, der die Ausmerzung der Affekte verlangt.

Zwar hatte Philon bereits in seiner frühen alexandrinischen Zeit Bekanntschaft mit der stoischen Affektenlehre gemacht, doch erst in der „Exposition" beschreibt er den geistigen Vorgang näher, der stoischer Theorie zufolge einen Affekt entstehen und kontrollierbar werden lässt: „Die Vorstellung von einem vorhandenen und dafür gehaltenen Glück weckt und erregt die sonst ruhige Seele und richtet sie hoch auf, ebenso wie ein aufflammendes Licht die Augen" (Decal. 143). Der Schlüssel für das Verständnis der Begierde ist die Wahrnehmung von etwas Vorhandenem als einem Gut, das es in Wirklichkeit gar nicht ist. Philons Sichtweise trägt den konkreten individuellen Lebensumständen ernsthaft Rechnung. Seiner Meinung nach sind die Affekte kein angeborener Seelenbestandteil, wie Platon dachte, sondern vielmehr eine irrige Auffassung von bestimmten Dingen, die sich als attraktive Wahlmöglichkeiten präsentieren. Ausmerzung der Begierde bedeutet, zur richtigen Einstellung der Vernunft gegenüber den Eindrücken zu finden, die auf die Seele einwirken. Diese hoch intellektuelle Definition des Affekts geht auf Chrysipp zurück, den dritten Leiter der stoischen Schule, der die Affekte als falsche „Urteile" definierte.[16] Sie gelten als widernatürlich, weil sie von der Fehlannahme hervorgerufen werden, bestimmte entbehrliche Dinge wie zum Beispiel Geld seien gut und darum begehrenswert. Bei genauerem Hinsehen zeigt sich jedoch ihre völlige innere Wertlosigkeit und verlieren sie automatisch ihre Anziehungskraft. Philon ist eindeutig von solchen stoischen Gedanken beeinflusst und bietet eine radikal neue Lesart

---

[15] PHILON, Decal. 142: πάντα μὲν γὰρ τὰ ψυχῆς πάθη χαλεπά, κινοῦντα καὶ σείοντα αὐτὴν παρὰ φύσιν καὶ ὑγιαίνειν οὐκ ἐῶντα χαλεπώτατον δ' ἐπιθυμία; DIOGENES LAERTIUS VII 110: παρὰ φύσιν ψυχῆς κίνησις; siehe auch PHILON, Decal. 150 und Spec. IV 78–81. Anders interpretiert SVEBAKKEN, Tenth Commandment, 122–124.

[16] DIOGENES LAERTIUS VII 111: τὰ πάθη κρίσεις εἶναι. Siehe auch INWOOD/DONINI, Stoic Ethics, 699–705; GRAVER, Stoicism and Emotion, 35–48.

des zehnten Gebots, das als eines der „Häupter" des mosaischen Gesetzes fungiert. Auf diese Weise identifiziert er Übereinstimmung mit der Natur durch Ausmerzung der Affekte als einen der Hauptgrundsätze jüdischer Ethik.

Philon legt noch weitere Gebote des Dekalogs unter dem Aspekt der Übereinstimmung mit der Natur aus. Das erste Gebot der Verehrung eines einzigen Gottes wird als Aufruf vorgestellt, der Natur zu folgen beziehungsweise ein Leben zu führen, wie es „den Gesetzestafeln der Natur" eingeschrieben ist (Spec. I 31). Der Monotheismus erweist sich als natürliche Religion und lässt sich aus der Schöpfung ableiten, wie wir in Kapitel 5 gesehen haben. Des Weiteren soll das Gebot „Du sollst nicht töten" aus der Erkenntnis herrühren, dass der Mensch als Sozialwesen geschaffen und von Natur aus dazu bestimmt ist, die Gesellschaft zu erhalten. Mord ist also vorrangig ein Unterlaufen der Naturgesetze und erst in zweiter Linie ein Vergehen gegen Gott. Die Einhaltung des Sabbats sei in doppelter Hinsicht natürlich: Sie stimme mit dem von der Natur eingerichteten Rhythmus von Wachen und Ruhen überein, und sie feiere die Siebenzahl, der in der Natur eine Sonderrolle zukomme. Philon begründet so die beiden Hauptaspekte des Sabbats, nämlich den Gedanken eines Ruhetags und dessen konkrete zeitliche Festlegung auf den siebten Tag. Beides löst er aus der konkreten Verankerung in der jüdischen Tradition heraus und empfiehlt es als universelle Praxis, die jedem guttäte. Ferner erklärt er das Verbot des Ehebruchs unter dem Aspekt der Naturgemäßheit, wenn er insistiert, es schütze durch Unterbindung übermäßiger Leidenschaft den natürlichen Fortpflanzungsinstinkt. Das Gebot, die Eltern zu ehren, spiegelt seiner Ansicht nach einen natürlichen, allgemein in der Natur zu beobachtenden Impuls wider, die elterliche Fürsorge zu vergelten. Die wohlversorgt groß geworden sind, „folgen von selbst der Natur als Lehrmeisterin und ernähren die Eltern gern" (Decal. 117). Philon behauptet sogar, diese Lektion ließe sich von Tieren wie etwa Vögeln lernen, die sich häufig um ihre alten Eltern kümmerten.[17]

Philons Auslegung der Zehn Gebote hat einen stoischen Hintergrund. Diese Schule hat, wie Gisela Striker es formuliert, „als erste die Vorstellung von der Natur als einer Art persönlicher Gesetzgeberin eingeführt".[18] Begründer dieses Ansatzes soll Zenon in seiner verloren gegangenen Abhandlung *Über die Natur des Menschen* gewesen sein, worin er das Ziel des Lebens als „mit der Natur in Einklang stehendes Leben, welches übereinkommt mit dem tugendhaften Leben", definierte (Diogenes Laertius VII 87). Dieser Ausgangspunkt identifiziert Natur und Tugend und richtet sich gegen die

---

[17] Zum Monotheismus siehe PHILON, Decal. 81 und Spec. I 31, zu Mord Decal. 132–134, zum Sabbat Spec. II 56–59, 97–103, zum Ehebruch Spec. III 7–11, zur Ehrung der Eltern Decal. 110–117.

[18] STRIKER, Essays, 249: „the first to introduce the idea of nature as a kind of personal lawgiver".

Epikureer, welche als natürliches Ziel des Menschen die Lust ausmachten. Soweit die erhaltenen Fragmente das erkennen lassen, hat Zenon möglicherweise keine befriedigenden Erklärungen des genauen Zusammenhangs zwischen Natur und Tugend geboten. Seine Schüler und Anhänger fragten sich, wie ein Leben in Übereinstimmung mit der Natur zu Tugend führt, der es zuinnerst um das Wohlergehen der anderen geht. Chrysipp zufolge bestimmt die individuelle Anlage, wie jemand sich in der Welt bewegt, von der Geburt bis zum Tod. Wie das Tier sei auch der Mensch mit einem Selbsterhaltungstrieb ausgestattet, durch den ihre persönliche Verfasstheit in ihnen heimisch wird (*oikeiōsis*). Die Kluft zwischen unserem anfänglichen Schwerpunkt auf Selbsterhaltung und unserem moralischen Verhalten im reiferen Lebensalter wird mithilfe des Gedankens einer natürlichen Entwicklung des Menschen überbrückt. „Das auf der erfahrungsmäßigen Kenntnis der Naturvorgänge beruhende Leben", führt Chrysipp aus, werde uns die Tatsache bewusst machen, dass „unsere Naturen Teile des Weltganzen" sind (VII 87–88). In dem Maße, wie Menschen zunehmend vernünftig werden, erkennen sie die Gesamtharmonie des Universums und richten ihr Verhalten an einem größeren Ganzen aus. Dieser Prozess erfordere die Veredelung unserer persönlichen Begierde und die Begrenzung des eigenen Vorteils. Kleanthes wiederum behandelte die Frage nach einer möglichen Kollision zwischen dem Individuellen und dem Universalen, wobei er dem Gedanken der „allgemeinen Natur" den Vorzug gab (VII 89). Ihr zu folgen, ist seines Erachtens der einzig gangbare Weg, der kaum noch Raum für die individuelle Natur lässt.[19] Philon übernimmt diesbezüglich den Standpunkt des Kleanthes, mit dem er bereits zu Beginn seines Schaffens vertraut war, und thematisiert an keiner Stelle die potenzielle Spannung zwischen individueller und universaler Natur. Chrysipps Denkansatz ist für ihn erkennbar von geringer Bedeutung, wohingegen Kleanthes' Perspektive es ihm erlaubt, das mosaische Gesetz mit der Natur zu identifizieren.

Philons Erklärung der Zehn Gebote in Bezug auf die Natur ist nicht nur ein Nachhall klassischer stoischer Ethik, sondern steht auch im Einklang mit römischen Diskursen. Philosophen befassten sich in Rom mit der Frage, wie ihre individuelle Verfasstheit sich zu den Normen der Natur verhält. Cicero hatte „die höchste, der Natur innewohnende Vernunft" mit dem römischen Recht gleichgesetzt, wobei er darauf insistierte, dass dieses die ewige Gerechtigkeit widerspiegele, während der Gesetzgebung anderer Völker ein rationales Fundament fehle. Das römische Recht ist in seinen Augen keinem Wandel unterworfen und bringt von seinen ältesten Dokumenten an bis hin in die Zeit der Republik dieselben universalen Werte zum Ausdruck. In seinem Brief *Über die Natur als unsere beste Ausstatterin* reflektiert Seneca

---

[19] DIOGENES LAERTIUS VII 85–89, siehe besonders Chrysipps Formulierung κατ' ἐμπειρίαν τῶν φύσει συμβαινόντων (VII 87).

in ähnlicher Weise über das Verhältnis von Natur und römischer Kultur. Er setzt eine personifizierte Naturvorstellung voraus und spricht von „ihr" als „fordernd" und bestimmte Dinge, etwa den Verzicht auf feinste Brotsorten oder goldene Trinkbecher, „verlangend" (Ep. 119,2–4). Die Natur wird zudem mit dem „Weltenschöpfer" (*mundi conditor*) identifiziert, der die konkreten Regeln für das Verhalten in der Gesellschaft aufstellt (119,15). In einem weiteren Brief führt Seneca aus, die Natur belehre die Menschen anhand von Beispielen aus dem Leben, das heißt durch Analogie (Ep. 120,4). „Die Unseren", schreibt er voller Stolz, lehrten durch Beobachtung der Umgebung und nicht über das Versenken in Fachliteratur. In diesem Zusammenhang spielt die römische Gesellschaft eine wichtige Rolle. Personen der Öffentlichkeit wie etwa Fabricius, der Pyrrhos' Gold zurückwies, veranschaulichen beispielhaft, wie die Gebote der Natur beachtet und befolgt werden.[20] Seneca hat eine feine Verbindungslinie von den universalen Geboten der Natur zu römischen Mustergeschichten gezogen. Philon verfolgt einen verblüffend ähnlichen Kurs. Der erwachsen werdende Jude lerne, die Gebote der Natur im jüdischen Gesetz und in der jüdischen Geschichte zu entdecken, und nehme sich die Erzväter zum Vorbild für das eigene Verhalten. Genau wie bei Cicero und Seneca ist für Philon somit das universale Naturgesetz mit einer konkreten Kultur verbunden.

Darüber hinaus verknüpft Philon spezifisch römische Werte mit dem mosaischen Gesetz. Sein Verständnis von Ehebruch etwa weist römische Spuren auf. Er misst dem Thema zentrale Bedeutung bei, wenn er es wiederholt in die Natur einschreibt und eine umfassende Philosophie der Sexualität vorlegt. Seine Argumentation gründet sich auf die Annahme, die Kernfamilie biete einem Mann den idealen Rahmen zur Fortpflanzung und ermögliche ihm, mit einer einzigen Frau zusammen Kinder zu haben. Viele biblische Beispiele von Polygamie oder außerehelichem Geschlechtsverkehr übergeht Philon mit Stillschweigen und bezeichnet jeden Geschlechtsakt, der nicht auf legitime Fortpflanzung abzielt, als „widernatürlich". Ehebruch, Prostitution, Homosexualität und den Verkehr mit menstruierenden oder unfruchtbaren Frauen lehnt er kategorisch ab. Dieses Ideal heterosexueller, monogamer Verbindungen ist ein Nachhall römischer Gesetzgebung und Familienideale. Im Jahr 2 v. Chr. promulgierte Augustus die *Lex Iulia de adulteriis* gegen Ehebruch im Gefolge der öffentlichen Skandale um seine Tochter Julia, die vor Gericht gestellt und verbannt wurde. Damit gab der Kaiser ein maßgebliches Beispiel für die Durchsetzung von Familienwerten. Seitdem war die Keuschheitsidee eine zentrale Forderung in der römischen Politik, Kultur und Literatur. Wie wir im vorigen Kapitel gesehen haben, übernimmt Philon in seiner Interpretation biblischer Frauenfiguren das römische Familienideal. Davon macht er auch in seinen Ausführungen zum jüdischen Gesetz Ge-

---

[20] CICERO, Leg. I 13–19; II 10–35; SENECA, Ep. 119,2–4.15; 120,4–5; 118,13–15.

brauch und bringt es mit dem stoischen Naturgedanken in Zusammenhang. Dieser Schritt ist umso erstaunlicher im Licht des „Allegorischen Kommentars", wo Philon platonisierend darüber geklagt hatte, dass „Ehe und Kindererziehung ... die Weisheit zum Welken bringen, bevor sie aufgeblüht ist" (Gig. 29). Nach seiner Ankunft in Rom entdeckt er die Ehe als eine zentrale, natürliche Säule jüdischer Ethik und setzt das Judentum von den ‚barbarischen' Gepflogenheiten der Ägypter und der Perser ab. Eheschließungen unter Geschwistern, wie in Ägypten üblich, oder mit der eigenen Mutter, wie in Persien praktiziert, werden als widernatürlich abgelehnt.[21] Philons Polemik gegen die Ägypter hat unmittelbare politische Konsequenzen, insofern sie zwischen den Zeilen zu verstehen gibt, dass die Diplomaten der Gegengesandtschaft in Rom eine Kultur vertreten, die den Werten des Römischen Reichs entgegengesetzt ist. Das Judentum dagegen erweist sich als eine nützliche Religion, die dem allgemeinen Wohl römischer Bürger zuträglich ist.

Ein weiterer markanter Fall römischen Einflusses sind Philons Ausführungen zur väterlichen Autorität im Zusammenhang des Gebotes, die Eltern zu ehren. Aus seiner Sicht sind Eltern von Natur aus auf halber Strecke zwischen Gott und den Menschen angesiedelt, weil sie neues Leben hervorgebracht haben. Diese Höherstellung verleiht ihnen, insbesondere dem Vater, eine beispiellose Autorität, wie sie nicht in der Bibel steht. Stößt er bei einem Sohn auf fortgesetzten, unbeugsamen Ungehorsam, hat ein Vater das Recht, ihn zu tadeln, zu ermahnen und sogar in Ketten zu legen. Sollten sich diese Maßnahmen als unwirksam erweisen, können beide Elternteile die Todesstrafe vollstrecken. In Deuteronomium 21,18–21 ist zwar bereits die Möglichkeit der Hinrichtung eines „widerspenstigen Sohnes" vorgesehen, doch verlangt der biblische Gesetzgeber für den endgültigen Beschluss die Mitwirkung beider Elternteile ab dem Beginn der Disziplinierungsmaßnahmen sowie die Bestätigung durch einen Ältestenrat. In Philons Szenario handelt der Vater viel unabhängiger. Diese Schwerpunktverlagerung hängt mit römischer Praxis zusammen, wie Philon selber zu erkennen gibt. In der *Gesandtschaft* erwähnt er das römische Gesetz der väterlichen Gewalt (*patria potestas*), das dem Vater „unumschränkte Gewalt über den Sohn" zubilligt (Legat. 28), einschließlich der Todesstrafe. In der „Exposition" zieht Philon dieses römische Gesetz bei der Auslegung des Dekalogs heran und lässt damit durchblicken, dass Juden und Römer sich in ihrer Auffassung über die in der Natur angelegte Rolle des Vaters in der Familie einig sind.[22]

---

[21] PHILON, Spec. III 9, 22–28, 32–33, 37–48, 51; SUETON, Augustus 34,1–2; 65,1–4; 101,3; Tiberius 50,1; SENECA, Ep. 94,26. Siehe auch D'ANGELO, Eusebeia; D'ANGELO, Gender. Literaturhinweise zu römischer Gesetzgebung und römischen Familienidealen finden sich in Kapitel 7.

[22] PHILON, Spec. II 225–235. Siehe auch MUSONIUS, Diatr. 16, der auf die römische Praxis reagiert, indem er die väterliche Autorität eingrenzt. Siehe auch HEINEMANN, Philons griechische und jüdische Bildung, 250–251; NICHOLAS, Roman Law, 76–80; was das

Das biblische Mordverbot interpretiert Philon mit besonderem Augenmerk auf der römischen Kultur seiner Zeit. Nach seiner Erörterung zahlreicher Mordgelegenheiten wie etwa „großen Tischgesellschaften" (Spec. III 96) wendet er sich zwei Fällen zu, die eher randständig, ja sogar etwas überraschend wirken, nämlich Abtreibung und Kindesaussetzung. Philon versteht Exodus 21,22, wo von versehentlichem Abort die Rede ist, im Sinne von vorsätzlicher Abtreibung und Kindesaussetzung als Fall von Mord, den das sechste Gebot verbietet. Obwohl Abtreibung – vorbehaltlich der Zustimmung des Vaters – in der Antike legal war, untersagt Philon sie von dem Moment an, da der Embryo ausgebildet ist. Sie bedeute einen Eingriff in „die Werkstatt der Natur" (III 109). Ferner erläutert Philon lang und breit die Härte der Kindesaussetzung. Eltern, die zu so etwas neigen, „stürzen die Satzungen der Natur um" (Virt. 132) und verhielten sich schlimmer als Tiere, weil sie ihren Kindern das verdiente Aufwachsen versagen. Sie hatten Geschlechtsverkehr wider die Natur, nämlich ohne ernstliche Absicht auf Fortpflanzung. Mütter, die ihre Kinder aussetzen, lassen „die Milchquellen, die die Natur in den Brüsten fließen lässt", versiegen (Virt. 129). Philon empfiehlt Eltern, von den Tieren zu lernen, die ihren Jungen die Mutternahrung nicht vorenthalten. Es liegt ihm so sehr am Herzen, Moses Abscheu vor der Kindesaussetzung aufzuzeigen, dass er konkrete Beispiele wie Erdrosseln und das Zurücklassen an einem entlegenen Ort nennt und jeweils hervorhebt, wie brutal einem Kind dabei das Leben genommen wird.[23] Sowohl diese anschaulichen Details als auch Philons persönliches Engagement lassen erkennen, dass er ein brandaktuelles Thema anspricht.

Römische Diskurse werfen ein Licht auf Philons Standpunkt. Kindesaussetzung war ein wichtiges Thema stoischer Philosophie im damaligen Rom, während aus Alexandria keine analogen Quellen erhalten sind. Schon bei Cicero stehen die Stoiker im Ruf, großen Wert darauf zu legen, „dass die Kinder von den Eltern geliebt" werden; darin sehen sie ein – auch für Tiere geltendes – „Werk der Natur" (Von den Grenzen im Guten und Bösen IV 17). Eltern haben eine natürliche Pflicht, ihren Nachwuchs zu hegen und zu pflegen. Wie im vorigen Kapitel gesehen, rühmt Seneca seine Mutter Helvia dafür, dass sie all ihre Kinder großgezogen hat. Musonius Rufus, ein Denker, der Philon in hohem Maße geistesverwandt ist, unterstreicht die naturgegebene Pflicht, den eigenen Nachwuchs aufzuziehen, und verweist auf den gesellschaftlichen Nutzen des Kinderreichtums. Der Mensch, betont er, dürfe sich nicht schäbiger aufführen als kleine Vögel, die „ihre Jungen aufziehen und für alle, die ihnen geschenkt werden, Nahrung finden".[24] In

---

rabbinische Recht angeht, das die Hinrichtung des widerspenstigen Sohnes praktisch unmöglich macht, siehe HALBERTAL, Interpretative Revolutions.

[23] PHILON, Spec. III 108–116; Virt. 128–133.

[24] CICERO, Fin. IV 17–23; SENECA, Cons. Helv. 16,3–4; MUSONIUS, Diatr. 15a (nach der Ausgabe von C. E. LUTZ, Musonius Rufus. „The Roman Socrates" [New Haven: Yale

seiner Auslegung des Dekalogs greift Philon solche römische Diskussionen auf und verwendet dabei Bilder aus der Natur, um seiner Argumentation Nachdruck zu verleihen. Unter seiner Feder spricht das mosaische Gesetz zu aktuellen Zeitfragen und schreibt die Juden in stoische Diskurse in Rom ein. Der gesetzestreue Jude wird nicht nur zum Weltbürger, wie Philon zu Beginn der „Exposition" verspricht, sondern auch ein mustergültiger Bürger des Römischen Reichs.

## Jüdische Feiertage als Übungsplatz für das Ich

Philon schickt seiner Erörterung der jüdischen Feiertage eine philosophische Betrachtung über das Wesen des Feierns voraus. Er schreibt: „Jeden Tag bezeichnet das Gesetz als Fest, indem es das tadellose Leben frommer, der Natur und ihren Vorschriften gehorsamer Menschen im Auge hat" (Spec. II 42). Diese Einleitung stellt die jüdischen Feste, die ihre Wurzeln in der Geschichte des Volkes und in der göttlichen Offenbarung haben, in einen breiteren philosophischen Kontext. Ein Fest wird als Zeit definiert, die dem Ideal eines naturgemäßen Lebens und nicht dem Gedenken an bestimmte historische Ereignisse geweiht ist. Juden seien wie „alle Jünger der Weisheit, seien es Hellenen oder Barbaren, und leben frei von Unrecht und Schuld" (II 44). Sie streben nach Beschaulichkeit und seien „vortreffliche Betrachter der Natur und all ihrer Teile" (II 45). Philon schließt seine Einleitung zu den Feiertagen mit der betonten Feststellung, dass jene, „die sich der Tugenden erfreuen", „ihr ganzes Leben als ein Fest verbringen" (II 46). Diese allgemeinen Ausführungen zu den jüdischen Festen erinnern an Seneca, der dem Thema „Feste und Fasten" einen eigenen Brief widmete. Er kritisiert die landläufige Meinung, Feste seien Anlässe für irdische Vergnügungen, und empfiehlt stattdessen wahre Feste, die bezüglich materieller Güter bescheiden seien, aber die Menschen auf die Natur hin ausrichteten. Römische Feiertage, so heißt es darüber hinaus, würden die Menschheit ihre wahre Bestimmung erkennen lassen und himmlische Wonne hervorbringen.[25]

Zwar bleiben vollkommene Freude und ebensolches Feiern Gott vorbehalten, doch können Menschen nach echter Freude streben, indem sie die Feiertage gebührend begehen. Dies ist dann der Fall, wenn man sie dem Fest

---

University Press, 1947]). Siehe auch EVANS GRUBBS, Hidden in Plain Sight; HARRIS, Child Exposure.

[25] PHILON, Spec. II 42, 44–45, 52–54; SENECA, Ep. 18,1–15; 65,19; 95,51–53; 45,9; 60,2; 90,34; 108,15; 110,11–12; 95,19; siehe auch Philons Ausführungen zum wahren Fest im „Allegorischen Kommentar", wo er theologische Aspekte gegenüber dem menschlichen Handeln betont, besonders Gottes Transzendenz (Cher. 84–93). STEIN-HÖLKESKAMP, Das römische Gastmahl, 211–219.

Gottes angleicht. Zunächst stellt Philon die Schlüsselstellung des Sabbats heraus, der in seiner Wichtigkeit nur dem ewigen Fest der Tugend nachstehe. Er wird an jedem siebten Tag begangen, erklärt er, entsprechend einer Zahl von besonderer kosmologischer Bedeutung. Außerdem behauptet Philon, die Sabbatruhe wolle nicht zu „Vergnügen" oder „Müßiggang" verleiten. Der Zweck des Sabbats bestehe vielmehr darin, dem Körper die nötige Erholung zu gewähren, um sich mit neuer Tatkraft wieder an die Arbeit machen zu können (II 60). Diese Erklärung reagiert auf ein typisch römisches Vorurteil gegen den Sabbat als Tag des Faulenzens. Seneca ist der erste uns bekannte Autor, der an diesem Tag auszusetzen hat, dass er „unnütz" (*inutiliter*) sei, da die Juden „durch diese alle sieben Tage eingeschobene Feier sozusagen ein Siebentel ihrer Lebenszeit vergeudeten". Ähnliche Ansichten, die in den erhaltenen Quellen aus dem hellenistischen Ägypten bezeichnenderweise nicht vorkommen, äußern später Tacitus und Juvenal. Philon wendet sich an eine Leserschaft, die diese römische Kritik kennt, und präsentiert einen alternativen Blick auf den Sabbat als einen Tag, der den Juden frische Kräfte zuführt, so dass sie während der restlichen Woche umso härter arbeiten können.[26]

In Philons Vorstellung ist der Sabbat außerdem ein Tag für höhere geistige Betätigung. Mose gibt den Juden auf, „sich an ihm mit Philosophie zu befassen zur Veredlung der Seele und des in uns herrschenden Geistes" (Spec. II 61). Am Sabbat werden die Synagogen zu „Lehrhäusern der Einsicht". Die zeitgenössische römische Dimension dieser Deutung wird unmittelbar ersichtlich. Wie wir in Kapitel 3 im Zusammenhang mit Philons historischen Schriften gesehen haben, schreibt er Augustus dieselbe Haltung zu, der die römischen Synagogen rühmte, weil sie am Sabbat zu „Lehrhäusern der Einsicht, der Besonnenheit, der Tapferkeit, der Gerechtigkeit und der anderen Tugenden" werden (II 62).[27] Indem er auf ein größeres, nichtjüdisches Publikum zielt, hofft Philon, dass seine Leser sich Augustus' Sichtweise zu eigen machen und in den jüdischen Synagogen kongeniale Orte philosophischer Bildung erkennen.

Besonderen Nachdruck legt Philon auf die biblische Vorschrift, Sklaven am Sabbat freizugeben (Exodus 20,10). Unter der Voraussetzung eines ausgesprochen städtischen Milieus, in dem es um Haus- und nicht um Feldarbeit geht, bietet er für den Ruhetag der Bediensteten neue philosophische Begründungen. Basiert das biblische Gebot auf dem Gedanken, dass der Mensch am siebten Tag das Ruhen Gottes nachahmt, so argumentiert Philon für eine bewusste Umkehrung gesellschaftlicher Hierarchien. „Die Herren", schreibt er, „will er daran gewöhnen, selbst Hand anzulegen und nicht auf

---

[26] SENECA bei AUGUSTIN, Civ. Dei VI 11 (= STERN, Greek and Latin Authors I, 431). Siehe auch SCHÄFER, Judeophobia, 86–89 = Judenhaß, 130–133.
[27] PHILON, Spec. II 61–62; Legat. 312.

die Dienste und Hilfeleistungen der Sklaven zu warten", so dass sie in der Lage sind, eventuell sich einmal einstellenden widrigen Umständen die Stirn zu bieten (Spec. II 67). Der Sabbat schult Herren darin, zu einer naturgemäßen Lebensweise zurückzukehren, von materiellen Gütern unabhängig zu bleiben und sich auf mögliche Wendungen des Schicksals einzustellen. Auch die Sklaven erfahren am Sabbat eine Verwandlung, weil sie lernen, „die schöne Hoffnung nicht aufzugeben, sondern, da ihnen in der Ruhe nach je sechs Tagen ein lebendiger Funke und Schimmer der Freiheit gegeben ist, die Erwartung zu hegen, falls sie sich dauernd brav und anhänglich an ihren Herrn zeigen, völlige Freiheit zu erlangen" (ebd.).[28] Philon streift hier ein sensibles Thema, nämlich die künftige Freilassung von Sklaven, die mit friedlichen Mitteln und nicht durch einen Aufstand erwirkt werden soll. Doch auch hier formuliert er den Gedanken eines Tauschs gesellschaftlicher Rollen und erwartet vermutlich, eine begrenzte Erholungspause werde Spannungen abbauen und so bestehende Hierarchien in Wirklichkeit zementieren.

Philons soziale Deutung des Sabbats steht Diskussionen im römischen Stoizismus sehr nah. Seneca erklärt, wahre Feste seien extrem bescheiden, so dass den Herren „die Armut vertraut werde" und sie vorübergehend erleben, was Sklaven tagtäglich durchmachen (Ep. 18,8). Dies rüste sie für Unglücksfälle und lasse sie standhafter werden. Auch lobt er den römischen Brauch, einen Feiertag so zu begehen, dass Herren und Sklaven völlig gleichberechtigt zusammen essen. Vermutlich denkt Seneca an die Saturnalien zu Ehren des Gottes Saturn, die für ihre Umkehrung sozialer Strukturen bekannt waren. Der römische Stoiker Epiktet bemerkt in späterer Zeit zu diesem Fest, dass der Rollentausch nur eine begrenzte Freiheit biete, welche kein Ersatz für absolute philosophische Freiheit im Leben sei.[29] Diese römischen Diskussionen, welche auf die soziale Dimension der Saturnalien hinweisen, lassen ein lebhaftes Interesse an Feiertagen als Anlässen zu gesellschaftlichen Umkehrungen und philosophischer Belebung erkennen. Philons Interpretation des Sabbats greift solche Diskurse auf und schreibt jüdische Bräuche in die römische Kultur seiner Zeit ein. Eine solche Interpretation muss angesichts der lautlichen Ähnlichkeit des Wortes ‚Saturnalia' und der griechischen Aussprache von hebräisch ‚Schabbat', nämlich ‚Sabbata', umso natürlicher erschienen sein.

Ähnliche Werte wie diese ziehen sich durch Philons Interpretation weiterer jüdischer Feiertage. Das Pessachfest, erklärt er, gibt Anlass zu einer Umkehrung üblicher Hierarchien, indem es jedem männlichen Israeliten erlaubt, ein Opfer darzubringen, statt diese Aufgabe an Priester abzutreten. Die Festmahlzeit zu diesem Anlass sei selbstverständlich bescheiden, wobei das ungesäuerte Brot die Nähe zur Natur erkennen lasse. Wie der Sabbat und das

---

[28] PHILON, Spec. II 66–69; III 137–143.
[29] SENECA, Ep. 18,8; 47,14–16; EPIKTET, Diatr. IV 1.

Laubhüttenfest sei Pessach in einem kalendarisch besonderen Tag verankert, und zwar der Frühjahrstagundnachtgleiche. Den Versöhnungstag stellt Philon als Fest par excellence vor, gerade weil er ein Fastentag ist. Möglicher Kritik begegnet Philon dadurch, dass er einmal mehr den Unterschied zwischen materiellen und spirituellen Festen betont. In seinen Augen verschafft der Versöhnungstag wahre Festfreude zur Erntezeit, wenn frische Früchte wahrscheinlich den menschlichen Geist von den wesentlichen Werten im Leben ablenken. Indem sie sich dem Gebet widmen und einen Tag lang auf Essen und Trinken verzichten, würden fromme Juden die Segnungen, die ihnen normalerweise zur Verfügung stehen, bewusst. Der Jom Kippur führe den Menschen zur Dankbarkeit gegenüber Gott und stärke das grundlegendste Element rechter Gottesverehrung. Diese Deutungen der jüdischen Feiertage stimmen mit Philons Standpunkt in den historischen Schriften überein, in denen er das Laubhüttenfest als das gemeinsame „Volksfest [der Juden] zur Tagundnachtgleiche im Herbst" beschreibt (Flacc. 116), es auf diese Weise mit der Natur verbindet und es so in den Augen eines größeren, nichtjüdischen Adressatenkreises verständlich macht.[30]

Philons Rekurs auf römische Werte in seiner Behandlung der jüdischen Feiertage trägt apologetische Züge. Er muss gewusst haben, dass Apion sie in seinen Schriften verspottet hat. Beispielsweise führt Apion den Sabbat als Ruhetag auf eine Leistenerkrankung zurück, die sich die Israeliten beim Auszug aus Ägypten zugezogen hätten. Sie „nannten den Tag ‚Sabbat' unter Beibehaltung der ägyptischen Sprache; das Leistenleiden nennen die Ägypter nämlich *sabbō*" (Josephus, Gegen Apion II 21). Eine Generation später sieht Josephus sich noch immer mit dieser Verleumdung konfrontiert und zeigt sich ziemlich verärgert, was vermutlich daher rührt, dass er selbst sie von Römern zu hören bekommt. Philon, der Apion, dem Leiter der ägyptischen Gegengesandtschaft an Gaius, persönlich gegenübergestanden hat, muss dessen Ansichten gekannt haben und begegnet ihnen durch eine Erklärung der jüdischen Feiertage, die ihre Nähe zur Philosophie und zu römischen Werten ins Licht rückt.

## Der *eine* Gott und sein Tempel

In der Zeit des Zweiten Tempels war der Jerusalemer Tempel für das Judentum von zentraler Bedeutung, als er sowohl als Haupheiligtum für die Darbringung von Opfern an den Gott Israels wie auch als religiöses Symbol für eine große Bandbreite jüdischer Literatur fungierte. Dennoch waren viele Juden unzufrieden damit, wie er von den hasmonäischen Priestern verwaltet wurde. Wichtigster Streitpunkt war rituelle Reinheit, was dazu führte, dass

---

[30] PHILON, Spec. II 145–163, 193–203.

einige den Tempel ablehnten und eine eigene Gemeinschaft in der Nähe des Toten Meeres gründeten. Der Autor einer berühmten Qumranrolle, der sogenannten „Miqtsat Maaseh ha-Torah", erklärt einer namentlich nicht genannten Führungsperson in Jerusalem, dass „wir uns getrennt haben von der Menge des Volkes und von all ihrer Unreinheit", weil im Tempel die ordnungsgemäßen rituellen Anforderungen nicht beachtet würden. Autoren anderer in Qumran gefundener Schriftrollen entwerfen einen idealen Tempel, der die Erwartungen dieser Splittergruppe erfüllt und das religiöse Leben der Juden in rechter Weise regiert.[31]

Philon hat einen völlig anderen Blickwinkel und interpretiert den Jerusalemer Tempel auf philosophische Weise, wobei er den jüdischen Monotheismus, die individuelle Moral und das Pilgerwesen hervorhebt. Für ihn ist der Tempel sowohl eine reale Stätte als auch ein Ort in der Seele. Zwar übergeht er den konkrete Bau in seinen früheren Schriften aus Alexandria, doch schenkt er ihm in seinem Spätwerk besondere Beachtung, wie wir in Kapitel 2 im Zusammenhang mit Gaius Caligula gesehen haben. In der „Exposition" behandelt Philon den Tempel im Rahmen der Auslegung des ersten Gebots, das den Monotheismus – beziehungsweise in seinen Worten: Gottes „Monarchie" – begründet. Zunächst geht Philon die bekannten Beweise für die Existenz *eines* Gottes durch und stellt dann dar, „in welcher Weise" Mose zufolge „Gott verehrt werden soll" (Spec. I 65). Der Tempel wird als zentraler Versammlungsort zur Huldigung Gottes dargestellt, obwohl Philo betont, das Universum als ganzes sei ein vollkommenerer und heiligerer Tempel, da es Gott eine rein himmlische Reverenz erweise. Das „von Menschenhand erbaute" Heiligtum ist in seinen Augen gleichwohl eine wichtige Einrichtung, weil es den „Drang der Menschen [anerkenne], die zu frommen Zwecken beitragen und durch Opfer der Gottheit ihren Dank für das Gute, das sie betroffen, aussprechen oder für ihre Sünden Verzeihung und Vergebung erbitten wollen" (I 67). Das Opfer ist für Philon eine religiöse Handlung, die mit einer moralischen Absicht einhergeht. Es ist kein Ritual, das auf Gottes Genugtuung abzielt, sondern dient vielmehr dazu, in Gläubigen, die über ihre Taten nachdenken und sie nach göttlichen Maßstäben beurteilen, einen Wandel zu bewirken.[32]

Philons Deutung des Opfers entspricht weitestgehend den in Rom verbreiteten stoischen Vorstellungen. In Kapitel 3 haben wir gesehen, dass Philon mit Varros Ansicht vertraut ist, religiöse Verehrung habe ihren Aus-

---

[31] Miqtsat Maaseh ha-Torah (hg. von E. QIMRON/J. STRUGNELL, Qumran Cave 4 V [Discoveries in the Judaean Desert 10; Oxford: Clarendon, 1994], 58: פרשנו מרוב העם ומכול טמאתם; deutsch: J. MAIER, Die Qumran-Essener, Band 2 [München: Reinhardt, 1995], 375); YADIN (Hg.), The Temple Scroll (deutsch: J. MAIER, Die Tempelrolle vom Toten Meer [München: Reinhardt, 1978]); Florilegium (4Q174); siehe auch Sirach 24,8–12; 50,1–26; Aristeasbrief 83–120.

[32] PHILON, Spec. I 12, 65–67, 195.

gangspunkt bei einem Gefühl der Dankbarkeit gegenüber Wohltätern. In seinen historischen Schriften greift Philon diese Überlegung in seiner Kritik an Gaius auf, wenn er vorbringt, der Kaiser habe nichts Wohltätiges getan, um göttliche Ehren zu verdienen. Im gegenwärtigen Zusammenhang verwendet er den Gedanken, um den Jerusalemer Tempel als Raum, in dem Menschen ihre Dankbarkeit Gott gegenüber zum Ausdruck bringen, auszudeuten. Dadurch rückt Philon den jüdischen Kult in die geistige Nähe von Ciceros Zusammenfassung stoischer Theologie, die auf der Vorstellung beruht, am Beginn des Kults einer jeden Gottheit stehe die Dankbarkeit für ihre Wohltaten. Mehr noch, Cicero beschreibt die stoische Theologie als einen Ansatz, der die traditionellen Kulte respektiert, während er sie in philosophischer Manier neu interpretiert. Seinem stoischen Wortführer Balbus geht es wie Philon um den Hinweis auf die rechte Art und Weise, die Götter nach herkömmlichem Brauch „anzubeten und zu verehren", wobei er gleichzeitig auf folgenden Punkt pocht: „Die beste und zugleich lauterste, heiligste und frömmste Verehrung der Götter aber besteht darin, dass wir sie immer mit reinen, unverdorbenen und unverfälschten Gedanken und Worten anbeten" (Vom Wesen der Götter II 71). Als Philon über das Opfer im Jerusalemer Tempel spricht, verwendet er dasselbe Vokabular spiritueller Reinheit (θύειν εὐαγῶς). Er stimmt völlig mit Balbus überein, der traditionelle Kulte akzeptiert, aber Wert darauf legt, dass die Verehrung der Götter in persönliche Frömmigkeit, Tugend und Glückseligkeit münden müsse.[33]

Philon betont die moralischen Dimensionen des Tempelkults ferner durch Hinweis auf Wallfahrten als Reisen, welche die wahren Absichten und die echte Hingabe des Gläubigen auf die Probe stellen. Die Pilgerfahrt sei notwendig, erklärt er, weil der *eine* Gott nur *einen* Tempel habe, so dass jeder nach Jerusalem kommen müsse. Philon erweitert den vom Buch Deuteronomium vorgeschlagenen Ansatz, dem zufolge Jerusalem der einzige von Gott auserkorene Ort ist, wo „er seinen Namen wohnen lässt" (Deuteronomium 12,5). Aus seiner Sicht rechtfertigt der Monotheismus die Ausschließlichkeit des Jerusalemer Tempels und verlangt von jedem Israeliten, seine Familie, Freunde und Heimat zu verlassen, um „in die Fremde" zu gehen und Gott zu dienen. Philon spricht von solchen Reisen als „sicherer Probe", dass das Opfer „reinen Sinnes" dargebracht werde; denn nur wen „der Zug der Frömmigkeit mächtig fortreißt", könne die Trennung von allem, was ihm lieb und teuer ist, ertragen (Spec. I 68).[34]

Philon untermauert seine Argumentation durch den Verweis auf die Realität der Wallfahrt zu seiner Zeit. „Viele Tausende", schreibt er, „strömen aus Tausenden von Städten" zu jedem Fest von den Enden der Erde zum Jerusalemer Tempel in der Hoffnung, einen „sicheren Zuflucts- und

---

[33] PHILON, Spec. I 68; CICERO, N.D. II 60–62, 153.
[34] PHILON, Spec. I 67–68; Deuteronomium 12,5–18.

Rettungsort vor den Händeln und Unruhen des Lebens" zu finden. Philon zufolge suchen die Pilger „hier Ruhe zu finden und ein wenig frei von den Sorgen, unter deren drückendem Joch sie von frühester Jugend an schmachteten, eine kurze Spanne Zeit in heiterem Frohsinn zu erleben" (I 69). Außerdem spricht er von ihrer Zeit der „Erholung", die der „Frömmigkeit und Gottesverehrung" gewidmet sei, und von den Freundschaften, die zwischen Menschen entstehen, die sich zuvor nicht gekannt haben (I 70).

Diese Beschreibung des Wallfahrtswesens ist oft als historischer Beleg für die Beliebtheit des Pilgerns in der Zeit des Zweiten Tempels gewertet worden. Für viele Forscher bestätigen Philons Worte das Offensichtliche, nämlich dass Juden sich in der Antike an die Tora hielten, die jedem männlichen Juden auferlegt, dreimal im Jahr nach Jerusalem zu ziehen (Exodus 23,17). Andere sind zurückhaltender gewesen und betonten, dass es kaum Hinweise auf ein ausgedehntes jüdisches Pilgerwesen in der Zeit des Ersten Tempels gebe, wobei das Phänomen sich in der Folgezeit ausgebreitet haben mag. Solchen Schätzungen zufolge war das Wallfahrtswesen in hellenistischer Zeit noch nicht sehr entwickelt. Der Aristeasbrief stützt diese vorsichtige Haltung; denn obwohl er voller Begeisterung über Jerusalem und den Tempel spricht, erwähnt er keinerlei Pilgerreisen. In der Tat ist Philon der erste nachbiblische jüdische Autor, der das Erlebnis des Feiertagsbesuchs im Jerusalemer Tempel beschreibt und zu einem wichtigen Bestandteil seiner Theologie macht. Doch nicht einmal er nimmt wirklich an, dass jeder Jude „zu jedem Fest" nach Jerusalem reise; denn unmittelbar darauf erläutert er, das Pilgern befreie die Gläubigen von „Sorgen, unter deren drückendem Joch sie von frühester Jugend an schmachteten". Dies bedeutet, dass für ihn die Pilgerfahrt ein einmaliges Ereignis im Leben gewesen ist.[35] Wie verbreitet der Brauch auch immer gewesen sein mag – Philon hat die diskursive Realität des Tempels aktiv mitgestaltet.

Dies spricht für ein neues Verständnis des philonischen Textes. Philons Bild vom Wallfahrtswesen muss als literarisches Konstrukt mit wichtigen theologischen und kulturellen Implikationen für das Judentum seiner Zeit gewürdigt werden. Die Erwähnung der „Tausenden aus Tausenden von Städten" liefert den ersten Hinweis. Diese Wendung ist eine literarische Übertreibung, die an ähnliche Formulierungen in den historischen Schriften erinnert, in denen Philon jüdische Identität rund um den Gedanken von Jerusalem als der Mutterstadt der Juden weltweit entwirft. Außerdem schildert er das Pilgern in nostalgischen Begriffen als Rückkehr zu einer reinen

---

[35] Philons Bemerkung wurde als historischer Beleg aufgefasst von JEREMIAS, Jerusalem, 87–88; L. I. LEVINE, Jerusalem, 248–253; J. J. SCHWARTZ, Pilgrimage, 1089. GOODMAN, Pilgrimage Economy, plädiert weitaus vorsichtiger dafür, dass Herodes den Zweiten Tempel umfangreich renovierte in der Hoffnung, das Pilgerwesen als Einkommensquelle auszubauen, allerdings wahrscheinlich ohne die Früchte seiner Investition ernten zu können. RUTHERFORD, Concord and *Communitas*, bezieht eine mittlere Position.

Form des Judentums. Der Einzelne ist angeblich nicht mehr von weltlichen Sorgen abgelenkt – als ob die Pilgerfahrt selbst nicht schon umfangreiche praktische Vorkehrungen nötig gemacht hätte! – und völlig der Heiligkeit hingegeben. Wallfahrten bieten willkommene Anlässe für Geselligkeit und die Neukonstituierung der Juden als homogenes, der Philosophie zugewandtes Volk. Philon erschafft für sein Volk einen Fokus auf die Religion, der frei ist von nationalen und politischen Assoziationen. Der Tempel, nicht irdische Herrschaft definiert jüdische Identität. In einer Welt, in der es viele lokale Tempel, aber nur einen Kaiser gibt, fügt sich die jüdische Kultur harmonisch in die Großlandschaft des Reichs ein, ohne mit den zeitgenössischen Machtstrukturen in Wettstreit zu treten.

Die seinerzeit aktuelle Bedeutung von Philons Interpretation des Wallfahrens wird offenkundig, wenn wir das Lukasevangelium betrachten, dem wir schon mehrfach als Text mit großer Nähe zu Rom begegnet sind. Hier wird das Pilgern in die Biographie Jesu eingetragen, wohingegen dieses Motiv in den anderen synoptischen Evangelien fehlt. Markus und Matthäus wissen nichts von einer Pilgerreise Jesu, während Lukas es so darstellt, dass seine Eltern „jedes Jahr" zu Pessach zum Jerusalemer Tempel hinaufziehen. In der lukanischen Erzählung erfüllt der Tempel eine wichtige Funktion für die Definition von Jesu religiöser Rolle. Während seine Eltern die Rückkreise antreten, bleibt Jesus zurück, um mit „Lehrern" über theologische Fragen zu diskutieren, obwohl er noch ein Kind ist. Jesus legt sowohl eine außergewöhnliche Weisheit als auch aufrichtige Hingabe an Gott an den Tag. Indem er den Tempel in Jerusalem besucht und mit großer Freude die sich dort bietenden intellektuellen Gelegenheiten wahrnimmt, wird aus einem begabten Knaben eine religiöse Führungsgestalt. Bezeichnenderweise tritt Jesus seiner besorgten Mutter, die nach ihm gesucht hatte, mit der Frage entgegen: „Warum habt ihr mich gesucht? Wusstet ihr nicht, dass ich in dem sein muss, was meinem Vater gehört?"[36] (Lukas 2,49) In der lukanischen Darstellung des Lebens Jesu spielt dessen Pilgerreise eine konstitutive Rolle. Ihre Erzählfunktion ähnelt der jener Pilgerfahrt, die Philon in der „Exposition" vor Augen hat, wo der Jerusalemer Tempel einen wichtigen Aspekt jüdischer Identität darstellt.

Philon nimmt zudem die Zweite Sophistik vorweg. Plutarch, selbst Apollon-Priester in Delphi, entwirft ein ähnlich philosophisches und kulturell bedeutungsträchtiges Bild vom Tempelkult. Der Tempel biete einen Raum der Begegnung und der Diskussion und führe denjenigen, der durch seine Tore tritt, zu echtem Wissen. In seiner Abhandlung *Über das Epsilon am Apollon-Tempel in Delphi* macht Plutarch griechische Kultur am Tempel fest, wo berühmte Lehrer wie Ammonios über griechische Philosophie

---

[36] Ein Versuch, Jesu Pilgerfahrt historisch zu rekonstruieren, findet sich bei HABER, Going Up to Jerusalem.

debattieren, insbesondere über den sokratischen Imperativ „Erkenne dich selbst!". Diese griechische Kultur in einem herausragenden lokalen Tempel habe der römische Kaiser Nero, der „vor langer Zeit einmal ... in Griechenland war", honoriert (Über das Epsilon 1). Für Plutarch wie für Philon bedeutet die Konstruktion der je eigenen Kultur rund um einen lokalen Tempel das Herausstellen der geistigen, apolitischen Aspekte ihrer religiösen Tradition, welche die römische Macht eher ergänzen, als zu ihr in Konkurrenz zu treten, und deshalb von Roms Repräsentanten unschwer anerkannt werden kann. Die Darstellung von Neros Besuch der griechischen heiligen Stätte bedient sich derselben Vorgehensweise, die schon Claudius gewählt hatte, der, wie wir bereits gesehen haben, die religiösen Rechte der Juden bestätigte, aber nicht ihre politischen.[37]

Entsprechend seinem philosophischen Grundverständnis des Tempels erläutert Philon die Tieropfer im Blick auf den moralischen und religiösen Fortschritt des Gläubigen. Dabei ist er sich der Tatsache völlig bewusst, dass seine Auslegungen sich auf die Allegorie verlegen und mehr seine persönlichen Einsichten denn anerkannte Weisheit zum Ausdruck bringen. Seines Erachtens bedeutet beispielsweise die Handauflegung auf das Opfertier ein Bekenntnis der moralischen Untadeligkeit vor Gott; „denn das Gesetz will ..., dass der Geist des Opfernden von Frömmigkeit erfüllt sei durch beständige Versenkung in gute und nützliche Gedanken". Philon erwartet von den Gläubigen, dass sie „reinen Gewissens" bekennen, keine Sünde begangen zu haben (Spec. I 202–203). Das Opfern selbst sei mit bedingungsloser Anerkennung von Gottes segensreicher und einzigartiger Rolle verbunden. Er habe die Welt erschaffen und der gesamten Menschheit unzählige Wohltaten erwiesen, Werke, die nach Ehrfurcht und Danksagung vernünftiger Art verlangen. Andere griechische Autoren im Römischen Reich teilen Philons Gedanken zu diesen Themen. Philostrat, der Biograph aus dem dritten Jahrhundert, bietet eine ähnliche Interpretation von Kult und Opfer. In seinem *Leben des Apollonios von Tyana* stellt er den Asklepios-Tempel von Aigai als einen friedlichen Ort außerhalb der Stadt dar, wo echte Kontemplation möglich ist. Apollonios macht deutlich, was wahre Gottesverehrung ist, indem er betont, dass es darin hauptsächlich um die Sorge um sich gehe und um die Ausrichtung der eigenen Lebensführung an göttlichen Tugendmaßstäben. Wer nur wegen weltlicher Vorteile komme und davon ausgehe, die Gottheit verlange konkrete Opfergaben, sei abzuweisen.[38]

---

[37] PLUTARCH, De E 1 (Mor. 385B); De Is. et Os. 1–2 (Mor. 351D–352A). Siehe auch ELSNER/RUTHERFORD, Introduction, 24–27; GALLI, Educated Pilgrims; LEONHARDT, Jewish Worship, 22, die kurz auf die Verwandtschaft zwischen Philons Vorstellungen über das Pilgerwesen und griechischen Praktiken anspielt, doch dabei nicht an zeitgenössische, sondern an klassische griechische Quellen denkt.

[38] PHILOSTRAT, Vit. Apoll. I 7–12. Siehe auch PETSALIS-DIOMIDIS, Truly beyond Wonders; DOWNIE, At the Limits.

Den Jerusalemer Tempel konstruiert Philon als wichtige Stätte jüdischer Identität und Spiritualität, die im Römischen Reich hochgehaltene sittliche Werte bestätigt. Seine Betonung der moralischen Absicht des Kultteilnehmers und die Pilgererfahrung fanden wahrscheinlich Anklang bei seinen nichtjüdischen Lesern, denen er nahebringen will, dass auch die Juden einen zeitgemäßen philosophischen Kult besitzen, der gemeinsame moralische Werte fördert. Philon muss daneben auch gehofft haben, seine Leser von der Falschheit der Verleumdungen Apions in Bezug auf den jüdischen Tempel überzeugen zu können. In einem von Josephus überlieferten Fragment sagt dieser, die Juden seien den Griechen und ihrer Kultur so feindlich gesinnt, dass sie gelobten, alljährlich einen Griechen auf ihrem Altar im Tempel zu opfern (Gegen Apion II 92–96).

## Fazit

Philons Kommentar zum mosaischen Gesetz ist von der apologetischen Notwendigkeit angetrieben, Apions Verleumdungen entgegenzutreten und ein breiteres römisches Publikum vom Wert jüdischer Bräuche zu überzeugen. Mit beißender Kritik an der jüdischen Religion konfrontiert, die unmittelbare politische Auswirkungen auf seine Gesandtschaft an Gaius hat, widmete Philon mehrere Traktate dem Dekalog und den Einzelgesetzen, die ihn in seiner frühen alexandrinischen Phase kaum interessiert hatten. Er zieht typisch stoisches Gedankengut heran und verwendet es nicht nur als generelle Attitüde wie zu Beginn seines Schaffens, sondern er übernimmt die ethischen Grundprinzipien der in Rom verbreitetsten Philosophenschule. Auch beruft er sich auf die Realia römischer Feste und römischen Rechts, um die jüdische Tradition auf nachvollziehbare Weise zu erklären. Zwar sieht er sich einer politischen Situation ausgesetzt, die Josephus eine Generation nach ihm in ähnlicher Form vorfinden sollte, doch hat Philon viel stärkere philosophische Interessen und hat sich ans geistige Klima der Reichshauptstadt rasch gewöhnt. Die Stoa hat seine Sicht auf die Tradition seiner Väter tiefgreifend verändert und ihn für die philosophische Funktion des Gesetzes, für Familienwerte, den Jerusalemer Tempel in einer globalen Gemeinschaft und die Ideale der Affektlosigkeit und des naturgemäßen Lebens sensibilisiert.

Philons philosophische Interpretation des mosaischen Gesetzes offeriert eine aufgeklärte Form von Ethnizität. Während er einerseits die jüdische Religionspraxis aus dem Bereich des Gottesgehorsams herauslöst und stattdessen auf moralische Prinzipien gründet, stellt er andererseits doch auch sein Volk in einem überaus positiven Licht dar. Die Juden treten uns als ein moralischen Werten verpflichtetes Volk entgegen, das nach den Gesetzen der Natur lebt, Pilgerreisen unternimmt und die richtigen Feiertage begeht.

Sie bilden eine Gemeinschaft aus Fleisch und Blut, die in der Welt wirkt und das Wohl des Römischen Reichs befördert. Dieses Bild ergänzt andere Aspekte der „Exposition", denen wir in den vorigen Kapiteln begegnet sind, nämlich Philons Auffassung von Gott als dem Schöpfer, der handelnd in seine Schöpfung eingreift, und von den Erzvätern und -müttern als historischen Gestalten mit vorbildlichen Charaktereigenschaften.

Philons Leistung lässt sich mit Blick auf Justin den Märtyrer, der hundert Jahre später in seine Fußstapfen trat, genauer würdigen. Nach seiner Ankunft in Rom und in Abgrenzung von den Gnostikern, die ebenfalls in der Stadt hervortraten, kehrt Justin die universalen Werte des Christentums, wie er es verstand, hervor, das im besten Einklang mit römischen Diskursen steht. Er betont die Bindung der Christen an Familienwerte und beklagt die Praxis der Kindesaussetzung. Christliche Gotteshäuser werden als Schulen moralischer Unterweisung verteidigt, die gerade am Ruhetag ihre Arbeit verrichten.[39] Im Vergleich mit Philon sind Justins philosophische Interessen allerdings eher begrenzt und gehen kaum über einige vage Bezugnahmen auf stoische und platonische Gedanken hinaus. Auch ist seine apologetische Situation eine andere: Zwar stirbt er heldenhaft den Märtyrertod, doch muss er sich nicht gegen ethnische Vorurteile zur Wehr setzen.

---

[39] JUSTIN, I Apol. 27,1–5; 29,1–2; 67,1–8.

Dritter Teil

# Der junge Philon im Kreis alexandrinischer Juden

# 9

# Bibelkommentar

Nach der Würdigung Philons in seinem Spätwerk, das er im Zusammenhang mit seiner römischen Gesandtschaft verfasst hat, sind wir jetzt in der Lage, uns dem Rätsel seiner frühen Jahre zuzuwenden. Im Rückgriff auf die in Kapitel 1 skizzierte vergleichende Methode wenden wir uns nun dem „Allegorischen Kommentar" zu, dessen Genre, Stil und philosophische Ausrichtung von den späteren Traktaten radikal abweichen. Diese Unterschiede geben uns den Anstoß zur Untersuchung des Umfelds in Alexandria, wo Philon seine Laufbahn begann, ehe er seine diplomatische Mission in Rom aufnahm. Der „Allegorische Kommentar" lässt uns einen Blick in Philons geistige Welt erhaschen, als er in jungen Jahren jüdische Mitbürger in der Stadt anspricht und sich an eine fortlaufende Kommentierung der griechischen Genesisübersetzung macht.[1] In diesem Teil des vorliegenden Buchs gehen wir vom reifen Staatsmann und Fürsprecher des Judentums in Rom zum angehenden Philosophen und Bibelwissenschaftler in Alexandria zurück. Philons Frühwerk beruht auf der eingehenden Lektüre der Bibel und knüpft ein recht komplexes Netz aus allegorischen Interpretationen anstelle einer fortlaufenden Erzählung, die Laien leicht zugänglich wäre. Sein Kommentar ist der erste erhaltene seiner Art im Judentum und wirft natürlich Fragen zu seinen Abfassungsverhältnissen auf. Mit anderen Worten, wie kam Philon darauf, die Bibel auf solch wissenschaftliche Weise zu untersuchen? Ferner, welche Rolle spielte das geistige Klima in Alexandria bei der Ausgestaltung von Philons Ansatz?

---

[1] Zur Chronologie von Philons Werken siehe Kapitel 1. Was seine Verwendung der Septuaginta und nicht des hebräischen Textes betrifft, siehe KATZ, Philo's Bible; AMIR, Authority and Interpretation; STERLING, Interpreter of Moses; ROYSE, Some Observations; ROYSE, The Text; TOV, Septuagint between Judaism and Christianity; siehe auch TOV, Septuagint Translation, zu speziellen Übersetzungsmerkmalen des Buchs Genesis in der Septuaginta. Man beachte, dass Philon frühere Namen biblischer Bücher bewahrt hat, etwa „Exagoge" statt „Exodus", und sich auf uns unbekannte Unterabschnitte bezieht (z.B. Her. 252; Migr. 14). Sein Kommentar zu Genesis 18,1–2 ist als Fragment auf Armenisch erhalten und wurde veröffentlicht von SIEGERT, Philonian Fragment. Zum Umfang des „Allegorischen Kommentars", besonders zur Frage, ob Philon das erste Kapitel der Genesis kommentiert hat, siehe Anhang 2.

## Der alexandrinische Kontext des „Allegorischen Kommentars"

Alexandria, das hellenistische Zentrum der Gelehrsamkeit, hilft die Eigenart und die hermeneutischen Prämissen von Philons Bibelkommentar verstehen. Fortlaufende Kommentare wurden dort auf einer ganzen Bandbreite von Fachgebieten verfasst, die von Homers Epen bis hin zu Tragödie und Geschichtsschreibung reicht, und genossen auch die institutionelle Unterstützung des ‚Museion', einer frühen Form von Hochschule. In Alexandria entstanden die ersten systematischen philologischen Kommentare zu Homers Epen, die für alle spätere Forschung in der abendländischen Tradition die Maßstäbe setzten. Alexandrinische Gelehrte richteten sich an ein Fachpublikum und begannen ihre Arbeit mit der Erörterung kleinster Kleinigkeiten im Text, wenn sie beispielsweise fragten, warum Homer die *Ilias* mit einem Hinweis auf Achills Zorn eröffnet hat.[2]

Aristarch von Samothrake (2. Jahrhundert v. Chr.) war der gelehrteste und einflussreichste Homer-Forscher in Alexandria. Er besorgte zwei aufeinanderfolgende Textausgaben und schrieb Traktate zu Einzelthemen sowie zwei fortlaufende Kommentare. Die Sigla in seiner Edition waren mit seinen Kommentaren verknüpft, in denen er auf das jeweils vorliegende philologische Problem einging. Ob er je den – von Porphyrios überlieferten – berühmten Grundsatz, „Homer sei aus Homer heraus zu erklären", formuliert hat oder nicht, jedenfalls widmete er der inneren Stimmigkeit des Gesamtwerks besonderes Augenmerk.[3] Von Homers Autorschaft sowohl der *Ilias* als auch der *Odyssee* ausgehend, untersuchte Aristarch die stilistischen Eigenheiten des Autors und seine Darstellung der handelnden Personen. Fragen der Plausibilität und Widersprüche zwischen einzelnen Versen rückten in den Mittelpunkt des Interesses. Weil Aristarch darauf pochte, dass Homer nichts „Lächerliches" geschrieben haben könne, setzte er manche Verse des Epos in Klammern; denn „Pferde trinken keinen Wein", und „es ist unwahrscheinlich, dass Pferde sprechen".[4] Darüber hinaus thematisierte er das Problem von Widersprüchen, die er häufig dadurch löste, dass er von Leerstellen im Text ausging. Dieser Ansicht nach schweigt der Dichter über bestimmte Dinge, die der Leser sich zusammenreimen und ergänzen muss. Beispielsweise behandelte Aristarch eine Spannung zwischen zwei Versen,

---

[2] Siehe die Scholia zu HOMER, Ilias I 1 (hg. von ERBSE, Scholia Graeca I, 3). Für Hintergrundinformationen zu alexandrinischer Gelehrsamkeit und dem Museion siehe SCHIRONI, Alexandrian Scholarship; FRASER, Ptolemaic Alexandria I, 305–335, 447–479.

[3] PHILON, All. III 188. Zu Aristarchs Maxime siehe FRASER, Ptolemaic Alexandria I, 464; PORTER, Hermeneutic Lines and Circles, 70–80; PFEIFFER, History of Classical Scholarship, 225–227 = Geschichte der klassischen Philologie, 276–278.

[4] Scholia in Iliadem 1,100A; 19,416–417A; 1,129A; 2,55A; 2,76A; 2,319A; 2,667A; 3,74A; 16,666A. Zur Methode des Einklammerns beziehungsweise der Athetese siehe SCHIRONI, Alexandrian Scholarship.

deren einer Achill darstellt, wie er seine Waffe ablegt, während der andere voraussetzt, dass er sie bei sich trägt. Auf die Frage, woher plötzlich im späteren Vers die Waffe komme, antwortet Aristarch mit der These, Achill habe sie zwischen den beiden Versen aufgehoben, auch wenn der Dichter dies nicht ausdrücklich sagt (Scholien zur Ilias 21,17A).

Alexandrinischen Juden war diese Art Forschung vertraut, und manche wandten sie auf ihre Bibel an. Der jüdische Exeget Demetrios, der im Alexandria des zweiten vorchristlichen Jahrhunderts wirkte, untersuchte Probleme der Widersprüchlichkeit und der Plausibilität. Beispielsweise fragt er, „wieso die Israeliten Waffen hätten (haben können), obwohl sie doch unbewaffnet [aus Ägypten] ausgezogen seien". Diese Schwierigkeit ergibt sich aus einer Spannung zwischen Exodus 5,3, wo bei Moses Aufbruch keine Waffen erwähnt werden, und Exodus 17,8–9, wo die Israeliten in eine militärische Auseinandersetzung mit Amalek verwickelt sind. Das Problem löst Demetrios mit der Methode Aristarchs, indem er von einer Leerstelle im Text ausgeht, die auszufüllen der Autor dem Leser überließ. Demetrios stellt die These auf, die Israeliten hätten die Waffen der im Roten Meer ertrunkenen Ägypter benutzt. Er bespricht auch Plausibilitätsprobleme, wenn er etwa untersucht, warum „Joseph dem Benjamin beim Mahl eine fünffache Portion habe geben (lassen), obwohl der doch so viel Fleisch gar nicht hätte verzehren können", wobei er annimmt, dass die Bibel keine unrealistische Ration angeben würde. Demetrios beseitigt den Anstoß, indem er aufzeigt, dass es Josef um den symbolischen Wert des Essens ging und er ein Gleichgewicht zwischen sich und seinem leiblichen Bruder auf der einen und den übrigen Halbbrüdern auf der anderen Seite herstellen wollte. Dass er seinem jüngeren Bruder eine ungewöhnlich große Portion zuteilte, leuchtet so in psychologischer Hinsicht ein.[5]

In diesem alexandrinischen Umfeld verfasst Philon einen minutiösen, systematischen Kommentar zu den ersten Kapiteln der Genesis, der im erhaltenen Text mit der Rekapitulation der Schöpfung in Genesis 2,1 einsetzt.[6] Philon schreibt für jüdische Mitbürger in seiner Heimatstadt, die sich intensiv mit Bibelauslegung befassen und sich bereits ihre teils grundverschiedenen Meinungen gebildet haben. Von seinen Lesern erwartet er, dass sie die „väterliche Verfassung" in Ehren halten und mit der Schrift so vertraut sind, dass er auf bestimmte Motive mit Formulierungen wie „an anderer Stelle"

---

[5] DEMETRIOS bei EUSEBIOS, Praeparatio evangelica IX 29,16; 21,14 (Frgm. 5 und 2 WALTER). Für die Untersuchung und Erörterung eines weiteren Widerspruchs durch Demetrios siehe EUSEBIOS, Praeparatio evangelica IX 29,1–3 (Frgm. 3 WALTER). Siehe auch den jüdischen Exegeten und Philosophen Aristobul (2. Jahrhundert v. Chr.), welcher der Frage nachgeht, warum der brennende Dornbusch „heftig in Flammen stand", „ihrer aller junges Grün [aber] vom Feuer unversehrt blieb" (EUSEBIOS, Praeparatio evangelica VIII 10,16; deutsch: WALTER, 273).

[6] Siehe Anhang 2 zur Frage, ob Philon einen allegorischen Kommentar zum ersten Kapitel der Genesis geschrieben hat.

oder „an vielen Stellen (erwähnt)" verweisen kann.[7] Er setzt ein jüdisches Publikum voraus, das mit der Bibel groß geworden ist und keine Erklärungen zu Mose, der Tora und dem Judentum im Allgemeinen benötigt. Außerdem nimmt Philon an, die Leser stünden seinem allegorischen Zugang skeptisch gegenüber, und drängt sie gelegentlich, sich nicht über „die Regeln der Allegorie" zu wundern (Somn. I 73). Auch fragt er sich, „welchen Sinn sie [sc. diese Worte] bei wörtlicher Auffassung ergeben" (Det. 167). Häufig spricht er solche Leser direkt an, wobei er mitunter über wörtliche Auslegungen spottet und an einer Stelle erläutert, Mose habe eine bestimmte Formulierung verwendet, „um uns geradezu zu ermahnen, vom Wortsinn Abstand zu nehmen" (Det. 15).

Dass Philon für jüdische Adressaten schrieb, die sich dem Literalsinn der Schrift verpflichtet fühlen, wird besonders in seinem Traktat *Über die Verwirrung der Sprachen* deutlich, der mit einem umfangreichen Zitat einer von einigen „gottlosen" Kollegen vorgelegten philologischen Analyse der biblischen Geschichte beginnt. Philon ärgert sich über ihren Vergleich von Genesis 11,1–9 mit einem Abschnitt in Homers *Odyssee*, der sie zu dem Schluss führte, beide kanonische Texte enthielten ähnliche Mythen und seien im wissenschaftlichen Sinne nicht wahr. Wie ich an anderer Stelle gezeigt habe, handelt es sich bei diesen Exegeten um alexandrinische Juden, die von der Homer-Forschung am Museion inspiriert waren.[8] Mit kritischen Methoden vertraut, untersuchten sie die Bibel aus literaturwissenschaftlicher Sicht und verglichen sie mit den griechischen Epen. Sie argumentierten gar, Mose sei von Homer und einer Fabel abhängig, habe seine Vorlage aber in einzelnen Punkten verbessert. Philon weist einen solchen radikal philologischen Ansatz zwar zurück und besteht auf der Einzigartigkeit und Einheitlichkeit der Schrift, doch geht er auf die Argumente der Gelehrten ein, um deren potenzielle Gefolgsleute zu überzeugen.

Im „Allegorischen Kommentar" rechnet Philon mit Lesern, die sich der von der kritischen Forschung aufgeworfenen Probleme bewusst, zugleich aber für seine allegorische Methode offen sind. Gelegentlich erwähnt er andere Ausleger des Literalsinnes, denen er zutraut, auf ihre Weise Kritik an der Bibel zu widerlegen. Ihre Arbeit beruhe auf naheliegenden „Erklärungen der jeweils aufgeworfenen Fragen aufgrund des Wortlautes" (Conf. 14). Philon unterscheidet somit zwischen wörtlichen Lesern, die in seinen Augen unfromm sind, und anderen, die sein Grundanliegen teilen, die Einheit des Bibeltexts zu verteidigen. Manche der zuletzt Genannten respektiert er so sehr, dass er ihre Auslegung in seinen eigenen Kommentar aufnimmt. Im

---

[7] PHILON, Conf. 2; Migr. 8; Plant. 90.
[8] PHILON, Conf. 2–6. Einzelheiten bei NIEHOFF, Jewish Exegesis, 77–94. Zur literarischen Qualität der Bibel aus Philons Sicht siehe auch KAMESAR, Philo and the Literary Quality; KAMESAR, Philo, Grammatike.

Zusammenhang mit dem Turmbau zu Babel vermeldet er beispielsweise, dass diejenigen, die nur „das Äußere und Naheliegende verfolgen, glauben, dass hiermit [in der biblischen Geschichte] die Entstehung der griechischen und barbarischen Sprachen beschrieben sei" (Conf. 190). Philon betont, er werde solche Kollegen nicht tadeln, „vielleicht ist auch ihre Meinung richtig", doch drängt er sie, „nicht dabei stehen zu bleiben, sondern zu der allegorischen Auslegung überzugehen" (ebd.). Seine impliziten Adressaten sind Vertreter des Literalsinnes, die er in seine allegorische Methode einzuführen hofft. Er möchte zeigen, dass Mose höchstpersönlich „Veranlassung" für Allegorien gibt, womit er sagen will, dass es sich nicht um eine launenhafte Textinterpretation handelt, sondern um die Wiedergabe der Autorintention. Philon zufolge „geben uns die Gottessprüche selbst ja dazu [sc. zur allegorischen Interpretation] deutlichsten Anlass" (Plant. 36).[9]

In Erwiderung kritischer Deutungen der Geschichte vom Turmbau zu Babel bietet Philon seine allegorische Auslegung, die, „ohne hierbei Sophisterei mit Sophisterei zu erwidern, dem geschlossenen Zusammenhang [der Erzählung] folgt, der nicht straucheln lässt und, was einem etwa hinderlich ist (κἂν εἴ τινα ἐμποδὼν εἴη), leicht aufrichtet, so dass die Erzählung keinen Anstoß erregt" (Conf. 14). Philon konzipiert die Allegorie als Lösung für ‚Hindernisse' im Literalsinn. Während einige seiner Kollegen schwierige Stellen als Indizien für verschiedene Kompositionsschichten untersuchen, bleibt Philon dabei, dass solche Probleme gelöst werden können und sich die Einheitlichkeit der Schrift aufrechterhalten lässt. Indem er mithilfe allegorischer Auslegung den Erzählfluss der biblischen Geschichten wiederherstellt, zielt er darauf, ihnen ihre ursprüngliche Logik zurückzugeben.

Als junger Mann ist Philon in typisch alexandrinische Kommentierungsarbeit vertieft. Die zahlreichen Traktate des „Allegorischen Kommentars" weisen eine Fülle von Wendungen auf, die für Fachliteratur bezeichnend sind und sich auf die auktoriale Textebene beziehen. Typische Formulierungen sind: „wollen wir das folgende [Wort] betrachten",[10] „im Anschluss hieran mag folgende Frage besprochen werden",[11] „warum/weshalb [wurde es geschrieben]" und „es ist zu untersuchen".[12] Ferner geht der „Allegorische Kommentar" von Moses Autorschaft der Tora aus und untersucht dessen individuellen Stil, wobei Philon mit der Möglichkeit von unglücklichen

---

[9] Siehe auch PHILON, Det. 167, wo er betont, dass bei Mose „dies alles in übertragenem Sinne und allegorisch gemeint" sei.

[10] τὸ ἑπόμενον ... συνεπισκεψώμεθα (Post. 32); διαπορητέον δὲ ἑξῆς (Det. 32); siehe auch All. I 101; Det. 57; Gig. 67; Sobr. 1.

[11] ἑξῆς κἀκεῖνο διαπορητέον (All. I 101); siehe auch Post. 32, 49; Imm. 51; Det. 57.

[12] Διὰ τί; (z.B. All. I 2, 33, 48, 85; Gig. 1; Fug. 60; Spec. I 213); σκεπτέον (z.B. All. II 80; III 252; Post. 40; Sobr. 31, 62; Fug. 157); ähnliche Formulierungen finden sich in All. I 91; II 42; III 4, 28; Post. 1, 22; Conf. 169; Gig. 1; Fug. 87.

Formulierungen oder gar ‚Barbarismen' rechnet. Nur in dieser Werkreihe setzt Philon zahlreiche Querverweise zu anderen Bibelstellen, womit er zweifellos den berühmten, Aristarch zugeschriebenen hermeneutischen Grundsatz teilt, wonach ein Text aus sich selbst heraus zu erklären ist. Diese exegetischen Methoden und die technischen Formeln von wissenschaftlicher Fachliteratur kennzeichnen die alexandrinische Gelehrsamkeit.[13]

Der alexandrinische Kontext von Philons Bibelkommentaren verdient vollauf gewürdigt zu werden im Blick auf zwei Alternativkulturen. In Israel, wo noch das Genre der ‚Rewritten Bible' vorherrschte, hatte sich die Form des systematischen Kommentars noch nicht herausgebildet. Das Jubiläenbuch und das Genesisapokryphon sind dafür typische Beispiele. In Qumran bevorzugte man die prophetisch inspirierte Auslegung und gab ihr die Form des *Pescher*. Erst später, höchstwahrscheinlich unter dem Einfluss alexandrinischer Methoden, führten die Rabbinen wissenschaftliche Methoden ein.[14] Auch Rom entwickelte keine Kommentarkultur. Lukian äußert sich zu diesem Thema mit seinem typischen Sarkasmus und lässt dabei die römische Abneigung gegen – in Senecas Worten – „nutzlose Gelehrsamkeit" (Seneca, Über die Kürze des Lebens 13,1) erkennen. In seiner Fantasie begegnet er Homer und fragt ihn, ob er die von den alexandrinischen Gelehrten eingeklammerten Verse nicht doch verfasst habe. Ihrer Echtheit vergewissert, resümiert Lukian: „Ich verdammte also die Grammatiker Zenodot, Aristarch und Genossen wegen ihrer zahlreichen frostigen Abhandlungen über diese Frage" (Lukian, Wahre Geschichten II 20).[15] Der späte Philon hätte zwar mit Lukians Parodie auf alexandrinische Philologie einigermaßen sympathisiert, doch als junger Mann kniete er sich in genau diese Art von mühevoller Kommentierungsarbeit hinein und wendete gewissenhaft philologische Methoden der Homer-Exegese auf die jüdische Bibel an. Die Wahl der Gattung Kommentar spiegelt seinen ursprünglichen, alexandrinischen Kontext wider, als er römischen Diskursen und der für die Zweite Sophistik typischen Ironie noch sehr fern stand.

---

[13] Vgl. besonders ARISTARCH in Scholia in Iliadem 1,13–16A; 7,334–335A; 8,43A; 8,328A; 11,659A; zum aristotelischen Hintergrund siehe ARISTOTELES, Aporemata Homerica, Frgm. 142, 145–148, 150–153, 155–159; De poetica 25.1461a5. SCHIRONI, Theory into Practice.

[14] Siehe vor allem PAZ, Re-scripturizing Traditions; NIEHOFF, Commentary Culture; siehe auch FRAADE, Rewritten Bible; FRAADE, Rabbinic Midrash, zur Unterscheidung zwischen rabbinischem Midrasch und dem des Zweiten Tempels.

[15] Siehe auch KIM, Homer, 140–174.

## Allegorische Lösungen für Probleme im Wortlaut der Bibel

Philon setzt die alexandrinische Tradition der Textwissenschaft fort und verfasst einen fortlaufenden Kommentar zur griechischen Übersetzung der Genesis. Regelmäßig zitiert er – in Unkenntnis ihrer Abweichungen vom hebräischen Text – die Septuaginta (LXX) und gleicht sie manchmal auch geringfügig seiner eigenen Interpretation an.[16] Zwar teilt er mit seinen Vorgängern das Interesse an philologischen Problemen wie etwa Widersprüchen zwischen einzelnen Versen oder Fragen der Plausibilität, doch fügt er eine neue, allegorische Dimension hinzu. Die Dinge, die Aristarch und Demetrios beschäftigten, werden somit nicht mehr ausschließlich auf der wörtlichen Sinnebene verhandelt, sondern zum Ausgangspunkt für allegorische Betrachtungen über die Seele genommen. An einer Stelle sagt Philon programmatisch: „Könnte man hier noch zweifeln, ob man das von Mose in den (aus göttlicher in menschliche Sprache) umgesetzten Büchern Gesagte in übertragenem Sinn zu verstehen hat, da doch der in den Worten unmittelbar liegende Sinn weit von der Wahrheit abweicht?" (Post. 1) Anders als seine Vorgänger akzeptiert Philon Bibelstellen selbst dann, wenn sie im herkömmlichen Sinn nicht der Wahrheit entsprechen, weil er über die Allegorese einen schöpferischen Reflexionsraum schafft, der außerhalb des Gebiets einer gründlichen Untersuchung der historischen Wahrheit liegt.

Die biblische Geschichte von Kain bietet Philon weitere Gelegenheiten, seinen Standpunkt hinsichtlich scheinbar unsinniger Verse zu definieren. Seines Erachtens ist der Gedanke, dass Kain „vom Angesicht Gottes entwich" (Genesis 4,16), ganz und gar „unmöglich" (Post. 5, vgl. 7), da Gott allgegenwärtig sei und kein Ort bleibe, wohin man fliehen könne. Philon untersucht, warum Mose gleichwohl dieses Motiv verwendet, und insistiert, „dass von den angeführten Worten nichts in eigentlichem Sinne gemeint ist" (Post. 7). Der Leser ist eingeladen, „den den Philosophen vertrauten Weg der Allegorie" einzuschlagen (ebd.) und zu verstehen, dass Kain im metaphorischen Sinne geflohen sei, indem er sich von rechter Gotteserkenntnis

---

[16] Beispiele für vom hebräischen Text abweichende Stellen, wo Philon nur die Septuaginta zitiert, sind: All. I 18 (hier zitiert er Genesis 2,3 LXX und beruft sich auf die Vorstellung, dass Gott von allen Werken ausruhe, die er „zu machen angefangen hatte" – nicht „machte" beziehungsweise „gemacht hatte" wie im Masoretischen Text); All. I 19, wo er Genesis 2,4 nach der Septuaginta zitiert, die das „Buch der Entstehung von Himmel und Erde" erwähnt (nicht die „Geschichte ..."); Migr. 215, wo er Exodus 1,21 nach der Septuaginta zitiert und annimmt, die Hebammen hätten Häuser für sich selbst gebaut, wohingegen nach dem hebräischen Text Gott dies tat; Migr. 58 (hier arbeitet er mit der Septuaginta von Deuteronomium 4,7, nach der Gott „nahe kommend" [ἐγγίζων] ist statt „nah" [קרבים]). Zu Beispielen dafür, dass Philon die Septuaginta an seine eigenen Auslegungen angleicht, siehe Cher. 49–50; Mut. 140 und den folgenden Text. Hauptsächlich aufgrund der hebräischen Etymologien plädiert RAJAK, Translation and Survival, dafür, dass Philon Hebräisch konnte. AMIR, Authority and Interpretation, hat jedoch bereits gezeigt, dass die Etymologien wahrscheinlich aus eigenständigen Listen stammen.

verabschiedete und mit jenen zusammentat, „die sich durch freiwilligen Entschluss von Gott abwandten" (Post. 9).

In der Folge wirft Philon ein weiteres Plausibilitätsproblem in Bezug auf Kain auf und fragt, „weshalb dieser selbe Kain als Gründer und Erbauer einer Stadt auftritt" – einer Stadt „für einen einzigen" (Post. 49).[17] Philon bauscht das Problem über das erforderliche Maß des wörtlich verstandenen Textes hinaus auf, wenn er meint, Kain hätte eine Stadt mit all der architektonischen Ausstattung einer Metropole wie Alexandria, einschließlich Theatern und Stadien, bauen müssen. In Anbetracht der Unwahrscheinlichkeit eines solchen Vorgangs folgert Philon, der Vers „ist nicht nur paradox, sondern auch unsinnig" (Post. 50). Philons Lösung besteht in der Allegorese: „Es ist also, da dies der Wahrheit widerspricht, wohl richtiger, dass wir in allegorischem Sinne sagen (ἀλληγοροῦντας λέγειν): Kain beschloss, seine eigene Lehre wie eine Stadt zu errichten" (Post. 51). Philon führt seine allegorische Interpretation der Bibelstelle zögerlich ein, wenn er schreibt, dass es „wohl richtiger" sei, beim tieferliegenden Sinn Zuflucht zu nehmen. Sein Argument zugunsten eines allegorischen Verständnisses von Kain als dem Begründer einer schlechten Lehre beruht auf der Annahme, dass der wörtlich verstandene Text „der Wahrheit widerspricht". Mit großem Aufwand arbeitet Philon – unter Verwendung der aristotelischen Kategorien des Paradoxons und der Vernunftwidrigkeit – heraus, wie unrealistisch dieser Vers ist.[18] Seine eingehende Analyse des Plausibilitätsproblems lässt erkennen, wie sehr ihm daran gelegen ist, die Allegorie im wörtlich verstandenen Text zu verankern, weil er so die Anhänger des Literalsinnes unter seinen Lesern von der Schlüssigkeit allegorischer Exegese überzeugen zu können hofft.

Viele weitere Beispiele für Plausibilitätsprobleme ließen sich anführen, doch will ich nur noch eines erwähnen, in dem es um die Paradiesesbeschreibung geht:

> Es verlohnt sich auch zu untersuchen, weshalb die beiden Flüsse Pheison und Geon Länder umfließen, der eine Evilat, der andere Äthiopien, von den beiden übrigen [Flüssen] aber keiner, vom Tigris vielmehr gesagt wird, er ströme gegenüber den Assyrern, und beim Euphrat nichts angegeben ist (Genesis 2,11–14), wiewohl doch in Wahrheit der Euphrat manche Länder umfließt und viele gegenüber hat. Aber die Schrift handelt ja nicht von dem Fluss, sondern von der Verbesserung der sittlichen Gesinnung. (All. I 85)

Im Anschluss an das zeitgenössische alexandrinische Interesse an Geographie merkt Philon an, dass sich die biblische Beschreibung des Euphrats von jener der anderen Flüsse unterscheidet, und fragt, ob das der Wirklichkeit entspreche. Er folgert mit Nachdruck, dass die Schrift von der Wahrheit abweicht und eine allegorische Lösung gefordert ist. Anders als frühere alex-

---

[17] Mit Bezug auf Genesis 4,17.
[18] ARISTOTELES, De poetica 25.1460b33; Aporemata Homerica, Frgm. 147, 167.

andrinische Gelehrte gibt er sich jedoch nicht mit einer knappen Beseitigung des Problems zufrieden, sondern nimmt es zum Ausgangspunkt für eine ausführliche Allegorie über Charakterbildung. Er leitet seine Leser an, wie sie Besonnenheit und Tapferkeit entwickeln können, die sie vor Torheit und Feigheit beschützen. Gerechtigkeit dagegen, die durch den Euphrat, der ‚nichts anderem gegenüberliegt‘, symbolisiert wird, biete nicht diese Art von Schutz vor Lastern.[19]

Ein weiteres wichtiges Anliegen des „Allegorischen Kommentars" ist die Frage nach Widersprüchen zwischen Bibelversen. Philon betont, dass Mose „sich der anfangs aufgestellten Behauptungen genau zu erinnern pflegt und es für richtig hält, das Folgende dem Früheren auch übereinstimmend anzupassen" (Det. 81).[20] Angesichts dieser Annahme einer grundlegenden Harmonie achtet Philon auf Fälle offensichtlicher Spannung. Eine Herausforderung stellt für ihn die Geschichte von Abrahams Wanderung von Chaldäa ins Land Israel dar, die zweimal erzählt wird: Einmal begleitet Abraham Terach, der in Harran stirbt (Genesis 11,31–32), und beim zweiten Mal reagiert er persönlich auf Gottes Befehl nach dem Tod seines Vaters (Genesis 12,1–2). Diese Krux des Bibeltextes, welche die heutige Forschung durch den Verweis auf verschiedene Quellen löst, beschäftigt Philon zutiefst. „Niemand von denen, die die ‚Gesetze‘ gelesen haben", schreibt er, „kann darüber in Unwissen sein, dass Abraham zuerst aus dem Chaldäer-Land wegzog und in Harran siedelte, dass er aber nach dem Tod seines Vaters auch von dort wieder aufbrach, so dass er bereits zwei Orte verlassen hat. Was ist nun (hierzu) zu sagen?" (Migr. 177–178)

Philon nimmt an, dass seinen Lesern die Schwierigkeit klar ist. Da er sich der Einheitlichkeit der Schrift verpflichtet weiß, kann er allerdings nicht einen der einander widersprechenden Verse als späteren Zusatz oder redaktionelles Versehen tilgen. Seine Lösung ist die Allegorese. Er schlägt vor, Genesis 11,31 nicht „wie aus einem Geschichtsbuch" zu lesen, sondern als Allegorie. Seiner Ansicht nach spricht Mose hier nicht von einer physischen Reise, sondern von „einer für das Leben nützlichen und auf den Menschen überhaupt berechneten Lehre" (Somn. I 52). Dieser Einsicht folgend, deutet Philon Abrahams Wanderung als Reise der Seele vom materiellen zu einem höheren spirituellen Bereich und schließlich zu Gott.[21] Der Widerspruch

---

[19] PHILON, All. I 86–87; siehe auch Somn. I 166–170; II 246; Det. 13–16; Plant. 112–113. In Alexandria waren zwei Geographen tätig: Eratosthenes, der die homerischen Epen als Quelle geographischen Wissens ablehnte, und Strabon, der Homer als solche schätzte (STRABON, Geogr. I 2,7–8; 2,9–14; 2,24; 2,30; 2,35; siehe auch SCHENKEVELD, Strabo on Homer, 52–64; BIRASCHI, Strabo and Homer).
[20] καὶ μὴν τῶν ἐξ ἀρχῆς ὑποθέσεων ἄκρως διαμεμνῆσθαι τὰ ἀκόλουθα καὶ ὁμολογούμενα τοῖς προτέροις δικαιῶν ἐφαρμόττειν.
[21] PHILON, Migr. 178–186.

zwischen einzelnen Versen stellt sich somit als ergiebiger Ausgangspunkt für die Suche nach dem tieferen Schriftsinn heraus.

Zwei weitere Beispiele mögen Philons Haltung gegenüber innerbiblischen Widersprüchen verdeutlichen. Das erste betrifft die Paradiesesgeschichte: „Und weiter spricht Gott: ‚An dem Tage, da ihr von ihm esset, werdet ihr des Todes sterben.' (Genesis 2,17) In Wirklichkeit aber sterben sie, nachdem sie [vom Baum der Erkenntnis] gegessen haben, nicht nur nicht, sondern sie zeugen sogar Kinder und werden so für andere zur Ursache des Lebens." (All. I 105) Dieses Problem eines Widerspruchs hätte zwar genauso gut ein Demetrios aufwerfen können, doch Philon gibt eine neue Antwort, die über die wörtliche Textebene hinausgeht. Zunächst hält er inne, um seine Leser mit der Frage „Was ist hier zu sagen?" auf den Übergang zur allegorischen Auslegung einzustimmen. Dann präsentiert er eine umfängliche Allegorie der Seele, die auf dem platonischen Gedanken beruht, dass die Beschäftigung mit Philosophie zu einem himmlischen Zustand führt, in dem der Leib mit seinen irdischen Begierden praktisch tot ist.[22] Auf Genesis 2,17 angewendet, bedeute dies, dass zwei Arten von Tod einzuräumen sind, einer „für den Menschen im Allgemeinen", einer „für die Seele im Besonderen" (All. I 105). Der Tod der Seele wird als Zustand einer rein physischen Existenz dargestellt, die das Ergebnis eines schlechten, allzu materiellen Lebenswandels ist. Nachdem Adam und Eva vom Baum der Erkenntnis gegessen hatten, lebten sie zwar im physischen Sinne weiter; seelisch gesehen waren sie jedoch tot, weil sie Gott nicht gehorcht haben und sündig geworden sind. Einmal mehr hat hier die allegorische Lesart die biblische Erzählung geglättet.

Das zweite Beispiel betrifft das für Abraham gebrauchte Adjektiv „alt" (Genesis 24,1), wozu Philon folgende Frage stellt: „Wer von denen, welche die heiligen Bücher gelesen haben, weiß nicht, dass von allen seinen Vorfahren der weise Abraham mit der kürzesten Lebenszeit angeführt wird? Und doch wird von jenen, die so lange gelebt haben, meines Wissens nicht ein einziger, sondern gerade er als altersreif bezeichnet" (Sobr. 17). Philon wendet sich hier an bibelfeste jüdische Leser, die den Widerspruch zwischen verschiedenen Stellen erkennen. Er muss die Ahnenliste von Genesis 5,4–31 gemeint haben, in der das Durchschnittsalter knapp 800 Jahre beträgt, während Abraham lediglich 175 Jahre alt wurde (Genesis 25,7). Allerdings lebten seine Nachfahren bloß 137 und 110 Jahre.[23] Nur im Vergleich mit den früheren Generationen erscheint „alt" für Abraham problematisch. Philon erwähnt diesen Aspekt, um den Widerspruch zwischen den Bibelstellen hervorzuheben und seiner allegorischen Interpretation den Boden zu berei-

---

[22] PLATON, Phaidon 80–81A; siehe auch Weisheit Salomos 7,13; 8,17; 15,3. WINSTON, Wisdom, 59–63; NIEBUHR, Sapientia.

[23] Genesis 25,17; 50,22. Isaak lebte in etwa genauso lange wie sein Vater (Genesis 35,28).

ten. Mose, so insistiert er, nannte biblische Hauptfiguren „gewöhnlich" entweder alt oder jung in Bezug auf ihre jeweilige Reife oder Unverständigkeit. Aus dieser Warte heißt Abraham wegen seiner außerordentlichen Tugend und Weisheit zu Recht „altersreif" (Sobr. 16).

Philons Kombination von alexandrinischer Philologie und ausführlicher Allegorie war seinerzeit innovativ. Indem er Probleme im Text dazu benutzt, den Vorrang des Literalsinnes infrage zu stellen, behauptet er, dass der biblische Autor auf eine allegorische Bedeutung abzielte. Dieses Vorgehen beruht auf einer feinen Balance zwischen der wörtlichen und der allegorischen Dimension der Bibel. Philon betont Schwierigkeiten im wörtlich verstandenen Text, um einerseits Raum für die Allegorese zu schaffen, während er andererseits von einer auktorialen Aussageabsicht ausgeht und die Allegorie im Literalsinn verankert. Die wörtliche Dimension der Schrift wird also nicht abgelehnt, sondern gerade so weit als problematisch aufgezeigt, wie der allegorische Sinn plausibel, wenn nicht gar notwendig erscheint. Diese zweiseitige Haltung erzeugt die eigentümliche Komplexität und Mehrdeutigkeit von Philons Werk.

Angesichts der Berühmtheit stoischer Allegorese in hellenistischer Zeit muss betont werden, dass es nicht diese Schule war, die Philons allegorische Methode geprägt hat; denn sie ignorierte die Aussageabsicht des Autors. Um „Sagen" an ihre wissenschaftlichen Vorstellungen „anzupassen", „übertrugen" Stoiker sie „auf die Naturphilosophie" (Cicero, Vom Wesen der Götter I 41). Sie leiteten sogar aus „frevelhaften Mythen" eine „naturwissenschaftliche Theorie" ab (II 64), weil sie annahmen, die Verfasser seien sich selber über den tieferen Sinn ihrer eigenen Texte nicht im Klaren gewesen. Eine Schlüsselrolle bei der Rechtfertigung solcher Allegorese spielten Etymologien, die über die Intention eines Autors hinaus auf einen größeren Fundus an unbeabsichtigten Bedeutungen verweisen. Zwar greift Philon manchmal auf eine Etymologie als zusätzliche Begründung für eine Allegorie zurück, doch hat man diese Fälle überbewertet. Vielmehr verdient er unsere Anerkennung als innovativer Exeget, der erstmals die alexandrinische philologische Tradition mit allegorischen Interpretationen kombinierte, die auf der platonischen Philosophie aufbauen.[24]

---

[24] Zur stoischen Allegorese siehe CICERO, N.D. I 41; II 64; BOYS-STONES (Hg.), Metaphor; BRISSON, How Philosophers Saved Myths, 41–49; BUFFIÈRE, Les mythes; STEINMETZ, Allegorische Deutung. Obwohl ich nicht mit LONG (Stoic Readings of Homer) einverstanden bin, der ausführt, dass die Stoiker nur Etymologie und keine Allegorese praktizierten, überzeugt mich seine Unterscheidung zwischen Philons Allegorese und stoischer Hermeneutik (LONG, Allegory in Philo). Zu abweichenden Ansichten siehe PÉPIN, La tradition; AMIR, Philo's Allegory; KAMESAR, Logos Endiathetos; E. STEIN, Philo, 162–185.

## Mystische Intertextualität

Schon früh zeigten alexandrinische Gelehrte eine intertextuelle Ausrichtung und lasen bestimmte Verse im Licht von anderen. Aristarch und Demetrios beispielsweise zogen andere Verse ihres jeweiligen kanonischen Textes heran, um die Bedeutung eines Wortes zu erhellen oder den Charakter eines Helden zu beleuchten.[25] Solche Querverweise waren kurz und stützten sich in der Regel auf ein gemeinsames Stichwort. Philon, der mit diesem alexandrinischen Verfahren vertraut war, erreichte eine neue Ebene von Intertextualität. Er nutzte diese Methode nicht mehr nur für wissenschaftliche Zwecke, sondern bot eine ganze Reihe von Intertexten, die er häufig ausführlich und für sich genommen behandelte. Sein Unternehmen ist ziemlich kreativ und führt zu einem reichen Assoziationsnetz sowie häufigen Bekundungen religiöser Ekstase.

Philons Intertexte stammen hauptsächlich aus dem Pentateuch, besonders den Büchern Genesis und Exodus. Der Traktat *Über die Wanderung Abrahams* zum Beispiel beginnt mit einem dichten Netz aus exegetischen Assoziationen. Philon untermauert seine allegorische Auslegung der Aufforderung Gottes an Abraham: „Geh fort aus deinem Vaterhaus" (Genesis 12,1) mit einem Zitat aus Genesis 28,17, wo ebenfalls das Stichwort „Haus" vorkommt. Ohne den Kontext des hinzugezogenen Verses zu erläutern, erwähnt er lediglich den „Asketen" beziehungsweise autodidaktisch geschulten Mann, nämlich Jakob, der sagt: „Nichts anderes ist dies als das Haus Gottes." Philon versteht den Vers so, dass Gott nicht im sichtbaren Bereich enthalten ist, und überträgt das auf Genesis 12,1 mit der These, dass Abraham befohlen wird, den durch das Haus repräsentierten materiellen Bereich zu verlassen. Anschließend beleuchtet Philon Gottes Aufforderung an Abraham weiter durch das Zitat eines Verses, der mit der Ausgangsstelle nicht lexikalisch, sondern durch seine konkrete philosophische Relevanz verbunden ist, nämlich Moses Ermahnung: „Achte auf dich selbst" (Migr. 8).[26] In Philons Augen schärfte Mose Selbstprüfung ein im Licht des grundsätzlichen Gegensatzes zwischen dem materiellen und dem spirituellen Bereich. Menschen, die auf sich achten, werden spirituelle Quellen entdecken und nicht an Materiellem festhalten. Abraham, so die unausgesprochene Botschaft,

---

[25] ARISTARCH in: Scholia in Iliadem 21,538–539; 7,130A; 1,180A; 6,71A; 6,479–480A; 5,734–736A; 5,299A; 5,684A; 8,441A; 11,636; DEMETRIOS, Frgm. 2,14–15 WALTER (hg. von HOLLADAY, Fragments; deutsch: WALTER, 284ff.). Die alexandrinische Vorgehensweise unterscheidet sich von der des Aristoteles, der regelmäßig homerische Verse ohne einen Vergleich mit anderen analysierte (ARISTOTELES, Aporemata Homerica, Frgm. 148, 151). Siehe auch RUNIA, Structure; RUNIA, Further Observations; COVER, Lifting the Veil, 115–124, 134–144.

[26] PHILON, Migr. 5 und 8 (mit Bezug auf Moses Ermahnung aus Genesis 24,6; 34,12; Deuteronomium 12,13.19.30; 15,9); siehe auch Migr. 13 (mit Bezug auf Genesis 13,9).

habe Moses Grundsatz befolgt und durch den Abschied von seinem Haus und seiner Verwandtschaft den Weg gewiesen. Philon zieht den Schluss: „Sobald nun der Verstand beginnt, sich selbst zu erkennen und sich mit den nur gedanklich erfassbaren Betrachtungsgegenständen bekannt zu machen, wird er alles von der Seele, was sich zur wahrnehmbaren Gestalt hinneigt, wegstoßen" (Migr. 13). Von besonderem symbolischen Wert sind der Auszug der Israeliten sowie die Überführung von Josefs Gebeinen, die für den Körper stehen, aus Ägypten. Philon ruft ein regelrechtes Knäuel von Bibelzitaten auf, lässt mehrere biblische Geschichten einander wechselseitig erhellen und webt so einen Teppich, auf dem der Aufstieg der Seele aus dem materiellen Bereich abgebildet ist.

Intertexte aus dem Buch Genesis leitet Philon regelmäßig mit einer schlichten Formel ein wie „denn es heißt/so heißt es/es heißt ja" (λέγεται γάρ), „er [sc. Mose] sagt" (φησί) oder „[der Ausdruck] wird eingeführt" (εἰσάγεται). Manchmal arbeitet er in seine eigene Auslegung ein biblisches Stichwort ein, ohne es als Zitat auszuweisen, oder er setzt einen vagen Querverweis wie „an einer Stelle sagt Mose".[27] Zitate aus dem Buch Levitikus sind viel seltener und werden eher durch präzise, ausführliche Angaben eingeleitet, beispielsweise „es heißt im Buch Levitikus" oder „im Aussatzgesetz wird vorgeschrieben".[28] Die geringe Zahl von Zitaten aus Levitikus wie auch ihre gewissenhafte Einleitung lassen vermuten, dass Philon bei seinen Lesern keine so große Vertrautheit mit diesem Buch erwartet. Die Genesis wird als allgemein bekannt und in ständigem Gebrauch vorausgesetzt, aber Levitikus ist offenbar weniger geläufig und in Philons Augen vielleicht auch nicht so ansprechend.

Am interessantesten und innovativsten sind Philons Zitate aus den Propheten und den Psalmen, die in Alexandria mindestens seit der Zeit von Ben Siras Enkel bekannt, aber für die Auslegung des Pentateuchs noch nicht herangezogen worden waren. Unter Philons Feder decken diese etwas esoterischeren Schriften eine mystische Erfahrung auf, die häufig mit sexuellen Bildern beschrieben wird. Philon bekennt, ein ‚Schüler' des Propheten Jeremia geworden zu sein, der „nicht bloß ein Eingeweihter, sondern auch ein bedeutender Hierophant" war (Cher. 49). Der Schlüsseltext aus Jeremia lautet: „Hast du mich nicht Haus genannt und Vater und Mann deiner Jungfräulichkeit?" (Jeremia 3,4) Interessanterweise ist das Wort „(Ehe-)Mann" weder im hebräischen Text noch in der Septuaginta belegt und könnte sehr wohl Philons kreative Paraphrase des Wortes „Fürst" sein.[29] Möglicherweise

---

[27] Siehe PHILON, Plant. 19 (Genesis 2,7; 1,27), 32 (Genesis 2,8), 44 (Genesis 2,9; 25,27), 73 (Genesis 21,33), 78 (Genesis 26,32), 85 (Genesis 28,21), 110 (Genesis 30,37), 134 (Genesis 29,35; 30,18), 140 (Genesis 9,21–22).
[28] PHILON, Plant. 26 (Levitikus 1,1), 111 (Levitikus 13,12).
[29] Der Übersetzer Philons ins Deutsche, Leopold Cohn, schlägt in einer Fußnote zur Stelle vor, dass Philons Verwendung von „(Ehe-)Mann" aus seiner eigenen Feder stammt;

hat er so Jeremias sexuelle Bildsprache gesteigert, um seine Allegorie der Seele vorzubereiten, die von Gott geschwängert wird:

> Ganz deutlich lehrt er [sc. Jeremia] uns damit, dass Gott sowohl ein Haus ist, nämlich die unkörperliche Stätte unkörperlicher Ideen, als auch Vater aller Dinge, der sie ja geschaffen hat, und endlich Gatte der Weisheit, der den Samen der Glückseligkeit für das sterbliche Geschlecht in die gute und jungfräuliche Erde versenkt. Denn mit der unbefleckten, unberührten, reinen Natur, dieser wahrhaften Jungfrau, zu verkehren, ziemt allein Gott, und zwar ganz anders als uns; denn bei den Menschen macht die Vereinigung zum Zweck der Kinderzeugung die Jungfrau zur Frau; wenn aber Gott mit der Seele zu verkehren begonnen hat, erklärt er die, die zuvor schon Frau war, wieder zur Jungfrau, da er die unedlen und unmännlichen Begierden, durch die sie Frau wurde, aus ihr wegschafft und dafür die edlen und unbefleckten Tugenden in sie einführt. So verkehrt er mit Sara nicht eher, als bis „sie alle Eigenschaften der Frau verloren hat" (Genesis 18,11) und wieder zum Rang einer reinen Jungfrau zurückgekehrt ist. (Cher. 49–50)

Der Prophetentext liefert den Schlüssel für das Verständnis des Geheimnisses von Gottes Verkehr mit der menschlichen Seele, den Philon in der Erzählung über Saras Schwangerschaft entdeckt. Auch in Saras Fall hat er den Bibeltext kreativ paraphrasiert, wenn er einen Vers wie „Sara erging es nicht mehr, wie es Frauen zu ergehen pflegt" – sie also in die Menopause gekommen war – so wiedergibt, dass er beschreibt, wie sie weibliche Eigenschaften aktiv hinter sich lässt. Auf der Grundlage des Jeremiatextes schlägt Philon vor, dass Sara durch den Verkehr mit Gott, der sie tugendschwanger machte, wieder zur Jungfrau wurde.

Hosea, ein Prophet mit Vorliebe für sexuelle Bilder, spielt in Philons „Allegorischem Kommentar" eine besondere Rolle. Der Schluss seiner Prophezeiungen ist bedeutsam, weil Hosea dort Gottes „Frucht" erwähnt und so Gott mit einem ertragreichen Baum vergleicht und die geheimnisvolle Empfehlung ausspricht: „Wer weise ist, begreife dies alles" (Hosea 14,8–10). Philon zitiert diese Verse zweimal, um das Geheimnis von Gottes Verkehr mit der menschlichen Seele zu beleuchten. Bei seinen Ausführungen zur Bedeutung des Namens Isaak, „er wird lachen" (Genesis 21,6), zitiert Philon Hoseas Worte als „flammende Weissagung" (Mut. 139) und spielt so auf das brennende Problem an, um das es hier geht: Er befürchtet, seine Leser könnten Saras Aussage „Gott ließ mich lachen" als Eingeständnis ihres tatsächlichen Verkehrs mit ihm verstehen. Eine solche Deutung liefe in Philons

---

zur Bedeutung der Propheten für Philons mystische Exegese siehe auch HAY, Philo's View; GOODENOUGH, By Light, Light, 75–80; siehe auch LIEBES, Work of the Chariot, zu möglichen Verbindungen zwischen Philon und der späteren jüdischen Mystik. Ben Siras Enkel, der um 132 v. Chr. mit der Übersetzung des Weisheitsbuches seines Großvaters für alexandrinische Adressaten begann, ist der Erste, der die Propheten als Teil eines dreiteiligen Kanons nennt (Jesus Sirach/Ben Sira, Prolog).

Augen auf reine Mythologie hinaus und ist zurückzuweisen.[30] Er unterstreicht, dass Gott Isaak bildete, doch nicht im physischen Sinne. Von Hosea inspiriert, bietet Philon die folgende Interpretation:

> Den, der den Ton gab und unsichtbar das Sprachwerkzeug [der Menschen] anschlug, erkannte und bewunderte ich und erstaunte zugleich auch über das Verkündete. Denn … das Himmels- und Weltganze ist, um die Wahrheit zu sagen, Gottes Frucht, wie von einem Baum von der immerwährenden und immer blühenden Natur gehalten. Verständige und weise Männer vermögen dies zu erkennen, aber nicht unausgezeichnete. (Mut. 139–140)

Im Anschluss an Hoseas Verweis auf Geheimwissen unter den Weisen deutet Philon Isaaks Geburt aus Saras Mutterleib als Entstehung von Tugenden in der Seele. Nur Gott könne die menschliche Seele mit solchen himmlischen Früchten begatten, was Sara mit ihrem Lachen als pure Freude bestätigt.

Eine ähnliche mystische Rolle spielt der Psalter. Philon stellt den Psalmisten als „einen gottbegeisterten Mann" vor, der „ein Zeuge für meine Worte ist" (Plant. 29). Kurz darauf schreibt er sogar noch enthusiastischer:

> Jener bacchantische Jünger des Mose (ὁ τοῦ Μωυσέως δὴ θιασώτης), der von diesem ungetrübten Licht gekostet hat und nicht unter den Unentschlossenen zu finden ist, hat in den Psalmen ausgerufen, indem er seinen eigenen Geist anredete: „Schwelge in Gott" (Psalm 36,4 LXX), angeregt durch sein eigenes Wort zu himmlischem göttlichen Liebessehnen …, mit seinem ganzen Geist durch die Stachel der Gottbesessenheit hingerissen und seine Freude findend in Gott allein. (Plant. 39)

Der Psalmist wird hier in Worten ekstatischer Ausgelassenheit beschrieben, was Philons Leser sofort mit Dionysos beziehungsweise Bacchus assoziieren mussten.[31] Philon schätzt den Psalmisten, weil er seine inbrünstige Frömmigkeit auf intensive, persönliche Art zum Ausdruck bringt. Diese nach innen gewandte, mystische Ausrichtung wird betont durch Philons Deutung des Imperativs im Psalm: „Schwelge in Gott", der ursprünglich an den Leser gerichtet war, als Selbstanrede des Psalmisten. Aus Philons Sicht findet im ekstatischen Geist, der von „göttlichem Liebessehnen" gen Himmel gezogen wird, ein unentwegter Dialog statt. Indem Philon die Genesis im Licht der Psalmen liest, kann er nahelegen, Mose habe die Tora in ähnlicher Wahrnehmung des Aufstiegs der Seele zu Gott geschrieben.

Für seinen Kommentar zum Buch Genesis stützt sich Philon somit auf zwei verschiedene Verfahren, ein wissenschaftliches und ein mystisches. Einerseits studiert er gewissenhaft den Wortlaut des Textes und benennt

---

[30] PHILON, Plant. 138; Mut. 137–140; siehe auch Gig. 6, wo Philon die wörtliche Bedeutung der Erzählung über die Riesen, die den „Engeln Gottes" und den Menschenfrauen geboren wurden, zurückweist.

[31] Näheres zu bacchantischen Feiern bei BURKERT, Griechische Religion, 173–174. Siehe auch KAISER, Studien, 63–82, der auf die spirituelle Rolle der Psalmen in Philons Werk aufmerksam macht und annimmt, dass sie in der jüdischen Liturgie als Gebete verwendet wurden.

Schwierigkeiten darin als ‚Hindernisse', die Mose in seine Erzählungen einbaute, um die Leser auf tiefere Sinnebenen aufmerksam zu machen. Andererseits zieht Philon weitere Verse aus dem Pentateuch, den Propheten und den Psalmen heran, um den in der vorfindlichen Welt spielenden Erzvätergeschichten eine spirituellere, mystische Bedeutung zu verleihen. Beide Male stützt sich Philon auf Methoden alexandrinischer Gelehrsamkeit, die er auf neue Sphären der Allegorese und Spiritualität überträgt.

## Philons „Fragen und Antworten"

Abgesehen vom „Allegorischen Kommentar" schrieb Philon eine zweite Traktatreihe über weite Teile der Bücher Genesis und Exodus, die „Fragen und Antworten" zu Genesis und Exodus (QG/QE), mit identischem Aufbau, bestehend aus der Zitation von Bibelversen und allegorischer Auslegung.[32] Zugleich sind die „Fragen und Antworten" jedoch von einer anderen exegetischen Absicht geprägt, die in der neueren Forschung erhebliche Aufmerksamkeit auf sich gezogen hat. Als Erstes sticht ins Auge, dass ihnen die intertextuelle, esoterische Dimension abgeht, wie sie für den „Allegorischen Kommentar" kennzeichnend ist. Die Auslegungen sind relativ kurz und leicht verständlich und ergeben eine Art exegetisches Handbuch. Sie rekurrieren nicht auf Geheimwissen für Eingeweihte. Es werden keine ausgefeilten Deutungen des Literalsinns durch andere Ausleger erörtert. Die „Fragen und Antworten" richten sich höchstwahrscheinlich an einen Schülerkreis, den Philon nach der Veröffentlichung des „Allegorischen Kommentars" um sich scharen konnte. Das Fehlen gelehrter Detailfragen und der pädagogische Charakter der Antworten kommen Schülern entgegen, die in diesem Werk mühelos Anleitung finden konnten.[33]

Ein erster Hinweis auf Philons implizite Adressaten in den „Fragen und Antworten" ist die Seltenheit der Bezugnahmen auf kritische Ausleger. Während der „Allegorische Kommentar" im Blick auf solche Kollegen geschrieben wurde und häufig auf ihre Arbeit detailliert eingeht, richten sich

---

[32] Der ursprüngliche Umfang der „Fragen und Antworten" ist immer noch umstritten. ROYSE (Works of Philo, 37–38) geht von einem eher kleineren Rahmen mit Wurzeln im synagogalen Lesezyklus aus. Dagegen argumentierte COHN (Einleitung und Chronologie, 403–404), dass die „Fragen und Antworten" ursprünglich über die Bücher Genesis und Exodus hinausgingen, da Johannes von Damaskus Philons „Untersuchungen" zum Buch Levitikus erwähnt (Φίλωνος ἐκ τῶν ἐν τῷ Λευιτικῷ ζητημάτων).

[33] Siehe auch WAN, Philo's *Quaestiones et Solutiones*, 10–33, 59–65; COHN, Einleitung und Chronologie; ROYSE, Works of Philo; gegen TERIAN, Priority of the *Quaestiones*, und STERLING, Philo's *Quaestiones*, die sich beide dafür aussprechen, dass die „Fragen und Antworten" eine Art Notizheft waren, das dem „Allegorischen Kommentar" vorausging; zum schulischen Rahmen von Philons Lehrtätigkeit siehe STERLING, School of Moses; STERLING, Philo's School.

die „Fragen und Antworten" in erster Linie an Leser, für welche die Allegorese eine anerkannte, nicht erklärungsbedürftige Auslegungsmethode ist. In dieser Traktatreihe verweist Philon hauptsächlich auf andere, geistesverwandte allegorische Ausleger. Kritische Forschung wird nicht mehr auf eine Weise präsentiert, die es Lesern erlaubt, sich eine eigene Meinung zu bilden, sondern mehr als Chiffre für den negativen Kontrapunkt. Im „Allegorischen Kommentar" erklärt Philon zum Beispiel, dass manche seiner Kollegen damit befasst sind, Abrahams und Saras Namenswechsel „sorgfältig nachzugehen". Er nennt sogar einen bestimmten Gelehrten, der sarkastisch feststellte: „Groß wahrhaftig und überragend sind die Geschenke, die nach Moses Behauptung der Führer des Alls [sc. Gott] bereitstellt" (Mut. 60–61). In den „Fragen und Antworten" dagegen finden derlei gelehrte Belange keine Erwähnung mehr. Stattdessen verspottet Philon solche Ausleger pauschal, so dass die Leser sich über die Torheit dieser Exegeten nur wundern können.[34]

In den „Fragen und Antworten" weist Philon kritischen Auslegern sogar einen Platz außerhalb „der Gefährten Gottes" zu (QG III 43), womit er die Unzulässigkeit ihrer Standpunkte hervorhebt. Er nimmt eine Art ‚rechtgläubige' Position ein, verstanden im Sinne Walter Bauers als der Versuch, einer vormaligen Meinungsvielfalt Einförmigkeit aufzuzwingen. Im Judentum wird das Entstehen orthodoxer Strukturen gewöhnlich mit der rabbinischen Bewegung in Verbindung gebracht, doch Philon nimmt in einem gewissen Sinne die palästinischen Schriftgelehrten vorweg.[35] Die Tatsache, dass die Rabbinen zunehmend zu definieren wussten, was ‚richtige' Vorstellungen sind, weil sie sich dazu genügend politische Autorität verschafft hatten, wirft ein Licht auf Philon. Seine Entscheidung, andere Ausleger zu ‚exkommunizieren' und mundtot zu machen, zeugt von seinem wachsenden Selbstbewusstsein und vermutlich auch von einem realen Machtgewinn innerhalb der alexandrinischen jüdischen Gemeinde. Während er im „Allegorischen Kommentar" noch das Gespräch mit Juden suchte, die entgegengesetzte Ansichten vertraten, ist er in den „Fragen und Antworten" in einer Position, sie in Bausch und Bogen abzulehnen. Philons erheblich gesteigertes Selbstbewusstsein in den „Fragen und Antworten" spiegelt sich auch in der Tatsache wider, dass er nun allegorische Interpretationen als ‚natürlich' präsentiert. Statt sie zaghaft und mit dem Ziel einzuführen, kritische Gelehrte zu überzeugen, kann er sich einfach an seine Leser wenden mit der Formulierung „wir, die wir von Natur aus allegorisch auslegen" (QG IV 243). Bei anderer Gelegenheit geht er sogar noch einen Schritt weiter, wenn er von

---

[34] PHILON, Mut. 60–61; QG III 43, 53. Für eine Übersicht über Philons Verweise auf andere Ausleger siehe HAY, References to Other Exegetes.
[35] BAUER, Rechtgläubigkeit und Ketzerei; für einen hilfreichen Überblick über die Rezeptionsgeschichte von Bauers Buch siehe HARRINGTON, Reception; siehe auch die jüngere Darstellung von EHRMAN, Lost Christianities, 163–180; zum Entstehen orthodoxer Strukturen in der rabbinischen Literatur siehe besonders BOYARIN, Tale of Two Synods.

„uns", „den Schülern Moses", spricht, „die offenkundig die Absicht unseres Lehrers kennen ..., [der] durch Allegorese anzeigt ..." (III 8). Mithilfe dieses geschickten rhetorischen Schachzugs verknüpft Philon die allegorische Exegese mit einem natürlichen Verständnis von Moses ursprünglicher Botschaft. Philon und seine allegorisierenden Anhänger erweisen sich als die authentischen „Schüler Moses".

Philons Übergang von einem eher dialogischen, wissenschaftlichen Vorgehen zu einer autoritativen Lehrerposition ist in den „Fragen und Antworten" auf Schritt und Tritt zu beobachten. Es fällt auf, dass Ansichten, die im „Allegorischen Kommentar" noch auf höfliche Art und Weise vorgestellt wurden, in den „Fragen und Antworten" schroff zurückgewiesen werden. Beispielsweise spricht Philon von einer falschen Ansicht, die von „maßlosen, verfressenen Fettbäuchen" (QG I 18) vertreten werde, wohingegen er im „Allegorischen Kommentar" dieselbe Interpretation als eine plausible, wiewohl letztlich unbefriedigende Erklärung erörtert hat. Ähnlich reagiert er auf jene, die eine wörtliche Deutung von Kains Frage: „Bin ich der Hüter meines Bruders?" (Genesis 4,9) vorlegen. In den „Fragen und Antworten" verwirft er ihre Auslegung rundheraus, weil sie zu anthropomorphen Gottesvorstellungen und somit zu einer „atheistischen Haltung" führe. Im „Allegorischen Kommentar" dagegen argumentiert er Schritt für Schritt und im Vergleich mit Abraham, dass Kains Worte nicht wörtlich verstanden werden sollten.[36]

Im Gegensatz dazu erhalten allegorisierende Gesinnungsgenossen in den „Fragen und Antworten" verstärkt Philons Aufmerksamkeit. Die lange Liste allegorischer Deutungen des paradiesischen Baums des Lebens hat im „Allegorischen Kommentar" keine Parallele. Während Philon sich vormals auf *eine* Allegorie konzentrierte und eine zweite nur streifte, bietet er nun in den „Fragen und Antworten" eine eingehende Darstellung von fünf verschiedenen allegorischen Deutungen. Er richtet sich an Adressaten, die Allegorien gewohnt sind, so dass diese nicht mehr begründet werden müssen, und setzt bei ihnen reges Interesse an der Vielfalt allegorischer Deutungen voraus, die in den Ohren Außenstehender relativ ähnlich geklungen haben mögen. Zudem gibt Philon ein Werturteil über seine allegorisierenden Kollegen ab und nennt die Letztgenannten auf seiner Liste „angesehene, ausgezeichnete Männer" (QG I 10).[37]

Der hermeneutische Zuschnitt der „Fragen und Antworten" zeichnet sich durch Bündigkeit und Einfachheit aus. Kurze Fragen und eindeutige Antworten werden leserfreundlich dargeboten. Ein weiteres markantes Merkmal ist Philons grundsätzliches Insistieren auf der Wahrheit und Klarheit der

---

[36] PHILON, QG I 18, vgl. All. II 9–10; QG I 69, 93; siehe auch QG IV 2; QE II 45; QG IV 60–61, 233.
[37] Vgl. PHILON, All. I 56–59.

Schrift. Er hebt nun nicht mehr auf Schwierigkeiten im Text ab wie noch im „Allegorischen Kommentar", wo er manchmal sogar auf Probleme über das erforderliche Maß des wörtlich verstandenen Textes hinaus eingegangen ist, um seine Leser auf seine Hinwendung zur Allegorie einzustimmen. In den „Fragen und Antworten" dagegen spielt er ‚Hindernisse' im Text herunter. Oft kommentiert er den Wortsinn unter Betonung seiner Klarheit. Solche Bemerkungen haben einen recht apologetischen Beigeschmack, wenn man bedenkt, dass er im „Allegorischen Kommentar" noch erhebliche Schwierigkeiten im Text ausgemacht hatte.

Einige Beispiele mögen Philons Tendenz verdeutlichen. Einen Vers, den er zuvor als „mythenhaft" einstufte (All. II 19), bezeichnet er jetzt im Literalsinn als „klar" (QG I 25). Ferner räumte Philon im „Allegorischen Kommentar" ein, die Paradiesschlange sei eine mythische Metapher, während er nun keinen Aufwand scheut, um die Plausibilität des wörtlich verstandenen Bildes aufzuzeigen. Unter Rückgriff auf die Vorstellung eines Wunders und auf historische Mutmaßung führt Philon seine eigene allegorische Auslegung nicht mehr als Lösung für ein Plausibilitätsproblem ein, sondern als eine zusätzliche Bedeutung neben dem vertretbaren Literalsinn. Außerdem bescheinigte Philon im „Allegorischen Kommentar" der Geschichte von Saras Unfruchtbarkeit ein Plausibilitätsproblem, weil eine angeblich empfängnisunfähige Frau nicht plötzlich Kinder bekommen könne. Diese Schwierigkeit wird in den „Fragen und Antworten" nicht mehr angesprochen, wo Philon einfach schreibt, die biblische Notiz über Saras Unfruchtbarkeit sei ein Hinweis auf Gottes Vorsehung.[38] Auch in diesem Fall zeigt sich, dass die „Fragen und Antworten" in einem frömmeren Geist verfasst wurden. Statt im Stil des „Allegorischen Kommentars" Plausibilitätsprobleme in den Mittelpunkt zu stellen, besteht Philon auf dem Wahrheitswert des biblischen Texts.

In den „Fragen und Antworten" legt Philon unter Voraussetzung der Wahrheit der Schrift eine erstaunlich gleichförmige Version von Fragen und Antworten vor, die vom Duktus des „Allegorischen Kommentars" erheblich abweicht. In den „Fragen und Antworten" werden der Literalsinn und der allegorische Sinn als direkte und einander ergänzende Mitteilungen begriffen, welche die Leser zu rechter Frömmigkeit hinführen. Paradoxerweise gilt das wörtliche Textverständnis als das mit einem viel größeren Wahrheitswert, obwohl ihm viel weniger Beachtung zuteil wird als im „Allegorischen Kommentar". In den „Fragen und Antworten" verwendet Philon das traditionelle Frage-Antwort-Schema für einen neuen, pädagogischen Zweck. Erstmals dient es hier als Rahmen, um eine Sammlung leicht verständlicher Lehren zu ordnen und zu übermitteln. Philons didaktische Absicht wird sofort deutlich

---

[38] PHILON, QG I 25, vgl. All. II 19; Agr. 96–97, vgl. QG I 32; Mut. 143, vgl. QG III 18; siehe auch QG I 12, vgl. All. I 85; QG I 6, vgl. All. I 43 und Plant. 33–35; QG I 3, vgl. Fug. 179–180.

in der sehr allgemeinen Art seiner Fragen. Oft heißt es schlicht: „Warum wurde dies geschrieben?" Solche Fragen schaffen ein Gerüst, um weite Teile der Tora Vers für Vers zu erörtern, und sollen die Neugier der Leser wecken, indem sie die Aufmerksamkeit auf einen bestimmten Vers lenken. Auf diese Weise erschafft sich Philon eine Plattform für die Darlegung seiner eigenen Ansichten, wobei er ihm zusagende Verse als „äußerst beispielhaft" (QG I 70) oder von „höchst universaler Anwendbarkeit" rühmt (IV 90).[39]

Philon formuliert seine Fragen häufig so, dass sie bereits die Antwort enthalten, und führt den Leser damit geradewegs zur richtigen Lösung. Im Zusammenhang mit anthropomorphen Bildern stellt er regelmäßig Fragen, die genau das betonen, was sie anzweifeln sollen, nämlich dass Gott nichts mit menschlichen Eigenschaften gemein hat. So kann er etwa schreiben: „Warum sagt er [sc. Mose]: ‚Er [sc. Gott] führte die Tiere dem Menschen zu, um zu sehen, wie er sie benennen würde', wo Gott doch nicht zweifelt?" (QG I 21) In der Frage ist bereits die Antwort angelegt, und Philons ‚Lösung' ist nichts anderes als eine entschiedene Neuformulierung der impliziten Botschaft, nämlich dass „Zweifeln der göttlichen Macht wahrhaft fremd ist" (ebd.).[40] Das Frage-Antwort-Schema dient nicht mehr dazu, in die Feinheiten des Bibeltextes vorzudringen, sondern ist ein Aufhänger für unverbrämte religiöse Unterweisung.

In den „Fragen und Antworten" präsentiert Philon seine Antworten in hoch didaktischer Gestalt. Häufig listet er mehrere kongeniale Lösungen in Kurzform auf, womit er den Lesern eine leicht zugängliche Übersicht beziehungsweise eine Art Leitfaden an die Hand gibt. Da Philo sich hier an Adressaten mit offenbar geringerer akademischer Bildung als beim „Allegorischen Kommentar" wendet, schreibt er in knappen Sätzen und fasst seine Gedanken oft in einem Kernsatz zusammen. Er möchte sicherstellen, dass Leser jeden Niveaus ihm folgen können, selbst wenn sie nicht viel Zeit für das Studium haben. Dieser didaktische Stil unterscheidet sich deutlich von Philons Vorgehen im „Allegorischen Kommentar", in dem er komplizierte Sätze schreibt und häufig auf eine verblüffende Vielzahl von zweit- oder drittrangigen Parallelversen Bezug nimmt. Die „Fragen und Antworten" sind nicht nur schlicht und geradlinig, sondern auch in sich stimmig und bieten eher einander ergänzende als gegensätzliche Lösungen. Philons Antworten bauen aufeinander auf und folgen ein und demselben allegorischen Code, an den nur kurz erinnert werden muss, wenn er bei anderer Gelegenheit angewendet wird.[41]

---

[39] Vgl. PHILON, All. III 42.
[40] Vgl. PHILON, QG I 55; siehe auch QG I 42, 47, 60–61, 65–66, 68, 73.
[41] PHILON, QG I 27–30 (vgl. All. II 49–52); QG I 1 (vgl. All. I 19–20); QG I 17 (vgl. All. II 1–8); QG I 20 (vgl. All. 90–91; Mut. 63); QG I 32, 35, 41–42, 51–57, 64, 76; siehe QG I 31, wo Philon die symbolische Bedeutung der Schlange einführt und dann in QG I 48 anwendet. Siehe auch PAPADOYANNAKIS, Instruction, zu Einzelheiten der didaktischen Verwendung des Frage-Antwort-Schemas in späterer Zeit.

## Philons Leistung

Philons Kommentierungsarbeit an der jüdischen Bibel muss in ihrem alexandrinischen Kontext gewürdigt werden, in dem er mit kritischen Wissenschaftsmethoden vertraut wurde und einen lebendigen Austausch mit Kollegen innerhalb der jüdischen Gemeinde pflegte, von denen einige die am Museion praktizierte Methodik der Homer-Forschung übernommen hatten. Er entwickelte einen innovativen Ansatz, wonach er Schwierigkeiten beziehungsweise ‚Hindernisse' im Bibeltext betonte und sie als Steigbügel für allegorische Deutungen nutzte. Philon argumentierte, die Unvollkommenheit des Bibeltextes sei beabsichtigt, da Mose auf diese Weise seine Leser auf einen höheren, spirituellen Sinn aufmerksam machen wollte. Darüber hinaus ist Philon der erste uns bekannte Exeget, der in großem Umfang von sekundären und tertiären Texten Gebrauch machte, indem er auf innovative Weise Verse aus den Propheten und den Psalmen zur Auslegung der Genesis heranzog. Dank dieses intertextuellen Vorgehens wurde es ihm möglich, im Pentateuch einen mystischen Sinn zu entdecken, der auf den Aufstieg der Seele zu Gott hinweist, was häufig in einer unverhüllt sexuellen Bildsprache beschrieben wird.

Philons Bibelkommentare übten bedeutenden Einfluss auf das Schaffen des christlichen Kirchenvaters Origenes aus, der seine Laufbahn in Alexandria begann und zu Beginn des dritten nachchristlichen Jahrhunderts nach Caesarea übersiedelte. Zwar mögen auch andere alexandrinische Autoren wie Valentinus und Basilides Philons hermeneutische Methoden in ihrer Textforschung angewandt haben, doch ist das Werk des Origenes viel besser erhalten und zeigt, dass er Philons „Allegorischen Kommentar", den er in seinem *Matthäuskommentar* ausdrücklich zitiert, sehr schätzte.[42] Origenes war der erste christliche Autor, der systematische Kommentare zum Alten Testament schrieb, das bis dahin nur sporadisch in die christliche Theologie einbezogen worden war.[43] Schon seit Beginn seiner exegetischen Arbeit betonte er, dass „die göttliche Schrift ... voller Rätsel und Gleichnisse und dunkler Wörter und mannigfacher anderer undeutlicher Bilder ist, die für den Menschen schwer zu entziffern sind".[44] Er erläutert das hermeneutische Potenzial solcher dunkler Stellen in *Von den Prinzipien*, wo er schreibt:

---

[42] ORIGENES, Commentarii in Matthaeum, zu Matthäus 19,12. Zu gnostischer Exegese siehe LÖHR, Editors and Commentators; zu Origenes und seinem Bibelkommentar siehe HEINE, Origen; FÜRST, Origenes; FÜRST, Bibel; NEUSCHÄFER, Origenes I, 86–102; zu Philons Einfluss auf Origenes siehe DANIÉLOU, Origène, 179–198; VAN DEN HOEK, Philo and Origen; RUNIA, Philo in Early Christian Literature, 157–183.

[43] Siehe z.B. den Barnabasbrief und JUSTIN, I Apol. 36–42; zur generellen Entwicklung einer Kommentarkultur im frühen Christentum siehe STROUMSA, Scriptural Universe.

[44] ORIGENES, Prolog zum Psalmenkommentar (hg. von JACQUES-PAUL MIGNE, Patrologiae cursus completus. Series Graeca, Bd. 12 [Paris 1862], 1077); siehe auch HEINE, Restringing Origen's Broken Harp, der die erhaltenen Teile des ursprünglichen alexandri-

Deshalb hat der göttliche Logos sozusagen einige ‚Ärgernisse', ‚Anstöße' und ‚Unmöglichkeiten' (τίνα οίονεὶ σκάνδαλα καὶ προσκόμματα καὶ ἀδύνατα) mitten in das Gesetz und die Geschichtsdarstellungen hineinbringen lassen; denn wir sollten nicht ganz und gar von der ungetrübten Anmut des Wortlautes hingerissen werden und dadurch entweder, weil wir nichts erfahren, was Gottes würdig ist, ganz von den [christlichen] Lehren abfallen, oder aber, wenn wir uns nicht vom Buchstaben lösen, nichts Göttlicheres aufnehmen. (Von den Prinzipien IV 2,9)

Origenes argumentiert im Geist Philons, dass ein Stil vollendeter Schönheit den Leser von den theologischen Wahrheiten des Bibeltextes ablenken würde. Es bestehe die Gefahr, sich vom Zauber der Worte verführen zu lassen und flüssig über den Text hinwegzulesen, anstatt tief in ihn einzutauchen. Origenes' Zugang zur Schrift ist paradox, insofern er nahelegt, dass gerade jene Abschnitte, denen stilistischer Schmuck oder allgemeine Plausibilität abgeht, den Schlüssel zu tieferen Einsichten bereithielten. Die holprige Textoberfläche veranlasst die Leser, nach der dahinterliegenden Wahrheit zu suchen. Origenes spricht vom „Hineinweben" historisch wahrer und undenkbarer Geschichten (ebd.). Der Literalsinn wird also akzeptiert, solange er mit der Vernunft vereinbar ist, während die Gesamtintention der Schrift sei, die Leser zu verborgeneren, die Seele betreffenden Botschaften emporzuheben. „Anstöße" im Text bilden dafür das nötige Sprungbrett. Die von Origenes verwendeten Beispiele klingen, als wären sie direkt Philons „Allegorischem Kommentar" entnommen. So fragt er etwa: „Wer ist so einfältig zu meinen, ‚Gott habe' wie ein Mensch, der Bauer ist, ‚im Osten einen Park in Eden gepflanzt?'" (IV 3,1),[45] während Philon ein solches wörtliches Verständnis als mythologisch verwirft und seine Leser warnt: „Denn der Menschengeist möge nicht in solcher Ruchlosigkeit befangen sein, um glauben zu können, dass Gott Feldarbeit tue und Gärten pflanze" (All. I 43). Wie Philon problematisiert Origenes die biblische Notiz über Kain, der „hinwegging von dem Angesicht" Gottes, und insistiert, sie dürfe nicht wörtlich verstanden werden. „Jeder nicht ganz Stumpfsinnige" sei stattdessen aufgefordert, über die Bedeutung von Gottesgegenwart nachzudenken und diese Erzählung mit ähnlichen Geschichten zu vergleichen, die nicht wörtlich genommen werden können (Von den Prinzipien IV 3,1). Wie wir oben gesehen haben, besteht auch Philon darauf, dass ein wortgetreues Verständnis von Kains Verbergen eine Gottlosigkeit sei, und empfiehlt „den den Philosophen vertrauten Weg der Allegorie" (Post. 1–12, Zitat 7). Für Origenes war Philon also eine wichtige Inspirationsquelle, die ihn sowohl in seinen hermeneutischen Gesamtprinzipien als auch in exegetischen Einzelfragen anleitete. Philon war für ihn

---

nischen Prologs identifizierte, der später durch einen Prolog für den in Caesarea erweiterten Kommentar ersetzt wurde.

[45] τίς δ'οὕτως ἠλίθιος ὡς οἰηθῆναι τρόπον ἀνθρώπου γεωργοῦ τὸν θεὸν πεφυτευκέναι παράδεισον (hg. von JACQUES-PAUL MIGNE, Patrologiae cursus completus. Series Graeca, Bd. 11 [Paris 1857], 377).

Ansporn, die Schrift auf allegorische Weise auszulegen und das platonische Motiv des Aufstiegs der Seele freizulegen. Auch für eine aufgeklärte Verteidigung der Bibel diente ihm Philon als Vorbild. Während dieser der radikal wortgetreuen und gelehrten Schriftlektüre, wie manche seiner Kollegen in der jüdischen Gemeinde Alexandrias sie zur Diskussion stellten, widersprach, setzte Origenes sich gegen ‚gnostische' Herangehensweisen an das ‚Alte Testament' zur Wehr, die dessen mythologisches Gottesbild kritisierten.

Im Zuge seines Erfolges in der Lehre durchlief Philons Bibelauslegung eine beachtliche Entwicklung. Als er seine Laufbahn als einer von zahlreichen jüdischen Exegeten begann, bot er zaghaft eine neue Kombination aus philologischer Gelehrsamkeit und allegorischer Interpretation, wobei er zunächst die Fachwelt ansprach und deren Vertreter nach und nach in eine stärker mystische Bibellektüre einwies. Nachdem seine Lehre größere Scharen angezogen hatte, präsentierte er eine Zusammenfassung seiner Gedanken im leserfreundlichen Format der „Fragen und Antworten". Diese Hinwendung zu einem breiteren Adressatenkreis, immer noch innerhalb der jüdischen Gemeinde Alexandrias, ist für Philons nachfolgende Romreise von Bedeutung, wo er auf eine noch breitere Leserschaft stieß. Seine pädagogische Erfahrung in Alexandria wird ihn auf seine spätere diplomatische Aufgabe unter Heiden vorbereitet haben.

## 10

## Ein platonisches Ich

Im gesamten „Allegorischen Kommentar" geht es Philon um das menschliche Ich, womit er im Judentum eine neue Sprache der Innenschau und Spiritualität einführte. Durch die allegorische Auslegung des Buches Genesis lenkt er den Leser von den konkreten Gestalten der Bibel hin zu den Verwicklungen der menschlichen Seele. Abrahams Wanderung von Chaldäa ins Land Israel beispielsweise wird als geistige Reise gedeutet. Mit Gottes Befehl, „aus deinem Land und aus deiner Verwandtschaft" fortzugehen (Genesis 12,1), sei der Auszug der Seele aus dem körperlichen Bereich gemeint. Ziel ist die Erkenntnis seiner selbst und der von den Sinnen nicht zu erfassenden himmlischen Wirklichkeiten. Philon teilt sogar ein persönliches Erlebnis mit: Wenn er sich hinsetzte, um über philosophische Themen zu schreiben, und „ich leer daherkam, wurde ich plötzlich voll …, so dass ich aufgrund gottbeseelter Ergriffenheit mich wie ein Korybant aufführte und alles vergaß: den Ort, die Anwesenden, mich selbst, was gesagt, was geschrieben wurde" (Migr. 35).[1] Mit diesem Verweis auf göttliche Inbesitznahme und korybantische Ekstase stellt sich Philon in die platonische Tradition, in der solche Bilder zur Beschreibung von Inspiration und Erkenntnis verwendet wurden.

In diesem Kapitel untersuchen wir die Konturen des Ichs in Philons „Allegorischem Kommentar" und würdigen sie nicht nur im Licht der Werke Platons, sondern auch unter dem Aspekt ihrer Interpretation in Alexandria. Da sich der Platonismus in verschiedenen Bildungszentren unterschiedlich ausprägte, müssen Autoren in ihrem jeweiligen lokalen Kontext verstanden werden.[2] Außerdem haben wir im vorigen Kapitel gesehen, dass Philon als junger Mann sich intensiv an den Diskursen seiner Heimatstadt beteiligte und die dort vorherrschende literarische Gattung des Kommentars aufgriff. Wir haben nun zu fragen, wie er sich in den philosophischen Debatten verhielt, die in Alexandria im Vordergrund standen, besonders die Kommentierungen der platonischen Philosophie. Welche philosophischen Prämissen hat Philon aus seinem Umfeld übernommen, und wo leistete er einen eigenen Beitrag?

---

[1] PHILON, Migr. 1–13 (Auslegung von Genesis 12,1 LXX), vgl. PLATON, Ion 536A–D, 533E; Symp. 215E; Kritias 54D. Siehe auch CALABI, Le Migrazioni.
[2] Die Entwicklung der platonischen Tradition wird in der Philon-Forschung zunehmend berücksichtigt; siehe besonders RUNIA, Was Philo a Middle Platonist?; STERLING, Platonizing Moses, 99–103; DILLON, Middle Platonists, 114–139; BONAZZI, Towards Transcendence.

## Die Flucht der Seele aus dem materiellen Bereich zu Gott

Dem Thema ‚Flucht' ist im „Allegorischen Kommentar" ein ganzer Traktat gewidmet, der mit Hagars Flucht vor Sara beginnt (Genesis 16,6–12) und sich dann weiteren Fällen dieser Art zuwendet, die Philon allesamt philosophisch interpretiert. Die Gesamtbotschaft der Abhandlung lautet, dass die Materie und die Erde zum niederen Bereich gehören, der mit dem Bösen verbunden wird und gemieden werden müsse, wohingegen der Himmel die Wohnstatt vollkommener Tugend sei. Dem Bösen zu entfliehen, bedeute eine Aufwärtsbewegung. Die überraschendste Wende des Traktats ereignet sich in Paragraph 63, wo Philon die biblischen Asylstädte behandelt und sie mit Platon in Zusammenhang bringt:

> Mit herrlichen Worten hat dies einer von denen, die wegen ihrer Weisheit bewundert werden, ein berühmter Mann, in seinem *Theaitet* ausgesprochen: „Weder vermag das Schlechte zu vergehen – denn es ist notwendig, dass es stets ein dem Guten Entgegengesetztes gibt –, noch kann es im Bezirk des Göttlichen wohnen, sondern es hält sich im Bereich der sterblichen Natur an diesem [Erden-]Ort auf. Deshalb muss man auch versuchen, von hier nach dort so schnell als möglich zu fliehen. Fliehen bedeutet aber: Gott so sehr als möglich gleich werden (φυγὴ δὲ ὁμοίωσις θεῷ κατὰ τὸ δυνατόν), Gott gleich werden [heißt]: mit Einsicht gerecht und fromm werden." (Fug. 63, Zitat aus Platon, Theaitet 176A–B)

Philon richtet sich an Adressaten, die mit Platon vertraut sind, und zitiert aus einer berühmten Passage des *Theaitet*, der sogenannten Digression. Generell befasst sich dieser platonische Dialog mit epistemologischen Fragen und schließt mit der Verneinung jedweder Form empirischen Wissens. Er nimmt unter Platons Dialogen insofern eine Art Sonderstellung ein, als er Schlussfolgerungen infrage stellt, zu denen Platon im *Staat* und im *Phaidon* in Bezug auf die idealen Formen als sichere, objektive Art von Wissen gelangt war. Während der *Theaitet* diese Kategorien ausblendet, kehren sie danach im *Sophist* wieder. Die Digression bietet stattdessen eine andere Art sicherer Kategorie, nämlich Gott. David Sedley interpretiert diesen Abschnitt als Platons Besinnung auf die Herausbildung seiner eigenen Philosophie. Sedley zufolge ist der Gedanke der Gottangleichung ein Nachhall von Sokrates' Suche nach einer unerschütterlichen Wahrheit im Bereich der Religion und macht auf eine epistemologische Lücke aufmerksam, die von Platons eigenem Paradigma für absolutes Wissen, nämlich den Formen, geschlossen werden muss. Diese Interpretationslinie hat unlängst Felix Bartels aufgenommen, der die philosophischen Bezüge zwischen der Digression im *Theaitet* und Platons Metaphysik in anderen Dialogen hervorhebt.[3] Für Philon

---

[3] PLATON, Tht. 172C–177C (man beachte, dass Platon selbst diese Passage als Digression [πάρεργον] bezeichnet). SEDLEY, Midwife, 74–86; SEDLEY, Ideal of Godlikeness; BARTELS, Zur Deutung; für abweichende Ansichten siehe GUTHRIE, History of Greek Philosophy V, 89–92; KAHN, Plato, 47–52, 88–89. Platon entwickelt das Konzept der idealen

## Kapitel 10: Ein platonisches Ich

ist diese Digression von so zentraler Bedeutung, dass er sie losgelöst vom Rest des Dialogs verwendet und zur Grundlage seiner Ethik im „Allegorischen Kommentar" macht.

Dass Philon auf den *Theaitet* und insbesondere die Digression Gewicht legt, ist im Kontext Alexandrias bedeutsam, wo der Dialog beliebt war. Von dort liegen uns zwei antike Auslegungen dieses Textes vor, welche ein Licht auf die Ausrichtung des Platonismus in Philons Heimatstadt werfen. Einen anonymen fortlaufenden Kommentar zum Dialog – der erste dieser Art, der aus der Antike erhalten ist – datierte Harold Tarrant in das erste vorchristliche Jahrhundert. Sein Verfasser stellt sich gegen die vorherrschende skeptische Tendenz der platonischen Schule und zeigt, dass sogar Platons skeptischster Dialog, der *Theaitet*, auf dogmatische Art interpretiert werden kann. Der Kommentator kritisiert jene, die „Platon für einen Akademiker [d. h. einen Skeptiker] halten, weil er keine Dogmen vertritt".[4] Als Reaktion auf diesen Ansatz legt er eine genaue Lektüre des *Theaitet* vor und argumentiert, dass Platon nicht das Wissen als solches in Abrede gestellt, sondern lediglich davon abgesehen habe, es in der Weise einer dogmatischen Unterweisung zu lehren, und stattdessen einen dialogischen Stil vorzog.[5] Die Digression, die den Leser darauf ausrichtet, bei Gott nach gesichertem Wissen zu suchen, erhält so natürlich einen neuen Stellenwert.

Der Name eines weiteren Auslegers des *Theaitet* ist bekannt, nämlich Eudoros, der im ersten vorchristlichen Jahrhundert wirkte.[6] Dieser Platoniker hebt ebenfalls die Digression hervor und erforscht ihre genaue Bedeutung folgendermaßen:

Platon beschreibt dies [sc. das Ideal der Gottähnlichkeit] sehr klar, indem er hinzufügt „só weit wie möglich", weise sich nur auf das beziehend, was möglich ist, nämlich [Gott] durch Tugend [ähnlich zu werden]. Die Schöpfung und Leitung der Welt gehören Gott an, während die Organisation des Lebens und die Ausrichtung der eigenen Existenz dem Menschen angehören.[7]

---

Formen in Phaidon 65D–68E; Rep. V 473C–VII 519B; X 597B (dazu siehe auch GUTHRIE, History of Greek Philosophy V, 487–521).

[4] Deutsche Übersetzung bei CHRISTOPH HORN u.a. (Hgg.), Platon-Handbuch. Leben – Werk – Wirkung (Stuttgart: Metzler, 2009), 409.

[5] ANONYMUS, Comm. in Tht., Sp. 54,39–43; 55,9–10 (hg. von DIELS/SCHUBART, Anonymer Kommentar, 36; BASTIANINI/SEDLEY, Commentarium, 246–250). Siehe auch TARRANT, Date of the Anon., 170–172, 187, dessen historische Argumente nicht von seiner unhaltbaren Annahme entwertet werden, dass der anonyme Kommentator Eudoros gewesen sein könnte. SEDLEY (Three Platonist Interpretations, 83–84, 93–103, und Plato's *Auctoritas*) akzeptiert die frühe Datierung, lehnt aber die Identifizierung mit Eudoros ab. Für eine spätere Datierung des Kommentars siehe BONAZZI, Le commentateur anonyme, 310–312. Zur skeptischen Phase im Platonismus siehe TARRANT, Scepticism or Platonism?; SCHOFIELD, Academic Epistemology; BONAZZI, Continuité.

[6] Zu Eudoros siehe STOBAIOS, Ekloge II 48; BONAZZI, Eudoros; DILLON, Middle Platonists, 114–139.

[7] EUDOROS bei STOBAIOS, Ekloge II 66 (Ioannis Stobaei Florilegium, hg. von AUGUST MEINEKE [Leipzig: Teubner, 1855], 21).

Eudoros verhandelt die Spannung zwischen der Gottähnlichkeit des Philosophen und seiner grundlegenden Unterschiedenheit. Diese Spannung wird durch den Verweis auf die beschränkte Rolle des Menschen im Kosmos verringert, was Freiraum lässt für Gottes besondere Eigenschaften und Tätigkeitsbereiche. Das Ideal der Angleichung an Gott meint in Eudoros' Augen die Nachahmung göttlicher Tugend und bildet die Grundlage menschlicher Ethik. Man solle danach streben, gut zu werden, indem man aus dieser Welt gen Himmel flieht.

Eudoros' ausgeprägtes Interesse am Thema der Gottähnlichkeit teilt auch der anonyme Kommentator des *Theaitet*. Zwar sind die Erklärungen des Letzteren zur relevanten Stelle nicht erhalten, doch haben wir immer noch seine Aussage, dass „Gottähnlichkeit" die Grundlage der Gerechtigkeit sei und nicht das stoische Ideal der *oikeiōsis*, der Vertrautheit mit sich selbst. Der Kommentator grenzt Platons transzendentalen Ansatz, der auf höhere geistige Gefilde hinweist, von der stoischen Forderung ab, dass der Mensch das Vorbild für rechtes Handeln aus seiner eigenen Natur ableiten soll. Diese scharfe Unterscheidung sollte uns eine Mahnung sein, dass im alexandrinischen Umfeld moderne Annahmen eines um sich greifenden Synkretismus wohl übertrieben sind. John Glucker kritisiert Forscher, die Antiochos von Askalons Stippvisite in Alexandria, bei der er angeblich eine einflussreiche platonische Schule stoisierender Prägung gründete, zu viel Bedeutung beimessen.[8] Die beiden Interpretationen von Platons *Theaitet* legen nahe, dass alexandrinische Intellektuelle sich voller Begeisterung auf eine in der Transzendenz begründete Ethik konzentrierten und sich damit bewusst vom stoischen Ansatz mit seiner Betonung der Immanenz von Werten absetzten.

In diesem speziellen alexandrinischen Milieu bringt Philon den *Theaitet* in seine Kommentierung der jüdischen Bibel ein. Als er auf die vermeintliche Redundanz des biblischen Ausdrucks „einen Tod sterben" (Exodus 21,14) zu sprechen kommt, schlägt Philon vor, dass Mose damit zwei Arten von Tod voraussetze, einen körperlichen und einen spirituellen. Ein Leben ohne Tugend zu führen, kommt aus Philons Sicht einem geistigen Tod gleich. Diese Einsicht stützt er zusätzlich mit zwei Versen aus dem Buch Deuteronomium, die über das „am Herrn Festhalten" (Deuteronomium 4,4) als Bedingung für das Leben sprechen und von „den Herrn lieben" als „leben und alt werden" (Deuteronomium 30,20).[9] Philon betont, dass Mose nur jene als

---

[8] ANTIOCHOS, Commentarius in Theaitetum, Sp. 54,43–55,13; 7,14–20 (siehe die Bemerkungen von BASTIANINI/SEDLEY, Commentarium, 494–495); STOBAIOS, Ekloge II 68 (hg. von MEINEKE [wie Anm. 6], 21); CICERO, Acad. II 11–12. Siehe auch BONAZZI, Commentary as Polemical Tool, 598–599; TARRANT, Date of the Anon., 180–184; zu Antiochos siehe GLUCKER, Antiochus, 90–97; KARAMANOLIS, Plato and Aristotle in Agreement?, 44–84. Näheres zum stoischen Begriff der *oikeiōsis* in Kapitel 12.

[9] PHILON, Fug. 56–57. Zu Philons Interpretation der beiden Verse aus dem Deuteronomium siehe auch HELLEMAN, Philo of Alexandria, 53–55; LIEBES, Ars Poetica, 73–110; SCHÄFER, Origins, 154–174 = Ursprünge, 217–244; AFTERMAN, From Philo to Plotinus.

lebendig anerkenne, die Zuflucht bei Gott suchen und seine Schutzflehenden werden, wohingegen andere aus seiner Sicht tot sind (Fug. 56). Dieses „unsterbliche Leben" (Fug. 58) in der Freundschaft mit Gott wird nun durch Heranziehung von Platons berühmter Passage aus dem *Theaitet* gepriesen. Durch diese Textzusammenstellung schafft Philon einen radikal neuen Rahmen für jüdische Ethik. Während biblische Autoren diese Welt bejahten und nichts von einem grundlegenden Gegensatz zwischen dem spirituellen und dem materiellen Bereich wussten, behauptet nun Philon, Mose formuliere dieselben Gedanken wie Platon. Auch Mose gehe davon aus, dass das Böse mit dem materiellen Bereich verbunden sei und die Gerechtigkeit mit dem Himmel. Philon übersetzt den biblischen Gott, der sich oft emotional und wie ein Mensch verhält, in eine schlechthin transzendente, abstrakte und uneingeschränkt gute Gottheit.[10] Er greift Bibelverse, die für den alexandrinischen Diskurs über den Aufstieg der Seele zu Gott von Bedeutung sind, heraus und legt sie genau dar, und er verortet das Ich des Menschen in der Seele, die fähig sei, sich der materiellen Welt zu entziehen und aufwärtszustreben.

Die Flucht der Seele thematisiert Philon auch im Zusammenhang mit den biblischen Asylorten für fahrlässige Totschläger (Exodus 21,12–14). Er geht näher auf den Begriff „Ort" ein, wobei er betont: „so scheint mir das sehr schön gesagt zu sein" (Fug. 75). Der Begriff „Ort", *topos*, muss seine Aufmerksamkeit geweckt haben, da er auch im *Theaitet* direkt nach der oben zitierten Stelle vorkommt. Dort spricht Sokrates über die Strafe für die Bösen, die zu einem schlechten Leben auf Erden verurteilt werden, während „nach geendetem Leben jener von allen Übeln gereinigte Ort sie nicht aufnehmen werde" (Platon, Theaitet 177A). Gott, den der Mensch nachahmen soll, wird mit dem seligen Ort und mit Unsterblichkeit in Zusammenhang gebracht. Diese Themen webt Philon ineinander und insistiert, das Wort „Ort" im Bibeltext meine nicht einen physischen Raum, sondern „allegorisch Gott selbst" (Fug. 75).[11] Die Leser sind aufgefordert, über die Flucht der Seele zum göttlichen Zufluchtsort nachzusinnen. Das biblische Bild konkreter Asylstädte für Mörder wurde also in eine typisch alexandrinische Geschichte über die Flucht der Seele aus dem materiellen Bereich hin zu Gott übertragen, der die Bösen bestraft und die Gerechten belohnt.

---

[10] Zu biblischer Ethik und Theologie siehe BARTON, Ethics in Ancient Israel; KNOHL, Divine Symphony; LIEBES, God's Story.

[11] PHILON, Fug. 69–71; PLATON, Tht. 177E. Gegen DILLON, Middle Platonists, 145, der Philons Erörterung im Licht der „Exposition" liest und irrigerweise behauptet, Philon habe den Gedanken der Gottebenbildlichkeit mit der stoischen Akzentuierung der Natur kombiniert.

Philon zitiert des Weiteren aus dem *Theaitet* die Zeilen, die auf den oben zitierten Abschnitt folgen:

Sehr schön sind die Worte, die einer der alten Weisen, der nach dem gleichen Ziel lief wie ich (εἰς ταὐτὸ τοῦτο συνδραμών), zu sagen wagte: „Gott ist in keinem Falle und in keiner Weise ungerecht, sondern so gerecht als nur möglich, und es gibt nichts, was ihm ähnlicher wäre als derjenige von uns, der selbst so gerecht als möglich wird. Von ihm hängen auch die wahrhafte Tüchtigkeit eines Mannes und andererseits die Untüchtigkeit und Unmännlichkeit ab. Denn die Erkenntnis dieses Prinzips ist Weisheit und wahre Tugend, seine Unkenntnis Torheit und offenbare Schlechtigkeit. Die anderen scheinbaren Arten von Tüchtigkeit und Weisheit sind, wenn sie sich bei staatlichen Machtstellungen zeigen, unedel, wenn bei Handwerkerkünsten, niedrig." (Fug. 82, Zitat aus Platon, Theaitet 176C)

Philon spricht von Platon als einem Reisegefährten, der „nach dem gleichen Ziel lief wie ich". Eine solche Selbststilisierung ist auffällig und lässt erkennen, wie sehr Philon als Jude sich mit Platon eines Sinnes fühlte. Dieses heitere Bild beruht jedoch auf einem interessanten Eingriff in Platons Text, der den paganen Philosophen für das Judentum vereinnahmt. Wo Platon sagt: „Davon (περὶ τοῦτο) hängt die wahrhafte Tüchtigkeit eines Mannes ab", nämlich von diesem Prozess der Selbstvervollkommnung, lässt Philon ihn wie einen Monotheisten klingen, wenn er betont, die „wahrhafte Tüchtigkeit eines Mannes hängt *von ihm* (περὶ τούτον) ab", nämlich von Gott. Das Bild von Platon als Reisegefährten stützt sich also zumindest in gewissem Umfang auf eine Neuinterpretation beziehungsweise Vereinnahmung seines Denkens.

Zugleich zeigt die oben angeführte Stelle jedoch auch, wie Philon sich Platon zum Vorbild nimmt, um mit seiner Hilfe Dinge zu formulieren, die für ihn jenseits der üblichen Grenzen des Sagbaren lagen. Er gesteht, dass Platon gewisse Dinge über die Gottheit „zu sagen wagte" (ἐθάρρησεν εἰπεῖν), und deutet damit vielleicht unterdrückte Gedanken an, deren Fehlen in der jüdischen Bibel er konstatiert. Tatsächlich ist Platon und nicht die Bibel Philons Inspirationsquelle für die Vorstellung, dass die menschliche Seele aufsteigen und sich einem schlechthin transzendenten, vollkommenen Gott angleichen kann. Philon deutet Mose als einen mit Platon geistesverwandten Denker, der dessen Ideen teilt, auch wenn er sie nicht ausdrücklich so formuliert. Er benötigt den *Theaitet*, um die menschliche Spiritualität für die jüdische Ethik fruchtbar zu machen. Während er Platon über den exklusiven Gott des Judentums sprechen lässt, übernimmt Mose Platons Seelentheorie. Indem Philon Platons Denkweise akzeptiert und sich auf dessen Renommee verlässt, um sie im Judentum zu legitimieren, beschließt er seine Ausführungen sogar mit einer typisch platonischen Anrede seiner Leser als „Eingeweihte und Hierophanten göttlicher Mysterien" (Fug. 85).

## Der Mensch ist nicht das Maß der Dinge

Philon geht auf ein weiteres Thema des *Theaitet* näher ein, nämlich auf Protagoras' Maxime, „der Mensch sei das Maß aller Dinge" (Platon, Theaitet 152A).[12] Platon erörtert sie ausführlich, weil sie ein zentrales Anliegen seiner Philosophie berührt, nämlich die Frage, ob Wissen subjektiv oder objektiv ist. Im *Theaitet* erklärt Sokrates Protagoras' Leitspruch dahin gehend, dass Wahrheit privat und relativ sei, da sie im Auge des Betrachters liege. Derselbe Wind könne sich für den einen kalt und für den anderen heiß anfühlen. Folgt man Protagoras, würde die Wahrnehmung einer Sache als deren Wesen behandelt, was in Wirklichkeit auf ein Akzeptieren des bloßen Scheins hinausläuft. Sokrates fordert solches Denken heraus und insistiert darauf, dass die Wahrnehmung von Dingen, die ständig im Fluss sind, kein präzises Wissen über sie hervorbringen kann. Dann bietet er eine alternative Sichtweise, die Philon zum Ausgangspunkt nimmt: „In den Eindrücken also ist kein Wissen, wohl aber in den Schlüssen über jene. Denn das Sein und die Wahrheit zu erreichen, ist, wie es scheint, nur hier möglich, dort aber unmöglich" (Platon, Theaitet 186D). Diese These kommt der Behauptung objektiven Wissens, das sich auf wirkliches Sein gründet, am nächsten – natürlich angesichts dessen, dass sich der *Theaitet* nicht auf die idealen Formen bezieht, die Kriterien für die Beurteilung von sinnlich wahrnehmbaren Objekten an die Hand geben. Philon begrüßt Platons Aussage, weil sie den Wert von Sinneswahrnehmungen und empirischem Wissen verneint, ohne anzunehmen, die menschliche Vernunft sei imstande, unabhängig die Wahrheit zu erlangen. Mit Freuden stellt Philon die These auf, dass echtes Wissen von Gott und mystischer Erkenntnis komme. Er ignoriert den aporetischen beziehungsweise skeptischen Standpunkt des *Theaitet*, besonders das Eingeständnis am Schluss, dass keine positive Erkenntnistheorie vorgestellt worden sei (Theaitet 210A–C). Auch übergeht er die Botschaft des Folgedialogs, *Der Sophist*, in dem Platon die Möglichkeit objektiven Wissens über Dinge bejaht, die „wahres Sein" haben, nämlich „gewisse denkbare und unkörperliche Ideen" (Sophist 246B).

Im „Allegorischen Kommentar" schenkt Philon der anthropozentrischen Maxime des Protagoras große Beachtung und verwendet sie in seinem Entwurf jüdischer Ethik als genaue Antithese. Für ihn ist der Spruch nicht mehr wie noch in Platons Dialog ein zwar fehlgeleiteter, aber ernsthafter Ansatz zur Lösung des Erkenntnisproblems, sondern eine eigensinnige Leugnung Gottes und seiner Güte. Unter Philons Feder steht der Bösewicht Kain symbolisch für Protagoras' Ausgangspunkt. In seiner Auslegung von Genesis

---

[12] πάντων χρημάτων μέτρον ἄνθρωπον εἶναι; zu antiken Erörterungen dieser Maxime siehe RYU, Knowledge of God, 162–164.

4,17, wo es heißt: „Kain erkannte seine Frau; sie wurde schwanger und gebar Henoch", führt Philon Folgendes aus:

> Was ist nun die Ansicht eines Gottlosen? Dass aller Dinge Maß der menschliche Geist sei, eine Ansicht, der auch einer der alten Sophisten mit Namen Protagoras huldigte, ein Nachkomme des Unverstandes Kains. Ich schließe es aber daraus, dass die von ihm erkannte Frau den Enoch gebar. Enoch bedeutet aber „dein Geschenk". Wenn nämlich aller Dinge Maß der Mensch ist, so ist alles ein Geschenk und eine Gabe des Geistes, so dass dem Auge das Sehen geschenkt wird, den Ohren das Hören, jedem der anderen Sinne das Wahrnehmen und dem zur Aussprache bestimmten Gedanken das Reden; und wenn schon dies, so noch viel mehr das Denken selbst mit den Tausenden von Gedanken, Entschlüssen, Wünschen, Plänen, Begriffen, Erkenntnissen, Fähigkeiten, Anlagen und der gar nicht angebbaren Zahl anderer Kräfte. Was seid ihr nun vollends gesonnen, in ehrwürdigen Worten von Heiligkeit und Gottesehre zu sagen und zu hören, wenn ihr bei euch den gottlosen Geist habt, der gewaltsam alle menschlichen Güter und Übel an sich reißt und den einen beide miteinander vermengt, den andern jedes unvermischt zukommen lässt? (Post. 35–37)

Philon setzt sich hier mit epistemologischen Themen des *Theaitet* auseinander und macht sich Sokrates' Kritik an Protagoras zu eigen. Auch aus seiner Sicht sind Sinneswahrnehmungen nicht verlässlich und sogar gefährlich. Im Gegensatz zu Platon legt Philon allerdings die Schwachstellen von Protagoras' Argumentation nicht einmal pro forma frei, sondern setzt dem anthropozentrischen Ansatz schlicht die rechte Anerkennung Gottes, der letztgültigen Quelle allen unerschütterlichen Wissens, entgegen. Philon scheint Protagoras' Maxime im Licht der Digression, die Gott als objektiven Gerechtigkeitsmaßstab bejaht, gelesen zu haben. Die Berufung auf das Göttliche, die im *Theaitet* unerheblich bleibt, hat somit für Philon erstrangige Bedeutung erhalten. In seinem Bestreben, die rechte religiöse Haltung zu skizzieren, bezeichnet er den anthropozentrischen Standpunkt sogar als „Unverstand" und legt eine Art Exkommunikation seiner Vertreter nahe. Kain und seine Freunde würden in Philons Kreisen nicht geduldet, ihr Los sei „der ewige Tod" (Post. 39). Wo Platon sich die göttliche Bestrafung auf individueller Grundlage dachte, schwebt Philon für die jüdische Gemeinschaft eine Verfasstheit vor, in der ihre Mitglieder im Namen Gottes übereinander wachen.[13]

Philon ist sich der Tatsache, dass das Thema des Menschen als Maßes der Dinge unter Philosophen ein bedeutender Streitpunkt ist, hochgradig bewusst. Er bezieht Stellung vor dem Hintergrund folgender Möglichkeiten:

> Es leben miteinander in Zwietracht ... diejenigen, die den Menschen für das Maß aller Dinge erklären, mit jenen, die die Prüfungsmittel der sinnlichen Wahrnehmung und die des Denkens verwerfen, und überhaupt diejenigen, die alles für unbegreiflich erklären, mit denen, die behaupten, dass man sehr vieles erkennen könne. (Her. 246)

---

[13] Für einen ähnlichen Nachhall der Maxime des Protagoras siehe PHILON, Somn. II 193; All. III 32–35; Plant. 20–25 (siehe dazu auch GELJON/RUNIA, On Cultivation, 112–119).

Empiriker und Skeptiker werden einander gegenübergestellt, wobei die Stoiker bei Ersteren bestimmt mit gemeint sind. Der Philosoph Antiochos von Askalon (2. Jahrhundert v. Chr.), der für seine Synthese stoischer und platonischer Elemente bekannt ist, übernimmt den Leitspruch des Protagoras und behauptet, dass der menschliche Verstand in der Tat das „Wahrheitskriterium" und der Richter über die Sinneswahrnehmung sei. Philon bezeugt seine Kenntnis der stoischen Position, wenn er auf diejenigen verweist, „die für die besten Philosophen gelten" und sagen, die Erstursache könne durch die Wahrnehmung der Welt begriffen werden (All. III 97). Dieser Ansatz stützt sich auf die menschlichen Sinne, und wie wir im fünften Kapitel gesehen haben, ist er für die Philosophie der Stoa in ihrer langen, vielfältigen Tradition kennzeichnend. In seinen fortgeschrittenen Jahren übernimmt Philon den Stoizismus zwar weitgehend, doch als junger Mann ist er um einiges platonischer eingestellt und lehnt die stoische Epistemologie ab. Im gesamten „Allegorischen Kommentar" hebt er Gottes Transzendenz hervor und macht menschliche Erkenntnis von Gott abhängig. Als Leser von Platons *Theaitet* siedelt Philon sich somit zwischen Skeptikern und Stoikern an. Er befürwortet einen dogmatischen Zugang zu diesem Dialog, der stark an den des anonymen Kommentators erinnert, aber Gott in einem ungekannten Maß hervorhebt, wie wir es bei anderen Autoren in Alexandria, soweit ihr Werk erhalten ist, nicht finden. Hierzu könnte ihn eine Aussage Platons in einem späteren Dialog inspiriert haben, wo dieser aus einer betont religiösen Perspektive über die Maxime des Protagoras zu reflektieren scheint und sagt: „Die Gottheit dürfte für uns nun am ehesten das Maß aller Dinge sein, und dies weit mehr als etwa, wie manche sagen, irgendein Mensch" (Platon, Gesetze IV 716C).[14]

Im Gegensatz zur „Exposition" schenkt der „Allegorische Kommentar" epistemologischen Fragen viel Beachtung und atmet dabei den Geist alexandrinischer Diskussionen über den *Theaitet*. Oft fragt Philon: „Wie kann unser Geist begreifen, dass dies Ding weiß oder schwarz ist?" (All. II 7) oder: „Ist die Sinneswahrnehmung die Ursache des Wahrnehmens?" (II 69). Er konstatiert mit Nachdruck, dass Gott „der Ursprung und die Quelle der Künste und Wissenschaften" sei (Migr. 42). Außerdem: „Das Licht Gottes zu sehen", ist „vom Wissen nicht unterschieden, welches das Auge der Seele öffnet und zu Wahrnehmungen führt, die klarer und distinkter sind als (die der) Ohren" (Migr. 39).[15] Philons ausgeprägtes Interesse an diesen Dingen, das sich in seinem Spätwerk aus römischer Zeit verliert, hängt sowohl mit

---

[14] PHILON, All. III 97–103; Plant. 80 (mit Bezug auf PLATON, Apologia 21D); DIOGENES LAERTIUS IX 78–80; CICERO, Acad. I 30–31; ANONYMUS, Comm. in Tht., Sp. 63; PLATON, Leg. IV 716C. Siehe auch SEDLEY, Midwife, 38–117; M. FREDE, Stoic Epistemology; BRÉHIER, Les idées, 209–217; LÉVY, Sceptical Academy; LÉVY, Deux problèmes doxographiques, 85–102; LÉVY, La conversion du scepticisme.

[15] Siehe auch PHILON, All. I 1, 21–24; II 23–25, 35–48, 69–73; III 56–68, 108–112.

den lebhaften alexandrinischen Diskussionen als auch mit seinen eigenen theologischen Interessen zusammen.

Um unsere Analyse des Einflusses, den Platons Epistemologie im *Theaitet* auf Philon ausübte, zum Abschluss zu bringen, stellt sich uns die Frage, wie Philon sich zu den idealen Formen verhält, die in diesem Dialog unerwähnt bleiben, in anderen aber eine große Rolle spielen. Lässt Philon sie ebenfalls beiseite? In gewissem Sinne bleibt er dem *Theaitet* treu, weil er den Ideen keine Beachtung schenkt. Seine Gründe dafür sind jedoch ganz andere als bei Platon, der in diesem Dialog ein Gedankenexperiment über epistemologische Fragen anstellt und dabei versuchsweise annimmt, objektives Wissen könne nicht von den idealen Formen definiert werden. Philon wiederum versteht die idealen Formen als Infragestellung von Gottes exklusiver Autorität. Er spricht im Allgemeinen von „Paradigmen" und reduziert ihre Bedeutung häufig auf den konkreten Sinn von ‚Sorte' oder ‚Art' der Dinge wie etwa „Arten" von Sprachen, von Studien oder von Pflanzen.[16] Dennoch weiß Philon um die ursprüngliche platonische Bedeutung der Ideen und löst das Problem eines potenziellen Konflikts mit der Religion durch die These, Gott selbst habe die idealen Formen und die Paradigmen erschaffen. Lange bevor er die berühmte Passage in der „Exposition" schrieb, die wir im fünften Kapitel behandelt haben, behauptet Philon, dass Gott „von allem ein Vorbild und ein Abbild geschaffen hat" (Ebr. 133). Philons Erörterung im „Allegorischen Kommentar" zeigt, dass er seinen Standpunkt im Kontext des alexandrinischen Platonismus begreift und sich dabei in die Rolle eines Reisegefährten Platons versetzt. Seine Ansichten rühren nicht von einem angeblichen Gegensatz zwischen Judentum und Hellenismus her, wie manche moderne Kommentatoren angenommen haben, sondern erweisen sich als Teil eines breiteren alexandrinischen Diskurses, der sich auf den *Theaitet* konzentrierte und die idealen Formen weniger beachtete.[17]

## Die schwangere Seele

Der *Theaitet* liefert Philon die Metapher von der schwangeren Seele, die er in seinen Ausführungen zur jüdischen Spiritualität durchgängig verwendet. Sogar seine eigene Erfahrung als Schüler drückt Philon in solchen Begriffen aus:

> Als zuerst die Philosophie in mir eine leidenschaftliche Sehnsucht nach ihr entfachte, verkehrte ich im ersten Jugendalter zunächst mit einer ihrer Dienerinnen, der Grammatik, und brachte, was ich von ihr zeugte: das Schreiben, das Lesen, die Erzählungen der Dichter, ihrer Herrin dar. (Congr. 74)

---

[16] PHILON, Conf. 9; Plant. 15; Imm. 55; Det. 75–76, 78.
[17] PHILON, Ebr. 99, 133; Mut. 135; Somn. II 45; Opif. 23. Vgl. RADICE, Philo's Theology; RADICE, Observations; WOLFSON, Philo I, 229–230; RUNIA, On the Creation, 151–152.

Selbstredend spricht Philon hier über das Lernen als einen Prozess, zu dem der Verkehr mit der einen oder anderen Dame gehört. Er lässt drei propädeutische Disziplinen Revue passieren und betont, dass jede von ihnen ihren „Liebreiz" beziehungsweise „ihre Reize" habe (Congr. 77–78), doch nicht zum Selbstzweck werden sollte.[18] „In Wirklichkeit unsere Frau" (Congr. 80) sei die Philosophie, definiert als „die Beschäftigung mit der Weisheit", welche ihrerseits die „Wissenschaft von den göttlichen und menschlichen Dingen und deren Ursachen" sei (Congr. 79). Zwar waren der Gedanke der *Enkyklios Paideia*, des Erwerbs einer umfassenden Bildung, und die Metapher vom Studium als Verkehr mit den Musen in hellenistischer Zeit weit verbreitet, doch gibt es Indizien, dass Philon direkt von Platon, insbesondere dem *Theaitet*, inspiriert wurde.

Philons Abhängigkeit von Platon tritt klar zutage, wenn er rechte Erkenntnis von vorausgehenden Schulstreitigkeiten unterscheidet:

Trotz gründlicher Forschung über die Größe und Bewegung der Himmelskörper sind sie verschiedener Meinung, ohne sich einigen zu können, bis der Mann, der zumal Geburtshelfer und Schiedsrichter ist (ὁ μαιευτικὸς ὁμοῦ καὶ δικαστικὸς ἀνήρ), sich zu ihnen setzt und die Kinder der Seele eines jeden betrachtet, die nicht auferziehungswürdigen verwirft, dagegen die tauglichen behält und der geeigneten Fürsorge würdigt. (Her. 247)

Philon zitiert hier Sokrates' Selbstdefinition im *Theaitet*, wo er sich als „Sohn einer Geburtshelferin und auch selbst der Geburtshilfe Kundigen" vorstellt (Platon, Theaitet 151B).[19] Platon überträgt das Alltagsbild der Hebammenschaft auf die Philosophie und spricht davon, die Neugeborenen geistiger Schwangerschaften zu „betrachten" beziehungsweise zu prüfen, ob man sie entweder „behält" oder „verwirft". Platons Sokrates „gebiert" nach eigenem Bekunden selbst „nichts von Weisheit", so dass er andere befragt, ohne selbst Antworten parat zu haben (Theaitet 150B–151C). Die dialektische Diskussion zwischen ihm und seinen jungen Freunden ist fruchtbar, weil er ihnen Gedanken in die Welt zu setzen hilft, mit denen sie schwanger gehen, ohne schon niederkommen zu können. Der philosophische Gedanke wurde somit von der menschlichen Seele selbst empfangen, bedarf aber einer Hebamme, um ans Licht zu treten. Sokrates schließt daraus, dass seine Geburtshilfe für den Vorgang des Begreifens der Wahrheit so wesentlich sei wie Gott, der ihn diese Rolle auszufüllen nötigt.

Dass Philon den Schwerpunkt auf Gott verlagert, kommt nicht überraschend. Nachdem er den „Geburtshelfer" eingeführt hat, geht er zum Thema ‚Ekstase' über und zitiert eine Reihe von Bibelversen zugunsten einer Unterscheidung zwischen prophetischer und anderen Arten von Verzückung. Adam beispielsweise erfährt sie als eine „Ruhe und Stille des Geistes"

---

[18] Siehe auch MENDELSON, Secular Education, 1–33.
[19] μαίας υἱὸν καὶ αὐτὸν μαιευτικόν.

(Her. 257), während Isaak gleichsam im Rausch als „Schiedsrichter" (Her. 252) der geistigen Kinder seines Sohnes wirkt. Doch Abraham veranschaulicht die höchste Form der Ekstase, die das sokratische Vorbild ersetzt. Den biblischen Hinweis auf ihren Zeitpunkt bei Sonnenuntergang interpretiert Philon als Zeichen, dass Abrahams Geist zur Ruhe gebracht wurde, bevor er die prophetische Eingebung empfing. „Ein Prophet kündet ja nichts Eigenes, sondern nur Fremdes, da ein anderer in ihm spricht", wie Philon betont (Her. 259).[20] Darüber hinaus insistiert er in direkter Entgegnung auf Platon: „Was immer nämlich die Seele durch sich selbst in Geburtswehen [an Ideen] hervorbringt, davon ist das meiste nicht lebensfähig und zu früh geboren; was immer aber Gott mit kühlem Nass bewässert, wird hervorgebracht als Vollkommenes, Vollständiges und von allem Bestes" (Migr. 33). Gott und nicht der menschliche Geist sei „der alleinige Aufseher" der Gedanken (Migr. 81), wohingegen der menschlichen Seele nicht die Empfängnis philosophischer Ideen zugeschrieben wird. Die biblische Erwähnung von Saras Unfruchtbarkeit erweckt Philons Aufmerksamkeit wegen des offensichtlichen Paradoxons ihrer Empfängnis trotz Infertilität. Dieses Bild ist im Licht von Gottes Wirken bei körperlichen wie auch bei spirituellen Schwangerschaften zu verstehen, da er „den Schoß erschließt" (Congr. 7).[21] Der Mitwirkung des Menschen sind bei Philon enge Grenzen gesetzt. Seiner Meinung nach kann die Seele nicht aus sich heraus mit richtigen Ideen schwanger werden, und der Dialog unter philosophischen Freunden führt zu keinen nennenswerten Erkenntnissen. Das platonische Motiv des fortpflanzungsunfähigen Sokrates, der seinen Freunden zur Fruchtbarkeit verhilft, scheint Philon stattdessen mit der Beschreibung der menschlichen Seele an sich verbunden zu haben. Im „Allegorischen Kommentar" bekleidet Gott die Doppelrolle des Erzeugers und Geburtshelfers trefflicher Gedanken und Erkenntnisse. Die Seele des Rechtschaffenen wird folglich zum Gefäß für den göttlichen Samen, das ohne eigenes Zutun mit Ideen gefüllt wird.

Die biblischen Erzmütter dienen als Beispiel für den Vorgang, wie unfruchtbare Seelen göttlichen Samen empfangen und himmlische Nachkommen zur Welt bringen. Philon betont, dass es nur dann zu göttlicher Befruchtung kommen könne, wenn die Sinne brachliegen. Sara, deren Menopause als Abkehr von den weiblichen Sinnen gedeutet wird, steht für eine solche tugendhafte Seele, die Gottes Samen empfängt und wahre Weisheit gebiert. Rahel dagegen, die von ihrem Ehemann Kinder fordert – „sonst sterbe ich" (Genesis 30,1) –, könne nicht verstehen, dass „nicht der Geist der Urheber irgendeiner Sache ist, sondern Gott, der vor dem Geist war" (All. II 46).[22] In

---

[20] PHILON, Her. 259: προφήτης γὰρ ἴδιον μὲν οὐδὲν ἀποφθέγγεται ἀλλότρια δὲ πάντα ὑπηχοῦντος ἑτέρου.
[21] PHILON, Congr. 3–7 (unter Verweis auf Genesis 16,1; 29,31).
[22] PHILON, Migr. 142; Her. 249–266, 51; Cher. 43–50; All. II 46–48; Fug. 128. Siehe auch SLY, Philo's Perception of Women, 145–154; NIEHOFF, Mother and Maiden.

Philons Ausführungen zur schwangeren Seele spielt das Geschlecht eine Rolle. Zwar stehen die Matriarchen für die menschliche Seele und sind somit äußerst positiv konnotiert, doch vereinigen sie sich mit Gott selbstverständlich erst, nachdem sie sich von den weiblichen Sinnen gereinigt haben. Sara konnte sich erst nach „Verlassen des Weiblichen" (Fug. 128) mit Gott verbinden. Überdies scheint die Passivität, die als Charakteristikum der Frau bezeichnet wird, die biblischen Matriarchen zu willkommenen Figuren gemacht zu haben, um sich den Empfang des göttlichen Samens vorzustellen. Im Zusammenhang mit Eva, der paradigmatischen ersten Frau, sagt Philon:

Der angemessenste, treffendste Name für die Sinnlichkeit ist „Frau"; denn wie dem Mann das Handeln zukommt und der Frau die Passivität, so betätigt sich der Geist handelnd, die Sinnlichkeit der Frau gleich passiv. (All. II 38)

Philons Deutung geistiger Schwangerschaften passt zu seiner alexandrinischen Umgebung. Der anonyme Kommentator des *Theaitet* führt aus, dass Sokrates

seine eigene Kunst der Geburtshilfe derjenigen von Frauen vorzieht; denn in ihrem Fall ist es nicht schwer festzustellen, was geboren wurde, ob ein Trugbild oder die Wahrheit. Im Falle junger Köpfe jedoch ist es nicht leicht zu unterscheiden, ob sie falsche oder richtige Meinungen vertreten.[23]

Dem Anonymus zufolge garantiert Sokrates' Geburtshilfe verlässliche Erkenntnis und bestätigt, dass Platon positive Dogmen statt einer skeptischen Haltung lehrte. Philon hat zwar mit dem alexandrinischen Kommentator die intellektuelle Sensibilität gemein, schränkt aber Sokrates' Rolle ein. Für ihn ist dieser ein Mittelsmann auf dem Weg zu letztgültiger Erkenntnis, die Gott gewährt. Diese kühne erotische Sprache und der übergeordnete Nachdruck auf göttlicher Befruchtung unterscheiden Philon von anderen alexandrinischen Platonikern. Durch die Aufnahme mythologischer Redeweise in den philosophischen Diskurs präsentiert er eine neue Version der Vorstellung, dass Menschentöchter mit göttlichen Gestalten Verkehr haben.

## Die geteilte Seele

Im „Allegorischen Kommentar" bedient sich Philon martialischer Sprache, um die inneren Konflikte der Seele zu schildern: „Die Vernunft kämpft mit der Leidenschaft und kann mit ihr nicht in demselben Raum bleiben" (All. III 116). Ein „Kampf" spiele sich in der Seele ab (III 117), so Philon weiter, weil „der Körper ihm [sc. dem *logismos*] nicht nur nicht hilft", sondern ihn

---

[23] ANONYMUS, Comm. in Tht., Sp. 52,30–39, 53,37–54,2. Siehe auch BASTIANINI/SEDLEY, Commentarium, 406, 408, 410, 537–540.

an dessen heilsamem Wirken „sogar hindert" (I 103). An wieder einer anderen Stelle spricht Philon vom Krieg zwischen Vernunft und Affekten als einer Auseinandersetzung, aus der nur eine Partei siegreich hervorgehen kann. Wenn die Leidenschaft „einen schlimmen Sieg davonträgt, weicht der Verstand" (III 186). Einmal warnt er davor, dass der Verstand, wenn er sich ausruht und „den sinnlichen Empfindungen hingibt", sich von „der Notdurft des Körpers ... leiten lässt" (II 29). Philon spornt seine Leser an, „die Vernunft stark genug [sein zu lassen], die sinnliche Empfindung zu läutern" (ebd.).[24] Er teilt sogar eine persönliche Erfahrung mit, um den typischen Kampf in der menschlichen Seele zu illustrieren:

> Die Vernunft wird dann den Andrang und den Ansturm der Leidenschaft aufhalten und zügeln. Das weiß ich aus mehrfacher eigener Erfahrung. Denn wenn ich in eine zügellose Gesellschaft und zu unmäßigem Mahle geladen wurde und ohne Vernunft dahin kam, da wurde ich zum Knecht der dargebotenen Genüsse und ließ mich fortreißen von den grausamen Herren, den Darbietungen für Auge und Ohr und den Lüsten des Geruchs- und des Geschmackssinnes. Komme ich aber mit der wahlfreien Vernunft, so bin ich Herr und kein Knecht: Dann trage ich kraftvoll den schönen Sieg der Selbstbeherrschung und Besonnenheit davon, indem ich allem, was die maßlosen Begierden aufbrechen lässt, beharrlichen Widerstand leiste. (All. III 155–157)

Philon schildert lebhaft seine Erfahrung mit dem fortwährenden Konflikt zwischen Vernunft und Affekten beziehungsweise Begierden. Während Letztere auf äußere Reize reagieren, erzwingt die Vernunft Disziplin und stellt sich gegen die unbändigen Leidenschaften. Diese Dynamik zwischen den verschiedenen Seelenteilen spiegelt ein allgemeines Prinzip wider, das im „Allegorischen Kommentar" durchgehend hervorgehoben wird. Von Gott heißt es darin, er habe den menschlichen Verstand und die Sinneswahrnehmungen sowie auch ihre ideenweltlichen Archetypen geschaffen. Der Verstand trägt Früchte, die mit den „im Denken ... gegebenen Dingen" zusammenhängen (All. I 22), während die Sinneswahrnehmung und ihr Ertrag dem Bereich des Materiellen verhaftet sind. Philon zufolge richten sich diese beiden Komponenten auf verschiedene Erkenntnisobjekte. Die Vernunft erfasst die Ideen, während die Sinne passiv bleiben und Eindrücke von der materiellen Welt erhalten. Außerdem erklärt Philon, dass „das Wahrnehmbare zu dem vernunftlosen Teil der Seele in Beziehung" stehe (I 24). An anderer Stelle schreibt er zusammenfassend: „Man muss aber bedenken, dass unsere Seele in drei Teile zerfällt, den denkenden, den mutvoll Strebenden und den begehrenden" (I 70). Eintracht herrsche, wenn die beiden niedrigeren Teile „gleich Rossen" von der Vernunft „gelenkt werden" (I 72). „Der Geist", folgert Philon, „ist gewissermaßen der Gott des Vernunftlosen" (I 40).[25]

---

[24] PHILON, All. III 116–117 (man beachte besonders den Satz μάχεται ὁ λόγος τῷ πάθει καὶ ἐν ταὐτῷ μένειν οὐ δύναται); I 103; III 186; II 28–29, 90–93. Siehe auch WHITTAKER, How to Define the Rational Soul.
[25] PHILON, All. I 21–44, 70–72.

Es fällt auf, wie selbstverständlich Philon die Aufteilung der Seele voraussetzt, obwohl davon im biblischen und nachbiblischen Judentum noch keine Rede war. Wenn er sie ohne jede Erklärung erwähnt, erwartet er offenbar, dass sie seinen Lesern bekannt ist. Ein solches Vorgehen wirft Fragen nach der Herkunft dieser Vorstellung auf. Woher bekam Philon diese Anregung? Einen ersten Hinweis gibt die folgende Aussage: „Einige Philosophen haben nun diese [drei] Teile [der Seele] nur ihrer Wirksamkeit nach voneinander unterschieden, andere aber auch nach ihrem Sitz" (All. III 115). Bei diesen Philosophen muss es sich um Platonschüler handeln, da dieser die Seele bekanntlich in drei Teile gliederte. Er führte diesen Gedanken im *Staat* und im *Phaidros* ein, um die Alltagserfahrung erklären zu können, dass der Mensch zwischen verschiedenen Möglichkeiten hin und her gerissen ist und eine Sache gleichzeitig herbeisehnt und verabscheut. Solche gegensätzliche Impulse, erklärt Platon, haben ihren Ursprung in verschiedenen Teilen der Seele. Die bremsende und kontrollierende Wirksamkeit hat ihren Sitz in der Vernunft, und die unbändigen Triebe rühren von den Affekten her. Das Konzept der Seelenteile begründet, warum innere Konflikte ein wesenhaftes Moment des menschlichen Lebens sind. Verschiedene Teile der Seele zerren unablässig in unterschiedliche Richtungen, ungeachtet der Umwelt oder Lebensphase einer Person.[26] Philons Verweis auf Meinungsverschiedenheiten bezüglich der Unterteilung der Seele spiegelt eine anhaltende Diskussion unter Platonikern wider, die den Schwerpunkt entweder auf den *Staat* und den *Phaidros* legten, wo die verschiedenen Funktionen dargestellt werden, oder auf den *Timaios*, wo ihr jeweiliger Sitz betont wird, wobei der begehrende Teil mit dem Körper und die Vernunft mit dem Herzen in Verbindung gebracht wird. In Alexandria scheint Eudoros den ersten Zugang vorgezogen zu haben, wenn er sagt, die spezifische Aufgabe der Seele sei, „Urteile über die intelligiblen und die wahrnehmbaren Gegenstände zu bilden".[27]

Philon kennt sich in Platons Werk so gut aus, dass er dessen Bilder von der Seele im „Allegorischen Kommentar" regelmäßig verwendet. Seine Unterscheidung zwischen einem „denkenden", einem „begehrenden" und einem „mutvoll strebenden" Teil ist direkt von Platon entlehnt. Der *Phaidros* führt das Bild des Wagenlenkers ein, nämlich die Vernunft, die ein Paar geflügelter Pferde lenkt, welche für den mutvoll strebenden und den begehrenden Teil der Seele stehen. Ist das eine Tier edel, so das andere von geringer Güte und behindert die Aufwärtsbewegung der Seele. Die Flügel heben sich und mühen sich, ins Reich der Ideen zurückzukehren, welche die Seele vor ihrem Eintritt in den Körper gesehen hat. Andererseits zerren die Pferde, ins-

---

[26] PLATON, Rep. IV 439C–441B; Tim. 69B–70E; Phaidros 246A–251B. SORABJI, Emotion, 305–310; SORABJI, Self, 115–136; siehe auch RUNIA, God and Man, 68–71; DILLON, Middle Platonists, 174–175, der auch stoische Motive erörtert.

[27] EUDOROS bei PLUTARCH, De animae procreatione in Timaeo 2–3 (Mor. 1012F–1013B).

besondere das schlechte, die Seele zu irdischen Dingen hinab. Es kommt zu einem gewaltigen Ringen, und nur jene Seelen, welche die Zügel dem Wagenlenker überlassen, erlangen einen Platz im himmlischen Bereich. Andere, die den Pferden freien Lauf lassen, sinken hinab und sind unfähig, die Wahrheit zu erkennen.[28]

Philon schätzt diese platonischen Bilder außerordentlich und verwendet sie bei seiner Auslegung der jüdischen Bibel. Wenn er über das mutvoll strebende Element sagt, es werde „gelenkt durch die geläuterte Vernunft" (All. III 127), oder von dem „starken Sehnen nach deutlicher Schau des Seienden" spricht, das die Augen „beschwingt" (Plant. 22), dann stützt er sich auf den Mythos über die Seele im *Phaidros*. Sein Vergleich der Affekte mit einem Pferd und des Verstandes mit einem Reiter, „der die Leidenschaften bestiegen hat" (All. II 99), klingt ebenso an Platon an.[29] Platonische Gedanken und Begriffe werden auch im folgenden Abschnitt greifbar, der die Beziehung zwischen Vernunft und Sinneswahrnehmung darstellt:

Wenn der Wagenlenker wirklich [das Fahrzeug] leitet und die Tiere am Zügel hält, so geht der Wagen, wohin er will; wenn diese aber die Zügel abschütteln und die Herrschaft gewinnen, dann ist schon oft der Führer abgeworfen worden, die Tiere sind durch ihr ungestümes Vorwärtsstürmen in einen Graben gestürzt, und alles ist zu Schaden gekommen. (All. III 223)

Philon verwendet das Bild der Seele aus dem *Phaidros* und gibt dem Sturz des erfolglosen Wagenlenkers eine besonders dramatische Note. Anders als Platon differenziert er nicht zwischen zwei Arten von Pferden, sondern behandelt sie als ein einziges, äußerst negatives Symbol für die Sinneswahrnehmung. Die platonische Unterscheidung zwischen den beiden Pferden taucht jedoch an einer anderen Stelle wieder auf, wo Philon kurz anmerkt, dass die beiden Tiere für die Begierde und das mutvoll Strebende stehen. Philon teilt auch Platons Überzeugung, dass die Vernunft ursprünglich in einem himmlischen Bereich zu Hause war, ehe sie in den Körper einging und das Trauma materieller Beschränkungen erfuhr.[30]

Durch eine kreative Relecture der biblischen Erzählung von der Erschaffung des Menschen vor dem Hintergrund eines ähnlichen Abschnitts in Platons *Timaios* schreibt Philon die biblische Tradition weiter in platonische Diskurse ein. Im Bewusstsein, einen völlig neuen Gedanken in das antike Judentum einzuführen, sagt er zaghaft, „deshalb glaube ich" (Fug. 68). Den Plural in Gottes Ausspruch „wir wollen einen Menschen machen" (Genesis 1,26) deutet Philon als Indiz dafür, dass Gott nur den vernünftigen Teil der menschlichen Seele geschaffen und die Schöpfung ihrer emotionalen und

---

[28] PLATON, Phaidros 246A–248A; man beachte besonders die folgenden Bezeichnungen: λογιστικόν, ἀλόγιστον καὶ ἐπιθυμητικόν und θυμοειδής.
[29] PHILON, Plant. 22; All. II 99–104; III 127, 132–137.
[30] PHILON, Agr. 73; All. II 22.

materiellen Teile seinen untergeordneten Kräften übertragen habe. Gott hielt es für richtig, erklärt Philon, dass „der herrschende Teil in der Seele vom Herrscher, der untergeordnete von untergeordneten Kräften geschaffen würde" (Fug. 69). Außerdem interpretiert er den abschließenden Bibelvers über die Erschaffung des Menschen, der nur *einen* Handelnden nennt („Gott schuf den Menschen"), als eine Aussage über den idealen Menschen, der „reinster Verstand" (Fug. 71) und „gestaltloser, unvermischter Verstand (*logismos*)" ist (Fug. 72). Der archetypische Mensch erscheint als ein rein geistiges, mit Gott verwandtes Wesen, während die realen Menschen Mischwesen sind, die in beträchtlichem Abstand zu Gott leben und hoffen, ihre ursprüngliche Nähe zu ihm zurückzuerlangen. Der den Kosmos prägende Gegensatz zwischen dem geistigen und dem materiellen Bereich spiegelt sich somit auch in der menschlichen Verfasstheit und erweist sich als Grundlage von Philons Anthropologie. Im „Allegorischen Kommentar" übernimmt er durchweg Platons Theorie der Seele und stellt innere Konflikte zwischen ihrem rationalen und ihrem materiellen Teil in den Mittelpunkt.[31]

Allerdings übergeht Philon bestimmte Elemente von Platons Seelenlehre. Sie alle haben mit Fragen der Grenzen zum ewigen beziehungsweise göttlichen Bereich zu tun und betreffen den Status des Menschen im Kosmos. Die Vorstellung der Unsterblichkeit der Seele, welche die Seele auf einer Ebene mit den Göttern ansiedelt und dazu führt, dass sie immer wieder in neuen Körpern einwohnt, akzeptiert Philon nicht. Er vermeidet diesen Gedanken, da er die Exklusivität des jüdischen Gottes infrage stellt, des einzigen ewigen Wesens, wie er insistiert. Außerdem ignoriert Philon das platonische Konzept vom Lernen als Erinnerungsvorgang, bei dem die Seele Ideen wiederfindet, die sie vor ihrem Eintritt in einen bestimmten Leib begriffen hat. Wir haben bereits gesehen, dass Philon äußerst zwiespältig ist, was die Aussicht auf eine unabhängige menschliche Vernunft mit direktem Zugang zur absoluten Wahrheit betrifft. Vielmehr ist in seiner Vorstellung die Seele für Erkenntnis auf Gott angewiesen und sieht nicht aus sich heraus die idealen Formen, so dass sie sich an ihre Umrisse im Leben einzelner Menschen erinnern könnte. Gott verleiht dem Menschen „festgegründetes Wissen" (All. I 89) und zieht ihn so weit als möglich zu sich empor, indem er den Verstand „gemäß den dem [menschlichen] Erkennen zugänglichen [göttlichen] Kräften" prägt (I 38).[32]

Trotz dieser Unterschiede ist Philons „Allegorischer Kommentar" so voller platonischer Motive einer geteilten Seele, dass zentrale Passagen des

---

[31] PHILON, Fug. 69–72; PLATON, Tim. 41A–D. Siehe auch RUNIA, On the Creation, 236–237, zu PHILON, Opif. 69–71, wo der Gedanke wiederholt wird.

[32] PHILON, All. II 1–3; I 89, 38; man beachte auch All. III 93, wo Philon das Verb „erinnern" im alltagssprachlichen Sinn des Darandenkens, also Nichtvergessens, verwendet; gegen YLI-KARJANMAA, Reincarnation, der argumentiert, dass Philon Platons Theorie der Seelenwanderung ohne Abstriche übernommen habe.

*Phaidros* und anderer Werke häufig wie ein mit der jüdischen Bibel eng verwandter Intertext wirken. Philon insistiert wie Platon darauf, dass der Mensch zu einem ständigen inneren Ringen zwischen dem vernünftigen und dem materiellen Teil neigt. Ziel der Ethik sei, „sich vom Körper und seinen Begierden abzuwenden" (All. I 103). Während Platon fordert, der Weise solle „den Leib gehen lassen und so viel irgend möglich ohne Gemeinschaft und Verkehr mit ihm dem Seienden nachgehen" (Phaidon 65C) und „so nahe als möglich an dem Gestorbensein zu leben" (67E), empfiehlt Philon, „dem körperlichen Leben abzusterben" (Gig. 14).[33]

## Fazit

Es hat sich gezeigt, dass Philon als junger Mann ein überzeugter Platoniker mit fester Einbindung in die philosophischen Debatten seiner Heimatstadt Alexandria war. Biblische Erzählungen liest er im Licht des *Theaitet* und anderer platonischer Werke, aus denen er die Vorstellung von der Flucht der Seele aus dem materiellen in den himmlischen Bereich bezieht, was unmittelbare Folgen für die Epistemologie und die Ethik hat. Unter den übrigen alexandrinischen Platonikern sticht Philon hervor. Zwar teilt er ihre Festlegung auf eine dogmatische Form des Platonismus und ihr reges Interesse am *Theaitet*, doch geht es ihm weder um eine systematische Interpretation noch um die Stimmigkeit des platonischen Gesamtwerks. Stattdessen wählt er bestimmte Gedanken aus, die er im Kontext des Judentums für geistesverwandt hält, und verwendet Platons Texte als Ausgangspunkt für seine eigene Kreativität. Beispielsweise übernimmt er begeistert den Gedanken der Gottähnlichkeit, während er die idealen Formen Gott unterordnet. Die Vorstellung einer schwangeren Seele entwickelt er dramatisch weiter, wenn er sagt, dass letztlich Gott derjenige sei, der sie mit der Wahrheit befruchtet hat.

Im „Allegorischen Kommentar" vertieft sich Philon in spirituelle Fragen und achtet dabei noch nicht auf die historische und politische Wirklichkeit um sich herum. Das menschliche Ich konstruiert er als universal, losgelöst von konkreten Einzelleben und ihren Umständen. Philon selbst richtet den Blick nach innen, wo er das Ringen in seiner Seele zwischen ihren materiellen und ihren rationalen Bestandteilen beobachtet. Weder reflektiert er bereits über seine Rolle als Autor im Text, noch teilt er eigene Lebenserfahrungen in der Welt mit. Im Zentrum seiner Ethik steht Gott, den der Mensch

---

[33] PHILON, All. I 103 (vgl. PLATON, Phaidon 65C); Gig. 14 (vgl. PLATON, Phaidon 67E, 64A); siehe auch All. II 76–77, wo Philon von den „Lüsten" spricht, „die den Tod herbeiführen, nicht als Trennung der Seele von dem Körper, sondern als Vernichtung der Seele durch die Schlechtigkeit" (II 77).

nachzuahmen aufgerufen ist. Dieser nach oben gewandte Blick auf wahre Werte führt über die Welt hinaus und trennt das Individuum von der Gesellschaft. Philons Leistung lässt sich mit Blick auf einen paganen und einen christlichen Platoniker würdigen, die beide kurz nach ihm wirkten. Plutarchs Lehrer Ammonios war ein griechischer Philosoph, der Platons Seelentheorie vertrat. Er sprach vom Aufstieg der Seele zu höheren Wirklichkeiten und von der Sehnsucht des Menschen nach dem Reich der Ideen, die er in einer früheren Existenz geschaut hat. Anders als Philon geht Ammonios somit von der Unsterblichkeit der Seele und ihrer Wanderung von einem Körper in den nächsten aus. Der christliche Apologet Justin der Märtyrer dagegen folgt Philons Spur und lehnt die Vorstellung von der Unsterblichkeit der Seele ab. Obwohl Justin den platonischen Ansatz wegen seiner größeren Transzendenz und Geistigkeit höher schätzte als jede andere philosophische Richtung, insistiert er auf Gottes exklusiver Autorität. Ohne dessen Zustimmung und Initiative könne die menschliche Seele nicht handeln.[34] Philon hat also dem christlichen Denken, das sich auf die jüdische Bibel und auf Platons Werk – und im Fall Justins vermutlich auch auf die eine oder andere Schrift Philons – gründet, den Boden bereitet.

---

[34] AMMONIOS bei PLUTARCH, Quaest. conv. IX 14,6 (Mor. 745D–746B); JUSTIN, Dialogus cum Tryphone 4–8.

# 11

# Ein schlechthin transzendenter Gott und sein Logos

Philons Theologie im „Allegorischen Kommentar" unterscheidet sich erheblich von jener der „Exposition", in der die Weltschöpfung und Gottes immanente Vorsehung im Mittelpunkt stehen. Am Beginn seines Schaffens, als er sich mit gelehrter, zum Teil mystischer Exegese befasste und in der Ethik einen transzendenten Ansatz vertrat, entwickelte er eine Theologie, die Gott als den ganz Anderen betonte. Das Göttliche ist jenseits der Welt und bedarf eines Mittlers, des Logos, um Kontakt mit dem materiellen Bereich, zu dem auch die Menschen gehören, herzustellen. Philon ist bemüht, Gott von allem Konkreten fernzuhalten, und spricht von ihm zumeist in negativen Begriffen, womit er eine neue religiöse Sprache ins Judentum einführt.

In diesem Kapitel untersuchen wir Philons Vorstellungen von Gottes Transzendenz und vom Logos, die eng miteinander zusammenhängen. Bislang hat man übersehen, dass der Logos in der „Exposition" eher am Rande erscheint, während er im „Allegorischen Kommentar" eine zentrale Rolle spielte. Letzteres ist nur natürlich; denn insofern die Gottheit in abstrakten Begriffen verstanden wird, bedarf es einer Mittlerfigur. Je größer die Kluft zwischen Gott und der Welt, desto notwendiger wird ein Mittler, an den man sich wenden kann. Wir konzentrieren uns hier auf die Eigenart und den geistigen Hintergrund von Philons transzendenter Theologie und fragen, wie er angesichts eines unergründlichen Gottes eine lebendige Religion erschafft. Anders ausgedrückt, wie können Menschen zu einem ganz Anderen als Quelle der Spiritualität und Ethik in Beziehung treten? Diese Frage untersuchen wir im Kontext der Debatten in Alexandria, wo solche Themen auf lebhaftes Interesse stießen.

## Gott hat keine menschliche Gestalt noch Eigenschaft

Die alexandrinische Philosophie wirft Licht auf Philons feines Gespür für das Problem des Anthropomorphismus in der jüdischen Bibel. Im zehnten Kapitel haben wir gesehen, dass der Platoniker Eudoros in seinen Ausführungen über die Gottähnlichkeit des Menschen Gottes Transzendenz hervorhob. Seiner Ansicht nach muss ein solches Imitat notwendig unvollkommen bleiben, da die Gottheit wesenhaft über den Menschen steht. „Der transzendente Gott" (ὁ ὑπεράνω θεός) ist ein für Eudoros' Theologie typischer Ausdruck.[1] Des Weiteren warf der im zweiten vorchristlichen Jahrhundert wirkende jüdische Philosoph und Bibelausleger Aristobul Fragen bezüglich des biblischen Anthropomorphismus auf. Da in der Beschreibung Gottes von seinen Armen und seinem Angesicht die Rede ist, drängt Aristobul seine Leser, „die Erläuterungen ihrem eigentlichen Sinne nach (πρὸς τὸ φυσικῶς) aufzufassen und an der angemessenen Vorstellung von Gott festzuhalten und nicht etwa auf eine mythische und anthropomorphe [Vorstellung von der] Seinsweise [Gottes] (εἰς τὸ μυθῶδες καὶ ἀνθρώπινον κατάστημα) zu verfallen". Aristobuls Werk ist nur in kurzen Fragmenten erhalten, so dass wir die konkrete Ausgestaltung seines Denkansatzes nicht in allen Einzelheiten nachvollziehen können. Es ist jedoch ersichtlich, dass er biblische Anthropomorphismen metaphorisch auslegte und ein feines Gespür für Fragen der Transzendenz Gottes hatte. Das Motiv der „Hand Gottes" beispielsweise vergleicht er mit der Redensart „der König hat eine gewaltige Hand" und interpretiert es als Zeichen von Macht.[2]

Philon führt diese alexandrinische Diskussion an, wo er in der Bibel einen „Hauptbegriff" erkennt, nämlich dass Gott „nicht wie ein Mensch ist". Mit diesem Zitat aus Numeri 23,19 nach der Septuaginta drängt Philon seine Leser dazu, „über allen Anthropomorphismus hinauszukommen" (Sacr. 94).[3] Im „Allegorischen Kommentar" zitiert und erklärt Philon diesen Vers, an dem er erkennbar großes Interesse hat, insgesamt sechsmal, während er ihn in der „Exposition" nur einmal nennt. Philon ist deutlich bewusst, dass der Grundsatz der Transzendenz Gottes der Intuition entgegensteht. Wir seien „nicht imstande, über etwas außerhalb von uns selbst nachzudenken", räumt er ein, „noch befähigt, über die eigenen Schwächen uns zu erheben" (Sacr. 95), nämlich dass wir uns an stoffliche, konkrete Muster halten. Gott in menschlichen Begriffen zu erfassen, laufe darauf hinaus, ihn nach unserem eigenen Bild zu erschaffen und sein Wesen gründlich misszuverstehen.

Philon ist Gottes Transzendenz ein so wichtiges Anliegen, dass er dem Thema zwei volle Traktate widmet: *Über die Riesen*, der von den Riesen in Genesis 6,4–12 handelt, und *Über die Unveränderlichkeit Gottes*. Wie David Winston und John Dillon notierten, insistieren diese beiden eng zusammengehörigen Traktate darauf, dass biblische Anthropomorphismen nicht wörtlich

---

[1] EUDOROS bei STOBAIOS, Ekloge II 66 (hg. von MEINEKE [wie S. 229, Anm. 7], 21). Siehe auch BONAZZI, Eudorus; BONAZZI, Towards Transcendence, 236–241; KAISER, Philo, 167–169.

[2] ARISTOBUL, Frgm. 2 bei EUSEBIOS, Praeparatio evangelica VIII 10,2–3.7 (hg. von HOLLADAY, Fragments III, 136; deutsch: WALTER). WALTER, Toraausleger, 135–136; GUTMAN, Beginnings I, 213–216; BLOCH, Moses und der Mythos, 149–155. An anderer Stelle habe ich ausgeführt, dass Aristobuls Ansatz nicht stoisch, sondern aristotelisch ist (NIEHOFF, Jewish Exegesis, 58–74).

[3] Siehe besonders den Ausdruck τὸ „οὐχ ὡς ἄνθρωπος ὁ θεός", ἵνα πάντα τὰ ἀνθρωπολογούμενα ὑπερκύψωμεν.

verstanden werden dürfen.⁴ Eine besondere Herausforderung ist die biblische Erzählung über die Riesen, die aus der Vereinigung von Menschenfrauen mit „Söhnen" oder „Engeln Gottes" geboren werden.⁵ Diese Geschichte hebt die üblichen Grenzen zwischen Gott und Mensch auf. Philon macht seine Leser sogleich darauf aufmerksam, dass der Text in den Bereich der „von den Dichtern erzählten Fabeln" gehört (Gig. 58), vielleicht die bei Homer und Hesiod angeführten. Philon lehnt solche Bilder ab und insistiert, dass das „Märchenerzählen" Mose fremd sei, der „durchaus keine Fabel" präsentiere, sondern stattdessen zeigen möchte, „dass die Menschen teils der Erde, teils des Himmels, teils Gottes sind" (Gig. 60). Philons allegorischer Auslegung zufolge jagen die erdgeborenen Menschen nach irdischen Vergnügungen, die himmelgeborenen nutzen ihren Verstand und erwerben sich eine umfassende Bildung, und die „Menschen Gottes" sind Priester und Propheten, die „alles Wahrnehmbare übersprangen" und „in die geistige Welt auswanderten" (Gig. 61). Diese Interpretation ist von Platons Ausführungen zu den mythologischen Giganten als einem Menschentyp beeinflusst, der sich an den materiellen Bereich klammert und nur das für wahr hält, was er betasten und sehen kann (Sophist 246A–C). Platon verwendet den alten Mythos, um zwischen zwei Zugängen zu Wissen zu unterscheiden, nämlich Sinneswahrnehmungen in Bezug auf Stoffliches und Vernunftdenken in Bezug auf die Ideen.⁶ Philon greift dieses Paradigma auf und wendet es auf die biblische Erzählung an: Es gebe drei Arten von Menschen, die für drei Wahrnehmungsstufen stehen, von denen die unterste und die oberste genau Platons Kategorien entsprechen. Auf diese Weise unterscheidet Philon zwischen richtigem und falschem Denken über Gott und kritisiert Gemüter mit einem Hang zum Materiellen, die sich Gott in mythologischer Form vorstellen.⁷

Eine weitere Schwierigkeit, die Philon anspricht, ist das biblische Bild von einem Gott, den es reut, den Menschen geschaffen zu haben (Genesis 6,6–8). Schon den Übersetzern ins Griechische mag dieser Anthropomorphismus Kopfzerbrechen bereitet haben, weshalb sie ihn durch den Vor-

---

⁴ WINSTON/DILLON, Two Treatises; vgl. DILLON, Nature of God, dessen Analyse von seiner übergreifenden Polemik gegen Wolfson beeinträchtigt wird und davon, dass er nicht zwischen Philons früheren und späteren Schriften differenziert.

⁵ PHILON, Gig. 58–60, vgl. HOMER, Odyssee VII 59; HESIOD, Theogonie 185ff. Philon zitiert Genesis 6,4 zwar in einer weniger wichtigen Rezension der Septuaginta, die von „Engeln Gottes" spricht, doch seine Auslegung erwähnt „Söhne Gottes" und zeigt dadurch, dass ihm die ursprüngliche Septuaginta-Fassung bekannt war, welche die hebräische Vorlage בני האלהים wiedergibt. Zu Genesis 6,4 (LXX) siehe auch RÖSEL, Übersetzung, 146–158; gegen HARL, La Génèse, 125; KATZ, Philo's Bible, 20–21.

⁶ PLATON, Rep. V 473C–VII 519B; X 597B. Siehe auch GUTHRIE, History of Greek Philosophy V, 487–521.

⁷ Philons Nachdruck auf Gottes Transzendenz unterscheidet ihn von stoischen Ansätzen, die zwar auch das nicht menschengestaltige Wesen Gottes betonen, dieses aber im Sinne eines göttlichen Eintauchens in die Welt interpretieren (DIOGENES LAERTIUS VII 134–137, 148).

schlag abmilderten, dass Gott „es sich zu Herzen nahm" und „nachdachte", statt dass es ihm „in seinem Herzen wehtat". Doch Gottes Fazit: „Es reut mich, sie gemacht zu haben", unterstreicht seine Gefühle und wird wörtlich ins Griechische übersetzt.[8] Für Philon ist der Gedanke, dass Gott etwas bereut, nicht hinnehmbar, und so ruft er seine Leser auf, die einfache Bedeutung des Verses zu meiden. Er räumt sogar ein, dass der wörtlich verstandene Vers „ein Akt der Reue [auf Seiten Gottes wäre], welchen die alles voraussehende Natur Gottes nicht zulässt" (Imm. 72). Stattdessen bietet er eine allegorische Auslegung an: „Er [sc. Mose] will wohl etwa das sagen, dass die einen durch den Zorn Gottes schlecht geworden sind, die andern aber gut durch die Gnade" (Imm. 70). Trotz dieser exegetischen Tour de Force bleibt Philon auf der Hut, was den mythologischen Eindruck, den die biblische Erzählung auf seine Leser macht, betrifft, so dass er argwöhnt, sie könnten Gott für einen Heißsporn halten, der seine Meinung ändert.

Daher ist eine grundlegendere Untersuchung der biblischen Anthropomorphismen erforderlich. Philon beruft sich auf zwei einander scheinbar widersprechende Verse über das Verwandtschaftsverhältnis zwischen Gott und Mensch. Der eine sagt: „Nicht wie ein Mensch [ist] Gott" (Numeri 23,19), der andere dagegen, dass Gott den Menschen belehre, „wie irgendein Mensch wohl seinen Sohn erzieht" (Deuteronomium 8,5). Philon bringt diese beiden Verse miteinander ins Gespräch und unterscheidet zwischen verschiedenen Denkweisen über Gottes Wesen:

> Unter den in den Geboten und Verboten enthaltenen Gesetzen nämlich, die ja in eigentlichem Sinne Gesetze sind, werden zwei oberste Leitsätze über den Urgrund vorangestellt, der eine, „dass Gott nicht wie ein Mensch" (Numeri 23,19), der andere, dass er wie ein Mensch ist. Aber der Erstere wird durch die sicherste Wahrheit beglaubigt, der Letztere aber nur zur Belehrung der großen Menge angeführt. Deshalb heißt es auch mit Bezug auf ihn [sc. Gott]: „wie ein Mensch seinen Sohn erziehen wird" (Deuteronomium 8,5), wodurch gesagt wird, dass er um der Erziehung und Zucht willen, aber nicht in seinem Wesen so beschaffen sei. (Imm. 53–54)[9]

Dem biblischen Anthropomorphismus, der nichts über Gottes Wesen aussage, aber eine Hilfe für die „Freunde des Körpers" sei (Imm. 55), die ohne konkrete Bilder und Drohungen ethische Maßgaben nicht befolgen können, räumt Philon hier eine positive, pädagogische Funktion ein. Diese Anpassung des Mythos weicht von Platons Vorbild ab, das nur die Elite im Blick hatte und Homers Erzählungen aus dem idealen Staat verbannte. In Platons Augen wollten die Götter selber zu keiner Zeit in konkreten Begriffen erfasst werden und würden es nicht dulden, dass der Mensch sie sich auf eine Art und Weise vorstellt, die ihrem Wesen widerspricht und im Bereich des

---

[8] Die Verbform וינחם wird mit ἐνεθυμήθη wiedergegeben, der Ausdruck ויתעצב אל לבו mit διενοήθη und die Form נחמתי mit ἐθυμώθην; siehe auch RÖSEL, Übersetzung, 161–163.

[9] Ähnlich auch in PHILON, Sacr. 94; Conf. 135.

Scheins agiert statt des Seins.[10] Philon reagiert auf solche Kritik und deutet die anthropomorphe Bildsprache in der *Odyssee*, die Platon als Paradebeispiele für dichterische Lügen bezeichnet hatte. Nachdem er denselben Vers wie Platon zitiert hat, insistiert Philon, dass die Geschichte vielleicht „nicht gerade wahr geredet ist, so doch sehr nützlich und zuträglich" (Somn. I 233).[11] Zwar hält Philons Einsatz für die Bildung breiter Kreise ihn davon ab, die wörtliche Bedeutungsebene alter Erzählungen, seien sie biblisch oder homerisch, gänzlich aufzugeben, doch gibt er eindeutig den „Freunden der Seele" (Imm. 55) den Vorzug, die imstande sind, geistige Wesen zu erkennen. Sie sollen sich der Gottheit folgendermaßen nähern:

[Sie] vergleichen den Seienden mit keiner irdischen Gestalt, sondern lösen ihn ab von jeglicher Qualität (πάσης ποιότητος) – denn eins der Dinge, die zu seiner Seligkeit und seinem höchsten Glück gehören, wäre die Erfassung seiner reinen Existenz ohne ein Kennzeichen – und nahmen allein die Vorstellung des Seins in sich auf, ohne ihm Gestalt zu geben. Die aber Zugeständnisse und Bündnisse mit dem Körper eingingen, können die fleischliche Hülle nicht ablegen und ein einziges und sich selbst genügendes, einfaches, ungemischtes und unvermengtes Wesen nicht schauen (μόνην καὶ καθ' ἑαυτὴν ἀπροσδεᾶ καὶ ἁπλῆν φύσιν ἰδεῖν ἀμιγῆ καὶ ἀσύγκριτον). (Imm. 55–56)

Unter Betonung des Gegensatzes zwischen den beiden epistemologischen Ansätzen geht Philon auf Gottes Transzendenz in durch und durch platonischer Begrifflichkeit ein. Schon Platon schlug philosophische „Richtlinien für die Götterlehre" vor (Staat II 379A). An erster Stelle stehe bei solchen „Gesetzen" die Anerkenntnis der Unveränderlichkeit Gottes, der sich unmöglich „selbst verwandeln will", sondern „allezeit unveränderlich in seiner eigenen Gestalt bleibt" (381C).[12] Unter Zurückweisung anthropomorpher Gottesvorstellungen entwickelt Platon einen alternativen, philosophischen Zugang zur Theologie, der die Götter als geeignete Vorbilder für die Menschen darstellt. Er hebt hervor, die Götter seien in ihrem Wesen „so schön und so gut als überhaupt möglich" (ebd.) – „Gott ist ... in Wirklichkeit gut und muss auch so dargestellt werden" (379B) –, und sie erfreuten sich einer ewigen, unveränderlichen und nicht zusammengesetzten Existenz. Mit anderen Worten, sie gleichen den idealen Formen. Philon unterstreicht ebenso das einfache, nicht zusammengesetzte Wesen Gottes sowie sein wahres Sein. Exodus 3,14 (LXX), wo Gott von sich sagt: „Ich bin der Seiende", ist die Grundlage für Philons Theologie. Zwar zitiert er diesen Vers in der „Exposi-

---

[10] PLATON, Rep. II 379C–382E. Siehe auch CLAY, Plato and Homer; zur Kanonizität Homers siehe FINKELBERG, Canonising and Decanonising Homer; zu Platons Unterscheidung zwischen Wissen und Meinung siehe PLATON, Rep. V 478B–E; Phaidros 246A–248E; Tim. 28A, 69C–70E.

[11] Mit Bezug auf HOMER, Odyssee XVII 485. Andere Stellen, wo Philon seine Forderung nach absoluter Transzendenz mit pädagogischen Bedürfnissen austariert, finden sich bei CALABÌ, Conoscibilità e inconoscibilità.

[12] PLATON, Rep. II 381C: ἀεὶ ἁπλῶς ἐν τῇ αὑτοῦ μορφῇ; siehe auch II 377B–379B. Siehe auch TOBIN, Creation of Man, 36–56.

tion" nicht, aber er erwähnt ihn dreimal im „Allegorischen Kommentar", wobei er hinzufügt,

dass ja auch die Gottheit allein wahrhaft seiend existiert.[13] Deshalb wird er [sc. Mose] auch notwendig von ihm sagen: „Ich bin der Seiende", so dass alles, was nach ihm kommt, nicht im Sein ist, sondern nur dem Scheine nach als bestehend angenommen wird. (Det. 160)

Philon verwendet hier für die Beschreibung des jüdischen Gottes die platonische Unterscheidung zwischen wahrem Sein und Augenschein, wobei er die Eigentümlichkeit der idealen Formen auf Gott überträgt. Dieses Gottesbild wird von der griechischen Übersetzung von Exodus 3,14 gestützt, welche die hebräische Verbform „ich bin" mit einem Partizip Maskulinum wiedergibt und so zu allgemeineren philosophischen Spekulationen anregt.[14] Während Platon regelmäßig ‚das Göttliche' im Neutrum schreibt, kommt Philon die maskuline Konnotation der Form in der Septuaginta sehr gelegen.

In einer wichtigen Hinsicht weicht Philon von Platon ab, nämlich indem er es unterlässt, Gott „gut" zu nennen. Stattdessen sagt er, dass Gott jenseits aller Beschaffenheit und „ohne Eigenschaften ist, nicht nur ohne menschliche Gestalt" (All. I 36).[15] Selbst ein Mose durfte nur seine bloße Existenz wahrnehmen, während ein genaueres Erforschen von Gottes „Wesen und Beschaffenheit" töricht und kindisch gewesen wäre (Post. 168). Philon ist somit im „Allegorischen Kommentar" bezüglich Gottes gütigem Wesen um einiges weniger gewiss als Platon. Während dieser versicherte, Gott sei gut und könne „gefunden", aber nicht allen verständlich mitgeteilt werden (Timaios 28C), kommt Philon zu dem Schluss, dass Gott alle menschliche Erkenntnis schlechthin überschreite.[16]

John Whittaker hat in einem richtungweisenden Aufsatz argumentiert, dass Philons Theologie im Kontext des alexandrinischen Platonismus mit seiner typisch pythagoreischen Tendenz zu verstehen sei. Er verweist auf das oben zitierte Fragment des Eudoros, das vom „transzendenten Gott" spricht. Darüber hinaus betont Whittaker, dass Philon den Pythagoreer Philolaos zitiert in Bezug auf Gott als „einen Herrscher und Lenker aller Dinge, einen einzigen ewigen Gott, der beständig ist und unbewegt, nur sich selbst gleicht und von allen anderen verschieden ist".[17] Philon ist auch mit Kreisen pythagoreischer Platoniker vertraut, deren Ansicht er so wiedergibt, dass „das Ungewordene keinem Ding innerhalb der Schöpfung ähnlich sei, sondern sie in allem überrage (ὑπερβάλλον), so dass auch der schnellste

---

[13] ὁ θεὸς μόνος ἐν τῷ εἶναι ὑφέστηκεν.
[14] Siehe auch STAROBINSKI-SAFRAN, Exode 3,14 dans l'œuvre de Philon.
[15] PHILON, All. I 36: ἄποιος γὰρ ὁ θεός, οὐ μόνον οὐκ ἀνθρωπόμορφος.
[16] PHILON, Post. 169; Det. 89.
[17] PHILON, Opif. 100; EUDOROS bei SIMPLIKIOS, In Aristotelis physicorum libros commentaria 181,17, zitiert von WHITTAKER, Neopythagoreanism, 78.

Verstand weit hinter seiner Erfassung zurückbleibe und seine Ohnmacht eingestehe" (Somn. I 184). Whittakers sehr überzeugende Argumentation bestätigt den alexandrinischen Kontext von Philons transzendenter Theologie. Seine Analyse macht uns auf eine ganze Reihe weiterer sinnverwandter Äußerungen quer durch den „Allegorischen Kommentar" aufmerksam. Philons Behauptungen, Gott sei „selbst der Eine und das All" (All. I 44), „ungeworden, unvergänglich und unwandelbar" (I 51), „ohne Gestalt" (Imm. 55) und „höher als die [göttlichen] Kräfte" (Conf. 137), ergeben im alexandrinischen Kontext in der Tat Sinn.[18]

Es ist an der Zeit, über diese Einsichten hinauszugehen und zu erkennen, dass Philon bei der Entwicklung einer negativen Theologie in Alexandria eine Vorreiterrolle einnahm. Im extremsten Abschnitt seines Werkes äußert er eine Auffassung, die an Negativität alle seine platonischen und pythagoreischen Vorgänger, soweit die erhaltenen Fragmente das zum Ausdruck bringen, an Radikalität übertrifft. Darin insistiert er, dass man über Gott buchstäblich gar nichts wissen könne:

Wer Sicherheit leisten lassen kann, vermag es nicht auch vollständig in Beziehung auf Gott; denn keinem hat er sein Wesen gezeigt (οὐδενὶ γὰρ ἔδειξεν αὐτοῦ τὴν φύσιν), hat es vielmehr für das ganze Menschengeschlecht unerkennbar gelassen. Wer vermöchte etwa zu sagen, ob die letzte Ursache unkörperlich oder körperlich ist, ob sie Eigenschaften hat oder eigenschaftslos ist, oder überhaupt über ihr Wesen und ihre Beschaffenheit, ihr Verhalten und ihre Bewegung eine bestimmte Aussage zu machen? (All. III 206)

Wie negativ Philons Theologie ist, erschließt sich am besten aus seiner These, wir könnten nicht einmal wissen, ob Gott körperlich ist oder nicht. Diese Bemerkung bringt die fundamentalste Unterscheidung der platonischen Ontologie, nämlich die in einen niedrigeren, materiellen und einen höheren, geistigen Bereich, zum Einsturz. Philon lotet die ganze Tragweite des Grundsatzes, dass Gott unbekannt ist, aus und zieht den Schluss völliger Negation. Damit nimmt er den anonymen Kommentator von Platons *Parmenides* vorweg, der dem Problem von Gottes Transzendenz viel Beachtung schenkt und fragt, ob eine solche Vorstellung nicht die Behauptung des Nichtseins der Gottheit in sich schließe.[19]

Philon stellt jedoch weder die Existenz Gottes noch dessen zentrale Bedeutung für den Menschen infrage. Unter der Voraussetzung, dass Gott mithilfe der üblichen Vernunftmittel nicht erfasst werden kann, bedient sich Philon des Gedankens, dass Gott aktiv auf den Menschen zugeht und ihm aus Gnade Erkenntnis gewährt. Im neunten und zehnten Kapitel haben wir gesehen, dass Philon Verse aus den Propheten und den Psalmen anführt, um

---

[18] Siehe auch BONAZZI, Towards Transcendence, 236–239; KAISER, Philo, 183–184; CALABI, God's Acting.

[19] Siehe die Literaturhinweise und die Diskussion bei LERNOULD, Negative Theology.

ekstatische Einsichten zu behaupten. Auch entwickelt er das platonische Motiv der geistigen Schwangerschaften weiter und stellt die These auf, dass Gott die menschliche Seele befruchtet und tugendhafte Vorstellungen hervorbringt. In beiden Fällen geht der Kontakt mit dem Menschen von Gott aus, der ihn überreichlich mit Gütern beschenkt, die jenseits seiner geistigen Fähigkeiten und Reichweite liegen. Diese göttlichen Hinwendungen zum Menschen umhüllt ein Geheimnis mit dem Resultat, dass der menschliche Geist erstaunlich passiv bleibt.

Ähnliche Vorstellungen kennzeichnen Philons Theologie an anderen Stellen. Mose ist die Idealfigur, der Einsichten über Gott zuteil werden, weil er konventionelle Erkenntniswege über Gott ablehnt. In Ablehnung stoischer Gottesbeweise aus der Schöpfung heißt es von Moses Geist, er sei „in die großen Geheimnisse eingeweiht" worden (All. III 100). Außerdem erläutert Philon, dass der Geist, weil er „das Gewordene überspringt", „einen deutlichen Eindruck von dem Ungewordenen empfängt, so dass er durch diesen sowohl ihn selbst [sc. Gott] wie seinen Schatten ... begreifen kann" (ebd.). Philon tut die Schöpfung – in der „Exposition" Hauptweg der Gotteserkenntnis – als bloßen Schatten ab, der Einsicht verhindert. Stattdessen schlägt er vor, dass Gott auf jemanden zukommen kann und dieser Person erlaubt, sein Sein ohne Rückgriff auf die materielle Welt zu sehen. Nach Philon ist die beste Vorbereitung auf eine solche Heimsuchung durch Gott die Wendung nach innen und die Selbsterkenntnis. Die Leser verstehen, dass sie Sinneswahrnehmungen und das Betrachten der Welt hinter sich lassen sollen. Die Abkehr vom Körper befreie den menschlichen Verstand dazu, mit sich selbst zu verkehren und letztlich mit ‚göttlicher Verzückung' (vgl. Migr. 190) begabt zu werden.[20] Das Gebet wird zu einer wichtigen Geste. Philon zeigt auf Mose als Wegweiser, wenn dieser darum bittet, Gott möge „uns seinen Schatz öffnen" (All. III 104). Interessanterweise enthält Gottes Schatzkammer sowohl Gutes wie Böses. Philon, der großen Wert darauf legt, dass seine Leser die ganze Tragweite seiner Aussage ermessen, schreibt: „Du siehst also, dass es auch Schatzkammern des Bösen gibt". Allerdings „öffnet er [sc. Gott] den Schatz des Guten, die [Schatzkammern] des Bösen aber verschließt er" (III 105).[21] Philon streift hier erneut die quälende Frage nach Gottes Wesen. Indem er offenlässt, ob Gott mit all seinen Schätzen – einschließlich des Bösen – identifiziert wird, unterstreicht er, dass Gott über sich selbst bestimmt und der Welt nur seine guten Seiten zeigt.

Philons Vorstellung von Gottes absoluter Transzendenz ist im antiken Judentum revolutionär. Kein jüdischer Autor vor ihm stellte sich Gott als radikal jenseits des materiellen Bereichs und sogar jenseits des Guten vor.

---

[20] PHILON, All. III 100–103; Migr. 185–190. Siehe auch FELDMEIER, Gotteserkenntnis durch Selbsterkenntnis.

[21] PHILON, All. III 104–106, mit Bezug auf Deuteronomium 28,12; 32,34–35.

Unter späteren ‚Gnostikern' und Platonikern jedoch wurde seine Platon-Interpretation mit ihrer typischen Betonung der göttlichen Gnade eher die übliche. Der Gedanke der absoluten Transzendenz Gottes, die so weit geht, dass Gott buchstäblich unerkennbar bleibt, wurde häufig als maßgebliches Merkmal verschiedener gnostischer Systeme bezeichnet.[22] Ob sich aus den zahlreichen Autoren, die frühchristliche Schriftsteller in eine Schublade mit der Aufschrift ‚Berufung auf geheimes Wissen (gnōsis)' gesteckt haben, eine stimmige Theologie rekonstruieren lässt oder nicht, jedenfalls äußern manche unter ihnen Ansichten, die denen Philons erstaunlich ähnlich sind. Valentinus zum Beispiel, der wahrscheinlich im Ägypten des zweiten Jahrhunderts aufwuchs, stellte sich Gott transzendent und „unsichtbar" vor. Erst nach einem heftigen inneren Kampf der menschlichen Seele und durch die Gnade Jesu kann der Mensch eine Gottesschau erhalten. Basilides, der im zweiten nachchristlichen Jahrhundert in Alexandria lehrte, betonte ebenfalls das schlechthin transzendente Wesen Gottes, der eine sich entfaltende Welt und eine ausgewählte Klasse Eingeweihter erschafft. Ebenso widmete der Gnostiker Eugnostos Gottes Unbeschreibbarkeit und Unaussprechlichkeit einen eigenen Hymnus.[23]

Platoniker des zweiten Jahrhunderts bewegten sich in ähnliche theologische Richtungen. Numenios, der Philosoph, der für seine Aufgeschlossenheit gegenüber östlichen Traditionen einschließlich des Judentums bekannt ist, spricht von zwei Göttern – dem Aus-sich-selbst-Seienden und dem Demiurgen. Die Quellenlage ist zu bruchstückhaft, als dass sie eine umfassende Einschätzung seines Denkens erlauben würde, doch Numenios stellt sich eindeutig einen höheren Gott jenseits der stofflichen Welt vor und könnte in

---

[22] BRAKKE, Gnostics, 52–70; LEISEGANG, Gnosis, 1–59; WILSON, Gnostic Problem, 183–201. Die jüngere Forschung hat gezeigt, wie problematisch es ist, an die Gnosis als eine Häresie heranzugehen, und die Vielfalt der gnostischen Entwürfe herausgestellt, so dass man fragen kann, ob es noch sinnvoll ist, von ‚Gnosis/Gnostizismus' zu sprechen; siehe besonders KING, What Is Gnosticism?, 191–236; BRAKKE, Gnostics, 1–28; MARKSCHIES, Gnosis; LIEU, Marcion and the Making of a Heretic. Zu den Verbindungen zwischen Philon und der Gnosis siehe PEARSON, Philo and Gnosticism; C. ANDERSON, Philo of Alexandria's Views. Die Wirkung der Gnosis auf spätere Strömungen im Judentum ist Gegenstand lebhafter Auseinandersetzungen gewesen, wobei SCHOLEM (Jewish Gnosticism; Die jüdische Mystik in ihren Hauptströmungen) sich für ihren maßgeblichen Einfluss auf die jüdische Mystik aussprach; IDEL (Kabbalah, 114–127) und LIEBES (De Natura Dei) hingegen haben innerjüdische Entwicklungen hervorgehoben, die auf direkterem Wege von Philon angeregt worden sein könnten.

[23] VALENTINUS, Frgm. bei CLEMENS VON ALEXANDRIA, Stromateis IV 89,6; II 114,3–6, zitiert und erörtert bei MARKSCHIES, Valentinus Gnosticus?, 153–185, 54–86, 247–251; siehe auch LEISEGANG, Gnosis, 281–297, und BRAKKE, Gnostics, 99–102, der immanente Elemente in Valentinus' Theologie betont; BASILIDES, Frgm. bei HIPPOLYT, Refutatio omnium haeresium VII 20ff., zitiert und erörtert bei LEISEGANG, Gnosis, 213–222; EUGNOSTOS, Frgm., in: Nag Hammadi Codex III 71,13–73,3, zitiert und erörtert bei VAN DER BROEK, Gnostic Religion, 151.

gewissem Umfang sogar von Philons Werk angeregt gewesen sein.[24] Besser ist die Quellenlage bei dem alexandrinischen Platoniker Ammonios, der Plutarch und Plotin beeinflusste und so wesentliche Anstöße für die Entstehung des Neuplatonismus gab. In einer von Plutarch überlieferten Rede hebt er die Einzigkeit und das einfache, reine Wesen der Gottheit hervor. Der schlechterdings transzendente Gott wird vom Demiurgen unterschieden, der es mit dem niedrigeren Bereich der Natur zu tun hat. In einem zu Philon erstaunlich parallelen Gedanken sagt Ammonios außerdem, die transzendente Gottheit nähere sich einem Menschen mit den Worten „Erkenne dich selbst". Auf diese Anrede erwidert die angesprochene Person „Du bist" (Über das Epsilon 17).[25] Ammonios beschreibt somit einen Vorgang gegenseitigen Erkennens und existenzieller Bestätigung, an dem sowohl der Mensch als auch die Gottheit beteiligt sind. Durch Selbsterkenntnis erkennt man Gott, wobei die göttliche Gnade beides erleichtert.

Natürlich geht Philon nicht so weit, den transzendenten Gott vom Demiurgen zu trennen. Er leistet aber einen richtungsweisenden Beitrag dazu und bereitet so der Gnosis und dem späteren Platonismus der griechisch-römischen Zeit den Weg, die sich – teils vielleicht dank seines Werkes – weiter in diese Richtung entwickelten. Im „Allegorischen Kommentar" nimmt Philon einen höherstehenden, wenn auch unbekannten Aspekt Gottes jenseits der Schöpfung und allen moralischen Urteils wahr. Dieser schlechthin transzendente Gott bedarf des Logos, um die Kluft zwischen sich und seiner Schöpfung zu überbrücken.

## Der Logos als Mittler

Zum Ausgangspunkt für die Untersuchung der Logos-Vorstellung machen die meisten Philon-Leser den Anfang des Traktats *Über die Weltschöpfung*. Dort führt Philon den Logos im Zusammenhang seiner Darstellung der Schöpfung ein, wonach Gott weiß, „dass eine schöne Nachahmung niemals ohne ein schönes Vorbild entstehen kann" (Opif. 16). Deshalb schuf Gott zuerst „die gedachte Welt", als deren Abbild er die materielle Welt gestaltete. Die intelligible Welt ist im göttlichen Logos enthalten, oder in Philons Worten:

> ... ebenso hat auch die aus den Ideen bestehende Welt keinen anderen Ort als den göttlichen Logos, der dieses alles geordnet hat. Denn welchen anderen Ort für die göttlichen Kräfte könnte es wohl geben, der geeignet wäre – ich sage nicht alle, sondern auch nur eine einzige, welche es auch sein mag – unverändert aufzunehmen und zu fassen? (Opif. 20)

---

[24] Siehe STERLING, Theft of Philosophy; KÖCKERT, Christliche Kosmologie, 84–126.
[25] PLUTARCH, De E 17–21 (Mor. 391E–394C, Zitat: 392A). Siehe auch DILLON, Middle Platonists, 189–192.

## Kapitel 11: Ein schlechthin transzendenter Gott und sein Logos

In der Forschung hat man sich mit der Erklärung, warum in diesem Abschnitt plötzlich vom Logos die Rede ist, nicht leichtgetan. Ein breiter Konsens besteht darüber, dass er als Mittler zwischen Gott und dem materiellen Bereich fungiert und ansonsten eine Kombination unterschiedlicher Vorstellungen vorliegt. Émile Bréhier spricht gar von „einem bizarren Synkretismus".[26] Die meisten Gelehrten machen einen starken Einfluss der Stoa auf Philons Logos-Gedanken aus, obwohl der Logos als eigene Größe in der Kosmogonie dieser Schule keine Rolle spielt.[27] Zudem verwenden stoische Autoren des ersten nachchristlichen Jahrhunderts diesen Begriff im Allgemeinen nicht, sondern sprechen von der Vernünftigkeit der Natur. Gleichwohl interpretieren viele Forscher die obige Passage aus der „Exposition" in stoischer Manier und verstehen sie als Schlüsseltext, der das Gesamtverständnis und die Entstehung des philonischen Logos-Begriffs beleuchtet. Der Rest von Philons vielfältigem Werk wird dann im Licht dieses Abschnitts gelesen oder, um es deutlicher auszudrücken, mit den Einsichten, die daraus gewonnen wurden, harmonisiert. Eine solche Herangehensweise wird von der englischen Übersetzung der Werke Philons befördert, die diesen Traktat fälschlicherweise ganz an den Anfang stellt und dadurch nahelegt, er sei ein Eingangstor zu Philons Denken.[28]

Dieses Vorgehen ist allerdings hoch problematisch, da es der historischen Entwicklung in Philons Denken nicht gerecht wird. Einen Passus aus der späteren „Exposition" als Schlüssel für viel früher geschriebene Texte zu verwenden, löst unausweichlich die Tatsachen in Nebel auf und endet in Orientierungslosigkeit. David Runia hat neue Interpretationsmöglichkeiten erschlossen, als er sich mit einem Aspekt des obigen Textes aus der „Exposition" befasste. In seiner Deutung des plötzlichen Auftauchens des Logos in Philons Schöpfungsdarstellung regt er vorsichtig an, dass Philon „bei seinen Lesern eine gewisse Vertrautheit mit den Grundzügen seiner Theologie vorauszusetzen scheint". Runia versucht, eine solche Kenntnis seitens der Leser mit dem Hinweis auf einen gemeinsamen philosophischen Hintergrund zu erklären, räumt aber ein, dieser sei „nicht leicht zu verorten".[29] Ich knüpfe

---

[26] BRÉHIER, Les idées, 89: „un bizarre syncrétisme".
[27] Zu stoischen Vorstellungen der immanenten Vernunft (*nous*) in der Schöpfung siehe DIOGENES LAERTIUS VII 135–137. Für hilfreiche Überblicke über den Begriff „Logos" in der griechischen Literatur siehe LÖHR, Logos; TOBIN, Logos. Unter den Forschern, die einen stoischen Einfluss annehmen, siehe besonders DILLON, Middle Platonists, 158–161; WINSTON, Logos and Mystical Theology, 15–20; WOLFSON, Philo I, 226–231 (der auch aristotelische Anklänge ausmacht); siehe auch MORRIS, Jewish Philosopher, 994–995, die auf wichtige Unterschiede zwischen stoischen Vorstellungen und Philons Logos-Begriff hinweist, vor allem im Hinblick auf die Frage der Transzendenz.
[28] Zur richtigen Reihenfolge der Werke Philons siehe auch Kapitel 1 und 5 sowie Anhang 1.
[29] RUNIA, On the Creation, 143: „appears to assume a certain familiarity of his reader with the main lines of his theology" und „not easy to locate".

an diese vorläufige Beobachtung an und argumentiere, dass Philon tatsächlich die Kenntnis seiner Logos-Vorstellung voraussetzt, weil er sie im „Allegorischen Kommentar" bereits eingeführt und eingehend erörtert hatte.

Das Stichwort „Logos" kommt in Philons Werk erstmals in einer durch und durch pythagoreischen Passage vor, in der er die Bedeutung von Zahlen erläutert. Er spricht von der Macht der Sieben, die in der siebenfältigen Struktur kosmologischer, grammatischer, medizinischer und musikalischer Phänomene ebenso sichtbar sei wie in den besonderen mathematischen Eigenschaften dieser Zahl (All. I 8–15). Philon verweist auf die Pythagoreer, welche die Macht der Sieben erklären, indem sie sie „mit der ewig jungfräulichen, mutterlosen [Göttin] vergleichen, weil sie weder geboren wurde noch gebären wird" (I 15). Philon kennt also eine pythagoreische Deutung der Göttin Athene, die deren aus dem griechischen Mythos wohlbekannte Eigenschaften als ein Zeichen für die mathematische Struktur der Welt versteht. Athenes mutterlose Entstehung aus Zeus' Kopf verweist auf die Eigenschaften der Sieben als einer Primzahl, die sich nicht durch Multiplikation herstellen lässt. Die Jungfräulichkeit der Göttin bestätigt außerdem, dass eine Multiplikation der Sieben nicht innerhalb der ersten zehn Zahlen möglich ist. Obwohl Philon den pythagoreischen Ansatz als „mythologische Ausdrucksweise" (ebd.) kritisiert, beruft er sich auf ihn als Beleg für die Macht der Zahl Sieben. Er übernimmt die pythagoreische Vorstellung, dass eine mathematische Struktur das Universum mit Ordnung und Kraft durchzieht, die im Göttlichen gründen.

In diesem Zusammenhang fällt erstmals das Stichwort „Logos". In seiner Erklärung von Genesis 2,3 (LXX), wo es von Gott heißt, er habe am siebten Tag „von all seinen Werken, die Gott zu schaffen begonnen hatte", geruht (All. I 18), hebt er erneut die Bedeutung der Siebenzahl hervor.[30] Wie er betont, bedeute Gottes Ruhen, dass er mit der Erschaffung der sterblichen Dinge aufhört, „wenn er anfängt, die göttlichen und der Siebenzahl wesensverwandten [Dinge] zu gestalten" (I 16). Philon liest den Bibelvers vor dem Hintergrund der für ihn typischen Unterscheidung zwischen einem materiellen und einem spirituellen Bereich, die mit unterschiedlichen Ideen von Schöpfung identifiziert werden. Er stattet diese Zahl auch mit spirituellen und sogar göttlichen Eigenschaften aus und deutet ihre große Nähe zu Gott an. Die spirituelle Schöpfung ist exklusiv mit Gott verbunden und kann deshalb nur stattfinden, wenn die materielle Schöpfung zu ihrem Ende gekommen ist. Diese kosmische Zweiteilung spiegelt sich auch in der menschlichen Seele, wo der Logos eine wichtige Vermittlungsfunktion erfüllt:

---

[30] Die griechischen Übersetzer erweiterten den hebräischen Vers, nach welchem Gott „ruhte von allen seinen Werken, die Gott geschaffen und gemacht hatte", um eine wichtige Dimension.

## Kapitel 11: Ein schlechthin transzendenter Gott und sein Logos

Die ethische Auslegung ist aber folgende: Wenn der der Siebenzahl entsprechende heilige Logos (ὁ κατὰ ἑβδομάδα ἅγιος λόγος) sich der Seele bemächtigt, dann ist die Sechs außer Kraft gesetzt samt allem Sterblichen, was die Seele durch sie [sc. die Sechs] zu wirken scheint. (All. I 16)

Der Logos wird als „heilig" und zu Gott gehörig bestimmt, entspricht aber auch der Siebenzahl und erfüllt die Welt mit einer besonderen, himmlischen Energie. Während Gott nach der Erschaffung der Welt aufhörte, sich mit sterblichen Dingen zu befassen, spielt sein Logos eine konkrete Rolle in der menschlichen Seele, indem er sie daran hindert, niedrige, sterbliche Dinge hervorzubringen, für welche die zusammengesetzte Zahl Sechs steht.

Darüber hinaus führt Philon das biblische Motiv von Gottes Segnung und Heiligung des siebten Tages an (Genesis 2,3). Der Logos übernimmt die Rolle einer geheiligten Gegenwart, welche die niederen, materiellen Bereiche durchdringt, mit denen Gott nicht in direkten Kontakt treten kann, und erfüllt eine ähnliche Aufgabe wie die Zahlen im pythagoreischen Entwurf. Philon baut seine Auslegung von Genesis 2,3 weiter aus und behauptet, dass Gott „die Sinnesarten, die sich gemäß der Sieben und dem wahrhaften göttlichen Licht betätigen" (All. I 17), segnete. Diese Betätigung scheint durch den Logos veranlasst zu sein, der in die geschaffene Welt eingreift und den Menschen darin bestärkt, sich unsterblichen Werten zu verschreiben. Der Nasiräer, der als Ausdruck der Hingabe an Gott gelobt, sieben Tage lang auf Weingenuss zu verzichten, dient als Musterbeispiel. Diese strikte Abstinenz wird in Bezug auf die Ausrichtung des Nasiräers auf „die Sieben und ihr vollkommenes Licht" (I 18) gedeutet und mit göttlichen Segnungen und Heiligungen belohnt.

Genesis 2,4 (LXX) liefert Philon weitere Motive, um die Rolle des Logos zu erörtern:

„Dies ist das Buch der Schöpfung von Himmel und Erde, als sie entstand" (Genesis 2,4 LXX).[31] Dieser sich gemäß der Siebenzahl bewegende vollkommene Logos ist die Quelle des Verstandes, der sich nach den Ideen formiert, sowie der Sinneswahrnehmung, die sich – wenn man sich so ausdrücken darf – nach den Ideen formiert. Ein „Buch" aber nennt Mose den göttlichen Logos, in dem die Gestaltung der anderen Wesen eingeschrieben und eingraviert sind. Damit du aber nicht glaubst, die Gottheit schaffe irgendetwas in abgegrenzten Zeitabschnitten, sondern wisset, dass das Schöpfungswerk menschlicher Wahrnehmung, Berechnung und Erkenntnis sich entziehe, fügt er hinzu: „als sie entstand", ohne über das Wann etwas Bestimmtes anzugeben. (All. I 19–20)

Philon geht hier den mannigfaltigen Bedeutungen des Wortes „Logos" nach, die von „Wort" und „Buch" bis hin zu „Vernunft" reichen. Das biblische Motiv des Buches versteht er als Hinweis auf einen höheren Logos, welcher

---

[31] Die Septuaginta übersetzt den Ausdruck „die Geschichte von Himmel und Erde" (תולדות השמים והארץ) mit „das Buch der Schöpfung von Himmel und Erde" (ἡ βίβλος γενέσεως οὐρανοῦ καὶ γῆς).

der Welt eine vernünftige Struktur verleiht und mit den platonischen Ideen in Verbindung steht. Während diese als selbstverständlich vorausgesetzt werden, präsentiert Philon unsicher neue Gedanken über den Logos. Er ist sich völlig darüber im Klaren, dass seine Leser überrascht sein mögen, und fragt sich, ob „man sich so ausdrücken darf". Den Logos schildert er in Begriffen der pythagoreischen Zahlentheorie und schreibt ihm dann eine besondere Rolle bei der Schöpfung zu. Philon hält ihn für den Beginn beziehungsweise die „Quelle" der Schöpfung und deutet eine ideale Schöpfung an, die nicht solchen materiellen Kategorien wie der Zeit unterstellt ist. Im Rückgriff auf platonische und pythagoreische Vorstellungen führt Philon radikal neue Auffassungen ein. Innerhalb der platonischen Tradition vertritt er als Erster, dass die Ideen nicht ewig sind, sondern von Gott geschaffen wurden. Innerhalb der jüdischen Tradition behauptet er als Erster, dass der Erschaffung der Welt eine vom Logos bewirkte ideale Schöpfung vorausging.

Philons innovativer Ansatz könnte sehr wohl vom ungewöhnlichen Wortlaut der Verse Genesis 2,4–5 nach der Septuaginta, der vom hebräischen Original erheblich abweicht, angeregt worden sein. Den hebräischen Text leiten zwei lose miteinander verbundene Nebensätze ein: „Zur Zeit, als Gott, der HERR, Erde und Himmel schuf und es auf der Erde noch keine Feldsträucher gab und noch keine Feldpflanzen wuchsen …" Die griechischen Übersetzer verbanden jedoch die beiden Nebensätze, gaben die Nominative „Feldsträucher" und „Feldpflanzen" im Akkusativ wieder und machten sie so von Gottes Schöpfungsakt abhängig. Wichtiger noch, sie fügten die temporale Konjunktion „bevor" hinzu und legten den folgenden Ablauf der Ereignisse nahe: „An diesem Tag schuf Gott den Himmel und die Erde und alles Grün des Feldes, bevor es auf der Erde entstand (πρὸ τοῦ γενέσθαι ἐπὶ τῆς γῆς), und alle Grünpflanzen des Feldes, bevor sie aufgingen (πρὸ τοῦ ἀνατεῖλαι)" (Genesis 2,4–5 LXX). Wie Martin Rösel bemerkt, nehmen die Übersetzer ins Griechische hier die platonische Vorstellung einer idealen Schöpfung an, die der materiellen Welt vorausgeht.[32] Die alexandrinischen Übersetzer scheinen die biblische Schöpfungserzählung im Licht von Platons *Timaios* gelesen zu haben, in dem ein vorgegebener idealer Kosmos das Muster für die Erschaffung der materiellen Welt abgibt (Timaios 28A–29D). Philon ist sich dieser alexandrinischen Tradition nur zu genau bewusst und scheint sich zu fragen, wie sich eine solche ideale Schöpfung im Kontext jüdischer Theologie denken lässt. Für ihn muss Gott eindeutig die Schöpfung der Ideen durch den Logos in Gang gesetzt haben: „Denn mit seinem klaren und weithin strahlenden Logos schuf Gott beides, die Idee des Verstands, die er [sc. Mose] symbolisch ‚Himmel' nennt, und die Idee der Sinnlichkeit, die er mit einem bezeichnenden Ausdruck ‚Erde' nennt" (All. I 21).

---

[32] RÖSEL, Übersetzung, 59.

## Kapitel 11: Ein schlechthin transzendenter Gott und sein Logos 261

Philons Logos-Theologie entstand also in einem durch und durch alexandrinischen Umfeld mit seiner typischen Ausrichtung auf platonisches und pythagoreisches Gedankengut. Sie gibt eine Antwort auf die Frage, wie der schlechthin transzendente Gott an der Schöpfung beteiligt gewesen sein kann. Mit einem Gespür für die ganz unterschiedlichen Bedeutungen des Wortes „Logos", die von einem so konkreten Gegenstand wie einem Buch bis hin zur abstrakten Vernunft reichen, misst Philon diesem Begriff zentrale Bedeutung zu und entwirft ihn als idealen Mittler zwischen dem materiellen und dem himmlischen Bereich. Angeregt von seinem intellektuellen Milieu, leistet Philon einen bedeutenden eigenen Beitrag.

Unser Ergebnis wird ferner von Zeugnissen anderer Platoniker gestützt. In unserem Zusammenhang am interessantesten sind Thrasyllus, ein Zeitgenosse Philons, der ebenfalls in Alexandria aufgewachsen war und später als Protegé des Tiberius nach Rom zog, und Moderatos, ein Platoniker, der nur eine Generation nach Philon lebte, sowie Plutarch, dem wir bereits an zahlreichen Stationen von Philons Biographie begegnet sind. Thrasyllus spricht von einem „Logos der Formen", den er in den stoischen Begriffen einer produktiven Kraft erklärt, die in der *physis* jedes Dinges wirkt, während Moderatos dem Logos eine herausragende Rolle beim Schöpfungsvorgang zuschreibt. Bedeutsamerweise meint er, dass Platon zufolge die Schöpfung durch einen Rückzug des einheitlichen Logos zustande kommt.[33] Am wichtigsten ist Plutarchs platonische Auslegung des ägyptischen Mythos von Isis und Osiris, wo er die Rolle des Logos bei der Schöpfung hervorhebt. Isis wird als das weibliche Naturprinzip identifiziert, von Platon das „Allaufnehmende" genannt, das von der Vernunft in allerlei Formen und Gestalten verwandelt wird. Plutarch begegnet dem Verdacht, die Schöpfung könne eine illegitime Verunreinigung widerspiegeln, mit der Beteuerung, Hermes, das heißt der Logos, bezeuge die Korrektheit des Vorgangs, und fügt hinzu: „Bevor unser Kosmos in Erscheinung trat und seine rohe Materie durch den Logos vollständig geformt wurde", „wurde er von der Natur geprüft" (De Iside et Osiride 54 [Mor. 373B]). Auch hier ist der Logos in der präexistenten Phase der Schöpfung beteiligt, wenn er Materie formt, mit der Gott nicht in Berührung kommt. Philon erweist sich demnach als der erste Platoniker, der für den Logos in den frühen Stadien der Schöpfung eine Funktion vorsieht und möglicherweise andere angeregt hat, in seine Fußstapfen zu treten.

Bleibt uns noch zu untersuchen, wie Philon sein Logos-Konzept im Verlauf des „Allegorischen Kommentar" verwendet und entwickelt. Insbesondere gehen wir der Frage nach, wie er den Logos als Mittler in der fortdauernden Beziehung zwischen Gott und Mensch ausgestaltet. Zunächst spielt der

---

[33] THRASYLLUS, Frgm. in Harmonika 12 (zitiert von TARRANT, Logos, 201); MODERATOS, Frgm. bei SIMPLIKIOS, In Aristotelis physicorum libros commentaria (Commentaria in Aristotelem Graeca IX) 230,34–231,21 (zitiert von HUBLER, Moderatus, 120).

Logos eine wichtige epistemologische Rolle. Während Gott selbst unerkennbar ist, kann sein Logos vom Menschen wahrgenommen werden. Philon sagt sogar, Gott zu begreifen bedeute, sein Wort (*logos*) zu begreifen. Abraham habe nicht Gott erfasst – denn „welcher menschliche Verstand könnte die Größe der Erscheinung fassen?" (Mut. 15) –, sondern sei stattdessen einer Manifestation von „einer seiner [ihn umgebenden] Kräfte" begegnet (ebd.). Philosophen, so erläutert Philon außerdem, werden „sein Abbild [sehen], den allerheiligsten Logos" (Conf. 97).[34]

Gott tritt vermittels des Logos von sich aus auf den Menschen zu, lässt Tugenden auf ihn herabträufeln und öffnet ihm seine „Schatzkammer". Ferner bietet er geistige Nahrung in Gestalt des Manna an. Durch kreative Kombination zweier Verse aus dem Buch Exodus argumentiert Philon, dass das Manna mit dem göttlichen Logos identisch sei, der „dem Tau vergleichbar" ist. Der Logos ist „fein im Denken und im Gedachtwerden und durchaus klar und rein anzusehen" (All. III 170). Wichtiger noch, der Logos ermöglicht „Anteilhabe" (μετουσία). In der Gemeinschaft mit dem göttlichen Logos vertreibe die menschliche Seele Dunkelheit und schlechte Sicht. Wenn Seelen „die Einwirkung des Logos erfahren", gewinnen sie Zugang zu neuen Einsichten.[35] Zwar enthält sich Philon auffälligerweise jeder konkreten Ausgestaltung dieser Zustände der Gemeinschaft mit Gottes Logos, doch ist die bloße Vorstellung einer Annäherung zwischen der menschlichen und der göttlichen Sphäre für seine Theologie eindeutig wichtig.

Philon bewegt sich auf den Gedanken göttlicher Emanation zu, worin der Logos eine Hauptrolle spielt. Seiner allegorischen Auslegung zufolge stehen die sechs biblischen Asylstädte für sechs Erscheinungsweisen Gottes, deren höchste der Logos ist, während die übrigen fünf verschiedene göttliche Kräfte sind. Philon rühmt den Logos als die beste Mutterstadt, in der die Menschen Zuflucht suchen sollen, wohingegen er der „schöpferischen Kraft" die Erschaffung des Kosmos zuschreibt und der „königlichen Kraft" das Weltregiment (Fug. 95). Durch seine „gnädige" Kraft erbarmt sich Gott seiner Geschöpfe und fühlt mit ihnen mit, und zwei Aspekte seiner „gesetzgeberischen" Kraft bestimmen Pflichten und Verbote (ebd.).[36] Philon scheint sich diese verschiedenen Kräfte als Emanationen Gottes vorzustellen, die sich auf

---

[34] PHILON, All. III 100; Migr. 174; All. I 38.
[35] PHILON, All. III 104, 169–173.
[36] Aufgrund einer Lücke im Text sind die genauen Aufgaben der gesetzgeberischen Kräfte nicht klar; siehe auch IDEL, Absorbing Perfections, zur Interaktion zwischen den verschiedenen Kräften Gottes in Philons Theologie; IDEL, Enchanted Chains, zu neuplatonischen Modellen der Emanation und ihrer Bedeutung für die jüdische Mystik; BEN SASSON/ HALBERTAL, Divine Name, zu Philons Bezeichnungen für die göttlichen Attribute im Vergleich zu jenen der Rabbinen.

einer Stufenleiter in wachsender Distanz zu ihm anordnen lassen. Der Logos ist Gott am nächsten, die gesetzgeberischen Kräfte stehen am unteren Ende. Philon spricht von dem „großen Reichtum dieser wohltätigen Kräfte" (Fug. 96), die sich nach den unterschiedlichen Bedürfnissen der Menschen richten. Je nach Menschentyp stellt sich Philon also einen anderen Weg vor:

[Mose] ermahnt also den, der schnell laufen kann, in atemloser Hast zu dem Höchsten zu eilen, dem göttlichen Logos, welcher die Quelle der Weisheit ist, um von ihrem Nass zu schöpfen und ewiges Leben anstatt des Todes als Preis zu erhalten. (Fug. 97)

Philons Bild derer, die beim göttlichen Logos Zuflucht nehmen und dadurch spirituelle Unsterblichkeit erlangen, ist der gewagte Ausdruck einer lebendigen Frömmigkeit, die in der Nähe des Menschen zu Gottes Emanation, wenn nicht gar in der Vereinigung mit ihr gipfelt. Der Logos ermöglicht es den Schnellsten, das heißt den philosophischsten Menschen, mit der Gottheit in direkten Kontakt zu treten. Weniger Begabte werden sich Gottes niedrigeren Kräften zuwenden, wobei manche ihn in der Schöpfung, andere in seiner Gesetzgebung erkennen. Philon zufolge haben die niedrigeren Kräfte konkrete Repräsentationen in den Gesetzestafeln, der Deckplatte der Bundeslade und den geflügelten Cherubim. Nur der „über diesen [anderen göttlichen Kräften] stehende (ὑπεράνω τούτων)" göttliche Logos, insistiert Philon, „fügte sich nicht in eine sichtbare Gestalt, da er keinem der sinnlich wahrnehmbaren Dinge gleicht" (Fug. 101). Philon beschreibt also den Logos in der Sprache völliger Transzendenz, der wir am Anfang dieses Kapitels in Bezug auf Gott begegnet sind. Im Gegenüber zur sichtbaren Welt nimmt der Logos die Stelle Gottes ein, erlaubt dem Menschen aber, ihn wahrzunehmen, Anteil an ihm zu erhalten und sogar Zuflucht bei ihm zu finden. Zusammenfassend hält Philon fest, dass bei denen, „bei welchen das Seelenleben in Ehren gehalten wird, der göttliche Logos wohnt und wandelt" (Post. 122). Diese göttliche Gegenwart unter den Menschen ist bedeutungsvoll angesichts dessen, dass Philon den Logos den zweiten nach Gott selbst, dem „allgemeinsten [Sein]", nennt (All. II 86).

Angesichts der späteren ‚Gnostiker' und Platoniker, die auf dem Weg zu Gott ebenfalls Mittlergestalten annehmen, ist die Bedeutung von Philons Logos-Theologie offensichtlich. Valentinus war wie Philon von Platons Werken angeregt und stellte sich einen „lebenden Aion" vor, der als für den Menschen sichtbares Abbild Gottes fungiert. Ist die Quellenlage zu fragmentarisch, um eine angemessene Einschätzung des Aion und seiner Rolle in Valentinus' Theologie zu erlauben, so scheint sich Basilides eine detaillierte Emanationsreihe ausgemalt zu haben. Der Darstellung des Irenäus zufolge sprach er davon, dass Gott verschiedene Emanationen hervorbringt, zuerst Nus und Logos, dann Urteilskraft und Weisheit. Letztere gebiert die „Kräfte". Schließlich hebt Albinos, ein Platoniker des zweiten Jahrhunderts, hervor, der Gedanke der Angleichung an Gott könne sich nicht auf den „jenseitigen Gott", sondern müsse sich auf einen Mittler beziehen.[37]

## Fazit

Im „Allegorischen Kommentar" entwickelte Philon eine Theologie, die sich von seinem Denken in der „Exposition" signifikant unterscheidet, wo er die Schöpfung in den Rang eines jüdischen Dogmas erhebt und im Brustton der Überzeugung sagt, dass „das Menschengeschlecht ..., wenn es der Natur folge, dadurch das edelste Ziel erreiche, nämlich die Erkenntnis des wahrhaft Seienden" (Decal. 81). Die „Exposition" lässt nicht mehr die ernsten Zweifel erkennen, die Philon als junger Mann in Bezug auf die Schöpfung und die Erkennbarkeit Gottes hegte. Zu Beginn seines Schaffens griff er intensiv die Diskurse in seiner Heimatstadt Alexandria auf und vertrat dabei eine typische Ausrichtung auf den Platonismus und den Pythagoreismus mit ihrer charakteristischen Betonung der Transzendenz. Er trieb diese Ideen weiter als seine Vorgänger und formulierte erstmals eine negative Theologie, die einen unergründlichen Gott jenseits von Gut und Böse postuliert. Auch legte Philon die jüdische Bibel kreativ aus und entwickelte eine Theorie des Logos als einer Mittlergestalt, die es dem Menschen erlaubt, sich dem göttlichen Bereich anzunähern, ohne Gott zu nahe zu kommen. Ein Großteil von Philons Vorstellungen taucht später bei gnostischen und platonischen Autoren wieder auf, die vielleicht von ihm angeregt waren, da viele von ihnen aus Alexandria stammten.[38]

Als junger Mann äußerte Philon theologische Gedanken, die in der Folgezeit im griechischen Osten en vogue waren, in Rom aber eher bedeutungslos blieben. Im Gegensatz dazu greift die spätere Schöpfungstheologie der „Exposition" römische Diskurse auf und steht im Einklang mit jenen Autoren, die in der Kirche kanonisch wurden. Wir können somit folgern, dass die Schöpfung zu einer wichtigen Trennlinie wurde. Wer ihr einen Platz im Zentrum seiner Philosophie oder Theologie zuweist, bringt damit sein Engagement für diese Welt zum Ausdruck und infolgedessen die Bereitschaft, sich politisch, das heißt in den Strukturen römischer Macht, zu betätigen. Zweifel

---

[37] VALENTINUS, Frgm. bei CLEMENS VON ALEXANDRIA, Stromateis IV 89,6, zitiert und besprochen von MARKSCHIES, Valentinus Gnosticus?, 153–157; BASILIDES, Frgm. bei IRENÄUS, Adversus haereses I 24,3–7, zitiert und besprochen von LEISEGANG, Gnosis, 245–249, vgl. auch LÖHR, Basilides; ALBINOS, Didaskalikos 28. Siehe auch TARRANT, Date of the Anon., 186.

[38] Siehe auch RUNIA, Witness or Participant?, der sich nachdrücklich dafür ausspricht, man müsse mit der Möglichkeit rechnen, dass platonische Denker Philon lasen. Dies wird oft mit der Begründung verworfen, dass Philon nicht namentlich genannt wird und als Jude, der sich mit Geschichten aus der Bibel befasst, in paganen Kreisen nicht gelesen worden sei.

am Wert der Schöpfung wiederum weisen auf einen Rückzug aus der Welt, einschließlich der Politik, hin. Philon bewegte sich von der einen Denkweise zur anderen: Er entwickelte sich von einem nach innen gewandten Autor in Alexandria mit radikal transzendenten Vorstellungen über Gott, den Menschen und die Welt hin zu einem Botschafter und Schriftsteller in Rom, der von Gottes Gegenwart in der Welt überzeugt ist und hoch sensibel für aktuelle Diskurse in der Reichshauptstadt. Kein zweiter Autor, dessen Werk erhalten geblieben ist, durchlief eine solch dramatische und eindrucksvolle Entwicklung: Philon war auf beiden Gebieten kreativ und produktiv und gab Impulse für breitere Debatten, anfangs im Osten und später dann auch im Westen.

# 12

## Philon und die Stoa:
## Ablehnung, Umdeutung, Zustimmung

Die Frage nach Philons Verhältnis zur Stoa im „Allegorischen Kommentar" ist ein kompliziertes Thema. Im Vergleich zur „Exposition" und zu den philosophischen Schriften steht er hier den Hauptlehren dieser Schule erheblich verhaltener gegenüber. Beispielsweise lobt er noch keine bestimmten Stoiker wie Panaitios dafür, den Gedanken wiederkehrender Weltenbrände aufgegeben zu haben, sondern weist die „bei der Weltverbrennung gefabelten Wunderdinge" pauschal zurück (Her. 228). Im Vergleich mit anderen alexandrinischen Philosophen zeigt er jedoch bereits in der frühen Phase seines Schaffens Interesse an der Stoa und räumt sogar ein, diese Schule genieße den besten Ruf.[1] Sein „Allegorischer Kommentar" ist der eindeutigste Beleg für stoisches Gedankengut im Alexandria des ersten Jahrhunderts, wo, wie wir gesehen haben, allgemein der Platonismus vorherrschend und sorgsam darauf bedacht war, sich von der Stoa abzugrenzen.

Wir haben nun zu untersuchen, wie genau Philons Haltung zum Stoizismus zu Beginn seiner Laufbahn ausgesehen hat. Die Frage lautet nicht nur, welche stoischen Vorstellungen ihm als jungem Mann bekannt waren, sondern auch, wie er sie interpretiert und verwendet hat, und dabei haben wir Carlos Lévys Mahnung zu beherzigen, „wie falsch die These ist, Philon sei ein vorbehaltloser Anhänger des Stoizismus gewesen".[2] Nachdem von der umfassenden Verwendung stoischen Gedankenguts in seinem Spätwerk bereits die Rede war, können wir nun die Anfänge von Philons Beschäftigung mit dieser Schule würdigen, als er sich noch viel allgemeiner und zwiespältiger zu ihr verhielt. Ein wichtiger Gesichtspunkt dieser Untersuchung hängt mit der Frage nach der relativen Priorität des Stoizismus in Philons Frühwerk zusammen. Angesichts dessen, dass Philon zu Beginn seiner Laufbahn ein überzeugter Platoniker war, der Gottes völlige Transzendenz und die Flucht der Seele aus der materiellen Welt betonte, wie viel

---

[1] PHILON, Aet. 76; Her. 228; All. III 97: „die für die besten Philosophen geltenden Männer".
[2] LÉVY, Philo's Ethics, 157: „just how mistaken the thesis is that Philo unconditionally adheres to Stoicism". Stoischen Einfluss auf Philon betonen dagegen folgende Forscher: POHLENZ, Stoa, 369–379; BRÉHIER, Les idées, 252–259; REYDAMS-SCHILS, Socratic Higher Ground.

Raum ließ er da für stoisches Gedankengut? Nahm er die philosophischen Thesen der Stoiker wirklich ernst, oder verwendete er vielmehr einige ihrer Begriffe als rhetorische Ausschmückung oder allgemeine Attitüde? Welche Rolle spielten darüber hinaus die Erfordernisse der Bibelauslegung für die Auswahl relevanter Motive aus dem Stoizismus?[3]

Eines der Haupthindernisse der Diskussion ist der Eklektizismus heutiger Forscher, die abwechselnd Stellen aus Philons späteren und seinen früheren Werken verwenden ohne Beachtung ihres jeweiligen historischen und philosophischen Kontexts. Infolgedessen hat man die erheblichen Unterschiede innerhalb von Philons Schriften übersehen und harmonisierende Interpretationen vorgelegt. Ich vertrete einen streng historischen Ansatz und differenziere zwischen seinem Spätwerk, aus dem ich bereits zahlreiche stoische Gedanken benannt habe, und dem „Allegorischen Kommentar", der zu anderen Ergebnissen führen kann. Die frühen Traktate würdige ich aus sich selbst heraus als Beleg für Philons Standpunkt als Bibelexeget in Alexandrien vor der Gesandtschaft zu Gaius Caligula im Jahre 38 n. Chr. Außerdem besteht in der Philon-Forschung eine Tendenz zu mangelndem Bewusstsein für die geschichtliche Entwicklung der stoischen Schule, und ihre verschiedenen Phasen werden selten voneinander abgegrenzt. So wie Philon irrtümlich als vermeintlich homogener Autor angesehen wird, behandelt man auch den Stoizismus oft, als sei er ein einziges, einheitliches System, ungeachtet aller Entwicklungen im Lauf der Zeit und je nach geographischem Raum. Eine solche monolithische Sichtweise wird jedoch schon von den Stoikern selbst infrage gestellt, denen Differenzen innerhalb ihrer Schule bereits in der Antike bewusst waren. Antipatros von Tarsos schrieb eine nicht mehr erhaltene Abhandlung über den *Unterschied zwischen Kleanthes und Chrysipp*, den beiden Schulhäuptern in der Nachfolge des Gründers Zenon. Plutarch untersuchte Unterschiede zwischen den Stoikern und meinte, sie würden einander so sehr widersprechen, dass sich keine übergeordnete Schulphilosophie ausmachen lasse. Auch wenn Plutarch die Bandbreite stoischen Denkens polemisch übertreibt, bietet er doch hinreichend Ansatzpunkte, um ein äußerst vielschichtiges Bild nahezulegen. Diogenes Laertius, der einen neutraleren Überblick über die griechische Philosophie gibt, bestätigt diesen Eindruck, wenn er auf die intellektuelle Vielfalt unter den Stoikern verweist. Panaitios wird immer wieder als Vertreter abweichender Ansichten erwähnt.[4] Ein

---

[3] Siehe NIKIPROWETZKY, Le commentaire, der die übergreifende Bedeutung der Exegese in Philons Werk herausgearbeitet hat, der seines Erachtens alle philosophischen Gedanken untergeordnet sind.

[4] PLUTARCH, De Stoicorum repugnantiis 4–8 (Mor. 1034A–E); DIOGENES LAERTIUS VII 92, 142, 149. Zu Plutarchs Glaubwürdigkeit als Kritiker des Stoizismus siehe BABUT, Polémique et philosophie.

streng historischer Zugang zu Philon wie auch zur stoischen Philosophie sorgt also für nuanciertere und präzisere Antworten auf die Frage nach Philons Verhältnis zu dieser Schule. Mithilfe historischer Methoden untersuchen wir, welche stoischen Ansichten Philon im „Allegorischen Kommentar" herausgreift, um sie zu kritisieren, welche er neu interpretiert und schließlich, welche er mit Freuden befürwortet.

## Ablehnung des stoischen Materialismus

Im „Allegorischen Kommentar" positioniert sich Philon im Widerspruch zum stoischen Materialismus, insbesondere, wenn er die Vorstellung wiederkehrender Weltenbrände zurückweist, die den Gedanken von Gottes Transzendenz und Allmacht infrage stellt. Im stoischen Denken ist der höchste Gott Teil der Weltenumläufe und gehört daher zum Bereich der Materie, welcher der Zerstörung und Wiederherstellung unterworfen ist. Diogenes Laertius erläutert diesen Vorgang einigermaßen detailliert. Gott beziehungsweise Zeus gilt im Allgemeinen als identisch mit der „erzeugenden Weltvernunft" (VII 136), die für alles Wachstum verantwortlich ist, während Zenon und einige seiner Schüler den Kosmos direkt mit der Substanz Gottes gleichsetzten. „Der Schöpfer der Weltordnung", führt Diogenes weiter aus, „zehrt nach bestimmten Zeitabschnitten die gesamte Substanz für seinen eigenen Bestand in sich auf und erzeugt sie dann wieder aus sich selbst" (VII 137). Der Kosmos „ist vergänglich", weil seine Teile verfallen und zugrunde gehen (VII 141). Die zyklische Erschaffung und Zerstörung der Welt ist möglich, weil die Welt aus einer göttlich durchdrungenen Substanz besteht und dem sie umgebenden unendlichen Leeren Raum bieten für periodisch wiederkehrende Ausdehnung (VII 135–148).

Derlei Theorien sind für Philon ein Gräuel. Den Mythos der Weltenbrände und die irrige Annahme einer Leere erwähnt er geringschätzig und betont, diese seien von Gott widerlegt, der dem *einen* bestehenden Kosmos Grenzen setzt und ihn in seiner Vorsehung lenkt. Philon stellt außerdem heraus, dass Gott unergründlich sei und nicht von etwas Messbarem gemessen oder darin enthalten sein könne. Als Platoniker lehnt er die stoische Vorstellung eines Gottes, der in den Bereich der Materie eintaucht, kategorisch ab. In seinen Augen mangelt es der stoischen Kosmologie am nötigen Bewusstsein für Gottes Transzendenz und seine allumfassende Macht. Philons Kritik ist besonders beachtenswert im Hinblick darauf, dass Plutarch eine Generation später ähnliche Ansichten formulieren wird. Als Platoniker beklagt dieser, die Stoiker verstießen gegen universale Annahmen über das Göttliche, wenn sie unterstellen, dass der Demiurg an den Weltenbränden beteiligt sei. Indem er periodisch die vergängliche Materie und sterbliche Götter in sich aufnehme, erhalte der Demiurg „das Merkmal der Vernichtung". Plutarch lehnt ein solches Denken ab und behauptet, er bedeute einen fundamentalen Angriff auf die überkommene Frömmigkeit.[5]

Im Traktat *Über die Wanderung Abrahams*, der vom Auszug der Seele aus dem Bereich der Materie handelt, spricht Philon weitere Aspekte des stoischen Materialismus an. Bei seiner Erörterung von Abrahams Aufbruch aus Chaldäa (Genesis 11,31) schreibt er dessen Einwohnern stoische Grundsätze zu, die der Erzvater angemessenerweise hinter sich lasse. „Diese Leute", beklagt er,

nahmen an, dass dieser sichtbare Kosmos unter den seienden Dingen allein existiere, indem er entweder selbst ein Gott sei oder in sich als einen Gott die Seele des Alls umschließe; und indem sie die Heimarmene und Notwendigkeit vergöttlichen, füllten sie das menschliche Leben mit viel Gottlosigkeit an, da sie lehrten, dass außer den Erscheinungen nichts von irgendetwas überhaupt die Ursache ist, sondern dass die Umläufe von Sonne und Mond und den übrigen Sternen einem jeden von den Seienden die guten Dinge und die gegenteiligen zuweisen. (Migr. 179)

Philon skizziert hier eine zentrale, von Zenon, Chrysipp und Poseidonios vertretene stoische Lehre, wonach der Kosmos vom Göttlichen durchdrungen statt ihm unterstellt ist. Philon lehnt ein solches Denken ab und betont, dass Mose „sich durch seine Auffassung über Gott zu unterscheiden scheint: Der erste Gott sei nämlich weder der Kosmos noch die Seele des Kosmos" (Migr. 180–181). Die sichtbare Welt werde stattdessen von Gottes unsichtbaren Bändern zusammengehalten, der dafür „Vorsorge traf, dass das schön Verbundene nicht aufgelöst werde" (Migr. 181). Die Vorstellung von göttlichen Gurten, die den Kosmos fürsorglich stabilisieren und so die Naturgesetze widerlegen, wonach jede Schöpfung auch Vernichtung in sich schließe, klingt an Platons *Timaios* an.[6] In diesem Dialog hält der Demiurg den erschaffenen Kosmos zusammengebunden und schützt ihn vor Zerstörung. Philon stützt sich auf dieses platonische Bild, wenn er der stoischen Kosmologie widerspricht und auf Gottes Transzendenz insistiert.

Angesichts von Philons massiven Einwänden gegen die Kosmologie der Stoa überrascht es nicht, dass er ihren stoischen Beweis des Demiurgen aus der Naturbeobachtung ablehnt. In direkter Anrede fordert er seine Leser auf, nicht mehr den Himmel und die Erde zu betrachten, sondern sich stattdessen nach innen zu wenden, um ihre je eigene Natur zu erkunden. In ihrer Seele werden sie Gott wie in einem Spiegel erkennen. Auch hier verwendet Philon platonische Begriffe und empfiehlt göttliche Ekstase als Zustand erhöhter Wahrnehmung. Noch trennen ihn Welten von seiner späteren Schaffensphase, in der er den Stoiker Panaitios für die Zurückweisung des Gedankens

---

[5] PHILON, Her. 228–229; PLUTARCH, De communibus notitiis adversus Stoicos 31 (Mor. 1074E–1075D).
[6] PHILON, Migr. 179–182; DIOGENES LAERTIUS VII 148; PLATON, Tim. 41A. Siehe auch RUNIA, Philo of Alexandria and the „Timaeus", 204, 458–461.

vom Weltenbrand lobt, die Schöpfung in den Rang eines jüdischen Dogmas erhebt und sie als größten Gottesbeweis verwendet, wobei er die göttliche Vorsehung aus der Naturbeobachtung ableitet.[7]

## Umdeutung stoischer Ethik

Der Großteil von Philons Auseinandersetzung mit stoischer Philosophie fällt unter die Rubrik Umdeutung. Er ist sichtlich mit stoischer Ethik vertraut und heißt sie vordergründig gut, unterlässt es dann aber, die Vorstellungen im stoischen Sinne zu verwenden. Vielmehr interpretiert er sie gemäß seinen eigenen Zwecken und stellt sie manchmal auf den Kopf, so dass wir die genaue Funktionsweise dieses Vorgehens sowie die Gründe für sein ungewöhnliches Verfahren zu prüfen haben. Unsere Untersuchung konzentriert sich auf drei markante stoische Konzepte, und zwar die Affekte, die *oikeiōsis* und die Wahlfreiheit.

Im gesamten „Allegorischen Kommentar" nennt Philon kein einziges Mal den Titel einer stoischen Abhandlung oder den Namen eines stoischen Philosophen und schenkt dieser Schule weniger Beachtung als Platon, dessen Werk er ausdrücklich zitiert und diskutiert, wie wir im zehnten Kapitel gesehen haben. An einer Stelle jedoch erwähnt Philon ein anonymes Werk über die vier Affekte, was uns neugierig werden lässt. Er schreibt: „In der Kategorie der Lust gibt es vier Leidenschaften, wie uns ein gewisser Traktat zu diesem speziellen Thema ins Gedächtnis ruft" (All. III 139). Der englische Übersetzer von Philons Werken gibt diesen Satz erstaunlich frei wieder und deutet ihn als Hinweis auf ein Buch, das Philon zu schreiben vorhatte, das aber entweder „nie geschrieben wurde oder verloren gegangen ist".[8] Doch die Formulierung „ein gewisser Traktat ruft uns ins Gedächtnis" bezieht sich auf einen bereits bestehenden Text, den Philon nicht verfasste, sondern vorfand. Verweise auf eigene Abhandlungen formuliert er außerdem kaum auf solche Art, sondern stattdessen mit Verbformen in der ersten Person, etwa „wie wir zeigen wollen" oder „wir haben an anderer Stelle im Detail aus-

---

[7] PHILON, Migr. 185–190; PLATON, Ion 536A–D, 533E; Symp. 215E; Kritias 54D. Zu Philons späteren Ansichten siehe Kapitel 5.
[8] PHILON, All. III 139: τις κατ' ἐξαίρετον λόγος μέμνηται. COLSON (Philo. In Ten Volumes, Bd. I, 395) übersetzt den Satz wie folgt: „for the passions that come under the head of those in the realm of pleasure are four in number, as has been mentioned in a treatise specially devoted to that subject" und notiert dazu in einer Anmerkung: „This treatise was never written or is lost." Der Übersetzer Philons ins Hebräische, Yehoshua Amir, versteht den Ausdruck zu Recht als Verweis auf einen Text aus anderer Hand, sieht darin aber fälschlicherweise die Tora, die Philon nie „einen gewissen Traktat" nennt. Die Übersetzer ins Deutsche („vierfach sind die in der Lust begründeten seelischen Empfindungen, wie die besondere Lehre von ihnen ergibt") und Französische, Isaac Heinemann und Claude Mondésert, bieten wörtliche, doch etwas zu allgemeine Übertragungen.

geführt".[9] Mit dem oben zitierten Verweis auf einen Traktat über die Affekte macht Philon seine Leser auf eine eigenständige Abhandlung zum Thema aufmerksam, die genauer anzugeben er sich nicht die Mühe macht.

Dieser anonyme Traktat muss aus der Schule der Stoa stammen, die in der Antike für ihre Einteilung der Affekte in vier Kategorien bekannt war. Diogenes Laertius verfolgt diese Lehre bis auf Zenon zurück, der eine Abhandlung *Über die Leidenschaften* geschrieben haben soll. Den Stoikern zufolge sind die vier Haupttypen der Affekte Schmerz, Furcht, Begierde und Lust. Diogenes führt weiter aus, dass die Stoiker auch „Gemütszustände, die keinem Tadel ausgesetzt sind", anerkannten, die das Gegenstück zu den Affekten bilden (Diogenes Laertius VII 115–116). Freude ist beispielsweise umgekehrt analog zur Lust, Vorsicht zur Furcht.[10] Philons Verweis auf eine Abhandlung, die von den „vier Leidenschaften in der Kategorie der Lust" handelt, lässt diese stoischen Diskussionen anklingen, wobei er aber sehr vage formuliert. Er präsentiert einen Typus des Affekts, nämlich die Lust, als übergeordneten Begriff für schlechte Gemütszustände. Gleichwohl hat Philon die stoische Einteilung im Kopf, nachdem er eine Abhandlung über die Affekte gelesen hat, die sich entweder auf die schlechten Gemütszustände konzentrierte oder, was wahrscheinlicher ist, die gute und schlechte Gemütszustände behandelte, seine Aufmerksamkeit aber besonders auf dem Gebiet der Lust geweckt hat.

Allerdings beeinflussen stoische Affektvorstellungen Philons Denken kaum. Unmittelbar vor der Erwähnung des Traktats zu diesem Thema spricht er von einem „Kampf mit den Leidenschaften", für den es einen „Wagenlenker" (All. III 134) brauche, der sie zügelt und mit dem „widerspenstigen, mutwilligen Pferd" umzugehen weiß (III 136). Außerdem sagt Philon: „dann erwächst der Seele Heil, wenn auch das Gemüt von der Vernunft gelenkt wird" (III 137). Die Annahme einer geteilten Seele mit einer affektiven beziehungsweise materiellen Seite, die den erhabeneren Teil hinunterzieht, ist entschieden platonisch, wie wir im zehnten Kapitel gesehen haben. Das Bild vom Wagenlenker, der die Pferde dirigiert, ist unmittelbar dem *Phaidros* entnommen. Der Ausdruck „Gemüt" und die transzendente Ausrichtung von Philons Ausführungen über die Seele lassen zahlreiche Passagen im Werk Platons anklingen. Philon verweist also auf einen stoischen Traktat über die Affekte und scheint dabei dessen Vorstellungen zu übernehmen, in Wirklichkeit aber überträgt er sie in das gängige Konzept platonischer Ethik. Die Affekte lokalisiert er weiterhin im materiellen Bereich der Seele, womit er implizit den stoischen Gedanken eines *hēgemonikon*, eines Steuerungs-

---

[9] PHILON, Sacr. 136; Sobr. 9; Spec. I 269.
[10] DIOGENES LAERTIUS VII 110–116. Siehe auch GRAVER, Stoicism and Emotion, 51–55 (mit Betonung auf Chrysipps Denken); LÉVY, Philon d'Alexandrie et les passions, 29–32.

vermögens, ablehnt, das als die eine zentrale Funktion gesehen wird, die alle Teile menschlicher Wahrnehmung, menschlichen Fühlens und menschlichen Urteilens zur Einheit zusammenschließt.[11] Nachdem Philon den stoischen Traktat aus dezidiert platonischer Perspektive ausgelegt hat, ordnet er auch das Konzept der vier Affekte seinen hermeneutischen Bedürfnissen unter. Bei seiner Behandlung der in Levitikus 11,42 erwähnten Kriechtiere schreibt er, Mose spreche hier allegorisch vom Lüstling, der sich auch auf seinem Bauch fortbewege. Diese Deutung wird mit dem Hinweis auf den Traktat über die Affekte gestützt, der die besondere Bedeutung der Vierzahl für die Ethik zeige, die durch die vierbeinigen Tiere im selben Bibelvers angedeutet wird. Der Rückgriff auf „einen gewissen Traktat" versetzt Philon in die Lage, sich in breitere Diskurse einzuschreiben und für seinen allegorischen Ansatz auf eine philosophische Autorität zu berufen. So gut wie nichts ist übrig geblieben vom stoischen Konzept der vier Affekte.

Den grundlegendsten Aspekt der stoischen Affekttheorie, den jede Abhandlung, selbst eine eher populärwissenschaftliche, übermittelt hätte, lässt Philon unerwähnt. Einzig die Stoiker interpretierten die Leidenschaften als Ergebnis eines falschen Urteils und nicht als einen intrinsischen Teil der Seele. Diogenes Laertius verfolgt diesen Gedanken bis auf Zenon zurück, der von einer „unvernünftigen und naturwidrigen Bewegung der Seele" sprach, während Chrysipp die Affekte ausdrücklich als „[falsche] Urteile" bezeichnete (VII 110–111). Diogenes erwähnt auch dessen Abhandlung *Über die Leidenschaften*, wo es beispielsweise von der Habgier heißt, sie rühre von dem Fehlurteil her, dass Geld gut sei. Stobaios, der Florilegiensammler aus dem fünften Jahrhundert n. Chr., sagt außerdem, die Stoiker würden die Affekte im *hēgemonikon* verorten, und argumentiert, dass sie ein „Antrieb [seien], der exzessiv ist und der gebietenden Vernunft nicht gehorcht, oder eine Bewegung der Seele, die vernunftlos und wider die Natur ist" (Ekloge II 88,8). Vernünftige Menschen begegnen dem Eintreten von etwas scheinbar Schlechtem oder Angenehmem mit einem richtigen Urteil. Statt automatisch auf den Reiz zu reagieren, wahren sie geistige Unabhängigkeit und handeln erst nach eingehender Untersuchung des Wertes, um den es wirklich geht. Unvernünftige Menschen dagegen folgen unbesehen dem Schein und verhalten sich naturwidrig. Cicero, der im ersten Jahrhundert v. Chr. über diese Werte reflektiert, lokalisiert die stoischen Affekte in der Beurteilung und erläutert, sie seien eine vernunftwidrige Seelenbewegung. Philons jüngerer Zeitgenosse Seneca insistiert, dass Zorn, der archetypische Affekt, nicht von einem angeborenen Impuls herrühre, sondern aus einer bewussten Zustimmung zu Eindrücken von außen. Seinen Lesern legt er die folgende Einsicht ans Herz: „Also ist Leidenschaft nicht, sich zu erregen, wenn sich die Vorstellungen von Dingen bieten, sondern sich ihnen hinzugeben und

---

[11] Zum *hēgemonikon* siehe GRAVER, Stoicism and Emotion, 21–24.

dieser zufälligen Regung zu folgen" (Über den Zorn II 3,1). „Niemals aber", schließt Seneca, „gibt es Angriff ohne Zustimmung des Verstandes (*sine adsensu mentis*)" (II 3,4).[12]

In Anbetracht der Bedeutung der stoischen Auffassung von den Affekten als Fehlurteilen verwundert es, dass Philon im „Allegorischen Kommentar" darauf in ihren typischen Einzelheiten nirgends eingeht. Zwar spricht er an einer Stelle von einer Bewegung „auf eine sinnlose Leidenschaft hin" (All. II 100) und verwendet dabei einen Ausdruck, der sich eng an Zenons Definition anlehnt, doch bestimmt Philon die Affekte nicht als falsche Denkvorgänge. Es geht ihm nicht um die Frage der Zustimmung, er konzentriert sich stattdessen auf das erwünschte Ergebnis der Unterdrückung der Leidenschaften, nämlich die „Affektlosigkeit", die *apatheia*. Philon rühmt den vollkommenen Menschen, der „die Aufwallung des Gemüts herausschneidet", und vergleicht ihn mit der „streitlustigen Seele" und dem „Vorwärtsstrebenden", der „die Leidenschaft nicht wegschneiden kann, ... sie aber in Zucht nimmt durch die wohlüberlegte Rede" (III 140). Philon zufolge verkörpert Mose „den vollkommenen Weisen", der „die Lüste wegspült und abschüttelt". Aaron dagegen „lässt die notwendige und einfache [Lust] zu und sucht nur die übermäßige und überflüssige der ausschweifenden Genüsse abzuwehren" (ebd.). Somit wird das stoische Ideal der Freiheit von den Leidenschaften mit der höchsten Form von Ethik identifiziert, die einem vollkommenen Gerechten wie Mose ansteht, wobei der Mittelweg der Zügelung der Affekte, wie Aaron ihn symbolisiert, ebenfalls als gangbarer Pfad akzeptiert wird. Ob das Apathie-Ideal bei Philon für normale Menschen gilt, die sich nicht mit Mose messen können, ist fraglich. Möglicherweise hob Philon das stoische Ideal auf ein unerreichbares Niveau. Aaron dagegen, der für Mäßigung im aristotelischen Sinne steht, vertritt eine realistische Herangehensweise, die auch die Leser sich zu eigen machen können. Philon führt weiter aus, dass Mose die Gemütsaufwallung ganz herausschneide und nur völlige „Leidenschaftslosigkeit" gelten lasse (III 129); Gott erkenne dem Weisen den „vortrefflichen Anteil" zu, „dass er die Leidenschaften völlig entfernen kann. So siehst du, wie der Vollkommene vollkommene Leidenschaftslosigkeit (τελείαν ἀπάθειαν) allezeit betätigt" (III 131).[13] Diese Freiheit wird mit Begriffen interpretiert, die an Platons Ethik anklingen, nämlich als Beseitigung des „kriegerischen Teils" der Seele, die den übrigen Teilen Frieden bringt (III 130).

---

[12] DIOGENES LAERTIUS VII 110–111; STOBAIOS, Ekloge II 88,8 (= LONG/SEDLEY, Hellenistic Philosophers II, 404; I, 410 = [deutsche Übersetzung] Die hellenistischen Philosophen, 490); CICERO, Tusc. III 24–25; SENECA, Ira II 1,1–3,2. Siehe auch INWOOD/DONINI, Stoic Ethics, 699–705; SORABJI, Emotion and Peace of Mind, 29–54; KRENTZ, Πάθη and Ἀπάθεια; GRAVER, Stoicism and Emotion, 1–51; WEISSER, Éradication ou modération?, 23–34, 319–329.

[13] PHILON, All. II 100; III 140–144, 129–134. Siehe auch WEISSER, Éradication ou modération?

Philon verwendet den *apatheia*-Gedanken auf höchst eigenwillige Weise. Am auffälligsten ist, dass er ihn im Zusammenhang einer geteilten Seele einsetzt in der Annahme, der materielle Teil, der *thymos*, werde bildlich gesprochen herausgeschnitten und nicht gebändigt. Die platonische Vorstellung einer geteilten Seele bestätigt sich somit einmal mehr. Die Stoiker dagegen argumentierten, Freiheit von den Leidenschaften sei erreichbar, weil alle Affekte auf rationale Zustimmung zurückgingen und daher uneingeschränkt der Kontrolle des Menschen unterlägen. Cicero erwähnt dieses Ideal häufig als einen Kernpunkt stoischer Ethik und rückt dabei dessen positive Auswirkung ins Blickfeld, nämlich inneren Frieden und ein naturgemäßes Leben.[14] Während die Stoiker an das Individuum appellierten, persönlich Verantwortung für seine Affekte zu übernehmen und sich aus materiellen Zwängen zu lösen, schärft Philon seinen Lesern Gottes strenge Forderungen ein. Wo die Stoiker vor der Abkehr von Vernunft und Natur warnten, bezeichnet Philon den ‚ungehorsamen' Seelenteil als Element, das sich gegen Gott auflehnt. *Apatheia* wird bei ihm zum Selbstzweck und nicht zu einem Mittel, um persönliche Gelassenheit zu finden. Seiner Auslegung zufolge wird der Mensch, der sich nach dem Willen Gottes richtet, in den Genuss der Apathie kommen, und *apatheia* wird mit der Erwartung des „Heils des Herrn" verknüpft. Diese Ausführungen gipfeln in einem Gebet, die Seele möge „Gottes Heil erwarten und Erlösung finden". Philon fügt einen Vers aus dem Buch Exodus hinzu, in dem Gott so dargestellt wird, dass er Ross und Reiter ins Meer stürzt (All. II 101–102). In Philons allegorischer Deutung wirft Gott die vier Affekte weg. Auf diese Weise hat Philon stoische Ethik in platonisch angehauchte jüdische Theologie übersetzt.[15]

Philons Umdeutung der stoischen Lehre über die Affekte und *apatheia* enthält bedeutsame Kritik. Offenbar kann er die Vorstellung einer einheitlichen, auf Vernunftbasis agierenden Seele, welche die Dinge gelegentlich falsch einschätzt und auf diese Weise Affekte hervorbringt, nicht akzeptieren. Stattdessen hält er an der platonischen Ethik fest und geht systematisch von der Aufteilung der Seele mit der charakteristischen Spannung zwischen ihren verschiedenen Teilen aus. Trotz dieser Vorbehalte verwendet er stoische Begrifflichkeit und reichert so seine platonische Denkweise und Bibelauslegung mit gängigen Bildern von starker emotionaler Anziehungskraft an. Philons zwiespältige Begegnung mit dem stoischen Affektverständnis ist im ersten nachchristlichen Jahrhundert hoch bedeutsam und greift Plutarch vor, der eine eigene Abhandlung über die moralische Tugend schrieb, worin

---

[14] DIOGENES LAERTIUS VII 117; CICERO, Tusc. IV 37–43; III 74; IV 57–62. Siehe auch GRAVER, Cicero on the Emotions, 160–171; INWOOD/DONINI, Stoic Ethics, 684–687; WEISSER, Éradication ou modération?; STRIKER, Essays, 183–188.

[15] Siehe auch LÉVY, Philo's Ethics, 154–161; zu abweichenden Ansichten siehe BRÉHIER, Les idées, 252–255; WINSTON, Philo of Alexandria, 202–204; DILLON, Middle Platonists, 151–153; DILLON, Pleasures and Perils.

er die stoische Lehre angriff. Zu Beginn referiert Plutarch, dass nach den Stoikern „die Leidenschaft fehlerhafte und unkontrollierte Vernunft ist, die aus einem schlechten und irrigen Urteil Vehemenz und Kraft gewinnt" (Über moralische Tugend 3). Er zeigt auf, dass diese Vorstellung unserer menschlichen Erfahrung widerspricht, und lässt Platons Aufteilung der Seele in einen materiellen und einen rationalen Teil nicht mehr gelten, insbesondere wie sie sich im Bild des Wagenlenkers ausdrückt, der widerspenstige Pferde steuert. Darüber hinaus insistiert Plutarch, die Vernunft könne die Affekte unmöglich restlos ausmerzen, und mahnt stattdessen Mäßigung an. Auf den Traktat *Über moralische Tugend* folgen zwei Werke über Themen, die Seneca ins Zentrum der stoischen Philosophie gerückt hatte, und zwar *Von der Bezähmung des Zorns* und *Von der Seelenruhe*. Ist es möglich, dass Plutarch auf Senecas Argumente reagierte, entweder direkt oder auf indirektem Wege? Abgesehen von den Lebensdaten dieser beiden Philosophen sprechen folgende Indizien für eine solche Möglichkeit: Plutarch erwähnt Seneca an einer Stelle namentlich und beschreibt andernorts, wie er sich allgemein „Notizen" zu Büchern machte, die er las. Außerdem besaß er fließende Lateinkenntnisse, die er schon angewandt hatte, um seine Biographien römischer Helden zu recherchieren. Er könnte Senecas Werke, die fast identische Titel mit denen seiner eigenen Abhandlungen tragen, gelesen und sie platonisierend interpretiert haben.[16] Jedenfalls versichert er, Zorn sei heilbar, wenn man „durch strenge Übung die Ausschreitungen der Unvernunft und des Ungehorsams bändigt" und die Vernunft stärkt, damit sie die Affekte in die Schranken weist (Über die Bezähmung des Zorns 11). Kritik an Grundsätzen der Stoa äußert Plutarch indirekt, wenn er beispielsweise einen von Seneca zitierten Ausspruch Demokrits infrage stellt. Im Großen und Ganzen spricht ihn der stoische Gedanke an, widrige Umstände positiv aufzufassen, wodurch die Gemütsruhe nicht gestört werde. Solche Einsichten nimmt er gern in seine Ethik auf, ohne jedoch ihre theoretische Untermauerung im Stoizismus zu übernehmen oder seine Verbindung zum Platonismus aufs Spiel zu setzen.[17]

---

[16] Siehe Details bei NIEHOFF, Plutarch in Rome.
[17] PLUTARCH, De virtute morali 3–4, 6–8, 12 (Mor. 441C–442A, 443C, 445B–C, 447A–C, 448D, 451C, das Zitat aus Mor. 441C nach LONG/SEDLEY, Die hellenistischen Philosophen, 451); Coh. ira 11 und 13 (Mor. 459B–D, 461F); De tranquillitate animi 1,2 (Mor. 465B–C); SENECA, Tranq. 13,1. Zu Plutarchs fließenden Lateinkenntnissen siehe Kapitel 1; zu seiner Ambivalenz im Hinblick auf die stoische Vorstellung der *apatheia* siehe auch BABUT, Plutarque et le Stoïcisme, 319–333; OPSOMER, Plutarch and the Stoics, 94–98. Man beachte auch Galen, einen weiteren Platoniker der Kaiserzeit, der besonders Chrysipp vorwirft, die irrationalen Teile der Seele zu übergehen, die sich aus platonischer Sicht von selbst verstehen. Nach Galen führt der Standpunkt Chrysipps zu einem Selbstwiderspruch, weil dieser meint, „der affektive Teil der Seele sei vom vernünftigen Teil keineswegs verschieden" (GALEN, De placitis Hippocratis et Platonis IV 2,1–6; V 6,34–37 = LONG/SEDLEY, Hellenistic Philosophers II, 406, 408–409; I, 411–413 = Die hellenistischen Philosophen, 491, 493, Zitat 493).

Zwar kritisiert Philon im „Allegorischen Kommentar" die stoische Auffassung von den Affekten nicht ausdrücklich, doch ist er ebenso abgeneigt wie Plutarch, ihre theoretischen Prämissen zu akzeptieren. Er verwendet einige stoische Termini aus didaktischen Gründen, weil er sich über deren praktische und rhetorische Wirksamkeit völlig im Klaren ist. Wie Plutarch behält auch er den Mäßigungsgedanken bei, den er mit Aaron verbindet. Nach seiner Ankunft in Rom jedoch übernimmt Philon den stoischen Ansatz auch stärker in der Sache und entwickelt eine ethische Theorie, die sich an der immanenten Welt ausrichtet. Wie wir im achten Kapitel gesehen haben, spricht er nun über den Affekt als eine „unnatürliche Bewegung" (Decal. 142) und beschreibt in durch und durch stoischer Begrifflichkeit den geistigen Prozess, der hinter der Erfahrung von Begierde steht, nämlich irrtümlicherweise etwas für gut zu halten, was in Wirklichkeit indifferent ist. In seiner reiferen, stärker römisch geprägten Phase erwähnt Philon die Unterteilung der Seele seltener und vermeidet solche platonische Terminologie sogar im Kontext der Erschaffung des Menschen nach Gottes Ebenbild, wo er betont, dass lediglich die guten Seiten des Menschen der Gottheit zugeschrieben werden können. Was die Affekte angeht, bewegt er sich also von einem äußerlich betrachtet stoischen, im Grunde jedoch platonischen Ansatz hin zu einem eher stoischen Standpunkt.[18]

Ein ähnlich vielschichtiges Bild ergibt sich im Blick auf das stoische Konzept der *oikeiōsis*. Dieser von dem Verb *oikeiousthai* („sich vertraut machen, sich zu eigen machen") abgeleitete Begriff ist nicht leicht zu übersetzen. Brad Inwood und Pierluigi Donini haben die Wiedergabe mit „Affiliation" vorgeschlagen, also eine natürliche Bindung, die jemand an seine beziehungsweise ihre Verfasstheit und Erhaltung verspürt. Sowohl Cicero als auch Diogenes Laertius beginnen ihre Darlegung stoischer Ethik mit einer Erläuterung dieses Prinzips. Beide erklären *oikeiōsis* unter Hinweis auf ein Neugeborenes und argumentieren, der „erste Impuls" eines Tieres – wozu auch der Mensch gehört – sei „die Selbsterhaltung, weil die Natur jedes Lebewesen von Geburt an sich selbst ‚zum Eigentum/zum Freund macht'". Diogenes zitiert hier aus Chrysipps Traktat *Über Ziele*, worin der schreibt, „jedem Lebewesen sei die eigene Befindlichkeit und das Bewusstsein dieser Befindlichkeit der ‚erste Freund' [= Affiliation]" (Diogenes Laertius VII 85).[19] Diogenes und Cicero weisen ferner darauf hin, dass die Stoiker ihre Vorstellung als Antwort auf die Epikureer entwickelten, die darauf insistierten, der menschliche Urimpuls sei das Streben nach Lust. Diogenes sieht das Kennzeichen des stoischen Verständnisses in der Betonung der Natur, die den Menschen zunächst zu seiner Selbsterhaltung und dann zunehmend auch zu vernünftigem Verhalten in der Gesellschaft hinlenkt. Er stellt Zenon vor

---

[18] PHILON, Decal. 143; Opif. 72–74.
[19] Deutsch: NICKEL, Stoa und die Stoiker I, Nr. 185, S. 207.

als einen, der den Menschen definiert durch eine angeborene Ausrichtung auf ein „mit der Natur in Einklang stehendes Leben, welches übereinkommt mit dem tugendhaften Leben. Denn zu diesem leitet uns die Natur" (VII 87). Diogenes zufolge vertraten mehrere weitere Stoiker ebenfalls diese Ansicht, wobei sie offenließen, wie genau die Tugend mit der Natur verbunden ist. Tatsächlich kann man sich fragen, wie die Stoiker sich die Abkehr von der Selbsterhaltung, mit ihrem Schwerpunkt auf der eigenen Befindlichkeit, hin zu rationalem und moralischem Verhalten in der Gesellschaft vorstellten, das auf der Sorge für das Wohlergehen anderer beruht. Dieser Übergang scheint eine natürliche Entwicklung zu sein, insofern jeder an Reife gewinnt und ihm zunehmend bewusst wird, selbst Teil eines größeren Ganzen zu sein. Diogenes verweist erneut auf Chrysipp, der in seinem Buch *Über Ziele* sagt, „unsere Naturen sind Teile des Weltganzen" (ebd.). Die Rücksicht auf das Ganze verlangt eine Sublimierung der eigenen Grundbedürfnisse und richtet einen auf die Gesellschaft insgesamt aus.[20]

Ciceros stoischer Sprecher Cato äußert sich ausführlich zur Entwicklung von der Kindheit zum Erwachsenenalter. Er unterscheidet zwischen der „ersten Aufgabe des Menschen", in der es um Selbsterhaltung geht, und einer bewussten Wahl von Dingen in Übereinstimmung mit der Natur. Nur Letzteres wird als das moralisch Gute bestimmt. In Ciceros eindringlichen Worten: „An diesem Punkt beginnt zum ersten Mal das zu erscheinen und erkennbar zu werden, was das wahrhaft Gute genannt werden kann" (Von den Grenzen im Guten und Bösen III 20). Die Stoiker hielten die menschliche Entwicklung für so bedeutsam, dass sie meinten, ein Erwachsener werde herabschauen auf „alles, was er am Anfang geliebt hat" (III 21). Der Unterschied zwischen den beiden Altersstufen verlangt sogar nach zwei gesonderten ethischen Fachbegriffen: *kathēkonta*, womit die ersten zweckgerichteten Handlungen in der Kindheit bezeichnet werden, und *katorthōmata*, was sich auf die bewusst gewählten und richtig ausgeführten Handlungen im Erwachsenenalter bezieht.[21] Der stoischen Ethik zufolge werden die anfänglichen Handlungsziele nicht um ihrer selbst willen erstrebt, sondern sind lediglich das Objekt eines angeborenen Impulses. Richtig ausgeführte Handlungen dagegen gehen mit einer Wahl einher und implizieren eine bewusste Entscheidung, der Natur folgen zu wollen. Trotz dieser Unterschiede gehen die Stoiker von einer sinnvollen Verbindung dieser beiden Entwicklungsstadien aus. In gewisser Weise gibt es ein Leben lang eine permanente Orientierung an der eigenen natürlichen Verfasstheit, wobei Letztere zu

---

[20] DIOGENES LAERTIUS VII 85–87. Siehe auch INWOOD/DONINI, Stoic Ethics, 678–682; STRIKER, Essays, 281–297 (mit einem hilfreichen Vergleich von aristotelischen, platonischen und epikureischen Ansätzen); POHLENZ, Stoa, 111–118.

[21] CICERO, Fin. III 16–25. Siehe auch STRIKER, Essays, 286–291; vgl. Diogenes' Definition der *kathēkonta*, wonach die Vernunft den Menschen dazu veranlasst, seinen vorrangigen Pflichten nachzukommen (DIOGENES LAERTIUS VII 108–110).

einer vernünftigeren Form heranreift und einen Menschen befähigt, das Gute um seiner selbst willen zu wählen.

Im „Allegorischen Kommentar" verwendet Philon den Begriff *oikeiōsis* elf Mal, *kathēkonta* sechzehn und *katorthōmata* siebzehn Mal. Offenbar ist ihm daran gelegen, stoische Diskurse aufzugreifen, und an einer Stelle erwähnt er ausdrücklich die von „Philosophen" getroffene Unterscheidung zwischen „vollkommenen" (tugendhaften) und ersten „zweckgerichteten" Handlungen (All. I 56). Diese Philosophen waren zweifellos Stoiker, da Philon ihre Definition dieser Begriffe wiedergibt. Er verbindet die zweckgerichteten Handlungen mit der ersten Entwicklungsstufe, in der man automatisch im Sinne der Selbsterhaltung agiert, wohingegen tugendhafte Handlungen zum reifen Lebensalter gehören und bewusst um ihrer selbst willen gewählt werden. Darüber hinaus betont Philon mit den Stoikern, dass die Vernunft die Quelle richtigen Handelns ist.[22]

Allerdings macht Philon sich diese stoischen Vorstellungen nicht uneingeschränkt zu eigen. Im Gegensatz zu Chrysipp stellt er das erste Stadium des Menschen nie als positiven Ausgangspunkt dar, der die wahre Natur einer Person offen legen würde und eine Leitlinie für die Ethik an die Hand gäbe. Ebenso übergeht Philon den klassischen stoischen Standpunkt, dass „nach natürlichen Gesetzen etwas als gerecht und gut gedacht wird" (Diogenes Laertius VII 53). Stattdessen bietet er eine höchst eigenwillige Interpretation der Begriffe *katorthōmata* und *kathēkonta*. In seinem System sind diese beiden Ansätze, von denen der eine für Säkularismus, der andere für religiöse Hingabe steht, einander diametral entgegengesetzt. Die ersten zweckgerichteten Handlungen kommen niedrigen Meinungen der Menschen gleich, während rechtschaffene Handlungen „heilige, fromme und geweihte ... Meinungen" sind (All. III 126). Gott, so erläutert Philon, nährt die menschliche Seele mit heiligen Gedanken.[23] Hier sind stoische Begriffe, die den individuellen menschlichen Verstand betonen, in religiöse Konzepte übersetzt worden, welche die menschliche Autonomie missbilligen und die göttliche Güte feiern. Philons implizite Kritik an den ersten zweckgerichteten Handlungen entspricht seiner ausdrücklichen Ablehnung von Protagoras' Grundsatz, wonach „der Mensch ‚das Maß aller Dinge' sei". Wie wir im zehnten Kapitel gesehen haben, tritt Philon der Vorstellung vom Menschen als letztgültigem Bezugspunkt der Ethik entgegen und unterstreicht stattdessen Gottes Autorität. Im selben religiösen Geist übersetzt er die stoischen *katorthōmata* in Handlungen der Frömmigkeit und stellt sie menschlicher Selbstsucht gegenüber.

---

[22] PHILON, All. I 56; III 18, 210; Cher. 14; Plant. 94, 100; Sacr. 43, 73; Post. 11; Imm. 72, 100.

[23] PHILON, All. III 126; II 32; I 97; Imm. 135; DIOGENES LAERTIUS VII 53. Siehe auch LÉVY, Philo's Ethics, 146–149; LÉVY, Philon et les passions, 32–33.

Eine ähnliche Umdeutung erfährt der Begriff der *oikeiōsis*. Unter Philons Feder wird daraus so etwas wie Gemeinschaft oder gar Vereinigung mit Gott. Ausgehend vom biblischen Gebot: „Liebe Gott, höre auf Seine Stimme und hafte an Ihm" (Deuteronomium 30,20), bietet Philon folgende Erläuterungen:

> Recht bezeichnend aber ruft er [sc. Mose] zur Ehrung des dreifach Ersehnten und Liebenswerten auf, indem er sagt „hafte an Ihm", womit er das Fortgesetzte, Wechselseitige und Ununterbrochene der auf Verwandtschaft (*oikeiōsis*) beruhenden Harmonie und Einigung meint. (Post. 12)

Philon führt nicht aus, was genau er mit „Einigung" meint. Aus dem Kontext wird jedoch deutlich, dass seine Vorstellung sich vom stoischen Gedanken der Verbundenheit eines Menschen mit seiner eigenen Natur als Teil des Universums grundlegend unterscheidet. Philon spricht von der Sehnsucht, Gott zu sehen und eine Offenbarung zu empfangen, die von Falschheit und unsicherem Wissen befreien werde.[24] Zwar bleibt Gott letztlich dem menschlichen Zugriff entzogen, doch ist jeder aufgerufen, sich ihm zu nähern und ihn zu lieben. Die Gottesschau als Ziel des Lebens ist aus Philons Sicht die eigentliche Bedeutung von *oikeiōsis*.

Mithilfe weiterer theologischer und platonischer Gedanken entwickelt Philon sein äußerst eigenwilliges Verständnis des Begriffs *oikeiōsis*. An einer Stelle setzt er ihn mit Gottesgemeinschaft gleich, in Abgrenzung zur Hingabe an Sinneswahrnehmungen. Der Gerechte, für den Jakobs ungeliebte Frau Lea steht, werde sich von allem Geschaffenen und Materiellen lossagen, um sich Gott zu eigen zu machen. Philon übersetzt den stoischen Begriff, der auf der Immanenz der Tugend beruht, in eine entschieden transzendente Theologie platonischen Zuschnitts. Statt seine eigene, natürliche Verfasstheit zu realisieren, soll man sich der Welt entfremden und nach dem schlechthin Anderen streben. Menschliche Erkenntnis entspringe nicht der Naturbeobachtung, sondern verdanke sich der Befruchtung durch Gott. Nicht unerwartet bestimmt Philon Abrahams ‚Stehen vor dem Herrn' (Genesis 18,22) als einen Fall von *oikeiōsis* und von Gottesgemeinschaft, die zu einer Einwohnung des göttlichen Geistes führt. Im Gegensatz dazu mündet die Gemeinschaft mit dem Fleisch in Unwissenheit und Entfremdung von Gott. Darüber hinaus spricht Philon von einer „besonderen Gemeinschaft mit Gott" im Zusammenhang mit der Bejahung seiner absoluten Souveränität. Eine „endlose Knechtschaft" unter Gott sei besser als Freiheit und größtmögliche Souveränität in der irdischen Welt.[25]

---

[24] PHILON, Post. 12–20.
[25] PHILON, Post. 12; Cher. 18; Gig. 29; Plant. 55; siehe auch Post. 140 und 157, wo Philon den Begriff *oikeiōsis* im Kontext der Nähe zwischen Lehrer und Schüler verwendet. Siehe auch LÉVY, Éthique de l'immanence.

Nachdem er die ‚Selbstbefreundung' beziehungsweise Affiliation eines Menschen mit seiner eigenen Befindlichkeit als Sehnsucht nach Gott bestimmt hat, interpretiert Philon auch die stoische Auffassung von der Wahlfreiheit des Einzelnen neu. Den Stoikern ging es in erster Linie um die richtige Entscheidung der moralischen Akteure. Da sie den Menschen zugestanden, selbstbestimmt über die eigenen Handlungen verfügen zu können, gaben sie für die Orientierung im Leben Kriterien zur Erkenntnis von Gut und Böse an die Hand. In der Antike waren sie berühmt für ihre These, Tugend sei die einzige Bedingung für Glückseligkeit und somit das alleinige Lebensziel, während sie alles andere als „gleichgültig" verwarfen. Diogenes Laertius bemerkt, „sie behaupten, nur das (moralisch) Schöne sei gut" (VII 101). Weder materielle Güter wie Gesundheit noch gesellschaftliches Ansehen gelten etwas im Blick auf Tugend und Glückseligkeit. Folglich ist die Bestimmung des wahrhaft Guten von grundlegender Bedeutung.

Die Stoiker unterschieden zwischen etwas, was gut und jederzeit um seiner selbst willen erstrebenswert, und Schlechtem, was stets zu meiden sei, räumten aber auch ein, es gebe gewisse Dinge, die „keines von beiden" seien (ebd.). Zur neutralen Kategorie gehören Güter, die in der Gesellschaft als wertvoll gelten, wie Leben, Gesundheit und Freiheit. Diogenes Laertius erwähnt mehrere Stoiker, die behaupten, dass Letztere „keine Güter seien, sondern an sich gleichgültige Dinge, die nur teilweise in gewisser Hinsicht wünschenswert" seien (VII 102). Die Unterscheidung zwischen moralisch Gutem und Indifferentem beruht auf der Einschätzung, wofür es sich einsetzen lässt. Gutes kann ausschließlich gute Verwendung finden und ist daher unter allen Umständen gut, während Indifferentes ganz unterschiedlich gebraucht werden kann und dabei möglicherweise sogar Schaden anrichtet. Obwohl die Stoiker darauf insistierten, dass indifferente Dinge nicht zur Glückseligkeit beitragen können, gestanden sie doch zu, manche von ihnen seien „wünschenswert", andere aber „verwerflich" (VII 105). Ein wünschenswertes neutrales Ding zu wählen, bedeutet zwar nicht schon ein „Leben in Übereinstimmung mit der Natur", hat aber trotzdem einen gewissen Wert, weil es diesem Ideal zuträglich sein kann. Wohlstand und Gesundheit beispielsweise sind nicht gut an sich und machen nicht glückselig, „tragen aber zu dem naturgemäßen Leben bei" (ebd.). Krankheit und Armut, obwohl indifferent, sind wiederum zu verwerfen, weil sie einen leicht davon abbringen, ein naturgemäßes Leben zu führen.[26]

Die Stoiker beförderten ein hohes Maß an Selbsterkenntnis und Selbstprüfung. Wer den oben genannten Vorgang des Abwägens der verschiedenen Möglichkeiten und der Entscheidung für eine bestimmte Handlung

---

[26] DIOGENES LAERTIUS VII 101–107. Siehe auch INWOOD/DONINI, Stoic Ethics, 690–699; GRAVER, Stoicism and Emotion, 48–53; zur weit verbreiteten Anziehungskraft bestimmter Werte siehe auch MORGAN, Popular Morality.

durchläuft, muss hoch reflektiert und selbstdiszipliniert sein. Es erfordert eine feine Balance zwischen Anteilnahme und Abgrenzung, die eigene Gesundheit für wünschenswert, doch letztlich indifferent zu halten. Nur durch ständige Selbstbeobachtung und Kontrolle lässt sich ein solcher Standpunkt aufrechterhalten. Die Stoiker fügten sogar noch eine weitere Unterscheidung hinzu, die zu noch mehr Achtsamkeit Anlass gibt. Sie sagten, manche der wünschenswerten indifferenten Dinge seien um ihrer selbst willen vorzuziehen, andere hingegen wegen etwas anderem. Natürliche Begabung ist ein Beispiel für die erste Kategorie, Reichtum für die zweite.

Philon kennt diese stoischen Debatten eindeutig. Er spricht davon, dass der Verstand zwischen „etwas Gutem oder Gleichgültigem oder Schlechtem" unterscheide (All. II 17). Darüber hinaus erwähnt er, dass Jakob, der die Affekte beseitigt, „Selbstbeherrschung" und völlige „Gleichgültigkeit gegen das Gleichgültige" besitze (Her. 253). Für Philon sind diese Kategorien so selbstverständlich, dass er sie nirgends erläutert. Nicht einmal die komplizierteste von ihnen, nämlich die indifferenten Dinge, erörtert er. Zugleich übergeht er aber auch die Natur oder Vorgänge der Selbstprüfung, die für die stoische Argumentation so wichtig sind. Dies wirft Fragen zu Philons Absichten auf. Zwar ist er mit diesen stoischen Begriffen vertraut, doch hat er offenbar kein Interesse an ihrer genauen Bedeutung und ihrer theoretischen Untermauerung. An einer Stelle verwendet er sogar das Adjektiv ‚gleichgültig' als Synonym für etwas fälschlich Gutes und Böses (Fug. 152) und bringt so die stoischen Kategorien zum Einsturz. Warum verwendet er diese Termini dann überhaupt? Wäre es für ihn nicht leichter gewesen, seine Gedanken in eigene Worte zu fassen? Der Reiz der stoischen Terminologie scheint in ihrem pädagogischen Wert und emotionalen Reiz zu liegen. Philon kann auf diese Weise vertraute Begriffe gebrauchen und seine eigene Theologie in gängige philosophische Debatten einschreiben, für die er das Interesse seiner Leser voraussetzt.

Bedenkt man Philons spätere geistige Entwicklung, ist seine zwiespältige Haltung zu stoischen Vorstellungen der Wahlfreiheit des Einzelnen bedeutsam. Wie wir in den ersten beiden Teilen dieses Buches gesehen haben, führte seine Ankunft in Rom zu einer tiefgreifenden Auseinandersetzung mit neuen Diskursen, insbesondere mit dem römischen Stoizismus. Auch was die Ethik betrifft, zeigt Philon in seinen späteren Schriften eine stärker stoische Ausrichtung, wie man an seinen detaillierten Ausführungen über die Entscheidungsfreiheit des Einzelnen im Traktat *Über die Freiheit des Tüchtigen* ablesen kann. Dort wiederholt er die Unterscheidung zwischen guten, schlechten und indifferenten Dingen, liefert nun aber einige Erklärungen, die in seinen früheren Werken fehlen. Der Leser erfährt, dass Gutes von der Tugend herrührt und bewusst gewählt wird. Ein rechtschaffener Mensch, fügt Philon hinzu, handle stets auf diese Weise und ziehe schlechte Handlungen nicht einmal in Betracht. Im Hinblick auf Indifferentes „hält sich sein

Verstand wie auf einer Waagschale in Balance, weil er darin gelehrt ist, ihnen weder nachzugeben, als ob sie attraktive Kraft besäßen, noch sie zu verwerfen, als verdienten sie Abneigung" (Prob. 61). Die Rechtschaffenen bewahren ihre innere Freiheit, weil sie sich nicht dazu zwingen lassen, etwas wider die Tugend zu tun. In seiner späteren Schaffensphase macht sich Philon die stoischen Begriffe ganz zu eigen, die er im „Allegorischen Kommentar" nur kurz erwähnt, noch ohne ihre volle Bedeutung auszuloten. Es wird deutlich, dass Philon zu Beginn seiner Laufbahn die stoische Ethik nur von Weitem wahrnimmt und ihr aus einem ansonsten platonischen, dezidiert theologischen Denksystem heraus gelegentlich zuwinkt.

## Zustimmung zur religiösen Naturauffassung des Kleanthes

Kleanthes, das zweite Schulhaupt der Stoa, hob durchgehend die religiöse Dimension stoischer Lehren hervor. Die Natur verstand er als universale und religiöse Norm und „lässt nur die allgemeine [Natur] als diejenige gelten, der man folgen muss" (Diogenes Laertius VII 89). Sein Nachfolger Chrysipp rückte stattdessen die Natur des Einzelnen in den Mittelpunkt, ein Ansatz, den Philon unannehmbar fand, wie wir gesehen haben. Zwar sind Kleanthes' Werke verloren gegangen, doch blieb glücklicherweise ein großes Fragment seines *Zeus-Hymnus* erhalten. In diesem Gebet tritt er uns als frommer Monotheist entgegen, der Zeus als den Schöpfer und Herrscher des Universums preist. Ferner spricht er vom „allgültigen Gesetz" des Zeus und stellt in Aussicht, dass die, die es beherzigen, ein gutes Leben führen werden, während jene, die es missachten, unglücklich sein werden. Kleanthes missbilligt vielfältige Wahlmöglichkeiten und lehnt die verschiedenen materialistischen Alternativen ab, die häufig dem einzig richtigen Weg der Ethik vorgezogen werden.[27]

Philon erwähnt Kleanthes kein einziges Mal, mag aber dessen Ansatz, der seinem eigenen Denken recht nahe kam, durchaus gekannt haben. Kleanthes' Gebet an Zeus konnte er leicht als Anrufung des jüdischen Schöpfergottes interpretieren und dessen Vision eines Lebens nach den universalen Naturgesetzen mit dem jüdischen Gesetz assoziieren. Wir haben bereits im achten Kapitel gesehen, dass manche Auffassungen Philons über das jüdische Gesetz, die er in seinen späteren Schriften entwickelt, mit denen des Kleanthes auffallend verwandt sind. Wo er im „Allegorischen Kommentar" das Ideal eines Lebens in Übereinstimmung mit der Natur erörtert, äußert er

---

[27] KLEANTHES, Zeushymnus, Zeile 24–29 (hg. von THOM, Cleanthes, mit Anmerkungen; deutsch: NESTLE, Nachsokratiker II, 23–24). Siehe auch MOHNIKE, Kleanthes der Stoiker (mit detaillierten Angaben zum Leben des Kleanthes); LIEBES, Mnemosyne, 105–108; POHLENZ, Stoa, 117.

ebenfalls Ansichten, die denen des Kleanthes ähnlich sind. An einer Stelle sagt er, „denn imstande sein, ‚folgend der Natur zu leben', schien den Alten das höchste Ziel der Seligkeit" (Plant. 49).[28] Diese „Alten" sind zweifellos Stoiker, da allein sie in der Antike für diese Definition des Lebensziels bekannt waren. Diogenes Laertius betont, dass Zenon in seinem Traktat *Über die Natur des Menschen* erstmals das Ziel definierte als „mit der Natur in Einklang stehendes Leben, welches übereinkommt mit dem tugendhaften Leben". Kleanthes soll dieses Ideal auch in seiner Schrift *Über die Lust* vertreten haben (Diogenes Laertius VII 87). Philon erläutert das stoische Ideal anhand des Gottes Israels und führt damit nicht nur konsequent seinen eigenen Ansatz durch, sondern tritt auch in die Fußstapfen des Kleanthes. Er zitiert zwei Verse aus dem Moselied im Buch Exodus, die von Gottes höchster, ewiger Herrschaft wie auch von seinem Heiligtum und Erbe sprechen (Exodus 15,17–18). Nach Philons philosophischer Lesart dieser Verse sind die Menschen aufgefordert, Gottes Erbe dadurch anzunehmen, dass sie vernünftig und gesittet werden. In seinen Worten: „Daher wünscht er, dass wir …, folgend der Einrichtung des vollkommensten Wesens und seinen gleichmäßigen, stets gleichartigen Naturlauf nachahmend, besonnen und strauchellos leben sollen" (Plant. 49). Durch seinen Hinweis auf den „strauchellosen" rechten Weg spielt Philon auf göttliche Belohnungen an. Die Gerechten, die Gott folgen, so die Erwartung, führen ein ungestörtes Leben.[29]

Bei anderer Gelegenheit erwähnt Philon im „Allegorischen Kommentar" das stoische Ideal ausdrücklich: „Dies aber ist das bei den besten Philosophen gepriesene Ziel, nämlich ‚folgend der Natur' zu leben" (Migr. 128). Diesmal bezeichnet er die Stoiker nicht als die ältesten, sondern als die besten Philosophen. Seiner Ansicht nach erfüllt Abraham, der „sich auf den Weg machte, wie ihm der Herr gesagt hatte" (Genesis 12,4), das bekannte Ideal: Dies (d. h., folgend der Natur zu leben) „entsteht aber, wenn der Verstand auf den Pfad der Tugend kommt und auf der Spur des richtigen Logos geht und Gott folgt, indem er seiner Gebote eingedenk ist und (diese) alle stets und überall durch Taten und Worte bekräftigt" (Migr. 128). Philon übernimmt hier die typisch stoische Gleichsetzung von Natur und Tugend, die letztlich in Gott gründet. Zwar klingt in seiner Vorstellung der ‚Gottesnachfolge' das platonische Ideal der *homoiōsis*, der Angleichung an Gott, an, doch passt dieser Gedanke ebenso zum Ansatz des Kleanthes. Wenn Philon betont, das Gesetz diene als Brücke zwischen dem göttlichen und dem menschlichen Bereich, vertritt er in Wirklichkeit denselben religiösen Zugang zur Ethik wie der stoische Philosoph.

---

[28] τὸ γὰρ ἀκολουθίᾳ φύσεως ἰσχῦσαι ζῆν εὐδαιμονίας τέλος εἶπον οἱ πρῶτοι. Siehe auch All. III 97, wo Philon „die besten Philosophen" erwähnt, die Gott durch das Studium der Schöpfung erfassten. Auch dies ist ein Hinweis auf die Philosophie der Stoa.

[29] Siehe auch PHILON, Sacr. 42, wo er ausdrücklich von Gottes Belohnung für tugendhaftes Handeln spricht.

Philon übernimmt also vorbehaltlos die stärker theologische Interpretation der stoischen Philosophie, wie sie etwa Kleanthes in seinem *Zeus-Hymnus* formuliert, deren Wortwahl *und* Geist Philon bewahrt. In Bezug auf die Natur nimmt er schon zu Beginn seines Wirkens einen stoischen Standpunkt ein, als er nach wie vor ganz in den alexandrinischen Platonismus versunken und noch nicht, wie dann im Zuge seiner Gesandtschaft an Gaius Caligula, dem römischen Stoizismus näher begegnet ist. In seinem späteren Werk bewegt Philon sich weiter in diese Richtung und gründet die Einzelheiten des jüdischen Gesetzes in der Natur als einer universalen Norm. Im „Allegorischen Kommentar" hat er an diesem Weg noch kein Interesse, sondern er konzentriert sich auf das persönliche Gottesverhältnis des Einzelnen. Die Rechtschaffenen, erläutert er, „bedienen sich als Führer bei ihrem Aufstieg Gottes", im Gegensatz zu Kain, dem Selbstverliebten (Det. 114). Obwohl die Gerechten Gott wohl kaum je schauen würden, verleihe ihnen schon die Ausrichtung auf ihn hin Glückseligkeit. Andererseits fehle jenen, „die sich viele Ziele des Lebens gesetzt haben", der Geist Gottes (Gig. 53). Philons Ansicht nach sollen die Menschen nicht danach streben, ihre eigenen Lebensziele festzulegen. Es sei nicht nötig, eine Bandbreite von Möglichkeiten in Erwägung zu ziehen, da es nur *eine* im Voraus festgesetzte und von Gott offenbarte Bestimmung gebe. Philon kritisiert jene, die sich ihren moralischen Fortschritt selbst zuschreiben, weil sie Gott als dessen Urheber nicht anerkennen. Auch hebt er hervor, dass Gott eines Menschen Lebensweg wohlwollend begleite und sie beziehungsweise ihn davor bewahre, in Übertretung abzugleiten. Zu diesem Zweck legt Philon die biblische Szene, in der Miriam „von ferne" nach ihrem neugeborenen Bruder Mose Ausschau hält, auf neue Weise aus. In seiner Lesart nahm sie das „Ziel des Lebens" vorweg, nämlich „dass es uns zur rechten Stunde treffe, wenn es uns der Vollender von oben vom Himmel herabsendet" (Somn. II 142). Philon identifiziert das biblische Ideal eines „Lebens vor Gott" mit dem „Ziel der Glückseligkeit", das er so bestimmt, „dass das Denken gewürdigt werde, als Aufseher und Beobachter das beste aller Wesen zu bekommen" (Mut. 216).[30] Das persönliche Unterwegssein mit Gott, der die Rechtschaffenen, die seinen Weisungen folgen, beaufsichtigt und schützt, erweist sich als das Ziel des Lebens.

---

[30] PHILON, All. III 37, 47; Post. 21; Agr. 169–173, 180; Plant. 93; Her. 121; Cher. 86; Conf. 144–145.

## Fazit

Im „Allegorischen Kommentar" zeigt sich Philons äußerst vielschichtige Einstellung zum Stoizismus, wozu die ausdrückliche Ablehnung des Materialismus dieser Schule, die schöpferische Umdeutung ihrer ethischen Theorien und die rückhaltlose Anerkennung ihrer stärker religiösen Lehren gehören. Zwar setzt er bei seinen Lesern die Kenntnis einiger stoischer Termini wie etwa *oikeiōsis* voraus, doch nimmt er nicht an, dass sie ihrer genauen Bedeutung viel Beachtung schenken. Statt solche Begriffe im Detail darzulegen, nimmt Philon nur sehr allgemein auf sie Bezug und verwendet sie auf eigenwillige, häufig platonische Weise. Angesichts seiner zwiespältigen Einstellung zu grundlegenden Lehrsätzen der Stoa ist es bemerkenswert, dass Philon als junger Mann im vornehmlich platonischen Umfeld Alexandrias die Anziehungskraft und den emotionalen Reiz des Stoizismus erkannt hat.

Die von Philon durchlaufene Entwicklung von tiefer Ambivalenz bis zur Übernahme zentraler stoischer Lehren, wie sie in Rom populär waren, hat bedeutsame Auswirkungen auf unser Verständnis der breiteren geistesgeschichtlichen Entwicklungen im ersten nachchristlichen Jahrhundert. Unter Platonikern im Osten leitet Philon eine Hinwendung zum Stoizismus ein und nimmt Plutarch vorweg in seiner Auswahl emotional ansprechender Grundsätze. Beide Denker lehnten die Interpretation des Stoizismus, wie sie sich mit Chrysipp verbindet, kategorisch ab. Beide wandten sich gegen die theoretischen Annahmen der stoischen Ethik, während sie von emotional und religiös ansprechenden Prinzipien Gebrauch machten. Sosehr Philon im „Allegorischen Kommentar" den Gedanken des Weltenbrands als ‚Mythos' ablehnt, fragt Plutarch ungeduldig: „Warum um Himmels willen quält er [sc. Chrysipp] uns also in jedem Buch zur Physik und zur Ethik, indem er schreibt, dass wir sogleich, wenn wir geboren sind, eine eigentümliche Disposition relativ zu uns selbst haben, ferner zu unseren Teilen und zu unserer Nachkommenschaft?" (Über die Widersprüche der Stoiker 12)[31] Dieser Schwerpunkt auf praktischer Ethik, welche die umstrittenen Theorien der mittleren Phase dieser Schule in den Hintergrund drängt, kennzeichnet auch das Rom Philons.

---

[31] PLUTARCH, Mor. 1038B (deutsch: LONG/SEDLEY, Die hellenistischen Philosophen, 415).

Epilog

# Philon an der Schnittstelle von Judentum, Hellenismus und Christentum

Im Rückblick auf Philons Leben und seine intellektuelle Leistung wird deutlich, welch vielseitige, komplexe und wandlungsfähige Persönlichkeit er war. Er wuchs in Alexandria auf, dem größten kulturellen Zentrum des griechischen Ostens, ging dann als Diplomat nach Rom und akklimatisierte sich dort in beeindruckend kurzer Zeit geistig wie kulturell. Er thematisierte alle brennenden Fragen des ersten nachchristlichen Jahrhunderts, schrieb Texte in einer großen Bandbreite literarischer Gattungen und handelte jüdische, griechische und römische Traditionen miteinander aus. Kein anderer Autor dieser Zeit meisterte so unterschiedliche Aufgaben wie die Anfertigung eines systematischen Kommentars, Geschichtsschreibung, Biographie und die Abfassung philosophischer Traktate. Kein anderer Autor ist bekannt, der eine so bedeutsame geistige Entwicklung wie Philon durchgemacht hat, der – ausgehend von Bibelexegese und nach innen gewandten, transzendenten und gelegentlich mystischen Positionen – sich der Geschichtsschreibung und weltlicheren, stoischen Ansichten zuwandte, wobei er sich manchmal der Ironie bediente. Diese Entwicklung ist auf allen Ebenen sichtbar: Philons Übernahme von politischer Verantwortung, seine Wahl von leichter zugänglichen literarischen Genres, seine wachsende Präsenz als Autor in seinen Texten, seine immer stärkere Betonung der Schöpfung und Gottesgegenwart in der Welt, seine Wendung hin zu einem Entwurf des Judentums in ausgeprägt römischen Begriffen, seine vermehrte Konzentration auf die Verstrickung des Einzelnen in die Gesellschaft, seine zunehmende Wertschätzung von Frauen als Müttern und Ehefrauen und schließlich seine Hinwendung zu einer stärker immanenten Ethik.

Auslöser für diese tiefgreifenden Entwicklungen waren die politische Situation und insbesondere Philons Aufenthalt in Rom, dem Mittelpunkt des Reiches mit seinem besonderen Geistesleben. Philons Adressaten waren nun andere, er wandte sich nicht mehr an jüdische Mitbürger in Alexandria, sondern an aufgeklärte Intellektuelle in Rom. Er begab sich von der Peripherie ins Zentrum, von nach innen gewandten zu nach außen gerichteten und apologetischen Diskussionen, wobei er sich unterwegs neu erfand und seine eigene Tradition wie auch das griechisch-römische Erbe neu interpretierte. Ein bezeichnender Ausdruck dieser Veränderungen ist die Tatsache, dass

Philon die jüdische Tradition und sich selbst in Rom zu lokalisieren begann in scharfer Abgrenzung gegen „die Griechen". Dieser Schritt von Ost nach West war durch Philons Persönlichkeit und sein geistiges Profil vorbereitet. Schon in seinen frühen alexandrinischen Jahren zeigte er ein ausgeprägtes Interesse an der Stoa, deren emotionalen Reiz er erkannte und deren Sprache er trotz ziemlich großer platonischer Vorbehalte verwendete. Bei seiner Ankunft in Rom konnte er leicht auf diesem Wissen aufbauen und seine Kenntnisse des Stoizismus vertiefen, wovon er bei seiner Darstellung des Judentums in vielen Einzelheiten Gebrauch machte. Außerdem hatte Philon sich bereits als relativ junger Mann von hoch spezialisierten Kreisen der Schriftgelehrsamkeit hin an ein breiteres jüdisches Publikum gewandt. Durch die Gründung einer Art Schule in Alexandria rüstete er sich für seine spätere Autorentätigkeit, bei der er sich an noch breitere, nichtjüdische Adressatenkreise richtete. Zugleich sehen wir eine auffällige Kontinuität in seinem Denken und seiner Persönlichkeit, nämlich seine Frömmigkeit. Ob er Platon-Texte oder stoische Vorstellungen auslegt oder ob er aktuelle politische Ereignisse kommentiert – Philon unterstreicht durchweg die Rolle Gottes.

Philons Biographie wirft ein Licht auf wesentliche Entwicklungen in den ersten Jahrhunderten nach der Zeitenwende. Roms Einwirkung auf seine Persönlichkeit und sein Denken erhellt ähnliche Phänomene in der griechischen Kultur und im frühen Christentum. In diesen beiden Subkulturen sehen wir eine klare Unterteilung zwischen Autoren, die sich nach Rom orientierten, und jenen, die römischen Moden den Rücken kehrten. Auf der griechischen Seite taten sich die Zweiten Sophisten als eng mit Rom verbundene Autoren hervor, welche die damit einhergehenden Kompromisse oft mit einem ironischen Lächeln betrachteten. Regelmäßig übernahmen sie Ansichten und literarische Gattungen, die Philon bereits zuvor während seiner römischen Zeit gewählt hatte. Demgegenüber führten die Neuplatoniker die innerlichen und transzendenten Tendenzen des jungen Philon fort, wenn sie Kommentare zu Platons Meisterwerken schrieben und sowohl über die Schöpfung als auch Roms Rolle in ihr hinwegsahen. Auf der christlichen Seite griffen in aller Entschiedenheit Paulus, Lukas und Justin der Märtyrer römische Diskurse auf und vertraten Positionen, mit denen sich Philon in seinem Spätwerk auseinandersetzte. Es gelang ihnen, das Christentum zu prägen und das zu begründen, was später das nizänische Christentum werden sollte. Die Gnostiker wiederum setzten die Grundrichtung von Philons Frühwerk fort, indem sie Bibelkommentare verfassten und nach völliger Transzendenz strebten. Ihre Schriften wurden in einem Maße ausgegrenzt, dass die meisten von ihnen nur bruchstückhaft in den Polemiken gegen sie erhalten geblieben sind. In diesem Szenario nimmt Origenes eine Sonderstellung ein. Er war hauptsächlich im griechischen Osten tätig, erst in Alexandria, dann in Caesarea. Nach seinem Tod stießen seine Schriften auf scharfe

Kritik aus stärker orthodoxen Kreisen, doch langfristig gelang es ihm, sich in der Kirche zu etablieren. Er übernahm Philons Kommentarstil aus dessen alexandrinischer Phase, rückte aber – wie Philon in seinen späteren Jahren – zugleich die Schöpfung ins Zentrum. Dessen historische und allgemeiner gehaltene Werke, die von anderen christlichen Autoren mit einer ausgemacht römischen Orientierung vorgezogen wurden, beachtete Origenes kaum.

Philons Biographie hilft uns außerdem, die Entwicklung des Judentums von der Zeit des Zweiten Tempels bis zur rabbinischen Bewegung zu begreifen. Er veranschaulicht eine Form des Judentums, die sich in das allgemeine Geistesleben stellte und neue historische wie kulturelle Phänomene in der Welt aufnahm, statt sich ihnen entgegenzustellen. Die Rabbinen, die nach der Zerstörung des Zweiten Tempels und dem Niedergang zahlreicher apokalyptischer Bewegungen die Führung übernahmen, kooperierten im Großen und Ganzen ebenfalls mit Rom und griffen sowohl römische als auch griechische Diskurse auf (trotz Rabbi Akiva und einiger anderer Gegner). Philons Werk war vermutlich dem Zeitgenossen des Origenes in Caesarea, Rabbi Hoschaja, bekannt, der den Midrasch Genesis Rabba mit einer Auslegung eröffnet, die sich auf Philons Bild von Gott als Architekten stützt. Hoschaja wendet sich gegen die christliche Aneignung der Schöpfung, wenn er sich für die Auslegung von Philons Metapher in einem eindeutig jüdischen Kontext ausspricht, nämlich als Anzeichen, dass Gott bei der Erschaffung der Welt in die Tora schaute.[1] Bestimmte Einzelexegesen Philons ebenso wie sein Grundmuster der Kombination von jüdischer mit griechischer Gelehrsamkeit blieben somit auch im rabbinischen Judentum von Bedeutung.

---

[1] Für Einzelheiten siehe BACHER, Origenes, und BARTHÉLEMY, Est-ce Hoshaya?, der vorschlug, dass Hoschaja in Caesarea Philons „Allegorischen Kommentar" herausgegeben haben könnte; NIEHOFF, Colonizing and Decolonizing the Creation. Zu Spuren griechischer Sprache und Gelehrsamkeit in Genesis Rabba siehe HIRSHMAN, Greek Words, und HIRSHMAN, Reflections.

# Anhang 1

# Chronologie von Philons Leben und Werken

ca. 20 v. Chr.    Geburt Philons in Alexandria
ca. 10–38 n. Chr.    Philons Wirken im Kontext der jüdischen Gemeinde in Alexandria

## DER ALLEGORISCHE KOMMENTAR

| Deutscher Titel | Abkürzung | Lateinischer Titel |
|---|---|---|
| Allegorische Erklärung der Gesetze | All. | Legum allegoriae |
| Über die Cherubim | Cher. | De cherubim |
| Über die Opfer Abels und Kains | Sacr. | De sacrificiis Abelis et Caini |
| Über die Nachstellungen, die das Schlechtere dem Besseren bereitet | Det. | Quod deterius potiori insidiari soleat |
| Über die Nachkommen Kains | Post. | De posteritate Caini |
| Über die Riesen | Gig. | De gigantibus |
| Über die Unveränderlichkeit Gottes | Imm. | Quod Deus sit immutabilis |
| Über die Landwirtschaft | Agr. | De agricultura |
| Über die Pflanzung Noahs | Plant. | De plantatione |
| Über die Trunkenheit | Ebr. | De ebrietate |
| Über die Nüchternheit | Sobr. | De sobrietate |
| Über die Verwirrung der Sprachen | Conf. | De confusione linguarum |
| Über die Wanderung Abrahams | Migr. | De migratione Abrahami |
| Über die Frage: Wer ist der Erbe göttlicher Dinge? | Her. | Quis rerum divinarum heres sit |
| Über das Zusammenleben um der Allgemeinbildung willen | Congr. | De congressu eruditionis gratia |
| Über die Flucht und das Finden | Fug. | De fuga et inventione |

| | | |
|---|---|---|
| Über die Namensänderung | Mut. | De mutatione nominum |
| Über Gott | Deo | De Deo |
| Über die Träume[1] | Somn. | De somniis |

### FRAGEN UND ANTWORTEN

| Deutscher Titel | Abkürzung | Lateinischer Titel |
|---|---|---|
| Fragen und Antworten zu Genesis I–IV | QG | Quaestiones et solutiones in Genesin |
| Fragen und Antworten zu Exodus I–II | QE | Quaestiones et solutiones in Exodum |

| | |
|---|---|
| 38 n. Chr. (Sommer) | Pogrom in Alexandria |
| 38 n. Chr. (Herbst) | Philon reist als Leiter der jüdischen Gesandtschaft an Gaius nach Rom. |
| 38–41 n. Chr. | Philon ist aktiv in Rom als Gesandter und Autor, der wahrscheinlich auch die Verhandlungen mit Claudius nach der Ermordung des Gaius Anfang 41 n. Chr. leitet. Anfang 39 n. Chr. empfängt Gaius Philons Gesandtschaft. |
| 40 n. Chr. (Sommer) | Gaius kündigt seinen Plan an, eine Statue seiner Person im Tempel von Jerusalem aufzustellen. |
| ca. 40–49 n. Chr. | Philon schreibt eine neue Werkreihe, die sich an ein breiteres, griechisch-römisches Publikum richtet. |

### DIE HISTORISCHEN SCHRIFTEN

| Deutscher Titel | Abkürzung | Lateinischer Titel |
|---|---|---|
| Gesandtschaft an Gaius | Legat. | Legatio ad Gaium |
| Gegen Flaccus | Flacc. | In Flaccum |

### DIE PHILOSOPHISCHEN SCHRIFTEN

| Deutscher Titel | Abkürzung | Lateinischer Titel |
|---|---|---|
| Über die Rationalität der Tiere | Anim. | De animalibus (aus dem Armenischen übersetzt von Terian) |
| Apologie der Juden | Hypoth. | Hypothetica |

---

[1] Es ist unsicher, ob dieser Traktat und *Über das Leben Moses* in die Werkreihe gehören, der sie gewöhnlich zugerechnet werden.

| Über die Freiheit des Tüchtigen | Prob. | Quod omnis probus liber sit |
| Über die Vorsehung I–II | Prov. | De providentia |
| Über die Ewigkeit der Welt | Aet. | De aeternitate mundi |
| Über das betrachtende Leben | Cont. | De vita contemplativa |

### DIE EXPOSITION DES GESETZES

| Über die Weltschöpfung | Opif. | De opificio mundi |
| Über Abraham | Abr. | De Abrahamo |
| Über Josef | Jos. | De Iosepho |
| Über das Leben Moses I–II | Mos. | De vita Mosis |
| Über den Dekalog | Decal. | De decalogo |
| Über die Einzelgesetze I–IV | Spec. | De specialibus legibus |
| Über die Tugenden | Virt. | De virtutibus |
| Über Belohnungen und Strafen | Praem. | De praemiis et poenis |

ca. 49 n. Chr.    Tod Philons

Anhang 2

# Schrieb Philon einen allegorischen Kommentar zum ersten Kapitel der Genesis?

Im fünften und im neunten Kapitel haben wir gesehen, dass Philons „Allegorischer Kommentar" mit der Auslegung von Genesis 2,1 einsetzt und sein Traktat *Über die Weltschöpfung* nicht zu dieser Werkreihe gehört, sondern vielmehr die „Exposition des Gesetzes" eröffnet. Daher stellt sich die Frage, ob Philon ursprünglich einen allegorischen Kommentar zum ersten Kapitel der Genesis verfasst hat. Wenn ja, muss sein Kommentar in einem sehr frühen Stadium verloren gegangen sein; denn weder in der handschriftlichen Überlieferung noch in Eusebios' Auflistung von Philons Werken (Kirchengeschichte II 18,1–8) findet sich ein Beleg dafür. In der Tat scheint der Text des „Allegorischen Kommentars", der in Caesarea herausgegeben wurde und auf den alle erhaltenen Manuskripte von Philons Werken zurückgehen, keine Auslegung des ersten Kapitels der Genesis enthalten zu haben.[1] Die Ansichten moderner Forscher gehen in dieser Frage auseinander, und es ist umstritten, wo der „Allegorische Kommentar" ursprünglich einsetzte. Leopold Cohn, Isaak Heinemann und Jenny Morris sprachen sich aufgrund der allgemeinen Wahrscheinlichkeit vorsichtig dafür aus, dass Philon vermutlich keinen allegorischen Kommentar zu Genesis 1 verfasste, während Thomas Tobin und Gregory Sterling seine Existenz – vor allem wegen Philons eigener Querverweise – befürwortet haben. Prüfen wir nun ihre Argumente und fügen ein paar neue hinzu.

Im Anschluss an Cohn behauptete Heinemann, es sei „sehr unwahrscheinlich", dass Philon einen allegorischen Kommentar zu Genesis 1 geschrieben habe; denn er habe kaum den Wortsinn der Schöpfungserzählung infrage stellen wollen, die wichtigen theologischen Zwecken diente.[2] Laut Heinemann hatte Philon in dieser Kommentarreihe eine solch starke allegorische Ausrichtung, dass er lieber Genesis 1 unkommentiert ließ, als der Gefahr zu erliegen, die Schöpfung durch Allegorese wegzudeuten. Heinemanns Betrachtungsweise wird von den Einsichten der Kapitel 10–11 des vorliegenden Buches gestützt, wo wir gesehen haben, dass Philon am Beginn seines Schaffens einer Verbindung Gottes mit der materiellen Welt sehr zwie-

---

[1] Zur Edition der Werke Philons in Caesarea siehe BARTHÉLEMY, Est-ce Hoshaya?; ROYSE, The Text.
[2] COHN, Einleitung, 392–393; HEINEMANN, Allegorische Erklärung, 9.

spältig gegenüberstand und seine Leser davor warnte, Gottes Wesen aus der Schöpfung herzuleiten. Zugleich ging er jedoch nie so weit wie die ‚Gnostiker', die Richtigkeit des biblischen Schöpfungsberichts anzuzweifeln. Philons Ambivalenz könnte in der Tat zur Entscheidung geführt haben, von der Behandlung der Schöpfung im Rahmen des „Allegorischen Kommentars" abzusehen. Diese Schlussfolgerung ist freilich nicht zwingend. Genauso gut könnte man spekulieren, dass Philon es vorgezogen habe, einen Kommentar zu schreiben und darin alle mit der Schöpfung zusammenhängenden theologischen Fragen anzusprechen. Wenn das zutreffen sollte, müsste sein allegorischer Kommentar zu Genesis 1 das sehr auf die Transzendenz ausgerichtete Denken seiner Anfänge widergespiegelt haben.

Morris hat argumentiert, es sei

> völlig plausibel, dass er das nicht tat [sc. Genesis 1 kommentieren] ...; der „Allegorische Kommentar" handelt in erster Linie von der Menschheitsgeschichte, die erst in Genesis 2,1 einsetzt. Der abrupte Beginn ... braucht nicht zu überraschen, da diese Methode, unvermittelt mit dem auszulegenden Text einzusetzen, sich in den späteren Büchern von Philons Kommentaren findet und auch im rabbinischen Midrasch erscheint.[3]

Diese Argumente gegen die Annahme eines allegorischen Kommentars zu Genesis 1 sind nicht sehr überzeugend, weil Philons erhaltener Kommentar deutlich macht, dass er die Erschaffung von Himmel und Erde als Allegorien der Seele deutete (All. I 1). Für ihn wäre es somit ein Leichtes gewesen, aus dem ganzen ersten Kapitel eine Geschichte über die Menschheit zu machen. Zudem leitet er selbst seine diversen Traktate des „Allegorischen Kommentars" in aller Regel mit einem kurzen Hinweis auf seine bisherigen Ergebnisse ein. Dass er im weiteren Fortgang diesbezüglich nachlässiger wurde, ist weniger verwunderlich als die Annahme, es habe zum allerersten Traktat dieser Werkreihe überhaupt keine Einleitung gegeben. Und schließlich ist unklar, was der Verweis auf rabbinische Schriften zum Verständnis Philons soll beitragen können, da es sich dabei um keine Autorenliteratur handelt, sondern um Kompilationen von Auslegungen ganzer Rabbinengenerationen. Dass solche Gemeinschaftsunternehmen mit einer regelrechten Einleitung beginnen, ist weniger wahrscheinlich als im Fall des Werkes eines höchst individualisierten Autors, der eine Kommentarreihe zur Genesis beginnt.

Andererseits betonten Tobin und Sterling, es wäre für Philon äußerst ungewöhnlich gewesen, seine Kommentarreihe ohne regelrechte Einleitung zu beginnen, und machten in seinen erhaltenen Texten Formulierungen aus, die

---

[3] MORRIS, Jewish Philosopher, 832: „it is perfectly plausible that he did not ...; the *Allegorical Commentary* deals principally with the history of mankind, which only begins in Gen. 2:1. The abrupt beginning ... need cause no surprise, since this method of starting directly with the text to be expounded is found in the later books of Philo's commentaries, and appears also in Rabbinic Midrash."

auf einen verlorenen Traktat hindeuten könnten.[4] Ihr meines Erachtens überzeugendstes Beispiel für die Bezugnahme auf nicht erhaltenes Material ist All. I 1, wo Philon Genesis 2,1 zitiert und sagt: „Nachdem er [sc. Mose] zuvor von der Entstehung des Geistes und der Sinnlichkeit geredet hat, legt er nun beider Vollendung deutlich dar." Gewiss, dieser Satz kann kein direkter Verweis auf Philons eigenen Kommentar sein, weil er sonst in der ersten Person Singular formuliert hätte wie an zahlreichen anderen Stellen, an denen er eigene Auslegungen in Erinnerung ruft. Gleichwohl stellen Tobin und Sterling die These auf, dass die Formulierung, obschon sie sich offenkundig auf Mose beziehe, eine allegorische Deutung voraussetze, die nur von Philon stammen könne. Tobin geht in diesem Zusammenhang von der Annahme aus, dass die „Exposition" vor dem „Allegorischen Kommentar" verfasst wurde, und möchte zeigen, dass All. I 1 den Bezug zu Gedanken herstellt, die nicht in Philons Traktat *Über die Weltschöpfung* ausgedrückt sind. Nun haben wir aber in diesem Buch durchgehend gesehen, dass die Reihenfolge der beiden Werkserien umgekehrt ist und Philon seine schriftstellerische Tätigkeit mit dem „Allegorischen Kommentar" begann. Der oben zitierte Verweis Philons auf etwas, was Mose „zuvor" auf angeblich allegorische Art und Weise sagte, bekommt daher eine noch größere Bedeutung, als Tobin annahm, da es keine frühere Abhandlung gab, auf die Philon sich hätte beziehen können. Anders ausgedrückt, Philon kann sein allererstes Buch wohl kaum mit einem solchen Verweis auf frühere Einsichten begonnen haben. Die Annahme verlorenen Kommentarmaterials gewinnt damit an Wahrscheinlichkeit.

Tobins und besonders Sterlings stilistisches Argument, dass Philon sein exegetisches Korpus kaum ohne richtige Einleitung begonnen haben kann, findet eine Stütze bei Origenes, der – wie im neunten Kapitel gezeigt – Philon in vielerlei Hinsicht folgte und seine Bibelkommentare mit Einführungen versah. Ronald Heine hat zuletzt die erhaltenen Proömien des Origenes zu seinen eigenen exegetischen Schriften untersucht und herausgearbeitet, dass er sie bei erweiterten Neuausgaben seiner Kommentare jeweils überarbeitete.[5] Dieses Vorgehen wirft ein Licht auf Philon, der seine diversen Traktate regelmäßig mit einer Einleitung versah und seinen Lesern so erleichterte, das jeweilige Buch im größeren Kontext seines Werkes zu würdigen. Demnach ist es wahrscheinlich, dass Philon den „Allegorischen Kommentar" mit einer gewissen Erläuterung eröffnete, in der er den Zweck seines exegetischen Projekts, seine Methode und vielleicht auch alternative Vorgehensweisen benannte.

Falls Philon tatsächlich einen allegorischen Kommentar zu Genesis 1 geschrieben hat, muss allerdings mehr als ein Traktat fehlen. Denn im „Alle-

---

[4] TOBIN, Beginning; TOBIN, Philo and the Allegorical Reinterpretation; STERLING, Prolific in Expression.
[5] HEINE, Introduction.

gorischen Kommentar" behandelt er je Abhandlung im Schnitt fünfzehn Bibelverse. Üblicherweise setzt er mit der Kommentierung des Verses ein, der auf den im vorigen Traktat zuletzt behandelten folgt. Daher ist die in der Forschung vertretene Annahme, nur *ein* Traktat, der das gesamte erste Kapitel der Genesis kommentiert habe, sei verloren gegangen, höchst unwahrscheinlich; denn in diesem Fall hätte Philon entweder einen Großteil des biblischen Stoffes ausgelassen oder einen Traktat in doppelter Länge verfasst. Angesichts des begrenzten Umfangs antiker Schriftrollen wie auch des gründlichen und systematischen Vorgehens Philons können beide Annahmen nicht überzeugen.

Doch wie wahrscheinlich ist nun, dass zwei allegorische Traktate Philons zum Anfangskapitel der Genesis noch vor Eusebios in Vergessenheit gerieten? Auch in dieser Frage kann Origenes uns Aufschluss geben. Sein eingehender Kommentar zum Buch Genesis ist zwar nicht mehr erhalten, doch lassen die vorhandenen Fragmente sowie andere, verwandte Werke erkennen, dass er besondere Mühe darauf verwandte, diesen Text den Händen ‚gnostischer' Exegeten zu entreißen, die darauf aus waren, den höchsten Gott von der materiellen Schöpfung zu trennen.[6] Origenes argumentiert nachdrücklich zugunsten eines fürsorglichen, wohltätigen Demiurgen, der die bestmögliche Welt aus dem Nichts erschuf. Dabei beruft er sich explizit auf Philon und das Bild von Gott als Architekten, das er vermutlich Philons Spätwerk *Über die Weltschöpfung* entnahm, worin dieser Gott als wohltätigen, fürsorglichen Schöpfer pries.[7] Falls Philon tatsächlich zunächst zwei allegorische Traktate zu Genesis 1 geschrieben hat, müssten sie seine Vorbehalte gegenüber Gott als Demiurgen wiedergegeben und so in die Hände der ‚Gnostiker' gespielt haben. Origenes müsste dann dem Traktat *Über die Weltschöpfung* aus Philons späteren Jahren, der eine römisch-stoische Ausrichtung verrät und sich hervorragend dazu eignete, heterodoxen Ansichten etwas entgegenzusetzen, absolute Priorität eingeräumt haben. Origenes' Vorliebe hat in seiner Schule in Caesarea wahrscheinlich für einen Lektürekanon gesorgt, der die ausschließliche Aufmerksamkeit auf Philons Schrift *Über die Weltschöpfung* richtete und so die Traktate des „Allegorischen Kommentars" zu Genesis 1 verdrängte. Es ist sogar denkbar, dass Origenes die Tradition begründete, *Über die Weltschöpfung* vor dem „Allegorischen Kommentar", wie er uns heute erhalten ist, zu lesen, der mit der Auslegung von Genesis 2,1 beginnt. Diese Anordnung hätte dann dazu geführt, dass der ursprüngliche Kommentar zum ersten Kapitel der Genesis rasch in Vergessenheit geriet.

---

[6] HEINE, Origen, 83–126; HEINE, Origen's Alexandrian *Commentary on Genesis*.

[7] ORIGENES, Testimonium C II 1 und Frgm. D 2 (in: ORIGENES, Werke mit deutscher Übersetzung, Bd. 1/1: Die Kommentierung des Buches Genesis, eingeleitet und übersetzt von KARIN METZLER [Berlin u.a.: De Gruyter, und Freiburg u.a.: Herder, 2010], 50, 62).

# Literaturverzeichnis

## Quellen

Den Quellenzitaten wurden, wo es möglich war, zweisprachige Ausgaben, sonst nur deutsche Übersetzungen zugrunde gelegt. Abänderungen aus orthographischen, syntaktischen, stilistischen oder inhaltlichen Gründen sind dabei nicht gekennzeichnet. Auf deutsch nicht zugängliche Quellen wurden aus dem Griechischen beziehungsweise Lateinischen übersetzt.

### 1. Philon

*a) Griechische, armenische, hebräische Ausgaben und Übersetzungen*
Cohn, Leopold, und Paul Wendland: Philonis Alexandrini Opera Quae Supersunt, 7 Bde. (Berlin: Reimer, 1886–1930).
Colson, Francis H., und George Herbert Whitaker: Philo. In Ten Volumes (and Two Supplementary Volumes) (Nachdr. Cambridge: Harvard University Press, 1981).
Daniel-Nataf, Suzanne, Yehoshua Amir und Maren R. Niehoff (Hgg.): Philo of Alexandria. Writings (hebr.) (Jerusalem: The Bialik Institute and the Israel Academy of Sciences and Humanities, 1986–).
Terian, Abraham: Philonis Alexandrini De Animalibus. The Armenian Text with an Introduction, Translation, and Commentary (Chico: Scholars Press, 1981).
–: Alexander. Introduction, traduction et notes (Paris: Éditions du Cerf, 1988).

*b) Deutsche Übersetzungen*
Zitaten aus Philons griechisch überlieferten Werken liegt im Allgemeinen die folgende deutsche Werkausgabe zugrunde:
Philo von Alexandria, Die Werke in deutscher Übersetzung, hg. von Leopold Cohn u.a., Bd. I–VI (Berlin: De Gruyter, $^2$1962).
Ausnahmen sind:
Hypothetica: Auszug in: Jens Schröter/Jürgen Zangenberg (Hg.): Texte zur Umwelt des Neuen Testaments (UTB 3663; Tübingen: Mohr Siebeck, $^3$2013), 515–516.
De Josepho: Das Leben des Politikers oder Über Josef. Eine philosophische Erzählung, übersetzt und eingeleitet von Bernhard Lang (Göttingen: Vandenhoeck & Ruprecht, 2017).
De migratione Abrahami: Abrahams Aufbruch. Philon von Alexandria, *De migratione Abrahami*, eingeleitet und mit interpretierenden Essays versehen von Heinrich Detering, Lutz Doering, Reinhard Feldmeier, Rainer Hirsch-Luipold, Heinz-Günther Nesselrath, Maren R. Niehoff, Peter Van Nuffelen, Florian Wilk, hg. von

Maren R. Niehoff und Reinhard Feldmeier (SAPERE XXX; Tübingen: Mohr Siebeck, 2017).
Quod omnis probus liber sit: Über die Freiheit des Rechtschaffenen, übersetzt und eingeleitet von Reinhard von Bendemann (Göttingen: Vandenhoeck & Ruprecht, 2016).
Die nur auf Armenisch erhaltenen Werke wurden aus dem Englischen (unter a]: die Ausgaben von Colson und von Terian) übersetzt.

## 2. Sonstige Quellen

Anonymus, Comm. in Tht. (= Commentarius in Theaitetum): Anonymer Kommentar zu Platons Theaitet (Papyrus 9782). Nebst drei Bruchstücken philosophischen Inhalts (Pap.N.8; P.9766.9569), hg. von Hermann Diels, Wilhelm Schubert und J. L. Heiberg (Berlin: Weidmann, 1905).

Areios Didymos: Arius Didymus, Epitome of Stoic Ethics, edited by Arthur J. Pomeroy (Atlanta: Society of Biblical Literature, 1999).

Aristeasbrief: übersetzt von Norbert Meisner, in: Jüdische Schriften aus hellenistisch-römischer Zeit, Bd. II: Unterweisung in erzählender Form, Lieferung 1 (Gütersloh: Gütersloher Verlagshaus, $^2$1977), 35–87.

Aristobul: übersetzt von Nikolaus Walter, in: Jüdische Schriften aus hellenistisch-römischer Zeit, Bd. III: Unterweisung in lehrhafter Form, Lieferung 2 (Gütersloh: Gütersloher Verlagshaus, 1980), 261–279.

Aristoteles, De caelo: Aristoteles, Werke in deutscher Übersetzung, Bd. 12, Teil 3: Über den Himmel, übersetzt und erläutert von Alberto Jori (Berlin: Akademie Verlag, 2009).

Augustin, Civ. Dei: Aurelius Augustinus' Werke, Bd. 18: Der Gottesstaat – De civitate Dei. In deutscher Sprache von Carl Johann Perl, 2 Bde. (Paderborn: Schöningh, 1979).

Bibel:
- Bibel. Einheitsübersetzung der Heiligen Schrift. Gesamtausgabe (Stuttgart: Katholisches Bibelwerk, 2016).
- Die Bibel. Nach Martin Luthers Übersetzung. Lutherbibel mit Apokryphen. Revidiert 2017, hg. von der Evangelischen Kirche in Deutschland (Stuttgart: Deutsche Bibelgesellschaft, 2017).
- Septuaginta: Septuaginta Deutsch. Das griechische Alte Testament in deutscher Übersetzung, hg. von Wolfgang Kraus und Martin Karrer (Stuttgart: Deutsche Bibelgesellschaft, 2009).

Cassius Dio: Cassius Dio, Römische Geschichte, 5 Teile, übersetzt von Otto Veh, eingeleitet von Gerhard Wirth (Zürich: Artemis-Verlag, 1985–1987).

Cicero, Acad. (= Academici libri/Akademische Abhandlungen): Cicero, Hortensius. Lucullus. Academici libri. Lateinisch-deutsch, hg., übersetzt und kommentiert von Laila Straume-Zimmermann, Ferdinand Broemser und Olof Gigon (Sammlung Tusculum; Düsseldorf: Artemis &Winkler, $^2$1997).

–, Fin.: Marcus Tullius Cicero, De finibus bonorum et malorum – Von den Grenzen im Guten und Bösen. Lateinisch und deutsch, eingeleitet und übertragen von Karl Atzert (Die Bibliothek der Alten Welt; Zürich: Artemis-Verlag, 1964).

–, Leg.: Marcus Tullius Cicero, De legibus – Über die Gesetze. Stoicorum paradoxa – Stoische Paradoxien, hg., übersetzt und erläutert von Rainer Nickel (Sammlung Tusculum; München/Zürich: Artemis & Winkler, 1994).
–, N.D.: Marcus Tullius Cicero, De natura deorum – Vom Wesen der Götter. Lateinisch-deutsch, hg., übersetzt und erläutert von Wolfgang Gerlach und Karl Bayer (Sammlung Tusculum; München/Zürich: Artemis & Winkler, ³1990); dasselbe, hg., übersetzt und kommentiert von Olof Gigon und Laila Straume-Zimmermann (Sammlung Tusculum; Zürich/Düsseldorf: Artemis & Winkler, 1996).
–, Off.: Marcus Tullius Cicero, De officiis. Vom pflichtgemäßen Handeln, lateinisch und deutsch, übersetzt, kommentiert und hg. von Heinz Gunermann (Stuttgart: Reclam, 1987); hg. und übersetzt von Rainer Nickel (Sammlung Tusculum; Düsseldorf: Artemis & Winkler, 2008); Vom rechten Handeln. Lateinisch und deutsch, hg. und übersetzt von Karl Büchner (München: Artemis & Winkler, ⁴1994).
–, De or.: Marcus Tullius Cicero, De oratore. Über den Redner, Lateinisch/Deutsch, übersetzt und hg. von Harald Merklin (Stuttgart: Reclam, ²1976).
–, Stoic. par.: Marcus Tullius Cicero, De legibus – Über die Gesetze. Stoicorum paradoxa – Stoische Paradoxien, hg., übersetzt und erläutert von Rainer Nickel (Sammlung Tusculum; München/Zürich: Artemis & Winkler, 1994).
–, Tusc.: Marcus Tullius Cicero, Gespräche in Tusculum. Tusculanae disputationes. Lateinisch-deutsch, mit ausführlichen Anmerkungen neu hg. von Olof Gigon (Sammlung Tusculum; München/Zürich: Artemis & Winkler, ⁶1992).
Claudius, Brief an die Alexandriner: Avigdor Tcherikover/Aleksander Fuks, Corpus Papyrorum Judaicarum, 3 Bde. (Cambridge, Mass.: Harvard University Press, 1957–1964), Bd. II, Nr. 153; griechisch und deutsch: Gottfried Schimanowski, Juden und Nichtjuden in Alexandrien. Koexistenz und Konflikte bis zum Pogrom unter Trajan (117 n. Chr.) (Berlin u.a.: Lit-Verlag, 2006), 242–249.
Demetrios: übersetzt von Nikolaus Walter, in: Jüdische Schriften aus hellenistisch-römischer Zeit, Bd. III: Unterweisung in lehrhafter Form, Lieferung 2 (Gütersloh: Gütersloher Verlagshaus, 1980), 280–292.
Diogenes Laertius: Leben und Meinungen berühmter Philosophen. In der Übersetzung von Otto Apelt neu hg. sowie mit Einleitung und Anmerkungen versehen von Klaus Reich (Philosophische Bibliothek 674; Hamburg: Meiner, 2015).
Epiktet, Diatr. (= Diatribai/Dissertationes): Epiktet, Teles, Musonius, Ausgewählte Schriften. Griechisch-deutsch, hg. und übersetzt von Rainer Nickel (Sammlung Tusculum; München: Artemis & Winkler, 1994).
Eusebios, H.e. (= Historia ecclesiastica): Eusebius von Caesarea, Kirchengeschichte, hg. und eingeleitet von Heinrich Kraft (die Übersetzung von Philipp Haeuser wurde neu durchgesehen von Hans Armin Gärtner) (München: Kösel, 1967 = Darmstadt: Wissenschaftliche Buchgesellschaft, ⁶2012).
Ezechiel (Tragiker), Exagoge: übersetzt von Ernst Vogt, in: Jüdische Schriften aus hellenistisch-römischer Zeit, Bd. IV: Poetische Schriften (Gütersloh: Gütersloher Verlagshaus, 1983), 113–133.
Josephus, Ant. (= Antiquitates Judaicae): Flavius Josephus, Jüdische Altertümer, übersetzt und mitt Einleitung und Anmerkungen versehen von Dr. Heinrich Clementz (Wiesbaden: Marixverlag, ²2006).
–, Bell. (= Bellum Judaicum/Jüdischer Krieg): Flavius Josephus, De bello Judaico – Der jüdische Krieg. Griechisch und deutsch, hg. und mit einer Einleitung sowie

mit Anmerkungen versehen von Otto Michel und Otto Bauernfeind, 3 Bde. (Darmstadt: Wissenschaftliche Buchgesellschaft, 1959–1969).

–, C.Ap. (= Contra Apionem/Gegen Apion): Flavius Josephus, Über die Ursprünglichkeit des Judentums (Contra Apionem), hg. von Folker Siegert, Bd. 1 (Göttingen: Vandenhoeck & Ruprecht, 2008).

Justin, I/II Apol. (1./2. Apologie), in: Frühchristliche Apologeten und Märtyrerakten, Bd. I: Aus dem Griechischen und Lateinischen übersetzt von ... Dr. Gerhard Rauschen (Justin, Diognet) ... (Bibliothek der Kirchenväter, 1. Reihe, Bd. 12; München: Kösel, 1913).

Kleanthes, Zeus-Hymnus: Die Nachsokratiker. In Auswahl übersetzt und hg. von Wilhelm Nestle, 2 Bde. (Jena: Diederichs, 1923), Bd. 2, S. 22–24.

Lukian, Ver. hist. (= Verae historiae/Wahre Geschichten): Die Hauptwerke des Lukian. Griechisch und deutsch, hg. und übersetzt von Karl Mras (München: Heimeran, 1954).

Marcus Aurelius, Med. (Meditationes/Selbstbetrachtungen): Marc Aurel, Wege zu sich selbst. Griechisch-deutsch, hg. und übersetzt von Rainer Nickel (Sammlung Tusculum; München/Zürich: Artemis & Winkler, 1990).

Mischna-Traktat *Avot*: Die Mischna, Schädigungen. Seder Neziqin, aus dem Hebräischen übersetzt und hg. von Michael Krupp (Frankfurt/Leipzig: Verlag der Weltreligionen, 2008), 244–278.

Musonius, Diatr. (= Diatribai/Dissertationes): Epiktet, Teles, Musonius, Ausgewählte Schriften. Griechisch-deutsch, hg. und übersetzt von Rainer Nickel (Sammlung Tusculum; München: Artemis & Winkler, 1994).

Origenes, Cels. (= Contra Celsum/Gegen Kelsos): Origenes, Contra Celsum [griechisch-deutsch], eingeleitet und kommentiert von Michael Fiedrowicz, übersetzt von Claudia Barthold, 5 Bde. (Fontes Christiani 50/1–5; Freiburg u.a.: Herder, 2011–2012).

–, Princ. (De principiis): Origenes, Vier Bücher von den Prinzipien, hg., übersetzt, mit kritischen und erläuternden Anmerkungen versehen von Herwig Görgemanns und Heinrich Karpp (Texte zur Forschung 24; Darmstadt: Wissenschaftliche Buchgesellschaft, ³1992).

Philostrat, Vit. Apoll. (= Vita Apollonii Tyanensis): Philostratos, Das Leben des Apollonios von Tyana. Griechisch-Deutsch, hg., übersetzt und erläutert von Vroni Mumprecht (Sammlung Tusculum; München/Zürich: Artemis & Winkler, 1983).

Platon, Leg. (= Leges/Gesetze): Platon, Nomoi (Gesetze). Übersetzung und Kommentar von Klaus Schöpsdau, 3 Bde. (Göttingen: Vandenhoeck & Ruprecht, 1994–2011).

–, Phaidon: Platon, Werke in acht Bänden. Griechisch und deutsch, hg. von Gunther Eigler, Bd. 2 (Darmstadt: Wissenschaftliche Buchgesellschaft, ⁷2016).

–, Phaidros: Platon, Werke in acht Bänden. Griechisch und deutsch, hg. von Gunther Eigler, Bd. 5 (Darmstadt: Wissenschaftliche Buchgesellschaft, ⁷2016).

–, Rep. (= Res publica/Politeia): Platon, Der Staat. Griechisch-deutsch, übersetzt von Rüdiger Rufener (Sammlung Tusculum; Düsseldorf: Artemis & Winkler, 2000).

–, Sophist: Platon, Werke in acht Bänden. Griechisch und deutsch, hg. von Gunther Eigler, Bd. 6 (Darmstadt: Wissenschaftliche Buchgesellschaft, ⁷2016).

–, Symp. (= Symposion): Platon, Sämtliche Werke. In zehn Bänden. Griechisch und deutsch, hg. von Karlheinz Hülser, Bd. IV (Frankfurt: Insel, ²1996), 53–183.

–, Tht.: Platon: Theätet. Griechisch-deutsch. Aus dem Griechischen von Friedrich Schleiermacher. Übersetzung durchgesehen und überarbeitet von Alexander Becker. Kommentar von Alexander Becker (Frankfurt: Suhrkamp, 2007).
–, Tim. (= Timaios): Platon, Sämtliche Werke. In zehn Bänden. Griechisch und deutsch, hg. von Karlheinz Hülser, Bd. VIII (Frankfurt: Insel, 1997), 197–425.
Plinius d.Ä., Naturalis historia/Naturkunde): C. Plinius Secundus, Naturkunde. Lateinisch-deutsch, Teil 5: Geographie: Afrika und Asien, hg. und übersetzt von Gerhard Winkler (Sammlung Tusculum; Zürich/Düsseldorf: Artemis & Winkler, 1993).
Plutarch
–, Moralia:
 –, Amat.: Plutarch, Dialog über die Liebe. *Amatorius*, eingeleitet, übersetzt und mit interpretierenden Essays versehen von Herwig Görgemanns, Barbara Feichtinger, Fritz Graf, Werner Jeanrond und Jan Opsomer (SAPERE X; Tübingen: Mohr Siebeck, 2006; 2., korrigierte und erweiterte Auflage, 2011).
 –, Coh. ira (= De cohibenda ira/Über die Bezähmung des Zorns): Plutarch, Moralische Schriften, übersetzt, mit Einleitung und Anmerkungen versehen von Otto Apelt, Zweites Bändchen: Von der Bezähmung des Zorns (Leipzig: Meiner, 1926).
 –, De E: Hendrik Obsieger, Plutarch: *De E apud Delphos*. Über das Epsilon am Apolltempel in Delphi. Einführung, Ausgabe und Kommentar (Stuttgart: Steiner, 2013); Plutarch, Über Gott und Vorsehung, Dämonen und Weissagung. Religionsphilosophische Schriften, eingeleitet und neu übertragen von Konrat Ziegler (Zürich: Artemis-Verlag, 1952), 49–70.
 –, De Is. et Os. (= De Iside et Osiride/Über Isis und Osiris): Plutarch, Drei religionsphilosophische Schriften. Griechisch-deutsch, übersetzt und hg. von Herwig Görgemanns (Sammlung Tusculum; Düsseldorf/Zürich: Artemis & Winkler, 2003, ²2009), 135–273.
 –, Quaest. conv. (= Quaestiones convivales/Tischgespräche): Plutarch, Vermischte Schriften, mit Anmerkungen nach der Übersetzung von [Johann Friedrich Salomon] Kaltwasser vollständig hg. von Heinrich Conrad, Bd. 1: Tischgespräche (München/Leipzig: Müller, 1911).
–, Parallelbiographien:
 –, Alexander/Alkibiades/Cato Maior/Demosthenes/Perikles: Plutarch, Fünf Doppelbiographien. Griechisch-deutsch, 2 Teile, Griechisch und deutsch, übersetzt von Konrat Ziegler und Walter Wuhrmann, ausgewählt von Manfred Fuhrmann, mit einer Einführung und Erläuterungen von Konrat Ziegler, Sammlung Tusculum (Düsseldorf/Zürich: Artemis & Winkler, ²2001).
 –, Aemilius Paulus/Antonius/Galba/Numa: Plutarch, Große Griechen und Römer, eingeleitet und übersetzt von Konrat Ziegler, 6 Bde. (Zürich/Stuttgart: Artemis, 1954–1965).
Seneca, Apoc. (= Apokolokyntosis/Verkürbissung): Lucius Annaeus Seneca, Apokolokyntosis. Lateinisch-deutsch, hg. und übersetzt von Gerhard Binder (Sammlung Tusculum; Düsseldorf: Artemis & Winkler, 1999).
–, Brev. vit. (= De brevitate vitae/Über die Kürze des Lebens): Seneca, Die Kürze des Lebens. De brevitate vitae. Lateinisch-deutsch, übersetzt und hg. von Gerhard Fink (Düsseldorf: Artemis & Winkler, 2003); Lucius Annaeus Seneca, Philosophische Schriften. Lateinisch und deutsch, hg. von Manfred Rosenbach, 5 Bde. (Darmstadt: Wissenschaftliche Buchgesellschaft, 1969–1989), Bd. III, 175–239;

Lucius Annaeus Seneca, Philosophische Schriften, übersetzt, mit Einleitung und Anmerkungen versehen von Otto Apelt, Bd. 2 (Hamburg: Meiner, 1993), 111–149.

–, De clementia/Über die Milde: Lucius Annaeus Seneca, Philosophische Schriften. Lateinisch und deutsch, hg. von Manfred Rosenbach, 5 Bde. (Darmstadt: Wissenschaftliche Buchgesellschaft, 1969–1989), Bd. V, 1–93.

–, Cons. Helv. (= Consolatio ad Helviam/Trostschrift an Helvia): Lucius Annaeus Seneca, Philosophische Schriften, übersetzt, mit Einleitung und Anmerkungen versehen von Otto Apelt, Bd. 2: Der Dialoge zweiter Teil, Buch VII–XII (Leipzig: Meiner, 1923 = Hamburg: Meiner, 2015); Lucius Annaeus Seneca, Philosophische Schriften. Lateinisch und deutsch, hg. von Manfred Rosenbach, 5 Bde. (Darmstadt: Wissenschaftliche Buchgesellschaft, 1969–1989), Bd. II, 295–357.

–, Cons. Polyb. (= Consolatio ad Polybium/Trostschrift an Polybius): Lucius Annaeus Seneca, Philosophische Schriften. Lateinisch und deutsch, hg. von Manfred Rosenbach, 5 Bde. (Darmstadt: Wissenschaftliche Buchgesellschaft, 1969–1989), Bd. II, 241–293.

–, Ep. (= Epistulae/Briefe): Lucius Annaeus Seneca, Philosophische Schriften. Lateinisch und deutsch, hg. von Manfred Rosenbach, 5 Bde., Bd. 3: Ad Lucilium. Epistulae I–LXIX, Bd. 4: Ad Lucilium. Epistulae LXX–CXXIV (CXXV), übersetzt, eingeleitet und mit Anmerkungen versehen von Manfred Rosenbach (Darmstadt: Wissenschaftliche Buchgesellschaft, 1974–1984); Epistulae morales ad Lucilium. Lateinisch-deutsch, Bd. 1, hg. und übersetzt von Gerhard Fink (Sammlung Tusculum; Düsseldorf: Artemis & Winkler, 2007), Bd. 2, hg. und übersetzt von Rainer Nickel (Sammlung Tusculum; Düsseldorf: Artemis & Winkler, 2009).

–, Ira (= De ira/Über den Zorn): Lucius Annaeus Seneca, Philosophische Schriften. Lateinisch und deutsch, hg. von Manfred Rosenbach, 5 Bde. (Darmstadt: Wissenschaftliche Buchgesellschaft, 1969–1989), Bd. I, 95–311.

–, Prov. (= De providentia/Über die Vorsehung): Lucius Annaeus Seneca, Philosophische Schriften. Lateinisch und deutsch, hg. von Manfred Rosenbach, 5 Bde. (Darmstadt: Wissenschaftliche Buchgesellschaft, 1969–1989), Bd. II, 1–41.

–, Tranq. (= De tranquillitate animi/Von der Seelenruhe): Lucius Annaeus Seneca, Philosophische Schriften. Lateinisch und deutsch, hg. von Manfred Rosenbach, 5 Bde. (Darmstadt: Wissenschaftliche Buchgesellschaft, 1969–1989), Bd. II, 101–173; Lucius Annaeus Seneca, Philosophische Schriften, übersetzt, mit Einleitung und Anmerkungen versehen von Otto Apelt, Bd. 2: Der Dialoge zweiter Teil, Buch VII–XII (Leipzig: Meiner, 1924 = Hamburg: Meiner, 201993), 61–110.

Septuaginta: *siehe* Bibel

Strabon, Geogr.: Strabons Geographika. Mit Übersetzung und Kommentar, hg. von Stefan Radt, Bd. 1: Prolegomena. Buch I–IV: Text und Übersetzung (Göttingen: Vandenhoeck & Ruprecht, 2003).

Sueton, Augustus/Tiberius/Gaius/Claudius: Sueton, Die Kaiserviten. Berühmte Männer, hg. und übersetzt von Hans Martinet (Sammlung Tusculum; Düsseldorf/Zürich: Artemis & Winkler, [3]2006).

Tacitus, Ann.: Publius Cornelius Tacitus, Annalen – Annales. Lateinisch-deutsch, hg. von Erich Heller, mit einer Einführung von Manfred Fuhrmann (Sammlung Tusculum; Mannheim: Artemis & Winkler, [6]2010).

Valerius Maximus, Mem.: Valerius Maximus, Facta et dicta memorabilia – Denkwürdige Taten und Worte. Lateinisch-deutsch, übersetzt und hg. von Ursula Blank-Sangmeister (Stuttgart: Reclam, 1991).

## Zitierte Sekundärliteratur

Adkins, Lesley, und Roy Adkins: Handbook to Life in Ancient Rome (New York: Oxford University Press, 1994).
Afterman, Adam: From Philo to Plotinus. The Emergence of Mystical Union, in: Journal of Religion 93 (2013) 177–196.
Alesse, Francesca (Hg.): Philo of Alexandria and Post-Aristotelian Philosophy (Leiden: Brill, 2008).
Alexandre, Monique: Monarchie divine et Dieux des nations chez Philon d'Alexandrie, in: Sabrina Inowlocki und Baudouin Decharneux (Hgg.): Philon d'Alexandrie (Turnhout: Brepols, 2011), 117–147.
Algra, Keimpe (Hg.): The Cambridge History of Hellenistic Philosophy (New York: Cambridge University Press, 1999).
Amir, Yehoshua: Authority and Interpretation of Scripture in the Writings of Philo, in: Martin Jan Mulder (Hg.): Mikra. Text, Translation, Reading and Interpretation of the Hebrew Bible in Ancient Judaism and Early Christianity (Minneapolis: Fortress, 1988), 421–454.
–: Die hellenistische Gestalt des Judentums bei Philon von Alexandrien (Neukirchen-Vluyn: Neukirchener Verlag, 1983).
–: The Decalogue According to the Teachings of Philo of Alexandria (hebr.), in: Ben-Zion Segal (Hg.): The Ten Commandments as Reflected in Tradition and Literature throughout the Ages (Jerusalem: Magnes, 1985), 95–125 = Die Zehn Gebote, in: Yehoshua Amir: Die hellenistische Gestalt des Judentums (Neukirchen-Vluyn: Neukirchener Verlag, 1983), 131–163.
–: Philo's Allegory in Relation to Homeric Allegory (hebr.), in: Eshkolot 6 (1971) 35–45.
Anderson, Charles A.: Philo of Alexandria's Views of the Physical World (Tübingen: Mohr Siebeck, 2011).
Anderson, Graham: The Pepaideumenos in Action. Sophists and Their Outlook in the Early Empire, in: Wolfgang Haase und Hildegard Temporini (Hgg.): Aufstieg und Niedergang der Römischen Welt II 36,1 (Berlin/New York: De Gruyter, 1989), 72–208.
André, Jean-Marie, und Marie-Françoise Baslez: Voyager dans l'antiquité (Paris: Fayard, 1993).
Annas, Julia (Hg.): Oxford Studies in Ancient Philosophy, Bd. 6 (Oxford: Clarendon, 1988).
Arendt, Hannah: Zwischen Vergangenheit und Zukunft (München: Piper, [4]2016).
Arnaldez, Roger: Les œuvres de Philon d'Alexandrie, Bd. 30: De Aeternitate Mundi, Introduction et notes par R. Arnaldez, traduction par J. Pouilloux (Paris: Cerf, 1969).
Arnim, Hans Friedrich August von: Stoicorum Veterum Fragmenta, 4 Bde. (Leipzig: Teubner, 1903–1924).
Assmann, Jan: Monotheism and Polytheism, in: Sarah I. Johnston (Hg.): Religions of the Ancient World. A Guide (Cambridge, Mass.: Harvard University Press, 2004), 17–31.
Avemarie, Friedrich: Die Werke des Gesetzes im Spiegel des Jakobusbriefs, in: Zeitschrift für Theologie und Kirche 98 (2001) 282–309.

Babut, Daniel: Plutarque et le Stoïcisme (Thèse Principale pour le Doctorat des Lettres présentée à la Faculté des Lettres et Sciences Humaines de l'Université de Paris, Paris 1969).
–: Polémique et philosophie dans les deux écrits anti-stoïciens de Plutarque, in: Revue des Études Anciennes 100 (1998) 11–42.
Bacher, Wilhelm: Der Kirchenvater Origenes und Rabbi Hoshaja, in: Jewish Quarterly Review 3 (1891) 357–360.
Baer, Richard Arthur: Philo's Use of the Categories Male and Female (Leiden: Brill, 1970).
Baldwin, Barry: Suetonius (Amsterdam: A. M. Hakkert, 1983).
Balsdon, John P. V. D.: Roman Women (London: Bodley Head, 1962); dt.: Die Frau in der römischen Antike (München: Beck, 1979).
Baltes, Matthias: Timaios Lokros (Leiden: Brill, 1972).
–: Die Weltentstehung des Platonischen Timaios nach den antiken Interpreten, Bd. I (Leiden: Brill, 1976).
Barclay, John M. G.: Flavius Josephus. Against Apion, Translation and Commentary (Leiden: Brill, 2007).
–: Jews in the Mediterranean Diaspora (Edinburgh: T&T Clark, 1996).
–: Paul and Philo on Circumcision. Romans 2:25–9 in the Social and Cultural Context, in: New Testament Studies 44 (1998) 536–556.
Barnes, Jonathan: Antiochus of Ascalon, in: Miriam T. Griffin und Jonathan Barnes (Hgg.): Philosophia Togata, Bd. 1: Essays on Philosophy and Roman Society (Oxford: Clarendon, 1989), 51–97.
Baroin, Catherine: Remembering One's Ancestors, Following in Their Footsteps, Being Like Them. The Role and Forms of Family Memory in the Building of Identity, in: Véronique Dasen und Thomas Späth (Hgg.): Children, Memory, and Family Identity in Roman Culture (Oxford: Oxford University Press, 2010), 19–48.
Barraclough, Ray: Philo's Politics. Roman Rule and Hellenistic Judaism, in: Wolfgang Haase und Hildegard Temporini (Hgg.): Aufstieg und Niedergang der Römischen Welt II 21,1 (Berlin/New York: De Gruyter, 1984), 417–553.
Barrett, Anthony: Caligula (New Haven: Yale University Press, 1989).
–: Livia (New Haven: Yale University Press, 2002).
Bartels, Felix: Zur Deutung der Digression des Theaitet (172c–177c), in: Philologus 159 (2015) 29–72.
Barthélemy, Dominique: Est-ce Hoshaya Rabba qui censura le Commentaire Allégorique?, in: Philon d'Alexandrie. Lyon 11–15 Septembre 1966. Colloques Nationaux du Centre National de la Recherche Scientifique (Paris: Ed. du Centre National de la Recherche Scientifique, 1967), 45–78.
Barton, John: Ethics in Ancient Israel (Oxford: Oxford University Press, 2014).
Bartsch, Shadi, und David Wray (Hgg.): Seneca and the Self (Cambridge: Cambridge University Press, 2009).
Bastianini, Guido, und David N. Sedley: Commentarium in Platonis „Theatetum", in: Corpus dei papiri filosofici greci e latini, Bd. 3 (Florenz: Olschki, 1995), 227–562.
Bauer, Walter: Rechtgläubigkeit und Ketzerei im ältesten Christentum (Tübingen: Mohr Siebeck, [2]1964).
Bauman, Richard A.: Women and Politics in Ancient Rome (London: Routledge, 1992).

Baumgarten, Albert I.: The Rule of the Martian in the Ancient Diaspora. Celsus and His Jew, in: Peter J. Tomson und Joshua J. Schwartz (Hgg.): Jews and Christians in the First and Second Centuries (Leiden: Brill, 2014), 398–430.
Bechtle, Gerald: La problématique de l'âme et du cosmos chez Philon et les médioplatoniciens, in: Carlos Lévy (Hg.): Philon d'Alexandrie et le langage de la philosophie (Turnhout: Brepols, 1998), 377–392.
Beck, Mark (Hg.): A Companion to Plutarch (Oxford: Wiley-Blackwell, 2014).
Becker, Eve-Marie: Paulus als weinender Briefeschreiber (2Kor 2,4). Epistolare *parousia* im Zeichen visualisierter Emotionalität, in: Dieter Sänger (Hg.): Der Zweite Korintherbrief (Göttingen: Vandenhoeck & Ruprecht, 2012), 11–26.
–: Die Tränen des Paulus (2 Kor. 2,4; Phil. 3,18) – Emotion oder Topos?, in: Renate Egger-Wenzel und Jeremy Corley (Hgg.): Emotions from Ben Sira to Paul (Berlin: De Gruyter, 2011), 361–377.
Belkin, Samuel: Philo and the Oral Law (Cambridge, Mass.: Harvard University Press, 1940).
Ben Sasson, Hillel, und Moshe Halbertal: The Divine Name YHWH and the Measure of Mercy (hebr.), in: Maren R. Niehoff, Ronit Meroz und Jonathan Garb (Hgg.): And This Is for Yehuda (Jerusalem: The Mandel Institute for Jewish Studies and The Bialik Institute, 2012), 53–69.
Berthelot, Katell: Philo and the Kindness towards Animals (*De Virtutibus* 125–147), in: Studia Philonica Annual 14 (2002) 48–65.
Biale, David: Eros and the Jews (New York: HarperCollins, 1992).
Bilde, Per: The Roman Emperor Gaius's Attempt to Erect His Statue in the Temple of Jerusalem, in: Studia theologica 32 (1978) 67–93.
Biraschi, Anna Maria: Strabo and Homer. A Chapter in Cultural History, in: Daniela Dueck, Hugh Lindsay und Sarah Pothecary (Hgg.): Strabo's Cultural Geography (Cambridge: Cambridge University Press, 2005), 73–85.
Birnbaum, Ellen: The Place of Judaism in Philo's Thought (Atlanta: Scholars Press, 1996).
Blank-Sangmeister, Ursula: Römische Frauen. Ausgewählte Texte (Stuttgart: Reclam, 2001).
Bloch, René: Alexandria in Pharaonic Egypt. Projections in *De Vita Mosis*, in: Studia Philonica Annual 24 (2012) 69–84.
–: Leaving Home. Philo of Alexandria on the Exodus, in: Thomas Evan Levy, Thomas Schneider und William H. C. Propp (Hgg.): Israel's Exodus in Transdisciplinary Perspective (Cham: Springer, 2015), 357–364.
–: Moses und der Mythos. Die Auseinandersetzung mit der griechischen Mythologie bei den jüdisch-hellenistischen Autoren (Leiden: Brill, 2011).
Bobzien, Susanne: Determinism and Freedom in Stoic Philosophy (Oxford: Oxford University Press, 1998).
Bompaire, Jacques: Lucien écrivain, imitation et création (Paris: E. de Boccard, 1958).
Bonazzi, Mauro: Le commentaire anonyme du *Théétète* et l'invention du Platonisme, in: Dimitri El Murr (Hg.): La mesure du savoir (Paris: J. Vrin, 2013), 309–333.
–: The Commentary as Polemical Tool. The Anonymous Commentator on the Theaetetus against the Stoics, in: Laval théologique et philosophique 64 (2008) 597–605.
–: Continuité et rupture entre l'Académie et le Platonisme, in: Études Platoniciennes 3 (2006) 231–244.

–: Eudorus of Alexandria and Early Imperial Platonism, in: Robert W. Sharples und Richard Sorabji (Hgg.): Greek and Roman Philosophy 100 BC–200 AD (London: Institute of Classical Studies, 2007), 365–377.
–: Theoria and Praxis, in: Thomas Bénatouïl und Mauro Bonazzi (Hgg.): Theoria, Praxis and the Contemplative Life after Plato and Aristotle (Leiden: Brill, 2012), 139–161.
–: Towards Transcendence. Philo and the Revival of Platonism in the Early Imperial Age, in: Francesca Alesse (Hg.): Philo of Alexandria and Post-Aristotelian Philosophy (Leiden: Brill, 2008), 233–251.
Bowersock, Glen: Augustus and the Greek World (Oxford: Clarendon, 1965).
–: Foreign Elites, in: Jonathan Edmondson, Steve Mason und James Rives (Hgg.): Flavius Josephus and Flavian Rome (Oxford: Oxford University Press, 2005), 53–62.
–: Greek Sophists in the Roman Empire (Oxford: Oxford University Press, 1969).
Bowie, Ewen L.: Greeks and Their Past in the Second Sophistic, in: Past and Present 46 (1970) 3–41.
–: Hellenes and Hellenism in Writers of the Early Second Sophistic, in: Suzanne Saïd (Hg.): Hellēnismos (Leiden: Brill, 1991), 183–204.
–: Philostratus. The Life of a Sophist, in: Ewen L. Bowie und Jaś Elsner (Hgg.): Philostratus (Cambridge: Cambridge University Press, 2009), 19–32.
Bowie, Ewen L., und Jaś Elsner (Hgg.): Philostratus (Cambridge: Cambridge University Press, 2009).
Boyancé, Pierre: Études Philoniennes, in: Revue des études grecques 76 (1963) 64–110.
Boyarin, Daniel: Carnal Israel. Reading Sex in Talmudic Culture (Berkeley: University of California Press, 1993).
–: A Radical Jew. Paul and the Politics of Identity (Berkeley: University of California Press, 1994).
–: Socrates and the Fat Rabbis (Chicago: University of Chicago Press, 2009).
–: A Tale of Two Synods. Nicaea, Yavneh and the Making of Orthodox Judaism, in: Exemplaria 12 (2000) 21–62.
Boys-Stones, George R. (Hg.): Metaphor, Allegory and the Classical Tradition. Ancient Thought and Modern Revisions (Oxford: Oxford University Press, 2009).
–: Post-Hellenistic Philosophy. A Study of Its Development from the Stoics to Origen (Oxford: Oxford University Press, 2001).
Bradley, Keith R.: Wet-Nursing at Rome. A Study in Social Relations, in: Beryl Rawson (Hg.): The Family in Ancient Rome. New Perspectives (New York: Cornell University Press, 1992), 201–229.
Brakke, David: The Gnostics. Myth, Ritual, and Diversity in Early Christianity (Cambridge, Mass.: Harvard University Press, 2010).
Branham, Bracht R.: Unruly Eloquence. Lucian and the Comedy of Traditions (Cambridge, Mass.: Harvard University Press, 1989).
Braund, Susanna Morton: Seneca, De Clementia. Edited with Translation and Commentary (Oxford: Oxford University Press, 2009).
Bréhier, Émile: Les idées philosophiques et religieuses de Philon d'Alexandrie (Paris: J. Vrin, 1950).
Brisson, Luc: How Philosophers Saved Myths. Allegorical Interpretation and Classical Mythology (Chicago: University of Chicago Press, 2004).

Buffière, Félix: Les mythes d'Homère et la pensée grecque (Paris: Les Belles Lettres, 1956).
Burkert, Walter: Griechische Religion der archaischen und klassischen Epoche (Stuttgart: Kohlhammer, 1977).
Burns, Jasper: Great Women of Imperial Rome. Mothers and Wives of the Caesars (London: Routledge, 2007).
Burr, Viktor: Tiberius Iulius Alexander (Bonn: R. Habelt, 1955).
Burridge, Richard A.: Reading Gospels as Biographies, in: Brian McGing und Judith Mossman (Hgg.): The Limits of Ancient Biography (Swansea: Classical Press of Wales, 2006), 31–50.
–: What Are the Gospels? A Comparison with Graeco-Roman Biography (Cambridge: Cambridge University Press, 1992).
Calabi, Francesca: Conoscibilità e inconoscibilità di Dio in Filone di Alessandria, in: Francesca Calabi (Hg.): Arrhetos Theos (Pisa: Edizione ETS: 2003), 35–54.
–: Il deserto in Filone di Alessandria, in: Adamantius 14 (2008) 6–23.
–: Filone di Alessandria (Rom: Carocci Editore, 2013).
–: Filone di Alessandria. De Decalogo (Pisa: Edizione ETS, 2005).
–: God's Acting, Man's Acting (Leiden: Brill, 2008).
–: Le Migrazioni di Abramo in Filone di Alessandria, in: Ricerche storico bibliche 11 (2014) 251–267.
–: Theatrical Language in Philo's *In Flaccum*, in: Francesca Calabi (Hg.): Italian Studies on Philo of Alexandria (Boston: Brill, 2003), 91–116.
Cancik, Hubert: Historisierung von Religion – Religionsgeschichtsschreibung in der Antike, in: Glenn W. Most (Hg.): Historicization – Historisierung (Göttingen: Vandenhoeck & Ruprecht, 2001), 1–13.
–: Das Mittelmeer im lukanischen Geschichtswerk, in: Richard Faber und Achim Lichtenberger (Hgg.): Ein pluriverses Universum. Zivilisationen und Religionen im antiken Mittelmeerraum (Paderborn: Schöningh, 2015), 131–152.
Casson, Lionel: Travel in the Ancient World (London: Allen and Unwin, 1974); deutsch: Reisen in der alten Welt (München: Prestel, $^2$1987).
Catellani, Victor: Plutarch's „Roman" Women, in: Erik N. Ostenfeld (Hg.): Greek Romans and Roman Greeks (Aarhus: Aarhus University Press, 2002), 142–155.
Chapman, Honora Howell, und Zuleika Rodgers (Hgg.): A Companion to Josephus in His World (Oxford: Wiley-Blackwell, 2016).
Claassen, Jo-Marie: Displaced Persons. The Literature of Exile from Cicero to Boethius (London: Duckworth, 1999).
Clark, Gillian: Christianity and Roman Society (Cambridge: Cambridge University Press, 2004).
Clauss, Manfred: Alexandria (Stuttgart: Klett-Cotta, 2003).
Clay, Diskin: Plato and Homer, in: Margalit Finkelberg (Hg.): The Homer Encyclopedia, 3 Bde. (Oxford: Wiley-Blackwell, 2011), Bd. 2, 672–675.
Cohen, Naomi: Philo Judaeus (Frankfurt: Peter Lang, 1995).
Cohen, Shaye J. D.: The Beginnings of Jewishness. Boundaries, Varieties, Uncertainties (Berkeley: University of California Press, 1999).
–: From the Maccabees to the Mishnah (Philadelphia: Westminster, 1987).
–: Josephus, in: Amy-Jill Levine und Marc Zvi Brettler (Hgg.): The Jewish Annotated New Testament (Oxford: Oxford University Press, 2011), 575–577.
–: Josephus in Galilee and Rome (Leiden: Brill, 1979).

Cohn, Leopold: Einteilung und Chronologie der Schriften Philos, in: Philologus Supplementband 7 (1899) 385–436.
Coleman, Kathleen M.: Fatal Charades. Roman Executions as Mythological Enactments, in: Journal of Roman Studies 80 (1990) 44–73.
Collins, John J.: Apologetic Literature, in: John J. Collins und Daniel C. Harlow (Hgg.): The Eerdmans Dictionary of Early Judaism (Grand Rapids: Eerdmans, 2010), 352–354.
–: Between Athens and Jerusalem. Jewish Identity in the Hellenistic Diaspora (Grand Rapids: Eerdmans, ²2000).
–: Natural Theology and Biblical Tradition. The Case of Hellenistic Judaism, in: Catholic Biblical Quarterly 60 (1998) 1–15.
Collins, John J., und Daniel C. Harlow (Hgg.): The Eerdmans Dictionary of Early Judaism (Grand Rapids: Eerdmans, 2010).
Cornford, Francis Macdonald: Plato's Cosmology (London: K. Paul, Trench, Trubner, 1937).
Cover, Michael: Colonial Narratives and Philo's Roman Accuser in the Hypothetica, in: Studia Philonica Annual 22 (2010) 183–207.
–: Lifting the Veil (Berlin: De Gruyter, 2015).
Crouzel, Henri: Origène (Paris: Lethielleux, 1985); engl.: Origen (Edinburgh: T&T Clark, 1989).
D'Angelo, Mary Rose: Eusebia. Roman Imperial Family Values and the Sexual Politics of 4 Maccabees and the Pastorals, in: Biblical Interpretation 11 (2003) 139–165.
–: Gender and Geopolitics in the Work of Philo of Alexandria. Jewish Piety and Imperial Family Values, in: Todd Penner und Caroline Vander Stichele (Hgg.): Mapping Gender in Ancient Religious Discourses (Leiden: Brill, 2006), 63–88.
–: (Re)Presentations of Women in the Gospels of Matthew and Luke-Acts, in: Ross Shepard Kraemer und Mary Rose D'Angelo (Hgg.): Women and Christian Origins (New York: Oxford University Press, 1999), 171–198.
–: Roman Imperial Family Values and the Gospel of Mark. The Divorce Sayings (Mark 10:2–12), in: Stephen P. Ahearne-Kroll, Paul A. Holloway und James A. Kelhoffer (Hgg.): Women and Gender in Ancient Religions (Tübingen: Mohr Siebeck, 2010), 57–81.
–: Women in Luke-Acts. A Redactional View, in: Journal of Biblical Literature 109 (1990) 441–461.
Daniélou, Jean: Origène (Paris: La Table Ronde, 1948); engl.: Origen (New York: Sheed and Ward, 1955).
D'Arms, John: The Roman Convivium and the Idea of Equality, in: Oswyn Murray (Hg.): Sympotica (Oxford: Oxford University Press, 1990), 308–320.
Dasen, Véronique, und Thomas Späth (Hgg.): Children, Memory, and Family Identity in Roman Culture (Oxford: Oxford University Press, 2010).
Deming, Will: Paul, Gaius, and the „Law of Persons". The Conceptualization of Roman Law in the Early Classical Period, in: Classical Quarterly 51 (2001) 218–230.
De Rosalia, A.: Il latino de Plutarco, in: Gennaro D'Ippolito und Italo Gallo (Hgg.): Strutture formali dei „Moralia" di Plutarco (Neapel: M. d'Auria Editore, 1991), 445–459.
Dickey, Eleanor: Ancient Greek Scholarship (Oxford: Oxford University Press, 2007).

Diels, Hermann, und Wilhelm Schubart: Anonymer Kommentar zu Platons Theaetet (Berlin: Weidmann, 1905).
Dillon, John M.: The Middle Platonists. A Study of Platonism, 80 B.C. to A.D. 220 (London: Duckworth, 1977).
–: The Nature of God in the „Quod Deus", in: David Winston und John M. Dillon (Hgg.): Two Treatises of Philo of Alexandria (Chico: Scholars Press, 1983), 217–227.
–: Philo and Hellenistic Platonism, in: Francesca Alesse (Hg.): Philo of Alexandria and Post-Aristotelian Philosophy (Leiden: Brill, 2008), 223–232.
–: The Pleasures and Perils of Soul-Gardening, in: Studia Philonica Annual 9 (1997) 190–197.
–: Tampering with the *Timaeus*. Ideological Emendations in Plato with Special Reference to the *Timaeus*, in: American Journal of Philology 110 (1989) 50–70.
Dixon, Suzanne: The Roman Family (Baltimore: Johns Hopkins University Press, 1992).
–: The Roman Mother (London: Routledge, 1988).
–: The Sentimental Ideal of the Roman Family, in: Beryl Rawson (Hg.): Marriage, Divorce, and Children in Ancient Rome (Oxford: Oxford University Press, 1991), 99–113.
Doblhofer, Ernst: Exil und Emigration (Darmstadt: Wissenschaftliche Buchgesellschaft, 1987).
Doering, Lutz: Ancient Jewish Letters and the Beginnings of Christian Epistolography (Tübingen: Mohr Siebeck, 2012).
–: Schabbat. Sabbathalacha und -praxis im antiken Judentum und Urchristentum (Tübingen: Mohr Siebeck, 1999).
Dörrie, Heinrich: Die Erneuerung des Platonismus im 1. Jahrh. vor Christus, in: Heinrich Dörrie: Platonica Minora (München: Fink, 1976), 137–153.
–: Der Platoniker Eudorus von Alexandria, in: Hermes 79 (1944) 25–39.
Downie, Janet: At the Limits of Art. A Literary Study of Aelius Aristides' *Hieroi Logoi* (Oxford: Oxford University Press, 2013).
Duff, Tim: Plutarch's Lives. Exploring Virtue and Vice (Oxford: Clarendon, 1999).
Eden, Peter T. (Hg.): Seneca, Apocolocyntosis (Cambridge: Cambridge University Press, 1984).
Edwards, Catharine: Beware of Imitations. Theatre and the Subversion of Imperial Identity, in: Jaś Elsner und Jamie Masters (Hgg.): Reflections of Nero. Culture, History, and Representation (Chapel Hill: University of North Carolina Press, 1994), 83–97.
–: Death in Ancient Rome (New Haven: Yale University Press, 2007).
–: The Epistolographic Self. The Role of the Individual in Seneca's Letters, erscheint in: Maren R. Niehoff und Joshua Levinson (Hgg.): Self, Self-Fashioning and Individuality in Late Antiquity (Tübingen: Mohr Siebeck, 2019).
–: Free Yourself! Slavery, Freedom and the Self in Seneca's Letters, in: Shadi Bartsch und David Wray (Hgg.): Seneca and the Self (Cambridge: Cambridge University Press, 2009), 139–159.
–: Self-Scrutiny and Self-Transformation in Seneca's Letters, in: Greece and Rome 44 (1997) 23–38.
Egelhaaf-Gaiser, Ulrike: „Täglich lade ich alle meine Nachbarn zu einem Mahl". Cicero und das *convivium* im spätrepublikanischen Rom, in: Wolfgang Weiß

(Hg.): Der eine Gott und das gemeinschaftliche Mahl (Neukirchen-Vluyn: Neukirchener Verlag, 2011), 76–97.
Ehrman, Bart D.: Lost Christianities (New York: Oxford University Press, 2003).
–: The New Testament. A Historical Introduction to the Early Christian Writings (New York: Oxford University Press, 2000).
Elsner, Jaś: A Protean Corpus, in: Ewen L. Bowie und Jaś Elsner (Hgg.): Philostratus (Cambridge: Cambridge University Press, 2009), 3–18.
Elsner, Jaś, und Jamie Masters (Hgg.): Reflections of Nero. Culture, History, and Representation (Chapel Hill: University of North Carolina Press, 1994).
Elsner, Jaś, und Ian Rutherford: Introduction, in: Jaś Elsner und Ian Rutherford (Hgg.): Pilgrimage in Greco-Roman and Early Christian Antiquity. Seeing the God (Oxford: Oxford University Press, 2005), 1–37.
– (Hgg.): Pilgrimage in Greco-Roman and Early Christian Antiquity. Seeing the God (Oxford: Oxford University Press, 2005).
Erbse, Hartmut: Scholia Graeca in Homeri Iliadem (Scholia Vetera), Bd. I (Berlin: De Gruyter, 1969).
Eshleman, Kendra: Eastern Travel in Apollonius and the Apocryphal Acts of Thomas, in: Maren R. Niehoff (Hg.): Journeys in the Roman East. Imagined and Real (Tübingen: Mohr Siebeck, 2017), 183–201.
–: The Social World of Intellectuals in the Roman Empire. Sophists, Philosophers, and Christians (Cambridge: Cambridge University Press, 2012).
Études platoniciennes, Bd. VII: Philon d'Alexandrie (Paris: Les Belles Lettres, 2010).
Evans Grubbs, Judith: Hidden in Plain Sight. *Expositi* in the Community, in: Véronique Dasen und Thomas Späth (Hgg.): Children, Memory, and Family Identity in Roman Culture (Oxford: Oxford University Press, 2010), 293–310.
Faber, Richard, und Achim Lichtenberger (Hgg.): Ein pluriverses Universum. Zivilisationen und Religionen im antiken Mittelmeerraum (Paderborn: Schöningh, 2015).
Fantham, Elaine: Roman Literary Culture. From Cicero to Apuleius (Baltimore: Johns Hopkins University Press, 1996).
Fears, J. Rufus: The Stoic View of the Career and Character of Alexander the Great, in: Philologus 118 (1974) 113–130.
Feichtinger, Barbara: Soziologisches und Sozialgeschichtliches zu Erotik, Liebe und Geschlechterverkehr, in: Herwig Görgemanns (Hg.): Plutarch. Dialog über die Liebe (Tübingen: Mohr Siebeck, 2006), 261–266.
Feldman, Louis H.: Hellenizations in Josephus' Version of Esther, in: Transactions of the American Philological Association 101 (1970) 143–170.
–: Josephus's Interpretation of the Bible (Berkeley: University of California Press, 1998).
–: Philo's Portrayal of Moses in the Context of Ancient Judaism (Notre Dame: University of Notre Dame Press, 2007).
Feldmeier, Reinhard: Gotteserkenntnis durch Selbsterkenntnis. Philons *Migratio* in ihrem religionsgeschichtlichen Kontext, in: Maren R. Niehoff und Reinhard Feldmeier (Hgg.): Abrahams Aufbruch. Philon von Alexandria, De migratione Abrahami (Tübingen: Mohr Siebeck, 2017), 187–202.
–: Der Mensch als Wesen der Öffentlichkeit, in: Ulrich Berner u.a. (Hgg.): Plutarch. Ist „Lebe im Verborgenen" eine gute Lebensregel? (Darmstadt: Wissenschaftliche Buchgesellschaft, 2000), 79–98; Wiederabdruck unter dem Titel: Philosophischer

Glaube und politische Verantwortung. Plutarchs Epikurkritik in *De latenter vivendo*, in: Reinhard Feldmeier: Der Höchste. Studien zur hellenistischen Religionsgeschichte und zum biblischen Gottesglauben (Tübingen: Mohr Siebeck, 2014), 61–78.

Finkelberg, Margalit: Canonising and Decanonising Homer. Reception of the Homeric Poems in Antiquity and Modernity, in: Maren R. Niehoff (Hg.): Homer and the Bible in the Eyes of Ancient Interpreters (Leiden: Brill, 2012), 15–28.

–: Homer (hebr.) (Tel Aviv: Tel Aviv University Press, 2014).

– (Hg.): The Homer Encyclopedia, 3 Bde. (Oxford: Wiley-Blackwell, 2011).

Fitzgerald, John T. (Hg.): Passions and Moral Progress in Greco-Roman Thought (London: Routledge, 2008).

Flusser, David: The Ten Commandments and the New Testament (hebr.), in: Ben-Zion Segal (Hg.): The Ten Commandments as Reflected in Tradition and Literature throughout the Ages (Jerusalem: Magnes, 1985), 165–186.

Forschner, Maximilian: Theorie der Freiheit im Verhältnis zur klassischen stoischen Lehre, in: Samuel Vollenweider, Manuel Baumbach, Eva Ebel, Maximilian Forscher und Thomas Schmeller (Hgg.): Epiktet. Was ist wahre Freiheit? Diatribe IV 1 (Tübingen: Mohr Siebeck, 2013), 97–118.

Foucault, Michel: Die Sorge um sich. Sexualität und Wahrheit 3, übersetzt von Ulrich Raulff und Walter Seitter (Frankfurt am Main: Suhrkamp, [4]1995).

Fraade, Steven: Rabbinic Midrash and Ancient Jewish Biblical Interpretation, in: Charlotte E. Fonrobert und Martin S. Jaffee (Hgg.): The Cambridge Companion to the Talmud and Rabbinic Literature (Cambridge: Cambridge University Press, 2007), 99–120.

–: Rewritten Bible and Rabbinic Midrash as Commentary, in: Carol Bakhos (Hg.): Current Trends in the Study of Midrash (Leiden: Brill, 2006), 59–78.

Fraser, Peter: Ptolemaic Alexandria (Oxford: Clarendon, 1972).

Frede, Dorothea: Theodicy and Providential Care in Stoicism, in: Dorothea Frede und André Laks (Hgg.): Traditions of Theology (Leiden: Brill, 2002), 85–117.

Frede, Michael: The Case for Pagan Monotheism in Greek and Greco-Roman Antiquity, in: Stephen Mitchell und Peter Van Nuffelen (Hgg.): One God. Pagan Monotheism in the Roman Empire (Cambridge: Cambridge University Press, 2010), 53–81.

–: Stoic Epistemology, in: Keimpe Algra (Hg.): The Cambridge History of Hellenistic Philosophy (New York: Cambridge University Press, 1999), 296–312.

Froidefond, Christian: Plutarque et le Platonisme, in: Wolfgang Haase und Hildegard Temporini (Hgg.): Aufstieg und Niedergang der Römischen Welt II 36,1 (Berlin/New York: De Gruyter, 1987), 184–233.

Fuks, Alexander: Marcus Julius Alexander (hebr.), in: Zion 13–14 (1948) 10–17.

Fürst, Alfons: Bibel und Kosmos in der Psalmenüberlieferung des Origenes, in: Adamantius 20 (2014) 130–146.

–: Origenes, in: Theodor Klauser u.a. (Hgg.): Reallexikon für Antike und Christentum, Bd. 26 (Stuttgart: Hiersemann, 2014), 460–567.

Furstenberg, Yair: The Agon with Moses and Homer. Rabbinic Midrash and the Second Sophistic, in: Maren R. Niehoff (Hg.): Homer and the Bible in the Eyes of Ancient Interpreters (Leiden: Brill, 2012), 299–328.

–: Every Good Man is Free. Hebrew Translation with Introduction and Notes (hebr.), in: Maren R. Niehoff (Hg.): Philo of Alexandria. Writings (hebr.), Bd. V/1 (Jeru-

salem: The Bialik Institute and The Israel Academy of Sciences and Humanities, 2012), 319–404.
Galli, Marco: Educated Pilgrims during the Second Sophistic, in: Jaś Elsner und Ian Rutherford (Hgg.): Pilgrimage in Greco-Roman and Early Christian Antiquity. Seeing the God (Oxford: Oxford University Press, 2005), 253–290.
Geiger, Joseph: Cornelius Nepos and Ancient Political Biography (Stuttgart: Steiner, 1985).
Geljon, Albert C., und David T. Runia: Philo of Alexandria, On Cultivation. Introduction, Translation, and Commentary (Leiden: Brill, 2013).
Georges, Tobias, Felix Albrecht und Reinhard Feldmeier (Hgg.): Alexandria (Tübingen: Mohr Siebeck, 2013).
Gill, Christopher: Personhood and Personality. The Four-*Personae* Theory in Cicero, *De Officiis* I, in: Julia Annas (Hg.): Oxford Studies in Ancient Philosophy, Bd. 6 (Oxford: Clarendon, 1988), 169–199.
–: The Structured Self in Hellenistic and Roman Thought (Oxford: Oxford University Press, 2006).
Gleason, Maud W.: Making Men. Sophists and Self-Representation in Ancient Rome (Princeton: Princeton University Press, 1995).
Glucker, John: Antiochus and the Late Academy (Göttingen: Vandenhoeck & Ruprecht, 1978).
Goldhill, Simon (Hg.): Being Greek under Rome. Cultural Identity, the Second Sophistic and the Development of Empire (Cambridge: Cambridge University Press, 2001).
– (Hg.): The End of Dialogue in Antiquity (Cambridge: Cambridge University Press, 2008).
–: What Is Local Identity?, in: Tim Whitmarsh (Hg.): Local Knowledge and Microidentities in the Imperial Greek World (Cambridge: Cambridge University Press, 2010), 46–68.
–: Who Needs Greek? (New York: Cambridge University Press, 2002).
Goldin, Judah: Studies in Midrash and Related Literature (Philadelphia: Jewish Publication Society, 1988).
Goodenough, Erwin R.: By Light, Light (New Haven: Yale University Press, 1935).
–: An Introduction to Philo Judaeus (New Haven: Yale University Press, 1940).
–: The Jurisprudence of the Jewish Courts in Egypt (New Haven: Yale University Press, 1929).
–: Philo's Exposition of the Law and His De Vita Mosis, in: Harvard Theological Review 26 (1933) 109–125.
–: The Politics of Philo Judaeus (New Haven: Yale University Press, 1938).
–: The Theology of Justin Martyr (Jena: Frommann, 1923).
Goodman, Martin: Josephus as Roman Citizen, in: Fausto Parente und Joseph Sievers (Hgg.): Josephus and the History of the Greco-Roman Period (Leiden: Brill, 1994), 329–338.
–: Philo as Philosopher in Rome, in: Sabrina Inowlocki und Baudouin Decharneux (Hgg.): Philon d'Alexandrie (Turnhout: Brepols, 2011), 37–45.
–: The Pilgrimage Economy of Jerusalem in the Second Temple Period, in: Lee I. Levine (Hg.): Jerusalem. Its Sanctity and Centrality to Judaism, Christianity, and Islam (New York: Continuum, 1999), 69–76.

–: The Roman Identity of Roman Jews, in: Isaiah Gafni, Aharon Oppenheimer und Daniel R. Schwartz (Hgg.): The Jews in the Hellenistic-Roman World (Jerusalem: Zalman Shazar Center, 1996), 85–99.
–: Rome and Jerusalem (New York: Alfred A. Knopf, 2007).
Graver, Margaret: Cicero on the Emotions. Tusculan Disputations 3 and 4 (Chicago: University of Chicago Press, 2002).
–: Stoicism and Emotion (Chicago: University of Chicago Press, 2007).
Greenblatt, Stephen: Renaissance Self-Fashioning (Chicago: University of Chicago Press, 1980).
Griffin, Miriam T.: Imago Vitae Suae, in: John G. Fitch (Hg.): Seneca (Oxford: Oxford University Press, 2008), 41–61.
–: Philosophy, Politics, and Politicians in Rome, in: Miriam T. Griffin und Jonathan Barnes (Hgg.): Philosophia Togata, Bd. 1: Essays on Philosophy and Roman Society (Oxford: Clarendon, 1989), 1–37.
–: Seneca. A Philosopher in Politics (Oxford: Clarendon, 1976).
–: Seneca on Society. A Guide to *De Beneficiis* (Oxford: Oxford University Press, 2013).
Griffin, Miriam T., und Jonathan Barnes (Hgg.): Philosophia Togata, Bd. 1: Essays on Philosophy and Roman Society (Oxford: Clarendon, 1989).
Grimal, Pierre: L'amour à Rome (Paris: Hachette, 1963); deutsch: Liebe im alten Rom (Frankfurt am Main: Societaets-Verlag, 1981).
–: Sénèque ou la conscience de l'Empire (Paris: Fayard, 1978 = 1991).
Gruen, Erich S.: Caligula, the Imperial Cult, and Philo's *Legatio*, in: Studia Philonica Annual 24 (2012) 135–147.
–: Diaspora (Cambridge, Mass.: Harvard University Press, 2002).
–: Heritage and Hellenism (Berkeley: University of California Press, 1998).
–: Rethinking the Other in Antiquity (Princeton: Princeton University Press, 2011).
Guthrie, William K. C.: A History of Greek Philosophy, 5 Bde. (Cambridge: Cambridge University Press, 1962).
Gutman, Yehoshua: The Beginnings of Jewish-Hellenistic Literature (hebr.), 2 Bde. (Jerusalem: The Bialik Institute, 1963).
Haaland, Gunnar: Jewish Laws for a Roman Audience. Toward an Understanding of Contra Apionem, in: Folker Siegert und Jürgen U. Kalms (Hgg.): Internationales Josephus-Kolloquium. Brüssel 1998 (Münster: Lit Verlag, 1999), 282–304.
Haber, Susan: Going up to Jerusalem. Pilgrimage, Purity and the Historical Jesus, in: Philip A. Harland (Hg.): Travel and Religion in Antiquity (Waterloo, Ont.: Wilfried Laurier University Press, 2011), 49–67.
Hackforth, Reginald: Plato's Cosmogony (*Timaeus* 27 D ff.), in: Classical Quarterly 9 (1959) 17–22.
Hadas-Lebel, Mireille: Flavius Josephus (New York: Macmillan, 1993).
–: Philon d'Alexandrie. Un penseur en diaspora (Paris: Fayard, 2004); engl.: Philo of Alexandria. A Thinker in the Jewish Diaspora (Boston: Brill, 2012).
Hägg, Tomas: The Art of Biography in Antiquity (New York: Cambridge University Press, 2012).
Halbertal, Moshe: Interpretative Revolutions in the Making (hebr.) (Jerusalem: Magnes, 1997).
Harker, Andrew: Loyalty and Dissidence in Roman Egypt (New York: Cambridge University Press, 2008).
Harl, Marguerite: La Génèse. La Bible d'Alexandrie (Paris: Cerf, 1986).

Harland, Philip A. (Hg.): Travel and Religion in Antiquity (Waterloo, Ont.: Wilfried Laurier University Press, 2011).
Harrill, Albert J.: Paul the Apostle (Cambridge: Cambridge University Press, 2012).
–: Paul and Empire. Studying Roman Identity after the Cultural Turn, in: Early Christianity 2 (2011) 281–311.
Harrington, Daniel J.: The Reception of Walter Bauer's *Orthodoxy and Heresy in Earliest Christianity* during the Last Decade, in: Harvard Theological Review 73 (1980) 289–298.
Harris, W[illiam] V.: Child Exposure in the Roman Empire, in: Journal of Roman Studies 84 (1994) 1–22.
Hay, David M. (Hg.): Both Literal and Allegorical (Atlanta: Scholars Press, 1991).
–: Philo's View of Himself as an Exegete. Inspired but Not Authoritative, in: Studia Philonica Annual 3 (1991) 40–52.
–: References to Other Exegetes, in: David M. Hay (Hg.): Both Literal and Allegorical (Atlanta: Scholars Press, 1991), 81–97.
Hayes, Christine: What's Divine about Divine Law? (Princeton: Princeton University Press, 2015).
Heine, Ronald E.: The Introduction to Origen's *Commentary on John* Compared with the Introductions to the Ancient Philosophical Commentaries on Aristotle, in: Gil Dorival und Alain Le Boulluec (Hgg.): Origeniana Sexta. Origen and the Bible (Leuven: Peeters, 1995), 3–12.
–: Origen. Scholarship in the Service of the Church (Oxford: Oxford University Press, 2010).
–: Origen's Alexandrian *Commentary on Genesis*, in: Lorenzo Perrone (Hg.): Origeniana Octava. Origen and the Alexandrian Tradition (Leuven: Peeters, 2003), 63–73.
–: Restringing Origen's Broken Harp. Some Suggestions Concerning the Prologue to the Caesarean Commentary on the Psalms, in: Brian E. Daley und Paul R. Kolbet (Hgg.): The Harp of Prophecy. Early Christian Interpretations of the Psalms (Notre Dame: Notre Dame University Press, 2015), 47–74.
Heinemann, Isaak: Allegorische Erklärung des heiligen Gesetzbuches, Buch I–III, in: Leopold Cohn u.a. (Hgg.): Die Werke Philos von Alexandria. In deutscher Übersetzung, Bd. III (Breslau: M. & H. Marcus, 1919).
–: Philons griechische und jüdische Bildung (Breslau: M. & H. Marcus, 1932).
Helleman, Wendy E.: Philo of Alexandria on Deification and Assimilation to God, in: Studia Philonica Annual 2 (1990) 51–71.
Hengel, Martin: Zur urchristlichen Geschichtsschreibung (Stuttgart: Calwer Verlag, 1979); wiederabgedruckt in: Martin Hengel: Studien zum Urchristentum. Kleine Schriften VI (Tübingen: Mohr Siebeck, 2008), 1–104.
Hezser, Catherine: Jewish Travel in Antiquity (Tübingen: Mohr Siebeck, 2011).
Hirsch-Luipold, Rainer: Der eine Gott bei Philon von Alexandrien und Plutarch, in: Rainer Hirsch-Luipold (Hg.): Gott und die Götter bei Plutarch (Berlin: De Gruyter, 2005), 141–168.
Hirshman, Marc: The Greek Words in the Midrash Genesis Rabbah (hebr.), in: Joel Roth, Menahem Schmelzer und Yaacob Francus (Hgg.): Tiferet leYisrael. Festschrift for Israel Francus (New York: Jewish Theological Seminary, 2010), 21–34.
–: Reflections on the Aggada of Caesarea, in: Avner Raban und Kenneth G. Holum (Hgg.): Caesarea Maritima. A Retrospective after Two Millennia (Leiden: Brill, 1996), 469–475.

Holladay, Carl R.: Fragments from Hellenistic Jewish Authors, 4 Bde. (Chico: Scholars Press, 1983).
Hollander, William den: Josephus, the Emperors, and the City of Rome (Leiden: Brill, 2014).
Horsley, Richard A.: The Law of Nature in Philo and Cicero, in: Harvard Theological Review 71 (1978) 35–59.
Hubler, Noel J.: Moderatus, E. R. Dodds, and the Development of Neoplatonist Emanation, in: John Douglas Turner und Kevin Corrigan (Hgg.): Plato's Parmenides and Its Heritage (Atlanta: Society of Biblical Literature, 2010), 115–130.
Hurley, Donna W.: Suetonius. Divvs Clavdivs (New York: Cambridge University Press, 2001).
Idel, Moshe: Absorbing Perfections. Kabbalah and Interpretation (New Haven: Yale University Press, 2002).
–: Enchanted Chains (Los Angeles: Cherub Press, 2005).
–: Kabbalah. New Perspectives (New Haven: Yale University Press, 1988).
Inowlocki, Sabrina: Relectures apologétiques de Philon par Eusèbe de Césarée. Les exemples d'Enoch et des Thérapeutes, in: Sabrina Inowlocki und Baudouin Decharneux (Hgg.): Philon d'Alexandrie (Turnhout: Brepols, 2011), 373–391.
Inowlocki, Sabrina, und Baudouin Decharneux (Hgg.): Philon d'Alexandrie (Turnhout: Brepols, 2011).
Inwood, Brad: Reading Seneca. Stoic Philosophy at Rome (Oxford: Clarendon, 2005).
Inwood, Brad, und Pierluigi Donini: Stoic Ethics, in: Keimpe Algra (Hg.): The Cambridge History of Hellenistic Philosophy (New York: Cambridge University Press, 1999), 675–738.
Isaac, Benjamin: The Invention of Racism in Classical Antiquity (Princeton: Princeton University Press, 2004).
Jacobson, Alex: The Attitude of Roman Emperors to Their Predecessors (hebr.) (Master's thesis, Jerusalem, Hebrew University, 1989).
Jenott, Lance, und Sarit Kattan Gribetz (Hgg.): Jewish and Christian Cosmogony in Late Antiquity (Tübingen: Mohr Siebeck, 2013).
Jeremias, Joachim: Jerusalem zur Zeit Jesu. Eine kulturgeschichtliche Untersuchung zur neutestamentlichen Zeitgeschichte (Göttingen: Vandenhoeck & Ruprecht, $^3$1969).
Jones, Christopher P.: Culture and Society in Lucian (Cambridge, Mass.: Harvard University Press, 1986).
–: Plutarch and Rome (Oxford: Clarendon, 1971).
Jördens, Andrea: Judentum und Karriere im antiken Judentum, in: Hans A. Gärtner, Herwig Görgemanns und Adolf Martin Ritter (Hgg.): *Quaerite faciem eius semper*. Dankesgabe für Albrecht Dihle zum 85. Geburtstag aus dem Heidelberger Kirchenväterkolloquium (Hamburg: Kovač, 2008), 116–133.
Kahn, Charles H.: Plato and the Post-Socratic Dialogue (Cambridge: Cambridge University Press, 2013).
Kaiser, Otto: Philo von Alexandrien. Denkender Glaube, eine Einführung (Göttingen: Vandenhoeck & Ruprecht, 2015).
–: Studien zu Philon von Alexandrien (Berlin: De Gruyter, 2007).
Kamesar, Adam (Hg.): The Cambridge Companion to Philo (Cambridge: Cambridge University Press, 2009).

–: The Logos Endiathetos and the Logos Prophorikos in Allegorical Interpretation. Philo and the D-Scholia to the Iliad, in: Greek, Roman, and Byzantine Studies 44 (2004) 163–181.
–: Philo, Grammatike, and the Narrative Aggada, in: John C. Reeves und John Kampen (Hgg.): Pursuing the Text (Sheffield: Sheffield Academic Press, 1994), 216–242.
–: Philo and the Literary Quality of the Bible. A Theoretical Aspect of the Problem, in: Journal of Jewish Studies 46 (1995) 55–68.
Karamanolis, George E.: Plato and Aristotle in Agreement? (Oxford: Clarendon, 2006).
Karshon, Nurit: Philo. On the Eternity of the World (hebr.), in: Maren R. Niehoff (Hg.): Philo of Alexandria. Writings (hebr.), Bd. 4/2 (Jerusalem: The Bialik Institute and The Israel Academy of Sciences and Humanities, 2012), 405–463.
Katz, Peter: Philo's Bible (Cambridge: Cambridge University Press, 1950).
Kidd, Ian G.: Moral Actions and Rules in Stoic Ethics, in: John M. Rist (Hg.): The Stoics (Berkeley: University of California Press, 1978), 247–258.
Kim, Lawrence Young: Homer between History and Fiction in Imperial Greek Literature (Cambridge: Cambridge University Press, 2010).
–: The Literary Heritage as Language. Atticism and the Second Sophistic, in: Egbert J. Bakker (Hg.): A Companion to the Ancient Greek Language (Chichester: Wiley-Blackwell, 2010), 468–482.
King, Karen L.: What Is Gnosticism? (Cambridge, Mass.: Belknap, 2003).
–: Willing to Die for God. Individualization and Instrumental Agency in Ancient Christian Martyr Literature, in: Jörg Rüpke (Hg.): The Individual in the Religions of the Ancient Mediterranean (Oxford: Oxford University Press, 2013), 342–384.
Kloppenborg, John S.: Diaspora Discourse. The Construction of Ethos in James, in: New Testament Studies 53 (2007) 242–270.
Knohl, Israel: Biblical Beliefs (hebr.) (Jerusalem: Magnes, 2007).
–: The Divine Symphony (Philadelphia: Jewish Publication Society, 2003).
Köckert, Charlotte: Christliche Kosmologie und kaiserzeitliche Philosophie (Tübingen: Mohr Siebeck, 2009).
Koester, Helmut: Ancient Christian Gospels (London: SCM, 1990).
König, Jason: Saints and Symposiasts (Cambridge: Cambridge University Press, 2012).
Kovelman, Arkady: Between Alexandria and Jerusalem (Leiden: Brill, 2005).
Kraemer, Ross Shepard, und Mary Rose D'Angelo (Hgg.): Women and Christian Origins (New York: Oxford University Press, 1999).
Krentz, Edgar M.: Πάθη and Ἀπάθεια in Early Roman Empire Stoicism, in: John T. Fitzgerald (Hg.): Passions and Moral Progress in Greco-Roman Thought (London: Routledge, 2008), 122–135.
Kushnir-Stein, Alla: On the Visit of Agrippa I to Alexandria in AD 38, in: Journal of Jewish Studies 51 (2000) 227–242.
Lamberton, Robert, und John J. Keaney (Hgg.): Homer's Ancient Readers (Princeton: Princeton University Press, 1992).
Lampe, Peter: Die stadtrömischen Christen der ersten beiden Jahrhunderte (Tübingen: Mohr Siebeck, 1989).
Lanfranchi, Pierluigi: L'*Exagoge* d'Ezéchiel le Tragique (Leiden: Brill, 2006).
Langlands, Rebecca: Exemplary Ethics in Ancient Rome (Cambridge: Cambridge University Press, 2018).

Lattimore, Richmond: Themes in Greek and Latin Epitaphs (Urbana: The University of Illinois Press, 1942).
Laurand, Valéry: Stoïcisme et lien social. Enquête autour de Musonius Rufus (Paris: Classiques Garnier, 2014).
Lefkowitz, Mary R., und Maureen B. Fant: Women's Life in Greece and Rome. A Source Book in Translation (Baltimore: Johns Hopkins University Press, 1992).
Leisegang, Hans: Die Gnosis (Stuttgart: Kröner, 1985).
–: Philons Schrift über die Ewigkeit der Welt, in: Philologus 92 (1937) 156–176.
Leo, Friedrich: Die griechisch-römische Biographie (Leipzig: Teubner, 1901).
Leon, Harry J.: The Jews of Ancient Rome (Peabody: Hendrickson, ²1995).
Leonhardt, Jutta: Jewish Worship in Philo of Alexandria (Tübingen: Mohr Siebeck, 2001).
Lernould, Alain: Negative Theology and Radical Conceptual Purification in the Anonymous *Commentary* on Plato's *Parmenides*, in: John Douglas Turner und Kevin Corrigan (Hgg.): Plato's Parmenides and Its Heritage (Atlanta: Society of Biblical Literature, 2010), 257–274.
Levick, Barbara: Augustus. Image and Substance (Harlow: Longman, 2010).
–: Claudius (London: Routledge, 1990).
–: The Government of the Roman Empire. A Sourcebook (London: Routledge, ²2000).
Levine, Amy-Jill, und Marc Zvi Brettler (Hgg.): The Jewish Annotated New Testament (Oxford: Oxford University Press, 2011).
Levine, Lee I.: Jerusalem. Portrait of the City in the Second Temple Period (538 B.C.E.–70 C.E.) (Philadelphia: Jewish Publication Society, 2002).
Levinson, Joshua: The Language of Stones. Roman Milestones on Rabbinic Roads, in: Journal for the Study of Judaism 47 (2016) 257–276.
Lévy, Carlos: Cicero Academicus (Rom: École française de Rome, 1992).
–: Cicero and the *Timaeus*, in: Gretchen J. Reydams-Schils (Hg.): Plato's „Timaeus" as Cultural Icon (Notre Dame: University of Notre Dame Press, 2003), 95–110.
–: Cicéron, le moyen Platonisme et la philosophie romaine. À propos de la naissance du concept Latin de qualitas, in: Revue de Métaphysique et de Morale 1 (2008) 5–20.
–: La conversion du scepticisme chez Philon d'Alexandrie, in: Francesca Alesse (Hg.): Philo of Alexandria and Post-Aristotelian Philosophy (Leiden: Brill, 2008), 103–120.
–: Deux problèmes doxographiques chez Philon d'Alexandrie. Posidonius et Enésidème, in: Aldo Brancacci (Hg.): Philosophy and Doxography in the Imperial Age (Florenz: Olschki, 2005), 79–102.
–: Éthique de l'immanence, éthique de la transcendance. Le problème de l'Oikeiosis chez Philon, in: Carlos Lévy (Hg.): Philon d'Alexandrie et le langage de la philosophie (Turnhout: Brepols, 1998), 152–164.
– (Hg.): Philon d'Alexandrie et le langage de la philosophie (Turnhout: Brepols, 1998).
–: Philon d'Alexandrie et les passions, in: Laetitia Ciccolini, Charles Guérin, Stéphane Iti und Sébastien Morlet (Hgg.): Réceptions antiques. Lecture, transmission, appropriation intellectuelle (Paris: Rue d'Ulm, 2006), 27–41.
–: Philo's Ethics, in: Adam Kamesar (Hg.): The Cambridge Companion to Philo (Cambridge: Cambridge University Press, 2009), 146–171.

–: The Sceptical Academy. Decline and Afterlife, in: Richard Bett (Hg.): The Cambridge Companion to Ancient Scepticism (Cambridge: Cambridge University Press, 2010), 81–104.
Liebes, Yehuda: Ars Poetica in Sefer Yetsira (hebr.) (Tel Aviv: Schocken, 2000).
–: De Natura Dei. On the Jewish Myth and Its Metamorphoses (hebr.), in: Yehuda Liebes: God's Story. Collected Essays on the Jewish Myth (hebr.) (Jerusalem: Carmel, 2008), 35–117.
–: God's Story. Collected Essays on the Jewish Myth (hebr.) (Jerusalem: Carmel, 2008).
–: Mnemosyne. Translations of Classical Poetry (hebr.) (Jerusalem: Carmel, 2011).
–: The Work of the Chariot and the Work of Creation as Mystical Teachings in Philo of Alexandria, in: Deborah A. Green und Laura S. Lieber (Hgg.): Scriptural Exegesis. The Shapes of Culture and the Religious Imagination (New York: Oxford University Press, 2009), 105–120.
Liebeschuetz, J[ohn] H[ugo] W[olfgang] G[ideon]: Continuity and Change in Roman Religion (Oxford: Clarendon, 1979).
Lieu, Judith: Marcion and the Making of a Heretic. God and Scripture in the Second Century (New York: Cambridge University Press, 2015).
Lipka, Michael: Roman Gods. A Conceptual Approach (Leiden: Brill, 2009).
Löhr, Winrich: Basilides und seine Schule (Tübingen: Mohr Siebeck, 1996).
–: Editors and Commentators. Some Observations on the Craft of Second Century Theologians, in: Pier Franco Beatrice und Bernard Pouderon (Hgg.): Pascha Nostrum Christus (Paris: Beauchesne, 2016), 65–84.
–: Logos, in: Theodor Klauser (Hg.): Reallexikon für Antike und Christentum, Bd. 23 (Stuttgart: Hiersemann, 2009) 327–435.
Lona, Horacio E.: Die „Wahre Lehre" des Kelsos (Freiburg: Herder, 2005).
Long, Anthony A.: Allegory in Philo and Etymology in Stoicism. A Plea for Drawing Distinctions, in: Studia Philonica Annual 9 (1997) 198–210.
–: Roman Philosophy, in: David Sedley (Hg.): The Cambridge Companion to Greek and Roman Philosophy (Cambridge: Cambridge University Press, 2003), 184–210.
–: Stoic Readings of Homer, in: Robert Lamberton und John J. Keaney (Hgg.): Homer's Ancient Readers (Princeton: Princeton University Press, 1992), 44–66.
–: Stoic Studies (Cambridge: Cambridge University Press, 1996).
Long, Anthony A., und David Sedley: The Hellenistic Philosophers, 2 Bde. (New York: Cambridge University Press, 1987); deutsch: Die hellenistischen Philosophen. Texte und Kommentare, übersetzt von Karlheinz Hülser (Stuttgart: Metzler, 2000).
Männlein-Robert, Irmgard: Umrisse des Göttlichen, in: Dietmar Koch, Irmgard Männlein-Robert und Niels Weidtmann (Hgg.): Platon und das Göttliche (Tübingen: Attempto, 2010), 112–138.
Markschies, Christoph: Das antike Christentum. Frömmigkeit, Lebensformen, Institutionen (München: C. H. Beck, 2006).
–: Die Gnosis (München: C. H. Beck, 2001, $^4$2018).
–: The Price of Monotheism. Some New Observations on a Current Debate about Late Antiquity, in: Stephen Mitchell und Peter Van Nuffelen (Hgg.): One God. Pagan Monotheism in the Roman Empire (Cambridge: Cambridge University Press, 2010), 100–111.
–: Valentinus Gnosticus? (Tübingen: Mohr Siebeck, 1992).

Martens, John W.: One God, One Law. Philo of Alexandria on the Mosaic and Greco-Roman Law (Leiden: Brill, 2003).
Mason, Steve: Flavius Josephus in Flavian Rome. Reading on and between the Lines, in: Anthony J. Boyle und William J. Dominik (Hgg.): Flavian Rome. Culture, Image, Text (Leiden: Brill, 2003), 559–589.
–: A History of the Jewish War, A.D. 66–74 (New York: Cambridge University Press, 2016).
–: Josephus and the New Testament (Peabody: Hendrickson, $^2$2003).
–: Josephus as a Roman Historian, in: Honora Howell Chapman und Zuleika Rodgers (Hgg.): A Companion to Josephus in His World (Oxford: Wiley-Blackwell, 2016), 89–107.
–: Josephus Flavius, The Life. Translation and Commentary (Leiden: Brill, 2004).
–: Josephus' Autobiography, in: Honora Howell Chapman und Zuleika Rodgers (Hgg.): A Companion to Josephus in His World (Oxford: Wiley-Blackwell, 2016), 59–74.
Mason, Steve, und Thomas A. Robinson: Early Christian Reader (Atlanta: Society of Biblical Literature, 2013).
Massebieau, Louis: Le classement des œuvres de Philon (Paris: Ernest Leroux, 1888).
Mattila, Sharon Lea: Wisdom, Sense Perception, Nature and Philo's Gender Gradient, in: Harvard Theological Review 89 (1996) 103–129.
Mauch, Mercedes: Senecas Frauenbild in den philosophischen Schriften (Frankfurt: Peter Lang, 1997).
Meeks, Wayne A.: The First Urban Christians (New Haven: Yale University Press, 1983); deutsch: Urchristentum und Stadtkultur. Die soziale Welt der paulinischen Gemeinden (Gütersloh: Kaiser, 1993).
Meinel, Peter: Seneca über seine Verbannung (Bonn: Rudolf Habelt, 1972).
Mendelson, Alan: Secular Education in Philo of Alexandria (Cincinnati: Hebrew Union College, 1982).
Meredith, Anthony: Porphyry and Julian against the Christians, in: Wolfgang Haase und Hildegard Temporini (Hgg.): Aufstieg und Niedergang der Römischen Welt II 23,2 (Berlin/New York: De Gruyter, 1980), 1119–1149.
Mheallaigh, Karen Ni: Reading Fiction with Lucian (Cambridge: Cambridge University Press, 2014).
Millar, Fergus: A Study of Cassius Dio (Oxford: Clarendon, 1964).
Mitchell, Stephen: Further Thoughts on the Cult of Theos Hypsistos, in: Stephen Mitchell und Peter Van Nuffelen (Hgg.): One God. Pagan Monotheism in the Roman Empire (Cambridge: Cambridge University Press, 2010), 167–208.
Mitchell, Stephen, und Peter Van Nuffelen (Hgg.): One God. Pagan Monotheism in the Roman Empire (Cambridge: Cambridge University Press, 2010).
Mohnike, Gottlieb Chr. F.: Kleanthes der Stoiker (Greifswald: Mauritius, 1814).
Momigliano, Arnaldo: L'opera dell' imperatore Claudio (Florenz: Vallecchi, 1932); engl.: Claudius. The Emperor and His Achievement (Cambridge: Heffer, 1961).
–: Lo sviluppo della biografia greca (Turin: Einaudi, 1974); engl.: The Development of Greek Biography (Cambridge, Mass.: Harvard University Press, $^2$1993).
Montanari, Franco: L'erudizione, la filologia e la grammatica, in: Giuseppe Cambiano u.a. (Hgg.): Lo spazio letterario della Grecia antica, Bd. 1 (Rom: Salerno, 1993), 235–281.

–: Zenodotus, Aristarchus and the Ekdosis of Homer, in: Glenn W. Most (Hg.): Editing Texts – Texte Edieren (Göttingen: Vandenhoeck & Ruprecht, 1998), 1–21.
Montanari, Franco, und Paola Ascheri (Hgg.): Omero tremila anni dopo (Rom: Edizioni di storia e letteratura, 2002).
Morford, Mark: The Roman Philosophers (New York: Routledge, 2002).
Morgan, Teresa: Popular Morality in the Early Roman Empire (Cambridge: Cambridge University Press, 2007).
–: Roman Faith and Christian Faith (Oxford: Oxford University Press, 2015).
Morris, Jenny: The Jewish Philosopher Philo, in: Emil Schürer: The History of the Jewish People in the Age of Jesus Christ, hg. von Géza Vermès, Fergus Millar und Martin Goodman, Bd. III/2 (Edinburgh: T&T Clark, 2014), 809–889.
Moss, Candida R.: The Myth of Persecution (New York: HarperOne, 2013).
Most, Glenn W. (Hg.): Historicization – Historisierung (Göttingen: Vandenhoeck & Ruprecht, 2001).
–: Philosophy and Religion, in: David Sedley (Hg.): The Cambridge Companion to Greek and Roman Philosophy (Cambridge: Cambridge University Press, 2003), 300–322.
Murray, Gilbert: Five Stages of Greek Religion (Garden City: Doubleday, $^2$1955).
Najman, Hindy: Decalogue, in: John J. Collins und Daniel C. Harlow (Hgg.): The Eerdmans Dictionary of Early Judaism (Grand Rapids: Eerdmans, 2010), 526–528.
–: Losing the Temple and Recovering the Future (Cambridge: Cambridge University Press, 2014).
–: A Written Copy of the Law of Nature. An Unthinkable Paradox?, in: Studia Philonica Annual 15 (2003) 55–63.
Nasrallah, Laura Salah: Christian Responses to Roman Art and Architecture (Cambridge: Cambridge University Press, 2010).
–: Mapping the World. Justin, Tatian, Lucian and the Second Sophistic, in: Harvard Theological Review 98 (2005) 283–314.
–: „Out of Love for Paul". History and Fiction and the Afterlife of the Apostle Paul, in: Judith Perkins und Ilaria Ramelli (Hgg.): Early Christian and Jewish Narrative (Tübingen: Mohr Siebeck, 2015), 73–96.
–: The Rhetoric of Conversion and the Construction of Experience. The Case of Justin Martyr, in: Studia Patristica 40 (2006) 467–474.
Nesselrath, Heinz-Günther: Das Museion und die Große Bibliothek von Alexandria, in: Tobias Georges, Felix Albrecht und Reinhard Feldmeier (Hgg.): Alexandria (Tübingen: Mohr Siebeck, 2013), 65–88.
Nesselrath, Heinz-Günther, Reinhard Feldmeier und Rainer Hirsch-Luipold (Hgg.): Cornutus. Die Griechischen Götter (Tübingen: Mohr Siebeck, 2009).
Neuschäfer, Bernhard: Origenes als Philologe (Basel: Friedrich Reinhardt, 1987).
Nicholas, Barry: An Introduction to Roman Law (Oxford: Oxford University Press, 1962).
Niebuhr, Karl-Wilhelm: Die Sapientia Salomonis im Kontext der hellenistisch-römischen Philosophie, in: Karl-Wilhelm Niebuhr (Hg.): Sapientia Salomonis (Tübingen: Mohr Siebeck, 2015), 219–245.
– (Hg.): Sapientia Salomonis (Tübingen: Mohr Siebeck, 2015).
Niehoff, Maren R.: Alexandrian Judaism in 19th Century *Wissenschaft des Judentums*. Between Modernity and Christianity, in: Aharon Oppenheimer (Hg.): Jüdi-

sche Geschichte in hellenistisch-römischer Zeit. Wege der Forschung: vom alten zum neuen Schürer (München: Oldenbourg, 1999), 9–28.

–: Associative Thinking in Rabbinic Midrash. The Example of Abraham's and Sarah's Journey to Egypt (hebr.), in: Tarbiz 62 (1993) 339–361.

–: Colonizing and Decolonizing the Creation. A Dispute between Rabbi Hoshaya and Origen, in: Moshe Blidstein, Serge Ruzer, and Daniel Stökl Ben Ezra (Hgg.): Scriptures, Sacred Traditions, and Strategies of Religious Subversion. Studies in Discourse with the Work of Guy G. Stroumsa (Tübingen: Mohr Siebeck, 2018), 113–130.

–: Commentary Culture in the Land of Israel from an Alexandrian Perspective, in: Dead Sea Discoveries 19 (2012) 442–463.

–: Desires Crossing Boundaries. Romance and History in Josephus' *Antiquities*, in: Joel Baden, Hindy Najman and Eibert Tigchelaar (Hgg.): Sibyls, Scriptures, and Scrolls. John Collins at Seventy (Leiden: Brill, 2016), 1004–1021.

–: Eusebius as a Reader of Philo, in: Adamantius 21 (2015) 185–194.

– (Hg.): Homer and the Bible in the Eyes of Ancient Interpreters (Leiden: Brill, 2012).

–: The Implied Audience of the Letter of James, in: Gary A. Anderson, Ruth A. Clements und David Satran (Hgg.): New Approaches to the Study of Biblical Interpretation in Judaism of the Second Temple Period and in Early Christianity (Leiden: Brill, 2013), 57–77.

–: A Jew for Roman Tastes. The Parting of the Ways in Justin Martyr's *Dialogue with Trypho the Jew* from a post-colonial Perspective, erscheint in: Journal for Early Christian Studies 2019.

–: A Jewish Critique of Christianity from Second Century Alexandria. Revisiting Celsus' Jew, in: Journal of Early Christian Studies 21 (2013) 151–175.

–: Jewish Exegesis and Homeric Scholarship in Alexandria (Cambridge: Cambridge University Press, 2011).

– (Hg.): Journeys in the Roman East. Imagined and Real (Tübingen: Mohr Siebeck, 2017).

–: Justin's *Timaeus* in Light of Philo's, in: Studia Philonica Annual 28 (2016) 375–392.

–: Mother and Maiden, Sister and Spouse. Sarah in Philonic Midrash, in: Harvard Theological Review 97 (2004) 413–444.

–: „Not Study Is the Main Objective, but Action" (Pirqe Avot 1:17). A Rabbinic Maxim in Greco-Roman Context, in: Michal Bar-Asher Sigal, Christine Hayes und Tzvi Novik (Hgg.): The Faces of Torah. Studies in the Texts and Contexts of Ancient Judaism in Honor of Steven Fraade (Göttingen: Vandenhoeck & Ruprecht, 2017), 455–471.

–: Origen's Commentary on Genesis as a Key to Genesis Rabbah, in: Sarit Kattan Gribetz, David M. Grossberg, Martha Himmelfarb und Peter Schäfer (Hgg.): Genesis Rabbah in Text and Context (Tübingen: Mohr Siebeck, 2016), 129–153.

–: Parodies of Educational Journeys in Josephus, Justin and Lucian, in: Maren R. Niehoff (Hg.): Journeys in the Roman East. Imagined and Real (Tübingen: Mohr Siebeck, 2017), 203–224.

–: Philo and Plutarch on Homer, in: Maren R. Niehoff (Hg.): Homer and the Bible in the Eyes of Ancient Interpreters (Leiden: Brill, 2012), 127–154.

– (Hg.): Philo of Alexandria. Writings (hebr.), Bd. V/1 (Jerusalem: The Bialik Institute and The Israel Academy of Sciences and Humanities, 2012).

–: Philo on Jewish Identity and Culture (Tübingen: Mohr Siebeck, 2001).
–: Philo's Contribution to Contemporary Alexandrian Metaphysics, in: David Brakke, Anders-Christian Jacobsen und Jörg Ulrich (Hgg.): Beyond Reception. Mutual Influences between Antique Religion, Judaism, and Early Christianity (Frankfurt: Peter Lang, 2006), 35–55.
–: Plutarch in Rome. *On the Control of Anger* in Context, erscheint in: Greek, Roman and Byzantine Studies.
–: Die Sapientia Salomonis und Philon – Repräsentanten derselben alexandrinisch-jüdischen Religionspartei?, in: Karl-Wilhelm Niebuhr (Hg.): Sapientia Salomonis (Tübingen: Mohr Siebeck, 2015), 257–272.
Niehoff, Maren R., und Reinhard Feldmeier (Hgg.): Abrahams Aufbruch. Philon von Alexandria, *De migratione Abrahami* (Tübingen: Mohr Siebeck, 2017).
Nikiprowetzky, Valentin: Le commentaire de l'écriture chez Philon d'Alexandrie (Leiden: Brill, 1977).
Nünlist, René: The Ancient Critic at Work (Cambridge: Cambridge University Press, 2009).
Nünlist, René, und Angus M. Bowie (Hgg.): Narrators, Narratees, and Narratives in Ancient Greek Literature (Leiden: Brill, 2004).
Nussbaum, Martha: Stoic Laughter. A Reading of Seneca's Apocolocyntosis, in: Shadi Bartsch und David Wray (Hgg.): Seneca and the Self (Cambridge: Cambridge University Press, 2009), 84–112.
Oertelt, Friederike: Herrscherideal und Herrscherkritik bei Philo von Alexandria (Leiden: Brill, 2015).
Opsomer, Jan: Plutarch and the Stoics, in: Mark Beck (Hg.): A Companion to Plutarch (Oxford: Wiley-Blackwell, 2014), 88–103.
Osiek, Carolyn, und David L. Balch: Families in the New Testament World. Households and House Churches (Louisville: Westminster John Knox, 1997).
Papadoyannakis, Yannis: Instruction by Question and Answer. The Case of Late Antique and Byzantine Erotapokriseis, in: Scott F. Johnson (Hg.): Greek Literature in Late Antiquity (Aldershot: Ashgate, 2006), 91–105.
Pauly, August, Georg Wissowa, Wilhelm Kroll, Kurt Witte, Karl Mittelhaus und Konrat Ziegler (Hgg.): Paulys Realencyclopädie der classischen Altertumswissenschaft. Neue Bearbeitung (Stuttgart: J. B. Metzler, 1894–1980).
Paz, Yakir: Re-scripturizing Traditions. Designating Dependence in Rabbinic Halakhic Midrashim and Homeric Scholarship, in: Maren R. Niehoff (Hg.): Homer and the Bible in the Eyes of Ancient Interpreters (Leiden: Brill, 2012), 269–298.
Pearce, Sarah J.: King Moses. Notes on Philo's Portrait of Moses as an Ideal Leader in the Life of Moses, in: Emma Gannagé (Hg.): The Greek Strand in Islamic Political Thought (Beirut: Imprimerie Catholique, 2004), 37–43.
–: Philo of Alexandria on the Second Commandment, in: Sarah J. Pearce (Hg.): The Image and Its Prohibition in Jewish Antiquity (Oxford: Journal of Jewish Studies, 2013), 49–76.
–: Philo, On the Decalogue, in: Louis H. Feldman, James L. Kugel und Lawrence H. Schiffman (Hgg.): Outside the Bible (Lincoln: University of Nebraska Press, 2013), 989–1031.
Pearson, Birger A.: Philo and Gnosticism, in: Wolfgang Haase und Hildegard Temporini (Hgg.): Aufstieg und Niedergang der Römischen Welt II 21,1 (Berlin/New York: De Gruyter, 1984), 295–342.

Pelling, Christopher B.: The Moralism of Plutarch's Lives, in: Doreen Innes, Harry Hine und Christopher B. Pelling (Hgg.): Ethics and Rhetoric (Oxford: Oxford University Press, 1995), 205–220.
–: Plutarch, in: René Nünlist und Angus M. Bowie (Hgg.): Narrators, Narratees, and Narratives in Ancient Greek Literature (Leiden: Brill, 2004), 403–421.
–: Plutarch. Life of Antony (Cambridge: Cambridge University Press, 1988).
–: Plutarch and History (London: Classical Press of Wales, 2002).
Pépin, Jean: La tradition de l'allégorie de Philon d'Alexandrie à Dante (Paris: Études Augustiniennes, 1987).
Perkins, Judith: Roman Imperial Identities in the Early Christian Era (London: Routledge, 2009).
–: The Suffering Self. Pain and Narrative Representation in the Early Christian Era (London: Routledge, 1995).
Pervo, Richard I.: Acts. A Commentary (Minneapolis: Fortress, 2009).
Petrocheilos, Nikos: Roman Attitudes to the Greeks (Athen: National and Capodistrian University of Athens, 1974).
Petsalis-Diomidis, Alexia: Truly beyond Wonders. Aelius Aristides and the Cult of Asklepios (Oxford: Oxford University Press, 2010).
Pfeiffer, Rudolf: History of Classical Scholarship. From the Beginnings to the End of the Hellenistic Age (Oxford: Clarendon, 1968); deutsch: Geschichte der klassischen Philologie. Von den Anfängen bis zum Ende des Hellenismus (München: Beck, [2]1978).
Pohlenz, Max: Die Stoa (Göttingen: Vandenhoeck & Ruprecht, 1949).
Pomeroy, Sarah B.: Plutarch's *Advice to the Bride and Groom* and *A Consolation to His Wife* (New York: Oxford University Press, 1999).
–: Women in Hellenistic Egypt (New York: Schocken, 1984).
Porter, James I.: Hermeneutic Lines and Circles. Aristarchos and Crates on the Exegesis of Homer, in: Robert Lamberton und John J. Keaney (Hgg.): Homer's Ancient Readers (Princeton: Princeton University Press, 1992), 67–85.
Prost, François: La psychologie de Panétius. Réflexions sur l'évolution du Stoïcisme à Rome et la valeur du témoignage de Cicéron, in: Revue des Études Latines 79 (2001) 37–53.
–: Les théories hellénistiques de la douleur (Louvain: Peeters, 2004).
Pucci Ben Zeev, Miriam: Jewish Rights in the Roman World (Tübingen: Mohr Siebeck, 1998).
Purves, Alex C.: Ares, in: Margalit Finkelberg (Hg.): The Homer Encyclopedia, 3 Bde. (Oxford: Wiley-Blackwell, 2011), Bd. 1, 81–82.
Radice, Roberto: Observations on the Theory of the Ideas as Thoughts of God in Philo of Alexandria, in: Heirs of the Septuagint = Studia Philonica Annual 3 (1991) 126–134.
–: Philo's Theology and Theory of Creation, in: Adam Kamesar (Hg.): The Cambridge Companion to Philo (Cambridge: Cambridge University Press, 2009), 124–145.
Rajak, Tessa: Josephus (London: Duckworth, 1983).
–: Translation and Survival. The Greek Bible of the Ancient Jewish Diaspora (Oxford: Oxford University Press, 2009).
Ramelli, Ilaria: Hierocles the Stoic (Atlanta: Society of Biblical Literature, 2009.
Rawson, Beryl (Hg.): Marriage, Divorce, and Children in Ancient Rome (Oxford: Oxford University Press, 1991).

Reydams-Schils, Gretchen: Authority and Agency in Stoicism, in: Greek, Roman, and Byzantine Studies 51 (2011) 296–322.
–: Demiurge and Providence. Stoic and Platonist Readings of Plato's „Timaeus" (Turnhout: Brepols, 1999).
–: How to Become Like God and Remain Yourself, erscheint in: Maren R. Niehoff und Joshua Levinson (Hgg.): Self, Self-Fashioning and Individuality in Late Antiquity (Tübingen: Mohr Siebeck, 2019).
–: The Roman Stoics. Self, Responsibility, and Affection (Chicago: University of Chicago Press, 2005).
–: The Socratic Higher Ground, in: Francesca Alesse (Hg.): Philo of Alexandria and Post-Aristotelian Philosophy (Leiden: Brill, 2008), 169–195.
Riddle, John M.: Contraception and Abortion from the Ancient World to the Renaissance (Cambridge, Mass.: Harvard University Press, 1992).
Rives, John B.: Religion in the Roman Empire (Oxford: Wiley-Blackwell, 2007).
Roller, Matthew B.: Selfhood, Exemplarity, and Cicero's Four *Personae*. On Constructing Your Self after Your Model and Your Model after Your Self, erscheint in: Maren R. Niehoff und Joshua Levinson (Hgg.): Self, Self-Fashioning and Individuality in Late Antiquity (Tübingen: Mohr Siebeck, 2019).
–: Models from the Past in Roman Culture (Cambridge: Cambridge University Press, 2018).
Romney Wegner, Judith: Philo's Portrayal of Women – Hebraic or Hellenic?, in: Amy-Jill Levine (Hg.): „Women like This". New Perspectives on Jewish Women in the Greco-Roman World (Atlanta: Scholars Press, 1991), 41–66.
Rösel, Martin: Übersetzung als Vollendung der Auslegung. Studien zur Genesis-Septuaginta (Berlin: De Gruyter, 1994).
Rowlandson, Jane: Women and Society in Greek and Roman Egypt. A Sourcebook (Cambridge: Cambridge University Press, 1998).
Royse, James: Some Observations on the Biblical Text of Philo's *De Agricultura*, in: Studia Philonica Annual 22 (2011) 111–129.
–: The Text of Philo's *Legum Allegoriae*, in: Studia Philonica Annual 12 (2000) 1–28.
–: The Works of Philo, in: Adam Kamesar (Hg.): The Cambridge Companion to Philo (Cambridge: Cambridge University Press, 2009), 32–64.
Runia, David T.: Confronting the Augean Stables. Royse's Fragmenta Spuria Philonica, in: Studia Philonica Annual 4 (1992) 78–86.
–: Further Observations on the Structure of Philo's Allegorical Treatises, in: Vigiliae Christianae 41 (1987) 105–138.
–: God and Man in Philo of Alexandria, in: Journal of Theological Studies 39 (1988) 48–75.
–: Philo in Byzantium, in: Vigiliae Christianae 70 (2016) 259–281.
–: Philo in Early Christian Literature. A Survey (Minneapolis: Fortress, 1993).
–: Philo of Alexandria, in: Christentum 27 (2015) 605–627.
–: Philo of Alexandria. On the Creation of the Cosmos according to Moses. Introduction, Translation and Commentary (Leiden: Brill, 2011).
–: Philo of Alexandria and the „Timaeus" of Plato (Leiden: Brill, 1986).
–: Philo's *De Aeternitate Mundi*. The Problem of Interpretation, in: Vigiliae Christianae 35 (1981) 105–151.
–: The Structure of Philo's Allegorical Treatises. A Review of Two Recent Studies and Some Additional Comments, in: Vigiliae Christianae 38 (1984) 209–256.

–: The Theme of Flight and Exile in the Allegorical Thought-World of Philo of Alexandria, in: Studia Philonica Annual 21 (2009) 1–24.
–: Was Philo a Middle Platonist? A Difficult Question Revisited, in: Studia Philonica Annual 5 (1993) 124–133.
–: Why Philo of Alexandria is an Important Writer and Thinker, in: Sabrina Inowlocki und Baudouin Decharneux (Hgg.): Philon d'Alexandrie (Turnhout: Brepols, 2011), 13–33.
–: Witness or Participant? Philo and the Neoplatonic Tradition, in: Arie Johan Vanderjagt und Detlev Pätzold (Hgg.): The Neoplatonic Tradition (Köln: Dinter, 1991), 36–56.
Rüpke, Jörg: Die Religion der Römer. Eine Einführung (München: C. H. Beck, 2001).
– (Hg.): The Individual in the Religions of the Ancient Mediterranean (Oxford: Oxford University Press, 2013).
Russell, Donald A.: On Reading Plutarch's Lives, in: Barbara Scardigli (Hg.): Essays on Plutarch's Lives (Oxford: Clarendon, 1995), 75–94.
–: Plutarch (London: Duckworth, 1973).
Rutgers, Leonard Victor: The Jews in Late Ancient Rome (Leiden: Brill, 1995).
Rutherford, Ian: Concord and *Communitas*. Greek Elements in Philo's Account of Jewish Pilgrimage, in: Maren R. Niehoff (Hg.): Journeys in the Roman East. Imagined and Real (Tübingen: Mohr Siebeck, 2017), 257–272.
Ryu, Jang: Knowledge of God in Philo of Alexandria (Tübingen: Mohr Siebeck, 2015).
Salles, Catherine: Lire à Rome (Paris: Les Belles Lettres, $^2$2008).
Sanders, Ed P., und Margaret Davies: Studying the Synoptic Gospels (London: SCM, 1989).
Sanders, Jack T.: The Jews in Luke-Acts (Philadelphia: Fortress, 1987).
Sauer, Bruno: Art. Ares 2). II. Ares in der Kunst, in: Paulys Realencyclopädie der classischen Altertumswissenschaft. Neue Bearbeitung unter Mitwirkung zahlreicher Fachgenossen hg. von Georg Wissowa, Dritter Halbband: *Apollon bis Artemis* (Stuttgart: Alfred Druckenmüller, 1895), 661–667.
Scardigli, Barbara (Hg.): Essays on Plutarch's Lives (Oxford: Clarendon, 1995).
Scarpat, Giuseppe: Il pensiero religioso di Seneca e l'ambiente ebraico e cristiano (Brescia: Paideia Editrice, $^2$1983).
Schäfer, Peter: Judeophobia (Cambridge, Mass.: Harvard University Press, 1997); deutsch: Judenhaß und Judenfurcht. Die Entstehung des Antisemitismus in der Antike (Berlin: Verlag der Weltreligionen, 2010).
–: The Origins of Jewish Mysticism (Tübingen: Mohr Siebeck, 2009); deutsch: Die Ursprünge der jüdischen Mystik (Berlin: Verlag der Weltreligionen, 2011).
–: Zwei Götter im Himmel. Gottesvorstellungen in der jüdischen Antike (München: C. H. Beck, 2017).
Schenkeveld, Dick M.: Strabo on Homer, in: Mnemosyne 29 (1976) 52–64.
Schimanowski, Gottfried: Die jüdische Integration in die Oberschicht Alexandriens und die angebliche Apostasie des Tiberius Julius Alexander, in: Jörg Frey, Daniel R. Schwartz und Stephanie Gripentrog (Hgg.): Jewish Identity in the Greco-Roman World (Leiden: Brill, 2007), 111–136.
Schironi, Francesca: Alexandrian Scholarship, in: Margalit Finkelberg (Hg.): The Homer Encyclopedia, 3 Bde. (Oxford: Wiley-Blackwell, 2011), Bd. 1, 30–32.
–: Plato at Alexandria, in: Classical Quarterly 55 (2005) 423–434.

–: Theory into Practice. Aristotelian Principles in Aristarchan Philology, in: Classical Philology 104 (2009) 279–316.
Schmidt, Martin: The Homer of the Scholia. What Is Explained to the Reader?, in: Franco Montanari und Paola Ascheri (Hgg.): Omero tremila anni dopo (Rom: Edizioni di storia e letteratura, 2002), 159–183.
Schmitz, Thomas A.: Plutarch and the Second Sophistic, in: Mark Beck (Hg.): A Companion to Plutarch (Oxford: Wiley-Blackwell, 2014), 32–42.
Schofield, Malcolm: Academic Epistemology, in: Keimpe Algra (Hg.): The Cambridge History of Hellenistic Philosophy (New York: Cambridge University Press, 1999), 323–351.
–: Stoic Ethics, in: Brad Inwood (Hg.): The Cambridge Companion to the Stoics (Cambridge: Cambridge University Press, 2003), 233–256.
Scholem, Gershom: Jewish Gnosticism, Merkabah Mysticism, and Talmudic Tradition (New York: Jewish Theological Seminary of America, 1965).
–: Die jüdische Mystik in ihren Hauptströmungen (Berlin: Suhrkamp, [11]2015).
Schremer, Adiel: Brothers Estranged (Oxford: Oxford University Press, 2010).
–: Male and Female He Created Them (hebr.) (Jerusalem: Zalman Shazar Center, 2003).
Schüssler Fiorenza, Elisabeth: A Feminist Critical Interpretation for Liberation. Martha and Mary: Luke 10:38–42, in: Religion and Intellectual Life 3 (1986) 21–35.
Schwabe, Moshe: Introduction (hebr.), in: Writings of Philo of Alexandria. On the Creation of the World. Translation and Annotation (Jerusalem: J. Yunovitch, 1931), XIII–XXXVI.
Schwartz, Daniel R.: Agrippa I (Tübingen: Mohr Siebeck, 1990).
Schwartz, Joshua J.: Pilgrimage, in: John J. Collins und Daniel C. Harlow (Hgg.): The Eerdmans Dictionary of Early Judaism (Grand Rapids: Eerdmans, 2010), 1088–1090.
Scramuzza, Vincent M.: The Emperor Claudius (Cambridge, Mass.: Harvard University Press, 1940).
Sedley, David (Hg.): The Cambridge Companion to Greek and Roman Philosophy (Cambridge: Cambridge University Press, 2003).
–: Cicero and the *Timaeus*, in: Malcolm Schofield (Hg.): Aristotle, Plato and Pythagoreanism in the First Century BC (Cambridge: Cambridge University Press, 2013), 187–205.
–: Creationism and Its Critics in Antiquity (Berkeley: University of California Press, 2007).
–: The Ideal of Godlikeness, in: Gail Fine (Hg.): Plato 2. Ethics, Politics, Religion, and the Soul (Oxford: Oxford University Press, 1999), 309–328.
–: The Midwife of Platonism. Text and Subtext in Plato's *Theaetetus* (Oxford: Clarendon, 2004).
–: Plato's *Auctoritas* and the Rebirth of the Commentary Tradition, in: Jonathan Barnes und Miriam T. Griffin (Hgg.): Philosophia Togata, Bd. 2 (Oxford: Clarendon, 1997), 110–129.
–: Three Platonist Interpretations of the *Theaetetus*, in: Christopher Gill und Mary Margaret McCabe (Hgg.): Form and Argument in Late Plato (Oxford: Clarendon, 1996), 81–101.
Segal, Ben-Zion (Hg.): The Ten Commandments as Reflected in Tradition and Literature throughout the Ages (hebr.) (Jerusalem: Magnes, 1985).
Segal, Michael: The Book of Jubilees (Leiden: Brill, 2007).

Seland, Torrey (Hg.): Reading Philo. A Handbook to Philo of Alexandria (Grand Rapids: Eerdmans, 2014).
Siegert, Folker: The Philonian Fragment *De Deo*, in: Studia Philonica Annual 10 (1998) 1–33.
Sievers, Joseph, und Gaia Lembi (Hgg.): Josephus and Jewish History in Flavian Rome and Beyond (Leiden: Brill, 2005).
Sly, Dorothy: Philo's Perception of Women (Atlanta: Scholars Press, 1990).
Smallwood, E. Mary: Philonis Alexandrini Legatio ad Gaium (Leiden: Brill, 1961, ²1970).
Smith, Mark S.: God in Translation. Deities in Cross-Cultural Discourse in the Biblical World (Tübingen: Mohr Siebeck, 2008).
Sorabji, Richard: Animal Minds and Human Morals (Ithaca: Cornell University Press, 1993).
–: Emotion and Peace of Mind (Oxford: Oxford University Press, 2000).
–: Self. Ancient and Modern Insights about Individuality, Life, and Death (Chicago: University of Chicago Press, 2006).
Spencer, F. Scott: Salty Wives, Spirited Mothers, and Savvy Widows (Grand Rapids: Eerdmans, 2012).
Stadter, Philip A.: Plutarch and His Roman Readers (Oxford: Oxford University Press, 2015).
–: Plutarch and Rome, in: Mark Beck (Hg.): A Companion to Plutarch (Oxford: Wiley-Blackwell, 2014), 13–31.
Starobinski-Safran, Esther: Exode 3,14 dans l'œuvre de Philon, in: Paul Vignaux (Hg.): Dieu et l'être. Exégèses d'Exode 3,14 et de Coran 20,11–24 (Paris: Études Augustiniennes, 1978), 47–55.
Stein, Edmund: Philo of Alexandria (Warschau: A. Y. Shtibel, 1939).
Stein, Siegfried: The Influence of Symposia Literature on the Literary Form of the Pesaḥ Haggadah, in: Journal of Jewish Studies 8 (1957) 13–44.
Stein-Hölkeskamp, Elke: Das römische Gastmahl. Eine Kulturgeschichte (München: C. H. Beck, 2005).
Steinmetz, Peter: Allegorische Deutung und allegorische Dichtung in der alten Stoa, in: Rheinisches Museum für Philologie 129 (1986) 18–30.
Stenger, Jan: Hellenische Identität in der Spätantike (Berlin/New York: De Gruyter, 2009).
Sterling, Gregory E.: Historiography and Self-Definition. Josephus, Luke-Acts, and Apologetic Historiography (Leiden: Brill, 1992).
–: The Interpreter of Moses. Philo of Alexandria and the Biblical Text, in: Matthias Henze (Hg.): A Companion to Biblical Interpretation in Early Judaism (Grand Rapids: Eerdmans, 2012), 415–434.
–: „A Man of Highest Repute". Did Josephus Know the Writings of Philo?, in: Studia Philonica Annual 25 (2013) 101–113.
–: Philo, in: John J. Collins und Daniel C. Harlow (Hgg.): The Eerdmans Dictionary of Early Judaism (Grand Rapids: Eerdmans, 2010), 1063–1070.
–: Philo and the Logic of Apologetics. An Analysis of the *Hypothetica*, in: Society of Biblical Literature Seminar Papers 29 (1990) 412–430.
–: „Philo Has Not Been Used Half Enough". The Significance of Philo of Alexandria for the Study of the New Testament, in: Perspectives in Religious Studies 30 (2003) 251–269.

–: Philo's *Quaestiones*. Prolegomena or Afterthought?, in: David M. Hay (Hg.): Both Literal and Allegorical (Atlanta: Scholars Press, 1991), 99–123.
–: Philo's School. The Social Setting of Ancient Commentaries, in: Beatrice Wyss, Rainer Hirsch-Luipold und Solmeng-Jonas Hirschi (Hgg.): Sophisten in Hellenismus und Kaiserzeit. Orte, Methoden und Personen der Bildungsvermittlung (Tübingen: Mohr Siebeck, 2017), 123–142.
–: Platonizing Moses. Philo and Middle Platonism, in: Studia Philonica Annual 5 (1993) 96–111.
–: „Prolific in Expression and Broad in Thought". Internal References to Philo's *Allegorical Commentary* and *Exposition of the Law*, in: Euphrosyne 40 (2012) 55–76.
–: The School of Moses in Alexandria. An Attempt to Reconstruct the School of Philo, in: Gabriele Boccaccini und Jason Zurawski (Hgg.): Second Temple Jewish ‚Paideia' in Context (Berlin: De Gruyter, 2017), 141–166.
–: „The School of Sacred Laws". The Social Setting of Philo's Treatises, in: Vigiliae Christianae 53 (1999) 148–164.
–: The Theft of Philosophy. Philo of Alexandria and Numenius of Apamea, in: Studia Philonica Annual 27 (2015) 71–85.
Stern, Menahem: Greek and Latin Authors on Jews and Judaism, 3 Bde. (Jerusalem: The Israel Academy of Sciences and Humanities, 1974–1984).
Stowers, Stanley Kent: Letter Writing in Greco-Roman Antiquity (Philadelphia: Westminster, 1986).
Striker, Gisela: Essays on Hellenistic Epistemology and Ethics (Cambridge: Cambridge University Press, 1996).
Stroumsa, Guy G.: Another Seed. Studies in Gnostic Mythology (Leiden: Brill, 1984).
–: The Making of the Abrahamic Religions in Late Antiquity (Oxford: Oxford University Press, 2015).
–: The Scriptural Universe of Ancient Christianity (Cambridge, Mass.: Harvard University Press, 2016).
Svebakken, Hans: Philo of Alexandria's Exposition on the Tenth Commandment (Atlanta: Society of Biblical Literature, 2012).
Swain, Simon: Biography and Biographic in the Literature of the Roman Empire, in: Mark J. Edwards und Simon Swain (Hgg.): Portraits. Biographical Representation in the Greek and Latin Literature of the Roman Empire (Oxford: Clarendon, 1997), 1–37.
–: Hellenism and Empire (Oxford: Clarendon, 1996).
–: Plutarch's Lives of Cicero, Cato and Brutus, in: Hermes 118 (1990) 192–203.
Tarrant, Harold: The Date of the Anon. in *Theaetetum*, in: Classical Quarterly 33 (1983) 161–187.
–: Logos and the Development of Middle Platonism, in: Harold Tarrant (Hg.): From the Old Academy to Later Neo-Platonism (Farnham: Ashgate, 2011), 197–204.
–: Scepticism or Platonism? The Philosophy of the Fourth Academy (Cambridge: Cambridge University Press, 1985).
–: Thrasyllan Platonism (Ithaca: Cornell University Press, 1993).
Taylor, Alfred E.: A Commentary on Plato's Timaeus (Oxford: Clarendon, 1928).
Taylor, Joan E.: Jewish Women Philosophers of First-Century Alexandria (Oxford: Oxford University Press, 2003).

Tcherikover, Victor, und Alexander Fuks: Corpus Papyrorum Judaicarum, 3 Bde. (Cambridge, Mass.: Harvard University Press, 1957–1964).
Terian, Abraham: A Critical Introduction to Philo's Dialogues, in: Wolfgang Haase und Hildegard Temporini (Hgg.): Aufstieg und Niedergang der Römischen Welt II 21,1–2 (Berlin/New York: De Gruyter, 1984), 272–294.
–: The Priority of the *Quaestiones* among Philo's Exegetical Commentaries, in: David M. Hay (Hg.): Both Literal and Allegorical (Atlanta: Scholars Press, 1991), 29–46.
Termini, Cristina: Taxonomy of Biblical Law and Φιλοτεχνία in Philo of Alexandria. A Comparison with Josephus and Cicero, in: Studia Philonica Annual 16 (2004) 1–29.
Theiler, Willy: Philo von Alexandria und der Beginn des kaiserzeitlichen Platonismus, in: Johannes Hirschberger und Kurt Flasch (Hgg.): Parusia (Frankfurt: Minerva, 1965), 199–219.
Thom, Johan C.: Cleanthes. Hymn to Zeus (Tübingen: Mohr Siebeck, 2005).
Thorsteinsson, Runar M.: Roman Christianity and Roman Stoicism (Oxford: Oxford University Press, 2010).
Tobin, Thomas H.: The Beginning of Philo's *Legum Allegoriae*, in: Studia Philonica Annual 12 (2000): 29–43.
–: The Creation of Man. Philo and the History of Interpretation (Washington, D.C.: Catholic Biblical Association of America, 1983).
–: Logos, in: David N. Freedman (Hg.): The Anchor Bible Dictionary, Bd. 4 (New York: Doubleday, 1992), 348–356.
–: Philo and the Allegorical Reinterpretation of Genesis (Vortrag am Israel Institute for Advanced Studies, März 2017).
–: Timaios of Locri. On the Nature of the World and the Soul (Chico: Scholars Press, 1985).
Tov, Emanuel: The Septuagint between Judaism and Christianity, in: Thomas Scott Caulley und Hermann Lichtenberger (Hgg.): The Septuagint and Christian Origins (Tübingen: Mohr Siebeck, 2011), 3–25.
–: The Septuagint Translation of Genesis as the First Scripture Translation, in: Kristin De Troyer, T. Michael Law und Marketta Liljenström (Hgg.): In the Footsteps of Sherlock Holmes. Studies in the Biblical Text in Honour of Anneli Aejmelaeus (Leuven: Peeters, 2014), 47–64.
Treggiari, Susan: Roman Marriage (Oxford: Clarendon, 1991).
Turner, John Douglas, und Kevin Corrigan (Hgg.): Plato's *Parmenides* and Its Heritage, 2 Bde. (Atlanta: Society of Biblical Literature, 2010).
Urbach, Ephraim E.: The Place of the Ten Commandments in Ritual and Prayer (hebr.), in: Ben-Zion Segal (Hg.): The Ten Commandments as Reflected in Tradition and Literature throughout the Ages (Jerusalem: Magnes, 1985), 127–146.
Uxkull-Gyllenband, Woldemar: Plutarch und die griechische Biographie. Studien zu Plutarchischen Lebensbeschreibungen des V. Jahrhunderts (Stuttgart: Kohl-hammer, 1927).
Van den Hoek, Annewies: Philo and Origen. A Descriptive Catalogue of Their Relationship, in: Studia Philonica Annual 12 (2000) 44–121.
Van der Broek, Roelef: Gnostic Religion in Antiquity (Cambridge: Cambridge University Press, 2013).

Van der Horst, Pieter W.: Chaeremon. Egyptian Priest and Stoic Philosopher (Leiden: Brill, 1987).
–: Philo's Flaccus (Leiden: Brill, 2003).
VanderKam, James C.: Made to Order. Creation in Jubilees, in: Lance Jenott und Sarit Kattan Gribetz (Hgg.): Jewish and Christian Cosmogony in Late Antiquity (Tübingen: Mohr Siebeck, 2013), 23–38.
Van Hoof, Lieve: Plutarch's Practical Ethics (Oxford: Oxford University Press, 2010).
Van Nuffelen, Peter: Rethinking the Gods (Cambridge: Cambridge University Press, 2011).
–: Varro's *Divine Antiquities*. Roman Religion as an Image of Truth, in: Classical Philology 105 (2010) 162–188.
Veyne, Paul: The Roman Empire, in: Paul Veyne (Hg.): A History of Private Life, Bd. 1: From Pagan Rome to Byzantium (Cambridge, Mass.: Belknap, 1987), 5–233.
Vlastos, Gregory: Creation in the *Timaeus*. Is It a Fiction?, in: Allen E. Reginald (Hg.): Studies in Plato's Metaphysics (London: Routledge, 1965), 401–419.
Vogt, Katja Maria: Law, Reason, and the Cosmic City. Political Philosophy in the Early Stoa (New York: Oxford University Press, 2008).
Wahlgren, Staffan: Sprachwandel im Griechisch der frühen römischen Kaiserzeit (Göteborg: Ekblads, 1995).
Wallace-Hadrill, Andrew: Suetonius (New Haven: Yale University Press, 1984).
Walter, Nikolaus: Der Thoraausleger Aristobulus. Untersuchungen zu seinen Fragmenten und zu pseudepigraphischen Resten der jüdisch-hellenistischen Literatur (Berlin: Akademie Verlag, 1964).
Wan, Sze-kar: Philo's *Quaestiones et Solutiones in Genesim*. A Synoptic Approach, in: Society of Biblical Literature Seminar Papers 32 (1993) 22–53.
Wardman, Alan: Plutarch's Lives (London: Paul Elek, 1974).
Watson, Francis: Paul, Judaism, and the Gentiles (Grand Rapids: Eerdmans, 2007).
Weiman-Kelman, Levi, und Oded Mazor (Hgg.): HaSimha SheBalev. Prayer Book for the Pilgrimage Holidays (hebr.) (Jerusalem: The Council of Reform Rabbis, 2015).
Weinfeld, Moshe: The Uniqueness of the Decalogue and Its Place in Jewish Tradition (hebr.), in: Ben-Zion Segal (Hg.): The Ten Commandments as Reflected in Tradition and Literature throughout the Ages (hebr.) (Jerusalem: Magnes, 1985), 1–34.
Weisser, Sharon: Éradication ou modération des passions? L'Histoire d'une Controverse (erscheint bei Brepols).
–: Why Does Philo Criticize the Stoic Ideal of *Apatheia* in *On Abraham* 257? Philo and Consolatory Literature, in: Classical Quarterly 62 (2012) 242–259.
Wendland, Paul: Philos Schrift über die Vorsehung (Berlin: Gaertner, 1892).
Werman, Cana, und Aharon Shemesh: Halakha in the Dead Sea Scrolls (hebr.), in: Menahem Kister (Hg.): The Qumran Scrolls and Their World (hebr.) (Jerusalem: Yad Ben Zvi, 2009), 409–434.
Whitmarsh, Tim: Beyond the Second Sophistic (Berkeley: University of California Press, 2013).
–: Greek Literature and the Roman Empire (Oxford: Oxford University Press, 2001).
– (Hg.): Local Knowledge and Microidentities in the Imperial Greek World (Cambridge: Cambridge University Press, 2010).

–: Philostratus, in: René Nünlist und Angus M. Bowie (Hgg.): Narrators, Narratees, and Narratives in Ancient Greek Literature (Leiden: Brill, 2004), 423–439.
–: Thinking Local, in: Tim Whitmarsh (Hg.): Local Knowledge and Microidentities in the Imperial Greek World (Cambridge: Cambridge University Press, 2010), 1–16.
Whittaker, John: How to Define the Rational Soul, in: Carlos Lévy (Hg.): Philon d'Alexandrie et le langage de la philosophie (Turnhout: Brepols, 1998), 229–253.
–: Neopythagoreanism and the Transcendent Absolute, in: Symbolae Osloenses 48 (1973): 77–86 = John Whittaker: Studies in Platonism and Patristic Thought (London: Variorum Reprints, 1984), Nr. XI.
Wilamowitz-Moellendorf, Ulrich von: Plutarch as a Biographer, in: Barbara Scardigli (Hg.): Essays on Plutarch's Lives (Oxford: Clarendon, 1995), 75–94.
Williams, Michael A.: Rethinking „Gnosticism" (Princeton: Princeton University Press, 1996).
Wills, Lawrence M.: The Depiction of the Jews in Acts, in: Journal of Biblical Literature 110 (1991) 631–654.
Wilson, Robert McL.: The Gnostic Problem (London: A. R. Mowbray, 1958).
Wilson, Walter T.: Philo of Alexandria, On the Virtues. Introduction, Translation, and Commentary (Leiden: Brill, 2011).
Winston, David: Logos and Mystical Theology in Philo of Alexandria (Cincinnati: Hebrew Union College, 1985).
–: Philo of Alexandria on the Rational and the Irrational Emotions, in: John T. Fitzgerald (Hg.): Passions and Moral Progress in Greco-Roman Thought (London: Routledge, 2008), 199–220.
–: The Wisdom of Solomon (New York: Doubleday, 1979).
Winston, David, und John M. Dillon (Hgg.): Two Treatises of Philo of Alexandria (Chico: Scholars Press, 1983).
Winter, Bruce W.: Philo and Paul among the Sophists (Grand Rapids: Eerdmans, 2002).
Wolfson, Harry Austryn: Philo (Cambridge, Mass.: Harvard University Press, 1947).
Woodman, Anthony J.: Rhetoric in Classical Historiography (London: Routledge, 1988).
Wright, Benjamin G.: The Letter of Aristeas (Berlin: De Gruyter, 2015).
Yli-Karjanmaa, Sami: Reincarnation in Philo of Alexandria (Atlanta: Society of Biblical Literature Press, 2015).
Zeitlin, Solomon: Did Agrippa Write a Letter to Gaius Caligula?, in: Jewish Quarterly Review 56 (1965) 22–31.
Ziegler, Konrat: Plutarchos von Chaironeia (Stuttgart: Druckenmöller, $^2$1964).
Zohar, Noam: The Figure of Abraham and the Voice of Sarah in Genesis Rabbah (hebr.), in: Moshe Hallamish, Hannah Kasher und Yochanan Silman (Hgg.): The Faith of Abraham (hebr.) (Ramat Gan: Bar-Ilan University Press, 2002), 71–85.

# Namen, Orte, Sachen

Aaron  274, 277
Abraham  147–150, 214, 219, 280, 284
– allegorische Deutung des Auszugs aus Chaldäa  70–71, 120, 149, 211–212, 214–215, 227, 270
– Biographie  147–150
– Entdeckung des Monotheismus  67, 119, 124, 126
– Josephus über ~  124
– Lebensalter  212–213
– mystische Erfahrung  238, 262
– Opferung Isaaks  149–150
– Rabbinen über ~  126, 162
– Saras Ehemann  149, 155, 157–163, 171
– spirituelle Reise  70–71, 119–120, 211–212, 214–215, 227
Abstinenz/Enthaltsamkeit  102, 136, 192, 259
Abtreibung  189
Achill  204–205
Adam  163–164, 212, 237
Affekte/Leidenschaften  96, 146, 173, 184–185, 239ff., 271ff.
– Platon/Platonismus  184, 241–242, 275–276
– Stoizismus  98, 156, 171, 184, 271ff.; ~ als Fehlurteile  273, 276
Affektlosigkeit/Apathie  96, 100–101, 173–174, 274, 282; *siehe auch* Selbstbeherrschung
– Stoizismus  97, 146, 271ff.
Agrippa I.  19, 33, 34–39, 142, 143
– ~ und Kaiser Gaius  38, 48–49, 51
– ~s Brief an Gaius  50–52
– ~s Diplomatie im alexandrinischen Konflikt  35–38, 48, 49
– ~s Verhöhnung in Alexandria  36
Agrippa II.  35

Aischylos  42
Albinos  263–264
Alexander der Alabarch  4, 34–35
Alexander von Aphrodisias  92
Alexander der Große  13, 98–99, 102, 151
Alexandria  13, 17–18, 32
– Augustus-Tempel  32, 74
– Bibliothek  17, 18, 32, 33
– Bürgerrechtsfrage  43–44, 48–49, 56, 69
– ethnische Gewalt  5, 8, 9, 35, 69
– Hafen  32–33, 38, 74
– intellektuelles Milieu  13, 17, 204–208, 210–211, 230, 235, 239, 247–248, 267
– Museion  17, 18, 32, 59, 76, 204, 206, 223
Alkibiades  134, 151
Allegorese  10, 12, 70–71, 157, 175, 198, 203, 206–207, 209ff., 219–220, 231, 249–250, 262, 275, 295; *siehe dagegen* Literalsinn
– Origenes  223–225
– Stoizismus  213
Ammonios  197, 245, 256
Anekdoten
– ~ im Lukasevangelium  153
– ~ in Philons Biographien  129, 136–139, 153
– ~ in Plutarchs Biographien  150–152
– ~ bei Seneca  137
Anthropomorphismus  19, 121, 220, 222, 247–256
– Aristobul  19, 248
– Platon  250–251
Antiochos von Askalon  21, 81, 230, 235
Antipatros von Tarsos  268

Antonia VIII, 34
apatheia 274–275; siehe auch Affektlosigkeit
Apion
- Antijudaismus 16, 21, 45, 77, 101, 130–132, 176–177, 193, 199
- ~s Sicht auf ägyptische Politik 13
- Erwiderungen auf ~ 130–132, 177, 193, 199
- Leiter der ägyptischen Gegengesandtschaft 13, 16, 39
- römischer Einfluss auf ~ 21, 176
Apollon 73
Apollonios von Tyana 22, 23, 152, 198
Apologetik 19, 100, 101, 130, 131, 152, 177, 193, 199–200, 221
- bei Josephus 177
- bei Justin dem Märtyrer 200
Aquila 166
Areios Didymos 20, 21, 113, 156, 162, 183
Ares 74–75
Aristarch von Samothrake 17, 204–205, 208, 209, 214
Aristeasbrief 18, 179, 194, 196
Aristobul (Religionsphilosoph) 19, 122, 123, 178–179, 205, 248
Aristophanes 164
Aristophanes von Byzanz 17
Aristoteles 18, 91, 92, 93, 113, 125, 135, 208, 210, 214, 274
Aristotelismus 20, 93, 113, 248, 257
Athene 258
Attalus 20, 158
Augustus 13, 20, 32, 155, 172
- Familienwerte und Familiengesetzgebung VIII, 158, 160, 162, 172, 187
- Ideal des guten Herrschers 59, 64, 74, 76
- religiöse Rolle und Funktion VIII, 74–75, 141
- Verhältnis zum Judentum 70, 76, 77, 141, 191

Balbus 85, 89, 195
Basilides 223, 255, 263
Begierde siehe Affekte

Ben Sira siehe Jesus Sirach
Beschneidung 21, 176
Bibelauslegung 203ff.; siehe auch Kommentarkultur
- Demetrios 19, 205, 214
- Eusebios von Caesarea 92
- Justin der Märtyrer 125–126
- Origenes 12, 223–225, 297, 298
Biographie 129ff.
- Lukasevangelium 76, 152–153, 197
- Philostrat 22, 152
- Plutarch 77, 134, 136, 150–152
- römische Autoren 133–134
Boëthos von Sidon 94
Botschafter in Rom
- griechische ~ 16, 21
- Philon 19, 39–48, 176
- Plutarch 25, 150
Brutus (Marcus Iunius Brutus) 58

Calanus 98–99
Caligula siehe Gaius Caligula
Cassius Dio
- ~ über Claudius 62–64
- ~ über Gaius 61, 63, 75
Cato d.Ä. 16, 20, 99, 135, 278
Chairemon 16, 101, 132
Chrysipp 20, 74, 95, 117, 186, 277, 286
- ~ über die Affekte 184, 273
- ~ über das Göttliche 115–116, 270
- ~ über die individuelle Natur 186, 278, 283
- Kritik an ~ 94–95, 115, 276, 286
- Weltenbrandlehre 94–95, 109, 115
Cicero 13, 19–20, 85–86, 87, 89, 114–116
- ~ über die aristotelische Tradition 93
- ~ über Ethik 97, 275, 277–278
- ~ über Gesetz, Recht, Verfassung 113, 183, 186
- ~ über Historiographie 133
- ~ über Liebe 158
- ~ über den Platonismus 19, 85, 87, 93, 116

- ~ über den Stoizismus 19, 85–86, 87, 97, 114, 115, 135, 179–180, 189, 195, 213, 273, 275, 277–278
- ~ über das Verhältnis von Tier und Mensch 85–86
- ~s Übersetzungen griechischer Philosophie ins Lateinische 19, 93, 135
Claudius 5, 6, 33, 47–49, 51–52, 55–60, 62–66, 70–74, 76, 79, 143
- Brief an die Alexandriner 47–49, 51, 55, 56, 73
- Cassius Dio und Sueton über ~ 62–63
- ~ in Agrippas I. Brief 50–52
- ~ über Frauen und Familie 156, 160–161, 162
- ~-Edikt (Ausweisung von Juden aus Rom) 55, 71–72
- Religionspolitik 35, 47–49, 55–56, 70, 73, 142, 198
- Seneca über ~ 56–59
Concordia 158
Cotta 85, 87, 116

Damis 23, 152
Daphnaios 164
Dekalog *siehe* Gesetz
Demetrios (Exeget) 19, 205, 214
Demetrios von Phaleron 18
Demiurg 113–119, 121, 256, 298
- Gnosis 125
- Josephus 104
- Origenes 126, 298
- Platon/Platonismus 87, 93, 114, 116, 117, 125–127, 255–256, 270
- Stoizismus 94, 115, 269–270
Demokrit 276
Diogenes von Babylon 94
Diogenes Laertius 114–115, 268, 269, 272, 273, 277–279, 281, 284
Diogenes von Sinope 57
Dionysos 217
Domitian 98
Drusus VIII, 160

Ehe 158–166, 173–174, 187–188
- ~ im Christentum 166
- ~zweck 161–162, 163, 164, 165, 173, 187, 189

- Josephus über die ~ 123, 159, 165–166
- Plutarch über die ~ 164–165, 168–169
- römische ~gesetzgebung 162, 187
- römisches ~verständnis 123, 158–161, 164, 167–168, 173–174
- Stoiker über die ~ 162, 164, 167–168
Ehebruch
- Philon über ~ 172–174, 185, 187
- römische Sicht auf ~ 56, 62, 63–64, 187
Elternschaft 117, 167–168, 188; *siehe auch* Mutterschaft
- römisches Recht 167, 188
- Stoizismus 167–168
Entscheidungsfreiheit 9, 95ff., 105, 282–283; *siehe auch* Freiheit (innere)
- Stoizismus 9, 96–97, 179–180, 281–282
Epiktet 96–98, 192
Epistemologie (Erkenntnis/ Wissen) 233–239, 240, 243, 262
- Platon/Platonismus 137, 228–229, 232–234, 236–237, 239, 243, 249
- Stoizismus 235
Erzmütter *siehe* Matriarchen
Erzväter *siehe* Vorväter
Esau 100
Essener 100–101, 146; *siehe auch* Qumran
Ethik 175ff., 271ff.
- Paulus 181
- Platonismus 173, 230, 272–273, 275
- Plutarch 151, 275–276, 286
- rabbinisches Judentum 104–105
- Stoizismus 20, 40–41, 46–47, 113, 145–147, 179–180, 182–183, 230, 271ff.
Eudoros 17–18, 93, 229–230, 241, 248, 252
Eugnostos 255
Euhemerismus 73, 194–195
Euripides 23

Eusebios von Caesarea  1, 5, 14, 22, 92, 101, 295
Eva  155, 157, 163–164, 212, 239
Ewigkeit der Welt  110, 127; *siehe dagegen* Schöpfung
- Aristoteles  91, 93, 113
Exempla/Vorbilder
- ~ bei Plutarch  151
- ~ im römischen Stoizismus  40–41, 134, 135–136, 137
- jüdische Patriarchen/Vorväter und Matriarchen als ~  130, 131, 142ff., 148, 150, 157ff., 167ff.
Exil/Verbannung  95, 139–140
- Babylonisches ~  69, 70
- ~ bei Lukas  71–72
- ~ und Religion  67–71
- ~ als Verlust politischer Macht  58, 59, 66, 69–70, 79
- Flaccus  66–68
- Juden in Alexandria  69–71
- Marcellus  57–58
- Mose  140
- philosophische Interpretation  68, 71, 140
- Plutarch über das ~  71
- Seneca  56–60, 66
Ezechiel, Tragiker  19, 41–42, 137

Fabricius  187
Familienwerte  162, 167–169, 187–189
- Augustus  158, 160, 162, 172, 187
- römischer Stoizismus  189–190
Feste und Feiertage
- jüdische ~  78, 105, 190–193, 197, 199; *siehe auch* Sabbat, Wallfahrtswesen
- römische ~  190, 192
Flaccus  5, 30–31, 36–38, 66–70, 129
- Antijudaismus  38
- „Bekehrung"  67–69
- Exil  66–68
- Verhaftung und Prozess  5, 30, 66–67, 69
Frauen  139, 155–174, 239, 287
- ~ im frühen Christentum  166
- ~ in Rom  103, 156–157, 160, 165, 167–169, 171, 173–174

- Plutarch über ~  155, 164–165
- das Weibliche als Symbol für Sinnlichkeit und Materie  155, 216, 238–239
Freiheit, äußere  96, 192; *siehe auch* Redefreiheit
Freiheit, innere  95–101, 146, 254, 283; *siehe auch* Entscheidungsfreiheit
- Cicero  97
- Epiktet  98
- Stoizismus  97–98, 191–192
Freitod *siehe* Suizid
Fürsorge, göttliche, *siehe* Vorsehung

Gaius Caligula  5, 62, 109, 129, 137, 146, 160, 195
- Agrippa I. und ~  38, 48–49, 51
- Agrippas I. Brief an ~  50–52
- ~ im Kontrast zu Claudius  47–48
- ~' Statue im Jerusalemer Tempel  41–43, 45, 50–51, 195
- ~' Verhältnis zu Ares  74–75
- göttliche Ehren  44–45, 73–74, 75
- Haltung in der alexandrinischen Angelegenheit  35–38
- jüdische Gesandtschaft zu ~  4–5, 34, 39–41, 47–48, 146
- Seneca über ~  57–58
- Sueton und Cassius Dio über ~  61
Gastmahl *siehe* Gemeinschaftsmahl, Symposion
Gefühlskontrolle *siehe* Selbstbeherrschung
Gemeinschaftsmahl
- Christentum  105
- griechisches Gastmahl *siehe* Symposion
- Judentum  101–105
- römisches Familienmahl  103
Germanicus  82, 160
Gesandtschaft, ägyptische, an Gaius  39, 45, 101; *siehe auch* Apion, Chairemon
Gesandtschaft, jüdische, an Gaius  4–5, 34, 39ff., 146
- Agrippas I. Brief  50–52

- Audienzen bei Gaius: erste 39–40; zweite 44–45
- Gaius-Darstellung in Philons *Legatio* 60–62, 64–65, 129
- ~ als biographische Zäsur bei Philon 12, 15–16, 133; *siehe auch* Botschafter
- religiöse Interpretation 44–51

Geschichtsschreibung/Historiographie
- Josephus 31–32
- Lukian 32
- römische ~ 14, 61–62, 133, 136

Geschlechterrollen 139, 170–171, 174

Gesetz/Recht
- biblisches Gesetz 109–110, 177ff.
- Dekalog 177–181, 183–190
- Einzelvorschriften 177–178, 180, 181, 186, 191–192
- Naturgesetze 113, 117, 161–162, 183–190, 199, 270
- Paulus 181
- Philosophie des biblischen Gesetzes 76, 175–176, 179, 181–182, 199
- römisches Recht, römische Gesetze 113, 182, 183, 187–189

Gott/Götter
- Aristotelismus 113
- Epiktet 97
- frühes Christentum 78, 126
- Gnostiker 12, 125, 263
- Josephus 123–124
- Platon/Platonismus *siehe* Demiurg, Theologie (transzendente)
- Pythagoreer 252–253
- rabbinisches Judentum 126
- Stoizismus 94, 115–116, 269–270; *siehe auch* Demiurg, Vorsehung

Gottähnlichkeit/Gottangleichung 83, 86, 111, 228, 229–230, 232, 244, 247–248, 264, 284

griechische Sprache
- Claudius' Sprachkenntnisse 59
- Senecas Sprachkenntnisse 16, 21

Hagar 161–163, 228
Helvia 57–58, 167–168, 189
Henoch 148, 234
Hesiod 249

Historiographie *siehe* Geschichtsschreibung
Homer 17, 20, 25, 59, 74, 204, 206, 208, 211, 214, 249, 250, 251
- alexandrinische ~-Philologie *siehe* Kommentarkultur
- Kritik an ~ 25, 250–251
Horaz 176
Hoschaja, Rabbi 126, 289
Hosea 216–217

Ich, individuelles 40, 135, 145, 227
- rabbinisches Judentum 104–105
- römischer Stoizismus 20, 40–41, 135, 136, 145, 186
- Sorge um sich 145, 184, 198
Identität
- griechische ~ 14, 22–23
- individuelle ~ 30, 59, 134–135, 145
- jüdische ~ 6, 15, 19, 45, 141, 176, 179, 196–197, 199
- Philon 4, 15, 25, 43–45, 76
- Zweite Sophistik 22–23
Intertextualität
- ~ in Alexandria 214
- ~ in Philons Werk 114, 214–218, 223, 243–244
Ironie 29, 31–32, 46, 50, 52–53, 101, 287
- ~ bei Josephus 31–32, 46, 104
- ~ bei Lukian 32, 46, 82, 208
- ~ in der Zweiten Sophistik 22, 23, 208, 288
Isaak 100, 131, 142, 147, 163, 212, 216–217, 238
- Opferung 149–150

Jakob (Patriarch) 100, 131, 142, 144, 147, 159, 214, 280, 282
Jeremia 215–216
Jerusalem 195
- ~ als Mutterstadt der Juden 51, 78, 159, 196
- Wallfahrt nach ~ *siehe* Wallfahrtswesen
Jerusalemer Tempel 78, 193–199
- Augustus' und Livias Haltung zum ~ 77, 157

- ~ bei Lukas 72, 197
- Qumran und der ~ 193–194
- Statue des Gaius im ~ 41–43, 45, 50–51, 195
Jesus von Nazareth 47, 55, 153, 197
Jesus Sirach/Ben Sira 122, 216
Josef (Patriarch) 2, 130, 142–147, 172–174, 205, 215
Josef (Vater Jesu) 166
Josephus, Flavius 7, 16, 29, 31–32, 34–35, 62, 159, 161, 165, 167, 169–170
- Apologetik 176, 177, 193
- Claudius' Brief an die Alexandriner 48, 49, 51
- Ironie 31–32, 46, 104
- ~ über Agrippa I. 35, 51
- ~ über die jüdische Religion 104, 123–124
- ~ über Philon 1, 4, 34
- ~ über die Schöpfung 104, 123–124
- ~ in Rom 15, 46, 82, 123, 124, 176, 177, 199
Jubiläenbuch 122, 178, 208
jüdische Kultur
- ~ in Alexandria 18–19, 34–35
- ~ in Rom 19
jüdische Religion
- Andersartigkeit 44–45, 175
- ~ in Alexandria 218–219
- ~ als Kult 77, 141, 193–195, 198, 199
- ~ als (Lebens-)Philosophie 76, 177, 181
- ~ in Rom 55, 75–78
- ~ als urbane universale Religion 76, 78, 141
- Wurzeln in der Natur 78, 112–113, 181ff., 187
Julia (Augustus' Tochter) 172, 187
Julia Augusta 78
Julia Domna 22, 152
Julian Apostata 126–127
Jupiter 42, 113, 115
Justin der Märtyrer 15, 47, 53, 86, 105, 124–126, 200, 245, 288
Juvenal 104, 191

Kain 209–210, 220, 224, 233–234, 285
Kaiserkult 44, 47, 55, 73
kanonische Texte
- Christentum *siehe* Bibelauslegung, Kommentarkultur
- ~ der alexandrinischen Gelehrten *siehe* Homer, Kommentarkultur, Platon
- ~ der alexandrinischen Juden *siehe* Bibelauslegung, Kommentarkultur
- Stoizismus 134
- Zweite Sophistik 22–23
Karneades 99
Kelsos 125
Kindesaussetzung 167–168, 169, 189, 200
Klassik, griechische 4, 101–102
- in der Zweiten Sophistik 23–24
Kleanthes 115, 170, 180–181, 186, 268, 283–285
Kleitomachos 81
Kleopatra 13, 102, 155, 156
Kommentarkultur
- alexandrinische Homer-Kommentierung 10, 17, 76, 204–205, 206, 208, 223; *siehe auch* Aristarch von Samothrake
- alexandrinisch-jüdische Bibelkommentierung 9–10, 18–19, 205, 206–207, 218–220, 223; *siehe auch* Aristobul, Demetrios (Exeget)
- Bibelkommentierung im Land Israel 208
- christliche Bibelkommentierung 223–225; *siehe auch* Bibelauslegung
- Platon-Kommentierung 17–18, 126–127, 229–230, 239; *siehe auch* Eudoros, Porphyrios, Thrasyllus
- römische Einstellung zur ~ 208
- stoische Ablehnung von Kommentierungsarbeit 20, 33, 76, 134
Kontemplation 10, 12, 101–102, 120, 140, 198
Krates von Mallos 16

Lampo 30–31
lateinische Sprache
– Ciceros Übersetzungen griechischer Philosophie ins Lateinische 19, 93, 135
– Philons Lateinkenntnisse 16–17, 21
– Plutarchs Lateinkenntnisse 16, 21, 276
Lea 157, 159, 280
Leiden 43–44, 46–48, 57–58, 96; *siehe auch* Martyrium
– edles ~ 46, 57–58, 96
Leidenschaften *siehe* Affekte
Liebe 158, 163–166
– Aristophanes-Mythos 164
– Josephus 159, 165
– ~ in Rom 158–159, 160–161
– Plutarch 164–165
Literalsinn/Wortsinn 10, 12, 148, 149, 175, 206–207, 209–210, 212, 213, 217–218, 220–221, 224, 248, 250–251, 295; *siehe dagegen* Allegorese
Livia 155–158, 160, 163, 165, 174
*logismos* 39, 40, 41, 44, 146, 239–240, 243
Logos 83, 224, 247, 256–264
– Gnosis 263
– Platonismus 92, 261, 264
Lucilius 87–88
Lukas 14, 71–72, 76, 78, 152–153, 166, 197, 288
Lukian von Samosata
– griechische Identität 14, 23
– Ironie und Geschichtsschreibung 32, 46, 82, 208
– ~ über Rom 46
Lysimachos 34, 83

Macro 60–61, 63–65, 140, 146
– ~ bei Cassius Dio 61, 63
– ~ bei Sueton 61
Marcellinus, Tullius 137
Marcellus 57–58
Marcia 156
Marcus Antonius 13, 102
Marcus Aurelius 88, 117, 124
Maria (Mutter Jesu) 166
Maria und Martha 166
Markion 125

Mars 174–175
Martyrium 43–44, 46, 51
– Cassius Dio 63
– Justin der Märtyrer 47, 200
– Lukas 46–47
– Seneca 46, 58–59
Materialismus 269–271, 283, 286
Matriarchen/Erzmütter 155ff., 200, 238, 239; *siehe auch* Miriam, Rahel, Sara, Zippora
Matthäus 166, 197
Mehrheitschristentum/nizänisches Christentum 47, 53, 105, 123, 125, 127, 200, 225, 255, 288
Meinungsfreiheit *siehe* Redefreiheit
Messalina 62–64, 161
Messalinus, Valerius 160
Metropolis
– Jerusalem als Mutterstadt der Juden 51, 78, 159, 196
– der Logos als Mutterstadt der Menschen 262
Miriam 169, 172, 285
Mittelplatonismus *siehe* Platonismus
Mnester 63–64
Mobilität 13, 33, 38, 52, 65, 159–160
Moderatos 261
Monotheismus 109–110, 117–118, 119–122, 149, 185, 194–195, 232
– Abraham 67, 119, 124, 126
– Josephus 123–124
– Justin der Märtyrer 125
– Origenes 126
– Platon/Platonismus 116, 117, 126
– Rabbinen 126
– Stoizismus 114–116, 118–119, 283
Moral *siehe* Ethik
Mose 130–132, 136–141, 144, 167–168, 214–215, 217, 254, 274
– Biographie 132–133, 136, 139–141, 167–168, 170
– Geistesverwandtschaft mit Platon 232
– ~ bei Apion 130, 131, 132
– ~ als Autor der Tora 110, 112, 206–209, 211, 213, 215, 220, 222, 223, 230–231, 249, 273

- ~ als Gesetzgeber der Juden 91, 95, 112, 131, 132, 140, 141, 182, 188
- ~ als Philosoph(enkönig) 99, 109–110, 114, 138, 140, 141, 152, 191, 274
- religiöse Funktionen 131, 140–142

Museion (in Alexandria) 17, 18, 32, 59, 76, 204, 206, 223
Musonius Rufus 22, 159, 162, 168–169, 170, 171, 173, 188, 189
Mutterschaft 167–169, 189; *siehe auch* Elternschaft
Mystik 214, 215–218, 223, 232, 237–239, 247, 254, 262–263
- im Platonismus 228–229

Nasiräer 259
Natur 112ff., 181ff., 283ff.
- Epikureismus 185–186
- Leben in Übereinstimmung mit der ~ 58, 113, 116, 168, 183, 185, 278–279, 281, 284
- ~ und biblisches Gesetz 112–113, 183ff.
- ~ und römisches Recht 113
- natürliche Anlage und Umwelt 145
- stoische ~philosophie 113–114, 116, 213
- Stoizismus 113, 186–187, 190

Nepos, Cornelius 134
Nero 22, 46, 58–59, 62, 66, 198
Neuplatonismus *siehe* Platonismus
nizänisches Christentum *siehe* Mehrheitschristentum
Noah 148
Numenios 255–256

*oikeiōsis* 186, 230, 271, 277–280, 286
Origenes 12, 125, 126, 223–225, 288–289, 297, 298
Orthodoxie/Rechtgläubigkeit
- ~ im Christentum *siehe* Mehrheitschristentum
- ~ im Judentum 219–220, 234
Ovid 75, 158

Panaitios 20, 94, 95, 109, 115, 116, 134–135, 140, 267, 268, 270–271
Paradoxon
- Cicero 97
- Philon 95–98, 210
- Stoizismus 95–96
Partnerschaft *siehe* Ehe
Patriarchen *siehe* Vorväter
Paulina 158–159
Paulus 14–15, 33, 46–47, 71–72, 78, 181, 288
Petronius, Publius 78
Petronius Arbiter 176
Pharao 138, 143, 149, 163, 167
Pharaos Tochter 136, 169–170
Philolaos 252
Philon von Alexandria: Vita 1–2, 3, 4, 5, 12, 21, 29, 34–35
- Erziehung und Bildung 3–4
- Familie 34–35, 83
- (fehlende) Hebräischkenntnisse 4, 203, 209
- Lateinkenntnisse 16–17, 21
Philon von Alexandria: Werkserien 3, 8
- „Allegorischer Kommentar" 3, 6, 8, 9–11, 70, 77, 84–85, 94, 109, 110–111, 116, 120, 147, 165, 175, 188, 203ff., 220–221, 227, 235, 239, 244, 247, 295ff.; Adressaten 3, 10, 70, 175, 203, 205–206, 218–219; Beginn 295ff.
- Biographien 8, 9, 129ff.; Adressaten 131, 132, 147; Quellen 132
- „Exposition des Gesetzes" 3, 6, 8, 9, 13, 109, 112, 114, 175; Adressaten 3, 8, 9, 112, 175, 176–177, 191
- „Fragen und Antworten" 11, 218–222, 225; Adressaten 11, 218–219, 220, 222, 225
- historische Traktate 5–6, 7, 8, 9, 13, 55–56; Adressaten 47, 193
- philosophische Traktate 6, 7–8, 13, 81ff., 109–110, 112; Adressaten 82
Philon von Larissa 21, 81
Philostrat 14, 22–23, 86, 152, 198

Pilgerwesen *siehe* Wallfahrtswesen
Platon
- Dialoge *siehe* Platonische Dialoge
- Epistemologie 137, 227, 228–230, 232, 233–234, 235–236, 237, 243, 249
- Homer-Kritik 25, 250–251
- Philons Kritik an ~ 81–82, 243
- ~ über Gott/die Götter 116, 232, 250–251
- ~ über Gottähnlichkeit 228, 229–230, 232, 244
- ~ über Liebe 164
- ~ über Politik 141
- ~ über die Schöpfung 91–93, 109, 114, 116–117, 118, 125, 261; *siehe auch* Demiurg
- ~ über die Seele 135, 137, 184, 225, 232, 236, 237, 241–244, 245, 276
- ~-Auslegung 91–93, 229–230, 239, 241, 244, 261, 263–264
- ~-Rezeption in Rom 82, 93
Platonische Dialoge
- *Phaidon* 228
- *Phaidros* 241–242, 244, 272
- *Sophist* 229, 233
- *Staat* 111, 228, 241
- *Symposion* 82, 104, 164
- *Theaitet* 10, 18, 111, 228–237, 239, 244
- *Timaios* 18, 87, 91–93, 95, 105, 112, 114, 116, 117, 122, 125, 126–127, 241, 242, 252, 260, 270
Platonismus
- alexandrinischer ~ 17–18, 111, 156, 229–230, 235, 236, 244, 252, 260–261
- Mittel~ 12, 261; *siehe auch* Albinos, Ammonios, Kelsos, Moderatos, Numenios, Plutarch, Tauros, Thrasyllus
- Neu~ 12, 22, 256, 288; *siehe auch* Plotin, Porphyrios, Salustios
- ~ in Philons Werk 10, 81–82, 110–111, 114, 137–138, 156, 175, 212–213, 228–244, 249, 260, 269–270, 280, 284, 285
- pythagoreischer ~ 252–253

Plinius d.Ä. 100
Plotin 86, 87, 256
Plutarch 150–152, 256
- Biographie 25, 150, 168–169, 197
- griechische Identität 14, 25, 197–198
- Kritik am Stoizismus 94, 268
- Lateinkenntnisse 16, 21, 276
- Philosophie 261
- ~ als Biograph 134, 136, 150–152, 155
- ~ über Ehe 164–165, 168–169
- ~ über Exil 71
- ~ über das Symposion 103
- ~ als Vertreter der Zweiten Sophistik 22, 77, 86
- Verbindungen nach Rom 16, 103, 150, 164–165
- Vergleich mit Philon 25, 150, 275–276, 286
Polybius, Gaius Iulius 48, 56–57
Polytheismus 73–75, 110, 118, 119, 126; *siehe dagegen* Monotheismus
- Begriff 109
- Origenes über ~ 126
- Platons ~ 117
- Stoa über ~ 115
Porphyrios 86, 87, 126–127, 204
Poseidonios 115, 182, 270
Potifars Frau 143, 145, 146, 147, 172–174
Priscilla 166
Protagoras 233–235, 279
Protogenes 164
Pyrrhos 187
Pythagoreer 252–253, 258, 259, 260, 261, 264

Qumran 178, 194, 208; *siehe auch* Essener

Rahel 159, 238
Rationalität *siehe* Vernunftbegabung
Rationalität von Tieren *siehe* Tier
Rechtgläubigkeit *siehe* Orthodoxie
Redefreiheit/Meinungsfreiheit 98–99, 146

- Auswirkung der Einschränkung der
  ~ auf Philon 63–64
- Einschränkung unter Claudius
  59–60, 62–65
- Einschränkung unter Gaius 60–61,
  63–65
- Wiederherstellung unter dem frühen
  Claudius 59–60, 62–65
- Wiederherstellung unter Nero 60

Renaissance, griechische, *siehe*
Sophistik, Zweite

Rom
- Einfluss auf den Osten des
  Reiches 13–14
- intellektuelles Milieu 19–22, 73,
  81–82
- jüdische Religion und Kultur
  in ~ 9, 55, 75–78
- ~ als theatralische Farce 45–46

römische Kultur 12–13, 16, 19–20,
81–82, 157, 158, 187–188
- Diskurse 81–99, 103, 111–112,
  123, 134–136, 145–146, 156–159,
  170–171, 174, 186–187, 189–190
- Ethnographie 100, 149
- Mythologie 74
- Religion 73–75, 77, 141; *siehe
  auch* Kaiserkult
- Religionsphilosophie 73
- Verhältnis zum frühen Christentum 14–15, 71–72, 105, 166
- Verhältnis zur griechischen
  Kultur 13–14, 99, 101–102, 103
- Verhältnis zur Natur 186–187,
  190

Sabbat 82, 178, 185, 191–192
- naturphilosophische Begründung
  158, 191–192, 259
- römische und ägyptische Polemik
  gegen den ~ 191, 193

Sallust 133
Salonkultur 7, 22, 166, 177
Salustios 127
Sara 149, 155–163, 165, 169, 173,
216–217, 219, 221, 228, 238–239
- religiöse Bildung 171
- Verkehr mit Gott 156, 216–217,
  238

Saturnalien 192
Schmeichelei 56–57, 58–59, 60–61,
63, 67, 129
Schöpfung 90–95, 99, 105–127, 182,
183, 242–243, 254, 256–260, 264–
265; *siehe dagegen* Ewigkeit der
Welt
- Aristobul 122
- Aristoteles *siehe* Ewigkeit der Welt
- Ben Sira/Jesus Sirach 122
- christliches und „gnostisches" Verständnis 105, 123–126, 298
- Josephus 104, 123–124
- Julian Apostata 127
- Kelsos 125
- Origenes 298
- Platon 91–93, 109, 114, 116–117,
  118, 125, 260, 261
- Porphyrios 126
- rabbinisches Judentum 126, 289
- Sapientia Salomonis 122–123
- Stoizismus 91, 93–95, 113–116,
  283
- Tauros 92

Seele 77, 96, 101, 111, 119, 136,
145, 151, 155, 184, 194, 209, 215–
217, 251, 255, 259, 271, 272, 274–
275, 279, 296
- Auszug der ~ aus dem Bereich der
  Materie 10, 12, 71, 120, 179, 211,
  215, 217, 223, 225, 227, 228–232,
  244, 245, 267, 270
- Justin der Märtyrer 245
- Leib-~-Gegensatz 10, 71, 120,
  145, 173, 175, 212
- Platon 135, 137, 184, 225, 232,
  236, 237, 241–244, 245, 276
- rabbinisches Judentum 104–105
- schwangere ~ 236–239, 244
- ~ und Gott/göttlicher Logos 216,
  254, 262–263
- ~nteile 239–244, 272, 275–276,
  277
- seelischer Tod 212, 244
- Stoizismus 183, 273, 276
- Unsterblichkeit der ~ 243, 245

Seelenwanderung 86, 245
Seereiseverkehr im Römischen Reich
33, 65; *siehe auch* Mobilität

Selbstbeherrschung/Gefühlskontrolle 42–43, 50, 65, 139, 145–146, 172, 240, 282
Selbsterhaltung 186, 277–279
Selbststilisierung
- Lukian 32
- Philons ~ als dramatischer Autor 41–47, 49, 50–52, 66
- Philons ~ als Gesinnungsgenosse Platons 232
- Philons ~ als ironischer Autor 29, 31, 50
- Philons ~ als paradoxer Denker 95–98, 210
- Philons ~ als rätselhafter Autor 1, 29, 32, 35–36, 38–39, 49
- ~ in historischen Schriften 44, 52–53
Seneca
- edles Leiden 46, 57–58
- Exil 56–60, 66
- Griechischkenntnisse 16, 21
- ~ über Claudius 56–59
- ~ über Familie und Geschlechterrollen 167–168, 171, 173, 189
- ~ über Gaius 57–58
- ~ über Livia 156–157
- ~ im Vergleich zu Philon 63, 65, 68, 89–90, 118–119
Septuaginta 110, 120, 137, 167, 203, 209, 215, 217, 227, 248, 249, 251–252, 258, 259, 260
Severus Caecina 160
Silanus (Gaius Appius Iunius Silanus) 62–65
Silanus (Marcus Iunius Silanus) 60–61, 64
Silas 72
Sokrates 46, 47, 99, 137, 138, 151, 198, 228, 231, 233, 234, 237–239
Sophistik, Zweite 14, 22–26, 82, 288
- Philons Verbindung zur ~ 24–26, 77, 82, 197–198
Spiritualität 157, 179, 193, 195, 199, 214–218, 232, 236, 238, 244, 258, 263
- Abrahams spirituelle Reise 70–71, 119–120, 211–212, 214–215, 227
- Justin der Märtyrer 245

- Platonismus 71, 231
Stillen 168–169, 189
Stobaios, Johannes 273
Stoizismus
- Mose als Quelle stoischer Lehren 99–100
- ~ in Alexandria 10–11, 12, 18, 267
- römischer ~ 12–13, 20, 40, 288
- Schulstreitigkeiten 268
- ~ in Philons Schriften 8, 9, 11, 12, 40–41, 88–89, 95–96, 99–100, 104, 112–118, 121, 135–137, 145–146, 150, 182–183, 186–189, 192, 199, 267ff.
Strabon 99, 211
Sueton
- ~ über Claudius 55, 62
- ~ über Gaius 46, 61, 67, 75
Suizid/Freitod 51, 66, 98, 137
- stoische Auffassung vom ~ 97, 135
Symposion 144, 147
- christlich, jüdisch, römisch: *siehe* Gemeinschaftsmahl
- griechisches ~ 82, 101–102, 104, 105
Synagoge 72, 76, 82, 191
- ~n in Alexandria 69
- ~n in Rom 19, 76, 191

Tacitus 156, 159, 160, 176, 191
Tauros (Mittelplatoniker) 92
Tempelkult
- jüdischer ~ *siehe* Jerusalemer Tempel
- ~ bei Philostrat 198
- ~ bei Plutarch 197–198
Themistokles 134
Theodizee 88; *siehe auch* Vorsehung
Theologie, negative 121, 252–253, 264
Theologie, transzendente 10, 12, 110–111, 114, 118, 121, 123, 231, 247ff., 252–253, 256, 267, 269, 270, 280, 296
- Aristobul 122, 248
- Gnosis 123, 125, 255, 288
- Josephus 123

- Platonismus/Neuplatonismus 87, 114, 116, 229–230, 247–248, 252, 255–256, 264, 288
- Seneca 119
- ~ in Alexandria 230, 235
Therapeuten 101–102, 103, 105
Thrasyllus 92–93, 261
Tiberius (Kaiser) 36, 51, 60, 66, 92, 129, 156, 261
Tiberius Gemellus 66
Tiberius Julius Alexander 7, 34, 83–86, 87–89, 99, 104, 143
Tier
- Fürsorge für die Eltern und den Nachwuchs 168, 185, 189
- Überlegenheit des Menschen über das ~ 84–87, 89, 99, 117; Cicero 85–86; Stoizismus 86, 99, 117
- Vernunftbegabung von ~en 83–84, 85, 86–87; Platoniker 85, 86; Tiberius Alexander 34, 83–84, 85, 99; Zweite Sophistik 86
Tugend 43–44, 63, 74, 76, 96–97, 100, 124, 131, 140, 179, 191, 195, 216–217, 262, 280, 282–283
- Erzväter als Sinnbilder von ~en 148
- Platon/Platonismus 229–230, 232, 275–276
- Stoizismus 46, 88–89, 100, 171, 180, 185–186, 278, 282; ~ als alleiniges Lebensziel bei den Stoikern 96, 281, 284
Turia, Lob der 161, 162
Tyrannei, Kritik an 44, 47, 49, 60–65, 79, 88, 129
- ~ bei Cassius Dio 61–63

Valentinus 223, 255, 263
Valerius Maximus 103
Varro 73, 74–75, 77, 141, 194–195
Verbannung siehe Exil
Vernunftbegabung des Menschen 83–87

- Einzigartigkeit des Menschen gegenüber Tieren 84–87, 99, 117
- Platoniker über die ~ 85, 86
- Stoiker über die ~ 86, 99, 117
Vorbilder siehe Exempla
Vorsehung/Fürsorge, göttliche 87–90, 96, 100, 110, 112, 113, 117–118, 119, 143, 221, 269, 271
- Aristotelismus 113
- Josephus 104, 124
- Justin der Märtyrer 105
- Platon/Platonismus 87, 110, 117
- rabbinisches Judentum 105
- Stoizismus 87, 88, 89–90, 91, 94, 100, 113, 117, 119
Vorväter/Patriarchen, jüdische 109, 110, 129ff.; *siehe auch* Abraham, Isaak, Jakob, Josef

Wallfahrtswesen 195–197
- ~ im Lukasevangelium 197
Weltenbrandlehre, stoische 91, 93, 94, 115, 116
- innerstoische Kritik 94–95, 116, 267, 270–271
- Justin der Märtyrer 105
- Philons Kritik 91, 93, 94–95, 109, 269
- Plutarchs Kritik 94, 269, 286
Wortsinn siehe Literalsinn

Xanthier 98
Xenophon 102

Zehn Gebote *siehe* Gesetz: Dekalog
Zenodot 208
Zenon 20, 95, 99, 100, 102, 113, 115, 135, 183, 184, 185–186, 269, 272, 273, 274, 277–278, 284
Zeus 98, 115–116, 164, 258, 269, 283
- ~-Hymnus des Kleanthes 283, 285
Zippora 169–170, 172